Die

Zivilprozeßordnung.

In Frage- und Antwortform dargestellt

von

W. Ernst und M. Krohne,
Gerichtsreferendaren.

Berlin 1904.
Verlag von H. W. Müller.
W. Potsdamerstr. 121 K.

Vorwort.

Es ist eine auffällige Erscheinung, daß die jungen Referendare, so gut sie vielfach im bürgerlichen Recht bewandert sein mögen, hinsichtlich des Zivilprozesses fast durchgängig völlig versagen. In derselben Weise wie der Justizanwärter lernen sie mechanisch das Protokoll führen und schauen dem Wechselspiel der mündlichen Verhandlung als etwas ganz Neuem und Fremdem zu.

Der Hauptgrund für diese Unwissenheit auf dem Gebiete des Prozeßrechts dürfte in dem gänzlichen Mangel einer prozeßrechtlich-historischen Vorbildung liegen. Die prozessualen Institute treten dem Studenten zum ersten Male als Kinder der Zeit, daher in sehr komplizierter Gestalt gegenüber. Wie soll er sie fest erfassen und sich zu eigen machen, da ihre Entstehung, ihr allmähliches Werden und sich Wandeln seinen Augen verborgen blieb. Hier könnten es die Andersgläubigen einmal deutlich sehen, welch einen eminenten realen Wert eine gründliche rechtshistorische Vorbildung hat. Sollte die juristische Studienzeit verlängert und sollten dann auch neue Pflichtkollegs geschaffen werden, so sollte man — da wir Juristen nun einmal überhaupt Pflichtkollegs haben müssen — vor allem ein vierstündiges Kolleg über die Entwicklung des gemeinen Prozesses einlegen. Denn wenn der junge Jurist beispielsweise mit der Aufrechnung besser Bescheid weiß als mit der Berufung, so dankt er dies eben der compensatio. Mit der Berufung würde es nicht anders stehen, wenn sie durch die appellatio vorbereitet würde. Dies sehen freilich die allerwenigsten Studenten ein; die meisten freuen sich, daß sie Enkel sind, und bequemen sich zur Rechtsgelehrsamkeit, indem sie sich dieselbe möglichst bequem machen.

Nun ist aber die Reichszivilprozeßordnung ohne Frage das Gesetz, das der praktische Jurist vor allen Dingen kennen, fast das einzige, das er in jedem Falle wirklich beherrschen muß. Denn während er sich auf die materielle Entscheidung regelmäßig vorbereiten kann, verlangen die prozessualen Fragen, die immerwährend in großer Fülle an ihn herantreten, fast ausschließlich eine sofortige Beantwortung.

Das vorliegende Buch hat es sich zum Ziel gesetzt, dem Studenten sowohl wie dem Referendar es zu erleichtern, sich diese notwendige Herrschaft über die ZPO. anzueignen. Weit davon entfernt, die Zahl der bereits allzu reichlich vorhandenen Eselsbrücken noch um eine vermehren zu wollen, wünschen wir vielmehr, durch unsere Arbeit zu ernster Tätigkeit anzuregen, diese aber dem Suchenden zu erleichtern, indem wir deutlich die Wege kennzeichnen, die zum Verständnis des Gesetzes führen. Als Wegweiser haben wir daher vor unsere Ausführungen stets eine Frage gesetzt, und unsere Ausführungen selbst dann in kürzerer oder längerer Antwort gegeben.

Mit Rücksicht auf den vornehmlich pädagogischen Charakter unseres Buchs haben wir von Literaturangaben abgesehen, auch dort, wo wir entgegen der herrschenden Auffassung Stellung nehmen mußten.

Der Zweck unseres Buches, eine Beherrschung des Gesetzes, nicht bloß seines Inhalts, zu erreichen, ließ es uns angezeigt erscheinen, an der Legalordnung im wesentlichen festzuhalten, und bei der eigenen Systematisierung uns an die durch die Einteilung des Gesetzes in Abschnitte und Titel gegebenen Schranken zu halten.

Berlin, im Januar 1904.

Die Verfasser.

Einleitung.

A. Begriff des Zivilprozesses.

Zivilprozeß (römisch: judicium, lis, causa, ordo judiciorum etc., kanonisch auch processus genannt) ist das gesetzlich geregelte Verfahren, in dem der staatliche Privatrechtsschutz gewährt wird, „die gesetzlich geregelte Form der staatlichen Privatrechtspflege" (Wach). Gewöhnlich wird der Zivilprozeß in Anlehnung an das römische Recht (pr. Inst. de act. IV, 6 actio autem nihil aliud est, quam jus persequendi judicio quod sibi debetur) als das Verfahren zur Verwirklichung von Privatrechtsansprüchen bezeichnet. Diese Definition ist insofern unrichtig, als der Zivilprozeß keineswegs immer zur Verwirklichung von Privatrechts**ansprüchen** dient. Wer im Klagewege (mit der negativen Feststellungsklage) festgestellt haben will, daß einem anderen ein behauptetes Recht nicht zusteht, macht keinen Privatrechtsanspruch gegen den Beklagten geltend. Der Privatrechtsanspruch ist **ein**, aber **nicht der einzigste**, wenn auch der häufigste Gegenstand des Zivilprozesses.

Der Zivilprozeß als Mittel zum Schutze des Privatrechts ist immer erst eine **sekundäre** Erscheinung. Zur Verwirklichung des Rechts dient zunächst und allein die **Selbsthilfe**. Der Prozeß entsteht erst später, zunächst nur **neben** der Selbsthilfe, dann an Stelle der Selbsthilfe unter fast völliger Beseitigung derselben. Der Bürger des modernen Staates hat nur in sehr beschränktem Umfange das Recht der Selbsthilfe (vgl. BGB. §§ 227—229), regelmäßig hat er nur einen **Rechtsschutzanspruch** gegen den Staat auf Gewährung prozessualischen Rechtsschutzes.

Der Zivilprozeß ist, wie auch der Name besagt, ein **Rechtsgang**, eine **fortschreitende** Reihe von sich aneinanderschließenden Tatsachen, von Vorgängen und Handlungen (Unterlassungen) der Parteien und der Gerichtspersonen. Diese Vorgänge und Handlungen, die sich innerhalb des Prozesses abspielen und lediglich dem **Zweck** des Prozesses dienen, erzeugen bestimmte **Rechte** und **Pflichten** zwischen den am Prozeß beteiligten Personen, dem Kläger und dem Beklagten und dem Gericht. Der Prozeß ist danach ein **Rechtsverhältnis**, und zwar **ein einheitliches** mit verschiedenen Entwicklungsstufen, **nicht**, wie man auch behauptet, eine **Mehrheit** von **selbständigen** Rechtsverhältnissen; er enthält nur eine Mehrheit von Rechtsgeschäften (Klageerhebung 2c.). Diese Einheit des Prozeßrechtsverhältnisses gilt aber nur für das Verfahren von der Klage bis zum Urteil; die Vollstreckung bildet, wenigstens im heutigen Prozeß, ein zweites, selbständiges Rechtsverhältnis. —

Gegenstand des Zivilprozesses ist, wenn auch nicht, wie oben gezeigt, stets ein Privatrechtsanspruch, so doch stets ein Privatrechtsverhältnis, d. h. ein Verhältnis, kraft dessen sich Personen als privatrechtlich berechtigt und verpflichtet gegenüberstehen. Die Reichsjustizgesetze (s. z. B. § 3 EG. z. ZPO.) bezeichnen als Gegenstand des Zivilprozesses die bürgerliche Rechtsstreitigkeit, was insofern ungenau ist, als im Zivilprozeß keineswegs immer ein Rechtsstreit herrscht, so z. B. nicht, wenn der Beklagte das Recht des Klägers anerkennt. Durch seinen Gegenstand unterscheidet sich der Zivilprozeß vom Strafprozeß, in welchem der Anspruch des Staates auf Bestrafung des Verbrechers durchgeführt wird. Weniger einfach ist der Unterschied zwischen der Zivilprozeßsache und der Verwaltungssache, die von Verwaltungsbehörden oder Verwaltungsgerichten zu entscheiden ist. Als Verwaltungssache wird man grundsätzlich kurz diejenige Sache bezeichnen können, bei der ein öffentliches Interesse (abgesehen von dem der Bestrafung) vorhanden ist. Nicht durch den Gegenstand, aber durch seinen Zweck unterscheidet sich der Zivilprozeß (jurisdictio contentiosa) von der freiwilligen Gerichtsbarkeit (jurisdictio voluntaria). Gegenstand sind hier wie dort Privatrechtsverhältnisse. Während der Zivilprozeß aber allein den Zweck hat, bestehendes Recht zu schützen, nicht neues Recht zu schaffen, hat die freiwillige Gerichtsbarkeit den Zweck, Rechtsverhältnisse zu begründen und fortzuentwickeln (s. das Grundbuchwesen, das Registerwesen ꝛc.). Es mag jedoch gleich hier hervorgehoben werden, daß diese begriffliche Verschiedenheit in der Gesetzgebung nicht streng beobachtet worden ist, so wird z. B. das Aufgebotsverfahren (s. Nr. 1277), obwohl begrifflich zur freiwilligen Gerichtsbarkeit gehörend, doch in der Zivilprozeßordnung behandelt.

B. Kurzer Überblick über die geschichtliche Entwicklung des Zivilprozeßrechts in Deutschland bis zu den Reichsjustizgesetzen.

Wie alles einheimische Recht ist auch das Zivilprozeßrecht bis zur Rezeption der fremden Rechte Partikularrecht, Stammesrecht, das bei aller Einheit in den Grundlagen doch die mannigfachsten Abweichungen in den einzelnen Rechtsgebieten zeigt. Für das Prozeßrecht der altdeutschen Stämme bis zum 9. Jahrhundert sind Erkenntnisquellen die Volksrechte sowie die eine Vereinigung des Rechts anstrebenden Kapitularien und die Formelsammlungen. Die Fortentwicklung des Prozeßrechts vom 9. bis zum 13. Jahrhundert, in welchem das geschriebene Recht allmählich seine Geltung verliert, geschieht allein durch die Rechtsübung, und ihre Kenntnis wird uns, abgesehen von den in Urkunden und Erzählungen jener Zeit enthaltenen Nachrichten über die Rechtsübung, namentlich durch die seit dem 13. Jahrhundert stattfindenden Aufzeichnungen des Rechts (in den Rechtsbüchern, Stadt-, Land-, Lehn-, Hof- und Dienstrechten) vermittelt, die fast alle lediglich den Zweck verfolgen, das bis dahin gewordene Recht schriftlich zu fixieren und nur ausnahmsweise daneben neues Recht schaffen. Die wichtigste Erkenntnisquelle dieser Art ist der Sachsenspiegel Eike's von Repgau, an den sich die Glosse und der den Rechtsgang darstellende Richtsteig Landrecht Johann von Buch's anschließen.

Neben diesem einheimischen, germanischen Prozeßrecht galt bereits vor der Rezeption des fremden Rechts in den geistlichen Gerichten das auf römischer Grundlage ruhende kanonische Prozeßrecht. Seit der Mitte des 15. Jahrhunderts, mit der Rezeption des fremden Rechts, äußert dann das romanische Prozeßrecht einen maßgebenden Einfluß auch auf das Verfahren vor den weltlichen Gerichten. Das romanische, nicht das römische Prozeßrecht! Nicht dieses ist rezipiert worden, sondern das römische Recht, wie es sich seit dem Untergang des römischen Reiches unter dem Einfluß der eingedrungenen germanischen Völkerschaften und unter dem wachsenden Einfluß der Kirche fortgebildet hatte und wie es in den Lehren der Rechtsgelehrten sich offenbarte. Erkenntnisquellen dieses fremden Rechts sind neben dem corpus juris civilis und dem corpus juris canonici namentlich die Arbeiten der Glossatoren, vorzugsweise die glossa ordinaria des Akkursius und die Darstellung des ordo judiciorum in dem speculum judiciale des Wilhelmus Durantis. Sowohl die Rechtsübung wie die Gesetzgebung seit dem 16. Jahrhundert gestatten dem romanischen Prozeßrecht einen bald mehr, bald weniger umfangreichen Einfluß auf das Gerichtsverfahren. Während die Reichsgesetzgebung und die höheren Gerichte unter Preisgabe des einheimischen Rechts das romanische Prozeßrecht in weitem Umfange als maßgebend anerkennen, halten die Ständerechte und die mit ungelehrten Richtern besetzten unteren Gerichte mehr an dem einheimischen Prozeßrechte fest. Freilich wird auch hier die Einführung des fremden Prozeßrechts namentlich gefördert durch das im § 15 des Reichsdeputationsabschiedes von 1600 enthaltene und im § 137 des jüngsten Reichsabschiedes von 1654 (JRA.) wiederholte Gebot an die deutschen Reichsstände, sich bei der Ordnung des Gerichtswesens an das reichskammergerichtliche anzuschließen, denn wenn die Reichsstände diesem Gebote bei ihrer Gesetzgebung auch nur vereinzelt nachkommen, so folgert und anerkennt man doch ganz allgemein, wenn auch unrichtig, aus jenem Gebote, daß das Reichskammergerichtsprozeßrecht und damit also das fremde Recht subsidiäre Geltung haben, subsidiäres gemeines Recht sein sollte. Eine ähnliche Spaltung wie in der Gesetzgebung und Rechtsübung zeigt sich auch in der Rechtswissenschaft. Während nämlich die übrigen deutschen Universitätslehrer ausschließlich das romanische Prozeßrecht, als das gemeine, lehrten, behandeln die sächsischen Rechtslehrer neben dem rezipierten auch das einheimische sächsische Prozeßrecht in Wort und Schrift. Und gerade die sächsische Rechtslehre gewinnt mehr und mehr an Bedeutung, auch über die Grenzen des sächsischen Gebiets hinaus. Unter ihrem Einfluß vornehmlich bildet sich jene seit der Mitte des 17. Jahrhunderts auf den deutschen Universitäten allgemein vorgetragene Prozeßrechtslehre, die den rezipierten romanischen Prozeß zur Grundlage hat, aber in vielen erheblichen Punkten zugunsten des einheimischen Rechts von ihm abweicht. Und sie ist es, die man als den gemeinen deutschen Prozeß, auch gemeinrechtlichen Prozeß, bezeichnet. Im Laufe des 18. Jahrhunderts findet sie, teils durch die auf den deutschen Universitäten herangebildeten und die Laienrichter vollständig verdrängenden Berufsrichter, teils durch das Institut der Aktenversendung, in den deutschen Gerichten, wenigstens als subsidiäre Norm, allgemeinen Eingang. — Als Erkenntnisquelle kommt daher für das gemeine deutsche Prozeßrecht neben der Reichs- und Partikulargesetzgebung vornehmlich die rechtswissenschaftliche Litteratur in Betracht. Von der Reichsgesetzgebung sei hier namentlich auf die Reichskammergerichtsordnungen (die letzte und vollständigste von 1555) sowie auf den Reichsdeputationsabschied von 1600 und den JRA. hingewiesen. Von der Partikulargesetzgebung seien hier die Kursächsischen Konstitutionen von 1572 und der schon unter dem Einfluß der den gemeinen deutschen Prozeß ausmachenden Prozeßrechtslehre zustande gekommene codex juris Bavarici judiciarii von 1752 erwähnt. Aus der rechtswissenschaftlichen Literatur aber seien neben den Sammlungen der Rechtssprüche des Reichskammergerichts ꝛc. die definitiones forenses des Benedikt Carpzow und sein systematisch gehaltener, einflußreicher processus juris civilis in foro saxonico, sowie die Erläuterungen von Kreittmayrs zum codex juris Bavarici judiciarii angeführt. —

Gegen Ende des 18. Jahrhunderts beginnen die Territorien dann, den gemeinen deutschen Prozeß wenigstens formell ganz zu beseitigen. Dies geschieht namentlich durch die österreichische Allgemeine Gerichtsordnung von 1781 und durch die auf dem corpus juris Friedericianum von 1781 ruhende Allgemeine Gerichtsordnung für die Preußischen Staaten vom 6. Juli 1793 (AGO.). Abgesehen von dieser, die neben der formellen Abschaffung des gemeinen deutschen Prozesses auch ein von demselben völlig abweichendes Verfahren, insbesondere durch die Ersetzung der den gemeinen Prozeß beherrschenden Verhandlungsmaxime durch die Inquisitionsmaxime (s. Seite XIII), einführt, bewegen sich die übrigen deutschen Partikulargesetzgebungen materiell durchgängig auf dem Boden des gemeinen Prozesses, und auch Preußen sieht sich infolge Nichtbewährung der Inquisitionsmaxime gezwungen, durch die Verordnung über den Mandats-, summarischen und Bagatellprozeß vom 1. Juni 1833 und die Verordnung über das Verfahren im Zivilprozeß vom 21. Juli 1846 im wesentlichen zu den gemeinrechtlichen Grundsätzen der Verhandlungs- und Eventualmaxime zurückzukehren. — Ein neuer Zug kommt dann in die deutsche Prozeßgesetzgebung durch das in den linksrheinischen deutschen Gebieten geltende und sich des Beifalls der Bevölkerung erfreuende französische Prozeßrecht (Code Napoleon de procédure civil von 1806), das sich infolge der das Verfahren beherrschenden Mündlichkeit an Stelle der den gemeinrechtlichen Prozeß beherrschenden Schriftlichkeit durch größere Beweglichkeit des Verfahrens und schnelle Rechtsprechung gegenüber dem gemeinen deutschen Prozeß vorteilhaft auszeichnete. Im Anschluß an das französische Prozeßrecht, vorzugsweise durch Herübernahme der mündlichen Verhandlung, entsteht die Hannoversche Prozeßordnung vom 8. November 1850 (unter Leonhardts hervorragender Beteiligung), die von maßgebendem Einfluß auf unseren heutigen Reichszivilprozeß gewesen ist. Neben der Hannoverschen Prozeßordnung seien hier noch die ihr nachgebildete Badische Zivilprozeßordnung von 1864, die Württembergische und die Bayrische aus dem Jahre 1868 genannt. Alles Partikulargesetzgebungen, kein gemeines Prozeßrecht! Zwar hatte die deutsche Reichsverfassung vom 28. März 1849 ausdrücklich der Reichsgewalt zur Pflicht gemacht, durch Erlaß allgemeiner Gesetzbücher, wie über bürgerliches Recht, Handels- und Wechselrecht, Strafrecht, so auch über das gerichtliche Verfahren, die Rechtseinheit im deutschen Volke zu begründen. Der Deutsche Bund sollte das Werk aber nicht mehr zustande bringen. Es kamen die Ereignisse von 1866 und 1870/71. Erst sie ermöglichten die Verwirklichung des alten Gedankens und Strebens nach einer Rechtseinheit im deutschen Volke auch auf dem Gebiete des Zivilprozesses, erst sie schufen die notwendige politische Grundlage für ein gemeines deutsches Zivilprozeßrecht, das nicht nur subsidiär wie das gemeinrechtliche Prozeßrecht gilt, sondern über dem Landesrecht steht (§ 14 EG. z. ZPO.; Art. 2 der RVerf.).

C. Geschichte der Entstehung der Reichszivilprozeßordnung.

1. Gemäß dem Bundesversammlungsbeschlusse vom 17. Juli 1862 trat am 15. September 1862 zu Hannover eine Kommission zur Ausarbeitung und Vorlage des Entwurfs einer allgemeinen ZPO. für die deutschen Staaten zusammen (Referent war Leonhardt), die am 30. April 1866 der Bundesversammlung den sogenannten Hannoverschen Entwurf vorlegte. Dieser schließt sich eng an die von Leonhardt geschaffene Hannoversche Prozeßordnung vom 8. November 1850 an.

2. Inzwischen hatte Preußen selbständig einen Entwurf zu einer Prozeßordnung in den Jahren 1861 bis 1866 fertiggestellt.

3. Nach den Ereignissen von 1866 wurde auf Grund des Art. 4 der Norddeutschen Bundesverfassung auf Antrag Preußens durch Bundesratsbeschluß vom 2. Oktober 1867 eine neue Kommission unter Vorsitz von Leonhardt zur Ausarbeitung des Entwurfs einer Prozeßordnung in bürgerlichen Rechtsstreitigkeiten eingesetzt, die am 20. Juli 1870 den „Entwurf einer ZPO. für den Norddeutschen Bund nebst Einführungsgesetz" (sogenannter Norddeutscher Entwurf) fertigstellte.

4. Nach dem deutsch-französischen Kriege wurde auf Grund des Art. 4 Ziffer 13 der Reichsverfassung der vom (jetzt) Preußischen Justizminister Leonhardt persönlich umgearbeitete Norddeutsche Entwurf (bezeichnet als „Entwurf I") noch gemäß Bundesratsbeschluß vom 8. Mai 1871 von einer Kommission von 10 Mitgliedern durchberaten (das Ergebnis wird bezeichnet als „Entwurf II"). Dieser Kommissionsentwurf wurde im Ausschuß für Justizwesen des Bundesrats eingehend geprüft und mit manchen Änderungen am 29. Oktober 1874 dem Deutschen Reichstage vorgelegt („Entwurf III"). Nach eingehender Beratung in der Reichstagskommission (die kraft Gesetzes vom 23. Dezember 1874 zwischen den Reichstagssessionen tagte), wurde die ZPO. nebst Einführungsgesetz am

21. Dezember 1876 in dritter Lesung fast mit Einstimmigkeit im Reichstage angenommen und nach Zustimmung des Bundesrats vom Kaiser am 30. Januar 1877 durch Unterschrift vollzogen. (In Kraft getreten am 1. Oktober 1879.).

5. Nach zwei kleineren Abänderungen wurde im Zusammenhange mit der Kodifikation des bürgerlichen Rechts eine durchgreifende Änderung der ZPO. vorgenommen. Gemäß Art. 1 EG. z. BGB. legte der Reichskanzler am 9. Dezember 1897 dem Reichstage u. a. ein Gesetz betreffend Änderungen der ZPO. (als Novelle bezeichnet) sowie ein dazu gehöriges Einführungsgesetz nebst Begründung vor. Nach Durchberatung in einer Reichstagskommission wurde die Novelle vom Reichstage in dritter Lesung am 5. Mai 1898 angenommen und nach Zustimmung des Bundesrats gleichzeitig mit den Abänderungen der übrigen Reichsjustizgesetze vom Kaiser am 17. Mai 1898 durch Unterschrift vollzogen. Zugleich war der Reichskanzler ermächtigt worden, den Text der ZPO. unter Berücksichtigung der Abänderungen unter fortlaufender Nummernfolge der Paragraphen neu zu veröffentlichen. Der neue Text wurde am 20. Mai 1898 bekannt gemacht und gilt seit dem 1. Januar 1900. —

Das deutsche Zivilprozeßrecht ist aber nicht vollständig in der Zivilprozeßordnung enthalten. Neben dieser kommen als reichsrechtliche Vorschriften hauptsächlich die anderen Reichsjustizgesetze: das Gerichtsverfassungsgesetz und die Konkursordnung, weiter die Rechtsanwaltsordnung nebst der Gebührenordnung für Rechtsanwälte, das Gerichtskostengesetz und die Gebührenordnungen für Zeugen und Sachverständige und für Gerichtsvollzieher (sämtlich aus den Jahren 1877—1879, mit Umgestaltungen neu veröffentlicht 1898, 1899) sowie das Gesetz über die Zwangsversteigerung und Zwangsverwaltung (vom 24. März 1897) in Betracht. In beschränktem Umfange ist auch noch das Landesrecht Quelle des deutschen Zivilprozeßrechts, soweit nämlich das Reichsrecht Ausnahmen zugunsten des Landesrechts gestattet (vgl. z. B. § 418 ZPO., § 5 EG. z. ZPO.). Enthalten ist das Landesprozeßrecht zum größten Teil in den Ausführungsgesetzen der einzelnen Staaten zu dem Gerichtsverfassungsgesetz und der Zivilprozeßordnung.

D. Grundzüge des Verfahrens.

Die leitenden Grundgedanken unseres heutigen Zivilprozesses kann man richtig nur verstehen, wenn man das früher geltende Prozeßrecht kennt. Denn die Reichszivilprozeßordnung von 1877 schuf nicht etwa ein völlig neues Recht, sondern stellt nur eine Fortentwicklung des bisherigen Prozeßrechts dar; sie ist im wesentlichen auf die in der Vergangenheit ausgebildeten Grundgedanken aufgebaut, von denen sie die für unser heutiges Rechtsleben am besten passendsten und bewährtesten angenommen hat.

Die Erreichung des Prozeßzwecks ist zu den verschiedenen Zeiten auf verschiedene Weise angestrebt worden. Suarez suchte den Prozeßzweck dadurch zu erreichen, daß er den Richter zum alleinigen Herrn des

Prozesses und die Parteien zu bloßen Objekten der richterlichen Tätigkeit machte. Die Allgemeine Gerichtsordnung für die Preußischen Staaten von 1793 bestimmte in den §§ 6 und 7 der Einleitung: „Der vom Staat geordnete Richter, welcher den Streit durch richtige Anwendung des Gesetzes auf die dabei zum Grunde liegenden Thatsachen entscheiden soll, hat die nächste Pflicht, folglich auch das nächste Recht, sich von der wahren und eigentlichen Bewandtniß dieser Thatsachen zu versichern. Der Richter ist also schuldig und befugt, den Grund oder Ungrund der in einem Prozesse vorkommenden Thatsachen selbst und unmittelbar zu untersuchen, und so weit es zur richtigen Anwendung der Gesetze auf den vorliegenden Fall erforderlich ist, ins Licht zu setzen." Der Richter hat also *von Amts wegen* die Stoffsammlung vorzunehmen, er hat „den Grund oder Ungrund" der vorkommenden Tatsachen, d. h. er hat die *materielle* Wahrheit zu erforschen, und die Parteien haben bei der Tatsachenerforschung keinen entscheidenden, höchstens durch ihre Anträge und ihr sonstiges Vorbringen einen den Richter *unterstützenden* Einfluß; keineswegs aber ist der Richter auf das Parteivorbringen beschränkt. — Nach diesen, vornehmlich bei der Stoffsammlung hervortretenden Wirkungen nennt man den auch das übrige Verfahren beherrschenden Grundgedanken *Inquisitionsmaxime*, im Gegensatz zur *Verhandlungsmaxime*, nach welcher die *Parteien* die *alleinigen* Herren über den Beginn, die Fortsetzung und die Beendigung des Prozesses sind und nach welcher eine Beschaffung des Prozeßstoffes durch den Richter ex officio ausgeschlossen ist, vielmehr die *Parteien allein* den ihrem Begehren dienlichen Prozeßstoff dem Richter zu unterbreiten haben, allein durch ihre Anträge den *Prozeßgegenstand* bestimmen. Die Verhandlungsmaxime beherrschte den römischen und italienischen Prozeß, was die beiden Sätze: „judex ne procedat ex officio und ne eat judex ultra petita partium" besagen, sie beherrschte den altdeutschen und den gemeinrechtlichen Prozeß und ist aus der Hannoverschen Prozeßordnung für die Regelfälle in die Reichszivilprozeßordnung übernommen worden, in der Erwägung, daß der *Natur* der Zivilsache, der grundsätzlichen Interesselosigkeit des Staates an ihr, allein die in der Verhandlungsmaxime enthaltene Stellung der Parteien im Prozeß entspricht. Besonders deutlich kommt der Grundsatz der Verhandlungsmaxime in den Bestimmungen der ZPO. zum Ausdruck, daß der Prozeß mit der *Klageerhebung* durch den Kläger beginnt (§ 253), daß die Parteien vereinbaren können, daß das Verfahren *ruhen* solle (§ 251), daß das Gericht nicht befugt ist, einer Partei etwas zuzusprechen, was nicht *beantragt* ist (§ 308), daß der Rechtsstreit vor dem Berufungsgerichte in den durch die *Anträge* bestimmten Grenzen von neuem verhandelt werde (§ 525), daß der Prüfung des Revisionsgerichts nur die von den Parteien gestellten *Anträge* unterliegen (§ 559) ꝛc. Wo aber durch die Entscheidung über die Zivilsache gleichzeitig das Staatsinteresse getroffen wird, wie bei Ehe- und Entmündigungssachen, ist im Eheprozeß die Parteidisposition über Anspruch und Prozeßstoff bedeutend abgeschwächt (s. Nr. 910), in Entmündigungssachen aber das Ermittelungsverfahren sogar rein inquisitorisch gestaltet (s. Nr. 949).

In jedem inquisitorischen Verfahren muß notwendig Offizialbetrieb herrschen. Nach diesem Prinzip ist der Prozeßbetrieb, die Fortbewegung des Verfahrens durch Zustellungen, Ladungen rc., ebenso wie die Vollstreckung Sache des Richters, im Gegensatze zum Parteibetrieb, nachdem es Sache der Parteien ist, für die Fortleitung des Verfahrens zu sorgen. Der Parteibetrieb ist aber nicht so notwendige Ergänzung der Verhandlungsmaxime, wie der Offizialbetrieb notwendige Ergänzung der Inquisitionsmaxime ist. Der gemeinrechtliche Prozeß z. B. hatte, obwohl in ihm Verhandlungsmaxime galt, doch weitgehenden Offizialbetrieb. Die ZPO. hat in Anlehnung an das römisch kanonische Recht unter Ablehnung des den französischen Prozeß beherrschenden reinen Parteibetriebs bestimmt, daß nur die Zustellungen, Ladungen und die Vollstreckung im Parteibetrieb erfolgen sollen, aber auch hier noch weitgehende Ausnahmen zugunsten des Offizialbetriebs gemacht; so erfolgen die Ladungen der Zeugen und Sachverständigen und die Zustellung der nicht verkündeten Entscheidungen des Gerichts von Amts wegen.

Ein weiterer in den Prozeßvorschriften der verschiedenen Zeiten hervortretender Gegensatz zeigt sich im Beweisverfahren: in dem formalen und dem materiellen Beweissystem. Das erstere galt im altdeutschen Prozeß. Das Beweisen bestand hier darin, daß die zum Beweise zugelassene Partei bestimmte gesetzliche Formen (Eid der Partei ohne oder mit nach Art und Anzahl bestimmten Zeugen, Zweikampf, Gottesurteil rc.) erfüllte. Tat sie dies, so war damit ihre Behauptung erwiesen; erfüllte sie dagegen die Formen nicht vorschriftsmäßig, so war ihre Behauptung widerlegt. Darauf, ob das Gericht von der Wahrheit oder Unwahrheit der Behauptung durch die Erfüllung oder Nichterfüllung der Formen überzeugt worden war, kam es nicht an. Formales Beweissystem galt zum Teil auch noch im gemeinrechtlichen Prozeß; auch hier war bestimmt, welche Beweismittel die Partei für ihre Behauptung dem Richter vorlegen mußte und welchen Wert die einzelnen Beweismittel für die Überzeugung des Gerichts haben sollten (in ore duorum vel trium testium stat omnis veritas etc.). Im übrigen aber galt im gemeinrechtlichen Prozeß ebenso wie im römischen Recht das materielle Beweissystem, nach welchem das Gericht nach freier Überzeugung auf Grund des beigebrachten Materials entscheidet, ob eine Behauptung der Partei als bewiesen anzunehmen ist oder nicht (freie Beweiswürdigung!). Und auch die ZPO. hat grundsätzlich materielles Beweissystem; „das Gericht hat unter Berücksichtigung des gesamten Inhalts der Verhandlungen und des Ergebnisses einer etwaigen Beweisaufnahme nach freier Überzeugung zu entscheiden, ob eine tatsächliche Behauptung für wahr oder für nicht wahr zu erachten sei" (§ 286). Freilich ist dieses materielle Beweissystem in der ZPO. durch eine Reihe gesetzlicher Beweisregeln durchbrochen. So wird vor allem durch Leistung des Eides voller Beweis der beschworenen Tatsache begründet (s. Nr. 662), so begründen ferner öffentliche Urkunden, wenn sie über eine vor der Behörde oder der Urkundsperson abgegebene Erklärung errichtet sind, vollen Beweis des durch die Behörde oder die Urkundsperson beurkundeten Vorgangs (s. Nr. 601, 602) rc.

Ein zweiter im Beweisverfahren vorkommender Gegensatz ist der zwischen *Beweistrennung* und *Beweisverbindung*. Beweistrennung galt im gemeinrechtlichen Prozeß: hier wurde zunächst in dem das erste Verfahren über die Voraussetzungen des Prozesses abschließenden — durch Rechtsmittel selbständig anfechtbaren — *Beweisurteile* ausgesprochen, *daß* die streitig gebliebenen Behauptungen zu beweisen und *von wem* sie zu beweisen seien; die Beweismittel selbst hatten die Parteien dann erst in dem sich an das erste Verfahren anschließenden weiteren Verfahren anzugeben. Nach dem Grundsatz der Beweisverbindung, der in der ZPO. gilt, haben die Parteien dagegen mit ihren Behauptungen zugleich die Angabe der Beweismittel zu verbinden.

Mit der dem gemeinrechtlichen Prozeß charakteristischen *Cäsur* des ganzen Verfahrens durch das Beweisurteil steht weiter das ihn beherrschende *Eventualprinzip* in Zusammenhang, nach welchem die Parteien *bei Vermeidung des Ausschlusses* allen Prozeßstoff, der begrifflich in einen bestimmten *Prozeßabschnitt* gehört, in diesem auch vorbringen müssen, ohne Rücksicht darauf, ob er zurzeit erheblich ist oder nicht, insbesondere auch dann, wenn die Partei ihn nur *eventuell*, für den Fall des Versagens des in erster Linie Vorgebrachten, geltend machen will. Die ZPO. hat im Gegensatz dazu den Grundsatz der *Einheit der mündlichen Verhandlung*. Entscheidend ist allein die mündliche Verhandlung, auf die das Urteil ergeht. Die Parteien können ihre Angriffs- und Verteidigungsmittel grundsätzlich bis zum Schluß dieser Verhandlung vorbringen, wie in der ersten, so auch in der Berufungsinstanz; durch einen vom Gericht erlassenen Beweisbeschluß wird das Verfahren nicht, wie durch das gemeinrechtliche Beweisurteil, in zwei Abschnitte gegliedert.

Die ZPO. hat die Eventualmaxime verlassen, weil sie mit dem unser heutiges Verfahren beherrschenden Grundsatze der Mündlichkeit der Verhandlung unvereinbar ist, wie sie denn überhaupt nur zur Verhütung der aus der Schriftlichkeit des gemeinrechtlichen Prozesses entspringenden Verschleppung des Verfahrens bestimmt war. Mündlichkeit und Schriftlichkeit! Damit sind wir auf zwei weitere — wenn man von den Grundsätzen der Öffentlichkeit und der Heimlichkeit des Verfahrens absieht — die beiden letzten das Prozeßverfahren der Völker beherrschenden Prinzipien gekommen: den *Grundsatz der Mündlichkeit* im Gegensatz zum *Grundsatz der Schriftlichkeit* des Verfahrens. Nach dem Prinzip der Mündlichkeit, richtiger der *Unmittelbarkeit*, darf der Richter nur das *unmittelbar* von ihm Wahrgenommene, das ihm mündlich Vorgetragene bei der Entscheidung verwerten; nach dem Prinzip der Schriftlichkeit darf er nur das schriftlich in den Akten Niedergelegte bei der Entscheidung berücksichtigen (quod non est in actis, non est in mundo). Der römische Prozeß — abgesehen von der Zeit nach Diokletian — und der altdeutsche Prozeß hatten mündliches Verfahren, der gemeinrechtliche und der preußische Prozeß der Allgemeinen Gerichtsordnung hatten schriftliches Verfahren, die ZPO. in Anlehnung an den französischen und hannoverschen Prozeß wieder mündliches Verfahren. Die Einführung der Mündlichkeit der Verhandlung ist die hauptsächlichste

Reform der ZPO. gegenüber dem vor ihr geltenden Prozeßrecht. Falsch ist es jedoch, wenn man behauptet, daß die ZPO. den Grundsatz der Mündlichkeit nun auch strikte für das ganze Verfahren durchgeführt hat. Einmal nämlich gilt dieser Grundsatz nach der ZPO. obligatorisch nur für die Verhandlung der Parteien über den Rechtsstreit vor dem erkennenden Gericht (s. Nr. 181), und sodann sind auch hier noch Ausnahmen von dem Grundsatze gemacht; so werden insbesondere im Anwaltsprozeß die Anträge der Parteien nur berücksichtigt, wenn sie schriftlich abgefaßt und aus den Schriftsätzen verlesen werden. Überhaupt ist es bloße Zweckmäßigkeitsfrage, welche Form, ob Mündlichkeit, ob Schriftlichkeit, das Prozeßverfahren beherrschen soll. Auch bei der Frage nach der Darbietungsform des Prozeßstoffs hat der Gesetzgeber lediglich zu berücksichtigen, wie der Prozeßzweck am besten erreicht wird. Von diesem Standpunkt aus muß auch bei der Betrachtung der ZPO. und der Erörterung der Durchführung des Grundsatzes der Mündlichkeit der Verhandlung in der ZPO. ausgegangen werden.

I. Buch. Allgemeine Bestimmungen.

1. Abschnitt. Gerichte.

1. Titel. Sachliche Zuständigkeit der Gerichte.

1. Was versteht man unter Zuständigkeit eines Gerichts?

Unter Zuständigkeit eines Gerichts versteht man die Befugnis desselben zur Ausübung der Gerichtsbarkeit in einer bestimmten Sache.

2. Welche Arten der Zuständigkeit unterscheidet man?

Man unterscheidet „sachliche" und „örtliche" Zuständigkeit, je nachdem die Beschaffenheit der Sache oder die Beziehung der Sache zu einem bestimmten Gerichtsbezirk in Betracht kommt.

3. Was bestimmen die Vorschriften über die sachliche Zuständigkeit der ordentlichen Gerichte?

Sie geben an, ob eine bestimmte Sache ihrer Beschaffenheit nach in erster Instanz vor ein Amts- oder Landgericht, in höherer Instanz vor ein Landgericht, Oberlandesgericht oder das Reichsgericht bzw. das Bayerische oberste Landesgericht gehört.

4. Wo finden sich die Bestimmungen über die sachliche Zuständigkeit der Amts- und Landgerichte in erster Instanz?

Die Hauptvorschriften sind im Gerichtsverfassungsgesetz enthalten; daneben finden sich auch in der Zivilprozeßordnung wie in anderen Gesetzen zahlreiche Bestimmungen.

5. Für welche Sachen sind die Amtsgerichte, und für welche die Landgerichte in erster Instanz sachlich zuständig? GVG. §§ 23, 70.

Es sind zuständig

I. für alle nichtvermögensrechtlichen Ansprüche: die Landgerichte;

II. für die vermögensrechtlichen Ansprüche:

1) bis zu 300 Mk.: die Amtsgerichte — über 300 Mk.: die Landgerichte,

2) ohne Rücksicht auf den Streitwert:

a) die Amtsgerichte:

α) für Streitigkeiten zwischen dem Vermieter und dem Mieter oder Untermieter von Wohnräumen oder anderen Räumen oder zwischen dem Mieter und dem Untermieter solcher Räume wegen Überlassung, Benutzung oder Räumung, sowie wegen Zurückhaltung der von dem Mieter oder dem Untermieter in die Mietsräume eingebrachten Sachen;

β) für Streitigkeiten zwischen Dienstherrschaft und Gesinde, zwischen Arbeitgebern und Arbeitern hinsichtlich des Dienst- oder Arbeitsverhältnisses, sowie die im § 4 Abs. 1 des Gewerbegerichtsgesetzes vom 29. September 1901 bezeichneten Streitigkeiten zwischen gewerblichen Arbeitern und ihren Arbeitgebern „über den Antritt, die Fortsetzung oder die Auflösung des Arbeitsverhältnisses, sowie über die Aushändigung und den Inhalt des Arbeitsbuchs oder Zeugnisses, Lohnbuchs, Arbeitszettels oder Lohnzahlungsbuchs", — insofern diese Streitigkeiten während der Dauer des Dienst-, Arbeits- oder Lehrverhältnisses entstehen;

γ) für Streitigkeiten zwischen Reisenden und Wirten, Fuhrleuten, Schiffern, Flößern oder Auswanderungsexpedienten in den Einschiffungshäfen, welche über Wirtszechen, Fuhrlohn, Überfahrtsgelder, Beförderung der Reisenden und ihrer Habe und über Verlust und Beschädigung der letzteren, sowie für Streitigkeiten zwischen Reisenden und Handwerkern, welche aus Anlaß der Reise entstanden sind;

δ) für Streitigkeiten wegen Viehmängel;

ε) für Streitigkeiten wegen Wildschadens;

ζ) für Ansprüche aus einem außerehelichen Beischlaf;

b) die Landgerichte:

α) für die Ansprüche, welche auf Grund des Gesetzes vom 1. Juni 1870 über die Abgaben von der Flößerei oder auf Grund des Gesetzes über die Rechtsverhältnisse der Reichsbeamten vom 31. März 1873 gegen den Reichsfiskus erhoben werden;

β) für die Ansprüche gegen Reichsbeamte wegen Überschreitung ihrer amtlichen Befugnisse oder wegen pflichtwidriger Unterlassung von Amtshandlungen.

6. Für welche Sachen sind außerdem noch wegen der besonderen Dringlichkeit oder Einfachheit des Verfahrens die Amtsgerichte sachlich zuständig? GVG. §§ 23, 157; ZPO. §§ 486 Abs. 3; 510, 609; 689; 764, 828; 899; KO. §§ 71, 214, 218.

Die Amtsgerichte sind außerdem namentlich zuständig:

a) für das Aufgebotsverfahren;

b) für das Rechtshilfeverfahren;

c) für die Sicherung des Beweises, sofern der Rechtsstreit noch nicht anhängig ist;

d) für den Sühneversuch vor Einleitung des Rechtsstreits;

e) für das Mahnverfahren;

f) für die Tätigkeit als Vollstreckungsgerichte im Zwangsvollstreckungsverfahren;

g) für die Abnahme des Offenbarungseides;
h) für das Konkursverfahren.

7. Ist die sachliche Zuständigkeit der Gerichte stets eine ausschließliche, d. h. der Parteivereinbarung entzogene? zit. §§ ad Nr. 6; GVG. § 70 Abs. 2; ZPO. §§ 606, 665, 679 Abs. 4.

Im allgemeinen ist die sachliche Zuständigkeit der Gerichte keine ausschließliche; ausschließlich ist sie nur, wo dies ausdrücklich gesetzlich bestimmt ist, so:

a) in bezug auf die unter Nr. 6 aufgezählten, den Amtsgerichten zugewiesenen Rechtssachen;

b) hinsichtlich der den Landgerichten ohne Rücksicht auf den Streitwert zugewiesenen vermögensrechtlichen Streitigkeiten (Nr. 5 II 2b).

c) von den nichtvermögensrechtlichen Streitigkeiten endlich: hinsichtlich des Verfahrens in Ehesachen und der Anfechtungs- und Wiederaufhebungsklage in Entmündigungssachen.

8. Führen die Bestimmungen über die sachliche Zuständigkeit der Gerichte dahin, daß das Urteil eines Land- oder Amtsgerichts deswegen angefochten werden kann, weil die sachliche Zuständigkeit zu Unrecht angenommen sei? § 10.

Hat das Gericht seine sachliche Zuständigkeit, die es von Amts wegen zu prüfen hat, — nach Meinung einer Partei — zu Unrecht angenommen, so ist die Anfechtung des Urteils aus diesem Grunde immer statthaft, wenn die Zuständigkeit eine ausschließliche ist, im übrigen nur, soweit keine rechtsgültige Parteivereinbarung zustande gekommen ist.

In keinem Falle aber kann das Urteil eines Landgerichts aus dem Grunde angefochten werden, weil die Zuständigkeit des Amtsgerichts begründet gewesen sei.

9. Durch welche Bestimmung wird verhütet, daß sich das Amts- und Landgericht in derselben Sache beide rechtskräftig für sachlich unzuständig erklären? §§ 11, 36 Z. 5 u. 6.

Durch die Bestimmung, daß das Urteil, durch welches sich das eine Gericht auf Grund der Vorschriften über die sachliche Zuständigkeit der Gerichte rechtskräftig für unzuständig erklärt hat, für das andere Gericht — wie überhaupt für jedes Gericht — bindend ist, bei dem die Sache später anhängig wird.

Hat sich trotzdem das Amtsgericht wie das Landgericht in derselben Sache rechtskräftig für sachlich unzuständig erklärt, so bestimmt — wie immer, wenn zwei Gerichte sich in derselben Sache für zuständig oder unzuständig erklären — das übergeordnete Oberlandesgericht das zuständige Gericht.

10. Wie wird bei vermögensrechtlichen Sachen der Wert des Streitgegenstandes bestimmt, wenn er für die sachliche Zuständigkeit ausschlaggebend ist? §§ 2, 3.

Den Wert des Streitgegenstandes bestimmt in solchem Falle das Gericht nach seinem freien Ermessen. Um eine sichere Grundlage für die Berechnung zu gewinnen, kann es von Amts wegen die Einnahme des Augenscheines und auch die Begutachtung durch Sachverständige anordnen, eine sonstige Beweisaufnahme jedoch nur auf Antrag einer Partei.

11. Hat das Gericht bei der Bestimmung des Streitwerts völlig freies Ermessen? §§ 4 Abs. 1, Satz 1; 5; 4 Abs. 1 Satz 2; 9.

Nein. — Es ist bei der Berechnung an bestimmte gesetzliche Regeln gebunden.

Die Hauptregeln sind folgende:

a) der für die Wertsberechnung entscheidende Zeitpunkt ist die Klageerhebung;

b) mehrere in einer Klage geltend gemachte Ansprüche werden zusammengerechnet — eine Zusammenrechnung des Gegenstandes der Klage und der Widerklage findet aber nicht statt;

c) Früchte, Nutzungen, Zinsen, Schäden und Kosten bleiben unberücksichtigt, wenn sie als Nebenforderungen geltend gemacht werden;

d) bei Streitigkeiten über ein Recht auf wiederkehrende Nutzungen oder Leistungen werden diese kapitalisiert.

12. Wann sind eingeklagte Früchte ꝛc. als Nebenforderungen anzusehen? § 4 Abs. 2.

Sie sind als Nebenforderungen anzusehen, wenn sie ihrer Entstehung nach als von dem Hauptanspruch abhängig geltend gemacht werden.

Bei Ansprüchen aus Wechseln im Sinne der Wechselordnung sind Zinsen, Kosten und Provision stets als Nebenforderungen zu betrachten.

13. Nach welchen Grundsätzen geschieht die Kapitalisierung der wiederkehrenden Nutzungen oder Leistungen

I. a) bei unbeschränkter Dauer des Bezugsrechts;

b) bei bestimmter Dauer des Bezugsrechts;

c) wenn der künftige Wegfall des Bezugsrechts gewiß, die Zeit des Wegfalls aber ungewiß ist;

II. in allen übrigen Fällen? § 9.

I. Maßgebend ist

a) der fünfundzwanzigfache Betrag des einjährigen Bezugs;

b) der Gesamtbetrag der künftigen Bezüge, in maximo jedoch wiederum der fünfundzwanzigfache Betrag des einjährigen Bezugs;

c) der zwölfundeinhalbfache Betrag des einjährigen Bezugs.

II. In allen übrigen Fällen, wie z. B. bei einem resolutiv bedingten Bezugsrecht, greift die allgemeine Regel des freien Ermessens des Gerichts ein.

14. In welchem Sonderfalle ist außerdem noch die Kapitalisierung Grundlage der Wertsbestimmung? § 8.

Für den Fall, daß das Bestehen oder die Dauer eines Pacht- oder Mietsverhältnisses streitig ist. Hier ist der Betrag des auf die gesamte streitige Zeit fallenden Zinses, und wenn der fünfundzwanzigfache Betrag geringer ist, dieser Betrag für die Wertsberechnung entscheidend.

15. Macht es einen Unterschied für die Berechnung des Streitwertes, ob das Eigentum an einer Sache oder nur der Besitz derselben streitig ist? § 6.

Nein. — Der Wert des Streitgegenstandes wird in beiden Fällen durch den Wert der Sache bestimmt.

16. Was ist als Streitwert anzunehmen, wenn die Sicherstellung einer Forderung oder ein Pfandrecht Gegenstand des Rechtsstreits ist? § 6.

In beiden Fällen ist Streitwert der Betrag der zu sichernden Forderung. Hat der Gegenstand des Pfandrechts jedoch einen geringeren Wert, so ist dieser maßgebend.

17. Wie wird der Wert einer Grunddienstbarkeit berechnet? § 7.

Im allgemeinen wird der Wert einer Grunddienstbarkeit durch den Wert, welchen dieselbe für das herrschende Grundstück hat, bestimmt; nur wenn der Betrag, um welchen sich der Wert des dienenden Grundstücks durch die Dienstbarkeit mindert, größer ist, ist dieser Betrag entscheidend.

2. Titel. **Gerichtsstand.**

18. Was versteht man unter örtlicher Zuständigkeit eines Gerichts?

Man versteht darunter die Befugnis eines bestimmten von mehreren gleichartigen (sachlich zuständigen) Gerichten zur Ausübung der Gerichtsbarkeit in einer bestimmten Sache.

19. Gebraucht das Gesetz den Ausdruck „Örtliche Zuständigkeit"?

Nein. — Das Gesetz stellt alles auf den Begriff des Gerichtsstandes ab, d. h. auf die Verpflichtung und Berechtigung der angegriffenen Partei, ihr Recht vor einem bestimmten — eben dem örtlich zuständigen — Gerichte zu nehmen (actor sequitur forum rei).

20. Wem steht die Wahl zu, wenn mehrere Gerichtsstände für dieselbe Sache begründet sind? § 35.

Unter mehreren zuständigen Gerichten hat die angreifende Partei die Wahl.

21. Nach welchen verschiedenen Gesichtspunkten teilt man die Gerichtsstände ein? § 12.

Man unterscheidet:

1) allgemeine und besondere Gerichtsstände, je nachdem das Gericht für alle gegen die Partei zu erhebenden Klagen — ausgenommen die, für die ein ausschließlicher Gerichtsstand besteht — oder nur für gewisse Klagen zuständig ist;

2) ausschließliche — d. h. sowohl die Vereinbarung der Parteien als auch regelmäßig (S. Nr. 43 d) das der angreifenden Partei im allgemeinen zustehende Wahlrecht bezüglich des Gerichtsstandes ausschließende — und nicht ausschließliche Gerichtsstände;

3) vereinbarte, richterliche und gesetzliche Gerichtsstände.

22. Wodurch wird der allgemeine Gerichtsstand einer natürlichen Person bestimmt? §§ 13, 16. Vgl. aber §§ 606 Abs. 2, 642, 648 Abs. 2.

Prinzipiell wird er durch den, sich nach dem bürgerlichen Gesetzbuch bestimmenden, Wohnsitz der Person im Inland, d. h. im Deutschen Reich, bestimmt; hat die Person zur Zeit weder im Inlande noch im Auslande einen Wohnsitz: subsidiär durch den Aufenthaltsort im Deutschen Reich — und wenn ein solcher nicht bekannt ist: durch den letzten Wohnsitz, sofern dieser im Inland begründet war.

23. Durch welche Bestimmungen ergänzt die ZPO. die Vorschriften des bürgerlichen Gesetzbuches über den Wohnsitz

a) hinsichtlich der Militärpersonen,

b) hinsichtlich der exterritorialen Deutschen,

c) hinsichtlich der im Auslande angestellten Beamten des Reichs oder eines Bundesstaats? §§ 14; 15, GVG. §§ 18 ff.

a) Ist der für den Wohnsitz einer Militärperson maßgebende Garnisonort in mehrere Gerichtsbezirke geteilt, so wird der als Wohnsitz geltende Bezirk von der Landesjustizverwaltung durch allgemeine Anordnung bestimmt.

b) Sowohl die nach Völkerrecht wie auch die nach dem Gerichtsverfassungsgesetz exterritorialen Deutschen behalten in Ansehung des Gerichtsstandes den Wohnsitz, den sie in dem Heimatstaate hatten. Hatten sie keinen solchen, so wird die Hauptstadt des Heimatstaates bzw. des Deutschen Reiches als Wohnsitz fingiert.

c) Das gleiche gilt von den im Auslande angestellten und dort einen Wohnsitz habenden Beamten des Reichs oder eines Bundesstaats. — Mangels dieser besonderen Vorschrift würden sie, da sie im Auslande einen Wohnsitz haben, einen subsidiären allgemeinen Gerichtsstand im Inlande nicht besitzen (Nr. 22).

24. Wodurch wird der allgemeine Gerichtsstand der juristischen Personen und derjenigen Personenverbände bzw. Behörden bestimmt, welche als solche, ohne juristische Persönlichkeit zu haben, verklagt werden können? § 17.

Durch den „Sitz" derselben; wobei als Sitz, sofern nicht ein anderes erhellt, der Ort zu betrachten ist, wo die Verwaltung geführt wird. Gewerkschaften haben ihren allgemeinen Gerichtsstand bei dem Gericht, in dessen Bezirk das Bergwerk liegt, Behörden bei dem Gerichte ihres Amtssitzes.

Neben diesem Gerichtsstande ist jedoch auch ein durch Statut oder in anderer Weise geregelter allgemeiner Gerichtsstand zulässig.

25. Was gilt im besonderen für den allgemeinen Gerichtsstand des Fiskus? § 18.

Er wird durch den Amtssitz der Behörde bestimmt, welche berufen ist, den Fiskus in dem Rechtsstreite zu vertreten.

26. Wodurch werden die besonderen Gerichtsstände bestimmt?

Sie werden teils, wie der allgemeine Gerichtsstand, durch in der Person der Partei liegende Gründe, teils auch durch die besondere Natur des Rechtsstreits bestimmt.

27. Welches sind die besonderen Gerichtsstände? §§ 20—34; 603 Abs. 2, 606 Abs. 2, 689, 919 2c.; KO. §§ 71, 146; HGB. §§ 272, 306, 309; EG. z. ZPO. §§ 11, 15 Z. 2.

Die besonderen Gerichtsstände der ZPO. sind:

1) der Gerichtsstand des dauernden Aufenthalts (nicht zu verwechseln mit dem subsidiären allgemeinen Gerichtsstand des Aufenthaltsorts, Nr. 22);

2) der Gerichtsstand des Orts der Niederlassung;

3) der Gerichtsstand der Mitgliedschaft an einem Personenverbande;

4) der Gerichtsstand des Vermögens (das gemeinrechtliche forum arresti);

5) der Gerichtsstand der belegenen — unbeweglichen — Sache (dinglicher Gerichtsstand, forum rei sitae);

6) der Gerichtsstand der Erbschaft;

7) der Gerichtsstand des Erfüllungsorts (forum contractus sive solutionis);

8) der Gerichtsstand des Meß- und Marktorts;

9) der Gerichtsstand der Vermögensverwaltung;

10) der Gerichtsstand der unerlaubten Handlung (forum delicti commissi);

11) der Gerichtsstand des Zusammenhangs (forum connexitatis);

12) der Gerichtsstand der Widerklage;

und andere mehr.

Auch die anderen Reichsgesetze und manche Landesgesetze enthalten noch weitere besondere Gerichtsstände.

28. Der Gerichtsstand des dauernden Aufenthalts:

a) welches Gericht ist zuständig,

b) für welche Klagen ist es zuständig? § 20.

a) Zuständig ist das Gericht des Orts, an welchem sich die angegriffene Partei unter Verhältnissen aufhält, die ihrer Natur nach auf einen Aufenthalt von längerer Dauer hinweisen, insbesondere als Dienstbote, Hand- und Fabrikarbeiter, Gewerbegehilfe, Studierender, Schüler oder Lehrling; bei Militärpersonen, welche nur zur Erfüllung der Wehrpflicht dienen oder selbständig einen Wohnsitz nicht begründen können, tritt an Stelle des Aufenthaltsorts der Garnisonort.

b) Dieses Gericht ist zuständig nur für Klagen wegen vermögensrechtlicher Ansprüche, d. h. solcher Ansprüche, welche sich auf ein geldwertes Recht beziehen.

29. Der Gerichtsstand des Orts der Niederlassung:

a) welches Gericht ist zuständig,

b) für welche Klagen ist es zuständig? § 21.

a) Zuständig ist das Gericht des Orts, wo die angegriffene Partei entweder eine gewerbliche Niederlassung, von der aus unmittelbar Geschäfte geschlossen werden, oder eine landwirtschaftliche Niederlassung hat, d. h. wenn er an dem Orte ein mit Wohn- und Wirtschaftsgebäuden versehenes Gut als Eigentümer, Nutznießer oder Pächter bewirtschaftet.

b) Dieses Gericht ist zuständig für solche Klagen, welche auf den Geschäftsbetrieb der gewerblichen Niederlassung oder die Bewirtschaftung des Guts sich erstreckende Rechtsverhältnisse betreffen.

30. Der Gerichtsstand der Mitgliedschaft an einem Personenverbande:

a) welches Gericht ist zuständig,

b) für welche Klagen ist es zuständig? § 22.

a) Zuständig ist das Gericht, bei welchem der Personenverband (Gemeinden, Korporationen, Gesellschaften, Genossenschaften oder andere Vereine) seinen allgemeinen Gerichtsstand hat.

b) Das Gericht ist zuständig für alle Klagen, welche von dem Personenverbande selbst gegen seine Mitglieder als solche, oder von den Mitgliedern in dieser Eigenschaft gegeneinander erhoben werden.

31. Der Gerichtsstand des Vermögens:

a) welches Gericht ist zuständig,

b) für welche Klagen ist es zuständig;

c) wodurch ist dieser Gerichtsstand aber bedingt? § 23.

a) Zuständig ist das Gericht, in dessen Bezirke sich der mit der Klage in Anspruch genommene Gegenstand oder irgend welches Vermögen der angegriffenen Partei befindet, wobei hinsichtlich einer Forderung als Ort, wo sich das Vermögen befindet, der Wohnsitz des Drittschuldners gilt, und wenn für die Forderung eine Sache zur Sicherheit haftet, daneben auch noch der Ort, wo sich die Sache befindet.

b) Das Gericht ist zuständig für alle Klagen wegen vermögensrechtlicher Ansprüche.

c) Dieser Gerichtsstand ist aber dadurch bedingt, daß die angegriffene Partei im Inlande keinen Wohnsitz hat: im Inlande, nicht auch im Auslande — insofern unterscheidet sich dieser subsidiäre besondere Gerichtsstand von dem subsidiären allgemeinen Gerichtsstande des Aufenthaltsorts (S. Nr. 22).

32. Der Gerichtsstand der belegenen unbeweglichen Sache:

a) welches Gericht ist zuständig,

b) für welche Klagen ist das Gericht zuständig;

c) inwiefern ist dieser Gerichtsstand für die verschiedenen Klagen, hinsichtlich deren die Zuständigkeit des Gerichts der belegenen Sache begründet ist, ein verschiedener? §§ 24—26; EG. z. ZPO. § 15 Z. 2.

a) Zuständig ist das Gericht, in dessen Bezirk die unbewegliche Sache belegen ist, wobei bei den eine Grunddienstbarkeit, eine Reallast oder ein Vorkaufsrecht betreffenden Klagen die Lage des dienenden oder belasteten Grundstücks entscheidend ist.

b) Das Gericht ist zuständig

α) in erster Linie für alle Klagen, durch welche das Eigentum, eine dingliche Belastung oder die Freiheit von einer solchen geltend gemacht wird; ferner für Grenzscheidungs- Teilungs- und Besitzklagen, immer aber nur, soweit es sich um unbewegliche Sachen handelt;

β) daneben auch für persönliche Klagen:

$\alpha\alpha$) wenn sie mit der zugehörigen dinglichen Klage verbunden werden, nämlich die Schuldklage mit der Klage aus einer Hypothek, Grund- oder Rentenschuld, — die Klage auf Befreiung von der persönlichen Verbindlichkeit mit der Klage auf Umschreibung oder Löschung einer Hypothek, Grund- oder Rentenschuld, — die Klage auf rückständige Leistungen aus einer Reallast mit der Klage auf Anerkennung der Reallast; — vorausgesetzt jedoch immer, daß die verbundenen Klagen gegen denselben Beklagten gerichtet sind;

$\beta\beta$) wenn sie gegen den Eigentümer oder Besitzer einer unbeweglichen Sache als solchen gerichtet werden (actiones in rem scriptae);

$\gamma\gamma$) wenn sie wegen Beschädigung eines Grundstücks oder in betreff der Entschädigung wegen Enteignung eines Grundstücks erhoben werden.

c) Der Gerichtsstand ist ein ausschließlicher für die sub α) aufgeführten — (vorzugsweise) dinglichen — Klagen, während die sub β) aufgezählten persönlichen Klagen in ihm vorgebracht werden können, aber nicht müssen, soweit nicht etwa gemäß Landesrecht auch für sie der Gerichtsstand ein ausschließlicher ist, wie in Preußen und Bayern hinsichtlich der Entschädigungsklage wegen Enteignung eines Grundstücks (Pr. Enteignungsgesetz vom 11. 6. 74 § 30 und Bayer. AG. z. ZPO. Art. 50).

33. Der Gerichtsstand der Erbschaft:

a) welches Gericht ist zuständig,

b) für welche Klagen ist es zuständig? §§ 27, 28.

a) Zuständig ist das Gericht, bei welchem der Erblasser zurzeit seines Todes den allgemeinen Gerichtsstand gehabt hat. Hatte er zurzeit seines Todes im Inlande keinen allgemeinen Gerichtsstand, weil er nämlich im Ausland einen Wohnsitz hatte, so ist für den Fall, daß er Deutscher war, das Gericht zuständig, in dessen Bezirke der Erblasser seinen letzten inländischen Wohnsitz hatte — und wenn er im Inlande niemals einen Wohnsitz gehabt hat: das Gericht der Hauptstadt des Heimatstaats.

b) Das Gericht ist zuständig

α) schlechthin: für die Klagen, welche die Feststellung des Erbrechts, Ansprüche des Erben gegen einen Erbschaftsbesitzer, Ansprüche aus Vermächtnissen oder sonstigen Verfügungen von Todes wegen, Pflichtteilsansprüche oder die Teilung der Erbschaft zum Gegenstande haben;

β) solange sich der Nachlaß noch ganz oder teilweise im Bezirk des Gerichts befindet, oder die vorhandenen mehreren Erben noch als Gesamtschuldner haften: auch für Klagen wegen anderer Nachlaßverbindlichkeiten.

34. Der Gerichtsstand des Erfüllungsorts:

a) für welche Klagen ist er gegeben,

b) welches Gericht ist zuständig? § 29.

a) Er ist gegeben für Klagen auf Feststellung des Bestehens oder Nichtbestehens eines Vertrages, auf Erfüllung oder Aufhebung eines solchen sowie auf Entschädigung wegen Nichterfüllung oder nicht gehörige Erfüllung.

b) Zuständig ist das Gericht des Orts, wo die streitige Verpflichtung — gemäß den Vorschriften des bürgerlichen Rechts — zu erfüllen ist.

35. Der Gerichtsstand des Meß- und Marktorts:

a) für welche Klage ist das Gericht des Meß- und Marktorts zuständig;

b) wann ist die Zuständigkeit dieses Gerichts jedoch nur gegeben? § 30.

a) Das Gericht des Meß- und Marktorts ist zuständig für Klagen aus den auf Messen und Märkten — mit Ausnahme der Jahr- und Wochenmärkte — geschlossenen Handelsgeschäften (Meß- und Marktsachen).

b) Das Gericht ist jedoch nur zuständig, wenn die Erhebung der Klage erfolgt, während der Beklagte oder ein zur Prozeßführung berechtigter Vertreter desselben am Orte oder im Bezirk des Gerichts sich aufhält.

36. Der Gerichtsstand der Vermögensverwaltung:

a) welches Gericht ist zuständig,

b) für welche Klagen ist es zuständig? § 31.

a) Zuständig ist das Gericht des Orts, an dem die Vermögensverwaltung geführt wird, und zwar

b) für die Klagen, welche aus der Vermögensverwaltung von dem Geschäftsherrn gegen den Verwalter oder von diesem gegen jenen erhoben werden.

37. Der Gerichtsstand der unerlaubten Handlung:

für welche Klagen und bei welchem Gericht ist dieser Gerichtsstand begründet? § 32.

Für Klagen aus unerlaubten Handlungen ist das Gericht zuständig, in dessen Bezirk die Handlung begangen ist.

38. Der Gerichtsstand des Zusammenhangs:

a) für welche Klagen ist dieser Gerichtsstand gegeben,

b) welches Gericht ist zuständig? § 34.

a) Der Gerichtsstand ist gegeben für Klagen der Prozeßbevollmächtigten, der Beistände, der Zustellungsbevollmächtigten und der Gerichtsvollzieher wegen Gebühren und Auslagen gegen die Partei, in deren Auftrag oder als deren Geschäftsführer ohne Auftrag sie gehandelt haben.

b) Zuständig ist das Gericht erster Instanz des Hauptprozesses, und zwar ohne Rücksicht auf die sachliche Zuständigkeit.

39. Der Gerichtsstand der Widerklage:

a) Begriff der Widerklage;

b) welches Gericht ist für die Widerklage zuständig;

c) welche Ansprüche können mittels Widerklage erhoben werden? §§ 33; 529 Abs. 2, 561.

a) Widerklage ist eine im Laufe eines Rechtsstreits von dem Beklagten gegen den Kläger in demselben Verfahren erhobene Klage.

b) Zuständig ist das Gericht, bei dem die Vorklage zurzeit schwebt; jedoch kann die Widerklage vor dem Berufungsgericht nur noch mit Einwilligung des Gegners, und vor dem Revisionsgericht überhaupt nicht mehr vorgebracht werden.

c) Mittels Widerklage können alle vermögensrechtlichen Ansprüche — außer wenn sie vor ein anderes Gericht gehören, weil dort für sie ein ausschließlicher Gerichtsstand besteht — erhoben werden, sofern sie mit dem in der Vorklage geltend gemachten Anspruch oder mit den gegen denselben vorgebrachten Verteidigungsmitteln in — rechtlichem — Zusammenhange stehen. In rechtlichen Zusammenhang stehen aber zwei Ansprüche, wenn sie demselben Rechtsverhältnisse entspringen.

40. In welchen Fällen wird das örtlich zuständige Gericht durch Richterspruch bestimmt? § 36.

Durch Richterspruch wird das örtlich zuständige Gericht bestimmt:

1) wenn das an sich zuständige Gericht in einem einzelnen Falle an der Ausübung des Richteramts rechtlich oder tatsächlich verhindert ist;

2) wenn es mit Rücksicht auf die Grenzen verschiedener Gerichtsbezirke ungewiß ist, welches Gericht für den Rechtsstreit zuständig sei;

3) wenn mehrere Personen, welche bei verschiedenen Gerichten ihren allgemeinen Gerichtsstand haben, als Streitgenossen im allgemeinen Gerichtsstande verklagt werden sollen und für den Rechtsstreit ein gemeinschaftlicher besonderer Gerichtsstand nicht begründet ist;

4) wenn die Klage in dem dinglichen Gerichtsstande erhoben werden soll und die Sache in den Bezirken verschiedener Gerichte belegen ist;

und wie bei wegen sachlicher Zuständigkeit entstehendem Kompetenzkonflikt ferner noch:

5) wenn in einem Rechtsstreite verschiedene Gerichte sich rechtskräftig für zuständig erklärt haben;

6) wenn verschiedene Gerichte, von welchen eines für den Rechtsstreit zuständig ist, sich rechtskräftig für unzuständig erklärt haben.

40 a. Durch welches Gericht erfolgt die Bestimmung des zuständigen Gerichts? § 36; vgl. EG. z. ZPO. § 9.

Das zuständige Gericht wird durch das dem einzelnen beteiligten Gerichte bzw. den sämtlichen Gerichten gemeinsam übergeordnete Gericht bestimmt.

40 b. Wie wird die Entscheidung des übergeordneten Gerichts herbeigeführt? § 37.

Das Gesuch um Bestimmung des zuständigen Gerichts ist schriftlich bei dem übergeordneten Gericht einzureichen. Es kann über dasselbe ohne vorgängige mündliche Verhandlung entschieden werden.

Wird das Gesuch zurückgewiesen, so ist, sofern nicht das Reichsgericht entschieden hat, das Rechtsmittel der Beschwerde gegeben; der dem Gesuch stattgebende Beschluß ist unanfechtbar.

3. Titel. **Vereinbarung über die Zuständigkeit der Gerichte.**

41. Was versteht man unter Vereinbarung über die Zuständigkeit der Gerichte?

Hierunter versteht man die Begründung der Zuständigkeit eines nach den Regeln des öffentlichen Rechts nicht zuständigen Gerichts durch Parteivereinbarung.

42. Hinsichtlich welcher Zuständigkeit ist Parteivereinbarung zulässig?

Sowohl ein sachlich wie ein örtlich unzuständiges Gericht, wie auch ein sachlich und örtlich zugleich unzuständiges Gericht, kann durch Parteivereinbarung zuständig werden.

43. Ist Parteivereinbarung über die Zuständigkeit unbeschränkt zulässig? §§ 38, 40 (606).

Nein, vielmehr ist sie nur zulässig:

a) bezüglich der ordentlichen Gerichte erster Instanz,

b) hinsichtlich vermögensrechtlicher Ansprüche,

c) bezüglich eines bestimmten Rechtsverhältnisses und der aus demselben entspringenden Rechtsstreitigkeiten,

d) sofern für die Klage nicht kraft Gesetzes ein bestimmtes Gericht sachlich oder örtlich ausschließlich zuständig ist. — Soweit jedoch trotz Bestehens eines ausschließlichen Gerichtsstandes dem Kläger noch eine beschränkte Wahl belassen ist (wie z. B. im Eheverfahren, — wo ausschließlicher Gerichtsstand der allgemeine Gerichtsstand des Ehemannes ist, — wenn der Ehemann an mehreren Orten einen Wohnsitz hat), können die Parteien auch eines der mehreren zuständigen Gerichte ausschließlich zuständig machen.

44. Ist die vereinbarte Zuständigkeit eines Gerichts stets eine ausschließliche?

Ob die vereinbarte Zuständigkeit eine ausschließliche oder nur eine mit der nach allgemeinen Regeln begründeten Zuständigkeit konkurrierende ist, hängt von dem Willen der Parteien ab.

45. Wann und in welcher Form muß die Vereinbarung erfolgen? § 38.

Sie kann vor wie während des Rechtsstreits erfolgen und ist formlos, sie kann durch ausdrückliche Erklärung und auch stillschweigend (durch konkludente Handlungen) zustande kommen.

46. Wann vermutet das Gesetz eine stillschweigende Vereinbarung? § 39.

Eine stillschweigende Vereinbarung erachtet das Gesetz dann für vorliegend, wenn der Beklagte zur Hauptsache (d. h. über den Streitgegenstand selbst) mündlich verhandelt hat, ohne die Unzuständigkeit des Gerichts geltend zu machen.

47. Ist gegen die gesetzlich vermutete Vereinbarung Gegenbeweis zulässig?

Ein Gegenbeweis ist ausgeschlossen; die Vermutung charakterisiert sich als praesumptio iuris et de iure.

4. Titel. **Ausschließung und Ablehnung der Gerichtspersonen.**

48. In welchem Verhältnis steht die Ausschließung einer Gerichtsperson zur Ablehnung derselben?

Ausschließung und Ablehnung sind nicht koordinierte Begriffe. Ausschließung ist die unmittelbar kraft Gesetzes eintretende rechtliche Folge gewisser Tatbestände (Ausschließungsgründe). Nicht immer tritt damit notwendig auch gleichzeitig die faktische Ausschließung — als Selbstausschließung — ein. Dann aber können die Parteien die faktische Ausschließung herbeiführen im Wege der Ablehnung (die Ausschließungsgründe werden als Ablehnungsgründe verwertet). Eine Ablehnung ist jedoch wiederum nicht nur statthaft wegen eines Ausschließungsgrundes, sondern auch wegen Besorgnis der Befangenheit (Ablehnungsgrund im engeren Sinne).

49. Auf welche Gerichtspersonen bezieht sich die Ausschließung und Ablehnung? §§ 41, 49; GVG. § 156.

Auf Richter und Gerichtsschreiber. — Gerichtsvollzieher sind zwar in gewissen Fällen kraft Gesetzes ausgeschlossen, können aber nicht wegen Besorgnis der Befangenheit abgelehnt werden.

50. Aus welchen Gründen sind die Gerichtspersonen von der Ausübung ihres Amtes kraft Gesetzes ausgeschlossen? § 42; GVG. § 156.

Richter und Gerichtsschreiber sind ausgeschlossen:

1) in Sachen, in denen sie selbst Partei oder doch Mitberechtigter, Mitverpflichteter oder Regreßpflichtiger der Partei sind;

2) in Sachen ihrer Ehefrau, auch wenn die Ehe nicht mehr besteht;

3) in Sachen einer Person, mit der sie in gerader Linie verwandt, verschwägert oder durch Adoption verbunden, in der Seitenlinie bis zum dritten Grade verwandt oder bis zum zweiten Grade verschwägert sind, auch wenn die Ehe, durch welche die Schwägerschaft begründet ist, nicht mehr besteht;

4) in Sachen, in denen sie als Prozeßbevollmächtigter oder Beistand einer Partei bestellt oder als gesetzlicher Vertreter einer Partei aufzutreten berechtigt sind oder auch nur gewesen sind;

5) in Sachen, in denen sie als Zeuge oder Sachverständiger vernommen sind.

Richter allein endlich auch noch in Sachen, in denen sie in einer früheren Instanz oder im schiedsrichterlichen Verfahren bei der Erlassung der angefochtenen Entscheidung mitgewirkt haben, sofern es sich nicht — was für die Ausschließung hier ausnahmsweise in Betracht kommt — um die Tätigkeit eines beauftragten oder ersuchten Richters handelt.

Gerichtsvollzieher sind nur in den Fällen 1—3 ausgeschlossen.

51. Wann liegt Besorgnis der Befangenheit vor? § 42 Abs. 2.

Wenn ein Grund vorhanden ist, welcher geeignet ist, Mißtrauen gegen die Unparteilichkeit der Gerichtsperson zu rechtfertigen.

52. Welcher Partei steht das Ablehnungsrecht zu? § 42 Abs. 3.

Beiden Parteien, nicht nur der, die sich gefährdet glaubt.

53. Können die Parteien auch nach Einlassung in die Verhandlung ihr Ablehnungsrecht geltend machen? §§ 43, 44 Abs. 4.

I. Aus Besorgnis der Befangenheit ist eine Ablehnung nach Einlassung in die Verhandlung nicht mehr statthaft, es sei denn, daß der Partei der Ablehnungsgrund vorher nicht bekannt war, was sie glaubhaft zu machen hat.

II. Dagegen kann wegen eines Ausschließungsgrundes eine Gerichtsperson jederzeit abgelehnt werden.

54. Form und Inhalt des Ablehnungsgesuches! § 44 Abs. 1 u. 2.

Das Ablehnungsgesuch ist mündlich oder schriftlich bei dem Gerichte anzubringen, dem die Gerichtsperson angehört; es kann auch vor dem Gerichtsschreiber zu Protokoll erklärt werden.

Der Ablehnungsgrund ist anzugeben und glaubhaft zu machen — jedoch nicht durch eidesstattliche Versicherung; wohl aber darf zur Glaubhaftmachung auf das Zeugnis des abgelehnten Richters Bezug genommen werden.

55. Inwiefern hat die Ablehnung einen beschränkten Suspensiveffekt? § 47.

Ein abgelehnter Richter hat vor Erledigung des Ablehnungsgesuches nur solche Handlungen vorzunehmen, welche keinen Aufschub gestatten.

56. Wie entwickelt sich das weitere Verfahren:

a) bei Ablehnung eines Amtsrichters,

b) eines Kollegialrichters,

c) eines Gerichtsschreibers? §§ 45 Abs. 2; 45 Abs. 1; 49.

Die abgelehnte Gerichtsperson äußert sich dienstlich über den Ablehnungsgrund:

a) hält der Amtsrichter das Ablehnungsgesuch für begründet, so bedarf es einer Entscheidung nicht (es tritt eben Selbstausschließung ein); anderenfalls entscheidet das übergeordnete Landgericht;

b) hier entscheidet das Gericht, welchem der Abgelehnte angehört; wenn dasselbe durch Ausscheiden des abgelehnten Mitgliedes beschlußunfähig wird, das im Instanzenzuge zunächst höhere Gericht;

c) ist ein Gerichtsschreiber abgelehnt worden, so erfolgt die Entscheidung durch das Gericht, bei welchem der Gerichtsschreiber angestellt ist.

57. Form und Anfechtung der Entscheidung über das Ablehnungsgesuch! § 46.

Die Entscheidung ergeht durch Beschluß, der ohne vorgängige mündliche Verhandlung erlassen werden kann.

Gegen den Beschluß, durch welchen das Gesuch für begründet erklärt wird, findet kein Rechtsmittel — gegen den Beschluß, durch welchen das Gesuch für unbegründet erklärt wird, findet sofortige Beschwerde statt.

58. Welche ferneren Möglichkeiten gibt es schließlich noch, eine faktische Ausschließung herbeizuführen, neben der Selbstausschließung und dem Beschluß auf Grund eines Ablehnungsgesuchs? § 48.

Die Gerichtsperson macht selbst von einem Verhältnisse Anzeige, welches geeignet sein könnte, ihre Ablehnung, sei es aus einem Ausschließungsgrunde, sei es wegen Besorgnis der Befangenheit, zu rechtfertigen; oder es entstehen aus anderer Veranlassung Zweifel darüber, ob eine Gerichtsperson kraft Gesetzes ausgeschlossen sei. In beiden Fällen entscheidet gleichfalls das für die Erledigung eines Ablehnungsgesuches zuständige Gericht.

59. Welches ist die Folge, wenn eine kraft Gesetzes oder wegen Besorgnis der Befangenheit durch Gerichtsbeschluß ausgeschlossene Gerichtsperson trotzdem in dem Prozeß amtlich tätig wird? Vgl. §§ 551, 579.

Der in solchen der Ausschließung ungeachtet vom Richter oder Gerichtsschreiber vorgenommenen Handlungen liegende Mangel des Verfahrens hat nicht absolute Nichtigkeit der einzelnen Handlungen zur Folge, ermöglicht aber die Anfechtung der danach ergangenen Entscheidung durch die gewöhnlichen Rechtsmittel.

Hat jedoch ein Richter an der Entscheidung selbst mitgewirkt, der kraft Gesetzes oder wegen Besorgnis der Befangenheit durch einen auf ein Ablehnungsgesuch hin ergangenen Gerichtsbeschluß ausgeschlossen war, so ist dies nicht nur ein absoluter Revisionsgrund, sondern rechtfertigt auch die Nichtigkeitsklage. — Dasselbe gilt nach dem Gesagten also nicht auch für den Fall, daß ein Richter an der Entscheidung mitgewirkt hat, der auf seine eigene Anregung hin wegen Besorgnis der Befangenheit durch Gerichtsbeschluß ausgeschlossen war.

2. Abschnitt. Parteien.

1. Titel. Parteifähigkeit. Prozeßfähigkeit.

60. Was ist Parteifähigkeit?

Parteifähigkeit ist die Fähigkeit, in einem Prozesse Kläger (aktive Parteifähigkeit) oder Beklagter (passive Parteifähigkeit) zu sein.

61. Wer ist parteifähig? § 50.

I. Aktiv und passiv parteifähig sind alle, die Rechtsfähigkeit besitzen: alle Menschen sowohl wie die juristischen Personen; neben den juristischen Personen kraft besonderer Vorschrift auch die als Gemeinschaften zu gesamter Hand konstruierten Gesellschaften des Handelsrechts, nämlich: die offene Handelsgesellschaft, die Kommanditgesellschaft, die Kommanditgesellschaft auf Aktien.

II. Bloß passiv parteifähig sind Vereine, die nicht rechtsfähig sind.

62. Was ergibt sich aus dieser Begrenzung der Parteifähigkeit für die Gesellschaft des BGB.?

Da sie keine juristische Person sondern eine Gemeinschaft zu gesamter Hand ist, eine besondere Vorschrift aber, wie z. B. bei der offenen Handelsgesellschaft fehlt, ist sie auch nicht parteifähig; sie kann höchstens, wenn sie zugleich Verein ist, als nicht rechtsfähiger Verein passiv parteifähig sein.

63. *Was ist Prozeßfähigkeit?* § 51.

Prozeßfähigkeit ist die Fähigkeit einer Partei, — wer Partei sein kann, ist eben erörtert — vor Gericht zu stehen (legitima persona standi in iudicio), d. h. die Fähigkeit, einen Prozeß selbständig zu führen oder durch einen Bevollmächtigten führen zu lassen.

64. *Wer ist prozeßfähig?* § 52; BGB. § 113.

Jede physische Person, soweit sie sich nach bürgerlichem Recht durch Verträge selbständig verpflichten kann. So kann z. B. das minderjährige Dienstmädchen, welches mit Ermächtigung des gesetzlichen Vertreters in Dienst getreten ist, nur solche Prozesse führen, welche die Eingehung oder Aufhebung eines Dienstverhältnisses der gestatteten Art oder die Erfüllung der sich aus diesem Dienstverhältnis ergebenden Verpflichtungen betreffen.

Juristische Personen sind nach Auffassung der ZPO. nicht prozeßfähig.

65. *In welchen Fällen ist die Prozeßfähigkeit durch die Fähigkeit, sich durch Verträge verpflichten zu können, nicht bedingt?* §§ 612; 641.

I. In Ehesachen ist auch der beschränkt geschäftsfähige Ehegatte voll prozeßfähig.

II. Das gleiche gilt von dem in der Geschäftsfähigkeit beschränkten Ehemann, wenn dieser die Ehelichkeit eines Kindes seiner Ehefrau oder die Anerkennung der Ehelichkeit anficht.

66. *Ist die Beschränkung der Ehefrau in der Geschäftfähigkeit, wo eine solche Beschränkung noch besteht, von Einfluß auf die Prozeßfähigkeit der Ehefrau?* § 52; EG. z. BGB. Art. 200; BGB. § 1400.

Nein; die Prozeßfähigkeit einer Frau wird dadurch, daß sie Ehefrau ist, nicht beschränkt.

67. *Was gilt bezüglich der Prozeßfähigkeit der Ausländer?* § 55; EG. z. BGB. Art. 7.

Prinzipiell ist für die Prozeßfähigkeit, wie für die Parteifähigkeit, das Recht des Heimatstaates maßgebend; insofern jedoch das deutsche Recht für die Ausländer günstiger ist, gilt hinsichtlich der Prozeßfähigkeit dieses.

68. *Wie führen die Nichtprozeßfähigen ihre Prozesse?* § 51.

In ihrem Namen führen ihre gesetzlichen Vertreter die Prozesse; diese Vertretung aber bestimmt sich nach den Vorschriften des materiellen Rechts, welches insbesondere auch die Ausnahmefälle bestimmt, in denen die gesetzlichen Vertreter zur Gültigkeit ihrer Prozeßhandlungen nach außen noch einer besonderen Ermächtigung — sei es zur Führung eines Prozesses überhaupt, wie z. B. nach preußischem Recht der Kirchenvorstand, soweit die Prozesse nicht die Eintreibung fortlaufender Zinsen und Gefälle oder die Einziehung ausstehender Kapitalien, deren Zinsen rückständig geblieben sind, betreffen (PrG. über die Vermögensverwaltung in den katholischen Kirchengemeinden, vom 20. Juni 1875), sei es zur Vornahme einzelner

Prozeßhandlungen, wie z. B. der Vormund zum Abschluß eines Vergleichs über 300 Mk. (BGB. § 1822) — bedürfen.

69. Ist eine einzelne Prozeßhandlung, zu welcher nach den Vorschriften des materiellen Rechts noch eine besondere Ermächtigung erforderlich ist, ungültig, wenn sie ohne diese Ermächtigung vorgenommen wird? § 54.

Nein; vorausgesetzt nur, daß wofern noch eine besondere Ermächtigung zur Führung eines Prozesses überhaupt erforderlich war, diese dem gesetzlichen Vertreter erteilt war.

70. Kann auch eine prozeßfähige Partei in einem Prozeß durch einen gesetzlichen Vertreter vertreten werden? § 53, BGB. § 1910.

In einigen Fällen der Pflegschaft, wie z. B. bei der Pflegschaft eines Gebrechlichen, kann neben der Partei auch der Pfleger den Prozeß führen; wenn der Pfleger aber den Prozeß führt, so gilt die prozeßfähige Partei für diesen Prozeß allerdings als nicht prozeßfähig.

71. Kann eine nichtprozeßfähige Partei, die ohne gesetzlichen Vertreter ist, verklagt werden? § 57.

Im allgemeinen nicht; ist jedoch Gefahr im Verzuge, so ist auf Antrag des Klägers der nichtprozeßfähigen Partei bis zum Eintritte des gesetzlichen Vertreters vom Vorsitzenden des Prozeßgerichts ein besonderer Vertreter zu bestellen.

Ebenso kann durch den Vorsitzenden der nichtprozeßfähigen Partei ein besonderer Vertreter auch dann zugewiesen werden, wenn sie im Gerichtsstand des dauernden Aufenthalts verklagt wird und an diesem Orte keinen gesetzlichen Vertreter hat; das Bestehen einer besonderen Gefahr wird hier nicht vorausgesetzt.

72. In welchem anderen Fall bedarf es noch der Bestellung eines Vertreters durch den Vorsitzenden des Gerichts? § 58, BGB. § 928.

Der Vorsitzende hat, wenn ein Recht an einem Grundstücke, das von dem bisherigen Eigentümer — durch Verzicht dem Grundbuchamt gegenüber — aufgegeben und von dem Aneignungsberechtigten noch nicht erworben ist, im Wege der Klage geltend gemacht werden soll, auf Antrag einen Vertreter zu bestellen, welchem bis zur Eintragung eines neuen Eigentümers die Wahrnehmung der sich aus dem Eigentum ergebenden Rechte und Verpflichtungen im Rechtsstreite obliegt.

73. Welches sind die gemeinsamen Wirkungen der fehlenden Partei-Prozeßfähigkeit, der fehlenden Legitimation eines gesetzlichen Vertreters und der fehlenden erforderlichen Ermächtigung zur Prozeßführung? § 56.

Die von einem Partei- oder Prozeßunfähigen oder einem solchen gegenüber vorgenommenen Prozeßhandlungen sind ebenso wie die von einem nicht legitimierten oder zur Prozeßführung nicht ermächtigten gesetzlichen Vertreter vorgenommenen unwirksam. Das Fehlen einer dieser Voraussetzungen ist schon von Amts wegen zu berücksichtigen, kann auch von der Partei gerügt werden; als prozeßhindernde Einrede jedoch kann die Partei nur geltend machen das Fehlen der Parteifähigkeit und der Prozeßfähigkeit, sowie den Mangel der gesetzlichen Vertretung.

74. Wann kann die Partei oder deren gesetzlicher Vertreter trotz des Fehlens einer der erörterten Voraussetzungen zur Prozeßführung zugelassen werden? § 56 Abs. 2.

Sie können zur Prozeßführung zugelassen werden, wenn mit dem Verzuge Gefahr für die Partei verbunden ist, auf deren Seite der Mangel besteht, und die Beseitigung des Mangels in Aussicht gestellt wird. Diese Beseitigung muß in der von dem Richter zu bestimmenden Frist erfolgen, widrigenfalls die nur resolutiv bedingt wirksamen Prozeßhandlungen unwirksam werden.

2. Titel. **Streitgenossenschaft.**

75. Was versteht man unter „subjektiver Klagenhäufung" und unter „Streitgenossenschaft". §§ 59, 260.

Unter „subjektiver Klagenhäufung" versteht man — im Gegensatz zur „objektiven Klagenhäufung": der Verbindung mehrerer Ansprüche desselben Klägers gegen denselben Beklagten in einem Prozeß — das Auftreten mehrerer Kläger oder mehrerer Beklagter in einem Prozeß.

„Streitgenossenschaft" ist das sich aus der subjektiven Klagenhäufung ergebende Verhältnis der mehreren Kläger oder Beklagten untereinander.

76. Welches ist der Zweck der subjektiven Klagenhäufung?

Sie soll nur eine Vereinfachung des Verfahrens herbeiführen, indem sie eine gemeinsame Verhandlung der tatsächlich vorliegenden mehreren Einzelprozesse ermöglicht. Daher ist die Verbindung der Prozesse eine äußere; im Grunde liegen auch nach der Verbindung nur mehrere Einzelprozesse vor.

77. Welche prozessualen Voraussetzungen hat die subjektive Klagenhäufung?

Prozessuale Voraussetzungen der subjektiven Klagenhäufung sind:

a) daß die Prozeßart, in der geklagt wird, für alle Einzelprozesse zulässig ist;

b) daß das Gericht für jeden Einzelprozeß örtlich und sachlich zuständig ist, wobei aber zu berücksichtigen ist, daß, soweit die sachliche Zuständigkeit vom Streitwert abhängt, der Wert bestimmend ist, der sich durch Zusammenrechnung der einzelnen Anspruchsbeträge ergibt.

78. Welche materiellen Voraussetzungen hat die subjektive Klagenhäufung? §§ 59, 60.

Sie hat materiell zur Voraussetzung:

a) entweder daß die mehreren Kläger oder Beklagten in Ansehung des Streitgegenstandes in Rechtsgemeinschaft stehen,

b) oder daß sie aus demselben tatsächlichen und rechtlichen Grunde berechtigt oder verpflichtet sind,

c) oder aber, daß doch wenigstens gleichartige und auf einem im wesentlichen gleichartigen tatsächlichen und rechtlichen Grunde beruhende Ansprüche oder Verpflichtungen den Gegenstand des Rechtsstreits bilden („uneigentliche Streitgenossenschaft").

Beispiele.

ad a) Miteigentümer, die als solche klagen oder verklagt werden,

ad b) Haftung aus gemeinschaftlichem Delikt,

ad c) Klagen mehrerer Zeitungsabonnenten gegen den Zeitungsverleger bei Eingehen der Zeitung.

79. Entstehungsgründe der Streitgenossenschaft? §§ 59, 60; 147; 64.

Außer durch Klagenhäufung, die ihrerseits wieder herbeigeführt werden kann

a) seitens der klagenden Partei (die beklagte Partei kann weder eine aktive noch eine passive Streitgenossenschaft herbeiführen),

b) seitens des Gerichts,

kann eine Streitgenossenschaft auch entstehen:

1) durch eine gegen beide Parteien gerichtete Klage eines Dritten (Hauptintervention),

2) durch den Tod einer Partei, falls an ihre Stelle mehrere Erben treten.

80. Was ergibt sich für die Befugnisse der Streitgenossen in dem einheitlichen Prozeß aus dem oben gekennzeichneten Wesen der Streitgenossenschaft? §§ 61, 63.

Das Recht zur Betreibung des Prozesses steht jedem einzelnen Streitgenossen zu; jedoch gereichen seine Handlungen seinen Genossen weder zum Vorteil noch zum Nachteil. Deshalb muß er auch, wenn er die Gegenpartei zu einem Termin ladet, alle seine Streitgenossen laden; denn der nicht erschienene Streitgenosse gilt durch den Erschienenen nicht als vertreten, weshalb z. B. auch gegen ihn, wenn er trotz ordnungsmäßiger Ladung den Termin versäumt, Versäumnisurteil ergehen kann.

81. Wann stehen den Streitgenossen erweiterte Befugnisse zu? § 62.

Wenn die Streitgenossenschaft eine notwendige ist, d. h. wenn das streitige Rechtsverhältnis allen Streitgenossen gegenüber nur einheitlich festgestellt werden kann, wie bei der Klage des Staatsanwalts oder eines Dritten gegen beide Ehegatten auf Nichtigkeit der Ehe (§ 632); oder wenn aus einem sonstigen Grunde nach den Vorschriften des bürgerlichen Rechts mehrere Personen nur gemeinsam klagen oder verklagt werden können, wie bei der Klage des Nachlaßgläubigers gegen die Miterben vor Teilung des Nachlasses auf Befriedigung aus diesem, — welcher, wenn sie gegen den einzelnen Miterben gerichtet wäre, dieser die exceptio litis consortium entgegensetzen könnte (BGB. § 2059).

82. Inwiefern sind die Befugnisse des notwendigen Streitgenossen erweitert? § 62.

Im Fall der notwendigen Streitgenossenschaft werden die Streitgenossen, die einen Termin oder eine Frist versäumen, als durch die nicht säumigen vertreten angesehen, so daß die Gegenpartei ein Versäumnisurteil nicht erwirken kann.

Die säumigen Streitgenossen sind aber in dem späteren Verfahren wieder zuzuziehen; sie gelten bis zum Ende des Prozesses als Partei und sind als solche zu berücksichtigen.

83. Wie werden im Fall des Unterliegens die Kosten unter die Streitgenossen verteilt? § 100.

Die Streitgenossen haften im allgemeinen nach Kopfteilen; hat aber ein Streitgenosse ein besonderes Angriffs- oder Verteidigungsmittel geltend gemacht, so haften die übrigen Streitgenossen — entsprechend dem Wesen der Streitgenossenschaft — nicht für die durch dasselbe veranlaßten Kosten.

3. Titel. **Beteiligung Dritter am Rechtsstreite.**

84. Was versteht man unter „Hauptintervention"? § 64.

Unter „Hauptintervention" versteht man das Eingreifen eines Dritten in einen anhängigen Rechtsstreit durch eine gegen beide Parteien gerichtete Klage, durch die er den unter jenen Parteien streitigen Gegenstand für sich in Anspruch nimmt.

85. Kann auch ein Dritter, der erst nach Klageerhebung von einer der beiden Parteien des Hauptprozesses den streitigen Gegenstand erworben hat, die Hauptintervention anstrengen?

Nur, wenn die andere Partei zustimmt.

86. Welches Gericht ist für die Klage des Hauptintervenienten zuständig? § 64.

Zuständig ist stets das Gericht, vor welchem der Rechtsstreit in erster Instanz anhängig wurde.

87. Welches sind die Wirkungen der Hauptintervention? § 65.

Neben dem Hauptprozeß läuft der Interventionsprozeß; der

Hauptprozeß kann aber sowohl auf Antrag einer der Parteien wie von Amts wegen bis zur rechtskräftigen Entscheidung des Interventionsprozesses ausgesetzt werden.

In dem Interventionsprozeß treten die Parteien des Hauptprozesses dem Hauptintervenienten als Streitgenossen gegenüber.

88. Was versteht man unter „Nebenintervention" im Gegensatz zur Hauptintervention? § 66.

Die „Nebenintervention" setzt wie die Hauptintervention einen anhängigen Rechtsstreit voraus. Der Nebenintervenient tritt aber nicht wie der Hauptintervenient als Partei beiden streitenden Parteien durch eine neue Klage gegenüber, sondern er tritt als Gehilfe einer Partei zum Zweck ihrer Unterstützung in den alten Rechtsstreit ein.

89. Welches sind die Voraussetzungen der Nebenintervention? § 66.

Voraussetzungen für die Nebenintervention sind:

a) daß der Rechtsstreit, in den der Nebenintervenient eintreten will, noch anhängig, d. h. daß eine rechtskräftige Endentscheidung noch nicht ergangen ist. Daß eine Entscheidung ergangen ist, bietet an sich noch kein Hindernis, da die Nebenintervention auch zugleich mit der Einlegung eines Rechtsmittels erfolgen kann;

b) daß der Nebenintervenient an dem Siege der unterstützten Partei ein rechtliches Interesse hat, wie z. B. dann, wenn der unterstützten Partei im Falle ihres Unterliegens gegen ihn ein Regreßrecht zustehen würde.

90. In welcher Form erfolgt der Beitritt des Nebenintervenienten? § 70 Abs. 1.

Durch Zustellung eines Schriftsatzes an beide Parteien.

90 a. Welchen Inhalt muß dieser Schriftsatz haben? § 70.

Er muß enthalten:

a) die Bezeichnung der Parteien und des Rechtsstreites;

b) die bestimmte Angabe des Interesses, welches der Nebenintervenient hat;

c) die Erklärung des Beitritts.

Außerdem finden die allgemeinen Bestimmungen über die vorbereitenden Schriftsätze Anwendung (S. Nr. 187).

91. Welches ist die unmittelbare Wirkung der ordnungsmäßig erklärten Beitrittserklärung des Nebenintervenienten? § 71 Abs. 3.

Derselbe ist fortan und so lange zu dem Hauptprozeß zuzuziehen, bis die Unzulässigkeit der Intervention rechtskräftig ausgesprochen ist, was nicht von Amts wegen, sondern nur auf Veranlassung (auch nur) einer Partei, wenn diese die Zurückweisung der Intervention beantragt, geschehen kann.

92. Welche Bestimmungen gelten für das Verfahren und die Entscheidung über den Antrag auf Zurückweisung der Nebenintervention? § 71 Abs. 1 und 2.

Über den Antrag wird unter den Parteien und dem Nebenintervenienten mündlich verhandelt. Die Entscheidung — die den Nebenintervenienten schon zuzulassen hat, wenn er sein Interesse auch nur glaubhaft gemacht hat — erfolgt stets durch Zwischenurteil, gegen das sofortige Beschwerde stattfindet.

93. Was folgt aus der Stellung des Nebenintervenienten als Gehilfen der Partei

I. hinsichtlich der Befugnisse des Nebenintervenienten? § 67.

II. hinsichtlich der Wirkung der erlassenen Entscheidung gegen den Nebenintervenienten? § 68.

I. Der Nebenintervenient kann zwar selbständig alle Angriffs- und Verteidigungsmittel geltend machen und ebenso alle erforderlichen Prozeßhandlungen wirksam, d. h. mit derselben Wirkung, wie die Partei selbst, vornehmen. Er darf sich jedoch mit seinen Erklärungen und Handlungen niemals zu Erklärungen und Handlungen der unterstützten Partei in Widerspruch setzen. Außerdem hat er den Rechtsstreit in der Lage anzunehmen, in welcher sich dieser zur Zeit seines Beitritts befindet.

II. Die erlassene Entscheidung wirkt auf das zivilrechtliche Verhältnis des Nebenintervenienten zur unterstützten Partei nach den Vorschriften des bürgerlichen Rechts ein. Insbesondere bestimmt die ZPO. hinsichtlich der Wirkungen noch:

a) der Nebenintervenient wird im Verhältnis zu der Hauptpartei mit der Behauptung nicht gehört, daß der Rechtsstreit, wie derselbe dem Richter vorgelegen habe, unrichtig entschieden sei;

b) er wird mit der Behauptung, daß die Hauptpartei den Rechtsstreit mangelhaft geführt habe, nur insoweit gehört:

α) als er durch die Lage des Rechtsstreits zur Zeit seines Beitritts oder durch Erklärungen und Handlungen der Hauptpartei verhindert worden ist, Angriffs- oder Verteidigungsmittel geltend zu machen, oder

β) als Angriffs- oder Verteidigungsmittel, welche ihm unbekannt waren, von der Hauptpartei absichtlich oder durch grobes Verschulden nicht geltend gemacht sind.

94. Wann ist jedoch die Stellung des Nebenintervenienten der unterstützten Partei gegenüber eine freiere? § 69.

In den Fällen, in welchen nach den Vorschriften des bürgerlichen Rechts die Rechtskraft der in dem Hauptprozesse erlassenen Entscheidung auf das Rechtsverhältnis des Nebenintervenienten zu dem Gegner von Wirksamkeit ist; wie z. B. bei der Nebenintervention des Zessionars in einem nach der Abtretung zwischen dem debitor cessus und dem Zedenten anhängig gewordenen Rechtsstreit über die Forderung (im Falle des § 407, Abs. 2 BGB.).

In diesen Fällen gilt nämlich der Nebenintervenient als Streitgenosse der unterstützten Partei, so daß er, obwohl er Gehilfe derselben bleibt, doch ihr gegenüber insofern eine selbständigere Stellung einnimmt, als seine zur Unterstützung der Partei vorgebrachten Erklärungen und Handlungen durch einen Widerspruch der Partei nicht berührt werden.

---

95. Kann auch die Partei selbst die Nebenintervention eines Dritten veranlassen?

Ja; und zwar dadurch, daß sie dem Dritten den Streit verkündet (litis denuntiatio), d. h. ihm eine förmliche Mitteilung von dem Bestehen des Prozesses macht.

96. Unter welchen Voraussetzungen ist die Streitverkündung zulässig? § 72 Abs. 1.

Voraussetzungen für die Streitverkündung sind:

a) daß ein Rechtsstreit anhängig ist;

b) daß die Partei, die den Streit verkünden will, für den Fall des ihr ungünstigen Ausgangs des Rechtsstreits

α) einen Anspruch auf Gewährleistung oder Schadloshaltung gegen den Dritten erheben zu können glaubt, oder

β) ihrerseits einen Anspruch des Dritten befürchtet.

97. In welcher Form geschieht die Streitverkündung? § 73.

Sie geschieht durch Zustellung eines Schriftsatzes, in welchem der Grund der Streitverkündung und die Lage des Rechtsstreits anzugeben ist. Eine Abschrift des Schriftsatzes ist auch dem Gegner mitzuteilen.

98. Ist der Litisdenuntiat auf die Streitverkündung hin zum Beitritt als Nebenintervenient verpflichtet? § 74.

Nein! In allen Fällen jedoch, gleichgültig ob er beitritt oder nicht, verliert er — wie der „Nebenintervenient aus eigener Veranlassung," — den Einwand des unrichtig entschiedenen oder mangelhaft geführten Prozesses, nur daß hier für die beschränkte Rechtskraft des Urteils dem Litisdenuntiaten gegenüber nicht die Zeit des wirklichen Beitritts, sondern die, zu welcher der Beitritt infolge der Streitverkündigung möglich war, entscheidend ist.

99. Ist der Litisdenuntiat zu einer weiteren Streitverkündung berechtigt? § 72 Abs. 2.

Anders als der „Nebenintervenient aus eigener Veranlassung" kann der Litisdenuntiat eine weitere Streitverkündung vornehmen und zwar gleichgültig, ob er tatsächlich als Nebenintervenient beigetreten ist oder nicht.

---

100. Kann durch Streitverkündung auch eine Hauptintervention herbeigeführt werden? § 75.

Eine eigentliche Hauptintervention nicht; wohl aber kann, wenn ein Dritter eine zwischen den Parteien streitige Forderung für sich in Anspruch nimmt, durch die Streitverkündung des beklagten Schuldners an den Dritten ein der Hauptintervention ähnliches Verhältnis insofern herbeigeführt werden, als auch hier der Dritte als neue Partei in den anhängigen Prozeß eintritt.

101. Wodurch unterscheidet sich jedoch die durch die Streitverkündung des Schuldners an den konkurrierenden Forderungsprätendenten herbeigeführte Intervention von der Hauptintervention? § 75.

Sie unterscheidet sich von der Hauptintervention dadurch:

a) daß der Eintritt der neuen Partei hier nicht wie bei der Hauptintervention durch eine gegen die Parteien des anhängigen Prozesses gerichtete Klage, sondern durch einen in der mündlichen Verhandlung zu stellenden Antrag erfolgt;

b) daß der Beklagte, wenn er den Betrag der Forderung zu Gunsten der streitenden Forderungsprätendenten unter Verzicht auf das Recht der Rücknahme hinterlegt, auf seinen Antrag durch Urteil aus dem Rechtsstreit zu entlassen ist.

In diesem Urteil sind ihm gleichzeitig, falls er nicht bloß die Aktivlegitimation des Klägers, sondern auch das Bestehen seiner Schuld selbst bestritten hat, die durch diesen unbegründeten Widerspruch entstandenen Kosten aufzuerlegen.

102. Welche Voraussetzungen ergeben sich aus der Verpflichtung des Schuldners, den Betrag der streitigen Forderung zu hinterlegen, für die Zulässigkeit der Streitverkündung an den konkurrierenden Forderungsprätendenten? BGB. § 372.

I. Daraus, daß das Gesetz von Betrag der Forderung spricht, folgt, daß hier nur solche Forderungen in Frage kommen, welche eine Quantität vertretbarer Sachen zum Gegenstande haben.

II. Daraus, daß der Betrag der Forderung zu hinterlegen ist, folgt, daß nur solche vertretbare Sachen Gegenstand der Forderung sein dürfen, welche hinterlegt werden können.

103. Wie entwickelt sich der Rechtsstreit nach der Entlassung des Beklagten aus dem Prozeß? § 75 Satz 2.

Der Rechtsstreit wird nunmehr über die Berechtigung an der Forderung zwischen den streitenden Gläubigern allein fortgeführt. Dem Obsiegenden ist der hinterlegte Betrag zuzusprechen, und der Unterliegende auch zur Erstattung der dem Beklagten entstandenen, nicht durch dessen unbegründeten Widerspruch veranlaßten Kosten, einschließlich der Kosten der Hinterlegung, zu verurteilen.

---

104. In welchen anderen Fällen kann der Beklagte durch Streitverkündung sein Ausscheiden aus dem Prozeß und den Eintritt eines Dritten an seiner Stelle herbeiführen? §§ 76, 77; BGB. §§ 868, 855.

In den Fällen der laudatio auctoris:

1) wenn der Beklagte als Besitzer einer Sache, zu deren Besitz er als Mieter, Pächter oder dergleichen einem anderen gegenüber auf Zeit

berechtigt oder verpflichtet ist, verklagt wird, — hier geschieht die Streitverkündung an den mittelbaren Besitzer;

2) wenn der Beklagte von dem Eigentümer einer Sache oder von demjenigen, dem ein Recht an einer Sache zusteht, wegen einer Beeinträchtigung des Eigentums oder des Rechts an der Sache auf Beseitigung der Beeinträchtigung oder auf Unterlassung weiterer Beeinträchtigungen verklagt wird, und der Beklagte die Beeinträchtigung in Ausübung des Rechts eines Dritten, wie z. B. als Besitzdiener, vorgenommen zu haben behauptet, nicht aber als Besitzer der Sache verklagt wird, — hier geschieht die Streitverkündung an den, dessen Recht der Beklagte auszuüben behauptet.

105. Was muß bei der „laudatio auctoris" zu der Streitverkündung noch hinzukommen?

Außer der Streitverkündung, die hier stets vor der Verhandlung zur Hauptsache geschehen muß, ist noch erforderlich:

a) Ladung des auctor zu einem bestimmten Termin zwecks Erklärung darüber, ob er die Behauptung des Beklagten hinsichtlich der Auktorschaft als richtig anerkennen wolle;

b) Benennung des auctor dem Kläger gegenüber — daher auch die Bezeichnung „laudatio (sive nominatio) auctoris".

106. Welches ist die unmittelbare Folge der laudatio auctoris?

Der Beklagte ist berechtigt, bis zur Erklärung des als auctor Benannten oder bis zum Schluß des Termins, in welchem sich der Benannte zu erklären hat, die Verhandlung zur Hauptsache zu verweigern.

107. Welche verschiedenen Folgen hat es für den Weitergang des Prozesses, je nachdem der als auctor Benannte die Auktorschaft bestreitet oder anerkennt? §§ 76 Abs. 2, Abs. 3 Satz 1; 77.

I. Bestreitet er seine Auktorschaft oder erklärt er sich überhaupt nicht, so ist der Beklagte berechtigt, dem Klageantrage — ohne Urteil — zu genügen, ohne daß ihn deswegen der als auctor Benannte verantwortlich machen könnte.

II. Erkennt er seine Auktorschaft an, so ist er berechtigt:

a) entweder dem Beklagten als Nebenintervenient beizutreten, oder

b) mit Zustimmung des Beklagten an dessen Stelle als neue Partei in den Prozeß einzutreten, während der Beklagte auf seinen Antrag von der Klage zu entbinden ist.

108. Bedarf es zu dem Eintritt des auctor in den Prozeß an Stelle des Beklagten auch der Zustimmung des Klägers? §§ 76 Abs. 3 Satz 2; 77.

Die Zustimmung des Klägers ist nur erforderlich, wenn derselbe Ansprüche geltend macht, die von dem Rechtsverhältnis des Beklagten zum auctor unabhängig sind.

109. Welchen Einfluß hat die Übernahme des Prozesses durch den auctor an Stelle des Beklagten auf das Verhältnis des Beklagten zum Prozeß? §§ 76 Abs. 4; 77.

Hat der auctor den Prozeß übernommen, so ist der Beklagte auf seinen Antrag zwar von der Klage zu entbinden, nichtsdestoweniger ist aber die Entscheidung, welche in dem nunmehr zwischen dem Kläger und dem auctor allein fortgesetzten Prozeß ergeht, wirksam und vollstreckbar auch gegen den bisherigen Beklagten.

4. Titel. Prozeßbevollmächtigte und Beistände.

110. Wodurch unterscheidet sich der Prozeßbevollmächtigte vom gesetzlichen Vertreter?

Der gesetzliche Vertreter ist zur Vertretung eines Prozeßunfähigen kraft Gesetzes berufen; der Prozeßbevollmächtigte ist zur Vertretung eines Prozeßfähigen oder eines durch seinen gesetzlichen Vertreter handelnden Prozeßunfähigen durch Vertrag bestellt.

111. Wer kann Prozeßbevollmächtigter sein? §§ 78, 79.

Im allgemeinen jede prozeßfähige Person, in Anwaltsprozessen jedoch nur ein bei dem Prozeßgerichte zugelassener Rechtsanwalt.

112. Was versteht man unter Anwaltsprozeß? § 78.

Anwaltsprozesse sind, im Gegensatz zu Parteiprozessen, wo die Partei den Rechtsstreit selbst oder durch jede prozeßfähige Person als Bevollmächtigten führen kann, solche Prozesse, bei denen eine Vertretung der Parteien durch Rechtsanwälte geboten ist, so daß eine Partei, die ohne Anwalt erscheint, als nicht erschienen gilt, und sämtliche Prozeßhandlungen nur wirksam sind, wenn sie von dem Anwalt vorgenommen werden (Anwaltszwang).

Ein bei dem Prozeßgerichte zugelassener Rechtsanwalt kann sich selbst vertreten.

113. Welche Prozesse sind Anwaltsprozesse? § 78.

Die Prozesse vor den Landgerichten und allen Gerichten höherer Instanz mit Ausnahme des Verfahrens vor dem beauftragten oder ersuchten Richter und der Prozeßhandlungen, die vor dem Gerichtsschreiber vorgenommen werden können.

114. Welche verschiedene Arten der prozessualen Vollmacht sind zu unterscheiden? § 83 Abs. 2.

a) Die Vollmacht zur Prozeßführung im allgemeinen (Prozeßvollmacht),
b) die Vollmacht zu einzelnen Prozeßhandlungen, die jedoch nur im Parteiprozeß zulässig ist.

115. Welches ist der gesetzliche Umfang der Prozeßvollmacht? §§ 81, 82.

Die Prozeßvollmacht ermächtigt zu allen den Rechtsstreit betreffenden Prozeßhandlungen, einschließlich derjenigen, welche durch eine Widerklage, eine Wiederaufnahme des Verfahrens und die Zwangsvollstreckung veranlaßt werden; ferner zur Bestellung eines Vertreters sowie eines Bevollmächtigten für die höheren Instanzen; zur Beseitigung des Rechtsstreits durch Vergleich, Verzichtleistung auf den Streitgegenstand oder Anerkennung des von dem Gegner geltend gemachten Anspruchs; endlich auch zur Empfangnahme der von dem Gegner zu erstattenden Kosten.

Die Vollmacht für den Hauptprozeß umfaßt zugleich die Vollmacht für das eine Hauptintervention, einen Arrest oder eine einstweilige Verfügung betreffende Verfahren.

116. Ist eine Beschränkung dieses gesetzlichen Umfangs zulässig? § 83 Abs. 1.

Zulässig ist sie; wenn jedoch der Prozeßbevollmächtigte die von seinem Vollmachtgeber getroffene Beschränkung außer acht läßt, so hat diese der Gegenpartei gegenüber keine rechtliche Wirkung, es sei denn, daß sie die Beseitigung des Rechtsstreits durch Vergleich, Verzichtleistung auf den Streitgegenstand oder Anerkennung des von dem Gegner geltend gemachten Anspruchs betrifft.

117. Welche Vertretungsbefugnisse haben mehrere Prozeßbevollmächtigte derselben Partei? § 84.

Mehrere Prozeßbevollmächtigte sind berechtigt, sowohl gemeinschaftlich als einzeln die Partei zu vertreten. Eine abweichende Bestimmung der Vollmacht ist zwar zulässig, hat aber dem Gegner gegenüber keine rechtliche Wirkung.

118. In welcher Form geschieht die Bevollmächtigung? §§ 80 Abs. 1, 88.

Es genügt mündliche Form; für den Nachweis der Bevollmächtigung jedoch, den das Gericht in Parteiprozessen von Amts wegen, in Anwaltsprozessen nur auf Rüge der Gegenpartei verlangt, wird schriftliche Form erfordert; die Vollmachtsurkunde ist zu den Gerichtsakten abzugeben.

119. Genügt zum Nachweis der Bevollmächtigung auch eine Privaturkunde? § 80 Abs. 2.

Jawohl; sie muß jedoch, wenn es die Gegenpartei verlangt, gerichtlich oder notariell beglaubigt werden. Bei dieser Beglaubigung bedarf es weder der Zuziehung von Zeugen noch der Aufnahme eines Protokolls.

120. Ist die Zulassung zur Prozeßführung ausgeschlossen, wenn der Nachweis der Bevollmächtigung, sobald er verlangt wird, nicht sofort erbracht wird? §§ 56 Abs. 2, 89.

Nein; ein angeblich Bevollmächtigter kann, und zwar nicht nur, wenn Gefahr im Verzuge ist, wie bei der Zulassung des nicht legitimierten gesetzlichen Vertreters (s. Nr. 74), zur Prozeßführung einstweilen — gegen oder ohne Sicherheitsleistung für Schäden und Kosten — zugelassen werden. Das Gleiche gilt auch von einem Geschäftsführer ohne Auftrag. Doch wird in beiden Fällen dem einstweilen Zugelassenen eine Frist gesetzt, binnen der er die notwendige Vollmachtsurkunde bezw. die Genehmigung des dominus negotii beizubringen hat; wenn die Beibringung nicht erfolgt, kann das Endurteil vor Ablauf der Frist nicht erlassen werden.

121. Welche W i r k u n g e n hat die Prozeßvollmacht? § 85.

Die von dem Prozeßbevollmächtigten vorgenommenen Prozeßhandlungen wirken ohne weiteres für und gegen die vertretene Partei. Nur Geständnisse und andere t a t s ä c h l i c h e Erklärungen des Prozeßbevollmächtigten kann die vertretene Partei widerrufen oder berichtigen, jedoch muß sie es sofort in der mündlichen Verhandlung tun.

122. Welche Wirkungen haben die Prozeßhandlungen des zur Prozeßführung e i n s t w e i l e n Zugelassenen. § 89.

Die Prozeßhandlungen wirken für und gegen die Partei, sobald die Vollmachtsurkunde bezw. die Genehmigung vor Gericht beigebracht wird. Erfolgt die Beibringung nicht, so sind die Prozeßhandlungen unwirksam; jedoch auch in diesem Fall muß die vertretene Partei die Prozeßführung gegen sich gelten lassen, wenn sie nur mündlich Vollmacht erteilt oder die Prozeßführung ausdrücklich oder stillschweigend außergerichtlich genehmigt hat.

123. Wonach bestimmt sich das Erlöschen der Prozeßvollmacht? § 86.

Das Erlöschen der Vollmacht bestimmt sich kraft materiellen Rechts nach dem der Vollmacht zu Grunde liegenden Rechtsverhältnisse, mag dies nun Auftrag oder Dienst- oder Gesellschaftsvertrag sein.

Abweichend vom materiellen Recht bestimmt die ZPO., daß die Vollmacht weder durch den Tod des Vollmachtgebers noch durch eine Veränderung in betreff seiner Prozeßfähigkeit oder seiner gesetzlichen Vertretung aufgehoben wird; der Bevollmächtigte hat jedoch, wenn er nach Aussetzung des Rechtsstreits für den Nachfolger im Rechtsstreite auftritt, eine Vollmacht desselben beizubringen.

124. Was gilt im besonderen dann noch für die K ü n d i g u n g des Vollmachtsverhältnisses? § 87.

I. Die Kündigung des Vollmachtsvertrages erlangt dem Gegner gegenüber Wirksamkeit

a) im Parteiprozesse:
durch die Anzeige des Erlöschens der Vollmacht,

b) im Anwaltsprozesse:
durch die Anzeige der Bestellung eines anderen Anwalts.

II. Der Bevollmächtigte wird durch die v o n s e i n e r S e i t e erfolgte Kündigung nicht gehindert, aber auch nicht verpflichtet, für den Vollmachtgeber so lange zu handeln, bis dieser für Wahrnehmung seiner Rechte in anderer Weise gesorgt hat.

---

125. Was ist ein Beistand im Prozeß? § 90.

Im Gegensatz zu dem Prozeßbevollmächtigten, der namens der Partei handelt und ein Vorbringen seitens derselben ausschließt, ist der Beistand nur der Gehilfe der Partei, der ohne sie vor Gericht nichts ausrichten kann; was er jedoch in ihrer Gegenwart vorbringt, gilt als von der Partei vorgebracht, sofern diese es nicht sofort berichtigt oder widerruft.

126. Wann kann eine Partei mit einer prozeßfähigen Person als Beistand vor Gericht erscheinen? § 90.

In jedem Verfahren, für das kein Anwaltszwang besteht.

5. Titel. Prozeßkosten.

127. Was sind Prozeßkosten?

Prozeßkosten sind die gesamten durch den Rechtsstreit veranlaßten Kosten — einschließlich der vor Erhebung der Klage durch ein Verfahren zur Sicherung des Beweises oder durch einen Sühneversuch oder durch ein Mahnverfahren entstandenen Kosten —, und zwar sowohl die gerichtlichen Gebühren und Auslagen wie auch die außergerichtlichen Kosten der Parteien, wozu namentlich die Gebühren und Auslagen der Prozeßbevollmächtigten und der Gerichtsvollzieher gehören.

128. Wer hat die Prozeßkosten zu tragen? §§ 91, 93.

Stets die in der Entscheidung über die Hauptsache unterliegende Partei; der unterliegende Beklagte aber dann nicht, wenn er zur Erhebung der Klage keine Veranlassung gegeben und in der ersten mündlichen Verhandlung den Klageanspruch sofort anerkannt hat.

129. Kann die obsiegende Partei ihre gesamten außergerichtlichen Kosten von der unterliegenden Partei erstattet verlangen? § 91.

Nein. Die unterliegende Partei hat die dem Gegner erwachsenen Kosten nur insoweit zu erstatten, als dieselben zur zweckentsprechenden Rechtsverfolgung oder Rechtsverteidigung notwendig waren; neuerdings umfaßt die Kostenerstattung auch die Entschädigung des Gegners für die durch notwendige Reisen oder durch die notwendige Wahrnehmung von Terminen entstandene Zeitversäumnis, wobei die Entschädigung des Gegners nach den Vorschriften über die Entschädigung von Zeugen zu berechnen ist.

Inwieweit alle diese Kosten notwendig waren, darüber entscheidet das Gericht nach freiem Ermessen.

130. Durch welche Bestimmungen ist das freie Ermessen des Gerichts bezüglich der Notwendigkeit der dem Gegner erwachsenen Kosten beschränkt? § 91 Abs. 2.

Nicht nur im Anwalts- sondern auch im Parteiprozeß gelten die Gebühren und Auslagen des Rechtsanwalts der obsiegenden Partei stets als notwendige, und nur insoweit die Reisekosten eines auswärtigen Rechtsanwalts erstattet verlangt werden, entscheidet das Gericht wieder nach freiem Ermessen, ob die Zuziehung des auswärtigen Rechtsanwalts zur zweckentsprechenden Rechtsverfolgung oder Rechtsverteidigung notwendig war.

Die Kosten mehrerer Rechtsanwälte sind nur insoweit zu erstatten, als sie die Kosten eines Rechtsanwalts nicht übersteigen, oder als in der Person des Rechtsanwalt ein Wechsel eintreten mußte.

131. Welche Kostenverteilung tritt ein, wenn die unterliegende Partei aus mehreren Personen besteht? § 100.

I. Streitgenossen, die nicht als Gesamtschuldner verurteilt werden, haften prinzipiell nach Kopfteilen, jedoch kann bei einer erheblichen Verschiedenheit der Beteiligung am Rechtsstreite nach dem Ermessen des Gerichts die Beteiligung zum Maßstabe genommen werden.

II. Streitgenossen, die als Gesamtschuldner verurteilt sind, haften solidarisch.

III. In beiden Fällen sind, wenn ein Streitgenosse ein besonderes Angriffs- und Verteidigungsmittel geltend gemacht hat, die übrigen Streitgenossen für die durch dasselbe veranlaßten Kosten nicht haftbar.

132. Welche Kostenverteilung tritt ein, wenn beide Parteien teils unterliegen, teils obsiegen? § 92.

In diesem Fall sind nach Wahl des Gerichts entweder die gesamten Kosten verhältnismäßig zu teilen oder gegeneinander aufzuheben, in welch. letzterem Falle die Gerichtskosten von den Parteien je zur Hälfte zu tragen sind.

Wenn jedoch die Zuvielforderung der einen Partei eine verhältnismäßig geringfügige war und keine besonderen Kosten veranlaßt hat, oder wenn der Betrag der Forderung der einen Partei von der Festsetzung durch richterliches Ermessen, von der Ausmittlung durch Sachverständige oder von einer gegenseitigen Berechnung abhängig war, so kann das Gericht der anderen Partei auch die gesamten Prozeßkosten auferlegen.

133. Welche Kostenverteilung tritt im Falle eines Vergleichs ein? § 98.

Da auch beim Vergleich begrifflich die Parteien teils obsiegen, teils unterliegen, so werden, wenn nicht etwas anderes vereinbart ist, die Kosten, und zwar sowohl die Kosten des Vergleichs wie die des vorangegangenen Rechtsstreits gegenseitig aufgehoben, die letzteren jedoch nur, wenn über sie noch nicht rechtskräftig erkannt ist.

134. Welche besonderen Kosten müssen der Partei, ohne Rücksicht auf die Entscheidung in der Hauptsache, also auch, wenn die Partei obsiegt, auferlegt werden? §§ 95; 94, vgl. 93; 97 Abs. 1; 97 Abs. 3.

I. Die Partei, welchen einen Termin oder eine Frist versäumt oder die Verlegung eines Termins, die Vertagung einer Verhandlung, die Anberaumung eines Termins zur Fortsetzung der Verhandlung oder die Verlängerung einer Frist durch ihr Verschulden veranlaßt, hat die dadurch verursachten Kosten zu tragen.

II. Macht der Kläger einen auf ihn übergegangenen Anspruch geltend, ohne daß er vor der Erhebung der Klage dem Beklagten den Übergang mitgeteilt und auf Verlangen nachgewiesen hat, so fallen ihm die Prozeßkosten insoweit zur Last, als sie dadurch entstanden sind, daß der Beklagte durch die Unterlassung der Mitteilung oder des Nachweises veranlaßt worden ist, den Anspruch zu bestreiten.

In dem Falle, wo der Beklagte zu der Klage durch sein Verhalten keinen Anlaß gegeben hat, hat hier der Kläger sonach die ganzen Kosten zu tragen (S. Nr. 128).

III. Die Kosten eines ohne Erfolg eingelegten Rechtsmittels fallen der Partei zur Last, welche dasselbe eingelegt hat.

IV. Die Kosten der Revisionsinstanz in Rechtsstreitigkeiten über Ansprüche, für welche die Landgerichte ohne Rücksicht auf den Wert des Streitgegenstandes ausschließlich zuständig sind, hat auch im Falle des Obsiegens die Reichs- oder die Staatskasse zu tragen, wenn der Wert des Streitgegenstandes die Summe von dreihundert Mark nicht übersteigt und der Vertreter des Reichs oder des Staates die Revision eingelegt hat.

135. Welche besonderen Kosten können außerdem noch der Partei ohne Rücksicht auf die Entscheidung in der Hauptsache auferlegt werden? §§ 96; 278 Abs. 2 (vgl. 283 Abs. 2); 97 Abs. 2.

I. Die Kosten eines ohne Erfolg gebliebenen Angriffs- oder Verteidigungsmittels können der Partei, welche dasselbe geltend gemacht hat, auch dann auferlegt werden, wenn sie in der Hauptsache obsiegt.

II. Ebenso können, wenn durch das nachträgliche Vorbringen eines Angriffs oder Verteidigungsmittels die Erledigung des Rechtsstreits verzögert wird, der obsiegenden Partei, die nach freier richterlicher Überzeugung imstande war, das Angriffs- oder Verteidigungsmittel zeitiger geltend zu machen, die Prozeßkosten ganz oder teilweise auferlegt werden.

III. Entsprechend können der obsiegenden Partei die Kosten der Berufungsinstanz ganz oder teilweise auferlegt werden, wenn sie auf Grund eines neuen Vorbringens obsiegt, das sie nach freiem Ermessen des Gerichts in erster Instanz geltend zu machen imstande war.

136. Wer trägt die durch eine Nebenintervention verursachten Kosten? § 101.

I. Gilt der Nebenintervenient als Streitgenosse (S. Nr. 94), so greifen die Vorschriften über die Kostenverteilung unter Streitgenossen ein.

II. Gilt er nicht als Streitgenosse, so hat

a) der Gegner der unterstützten Hauptpartei, sofern ihm die Kosten nach allgemeinen Regeln zur Last fallen, auch die durch die Nebenintervention entstandenen Kosten zu tragen;

b) anderenfalls, also besonders, wenn die unterstützte Hauptpartei unterliegt, hat der Nebenintervenient selbst die durch seine Intervention entstandenen Kosten zu tragen.

137. Fallen der zur Kostentragung verpflichteten Partei auch solche Kosten zur Last, welche Gerichtsschreiber, gesetzliche Vertreter, Rechtsanwälte und andere Bevollmächtigte, sowie Gerichtsvollzieher schuldhafterweise veranlaßt haben? § 102 Abs. 1.

An sich, ja; jedoch kann das Gericht, wenn grobes Verschulden vorliegt, sowohl auf Antrag, wie auch von Amts wegen den schuldigen Gerichtsschreiber ꝛc. (nicht auch den Richter) zur Tragung der durch das grobe Verschulden verursachten Kosten verurteilen.

137a. Form und Anfechtung dieser verurteilenden Entscheidung? § 102 Abs. 2 und 3.

Sie erfolgt nach Anhörung der schuldigen Person durch Beschluß; einer vorgängigen mündlichen Verhandlung bedarf es nicht.

Gegen den Beschluß ist sofortige Beschwerde zulässig.

138. Bedarf es zur Entscheidung über die von der Partei zu tragenden Kosten eines Antrags? § 308 Abs. 2.

Nein; die Entscheidung über die Verpflichtung zur Kostentragung erfolgt von Amts wegen, entgegen dem Prinzip: „Ne eat judex ultra petita partium“.

138a. Ist auch die Entscheidung über die von der Partei zu tragenden Kosten selbständig anfechtbar? § 99.

Nein; die Anfechtung der Entscheidung über den Kostenpunkt ist vielmehr nur zulässig, wenn zugleich gegen die Entscheidung in der Hauptsache ein Rechtsmittel eingelegt wird. Nur wenn die Hauptsache durch eine auf Grund eines Anerkenntnisses ausgesprochene Verurteilung erledigt ist, so kann die Entscheidung über den Kostenpunkt selbständig, und zwar durch Berufung oder Revision angefochten werden.

Ist eine Entscheidung in der Hauptsache überhaupt nicht ergangen, so findet gegen die Entscheidung über den Kostenpunkt sofortige Beschwerde statt; vor der Entscheidung über die Beschwerde ist der Gegner zu hören.

139. Bestimmt die Entscheidung über die Verpflichtung zur Kostentragung zugleich auch den Betrag der Prozeßkosten? §§ 103, 692, 699.

Nein:

I. Für die Festsetzung der zu erstattenden Prozeßkosten bedarf es, wenn die Parteien sich über den Betrag nicht einigen, eines besonderen Verfahrens (Kostenfestsetzungsverfahren).

Nur im Verfahren vor den Amtsgerichten kann neuerdings der Betrag der zu erstattenden Prozeßkosten, wenn er sofort zu ermitteln ist, gleich in der Entscheidung über die Verpflichtung zur Kostentragung festgesetzt werden, und im Mahnverfahren muß er sogar, sowohl in den Zahlungsbefehl wie in den Vollstreckungsbefehl, aufgenommen werden.

II. Hinsichtlich der Berechnung der übrigen Prozeßkosten bedarf es dagegen einer richterlichen Festsetzung des Betrages überhaupt nicht.

---

140. Was ist Voraussetzung für das Kostenfestsetzungsverfahren? § 104 Abs. 1; vgl. §§ 727 ff., 749.

Der Titel, auf dem die Verpflichtung zur Kostentragung beruht, muß zur Zwangsvollstreckung geeignet, also rechtskräftig oder vorläufig vollstreckbar sein; einer Vollstreckungsklausel bedarf es in der Regel nicht.

141. Wodurch wird das Kostenfestsetzungsverfahren eingeleitet? § 104 Abs. 2.

Durch ein schriftliches oder vor dem Gerichtsschreiber zu Protokoll erklärtes Gesuch um Festsetzung des zu erstattenden Betrags, das stets bei dem Prozeßgericht erster Instanz anzubringen ist.

Dem Gesuche sind eine Kostenberechnung, eine zur Mitteilung an den Gegner bestimmte Abschrift derselben und die zur Rechtfertigung der einzelnen Ansätze dienenden Belege beizufügen.

142. Worauf erstreckt sich die Prüfung des Kostenfestsetzungsgesuchs durch das Gericht? § 105 Abs. 2 und 3.

Außer auf die Zuständigkeit des angegangenen Gerichts:

a) darauf, ob die erstattet verlangten Kosten, die der Antragsteller glaubhaft zu machen hat, wirklich erwachsen sind, und weiter

b) darauf, ob sie zur zweckentsprechenden Rechtsverfolgung oder Rechtsverteidigung notwendig waren, bzw. wenn es sich um Gebühren von Rechtsanwälten und Gerichtsvollziehern handelt, ob die angesetzten Beträge nach den betreffenden Gebührenordnungen begründet sind.

Bei dieser Prüfung kann sich das Gericht neuerdings der Hilfe des Gerichtsschreibers bedienen.

143. Form und Anfechtung der Entscheidung über das Kostenfestsetzungsgesuch? §§ 105 Abs. 1 und 4; 103.

Die Entscheidung, welche ohne vorgängige mündliche Verhandlung ergehen kann, ist stets ein Beschluß, der, ebenso wie die in dem Verfahren vor den Amtsgerichten in der Entscheidung selbst getroffene Kostenfestsetzung, durch sofortige Beschwerde angefochten werden kann.

144. Welche Besonderheiten bestehen für das Kostenfestsetzungsverfahren für den Fall, daß die Prozeßkosten unter die Parteien ganz oder teilweise nach Quoten verteilt sind? § 106.

In diesem Fall hat die Partei den Gegner vor Anbringung ihres Festsetzungsgesuchs aufzufordern, die Berechnung seiner Kosten binnen einer einwöchigen Frist bei dem Gerichte einzureichen.

Nach fruchtlosem Ablaufe der Frist erfolgt die Entscheidung ohne Rücksicht auf die Kosten des Gegners.

145. Ist die Gegenpartei, die ihre Kostenberechnung nicht rechtzeitig bei dem Gerichte eingereicht hat, mit ihren Ansprüchen *definitiv* ausgeschlossen? § 106.

Nein; ebenso wie der Antragsteller selbst stets in einem weiteren Gesuche die Festsetzung unberücksichtigt gebliebener Kosten verlangen kann, so kann auch die Gegenpartei ihre ganz oder zum Teil unberücksichtigt gebliebenen Ansprüche nachträglich geltend machen.

146. Welchen Einfluß hat es auf die Kostenfestsetzung, wenn nach derselben eine Entscheidung ergeht, durch welche der Wert des Streitgegenstandes abweichend von der Wertsberechnung, die der Kostenfestsetzung zugrunde liegt, bestimmt wird? § 107.

Dann kann auf Antrag die Kostenfestsetzung, auch wenn sie schon rechtskräftig ist, abgeändert werden. Der Antrag ist binnen der Frist von einem Monat bei dem Gericht erster Instanz schriftlich oder zu Protokoll des Gerichtsschreibers anzubringen. Die Frist beginnt mit der Zustellung, und wenn es einer solchen nicht bedarf, mit der Verkündung des den Wert des Streitgegenstandes festsetzenden Beschlusses.

Gegen die Entscheidung, die ohne vorgängige mündliche Verhandlung erfolgen kann, findet sofortige Beschwerde statt.

147. Wer trägt die durch das Festsetzungsverfahren selbst entstandenen Kosten? § 106 Satz 3.

Wer diese Kosten zu tragen hat, bestimmt sich nach den allgemeinen Regeln über die Kostentragung: prinzipiell also die *unterliegende* Partei.

Ausdrücklich bestimmt die ZPO. nur, daß, wenn die Prozeßkosten nach Quoten unter die Parteien geteilt sind und die Gegenpartei die eingeforderte Kostenberechnung nicht rechtzeitig eingereicht hat, sie allein die Mehrkosten, die durch das nachträgliche Verfahren entstehen, zu tragen hat.

6. Titel. **Sicherheitsleistung.**

148. Welches ist die rechtliche Natur der prozessualischen Sicherheitsleistung der §§ 108 ff. ZPO., und welches ist insbesondere ihr Verhältnis zum Arrest ꝛc. einerseits und zur Sicherheitsleistung des BGB. andrerseits? BGB. §§ 232 ff.

Unter „*prozessualischer Sicherheitsleistung*“ ist lediglich ein Sammelbegriff zu verstehen, der alle die Fälle umfaßt, in denen durch prozeßrechtliche Vorschriften, wie sie sich in der ZPO. und anderen Reichsgesetzen finden, eine Sicherheitsleistung angeordnet ist; sie ist keine *prozessualische Sicherung* wie z. B. der Arrest, vielmehr ihrem inneren Wesen nach eine *materiellrechtliche Sicherung* wie die Sicherheitsleistung des BGB., dessen Vorschriften auch Anwendung finden, soweit nicht die ZPO. Sonderbestimmungen trifft, wie namentlich durch Beschränkung der Mittel zur Sicherheitsleistung.

149. Welche Mittel läßt die ZPO. zur Sicherheitsleistung zu? § 108.

Nur Geld und besonders geeignete Wertpapiere.

150. Inwieweit ist die Sicherheitsleistung durch Wertpapiere beschränkt? § 108; BGB. § 234.

Die Wertpapiere müssen an der Börse gehandelte, mündelsichere Inhaber- oder blankoindossierte Orderpapiere sein, und es kann mit ihnen nur in Höhe von $^3/_4$ des Kurswerts Sicherheit geleistet werden; es steht jedoch dem Gerichte frei, auch andere Wertpapiere, wenn sie ihm als genügende Deckung erscheinen, als Mittel zur Sicherheitsleistung zuzulassen.

151. Sind diese Vorschriften über die Mittel der Sicherheitsleistung ius cogens? § 108.

Nein, vielmehr können die Parteien andere Vereinbarungen treffen.

152. Wann finden diese Vorschriften über die Mittel der Sicherheitsleistung keine Anwendung? § 108, vgl. § 921 Abs. 2.

a) In den Fällen, in welchen das Gericht nach freiem Ermessen die Sicherheitsleistung festzusetzen hat, wie z. B. in der ZPO beim Arrest;

b) in allen übrigen Fällen dann, wenn die Parteien etwas anderes vereinbart haben.

153. Wo finden sich die Vorschriften über das Verfahren bei der Leistung der Sicherheit?

Wo und wie hinterlegt wird, bestimmt das Landesrecht.

Hinterlegungsstelle sind in Preußen die Regierungshauptkassen (Pr. Hinterlegungsordnung v. 13. März 1879); in Bayern sind bei einzelnen Amtsgerichten gemeinsame Hinterlegungsstellen für mehrere Amtsgerichtsbezirke errichtet (Hinterlegungsordnung v. 18. Dezember 1899); in Sachsen sind Hinterlegungsstellen die Amtsgerichte (Gesetz zur Ausführung einiger mit dem BGB. zusammenhängender Reichsgesetze v. 15. Juni 1900); in Württemberg erfolgen die Hinterlegungen in Rechtsangelegenheiten bei den Oberlandesgerichten, Landgerichten und Amtsgerichten (AG. z. BGB. v. 28. Juli 1899).

Die ZPO. regelt nur das Verfahren für den Fall, daß die Veranlassung für eine Sicherheitsleistung weggefallen ist.

154. Wie erlangt der Hinterleger die Rückgabe der Sicherheit in dem Falle, wo die Veranlassung für die Sicherheitsleistung weggefallen ist, und der Gegner trotzdem in die Rückgabe der Sicherheit nicht willigt? § 109.

Er muß bei dem Gericht, das die Bestellung der Sicherheit angeordnet oder zugelassen hat, den Antrag stellen, eine Frist zu bestimmen, binnen welcher ihm der Gegner die Einwilligung in die Rückgabe der Sicherheit zu erklären oder die Erhebung der Klage wegen seiner Ansprüche nachzuweisen hat.

Erst nach fruchtlosem Ablauf dieser Frist ordnet das Gericht auf Antrag des Hinterlegers die Rückgabe der Sicherheit an, sofern nicht inzwischen noch die Erhebung der Klage nachgewiesen wird.

155. Inwiefern ist dieses Rückgabeverfahren noch besonders vereinfacht? § 109 Abs. 3.

Die Anträge und die Einwilligung in die Rückgabe der Sicherheit können vor dem Gerichtsschreiber zu Protokoll erklärt werden. Die Entscheidungen können ohne vorgängige mündliche Verhandlung erfolgen. Ein Anwaltszwang besteht nicht.

156. Welchen Fall der prozessualischen Sicherheitsleistung regelt die ZPO. noch besonders? §§ 110 ff.

Die Sicherheitsleistung wegen der Prozeßkosten.

157. Wer hat Sicherheit für die Prozeßkosten zu leisten? §§ 110, 111.

Jeder Kläger, der zur Zeit der Klageerhebung nicht Deutscher ist oder im Laufe des Rechtsstreits die Eigenschaft eines Deutschen verliert, vorausgesetzt, daß der Beklagte Sicherheit verlangt.

158. Welche Ausnahme besteht von dieser Regel?

Die Verpflichtung zur Sicherheitsleistung tritt nicht ein:

1) wenn nach den Gesetzen des Staates, welchem der Kläger angehört, ein Deutscher im gleichem Falle zur Sicherheitsleistung nicht verpflichtet ist;
2) im Urkunden- oder Wechselprozesse;
3) bei Widerklagen;
4) bei Klagen, welche infolge einer öffentlichen Aufforderung angestellt werden;
5) bei Klagen aus Rechten. welche im Grundbuch eingetragen sind.

Wenn jedoch diese Ausnahmen — es kann sich dabei nur um 1) und 2) handeln — im Laufe des Rechtsstreits wegfallen, dann tritt wieder die Regel ein: es kann Sicherheit verlangt werden.

159. In welchem Fall erübrigt sich eine Sicherheitsleistung aus einem der drei erwähnten, sich erst im Laufe des Rechtsstreits (S. Nr. 157 u. 158 Abs. 2) ergebenden Anlässe zur Sicherheitsleistung? § 111.

Wenn ein zur Deckung der Kosten ausreichender Teil des erhobenen Anspruchs unbestritten ist.

160. Wann kann der Beklagte trotz bereits geleisteter Sicherheit noch weitere Sicherheit verlangen? § 112 Abs. 3.

Wenn sich im Laufe des Rechtsstreits herausstellt, daß die geleistete Sicherheit nicht genügt, ausgenommen wieder den Fall, daß ein zur Deckung ausreichender Teil des erhobenen Anspruchs unbestritten ist.

161. Kann der Beklagte auch noch nach mündlicher Verhandlung zur Hauptsache Sicherheitsleistung wegen der Prozeßkosten verlangen? § 274 Abs. 2 Z. 5, Abs. 3.

In der Regel nicht, da dieses Verlangen als prozeßhindernde Einrede gemäß dem Eventualprinzip vor der Verhandlung zur Hauptsache vorgebracht werden muß. Etwas anderes gilt jedoch für den Fall, daß sich erst im Laufe des Prozesses aus einem der drei oben erwähnten Anlässe, oder im Fall der nicht genügenden Sicherheit, für den Beklagten die Möglichkeit ergibt, Sicherheit bzw. weitere Sicherheit zu verlangen; hier muß dann aber das Verlangen vor der nächstfolgenden mündlichen Verhandlung zur Hauptsache vorgebracht werden.

162. Was gilt für die Berechnung der Sicherheit, wenn unter den Parteien darüber Streit entsteht? § 112 Abs. 1 u. 2.

Dann entscheidet das Gericht über die Höhe der Sicherheitsleistung nach freiem Ermessen durch Zwischenurteil auf Grund mündlicher Verhandlung, indem es dabei denjenigen Betrag der Prozeßkosten in Betracht zieht, den der Beklagte wahrscheinlich aufzuwenden haben wird, ohne jedoch bei der Berechnung die dem Beklagten durch eine Widerklage erwachsenen Kosten zu berücksichtigen.

163. Wodurch kommt der Charakter dieser Sicherheitsleistung als Prozeßvoraussetzung im weiteren Sinne zum Ausdruck? § 113.

Das Gesetz macht die Einleitung bzw. den Fortgang des Prozesses — immer vorausgesetzt, daß die prozeßhindernde Einrede vom Beklagten rechtzeitig vorgebracht ist — von der Sicherheitsleistung abhängig.

Das Gericht hat dem Kläger bei Anordnung der Sicherheitsleistung eine Frist zu bestimmen, — falls die Parteien über die Sicherheitsleistung einig sind, durch Beschluß, sonst, wie dies schon bezüglich der Höhe hervorgehoben ist, durch Zwischenurteil — binnen welcher die Sicherheit zu leisten ist; nach Ablauf dieser Frist ist auf Antrag des Beklagten, aber nur, wenn die Sicherheit auch bis zur Entscheidung über diesen Antrag nicht geleistet ist, nach mündlicher Verhandlung durch Endurteil die Klage für zurückgenommen zu erklären, oder, wenn über ein Rechtsmittel des Klägers zu verhandeln ist, dasselbe zu verwerfen.

7. Titel. **Armenrecht.**

164. Welches sind die materiellen Voraussetzungen für die Bewilligung des Armenrechts? § 114.

Materielle Voraussetzungen sind:

a) daß die um Bewilligung des Armenrechts nachsuchende Person arm ist, d. h. daß sie außer stande ist, ohne Beeinträchtigung des für sie und ihre Familie — um physische Personen handelt es sich hier nur — notwendigen Unterhalts die Kosten des Prozesses zu bestreiten;

b) daß sie deutscher Staatsangehöriger ist oder einem solchen außerdeutschen Staate angehört, in dem die Gegenseitigkeit verbürgt ist;

c) daß die beabsichtigte Rechtsverfolgung oder Rechtsverteidigung nicht mutwillig oder aussichtslos erscheint.

165. Welches sind die prozessualen Voraussetzungen der Armenrechtsbewilligung? § 118.

Die Armenrechtsbewilligung hat zur Voraussetzung:

a) die Stellung eines ordnungsmäßigen Gesuchs, unter Beifügung eines behördlichen Zeugnisses, in welchem unter Angabe des Standes oder Gewerbes, der Vermögens- und Familienverhältnisse der Partei sowie des Betrags der von dieser zu entrichtenden direkten Staatssteuern das Unvermögen zur Bestreitung der Prozeßkosten ausdrücklich bezeugt wird;

b) die Anbringung des Gesuchs bei dem Prozeßgericht, d. h. bei dem Gericht, bei dem der Prozeß bereits schwebt oder aber erst angestrengt werden soll.

166. Form und Inhalt des Gesuchs um Bewilligung des Armenrechts? § 118.

I. Das Gesuch kann von der Partei schriftlich abgefaßt oder vor dem Gerichtsschreiber zu Protokoll erklärt werden — auch im Landgerichtsprozeß; Anwaltszwang besteht nicht.

II. In dem Gesuch ist das Streitverhältnis unter Angabe der Beweismittel darzulegen.

167. Wer erteilt der Partei das dem Gesuch beizufügende Armutszeugnis? § 118.

Die zur Erteilung des Armutszeugnisses zuständige Behörde wird durch die Landesjustizverwaltung bestimmt; für Personen, welche unter Vormundschaft oder Kuratel stehen, kann das Zeugnis auch von der vormundschaftlichen Behörde ausgestellt werden.

168. In welcher Form erfolgt die Entscheidung über das Gesuch? §§ 126, 127.

Das Gericht entscheidet gebührenfrei — in der Regel ohne vorgängige mündliche Verhandlung — über das Gesuch durch Beschluß, der im Falle der Bewilligung des Armenrechts unanfechtbar ist, im Falle der Ablehnung der Beschwerde unterliegt.

169. Erstreckt sich die Bewilligung des Armenrechts auf alle Instanzen? § 119 Abs. 1.

Nein: sie erfolgt für jede Instanz besonders — für die erste Instanz einschließlich der Zwangsvollstreckung.

170. Wann ist die Erlangung des Armenrechts in der höheren Instanz erleichtert? § 119 Abs. 2.

I. Sofern das Armenrecht in der vorherigen Instanz schon bewilligt war, bedarf es in der höheren Instanz des Nachweises des Unvermögens durch den Gesuchsteller nicht mehr.

II. Eine andere Erleichterung besteht für den Fall, daß der Gegner des Gesuchstellers das Rechtsmittel eingelegt hat. Hier nämlich ist in der höheren Instanz nicht zu prüfen, ob die Rechtsverfolgung oder Rechtsverteidigung der Partei mutwillig oder aussichtslos erscheint.

171. Welches ist der Inhalt des Armenrechts? § 115.

Durch die Bewilligung des Armenrechts erlangt die Partei:

1) die einstweilige Befreiung von den Gerichtskosten einschließlich der Gebühren der Beamten und der baren Auslagen, sowie der Stempelsteuer;

2) die Befreiung von der Sicherheitsleistung für die Prozeßkosten;

3) die Beiordnung eines Gerichtsvollziehers zur vorläufig unentgeltlichen Bewirkung von Zustellungen und Vollstreckungshandlungen;
in Anwaltsprozessen endlich

4) die Beiordnung eines Rechtsanwalts zur vorläufig unentgeltlichen Wahrnehmung der Rechte der Partei.

172. Ist in Parteiprozessen die Beiordnung eines Anwalts ausgeschlossen? § 116.

Nein: das Prozeßgericht kann der Partei auf ihren Antrag auch hier einen Anwalt beiordnen; außerdem kann einer armen Partei, die nicht im Bezirke des Prozeßgerichts wohnt, statt eines Anwalts ein Justizbeamter, der nicht als Richter angestellt ist, oder ein Referendar — diese jedoch nur zur Wahrnehmung der Rechte der Partei in der mündlichen Verhandlung — beigeordnet werden.

173. Wie verhält sich das Armenrecht in seinen Wirkungen zur Gebührenfreiheit? §§ 115, 117.

Das Armenrecht gewährt immer nur eine einstweilige, die Gebührenfreiheit dagegen eine definitive Befreiung. Diese Befreiung erstreckt sich jedoch beim Armenrecht nicht bloß, wie bei der Gebührenfreiheit, auf die Gerichtskosten, sondern auch auf die baren Auslagen, Anwalts- und Gerichtsvollziehergebühren. Andererseits stimmen beide Institute darin überein, daß sie auf die Verpflichtung zur Erstattung der dem Gegner erwachsenen Kosten keinen Einfluß haben.

174. Welche Reflexwirkung äußert die Bewilligung des Armenrechts für den Kläger (den Berufungskläger oder den Revisionskläger) zugleich auch für die Gegenpartei? § 120.

Auch die Gegenpartei ist in diesem Falle von der Berichtigung der Gerichtskosten einschließlich der Gebühren der Beamten und der baren Auslagen, sowie der Stempelsteuer einstweilen befreit.

175. Wie gestaltet sich die endgültige Kostenregelung:

a) wenn die Gegenpartei in die Kosten verurteilt wird,

b) wenn die arme Partei in die Kosten verurteilt wird,

c) soweit der Rechtsstreit ohne Urteil beendigt wird? §§ 123 Abs. 1, 124; 123 Abs. 2.

a) Die in die Kosten verurteilte Gegenpartei hat nicht nur die Gerichtskosten zu tragen, von deren Berichtigung sie selbst einstweilen befreit war, sondern auch die, von deren Berichtigung die arme Partei einstweilen befreit war; ebenso sind die für die arme Partei bestellten Gerichtsvollzieher und Rechtsanwälte berechtigt, ihre Gebühren und Auslagen von der verurteilten Gegenpartei beizutreiben.

b) Wird die arme Partei in die Kosten verurteilt, so wird die einstweilige Befreiung der Gegenpartei mit der Rechtskraft des Urteils eine definitive, und sämtliche Gerichtskosten fallen der armen Partei zur Last — wenn sie auch einstweilen von ihrer Berichtigung befreit ist.

c) Wird der Rechtsstreit ohne Urteil beendet, so hat die einstweilige Befreiung der Gegenpartei ein Ende; die Gerichtskosten, von deren Berichtigung sie vorläufig befreit war, sind nunmehr von ihr einzuziehen.

176. Aus welchen Gründen erlischt das Armenrecht? §§ 122; 121.

Das Armenrecht erlischt

a) kraft Gesetzes:

mit dem Tode der Person, welcher es bewilligt ist;

b) von Gerichts wegen:

mit Verkündung bzw. Zustellung des Beschlusses, durch den der armen Partei das Armenrecht für die Zukunft entzogen wird, wenn sich nachträglich ergeben hat, daß eine materielle Voraussetzung der Bewilligung nicht vorhanden war oder nicht mehr vorhanden ist.

177. Ist mit dem Entziehungsbeschluß die Partei etwa auch zur Nachzahlung der bis dahin entstandenen, ihr gestundeten Kosten verpflichtet?

Ohne weiteres nicht! Denn die Entziehung hat keine rückwirkende Kraft. Die Partei ist vielmehr erst dann zur Nachzahlung verpflichtet, wenn diese durch besonderen Beschluß angeordnet wird.

178. Wann kann die Nachzahlung von Kosten angeordnet werden? § 125.

Die arme Partei kann zur Nachzahlung der sämtlichen ihr gestundeten Beträge herangezogen werden, sobald sie hierzu ohne Beeinträchtigung des für sie und ihre Familie notwendigen Unterhalts imstande ist.

179. Worin stimmen der Entziehungs- und der Nachzahlungsbeschluß überein? §§ 126, 127.

Sie können beide — ebenso wie die Entscheidung über das Armenrechtsgesuch — ohne vorgängige mündliche Verhandlung ergehen, und sind — ebenso wie der Beschluß, durch welchen das Armenrecht verweigert wird — mit dem Rechtsmittel der Beschwerde anfechtbar.

3. Abschnitt. Verfahren.

1. Titel. Mündliche Verhandlung.

180. Worin besteht der Grundsatz der Mündlichkeit der Verhandlung? § 128.

Nur der von den Parteien mündlich vorgetragene Streitstoff darf vom Gericht bei der Entscheidung berücksichtigt werden. Es darf also insbesondere einerseits das nur in den die mündliche Verhandlung „vorbereitenden Schriftsätzen" Enthaltene nicht beachtet werden, während andererseits jedes mündliche Vorbringen, auch wenn es in solchen Schriftsätzen nicht enthalten ist, berücksichtigt werden muß.

181. Wird das ganze Verfahren der ZPO. von dem Grundsatze der Mündlichkeit der Verhandlung beherrscht? § 128; vgl. §§ 102, 105, 248, 319, 769, 921; 71, 135, 387, 402; 320, 321, 924 usw.

Die ZPO. stellt den Grundsatz der Mündlichkeit der Verhandlung als obligatorisch nur für die Verhandlung der Parteien über den Rechtsstreit vor dem erkennenden Gerichte auf. Obligatorisch ist die mündliche Verhandlung deshalb also jedenfalls nicht:

a) für Zwischenstreitigkeiten zwischen den Parteien und dritten Personen — aber auch dies nicht ohne Ausnahme;

b) für alle Prozeßhandlungen der Parteien, welche nicht vor dem erkennenden Gerichte stattfinden z. B. die Prozeßhandlungen, die von Partei zu Partei oder vor einem beauftragten oder ersuchten Richter stattfinden.

Im übrigen hat die ZPO. in zweifelhaften Fällen jedesmal bestimmt, wo „die Entscheidung ohne mündliche Verhandlung erfolgen kann," die mündliche Verhandlung also in das Ermessen des Gerichts gestellt (fakultativ) ist, und wo sie nur auf Grund mündlicher Verhandlung erfolgen darf. Wo eine ausdrückliche Bestimmung nach der einen oder anderen Richtung aber nicht gegeben wird, ist die Entscheidung nur auf Grund mündlicher Verhandlung zulässig.

Schließlich gilt der Grundsatz der Mündlichkeit der Verhandlung nicht nur für die zweiseitige, kontradiktorische Verhandlung, sondern auch für die einseitige im Versäumnisverfahren.

182. Inwieweit gilt aber der Grundsatz der Mündlichkeit der Verhandlung auch für die Verhandlung der Parteien über den Rechtsstreit vor dem erkennenden Gerichte nicht? § 297.

Im Verfahren vor den Kollegialgerichten müssen die Sachanträge der

Parteien aus den vorbereitenden Schriftsätzen verlesen werden, wenn sie berücksichtigt werden sollen.

183. Was folgt aus dem Grundsatz der Mündlichkeit der Verhandlung für den Fall, daß die Richter im Laufe eines Prozesses wechseln?

Da dem erkennenden Gerichte der Streitstoff mündlich vorgetragen werden muß, müssen ihn die Parteien beim Wechsel des Richterpersonals vollständig von neuem vortragen; eine Bezugnahme auf das früher Vorgetragene ist ausgeschlossen.

Bleiben die Richter aber dieselben, so ist im Fall der Fortsetzung der Verhandlung in einem späteren Termine die Wiederholung des früher vorgetragenen Prozeßstoffes nicht notwendig. Der Grundsatz der Einheit der mündlichen Verhandlung, nach welchem diejenige Verhandlung, auf die das Urteil ergeht, die allein entscheidende ist, besagt nur, daß das in früheren Verhandlungsterminen Vorgetragene im letzten Verhandlungstermine durch den Vortrag der Parteien unerheblich werden kann, nicht aber, daß dies ipso jure geschieht, so daß der früher gebrachte Streitstoff in diesem Termine stets wieder vorgetragen werden müßte, wenn er berücksichtigt werden soll.

---

184. Können sich die Parteien ohne jeden Nachteil bloß auf den mündlichen Vortrag des Streitstoffs beschränken? §§ 129 Abs. 2; 129 Abs. 1, 95, 335; GKG. § 48.

Im Parteiprozeß können sie das, weil hier die mündliche Verhandlung vorbereitende Schriftsätze zwar zugelassen, aber nicht vorgeschrieben sind.

Im Anwaltsprozeß dagegen ist den Parteien die Vorbereitung der Verhandlung durch Schriftsätze zur Pflicht gemacht, und wenn die Unterlassung solcher Vorbereitung auch Nachteile in der Sache selbst nicht zur Folge hat, die Partei mit nicht angekündigtem Vorbringen also nicht ausgeschlossen werden darf, so ist die Unterlassung der Partei doch insofern nachteilig, als:

1) infolgedessen von Amts wegen oder auf Antrag eine Vertagung der Verhandlung auf Kosten der Partei eintreten kann;

2) eine Gerichtsgebühr wegen Verzögerung von der Partei erhoben werden kann;

3) der Kläger, wenn er dem Beklagten ein tatsächliches mündliches Vorbringen oder einen Antrag nicht (oder nicht rechtzeitig) mittels vorbereitenden Schriftsatzes mitgeteilt hat, ein Versäumnisurteil nicht erwirken kann. — Letzteres gilt auch für den Parteiprozeß.

185. Welchen Zweck haben die vorbereitenden Schriftsätze? § 129.

Alle vorbereitenden Schriftsätze einer Partei haben außer, daß sie zur Vorbereitung des Gerichts dienen, den Zweck, dem Gegner den Prozeßstoff, den die Partei in der mündlichen Verhandlung vortragen will, vorweg anzukündigen, damit er sich auf die Beantwortung desselben vorbereiten kann. Dieser Zweck schließt eine nachträgliche Abänderung des Inhalts der vorbereitenden Schriftsätze nicht aus.

186. Erschöpft sich der Zweck aller vorbereitenden Schriftsätze in der bloßen Ankündigung des Prozeßstoffs? Vgl. z. B. §§ 253, 340, 518, 553; 264, 268, 527.

Einige vorbereitende Schriftsätze, so insbesondere die den Prozeß oder einen Abschnitt desselben eröffnenden (z. B. die Klageschrift, Berufungsschrift) sollen nicht nur den Prozeßstoff ankündigen, sondern geben ihm gleichzeitig eine feste, die Parteien bindende Gestalt, welche nicht oder nur in bestimmten vom Gesetz gezogenen Grenzen abgeändert werden kann: bestimmende Schriftsätze.

187. Welchen Inhalt haben die vorbereitenden Schriftsätze? § 130; vgl. z. B. §§ 253, 340.

Mit Ausnahme der bestimmenden Schriftsätze, welche, wenn sie wirksam sein sollen, einen ganz bestimmten Inhalt haben müssen, sollen sämtliche vorbereitenden Schriftsätze enthalten:

1) Die Bezeichnung der Parteien und ihrer gesetzlichen Vertreter nach Namen, Stand oder Gewerbe, Wohnort und Parteistellung; die Bezeichnung des Gerichts und des Streitgegenstandes; die Zahl der Anlagen;

2) die Anträge, welche die Partei im Termin zu stellen beabsichtigt;

3) die Angabe der zur Begründung der Anträge dienenden tatsächlichen Verhältnisse (rechtliche Ausführungen brauchen also nicht gemacht zu werden);

4) die Erklärung über die tatsächlichen Behauptungen des Gegners;

5) die Bezeichnung der Beweismittel, welcher sich die Partei zum Nachweise oder zur Widerlegung tatsächlicher Behauptungen bedienen will, sowie die Erklärung über die von dem Gegner bezeichneten Beweismittel;

6) in Anwaltsprozessen die Unterschrift des Anwalts, in anderen Prozessen die Unterschrift der Partei selbst oder desjenigen, welcher für dieselbe als Bevollmächtigter oder als Geschäftsführer ohne Auftrag handelt.

188. Wie erhält die Partei Mitteilung von den Schriftsätzen der Gegenpartei? §§ 132, 170; 502.

Sämtliche Schriftsätze sind ihr vom Gegner zuzustellen; die Zustellung besteht aber in der Übergabe einer beglaubigten Abschrift des Schriftsatzes, die Urschrift desselben verbleibt also dem zustellenden Gegner.

Im Parteiprozeß kann die Mitteilung einiger Schriftsätze auch formlos erfolgen.

189. Innerhalb welcher Frist sollen die vorbereitenden Schriftsätze dem Gegner zugestellt werden. §§ 272, 132; vgl. z. B. 262, 498, 520, 555, 604 Abs. 2.

Mit Ausnahme der bestimmenden Schriftsätze, bei deren Zustellung besondere Fristen eingehalten werden müssen, soll jeder vorbereitende Schriftsatz:

a) welcher solche neuen tatsächlichen Behauptungen, Beweismittel und Anträge, auf welche der Gegner voraussichtlich ohne vorhergehende Erkundigung keine Erklärung abgeben kann, enthält, so zeitig zugestellt werden, daß der Gegner die erforderliche Erkundigung noch einzuziehen vermag; eventuell kann das Gericht, wenn eine Vertagung der mündlichen Verhandlung eintritt, nach seinem freien Ermessen die Fristen bestimmen, binnen welcher die noch erforderlichen vorbereitenden Schriftsätze unter den Parteien zu wechseln sind. — Im übrigen soll jeder vorbereitende Schriftsatz, welcher

b) andere neue Tatsachen oder ein anderes neues Vorbringen, z. B. neue Beweiseinreden, enthält, mindestens eine Woche, und wenn er einen Zwischenstreit betrifft, mindestens drei Tage vor der mündlichen Verhandlung zugestellt werden;

c) eine Gegenerklärung auf neues Vorbringen enthält, mindestens drei Tage vor der mündlichen Verhandlung zugestellt werden, während, wenn es sich um einen Zwischenstreit handelt, eine schriftliche Gegenerklärung überhaupt nicht erforderlich ist.

190. Wie und wann erhält das Gericht Mitteilung von den vorbereitenden Schriftsätzen der Parteien? § 133.

Die Parteien haben eine für das Prozeßgericht bestimmte Abschrift ihrer vorbereitenden Schriftsätze und der Anlagen auf der Gerichtsschreiberei niederzulegen.

Diese Niederlegung soll zugleich mit der Überreichung der Urschrift erfolgen, wenn, wie bei der Klageschrift, eine Terminsbestimmung oder wenn die Zustellung unter Vermittlung des Gerichtsschreibers erwirkt werden soll, anderenfalls sofort nach erfolgter Zustellung des Schriftsatzes an den Gegner.

191. Genügt die bloße Angabe der Beweismittel im vorbereitenden Schriftsatze, wenn diese Urkunden sind? §§ 131; 593 Abs. 2.

Soweit sich die Urkunden, auf welche in den vorbereitenden Schriftsätzen Bezug genommen wird, in den Händen der Partei befinden, sollen sie — im Urkunden- und Wechselprozeß müssen sie sogar — der Urschrift des Schriftsatzes, die der zustellenden Partei verbleibt, in Urschrift oder in Abschrift beigefügt werden; der Gegner erhält also stets nur eine Abschrift der Urkunden.

Kommen nur einzelne Teile einer Urkunde in Betracht, so genügt die Beifügung eines Auszugs, welcher den Eingang, die zur Sache gehörende Stelle, den Schluß, das Datum und die Unterschrift enthält.

Sind die Urkunden aber dem Gegner bereits bekannt oder von bedeutendem Umfange, so genügt die genaue Bezeichnung derselben mit dem Erbieten, Einsicht zu gewähren.

192. Wie kann der Gegner, der nach der vorgeschriebenen Beifügung der in den Händen der anderen Partei befindlichen Urkunden zu den vorbereitenden Schriftsätzen stets nur eine Abschrift der Urkunden erhalten würde, sich auch Einsicht in die Originalurkunden verschaffen? § 134.

Wenn er die Partei rechtzeitig auffordert, ist diese — im Anwalts- wie im Parteiprozeß — verpflichtet, die in ihren Händen befindlichen Urkunden, auf welche sie in einem vorbereitenden Schriftsatze Bezug genommen hat, im Original vor der mündlichen Verhandlung auf der Gerichtsschreiberei des Prozeßgerichts niederzulegen und den Gegner von der Niederlegung zu benachrichtigen. Dieser hat dann zur Einsicht der Urkunden eine Frist von 3 Tagen, die jedoch auf seinen Antrag von dem Vorsitzenden des Gerichts verlängert (allerdings auf Antrag des Gegners auch abgekürzt) werden kann.

193. Inwiefern ist die Mitteilung von Urkunden unter Parteien, die beide durch Rechtsanwälte vertreten sind, erleichtert? § 135.

Den Rechtsanwälten steht es frei, die Mitteilung von Urkunden von Hand zu Hand gegen Empfangsbescheinigung zu bewirken. Gibt dann in solchem Fall ein Rechtsanwalt die ihm eingehändigte Urkunde nicht binnen einer Frist von 3 Tagen zurück, so ist er auf Antrag nach vorgängiger mündlicher Verhandlung durch Zwischenurteil zur unverzüglichen Zurückgabe und zur Erstattung der Kosten des Zwischenstreits zu verurteilen, und zwar gleichgültig, ob er nach materiellem Recht zur Herausgabe verpflichtet ist oder nicht. Gegen das Zwischenurteil hat er das Rechtsmittel der sofortigen Beschwerde.

194. Welches sind die Folgen, wenn die Partei ihrer Verpflichtung zur Mitteilung von vorbereitenden Schriftsätzen wie zur Niederlegung der in ihren Händen befindlichen Urkunden, auf welche sie in ihren Schriftsätzen Bezug genommen hat, nicht ordnungsmäßig oder nicht rechtzeitig nachkommt?

Wieder abgesehen von den *bestimmenden* Schriftsätzen, bei denen weiterreichende Nachteile eintreten, sind die Folgen dieselben, wie sie für die pflichtwidrige Unterlassung der Vorbereitung durch Schriftsätze überhaupt bestimmt sind (s. Nr. 184).

---

195. Welche Befugnisse stehen dem Vorsitzenden des Gerichts in der mündlichen Verhandlung zu? § 136; GVG. §§ 177—179.

Der Vorsitzende des Gerichts, im Parteiprozeß also der Amtsrichter, hat:

a) für die *Aufrechterhaltung der Ordnung* in der Sitzung zu sorgen; eine etwa nötig werdende Straffestsetzung (Entfernung aus dem Gerichtszimmer, Abführung zur Haft, Festsetzung von „Ordnungsstrafen") hat dagegen stets das Gericht als solches, im Anwaltsprozeß also das Richterkollegium, zu beschließen,

b) die Prozeßleitung in der mündlichen Verhandlung, neben den ihm außerhalb der mündlichen Verhandlung zustehenden zahlreichen Befugnissen (z. B. der Terminsbestimmung).

196. Worin äußert sich das Prozeßleitungsamt des Vorsitzenden? § 136.

Der Vorsitzende eröffnet die Verhandlung, nachdem der für dieselbe festgesetzte Termin durch Aufruf zur Sache begonnen hat.

Er leitet die Verhandlung, d. h. er sorgt für den gesetzmäßigen Verlauf derselben. Er erteilt das Wort und kann es demjenigen, der seinen auf die Sachleitung bezüglichen oder zur Aufrechterhaltung der Ordnung gegebenen Befehlen nicht Folge leistet, auch dem Rechtsanwalt, entziehen.

Er hat Sorge zu tragen, daß die Sache erschöpfende Erörterung finde und die Verhandlung ohne Unterbrechung zu Ende geführt werde; erforderlichenfalls hat er die Sitzung zur Fortsetzung der Verhandlung sofort zu bestimmen.

Er schließt die Verhandlung, wenn nach Ansicht des Gerichts die Sache vollständig erörtert ist. Er verkündet die Urteile und Beschlüsse des Gerichts.

197. Welches besondere Mittel gibt die ZPO. dem Vorsitzenden des Gerichts zur Herbeiführung einer erschöpfenden Erörterung des Sachverhalts? §§ 139, 503.

Der Vorsitzende ist berechtigt und verpflichtet, durch Fragen darauf hinzuwirken, daß unklare Anträge erläutert, ungenügende Angaben der geltend gemachten Tatsachen ergänzt und die Beweismittel bezeichnet, überhaupt alle für die Feststellung des Sachverhältnisses erheblichen Erklärungen abgegeben werden, im Parteiprozeß hat er auch darauf hinzuwirken, daß die Parteien die sachdienlichen Anträge stellen; niemals aber darf er — im Widerspruch mit der Verhandlungsmaxime — die Parteien veranlassen, neue Tatsachen vorzutragen, neue Einwendungen zu machen usw.

Der Vorsitzende hat ferner auf die Bedenken aufmerksam zu machen, welche in Ansehung der von Amts wegen zu berücksichtigenden Punkte, z. B. der Prozeßfähigkeit einer Partei, obwalten. Auch hat er jedem Mitgliede des Gerichts auf Verlangen zu gestatten, Fragen zu stellen.

198. Ist der Vorsitzende bei der ihm obliegenden Prozeßleitung ganz unabhängig von den beisitzenden Richtern? § 140.

Im allgemeinen ja. Nur soweit eine seiner auf die Sachleitung bezüglichen Anordnungen oder eine von ihm — ebenso wie von einem anderen Gerichtsmitgliede — gestellte Frage von einer bei der Verhandlung beteiligten Person als rechtlich unzulässig beanstandet wird, entscheidet das Gericht.

---

199. Wie ist der Gang der mündlichen Verhandlung? §§ 137, 297.

Nach Eröffnung durch den Vorsitzenden wird die mündliche Verhandlung dadurch eingeleitet, daß die Parteien ihre Anträge stellen, die sie im Anwaltsprozeß aus den vorbereitenden Schriftsätzen verlesen müssen. Darauf haben die Parteien in freier Rede das Streitverhältnis in tatsächlicher und rechtlicher Beziehung darzulegen.

Eine Bezugnahme auf Schriftstücke statt der mündlichen Verhandlung ist unzulässig. Die Vorlesung von Schriftstücken findet nur insoweit statt, als es auf den wörtlichen Inhalt derselben ankommt.

In Anwaltsprozessen, wo ja nur die Anwälte verhandeln dürfen, ist neben dem Anwalt auf Verlangen auch der Partei selbst das Wort zu gestatten.

200. Worüber muß sich jede Partei in der mündlichen Verhandlung erklären? § 138 Abs. 1, 3.

Jede Partei muß sich über die von dem Gegner behaupteten Tatsachen erklären, und zwar muß sie sich, wenn es sich nach der Behauptung des Gegners um Tatsachen handelt, welche eigene Handlung der Partei oder doch Gegenstand ihrer eigenen Wahrnehmung gewesen sind, dahin erklären, ob die Tatsachen wahr oder nicht wahr sind; eine Erklärung mit Nichtwissen über solche Tatsachen ist nicht zulässig, wohl aber über andere Tatsachen.

201. Bedarf es jedesmal einer ausdrücklichen Erklärung der Partei über die von dem Gegner behaupteten Tatsachen? § 138 Abs. 2.

Nein; es genügt, wenn die beabsichtigte Erklärung der Partei, insbesondere ihre Absicht, die vom Gegner behauptete Tatsache bestreiten zu wollen, aus den übrigen Erklärungen und dem sonstigen Verhalten der Partei hervorgeht.

202. Welches ist die Folge, wenn die Partei eine Erklärung über die von dem Gegner behaupteten Tatsachen nicht oder in unzulässiger Weise abgibt, und auch eine etwa beabsichtigte Erklärung aus ihren übrigen Erklärungen und ihrem sonstigen Verhalten nicht zu entnehmen ist? § 138 Abs. 2, 3.

Dann gelten diese Tatsachen als zugestanden; es bedarf in solchem Falle also keines Beweises der Wahrheit dieser Tatsachen.

203. Wodurch unterscheidet sich wesentlich dieses aus dem Nichtbestreiten der Tatsachen gefolgerte Geständnis von dem positiven Geständnis? §§ 138; 288, 290.

Ersteres kann bis zum Schluß der letzten mündlichen Verhandlung, auf welche das Urteil ergeht, und auch noch in der Berufungsinstanz durch entgegengesetzte Erklärung beseitigt werden, während letzteres nur unter ganz bestimmten Voraussetzungen wirksam widerrufen werden kann, nämlich wenn die Partei beweist,

a) daß das Geständnis der Wahrheit nicht entspricht, und
b) daß dasselbe durch einen Irrtum veranlaßt ist.

---

204. Welche weiteren Mittel gibt die ZPO. dem Gericht zur Aufklärung des Sachverhalts innerhalb der durch die Verhandlungsmaxime gezogenen Grenzen? §§ 141, 619; 144; 142; 143; 156.

Das Gericht, also nicht der Vorsitzende, kann von Amts wegen durch Beschluß:

1) das persönliche Erscheinen einer Partei zur Aufklärung des Sachverhalts anordnen, und zwar auch im Anwaltsprozeß; doch hat das Gericht keine Mittel, um das Erscheinen der Partei zu erzwingen — außer im Eheprozeß;

2) die Einnahme des Augenscheins sowie die Begutachtung durch Sachverständige anordnen;

3) anordnen, daß eine Partei die in ihren Händen befindlichen Urkunden, auf welche sie sich bezogen hat, weiter aber auch Stammbäume, Pläne, Risse und sonstige Zeichnungen vorlege,

daß von den in fremder Sprache abgefaßten Urkunden eine durch einen beeidigten Dolmetscher angefertigte Übersetzung beigebracht werde,

ferner, daß die vorgelegten Schriftstücke während einer von dem Gericht zu bestimmenden Frist auf der Gerichtsschreiberei verbleiben;

4) anordnen, daß die Parteien die in ihrem Besitze befindlichen Akten vorlegen, soweit dieselben aus Schriftstücken bestehen, welche die Verhandlung und Entscheidung der Sache betreffen. —

Das Gericht kann endlich von Amts wegen

5) die Wiedereröffnung einer bereits geschlossenen Verhandlung beschließen, wenn es nach dem Schluß derselben findet, daß das Sachverhältnis noch nicht genügend geklärt ist.

205. Welche Befugnisse stehen in Ergänzung der Prozeßleitung des Vorsitzenden dem Gerichte im Interesse einer sachgemäßen Erledigung der Prozesse zu?

Zur Erzielung größerer Übersichtlichkeit des Prozeßstoffs oder zur Vermeidung der Verschleppung der Entscheidung über einzelne Streitpunkte kann das Gericht, und zwar jeder Zeit, in jedem Abschnitt des Verfahrens, aber nur nach vorgängiger mündlicher Verhandlung nach seinem freien Ermessen von Amts wegen durch Beschluß eine Trennung der Verhandlung über den Prozeßstoff, — zur Vereinfachung seiner Rechtsprechung die Verbindung mehrerer bei ihm anhängiger selbständiger Prozesse anordnen.

206. In welchen Fällen kann das Gericht zu dem erwähnten Zweck eine Trennung der Verhandlung über den Prozeßstoff anordnen? § 145 Abs. 1, 2.

Eine Trennung der Verhandlung, und zwar derart, daß der bisher einheitliche Prozeß in getrennten Prozessen weiter verhandelt wird, kann das Gericht beschließen:

1) wenn der Beklagte eine Widerklage erhoben hat, und der Gegenanspruch mit dem in der Klage geltend gemachten Anspruch nicht in rechtlichem Zusammenhange steht,

2) wenn mehrere Ansprüche in einer Klage erhoben sind.

206 a. Wann werden „mehrere Ansprüche" in einer Klage erhoben? §§ 59, 260.

Mehrere Ansprüche werden in einer Klage erhoben:

a) bei subjektiver Klagenhäufung: wenn nämlich ein Anspruch in einem Prozeß von mehreren Klägern (sei es als Gesamtgläubigern sei es als Berechtigten nach Bruchteilen) oder gegen mehrere Beklagte (als Gesamtschuldner oder als Verpflichtete nach Bruchteilen) erhoben wird;

b) bei objektiver Klagenhäufung: wenn nämlich von dem Kläger mehrere Ansprüche in einem Prozeß gegen ein und denselben Beklagten geltend gemacht werden.

Unter Anspruch ist aber nicht nur, wie im materiellen Recht, das Recht zu verstehen, von einem anderen ein Tun oder Unterlassen zu verlangen, sondern weitergehend: jedes im Wege des Zivilprozesses verfolgbare Recht.

207. In welchen Fällen kann das Gericht eine Trennung der Verhandlung über den Prozeßstoff anordnen, ohne daß zugleich eine Spaltung des einheitlichen Prozesses in getrennte Prozesse eintritt? §§ 146, 145 Abs. 3.

Eine solche Trennung der Verhandlung kann das Gericht beschließen:

1) wenn mehrere auf denselben Anspruch sich beziehende selbständige Angriffs- und Verteidigungsmittel geltend gemacht werden; das sind, im Gegensatz zu solchen Tatsachen, die nur in Verbindung mit anderen Tatsachen rechtsbegründend, -erhaltend, -hindernd, -vernichtend wirken, solche Tatsachen, meist ganze Tatbestände, denen jene Wirkungen für sich allein kraft Rechtsnorm zukommen (wie z. B. Klagegründe, Einreden, Repliken);

hier kann das Gericht anordnen, daß die Verhandlung zunächst auf eines oder einige dieser Angriffs- oder Verteidigungsmittel zu beschränken sei, wodurch eine sukzessive Erledigung des Prozeßstoffs herbeigeführt wird, während die Einheit des Prozesses fortbesteht;

2) wenn der Beklagte die Aufrechnung einer Gegenforderung geltend macht, welche mit der Klageforderung nicht in rechtlichem Zusammenhange steht;

hier kann das Gericht anordnen, daß über die Klageforderung und über die zur Aufrechnung gestellte Gegenforderung getrennt, aber in demselben Prozeß, verhandelt und entschieden werde.

208. Wie ergeht, wenn die Verhandlung über die Klage und die

Aufrechnung getrennt wird, die Entscheidung über die Klageforderung? §§ 145 Abs. 3, 302.

Vorausgesetzt, daß die Klageforderung vor der geltend gemachten Aufrechnung spruchreif wird, ergeht das Urteil „unter Vorbehalt der Entscheidung über die Aufrechnung“. Dieses Vorbehaltsurteil ist in betreff der Rechtsmittel und der Zwangsvollstreckung als Endurteil anzusehen.

Soweit sich in dem hinsichtlich der Aufrechnung anhängig bleibenden Rechtsstreit später ergibt, daß die Klageforderung infolge der Rechtswirksamkeit der Aufrechnung unbegründet war, ist das frühere Urteil aufzuheben, der Kläger mit dem Anspruch abzuweichen und über die Kosten anderweit zu entscheiden.

Wird dagegen die zur Aufrechnung gestellte Gegenforderung früher spruchreif, so darf sie, sofern sie als bestehend erkannt wird, nicht etwa ohne weiteres zur Abweisung der bestrittenen Klageforderung benutzt werden, weil sie dadurch selbst vernichtet wird, der Beklagte aber naturgemäß seine Gegenforderung nur gegen eine wirklich bestehende Forderung aufgeben will; vielmehr kann in solchem Fall nur ein Zwischenurteil über die Gegenforderung ergehen, sofern das Gericht nicht, was ihm jederzeit freisteht, die Aufhebung der angeordneten Trennung beschließt.

209. In welchen Fällen kann das Gericht — zur Vereinfachung seiner Rechtsprechung — die Verbindung mehrerer bei ihm anhängiger Prozesse anordnen? §§ 147; 59, 260.

Die Verbindung mehrerer bei ihm anhängiger Prozesse — derselben oder verschiedener Parteien — kann das Gericht znm Zweck gleichzeitiger Verhandlung und Entscheidung beschließen, wenn die in diesen Prozessen erhobenen Ansprüche entweder

a) in rechtlichem Zusammenhange stehen, oder

b) von vornherein in einer Klage — durch subjektive oder objektive Klagenhäufung — hätten geltend gemacht werden können.

210. Welches weitere Mittel außer der Anordnung einer Trennung oder Verbindung ist dem Gericht im Interesse einer sachgemäßen Erledigung der bei ihm anhängigen Prozesse, insbesondere zur Vermeidung verschiedener Entscheidungen über ein und dasselbe Rechtsverhältnis, gegeben?

Das Gericht kann die Verhandlung über einen bei ihn anhängigen Rechtsstreit vorläufig aussetzen.

211. Ist eine Aussetzung der Verhandlung unbeschränkt statthaft? §§ 65, 247, 621, 681; — 148; 149. 151—154; 246, 620, 680, 969.

Eine Ausstzeung des Verfahrens ist nur in den gesetzlich vorgesehenen Fällen statthaft.

I. Das Gericht kann — abgesehen von der Aussetzung bei der Hauptintervention und einigen anderen Fällen — jederzeit die Verhandlung nach seinem freien Ermessen — von Amts wegen oder auch auf Antrag — aussetzen:

a) wenn die Entscheidung des Rechtsstreits ganz oder zum Teil von dem Bestehen oder Nichtbestehen eines Rechtsverhältnisses abhängt, welches den Gegenstand eines anderen zur Zeit anhängigen Rechtsstreits bildet oder von einer Verwaltungsbehörde (Verwaltungsgericht oder Behörde im engeren Sinne) festzustellen ist, m. a. W. wenn das anderweitig anhängige Zivilverfahren oder ein Verwaltungsverfahren für die Entscheidung des Rechtsstreits präjudiziell ist.

In diesem Fall kann die Aussetzung bis zur Erledigung des anderen Rechtsstreits oder bis zur Entscheidung der Verwaltungsbehörde angeordnet werden.

In einigen Fällen des präjudiziellen Verwaltungsverfahrens muß das Gericht sogar von Amts wegen die Verhandlung aussetzen, wenn nämlich nach Reichs- oder Landesrecht der Rechtsweg nur nach vorangegangener Entscheidung einer Verwaltungsbehörde für zulässig erklärt ist, wie z. B. hinsichtlich vermögensrechtlicher Ansprüche der Reichsbeamten (§§ 149, 150 des Reichsbeamtengesetzes v. 31. März 1873);

b) wenn sich im Laufe eines Rechtsstreits der Verdacht einer strafbaren Handlung ergibt, deren Ermittlung auf die Entscheidung des Rechtsstreits von Einfluß ist.

Die Aussetzung kann in diesem Fall bis zur Erledigung des Strafverfahrens angeordnet werden.

II. Dagegen muß das Gericht auf Antrag die Verhandlung über einen Rechtsstreit aussetzen, falls die Entscheidung desselben davon abhängig ist,

a) ob eine Ehe nichtig ist, falls die Nichtigkeit nur im Wege der Nichtigkeitsklage geltend gemacht werden kann,

b) ob eine im Wege der Anfechtungsklage angefochtene Ehe anfechtbar ist,

c) ob ein Kind, dessen Ehelichkeit im Wege der Anfechtungsklage angefochten ist, unehelich ist, oder

d) ob zwischen den Parteien eine Ehe bzw. ein Eltern- und Kindesverhältnis besteht oder nicht besteht, bzw. ob der einen Partei die elterliche Gewalt über die andere zusteht oder nicht zusteht,

und in einigen anderen Fällen (vgl. Nr. 332).

212. Ist das Gericht, welches den Rechtsstreit bis zur Entscheidung des präjudiziellen Verhältnisses ausgesetzt hat, an die präjudizielle Entscheidung bei der Beurteilung des ausgesetzten Prozesses gebunden? EG. z. ZPO. § 14 Abs. 2 Z. 1.

Im allgemeinen entscheidet das Gericht nach freier Überzeugung, welche Bedeutung es der ergangenen Entscheidung für den ausgesetzten Prozeß beimessen will, insbesondere sind die landesgesetzlichen Vorschriften über die bindende Kraft des strafgerichtlichen Urteils für den Zivilrichter außer Kraft gesetzt.

Bindend für das Gericht ist die präjudizielle Entscheidung nur:

a) soweit diese Entscheidung auch für die Parteien des ausgesetzten Prozesses materielle Rechtskraft besitzt,

b) sofern sie von einer Verwaltungsbehörde getroffen und als solche nach Reichs- oder Landesrecht als für den Zivilrichter bindend erklärt ist.

213. Sind die eine Trennung, Verbindung oder Aussetzung betreffenden Anordnungen für das Gericht unabänderlich? §§ 150, 155.

Nein; das Gericht kann jederzeit die Wiederaufhebung seiner Anordnung beschließen, sobald es dies für zweckdienlich hält.

Wenn das Gericht die Aussetzung jedoch auf Antrag anordnen mußte, ist die Wiederaufhebung der Anordnung nur auf Antrag und auch nur in den Fällen zulässig, wo die Betreibung des Rechtsstreits, welcher die Nichtigkeit oder die Anfechtung der Ehe oder die Anfechtung der Ehelichkeit zum Gegenstande hat, verzögert wird.

214. Welche Befugnis gibt die ZPO. dem Gericht außer der Straffestsetzung zur ordnungsmäßigen Durchführung der Verhandlung gegenüber den bei der mündlichen Verhandlung beteiligten Personen? § 157.

Das Gericht kann von Amts wegen durch unanfechtbaren Beschluß Parteien, Bevollmächtigten und Beiständen, denen die Fähigkeit zum geeigneten Vortrage mangelt, den weiteren Vortrag untersagen (während die bloße Entziehung des Worts dem Vorsitzenden des Gerichts als Prozeßleiter zusteht), auch Bevollmächtigte und Beistände, welche das mündliche Verhandeln vor Gericht geschäftsmäßig betreiben, zurückweisen.

Das Untersagen des weiteren Vortrags und die Zurückweisung von der Verhandlung ist jedoch Rechtsanwälten, und die Zurückweisung auch solchen Personen gegenüber, denen das mündliche Verhandeln vor Gericht durch eine seitens der Justizverwaltung getroffene Anordnung gestattet ist (sog. Prozeßagenten), nicht zulässig. Vgl. pr. Verf. v. 25. Sept. 99, bayer. Bekanntm. v. 4. Jan. 00, württ. Verordn. v. 4. Juli 99, sächs. Justiz-Min.-Verf. v. 1. u. 2. Nov. 99.

215. Hat das Untersagen des weiteren Vortrags und die Zurückweisung von der Verhandlung für die dadurch Betroffenen Nachteile in der Sache zur Folge? § 158.

Nein; schlimmstenfalls muß die Verhandlung abgebrochen und vertagt werden, sofern ein weiteres Verhandeln infolge des Beschlusses tatsächlich unmöglich ist. Erst wenn eine Partei, ein Bevollmächtigter oder Beistand zum zweiten Male der Untersagung des Vortrags oder der Zurückweisung von der Verhandlung verfällt, kann das Gericht — ebenso wie wenn eine bei der Verhandlung beteiligte Person zur Aufrechthaltung der Ordnung von dem Orte der Verhandlung entfernt worden ist — auf Antrag gegen die betreffende Person ebenso verfahren, als wenn sie sich freiwillig entfernt hätte, es kann also z. B. gegen eine Partei, falls sie noch nicht verhandelt hat, Versäumnisurteil ergehen.

---

216. Sind die Richter bei der Entscheidung bezüglich des Parteivorbringens ganz auf ihr Gedächtnis angewiesen? §§ 159 Abs. 1, 165.

Für gewisse Teile der mündlichen Verhandlung vor dem Prozeßgericht ist schriftliche Feststellung der Vorgänge in einem richterlichen Protokoll vorgeschrieben. Daneben verlangt die ZPO. die Aufnahme eines richterlichen Protokolls auch für Verhandlungen, welche außerhalb der Sitzung vor Amtsrichtern oder vor beauftragten oder ersuchten Richtern stattfinden.

217. Welche Arten von Protokollen nennt die ZPO. noch neben den richterlichen Protokollen? Vgl. z. B. §§ 118; 762, 763.

1) Protokolle des Gerichtsschreibers zur Beurkundung einer Reihe von Erklärungen,

2) Protokolle des Gerichtsvollziehers über Zwangsvollstreckungsakte.

218. Welchen Inhalt soll jedes richterliche Protokoll haben? § 159 Abs. 2. Vgl. auch § 607 Abs. 4.

Jedes richterliche Protokoll — ohne Rücksicht darauf, ob die Parteien erscheinen und verhandeln oder nicht — soll enthalten:

1) den Ort und den Tag der Verhandlung,

2) die Namen der Richter, des Gerichtsschreibers und des etwa zugezogenen Dolmetschers,

3) die Bezeichnung des Rechtsstreits,

4) die Namen der erschienenen Parteien, gesetzlichen Vertreter, Bevollmächtigten und Beistände,

5) die Angabe, daß öffentlich verhandelt oder die Öffentlichkeit ausgeschlossen ist.

219. Welchen besonderen Inhalt sollen die richterlichen Protokolle enthalten, wenn von beiden oder auch nur von einer Partei verhandelt ist? §§ 160; 297, 298, 509; 162.

In diesem Fall ist der Gang der Verhandlung im allgemeinen anzugeben, d. h. es muß mindestens konstatiert werden, daß die Anträge gestellt und mündlich verhandelt ist.

Außerdem sind durch Aufnahme in das Protokoll festzustellen:

1) die Anerkenntnisse, Verzichtleistungen und Vergleiche, durch welche der geltend gemachte Anspruch ganz oder teilweise erledigt wird;

2) die Anträge und Erklärungen, deren Feststellung vorgeschrieben ist, weil sie in vorbereitenden Schriftsätzen nicht oder anders enthalten sind; im Parteiprozeß sind auch die in vorbereitenden Schriftsätzen enthaltenen Anträge sowie die Erklärungen über Annahme oder Zurückschiebung zugeschobener Eide ausdrücklich oder doch durch Bezugnahme auf den Inhalt der vorbereitenden Schriftsätze festzustellen;

3) die Aussagen der Zeugen und Sachverständigen;

4) das Ergebnis eines Augenscheins.

Der diese vier Punkte betreffende Inhalt des Protokolls ist den Beteiligten (Parteien, Zeugen und Sachverständigen) vorzulesen oder zur Durchsicht vorzulegen, und es ist dann in dem Protokoll zu vermerken, daß dies geschehen und die Genehmigung erfolgt sei, oder welche Einwendungen gegen den Inhalt erhoben worden sind.

Im Protokoll sind ferner festzustellen:

5) die Entscheidungen (Urteile, Beschlüsse und Verfügungen) des Gerichts;

6) die Verkündung der Entscheidungen.

220. Muß die vorgeschriebene Feststellung der Verhandlungsergebnisse stets in dem Protokoll selbst geschehen? § 160 Abs. 2 Z. 5, Abs. 3.

An Stelle der Aufnahme in das Protokoll genügt auch die Aufnahme in eine Schrift, welche dem Protokoll als Anlage beigefügt und als solche in dem Protokoll bezeichnet ist.

221. Müssen die Aussagen der Zeugen und Sachverständigen stets im Protokoll oder in einer Anlage desselben festgestellt werden? § 160 Abs. 2 Z. 3; 161.

Die Feststellung der Aussagen kann unterbleiben, sofern

a) die Zeugen und Sachverständigen bereits früher abgehört waren und bei der späteren Vernehmung von ihrer früheren Aussage nicht abweichen, oder

b) die Vernehmung vor dem Prozeßgericht selbst erfolgt und das Endurteil der Berufung nicht unterliegt, wie jedes Urteil in der Berufungs- und Revisionsinstanz.

In diesem Fall genügt statt der Inhaltsangabe der Aussage ein bloßer Vermerk im Protokoll, daß die Vernehmung stattgefunden habe.

222. Wo und von wem ist das richterliche Protokoll aufzunehmen? § 163.

Das Protokoll ist in der Sitzung vom Gerichtsschreiber mit eigener Verantwortlichkeit aufzunehmen, was aber eine Mitwirkung des Vorsitzenden bei der Feststellung des Inhalts des Protokolls nicht ausschließt.

223. Welches ist der notwendige Abschluß jedes richterlichen Protokolls? § 163 Abs. 2.

Das Protokoll muß von dem Vorsitzenden des Gerichts und dem protokollierenden Gerichtsschreiber unterschrieben werden.

Ist der Vorsitzende verhindert, so muß für ihn der älteste beisitzende Richter unterschreiben; im Fall der Verhinderung des Amtsrichters genügt die alleinige Unterschrift des Gerichtsschreibers.

224. Worin liegt die Bedeutung des richterlichen Protokolls? §§ 164; 415, 418, 314.

Nur durch das Protokoll kann die Beobachtung der für die Verhandlung vorgeschriebenen Förmlichkeiten (Besetzung des Gerichts, Mündlichkeit und Öffentlichkeit der Verhandlung) bewiesen werden; jedes andere Beweismittel hierfür ist ausgeschlossen, und gegen den durch das Protokoll erbrachten Beweis ist nur der Beweis der Fälschung des Protokolls, kein anderer Gegenbeweis zulässig.

Hinsichtlich seiner sonstigen Beweiskraft, namentlich bezüglich des Parteivorbringens und eines Gegenbeweises, sind für das Protokoll als öffentliche Urkunde die bezüglich dieser geltenden Vorschriften normgebend mit der besonderen Maßgabe, daß rücksichtlich des mündlichen Parteivorbringens der Tatbestand des Urteils voll beweisend ist und dieser Beweis nur durch das Sitzungsprotokoll entkräftet werden kann.

2. Titel. **Zustellungen.**

225. Was versteht man unter „Zustellung"?

„Zustellung" ist die in bestimmter Form erfolgende Mitteilung eines Schriftstücks.

226. Welche verschiedenen Arten der Zustellung unterscheidet man mit Rücksicht auf den die Zustellung betreibenden Teil?

Man unterscheidet „Zustellungen auf Betreiben der Parteien" und „Zustellungen von Amts wegen". Von diesen bilden die ersteren entsprechend dem das ganze Verfahren der ZPO. beherrschenden Parteibetrieb die Regel, während letztere nur in einzelnen, gesetzlich bestimmten Fällen erfolgen.

I. Zustellungen auf Betreiben der Parteien.

227. Welches sind die verschiedenen Organe für die Zustellungen auf Betreiben der Parteien? §§ 166; 196, 204; 199; 198; 193.

Zustellungsorgan ist in erster Linie der Gerichtsvollzieher, unter Umständen außerdem der Gerichtsschreiber, der Vorsitzende des Gerichts und der Rechtsanwalt; Zustellungshilfsorgan ist die Post.

228. Welches ist das Rechtsverhältnis zwischen dem Gerichtsvollzieher als Zustellungsorgan und der Partei als dem die Zustellung betreibenden Teil?

Der Gerichtsvollzieher ist Beauftragter der Partei; ihre gegenseitigen Rechtsbeziehungen werden durch die materiellrechtlichen Vorschriften über den Auftrag geregelt.

229. Wie erhält der Gerichtsvollzieher den Auftrag zur Zustellung? §§ 166, 167.

Die Partei beauftragt ihn mit der Zustellung entweder

a) unmittelbar, durch mündlichen oder schriftlichen Auftrag, oder

b) mittelbar durch den Gerichtsschreiber, den sie, ebenfalls mündlich oder schriftlich, zur Beauftragung des Gerichtsvollziehers ermächtigt hat.

Organ der Zustellung ist auch in diesem Fall der Gerichtsvollzieher.

230. Kann sich die Partei in allen Fällen der Vermittelung des Gerichtsschreibers bei der Beauftragung des Gerichtsvollziehers bedienen? § 166 Abs. 2.

Nein, sondern regelmäßig nur in dem Verfahren vor den Amtsgerichten; neuerdings aber auch in Anwaltsprozessen: hier jedoch nur dann, wenn durch die Zustellung eine Notfrist gewahrt werden soll.

231. Welchen Vorteil hat es für den Zustellenden, wenn er sich bei der Zustellung eines Schriftsatzes, durch den eine Notfrist gewahrt werden soll, der Vermittelung des Gerichtsschreibers bedient? § 207 Abs. 2.

Wird ein solcher Schriftsatz, dessen Zustellung unter Vermittlung des Gerichtsschreibers erfolgt, innerhalb einer Frist von zwei Wochen nach der Einreichung bei dem Gerichtsschreiber zugestellt, so tritt die Wirkung der Zustellung bereits mit der Einreichung bei dem Gerichtsschreiber ein.

232. Welche Vermutung gilt hinsichtlich der Ermächtigung des Gerichtsschreibers, einen Gerichtsvollzieher mit der Zustellung zu beauftragen? § 168.

Soweit eine Zustellung unter Vermittlung des Gerichtsschreibers geschehen kann, wird die Ermächtigung desselben zur Beauftragung eines Gerichtsvollziehers vermutet, sofern nicht die Partei schriftlich oder mündlich erklärt hat, selbst einen Gerichtsvollzieher beauftragen zu wollen.

In Anwaltsprozessen muß diese Erklärung der Partei, wenn sie berücksichtigt werden soll, in dem zuzustellenden Schriftstück enthalten sein.

233. Ist der Gerichtsschreiber verpflichtet, einen Gerichtsvollzieher mit der Zustellung zu beauftragen, oder kann er diese auch selbst bewirken? § 196.

Wenn die Partei nicht ausdrücklich ihren Willen dahin kundgegeben hat, daß ein Gerichtsvollzieher mit der Zustellung zu beauftragen sei, kann der Gerichtsschreiber die Zustellung auch selbst besorgen, indem er sich dabei der Post als Hilfsorgan bedient.

234. Ist auch der Gerichtsvollzieher berechtigt, sich der Post als Hilfsorgan bei der Zustellung zu bedienen? § 193.

Sofern die Partei es nicht ausdrücklich ausgeschlossen hat, kann auch der Gerichtsvollzieher sich der Hilfe der Post bedienen, und zwar auch dann, wenn er durch Vermittlung des Gerichtsschreibers mit der Zustellung beauftragt ist.

235. Warum wird sich der Gerichtsvollzieher sogar regelmäßig der Hilfe der Post bedienen? § 197.

Weil die zur Erstattung der Prozeßkosten verurteilte Partei nicht verpflichtet ist, die Mehrkosten zu tragen, die dadurch entstanden sind, daß eine Zustellung durch den Gerichtsvollzieher selbst bewirkt wurde, obwohl sie mit Hilfe der Post hätte erfolgen können.

---

236. Wodurch wird die Zustellung, die der Gerichtsvollzieher selbst — ohne Hilfe der Post — vornimmt, bewirkt? § 170 Abs. 1.

Die Zustellung geschieht durch Übergabe einer beglaubigten Abschrift des zuzustellenden Schriftstücks durch den Gerichtsvollzieher; — das „zuzustellende Schriftstück" ist hier die Urschrift.

Sofern das „zuzustellende Schriftstück" aber eine Ausfertigung ist, muß diese selbst übergeben werden; doch wird die Übergabe einer Ausfertigung nach dem Stande unserer heutigen Gesetzgebung nur bei der Zustellung von Amts wegen verlangt.

237. Kann der Zustellungsempfänger von dem Gerichtsvollzieher einen Vollmachtsnachweis verlangen? § 167 Abs. 2.

Nein, es wird sogar vermutet, daß die durch den Gerichtsvollzieher bewirkte Zustellung im Auftrage der Partei erfolgt sei.

238. Wer hat für die Beschaffung der nötigen Abschriften und Ausfertigungen zu sorgen? §§ 169 Abs. 1; 170 Abs. 2; 196 Satz 2.

Die Partei selbst; sie hat dem Gerichtsvollzieher bzw. dem Gerichtsschreiber neben der Urschrift (dem zuzustellenden Schriftstück) eine der Zahl der Personen, welchen zuzustellen ist, entsprechende Zahl von Abschriften, oder aber die nötige Zahl von Ausfertigungen zu übergeben.

Die Beglaubigung der Abschriften geschieht durch den Gerichtsvollzieher, oder wenn der Gerichtsschreiber die Zustellung unmittelbar durch die Post bewirkt, durch diesen. Sofern aber die Zustellung auf Betreiben eines Rechtsanwalts geschieht, wie stets im Anwaltsprozeß, so kann die Beglaubigung auch durch den betreibenden Rechtsanwalt geschehen.

239. Wodurch kann sich die Partei, namentlich wenn es sich um die Wahrung einer Notfrist handelt, den Beweis dafür sichern, daß sie die Schriftstücke rechtzeitig dem Gerichtsvollzieher bzw. dem Gerichtsschreiber übergeben hat? § 169 Abs. 2.

Die Partei kann verlangen, daß der Gerichtsvollzieher bzw. der Gerichtsschreiber ihr bescheinigt, zu welcher Zeit sie ihnen die Schriftstücke übergeben hat; außerdem haben jene den Tag der Übergabe auf dem Schriftstück selbst zu vermerken.

240. Wodurch wird die Zustellung bewirkt, wenn der Gerichtsvollzieher bzw. der Gerichtsschreiber sich bei der Zustellung der Hilfe der Post bedient? §§ 194 Abs. 1, 196; 195 Abs. 1.

Die Zustellung durch die Post geschieht dadurch, daß

a) der Gerichtsvollzieher bzw. der Gerichtsschreiber einen durch Dienstsiegel verschlossenen, mit der Adresse der Person, an welche zugestellt werden soll, versehenen und mit einer Geschäftsnummer bezeichneten Briefumschlag, in welchem die zuzustellende Ausfertigung oder die beglaubigte Abschrift des zuzustellenden Schriftstücks enthalten ist, der Post mit dem Ersuchen übergibt, die Zustellung einem Postboten des Bestimmungsortes aufzutragen, und sodann

b) der Postbote diesen Briefumschlag dem Zustellungsempfänger übergibt.

Zustande kommt die Zustellung jedoch erst mit der Übergabe des Schriftstücks durch den Postboten.

---

241. An wen ist die Zustellung zu bewirken? §§ 176, 178.

Die Zustellung erfolgt an die Partei selbst; wenn aber das Verfahren bereits anhängig ist und die Partei für die Instanz einen Prozeßbevollmächtigten bestellt hat, so müssen sämtliche Zustellungen an den für die Instanz bestellten Prozeßbevollmächtigten erfolgen, wobei als zur Instanz gehörig auch diejenigen Prozeßhandlungen anzusehen sind, welche das Verfahren vor dem Instanzgerichte infolge eines Einspruchs, einer Aufhebung des Urteils des Instanzgerichts durch ein höheres Gericht, einer Wiederaufnahme des Verfahrens oder eines neuen Vorbringens in der Zwangsvollstreckungsinstanz zum Gegenstande haben.

Das Verfahren vor dem Vollstreckungsgerichte ist ebenfalls als zur ersten Instanz gehörig anzusehen.

242. An welchen Instanzbevollmächtigten erfolgt die Zustellung eines Schriftsatzes, durch welchen ein Rechtsmittel eingelegt wird? § 179 Abs. 1.

Sie erfolgt an den Prozeßbevollmächtigten derjenigen Instanz, deren Entscheidung angefochten wird, in Ermangelung eines solchen an den Prozeßbevollmächtigten erster Instanz. Sofern von dem Gegner bereits ein Prozeßbevollmächtigter für die höhere, zur Verhandlung und Entscheidung über das Rechtsmittel zuständige Instanz bestellt ist, kann die Zustellung auch an diesen Prozeßbevollmächtigten erfolgen.

242a. An wen geschieht die Zustellung eines Schriftsatzes, durch den ein Rechtsmittel eingelegt wird, wenn ein Prozeßbevollmächtigter, an den die Zustellung bewirkt werden könnte, nicht vorhanden ist? § 179 Abs. 2.

Dann geschieht die Zustellung in erster Linie an den, wenngleich nur für die erste Instanz von dem Gegner bestellten Zustellungsbevollmächtigten, und nur in Ermangelung eines solchen an den Gegner selbst.

243. An wen geschieht die Zustellung, wenn die Partei zwar einen Prozeßbevollmächtigten hat, dessen Aufenthalt aber unbekannt ist? § 177 Abs. 1.

Wenn der Prozeßbevollmächtigte nicht selbst einen Zustellungsbevollmächtigten hat, an den die Zustellung erfolgen könnte, so hat das Prozeßgericht auf Antrag zu bewilligen, daß die Zustellung an den Zustellungsbevollmächtigten der Partei, in Ermangelung eines solchen an die Partei selbst geschieht.

243 a. Form und Anfechtung der Entscheidung über den Antrag auf Bewilligung der Zustellung an den Zustellungsbevollmächtigten der Partei bzw. an die Partei selbst? § 177 Abs. 2.

Die Entscheidung über den Antrag kann ohne vorgängige mündliche Verhandlung erlassen werden. Eine Anfechtung der die Zustellung bewilligenden Entscheidung findet nicht statt; gegen die ablehnende Entscheidung ist, nach allgemeinen Regeln, Beschwerde zulässig.

244. Wann ist die Partei bzw. der Prozeßbevollmächtigte zur Bestellung eines Zustellungsbevollmächtigten verpflichtet? § 174.

Die Partei und der Prozeßbevollmächtigte — erstere jedoch nur dann, wenn sie nicht einen in dem Orte des Prozeßgerichts oder innerhalb des Amtsgerichtsbezirks, in welchem das Prozeßgericht seinen Sitz hat, wohnhaften Prozeßbevollmächtigten bestellt hat — sind verpflichtet, eine daselbst wohnhafte Person zum Empfange der für sie bestimmten Schriftstücke zu bevollmächtigen:

a) ohne weiteres kraft Gesetzes — wenn sie nicht im Deutschen Reiche wohnen,

b) auf Antrag der Gegenpartei kraft richterlicher Anordnung, die durch unanfechtbaren Beschluß erfolgt — wenn sie in dem bezeichneten Orte oder Bezirke nicht wohnen.

Aber auch in diesem Falle bedarf es einer richterlichen Anordnung nicht für den Prozeßbevollmächtigten, der Rechtsanwalt ist, da ein solcher, wenn er an dem Orte des Gerichts, bei welchem er zugelassen ist, nicht wohnt, schon gemäß der Rechtsanwaltsordnung einen ständigen Zustellungsbevollmächtigten an diesem Orte bestellen muß.

In allen diesen Fällen heißt „wohnen": „eine Wohnung haben", nicht „seinen Wohnsitz — im Sinne des Gesetzes — haben".

245. Wann muß die Benennung des Zustellungsbevollmächtigten spätestens erfolgen? § 175 Satz 1.

Der Zustellungsbevollmächtigte ist bei der nächsten gerichtlichen Verhandlung, oder wenn die Partei vorher dem Gegner einen Schriftsatz zustellen läßt, in diesem zu benennen.

246. Welches ist die Folge, wenn die zur Benennung des Zustellungsbevollmächtigten Verpflichteten denselben nicht rechtzeitig benennen? § 175 Satz 2 u. 3, Abs. 2.

In diesem Falle tritt, solange die Benennung des Zustellungsbevollmächtigten nicht nachgeholt wird, eine vereinfachte Zustellung ein, insofern als die Zustellung des Schriftstücks nicht erst mit der Übergabe desselben an den Zustellungsempfänger, sondern schon in dem Augenblick als bewirkt gilt, in dem der Gerichtsvollzieher das zu übergebende Schriftstück unter der Adresse der Partei nach ihrem Wohnorte zur Post gegeben hat, und zwar auch dann, wenn die Sendung als unbestellbar zurückkommt (Zustellung „durch Aufgabe zur Post", nicht: Zustellung „durch die Post").

Die Postsendungen sind mit der Bezeichnung „Einschreiben" zu versehen, wenn die Partei es verlangt und zur Zahlung der Mehrkosten sich bereit erklärt.

247. Ist die Partei verpflichtet, wenn die Voraussetzungen dafür gegeben sind, sich der Zustellung durch Aufgabe zur Post zu bedienen? § 179 Abs. 2 a. E.

Im allgemeinen nicht, die Partei kann sich vielmehr auch der anderen Zustellungsarten bedienen; nur wenn ein Schriftsatz, durch den ein Rechtsmittel eingelegt werden soll, ausnahmsweise, weil der Prozeßbevollmächtigte nicht vorhanden ist, an den Gegner selbst zuzustellen ist, so muß die Zustellung durch Aufgabe zur Post erfolgen, wenn der Gegner seiner Verpflichtung, einen Zustellungsbevollmächtigten zu bestellen, nicht nachgekommen ist.

248. Wer tritt an die Stelle der Partei als Zustellungsempfänger, wenn die Partei nicht prozeßfähig ist? § 171 Abs. 1 u. 2.

Die Zustellung, welche an eine nicht prozeßfähige Partei bewirkt werden soll, erfolgt, immer vorausgesetzt, daß die Partei keinen Prozeßbevollmächtigten hat, an ihren gesetzlichen Vertreter.

Bei Behörden, Gemeinden und Korporationen sowie bei Vereinen, welche als solche klagen und verklagt werden können, genügt die Zustellung an die Vorsteher.

249. Ist, wenn die Partei mehrere gesetzliche Vertreter oder Vorsteher hat, die Zustellung an alle Vertreter oder Vorsteher einzeln erforderlich? §§ 171 Abs. 3; 189 Abs. 1.

Nein, es genügt stets die Zustellung an einen derselben, und zwar durch Übergabe auch nur einer Ausfertigung oder Abschrift.

250. An welche Personen kann, auch wenn die Partei prozeßfähig ist, die Zustellung mit gleicher Wirkung wie an die Partei selbst erfolgen? § 173.

Neben der Partei und mit gleicher Wirkung wie an sie selbst kann die Zustellung an ihren Generalbevollmächtigten und in den durch den Betrieb eines Handelsgewerbes hervorgerufenen Rechtsstreitigkeiten außerdem auch an den Prokuristen erfolgen.

251. Welche Besonderheit gilt schließlich für die Zustellung an einen Unteroffizier oder einen Gemeinen des aktiven Heeres oder der aktiven Marine? § 172.

Für sie erfolgt die Zustellung an den Chef der zunächst vorgesetzten Kommandobehörde (Chef der Kompagnie, Eskadron, Batterie u. s. w.); die Zustellung ist mit der Übergabe an die letzteren Personen bewirkt.

---

252. An welchem Ort hat die Zustellung zu erfolgen? § 180.

Die Zustellung kann an jedem Ort erfolgen, wo die Person, welcher zugestellt werden soll, angetroffen wird, und innerhalb dieses Ortes an jeder Stelle, also z. B. auch auf der Straße.

Hat jedoch die Person an dem Orte, wo sie angetroffen wird, eine Wohnung (nicht „Wohnsitz") oder ein Geschäftslokal, so ist die außerhalb der Wohnung oder des Geschäftslokals an sie erfolgte Zustellung nur gültig, wenn die Annahme nicht verweigert ist.

---

253. Ist für die Wirksamkeit der Zustellung erforderlich, daß das zu übergebende Schriftstück in die Hände des Zustellungsempfängers selbst gelangt?

Für den Fall, daß der Zustellungsempfänger in seiner Wohnung oder in seinem Geschäftslokal (d. h. einem Lokal, das vornehmlich Geschäftszwecken dient, aber doch von der Wohnung nicht räumlich getrennt zu sein braucht) nicht angetroffen wird, kann die Zustellung wirksam auch durch die Übergabe an eine Ersatzperson geschehen (Ersatzzustellung).

254. Welches sind die Ersatzpersonen, an die eine Zustellung mit gleicher Wirkung wie an den Zustellungsempfänger geschehen kann, wenn dieser in seiner Wohnung nicht angetroffen wird? § 181.

Dann kann die Zustellung an einen in der Wohnung anwesenden zu der Familie des Zustellungsempfängers gehörenden Hausgenossen oder an eine in dieser Familie dienende Person erfolgen, sofern diese Personen nach dem Sprachgebrauch des Lebens als erwachsen bezeichnet werden können (Volljährigkeit wird nicht verlangt).

Wird eine solche Person nicht angetroffen, so kann die Zustellung auch an den in demselben Hause wohnenden Hauswirt oder Vermieter erfolgen, wenn diese zur Annahme des Schriftstücks bereit sind.

255. Wie kann eine Ersatzzustellung bewirkt werden, wenn der Zustellungsempfänger nicht in seiner Wohnung angetroffen wird und auch eine Zustellung an eine Ersatzperson nicht ausführbar ist? § 182.

Dann kann die Zustellung dadurch geschehen, daß das zu übergebende Schriftstück auf der Gerichtsschreiberei des Amtsgerichts, in dessen Bezirk der Ort der Zustellung gelegen ist, oder an diesem Orte bei der Postanstalt oder dem Gemeindevorsteher oder dem Polizeivorsteher niedergelegt, und die Niederlegung durch eine an der Tür der Wohnung zu befestigende schriftliche Anzeige bekannt gemacht wird; daneben soll auch die Niederlegung durch mündliche Mitteilung an zwei in der Nachbarschaft wohnende Personen bekannt gemacht werden.

256. Welches sind die Ersatzpersonen, an welche eine Zustellung wirksam geschehen kann, wenn der Zustellungsempfänger in seinem Geschäftslokal nicht angetroffen wird? §§ 183, 184 Abs. 1.

I. Sofern der Zustellungsempfänger ein Gewerbetreibender ist, kann die Ersatzzustellung an einen in dem Geschäftslokal anwesenden Gewerbegehilfen erfolgen.

Ist der Zustellungsempfänger ein Rechtsanwalt, Notar oder Gerichtsvollzieher, so kann die Ersatzzustellung an einen in dem Geschäftslokal anwesenden Gehilfen oder Schreiber erfolgen.

II. Ist der Zustellungsempfänger der gesetzliche Vertreter oder der Vorsteher einer Behörde, einer Gemeinde, einer Korporation, oder eines Personenvereins, so kann die Ersatzzustellung an einen anderen in dem Geschäftslokal anwesenden Beamten oder Bediensteten erfolgen, jedoch mit der Besonderheit, daß einerseits diese Ersatzzustellung nur stattfinden kann, wenn der Zustellungsempfänger in dem Geschäftslokal während der gewöhnlichen Geschäftsstunden nicht angetroffen wird, andererseits aber auch schon dann, wenn der Zustellungsempfänger zwar anwesend, aber an der Annahme verhindert ist.

257. In welchem Verhältnis stehen hinsichtlich der Ersatzzustellung Wohnung und Geschäftslokal zueinander? § 184 Abs. 2.

Im allgemeinen stehen Wohnung und Geschäftslokal hinsichtlich der Ersatzzustellung gleichwertig nebeneinander, insbesondere ist die Ersatzzustellung in der Wohnung nicht davon abhängig, daß vorher eine Zustellung im Geschäftslokal versucht worden ist.

Nur wenn der gesetzliche Vertreter oder der Vorsteher einer Behörde, einer Gemeinde rc. in seiner Wohnung nicht angetroffen wird, so ist eine Ersatzzustellung in der Wohnung ausgeschlossen, sobald ein besonderes Geschäftslokal vorhanden ist.

258. Wann muß die Ersatzzustellung an eine Person, die an sich als Ersatzperson in Frage kommen könnte, unterbleiben? § 185.

Die Ersatzzustellung an einen Hausgenossen, Bediensteten, Gewerbegehilfen rc. ist ungültig, wenn diese Personen an dem Rechtsstreit als Gegner der Partei, an welche die Zustellung erfolgen soll, beteiligt sind.

---

259. Ist die Zustellung zu jeder Zeit zulässig? § 188 Abs. 1 Satz 1, Abs. 3 u. 4.

Soweit die Zustellung durch die Post oder durch Aufgabe zur Post geschieht, ist sie zu jeder Zeit zulässig. Sofern die Zustellung jedoch durch den Gerichtsvollzieher selbst geschieht, kann die Annahme der Zustellung verweigert werden, wenn sie zur Nachtzeit sowie an Sonntagen und allgemeinen Feiertagen erfolgt, es sei denn, daß sie mit richterlicher Erlaubnis vorgenommen und die Verfügung, durch welche die Erlaubnis erteilt ist, bei der Zustellung abschriftlich mitgeteilt wird.

259a. Wer ist zuständig für die Erteilung der richterlichen Erlaubnis? § 188 Abs. 2.

Die Erlaubnis wird von dem Vorsitzenden des Prozeßgerichts erteilt; sie kann aber auch von dem Amtsrichter, in dessen Bezirke die Zustellung erfolgen soll, und in Angelegenheiten, welche durch einen beauftragten oder ersuchten Richter zu erledigen sind, von diesem erteilt werden.

259b. Welche Stunden sind zur Nachtzeit zu rechnen? § 188 Abs. 1 Satz 2.

Die Nachtzeit umfaßt in dem Zeitraume vom 1. April bis 30. September die Stunden von 9 Uhr abends bis 4 Uhr morgens, und in dem Zeitraume vom 1. Oktober bis 31. März die Stunden von 9 Uhr abends bis 6 Uhr morgens.

260. Wie geschieht die Zustellung, wenn die Annahme der Zustellung ohne gesetzlichen Grund verweigert wird? § 186.

Wenn der Zustellungsempfänger selbst bzw. eine Ersatzperson — abgesehen von dem Hauswirt oder Vermieter, die ohne weiteres die Annahme der Zustellung ablehnen dürfen — die Annahme der Zustellung ohne gesetzlichen Grund verweigert, so erfolgt eine Ersatzzustellung dadurch, daß das zu übergebende Schriftstück am Orte der Zustellung zurückgelassen wird.

261. Ist die Ersatzzustellung, die erfolgte, obwohl die Voraussetzungen für sie nicht vorlagen, stets unwirksam? § 187.

Sie ist stets unwirksam, es sei denn daß es sich um Zustellung einer Ladung handelt, und diese nach den Erklärungen der Partei tatsächlich in ihre Hände gelangt ist; hier nämlich wird die Zustellung als mit dem Zeitpunkte bewirkt angesehen, in welchem die Partei nach ihren Erklärungen die Ladung erhalten hat.

---

262. Was muß zu jeder Zustellung hinzukommen?

Jede Zustellung muß beurkundet werden.

263. Wie erfolgt die Beurkundung der Zustellung, wenn der Gerichtsvollzieher persönlich zustellt? §§ 190 Abs. 1 u. 2; 191.

Der Gerichtsvollzieher setzt auf die Urschrift des zuzustellenden Schriftstücks oder auf einen mit derselben zu verbindenden Bogen die über die Zustellung aufzunehmende Urkunde, welche enthalten muß: Ort und Zeit der Zustellung; Auftraggeber; Adressat; ferner die Bezeichnung der Person, welcher tatsächlich zugestellt ist; die Erwähnung einer etwaigen An=

nahmeverweigerung; die Bemerkung, daß eine Ausfertigung oder beglaubigte Abschrift des zuzustellenden Schriftstücks sowie eine beglaubigte Abschrift der Zustellungsurkunde übergeben ist; endlich die Unterschrift des Gerichtsvollziehers.

263 a. Wie geschieht die Übergabe der beglaubigten Abschrift der Zustellungsurkunde an den Adressaten? § 190 Abs. 3 u. 4.

Die durch den Gerichtsvollzieher beglaubigte Abschrift der Zustellungsurkunde wird auf das bei der Zustellung zu übergebende Schriftstück oder auf einen mit demselben zu verbindenden Bogen gesetzt und gelangt so in die Hände des Zustellungsempfängers, während die Zustellungsurkunde selbst zugleich mit dem zuzustellenden Schriftstück dem Auftraggeber zu übermitteln ist.

264. Welche Besonderheit gilt für die Beurkundung der mit Hilfe der Post erfolgenden Zustellung? §§ 194 Abs. 2; 195 Abs. 2.

Wie die mit Hilfe der Post erfolgende Zustellung selbst in zwei Akte zerfällt, so bedarf es auch der Aufnahme zweier Urkunden bei dieser Zustellung.

I. Der Gerichtsvollzieher bzw. der Gerichtsschreiber hat auf dem bei der Zustellung zu übergebenden Schriftstücke zu vermerken, für welche Person er dasselbe der Post übergibt, und auf der Urschrift des zuzustellenden Schriftstücks oder auf einem mit demselben zu verbindenden Bogen zu bezeugen, daß die Übergabe an die Post in der vorgeschriebenen Art, und für wen sie geschehen ist.

II. Der Postbote hat sodann über die von ihm bewirkte Zustellung eine der Zustellungsurkunde des Gerichtsvollziehers bis auf wenige Abweichungen entsprechende Urkunde aufzunehmen und in dieser ferner die Übergabe des seinem Verschlusse, seiner Adresse und seiner Geschäftsnummer nach bezeichneten Briefumschlags zu bezeugen.

264 a. Wie gelangt die von dem Postboten aufgenommene Zustellungsurkunde in die Hände des Auftraggebers? § 195 Abs. 3.

Die Urkunde ist von dem Postboten der Postanstalt, und von dieser dem Gerichtsvollzieher zu überliefern, der sie dem Auftraggeber übermittelt.

265. Welchen Inhalt hat die Zustellungsurkunde, die der Gerichtsvollzieher über die Zustellung durch Aufgabe zur Post aufnimmt? § 192.

Die Zustellungsurkunde muß außer der Bezeichnung des Auftraggebers und des Zustellungsempfängers sowie der Unterschrift des Gerichtsvollziehers ergeben, zu welcher Zeit, unter welcher Adresse und bei welcher Postanstalt die Aufgabe geschehen ist.

---

266. Wann kann an Stelle des Gerichtsvollziehers bzw. des Gerichtsschreibers der Rechtsanwalt Zustellungsorgan sein? § 198 Abs. 1.

In allen Fällen, wo beide Parteien durch Anwälte vertreten sind, also möglicherweise auch im Parteiprozeß, kann die Zustellung direkt von Anwalt zu Anwalt erfolgen.

267. In welcher Weise geschieht die Zustellung von Anwalt zu Anwalt? § 198 Abs. 2.

Durch Übergabe der beglaubigten Abschrift des zuzustellenden Schriftstücks und durch das mit Datum und Unterschrift versehene schriftliche Empfangsbekenntnis des Anwalts, welchem zugestellt worden ist. Dieses Empfangsbekenntnis ist nicht wie die Zustellungsurkunde bloßes Beweismittel, sondern wesentliche Voraussetzung für die Gültigkeit der Zustellung.

Über die Zustellung hat der Anwalt, welcher zustellt, dem anderen Anwalt auf Verlangen eine Bescheinigung zu erteilen.

---

268. Wann bedarf es einer Zustellung im Auslande?

Wenn die Partei, welcher zuzustellen ist, im Auslande wohnt, ohne im Inlande einen Prozeßbevollmächtigten oder Zustellungsbevollmächtigten zu haben.

Hat jedoch die Partei einen Zustellungsbevollmächtigten nicht ernannt, obwohl sie dazu verpflichtet war, so kann die Zustellung durch Aufgabe zur Post erfolgen; diese aber ist stets eine Zustellung im Inlande, da sie schon als bewirkt gilt mit der Aufgabe zur Post.

269. In welcher Weise erfolgt die im Auslande vorzunehmende Zustellung? § 199.

Die Zustellung im Auslande erfolgt mittels Ersuchens der zuständigen Behörde des fremden Staates oder des in diesem Staate residierenden Konsuls oder Gesandten des Reichs, die ihrerseits die Übergabe des Schriftstücks an die Partei veranlassen.

Bewirkt ist die Zustellung erst mit der im Auslande erfolgten Übergabe des Schriftstücks an den Zustellungsempfänger.

270. Wer ist Zustellungsorgan bei der Zustellung im Auslande? § 202.

Zustellungsorgan ist der Vorsitzende des Prozeßgerichts, d. h. des Gerichts, bei dem der Rechtsstreit anhängig ist oder anhängig werden soll; er allein hat die erforderlichen Ersuchungsschreiben zu erlassen und für ihre Weiterbeförderung zu sorgen; er übermittelt auch dem Antragsteller das von der ersuchten Behörde oder dem ersuchten Beamten bei dem Prozeßgerichte eingelaufene schriftliche Zeugnis darüber, daß die Zustellung erfolgt sei.

---

271. In welchen Fällen findet schließlich eine Zustellung durch öffentliche Bekanntmachung statt? § 203.

Eine öffentliche Zustellung hat zu erfolgen:

I. wenn der Aufenthalt der Partei, welcher zugestellt werden soll, nachweislich unbekannt ist;

II. wenn ihr Aufenthalt zwar bekannt ist, aber

a) die Zustellung im Auslande erfolgen müßte und eine solche Zustellung nach den für sie bestehenden Vorschriften unausführbar ist oder keinen Erfolg verspricht, oder

b) die Zustellung an einen nicht exterritorialen Bediensteten oder Hausgenossen eines Exterritorialen in dem — lokalimmunen — Gesandtschaftshotel vorgenommen werden müßte und die Zustimmung zum Betreten desselben zwecks Zustellung von dem diplomatischen Agenten nicht erteilt wird.

272. Was ist formelle Voraussetzung für die öffentliche Zustellung? § 204 Abs. 1.

Die öffentliche Zustellung erfolgt nur, wenn die Partei darum nachsucht und ihr Gesuch vom Prozeßgericht bewilligt wird.

Die Entscheidung über das Gesuch kann ohne vorgängige mündliche Verhandlung erlassen werden.

273. Wer ist Zustellungsorgan bei der öffentlichen Zustellung? § 204 Abs. 1.

Der Gerichtsschreiber! Er hat die öffentliche Zustellung von Amts wegen zu veranlassen, sobald sie durch das Prozeßgericht bewilligt ist.

274. Wie geschieht die öffentliche Zustellung? § 204 Abs. 2.

Sie geschieht durch öffentliche Bekanntmachung, d. h. durch Anheftung der zuzustellenden Ausfertigung oder einer beglaubigten Abschrift des zuzustellenden Schriftstücks an die Gerichtstafel, wozu noch, wenn das Schriftstück eine Ladung enthält, die zweimalige Einrückung eines Auszugs des Schriftstücks in das Amtsblatt des Prozeßgerichts und die einmalige Einrückung des Auszugs in den Deutschen Reichsanzeiger hinzukommen muß; auch kann das Prozeßgericht anordnen, daß der Auszug noch in andere Blätter und zu mehreren Malen eingerückt werde.

275. Was muß der in die Zeitungen einzurückende Auszug enthalten? § 205.

In ihm müssen das Prozeßgericht, die Parteien, der Gegenstand des Prozesses, der Antrag, der Zweck der Ladung, und die Zeit, zu welcher der Geladene erscheinen soll, bezeichnet werden.

276. Mit welchem Zeitpunkte ist die öffentliche Zustellung als bewirkt anzusehen? § 206.

I. Wenn das Schriftstück keine Ladung enthält, so gilt die Zustellung desselben als bewirkt, wenn seit der Anheftung des Schriftstücks an die Gerichtstafel zwei Wochen verstrichen sind.

II. Enthält das Schriftstück aber eine Ladung, so gilt es als zugestellt, wenn seit der letzten Einrückung des Auszugs in die öffentlichen Blätter ein Monat verstrichen ist, es sei denn, daß das Prozeßgericht bei Bewilligung der öffentlichen Zustellung den Ablauf einer längeren Frist für erforderlich erklärt hat.

III. In beiden Fällen hat es jedoch auf die Gültigkeit der Zustellung keinen Einfluß, wenn das anzuheftende Schriftstück von dem Orte der Anheftung zu früh entfernt wird.

277. Unter welchen Voraussetzungen tritt jedoch — und zwar nicht nur bei der öffentlichen Zustellung, sondern in gleicher Weise auch bei der Zustellung im Auslande — eine Zurückdatierung der Wirkungen der Zustellung ein? § 207 Abs. 1.

Soweit durch die Zustellung eine Frist gewahrt und der Lauf der Verjährung oder einer Frist unterbrochen wird, treten — ähnlich wie bei der durch den Gerichtsschreiber vermittelten Zustellung eines Schriftstücks, durch die eine Notfrist gewahrt werden soll — die Wirkungen der Zustellung bereits mit der Überreichung des Gesuchs um Zustellung durch öffentliche Bekanntmachung oder um Zustellung im Auslande ein.

II. Zustellungen von Amts wegen.

278. Welches sind die Fälle, in denen eine Zustellung von Amts wegen erfolgt? ad 1, §§ 329 Abs. 2; 693, 699; 829 Abs. 2; 922; ad 2, §§ 377, 402; ad 3, §§ 625, 659 ꝛc.; ad 4, EG. z. ZPO. § 7 Abs. 1 Satz 3.

Von Amts wegen sind zuzustellen:

1) alle nicht verkündeten Beschlüsse des Gerichts und alle nicht verkündeten Verfügungen des Vorsitzenden und eines beauftragten und ersuchten Richters, mit Ausnahme:

a) des Zahlungs- und Vollstreckungsbefehls,

b) des Zahlungsverbots an den Drittschuldner,

c) des Beschlusses, durch welchen ein Arrest angeordnet wird;

2) die Ladungen von Zeugen und Sachverständigen;

3) die Urteile in Ehesachen, die auf Scheidung oder Nichtigkeit der Ehe erkennen, und die Beschlüsse in Entmündigungssachen;

4) eine Abschrift der bei dem obersten Landesgerichte in Bayern eingereichten Revisionsschrift an den Revisionsbeklagten.

279. Wodurch unterscheidet sich im wesentlichen die Zustellung von Amts wegen von der Zustellung auf Betreiben der Parteien? §§ 208, 209, 211.

Während im allgemeinen auf die von Amts wegen zu bewirkenden Zustellungen die Vorschriften über die Zustellung auf Betreiben der Parteien entsprechende Anwendung finden, unterscheiden sich die beiden Arten der Zustellungen doch dadurch, daß bei den Zustellungen von Amts wegen niemals der Gerichtsvollzieher in Tätigkeit tritt; das einzige Organ für die Zustellung ist hier vielmehr der Gerichtsschreiber, dem als Hilfsorgan außer der Post noch der Gerichtsdiener zur Verfügung steht. Der Gerichtsschreiber darf aber nicht wie der Gerichtsvollzieher die Übergabe des Schriftstücks persönlich bewirken, sondern muß sich bei der Zustellung eines seiner beiden Hilfsorgane bedienen.

280. Worin besteht die Tätigkeit des Gerichtsschreibers bei der Zustellung von Amts wegen? §§ 211, 210.

Der Gerichtsschreiber hat das zu übergebende Schriftstück in einem durch das Gerichtssiegel verschlossenen, mit der Adresse der Person, an welche zugestellt werden soll, versehenen und mit einer Geschäftsnummer sowie dem Vermerk: „Vereinfachte Zustellung" bezeichneten Briefumschlag einem Gerichtsdiener oder der Post zur Zustellung auszuhändigen. Die auf dem Briefumschlag angegebene Geschäftsnummer hat er in den Akten zu vermerken.

Ist bei der Zustellung ausnahmsweise — in den meisten Fällen sind bei der Zustellung von Amts wegen Ausfertigungen zuzustellen — eine beglaubigte Abschrift zu übergeben, so geschieht auch die erforderliche Beglaubigung durch den Gerichtsschreiber.

281. Inwiefern ist die Zustellung von Amts wegen noch im besonderen vereinfacht? §§ 211 Abs. 3; 212; 213.

I. Der Gerichtsschreiber hat auf dem bei der Zustellung zu übergebenden Schriftstück nicht zu vermerken, für welche Person er dasselbe der Post oder dem Gerichtsdiener übergibt, und ebenso hat er auch auf der Urschrift des zuzustellenden Schriftstücks nicht zu bezeugen, daß die Übergabe in der vorgeschriebenen Weise und für wen sie geschehen ist.

II. Der Gerichtsdiener oder der Postbote hat eine Abschrift der von ihm aufgenommenen Zustellungsurkunde dem Zustellungsempfänger nicht zu übergeben; es genügt vielmehr der Vermerk des Tages der Zustellung auf dem Briefumschlage.

Die Originalzustellungsurkunde ist dem Gerichtsschreiber direkt zu überliefern.

III. Bei der Zustellung durch Aufgabe zur Post schließlich bedarf es der Aufnahme einer Zustellungsurkunde überhaupt nicht; es genügt ein Vermerk des Gerichtsschreibers in den Akten, zu welcher Zeit und unter welcher Adresse die Aufgabe geschehen ist.

3. Titel. Ladungen, Termine und Fristen.

282. Wie ergeht die Aufforderung an die Parteien, Zeugen und Sachverständige, in einem Termine zu erscheinen? § 214.

In der Regel durch Zustellung einer richterlichen Terminsbestimmung nebst der Aufforderung, in diesem Termine zu erscheinen (Ladung).

Ist mit der Ladung zugleich eine Klageschrift oder ein anderer bestimmender Schriftsatz zuzustellen, so ist die Ladung in den Schriftsatz aufzunehmen.

283. Wann bedarf es einer Ladung nicht? §§ 218, 618 Abs. 3, 670 Abs. 1, 679 Abs. 4, 684 Abs. 4, 686 Abs. 4. Vgl. auch §§ 335 Abs. 2, 351 Abs. 1.

Eine Ladung der Partei ist nicht erforderlich zu Terminen, welche in verkündeten Entscheidungen bestimmt sind. Ausgenommen sind nur einige Termine, namentlich im Ehe- und Entmündigungsverfahren, zu denen, trotzdem sie in verkündeter Entscheidung bestimmt sind, die Partei geladen werden muß.

284. Welchen Inhalt hat die Ladung? § 215.

Außer der Terminsbestimmung nach Zeit und Ort und der Aufforderung, im Termin zu erscheinen, braucht die Ladung nur noch Aufschluß zu geben über die Parteien, den Gegenstand des Rechtsstreits und den Zweck des Termins.

In Anwaltsprozessen aber muß die Ladung zur mündlichen Verhandlung, sofern die Zustellung nicht bereits an einen Rechtsanwalt als den Prozeßbevollmächtigten des Gegners erfolgt, außerdem auch noch die Aufforderung an den Gegner enthalten, einen bei dem Prozeßgericht zugelassenen Anwalt zu bestellen.

285. Von wem geht die Ladung aus? § 214 Abs. 1; 329, 377, 402.

I. Gemäß der das Verfahren beherrschenden Verhandlungsmaxime müssen in der Regel die Parteien laden, und zwar diejenige, die über die Hauptsache oder über einen Zwischenstreit mündlich verhandeln will.

II. Wird jedoch ein Termin in einer Entscheidung bestimmt, die nicht verkündet worden ist, so sind die Parteien von Amts wegen zu laden. Zeugen und Sachverständige sind stets von Amts wegen zu laden.

286. Wie erhält die Partei, die zu laden hat, die Terminsbestimmung für ihre Ladungsschrift? § 216 Abs. 1.

Die Partei hat die Ladungsschrift zum Zweck der Terminsbestimmung durch den Vorsitzenden bei dem Gerichtsschreiber einzureichen.

287. Was hat der Vorsitzende bei der Terminsbestimmung zu berücksichtigen? § 216 Abs. 2 u. 3.

I. Die Bestimmung des Termins soll binnen 24 Stunden erfolgen.

II. Auf Sonntage und allgemeine Feiertage darf der Termin nur in Notfällen anberaumt werden.

III. Schließlich muß der Termin soweit hinaus angesetzt werden, daß die Partei in der Lage ist, die gesetzlichen Mindestfristen, insbesondere die Ladungsfrist, zu wahren.

288. Was versteht man unter Ladungsfrist? § 217.

Ladungsfrist ist diejenige Frist, welche in einer anhängigen Sache zwischen der Zustellung der Ladung und dem Terminstage liegen soll.

289. Welche Dauer hat die Ladungsfrist? § 217.

Sie beträgt in Anwaltsprozessen mindestens eine Woche, in anderen Prozessen mindestens drei Tage, in Meß- und Marktsachen mindestens 24 Stunden.

---

290. Was ist ein Termin? § 220 Abs. 2.

Termine sind Zeiträume, die zur mündlichen Verhandlung, zur Beweisaufnahme, oder zur Verkündung der Entscheidung in einer Sache vor Gericht bestimmt sind.

Daraus, daß Termine als Zeiträume und nicht als Zeitpunkte zu betrachten sind, folgt z. B. auch, daß ein Termin von einer Partei erst dann als versäumt gilt, wenn sie bis zum Schlusse desselben nicht verhandelt.

291. Wo werden die Termine abgehalten? § 219.

In der Regel an der Gerichtsstelle, ausgenommen: wenn die Terminshandlungen nicht an der Gerichtsstelle vorgenommen werden können, wie die Einnahme eines Augenscheins an Ort und Stelle oder die Verhandlung mit einer Person, die am Erscheinen vor Gericht — etwa durch schwere Erkrankung — gehindert ist, oder die dazu nicht angehalten werden kann.

292. Welche Personen sind von der Verpflichtung befreit, persönlich an Gerichtsstelle zu erscheinen? § 219 Abs. 2.

Die Landesherren und die ihnen gleichgestellten Personen.

293. Wann beginnt und wann endigt der Termin? §§ 220 Abs. 1, 136 Abs. 4.

Der Termin beginnt mit dem Aufruf der Sache und endigt, wenn der Vorsitzende ihn für beendet erklärt, sei es ausdrücklich, sei es durch konkludente Handlungen wie z. B. dadurch, daß er eine neue Sache vornimmt.

---

294. Wie unterscheiden sich die Fristen von den Terminen?

Die Fristen sind ebenso wie die Termine Zeiträume für prozessuales Handeln. Sie unterscheiden sich von ihnen nur insofern, als die Termine für die Verhandlung vor Gericht, die Fristen aber für solches prozessuales Handeln bestimmt sind, das sich außerhalb der gerichtlichen Verhandlung abspielt.

295. Wie teilt man die Fristen ein?

Man scheidet sie in richterliche und gesetzliche Fristen, jenachdem ihre Dauer vom Richter für den einzelnen Fall bestimmt wird oder im Gesetz allgemein festgelegt ist.

296. Welche Arten der gesetzlichen Fristen unterscheidet man?

Man unterscheidet Notfristen und im Gegensatz dazu alle übrigen gesetzlichen Fristen.

297. Welche Fristen sind Notfristen? §§ 516, 552, 586, 958, 1044; 339, 577; 466.

Notfristen sind nur diejenigen Fristen, welche in der ZPO. ausdrücklich als Notfristen bezeichnet sind. Es gibt insgesamt 8 Notfristen, nämlich:

1) fünf einmonatliche, und zwar die Fristen für Einlegung
   a) der Berufung,
   b) der Revision,
   c) der Restitutions- und der Nichtigkeitsklage,
   d) der Anfechtungsklage im Aufgebotsverfahren,
   e) der Klage auf Aufhebung des Schiedsspruchs nach Erlaß des Vollstreckungsurteils;
2) zwei zweiwöchentliche, und zwar die Fristen für Einlegung
   a) des Einspruchs,
   b) der sofortigen Beschwerde;
3) eine einwöchentliche, nämlich die Frist für den Antrag auf nachträgliche Eidesabnahme.

298. Welches sind die charakteristischen Merkmale der Notfristen? §§ 223 Abs. 2; 224 Abs. 1; 251 Abs. 1; 233 Abs. 1; 166 Abs. 2, 207 Abs. 2.

I. Sie werden durch die Gerichtsferien nicht gehemmt.

II. Sie können durch Parteivereinbarung nicht verlängert und nicht verkürzt werden.

III. Eine Vereinbarung, daß das Verfahren ruhen solle, hat auf den Lauf der Notfristen keinen Einfluß.

IV. Gegen Notfristen findet Wiedereinsetzung in den vorigen Stand statt.

V. Soweit es zur Wahrung der Notfristen der Zustellung eines Schriftsatzes an den Gegner bedarf, kann die Zustellung — auch im Anwaltsprozeß — durch Vermittelung des Gerichtsschreibers erfolgen.

Bedient sich die Partei der Vermittelung des Gerichtsschreibers, so wird die Notfrist bereits durch Einreichung des Schriftsatzes bei dem Gerichtsschreiber gewahrt, vorausgesetzt, daß der Schriftsatz innerhalb einer Frist von zwei Wochen nach der Einreichung tatsächlich dem Gegner zugestellt wird.

299. Welches ist die wichtigste Art der gesetzlichen Fristen, die nicht Notfristen sind? §§ 262, 520, 555; 216; 132.

Die sogenannten Zwischenfristen, nämlich:

a) die Einlassungsfristen, das sind die Fristen, die zwischen der Zustellung der Klage-, der Berufungs- oder Revisionsschrift und dem Termin zur mündlichen Verhandlung liegen müssen;

b) die Ladungsfristen, das sind solche Fristen, welche in einem anhängigen Rechtsstreit zwischen der Zustellung der Ladung und dem Terminstage liegen sollen;

c) die Fristen, welche zwischen der Zustellung anderer vorbereitender Schriftsätze als der Klage, Berufungs- und Revisionsschrift und der mündlichen Verhandlung liegen sollen.

300. Was gilt für die Berechnung sämtlicher Fristen? § 222. BGB. §§ 187 ff.

Im allgemeinen gelten für die Berechnung der Fristen die Vorschriften des Bürgerlichen Gesetzbuchs. Im besonderen bestimmt die ZPO.,

1) daß, wenn das Ende einer Frist auf einen Sonntag oder allgemeinen Feiertag fällt, die Frist erst mit Ablauf des nächstfolgenden Werktages endigt; und

2) daß bei der Berechnung einer Frist, welche nach Stunden bestimmt ist, Sonntage und allgemeine Feiertage nicht mitgerechnet werden.

301. Wann beginnen die Fristen zu laufen? §§ 262, 221.

I. Der Lauf einer gesetzlichen Frist beginnt mit dem Ereignis, an das ihr Beginn kraft Gesetzes geknüpft ist; der Lauf der Einlassungsfrist also z. B. mit der Zustellung der Klageschrift.

II. Der Lauf der richterlichen Fristen beginnt mit dem Zeitpunkte, der vom Richter für ihren Beginn festgesetzt ist, mangels einer solchen Festsetzung mit der Zustellung des Schriftstücks, in welchem die Frist festgesetzt ist, und wenn es einer solchen Zustellung nicht bedarf, mit der Verkündung der Frist.

302. Wird, wenn der Beginn der gesetzlichen oder richterlichen Frist von einer Zustellung abhängig ist, die Frist für beide Parteien verschieden berechnet? § 221 Abs. 2.

Sie wird verschieden berechnet, wenn die Zustellung von Amts wegen erfolgt ist; hat jedoch eine Partei die Zustellung bewirken lassen, so beginnt die Frist mit der Zustellung auch gegen diejenige Partei zu laufen, welche die Zustellung hat bewirken lassen.

303. Welchen Einfluß haben die Gerichtsferien auf den Lauf der Fristen? § 223 Abs. 1.

Eine Frist kann in den Ferien nicht zu laufen beginnen, vielmehr beginnt der Lauf der Frist, deren Anfang in die Ferien fällt, erst mit dem Ende der Ferien.

Der Lauf einer vor den Ferien begonnenen Frist aber wird durch die Gerichtsferien gehemmt, so daß der noch übrige Teil der Frist erst mit dem Ende der Gerichtsferien weiter zu laufen beginnt.

304. Auf welche Fristen haben die Gerichtsferien keinen Einfluß? § 223 Abs. 2; GVG. §§ 202, 204.

Abgesehen von den Notfristen sind dem Einfluß der Gerichtsferien auch die Fristen in Feriensachen (Meß- und Marktsachen, Wechselsachen, Arrestsachen rc.) und im Mahn-, Konkurs- und Zwangsvollstreckungsverfahren nicht unterworfen.

305. Unter welchen Bedingungen können Fristen abgeändert werden? §§ 224 Abs. 1, 234 Abs. 2; 224 Abs. 2.

I. Durch Parteivereinbarung können ohne weiteres alle Fristen mit Ausnahme der Notfristen sowohl verlängert wie verkürzt werden.

Bezüglich der Frist, binnen der die Wiedereinsetzung in den vorigen Stand beantragt werden muß, gilt die Besonderheit, daß sie durch Parteivereinbarung nicht verlängert werden kann.

II. Durch Richterspruch — aber nicht von Amts wegen, sondern nur auf Antrag — können Fristen nur dann verlängert oder abgekürzt werden, wenn erhebliche Gründe für die Abänderung glaubhaft gemacht werden, gesetzliche Fristen jedoch nur in den besonders bestimmten Fällen.

306. Welches sind die gesetzlichen Fristen, die kraft besonderer Bestimmung durch Richterspruch auf Antrag abgeändert werden können? §§ 134 Abs. 2; 226 Abs. 1 u. 2. Vgl. auch § 206 Abs. 1.

I. Verkürzt und verlängert werden kann die Frist von drei Tagen, welche der Gegner zur Einsicht von Urkunden hat, die auf sein Verlangen auf der Gerichtsschreiberei niedergelegt werden.

II. Nur verkürzt werden können die sog. Zwischenfristen, diese auch dann, wenn erhebliche Gründe für die Verkürzung nicht glaubhaft gemacht sind.

Die Abkürzung der Einlassungs- und der Ladungsfristen wird dadurch nicht ausgeschlossen, daß infolge der Abkürzung die mündliche Verhandlung durch Schriftsätze nicht vorbereitet werden kann.

307. Welche Verschiedenheiten bestehen bezüglich des Verfahrens über den Antrag auf Abkürzung und über den auf Verlängerung einer Frist? §§ 225, 226 Abs. 3.

I. Während die Ablehnung des Antrags auf Abkürzung sowohl wie auf Verlängerung einer Frist stets ohne mündliche Verhandlung geschehen kann, darf

a) die Bewilligung der Abkürzung nur nach vorgängigem Gehör des Gegners — in einer mündlichen Verhandlung oder schriftlich — erfolgen; eine Ausnahme besteht nur bezüglich der Einlassungs- und der Ladungsfrist, insofern als hier der Vorsitzende, wenn er gleichzeitig den Termin festsetzt, die Abkürzung der Frist auch ohne solch vorgängiges Gehör des Gegners und des sonst Beteiligten verfügen kann; — nur ist diese Verfügung dem Beteiligten abschriftlich mitzuteilen. Dagegen kann

b) die Bewilligung der Verlängerung einer Frist stets ohne

solch vorgängiges Gehör des Gegners geschehen. Ausgenommen ist nur die Bewilligung einer wiederholten Verlängerung, wobei eine wiederholte Verlängerung auch schon dann anzunehmen ist, wenn eine Verlängerung durch Parteivereinbarung vorangegangen ist.

II. Während der Beschluß, durch den eine Abkürzung oder Verlängerung bewilligt wird, nicht selbständig anfechtbar ist, findet

a) gegen den Beschluß, durch den das Gesuch um Abkürzung einer Frist zurückgewiesen wird, Beschwerde statt, wogegen

b) der Beschluß, durch den das Gesuch um Verlängerung einer Frist zurückgewiesen wird, ebenfalls unanfechtbar ist.

308. Was gilt für die Berechnung einer Frist im Falle ihrer Verlängerung?

Im Fall der Verlängerung wird die neue Frist von dem Ablauf der vorigen Frist an berechnet, wenn nicht im einzelnen Fall ein anderes bestimmt ist.

---

309. Wie unterscheiden sich Aufhebung und Verlegung eines Termins? § 227.

Aufhebung eines Termins ist die Beseitigung desselben durch Vereinbarung der Parteien.

Verlegung eines Termins ist die richterliche Beseitigung desselben unter gleichzeitiger Anordnung eines neuen Termins. Die Verlegung kann von Amts wegen und auf Antrag angeordnet werden.

310. Wie unterscheiden sich die Verlegung eines Termins, die Vertagung einer Verhandlung und die Anberaumung eines Termins zur Fortsetzung der Verhandlung? §§ 227, 228 (229).

Die Verlegung eines Termins ist die vor Beginn des Termins (aber in einer bereits anhängigen Sache) erfolgende Anberaumung eines anderen als des früher bestimmten Termins.

Die Vertagung einer Verhandlung ist die erst im Termin selbst, aber vor Beginn der kontradiktorischen Verhandlung zur Sache erfolgende Anberaumung eines neuen Termins.

Die Anberaumung eines Termins zur Fortsetzung der Verhandlung geschieht ebenso wie die Vertagung in dem Termin selbst, aber erst nach Beginn der — wenn auch einseitigen — Verhandlung zur Sache.

Vor Beginn der kontradiktorischen Verhandlung, aber nach Beginn einer einseitigen Verhandlung ist hiernach sowohl Vertagung wie Anberaumung eines Termins zur Fortsetzung der mündlichen Verhandlung zulässig, je nachdem im neuen Termin unter gänzlicher Nichtberücksichtigung der stattgefundenen einseitigen Verhandlung zweiseitig, oder weiter einseitig verhandelt werden soll.

Die Vertagung der Verhandlung wie die Anberaumung eines Termins zur Fortsetzung der Verhandlung geschehen, ebenso wie die Verlegung eines

Termins, von Amts wegen oder auf Antrag durch Beschluß des Gerichts (bzw. des beauftragten oder ersuchten Richters hinsichtlich der von ihnen zu bestimmenden Termine).

311. Wie gestaltet sich das besonders geregelte Verfahren über den Antrag auf Verlegung eines Termins? § 227 Abs. 2.

Über den Antrag, in welchem erhebliche Gründe für die Verlegung glaubhaft zu machen sind, kann ohne vorgängige mündliche Verhandlung entschieden werden.

Ein Anhören des Gegners ist nur für den Fall der Bewilligung einer wiederholten Verlegung des Termins erforderlich.

Eine Anfechtung des Beschlusses, durch welchen der Antrag auf Verlegung eines Termins zurückgewiesen wird, findet nicht statt.

4. Titel. Folgen der Versäumung. Widereinsetzung in den vorigen Stand.

312. Welches ist die allgemeine Folge der Versäumung einer innerhalb einer bestimmten Zeitgrenze vorzunehmenden Prozeßhandlung durch die Partei, sowohl der Versäumung einer einzelnen Prozeßhandlung, wie der eines ganzen Komplexes von Prozeßhandlungen: eines Verhandlungstermins? §§ 230, 330 ff.

Allgemeine Folge jeder Versäumung einer Prozeßhandlung ist die, daß der Säumige mit dieser Prozeßhandlung ausgeschlossen wird und die durch die Säumnis entstandenen Kosten zu tragen hat, gleichgültig, ob die Versäumung verschuldet oder unverschuldet ist.

Die Versäumung eines Verhandlungstermins behandelt die ZPO. in einem besonderen Abschnitt (Versäumnisurteil).

313. Gibt es von dieser Regel Ausnahmen? §§ 351 Abs. 2, 618 Abs. 2, 640 Abs. 1, 641 Abs. 1, 670 Abs. 1.

Einige wenige im Ehe- und Entmündigungsverfahren und im vorbereitenden Verfahren für Rechnungssachen &c. Das hat seinen Grund darin, daß die in Frage kommenden Termine keine peremptorischen sind.

314. Ist jene allgemeine Folge die einzige Folge der Versäumung? §§ 465, 464 Abs. 2; 330.

Nein, in einzelnen Fällen treten noch besondere Folgen hinzu, so bei Versäumung einer einzelnen Prozeßhandlung z. B. die Annahme der Eidesverweigerung, bei Versäumung eines Verhandlungstermins durch den Kläger die Annahme des Verzichts auf die Klage.

315. An welche Voraussetzungen ist der Eintritt der Folgen der Versäumung geknüpft? §§ 230, 231; 330 ff.; 692, 947 Abs. 2 Z. 3.

Im allgemeinen treten diese Folgen ohne weiteres kraft Gesetzes ein; in einzelnen Fällen jedoch, wie namentlich bei Versäumung eines Verhandlungstermins (Versäumnisurteil) bedarf es eines Antrags; bei Erlaß eines Zahlungsbefehls und beim Aufgebotsverfahren bedarf es außerdem auch noch einer besonderen Androhung der Rechtsnachteile.

316. Ist der Ausschluß der Partei mit der Prozeßhandlung in allen Fällen ein definitiver? §§ 274 Abs. 3; 338 ff.; 233 ff.

I. In einigen Fällen, wie z. B. bei der Versäumung des Vorbringens einer prozeßhindernden Einrede, ist eine Nachholung nicht ausgeschlossen meistens jedoch vorausgesetzt, daß die Versäumung der Prozeßhandlung eine unverschuldete ist (culpa procuratoris nocet, § 232 Abs. 2).

II. Gegen das wegen Versäumung eines Verhandlungstermins ergangene Versäumnisurteil gibt die ZPO. den Rechtsbehelf des Einspruchs

III. In einigen Fällen schließlich gewährt sie auch eine Wiedereinsetzung in den vorigen Stand (restitutio in integrum).

317. Inwieweit ist die restitutio in integrum gegen früher beschränkt? §§ 233, 232 Abs. 1.

Sie findet nach der ZPO. nur noch bei Versäumung einer Prozeßhandlung, die an eine Notfrist gebunden ist, Anwendung; insbesondere ist die gemeinrechtliche restitutio propter minorem aetatem ausdrücklich abgelehnt.

318. Zweck der restitutio in integrum?

Sie hat nur den Zweck, die Nachholung der wegen Versäumung der Notfrist an sich ausgeschlossenen Prozeßhandlung zu ermöglichen; die Natur eines selbständigen Anfechtungsmittels hat sie nicht.

319. Welches sind die materiellen Voraussetzungen der restitutio in integrum? §§ 233 Abs. 1; 235 Abs. 1; 235 Abs. 2. 233 Abs. 2.

I. Die restitutio ist gegen die Versäumung aller Notfristen zulässig:

a) sobald die Partei durch unabwendbare Zufälle, — mögen diese nun in Naturereignissen oder in menschlichen Veranstaltungen bestehen, man denke an Stillstand der Rechtspflege infolge eines Krieges — an der Einhaltung der Notfrist verhindert worden ist; daß hier ein Verschulden der Partei oder des Vertreters ausgeschlossen sein muß, ergibt sich schon aus dem Begriff des unabwendbaren Zufalls;

b) oder wenn zwar die Partei spätestens am dritten Tage vor Ablauf der Notfrist das zur Wahrung derselben zuzustellende Schriftstück dem Gerichtsvollzieher oder, sofern die Zustellung unter Vermittlung des Gerichtsschreibers erfolgen soll, dem Gerichtsschreiber zum Zweck der Zustellung übergeben hat, und trotzdem Versäumung der Notfrist eingetreten ist; — ein etwaiges Verschulden des Vertreters schadet hier im Gegensatz zu der allgemeinen Regel der Partei also nicht;

c) wenn die Versäumung der Notfrist dadurch veranlaßt worden ist, daß das angefochtene Urteil den Prozeßbevollmächtigten des Gegners unrichtig bezeichnet.

II. Außer unter jenen allgemeinen Voraussetzungen ist die Wieder=

einsetzung im besonderen gegen die Versäumung der Notfrist für den Einspruch auch dann schon zulässig, wenn die Partei von der Zustellung des Versäumnisurteils ohne ihr Verschulden keine Kenntnis erlangt hat.

320. Welches sind die prozessualen Voraussetzungen der Wiedereinsetzung in den vorigen Stand? § 234.

Es wird stets erfordert:

a) ein Antrag der Partei, und

b) Innehaltung einer bestimmten Frist.

321. Wie wird der Antrag auf Wiedereinsetzung gestellt? § 236.

I. Der Antrag wird im allgemeinen durch einen Schriftsatz gestellt, der

a) in der Regel der Gegenpartei zuzustellen ist,

b) im Falle der Versäumung der bei der sofortigen Beschwerde gegebenen Notfrist jedoch bei dem Gericht, dessen Entscheidung angefochten wird, oder dem übergeordneten Gericht einzulegen ist.

II. Die Wiedereinsetzung kann jedoch auch mündlich in der Verhandlung in dem Falle beantragt werden, wo die Versäumung eingetreten ist, obwohl die Partei vor Ablauf der Notfrist das zur Wahrung derselben zuzustellende Schriftstück dem Gerichtsvollzieher bzw. dem Gerichtsschreiber übergeben hat, sofern die Zustellung der Ladung zu dem Termin der mündlichen Verhandlung rechtzeitig (s. Nr. 323) erfolgt ist.

322. Inhalt dieses Antrags? § 236.

I. Er muß enthalten:

a) die Angabe der die Wiedereinsetzung begründenden Tatsachen (der materiellen Voraussetzungen);

b) die Angabe der Mittel für deren Glaubhaftmachung, — glaubhaft zu machen braucht die Partei sie nicht;

c) die Nachholung der versäumten Prozeßhandlung, oder wenn diese bereits nachgeholt ist, die Bezugnahme hierauf.

II. Bei Versäumung der einwöchentlichen Notfrist im Falle der nachträglichen Eidesabnahme muß der Antrag auf nachträgliche Eidesabnahme auch die Ladung des Gegners zur Eidesleistung und zur weiteren mündlichen Verhandlung enthalten.

323. Innerhalb welcher Frist muß der Antrag auf Wiedereinsetzung gestellt werden? §§ 234, 235 Abs. 3.

Die Wiedereinsetzung muß innerhalb einer zweiwöchigen Frist, die mit dem Tage beginnt, an welchem das Hindernis gehoben ist, beantragt werden.

Ist die Notfrist versäumt, obwohl die Partei dem Gerichtsvollzieher oder Gerichtsschreiber das zur Wahrung der Notfrist zuzustellende Schriftstück rechtzeitig übergeben hat, muß die Wiedereinsetzung innerhalb einer einmonatigen Frist nach Ablauf der versäumten Notfrist beantragt werden.

323 a. Charakter der beiden Ausschlußfristen? §§ 234 Abs. 2; 224 Abs. 1.

Sie sind gesetzliche Fristen, aber keine Notfristen, werden daher durch die Gerichtsferien gehemmt; sie unterliegen jedoch nicht der Verlängerung durch Parteivereinbarung, während sie dagegen durch Parteivereinbarung abgekürzt werden können.

324. Wann aber ist der Antrag auf Wiedereinsetzung stets ausgeschlossen? § 234 Abs. 3.

In allen Fällen nach Ablauf eines Jahres, vom Ende der versäumten Notfrist ab gerechnet.

324 a. Wie unterscheidet sich dieser Zeitraum von den oben erwähnten Ausschlußfristen?

Er hat mit ihnen gemeinsam, daß er nicht durch Parteivereinbarung verlängert werden kann, dagegen schließt seine lange Dauer eine Einwirkung der Gerichtsferien auf seinen Lauf aus.

325. Was folgt aus dem Zweck der restitutio in integrum, einzig und allein die Nachholung einer versäumten Prozeßhandlung zu ermöglichen,

a) für die Zuständigkeit,

b) für das Verfahren

zur Entscheidung über den Wiedereinsetzungsantrag? §§ 237, 238 Abs. 1, 2 Satz 1.

a) Zuständig ist das Gericht, welchem die Entscheidung über die nachgeholte Prozeßhandlung zusteht.

b) Das Verfahren über den Wiedereinsetzungsantrag ist mit dem Verfahren über die nachgeholte Prozeßhandlung zu verbinden, und für die Entscheidung über die Zulässigkeit des Wiedereinsetzungsantrags sowie für die Anfechtung dieser Entscheidung sind die Vorschriften maßgebend, die in diesen Beziehungen für die nachgeholte Prozeßhandlung gelten.

325 a. Welche Besonderheit gilt aber für die Anfechtung der Entscheidung über den Wiedereinsetzungsantrag, wenn diese Entscheidung als Versäumnisurteil gegen den Antragsteller — auf Abweisung des Wiedereinsetzungsantrags — ergangen ist? § 238 Abs. 2 Satz 2.

In diesem Falle steht dem Antragsteller gegen das Versäumnisurteil nicht der Einspruch zu, unter Umständen jedoch die Berufung bzw. Revision: in den Fällen nämlich, in welchen die Anfechtung darauf gestützt wird, daß der Fall der Versäumung nicht vorgelegen habe.

326. Ist eine getrennte Verhandlung über den Wiedereinsetzungsantrag ausgeschlossen? § 238 Abs. 1 Satz 2.

Nein; das Gericht kann eine abgesonderte Verhandlung anordnen. Hierdurch wird jedoch an den Vorschriften bezüglich der Entscheidung über den Wiedereinsetzungsantrag sowie deren Anfechtung nichts geändert; nur ergeht hier die Entscheidung, durch die der Wiedereinsetzungsantrag für begründet erachtet wird, naturgemäß durch Zwischenurteil.

327. Wer trägt die Kosten der Wiedereinsetzung? § 238 Abs. 3.

Stets der Antragsteller, auch wenn er infolge der nachgeholten Prozeßhandlung in der Hauptsache obsiegt; dem Gegner sind jedoch die Kosten aufzuerlegen, welche durch seinen unbegründeten Widerspruch entstanden sind.

5. Titel. **Unterbrechung und Aussetzung des Verfahrens.**

328. Wodurch kann ein Stillstand des Verfahrens eintreten? § 251.

Ein solcher kann eintreten

1) unabhängig vom Willen der Parteien:

a) durch Unterbrechung des Verfahrens,

b) durch Aussetzung des Verfahrens, die in der Regel auf Antrag, unter Umständen aber auch von Amts wegen erfolgt;

2) durch Vereinbarung der Parteien (Ruhen des Verfahrens). Eine solche Vereinbarung, daß das Verfahren ruhen solle, ist schon anzunehmen, wenn beide Parteien in einem Termin zur mündlichen Verhandlung nicht erscheinen.

329. Wie unterscheiden sich Unterbrechung und Aussetzung des Verfahrens ihrer Entstehung nach?

Sie unterscheiden sich ihrer Entstehung nach insofern, als die Unterbrechung ohne weiteres, kraft Gesetzes, eintritt, die Aussetzung dagegen nur kraft richterlicher Anordnung.

330. Welches sind die Unterbrechungsgründe? §§ 239, 241, 242; 246; 240, 244 Abs. 1, 245.

Unterbrechungsgründe sind:

1) der Tod einer Partei;

2) der Verlust der Prozeßfähigkeit der Partei;

3) der Wegfall ihres gesetzlichen Vertreters, sei es durch Tod desselben, sei es durch Aufhören seiner gesetzlichen Vertretungsbefugnis, ohne daß die Partei prozeßfähig geworden ist;

4) die Anordnung einer Nachlaßverwaltung, die sich freilich in dem Falle, wo das durch den Tod der Partei unterbrochene Verfahren von dem Erben noch nicht aufgenommen ist, als Unterbrechungsgrund nur in der Weise praktisch äußert, daß die durch den Tod der Partei bereits herbeigeführte Unterbrechung des Verfahrens fortdauert; allerdings mit der Maßgabe, daß die Aufnahme während der Dauer der Nachlaßverwaltung nicht mehr durch oder gegen den Erben, sondern nur durch oder gegen den Nachlaßverwalter erfolgen kann.

5) bei dem Rechtsstreit zwischen einem Vorerben und einem Dritten über einen der Nacherbfolge unterliegenden Gegenstand auch der Eintritt der Nacherbfolge, sofern der Vorerbe befugt war, ohne Zustimmung des Nacherben über den Gegenstand zu verfügen.

Aus diesen fünf Gründen tritt die Unterbrechung jedoch nicht ein, wenn eine Vertretung durch einen Prozeßbevollmächtigten stattfand.

Weitere Unterbrechungsgründe sind:

6) die Konkurseröffnung, wenn das Verfahren die Konkursmasse betrifft;

7) in Anwaltsprozessen der Wegfall des Anwalts, sei es daß derselbe stirbt, sei es daß er aus einem anderen Grunde zur Fortführung der Vertretung der Partei unfähig wird;

8) der Stillstand der Rechtspflege infolge eines Krieges oder eines anderen Ereignisses (iustitium).

331. Welche weiteren Gründe gibt es, die zwar nicht selbständige Unterbrechungsgründe, wohl aber zur Herbeiführung der Fortdauer einer durch den Tod einer Partei veranlaßten Unterbrechung — ebenso wie unter Umständen der Eintritt der Nachlaßverwaltung — geeignet sind? § 243.

Solche sekundären Unterbrechungsgründe sind:

1) die Bestellung einer Nachlaßpflegschaft,

2) die Eröffnung eines Nachlaßkonkurses,

3) das Vorhandensein eines Testamentsvollstreckers, der zur Führung des unterbrochenen Rechtsstreits berechtigt ist.

332. Aus welchen Gründen findet eine Aussetzung des Verfahrens statt? §§ 246; 247, 65, 148, 149; 620, 621, 953. Vgl. auch Nr. 211!

I. Eine Aussetzung des Verfahrens muß angeordnet werden:

wegen der unter 1—5 als Unterbrechungsgründe (Nr. 330) aufgeführten Tatsachen, sofern eine Vertretung durch einen Prozeßbevollmächtigten stattfand und dieser die Aussetzung beantragt.

Im Falle des Todes und des Eintritts der Nacherbfolge kann der Antrag auch von dem Gegner gestellt werden.

II. Eine Aussetzung des Verfahrens kann erfolgen, und zwar von Amts wegen:

a) wenn eine Partei sich in Kriegszeiten im Militärdienste befindet, oder wenn sie sich an einem Orte aufhält, welcher durch obrigkeitliche Anordnung oder durch Krieg oder durch andere Zufälle von dem Verkehre mit dem Prozeßgerichte abgeschnitten ist, ohne daß jedoch ein Stillstand der Rechtspflege eingetreten ist;

b) wenn die Entscheidung des Rechtsstreits von dem Ausgang eines anderen gerichtlichen oder verwaltungsbehördlichen Verfahrens abhängt;

III. Aus besonderen Gründen findet eine Aussetzung auch noch im Ehe- und im Aufgebotsverfahren statt.

333. Bei welchem Gericht ist das Gesuch auf Aussetzung anzubringen? § 248 Abs. 1.

Das Gesuch ist bei dem Prozeßgericht anzubringen; es kann auch vor dem Gerichtsschreiber zu Protokoll erklärt werden.

334. Form und Anfechtung der Entscheidung über die Aussetzung des Verfahrens? §§ 248 Abs. 2, 252.

Die Entscheidung, die ohne mündliche Verhandlung ergehen kann, erfolgt durch Beschluß, gegen den Beschwerde, im Falle der Ablehnung aber sofortige Beschwerde stattfindet.

335. Welches ist die übereinstimmende Wirkung der Unterbrechung wie der Aussetzung? § 249 Abs. 1 u. 2.

Die Unterbrechung wie die Aussetzung der Verfahrens hat die Wirkung, daß der Lauf einer jeden Frist, auch der Notfrist, aufhört, und nach Beendigung der Unterbrechung oder Aussetzung — anders als bei der Hemmung durch die Gerichtsferien — die volle Frist von neuem zu laufen beginnt.

Die während der Unterbrechung oder Aussetzung von einer Partei in Ansehung der Hauptsache vorgenommenen Prozeßhandlungen sind der anderen Partei gegenüber ohne rechtliche Wirkung.

336. Wodurch unterscheidet sich jedoch die Wirkung der Unterbrechung von der der Aussetzung? § 249 Abs. 3.

Durch die nach dem Schlusse einer mündlichen Verhandlung eintretende Unterbrechung wird, anders als bei der Aussetzung, die Verkündung der auf Grund dieser Verhandlung zu erlassenden Entscheidung nicht ausgeschlossen.

337. Ist auch das durch Parteivereinbarung herbeigeführte Ruhen des Verfahrens gleichbedeutend mit einem völligen Stillstand des Prozesses, wie dieser durch die Unterbrechung und Aussetzung des Verfahrens herbeigeführt wird? § 251 Abs. 1.

Nein; denn die Vereinbarung, daß der Prozeß ruhen solle, hat auf den Lauf der Notfristen keinen Einfluß.

338. Mit welchem Augenblick treten die Wirkungen der Unterbrechung, der Aussetzung und des Ruhens des Verfahrens ein?

I. Die Wirkungen der Unterbrechung beginnen ohne weiteres mit dem Eintritt des Unterbrechungsgrundes.

II. Die Wirkungen der Aussetzung beginnen mit der Verkündung, oder wenn eine solche nicht stattgefunden hat, mit der Zustellung des die Aussetzung aussprechenden Gerichtsbeschlusses.

III. Das Ruhen des Verfahrens beginnt mit dem Zeitpunkt, der von den Parteien gewollt ist.

339. *Wann endigt das Ruhen des Verfahrens? § 251 Abs. 2.*

Die Beendigung des Ruhens bestimmt sich wie der Beginn desselben nach dem Inhalt der Parteivereinbarung. Enthält die Vereinbarung keine Bestimmung über die Beendigung des Ruhens, so dauert das Ruhen so lange, bis eine Partei eine neue Ladung zustellen läßt.

340. *Wann endigen die Wirkungen der Unterbrechung und der Aussetzung? §§ 239—243, 246; 245, 240; 247.*

I. In der Regel erfolgt die Beendigung der Wirkungen der Aussetzung wie der Unterbrechung durch die Aufnahme des Verfahrens seitens der Aufnahmeberechtigten.

II. Im Falle der Unterbrechung

a) durch iustitium erfolgt die Beendigung mit der Wiederaufnahme der Gerichtstätigkeit,

b) durch Konkurseröffnung aber, sofern nicht schon vorher das Verfahren vom Konkursverwalter aufgenommen ist, mit der Aufhebung des Konkursverfahrens.

III. Die Wirkungen der Aussetzung erlöschen mit der Aufhebung des Aussetzungsbeschlusses, sowohl

a) in den Fällen, wo die Aussetzung erfolgt ist, weil sich eine Partei zu Kriegszeiten im Militärdienste befand oder durch andere Zufälle von dem Verkehr mit dem Prozeßgericht abgeschnitten war, als auch in den Fällen

b) wo das Verfahren ausgesetzt ist, weil die Entscheidung des Rechtsstreits von dem Ausgang eines anderen gerichtlichen oder verwaltungsbehördlichen Verfahrens abhängig war.

341. *Wer ist im einzelnen Fall zur Aufnahme des unterbrochenen bzw. ausgesetzten Verfahrens berechtigt? §§ 239, 241, 243, 242, 246; 241 Abs. 2; 241 Abs. 1; 240, KO. § 10; 244 Abs. 1; 241, 243, 246, KO. § 10 Abs. 2.*

I. Im Fall der Unterbrechung bzw. Aussetzung des Verfahrens wegen des Todes einer Partei sind die Rechtsnachfolger von Todes wegen, also insbesondere der Erbe und der Legatar, zur Aufnahme des Verfahrens berechtigt. Sobald jedoch eine Nachlaßverwaltung, oder im Fall der Unterbrechung eine Nachlaßpflegschaft, ein Nachlaßkonkurs oder eine Testamentsvollstreckung angeordnet wird, geht das Recht zur Aufnahme des Verfahrens auf den Nachlaßverwalter rc. über. Wird aber während der Dauer ihrer Bestellung das Verfahren nicht aufgenommen, so lebt das Recht des Rechtsnachfolgers zur Aufnahme des Verfahrens wieder auf.

Was von der Berechtigung des Rechtsnachfolgers des Erblassers hinsichtlich der Aufnahme des Verfahrens gilt, gilt auch für den Nacherben im Fall des Eintritts der Nacherbfolge, die keineswegs immer an den Tod des Vorerben gebunden ist.

II. Wird ein bereits von dem Erben aufgenommenes Verfahren nachträglich wieder unterbrochen oder ausgesetzt, weil eine Nachlaßverwaltung angeordnet wird, so ist allein der Nachlaßverwalter zur Aufnahme berechtigt.

III. Wird das Verfahren unterbrochen bzw. ausgesetzt, weil eine Partei die Prozeßfähigkeit verliert, oder der gesetzliche Vertreter einer Partei stirbt oder die Vertretungsbefugnis desselben aufhört, ohne daß die Partei prozeßfähig geworden ist, so ist der gesetzliche Vertreter bzw. der neue gesetzliche Vertreter zur Aufnahme des Verfahrens berechtigt.

IV. Im Fall der Unterbrechung des Verfahrens durch Konkurseröffnung ist zunächst der Konkursverwalter zur Aufnahme berechtigt. Lehnt dieser die Aufnahme ab, so ist der Gemeinschuldner zur Aufnahme berechtigt.

V. Wird in Anwaltsprozessen das Verfahren unterbrochen, weil der Anwalt einer Partei stirbt oder aus einem anderen Grunde unfähig wird, die Vertretung der Partei fortzuführen, so ist der neue Anwalt zur Aufnahme berechtigt.

VI. Im Fall der Unterbrechung wie der Aussetzung des Verfahrens wegen Verlustes der Prozeßfähigkeit, Wegfalls des gesetzlichen Vertreters, Anordnung einer Nachlaßverwaltung, und weiter auch im Fall der Fortführung einer durch den Tod einer Partei herbeigeführten Unterbrechung des Verfahrens durch die Anordnung einer Nachlaßpflegschaft oder Testamentsvollstreckung kann auch der Gegner das Verfahren aufnehmen.

Im Falle der Unterbrechung des Verfahrens durch die Konkurseröffnung kann ebenso wie der Gemeinschuldner auch der Gegner das Verfahren aufnehmen, sobald der Konkursverwalter die Aufnahme abgelehnt hat.

342. Wie erfolgt die Aufnahme des Verfahrens? § 250.

Die Aufnahme eines unterbrochenen oder ausgesetzten Verfahrens geschieht stets durch Zustellung eines Schriftsatzes an die Gegenpartei.

343. Welche Mittel hat der Gegner in den Fällen, in denen er nicht selbst Aufnahmeberechtigter ist, den Fortgang des unterbrochenen oder ausgesetzten Verfahrens herbeizuführen? §§ 239, 246; 242, KO. § 10; § 244.

I. Im Fall der Unterbrechung wie der Aussetzung des Verfahrens wegen des Todes einer Partei kann der Gegner, vorausgesetzt, daß die Rechtsnachfolger die Aufnahme verzögern, dieselben zur Aufnahme und zugleich zur Verhandlung der Hauptsache laden.

Die Ladung geschieht durch Zustellung eines Schriftsatzes an die Rechtsnachfolger, im Fall der Aufnahme des ausgesetzten Verfahrens zugleich auch an den Prozeßbevollmächtigten der weggefallenen Partei; letzteres aus praktischen Gründen, weil erfahrungsgemäß der Prozeßbevollmächtigte in den meisten Fällen beibehalten wird. — Die Ladungsfrist wird von dem Vorsitzenden bestimmt.

Erscheinen die ordnungsmäßig geladenen Rechtsnachfolger im Termin nicht, so ist auf Antrag die behauptete Rechtsnachfolge als zugestanden anzunehmen und zur Hauptsache zu verhandeln.

II. Dasselbe Recht steht dem Gegner zu im Fall der Unterbrechung und der Aussetzung wegen Eintritts der Nacherbfolge, und im Fall der Unterbrechung des Verfahrens durch Eröffnung des Konkurses.

III. Wird die Aufnahme eines durch den Wegfall des Anwalts einer Partei unterbrochenen Anwaltsprozesses, die dadurch zu geschehen hat, daß der bestellte neue Anwalt von seiner Bestellung dem Gegner Anzeige macht, verzögert, so kann der Gegner die Partei selbst zur Verhandlung der Hauptsache laden oder zur Bestellung eines neuen Anwalts — binnen einer von dem Vorsitzenden zu bestimmenden Frist — auffordern.

Wird dieser Aufforderung nicht Folge geleistet, so ist das Verfahren als aufgenommen anzusehen.

II. Buch. Verfahren in erster Instanz.

1. Abschnitt. Verfahren vor den Landgerichten.

1. Titel. Verfahren bis zum Urteil.

344. Welche verschiedenen Formen des prozessualen Rechtsschutzes kennt die ZPO.?

Der Rechtsschutzanspruch geht entweder:

1) auf Verurteilung des Gegners zu einer Leistung, oder

2) auf Erlaß eines Feststellungsurteils, oder

3) auf Erlaß eines konstitutiven Urteils, d. h. eines Urteils, das nicht bloß wie die beiden anderen Arten des Urteils die sich aus einem bestimmten Tatbestande nach materiellem Recht ergebenden Folgen deklariert, sondern diese Folgen erst durch seinen Ausspruch existent macht, also selbst Recht erzeugt oder vernichtet (wie z. B. das Urteil, das die Scheidung einer Ehe ausspricht).

Dieser Rechtsschutzanspruch, als das begründete Recht auf Rechtsschutz durch Erlaß eines bestimmten Urteils ist scharf zu unterscheiden von dem allgemeinen Klagerecht, dem Rechte auf gerichtliche Entscheidung über ein behauptetes Recht schlechthin.

345. Welches sind die Voraussetzungen für einen Rechtsschutzanspruch auf Verurteilung des Gegners zu einer Leistung?

Voraussetzung ist, daß dem Rechtsschutz Nachsuchenden ein fälliger Anspruch im Sinn des bürgerlichen Rechts (d. h. ein Anspruch auf ein Tun oder Unterlassen) gegen den Gegner zur Zeit des Erlasses des Urteils zusteht.

346. Wann ist ausnahmsweise ein Rechtsschutzanspruch auf Erlaß

eines Leistungsurteils über einen noch nicht fälligen Anspruch gegeben? §§ 259; 258, 257.

I. Ganz allgemein dann, wenn den Umständen nach die Besorgnis gerechtfertigt ist, daß der Schuldner sich der rechtzeitigen Leistung entziehen werde.

II. In besonderen Fällen:

1) bei wiederkehrenden Leistungen, d. h. bei Leistungen, die aus ein und demselben Rechtsverhältnis in gewissen, wenn auch nicht notwendig gleichmäßigen, Zeitabschnitten erwachsen;

2) wenn es sich um Geldforderungen, die nicht von einer Gegenleistung abhängig sind, oder um Ansprüche auf Räumung eines Grundstücks, Wohnraumes oder anderen Raumes handelt: vorausgesetzt in beiden Fällen, daß die Geltendmachung der Ansprüche an den Eintritt eines Kalendertages geknüpft ist.

347. In welchem Umfang besteht ein Rechtsschutzanspruch auf Erlaß eines Feststellungsurteils? § 256.

Ein solcher Rechtsschutzanspruch ist nur gegeben:

1) zur Feststellung des Bestehens oder Nichtbestehens eines Rechtsverhältnisses, d. h. einer rechtlich wirksamen Beziehung einer Person zu einer anderen Person oder zu einem Sachgut. Dieses Rechtsverhältnis kann ein Anspruch im Sinn des bürgerlichen Rechts sein, aber es braucht ein solcher nicht zu sein; es ist nicht einmal notwendig, daß aus dem Rechtsverhältnis Ansprüche des bürgerlichen Rechts erwachsen können;

2) ausnahmsweise auch zur Feststellung einer Tatsache, nämlich zur Feststellung der Echtheit oder Unechtheit einer Urkunde.

348. Unter welchen Voraussetzungen ist dieser Rechtsschutzanspruch auf Erlaß eines Feststellungsurteils aber nur gegeben? § 256.

Allgemeine Voraussetzung ist, daß der Rechtsschutz Nachsuchende ein rechtliches Interesse an der alsbaldigen Feststellung hat, weil seine Rechtslage ohne die Feststellung nach irgend welcher Richtung hin gefährdet wäre; es braucht also nicht notwendig seine Privatrechtssphäre gefährdet zu sein.

Ein rechtliches Interesse an der alsbaldigen Feststellung wird für den Fall, daß das festzustellende Rechtsverhältnis ein Anspruch ist, auch keineswegs ohne weiteres dadurch ausgeschlossen, daß bereits ein Rechtsschutzanspruch auf ein Leistungsurteil begründet ist: der Rechtsschutzanspruch auf Feststellung ist kein subsidiärer.

---

449. Wie wird jeder Rechtsschutzanspruch geltend gemacht?

Im Wege der Klage, die danach entweder eine Klage auf Leistung (bzw. auf künftige Leistung), oder eine Feststellungsklage, oder eine Klage auf Erlaß eines konstitutiven Urteils ist.

350. In welcher Weise erfolgt die Klagerhebung? § 261.

Durch Zustellung eines Schriftsatzes, der Klageschrift, seitens des Klägers an den Beklagten, nachdem der Vorsitzende des Prozeßgerichts auf dem Schriftsatze den Termin zur mündlichen Verhandlung anberaumt hat. Zu letzterem Zweck ist die Klageschrift bei dem Gerichtsschreiber des Prozeßgerichts vor der Zustellung einzureichen.

351. Welchen Inhalt muß die Klageschrift haben? § 253.

Die Klageschrift muß enthalten:

1) die Bezeichnung der Parteien;

2) den Klageanspruch, d. h. das im Prozeß behauptete Recht auf Erlaß eines bestimmten Urteils

a) nach Gegenstand, —

Gegenstand des Klageanspruchs ist aber bei Leistungsklagen die geforderte Leistung, bei Feststellungsklagen das Rechtsverhältnis, dessen Feststellung verlangt wird, bei Klagen auf Erlaß eines konstitutiven Urteils die angestrebte Rechtsänderung —

b) dem Grunde nach;

der Klagegrund braucht nicht die sämtlichen Tatsachen zu enthalten, welche nach Maßgabe des bürgerlichen Rechts erforderlich sind, um den in der Klage geltend gemachten Anspruch in der Person des Klägers gegen den Beklagten entstehen zu lassen (Substantiierungstheorie), sondern es genügt, richtiger Auffassung nach, bloße Individualisierung des Anspruchs, d. h. eine solche Kennzeichnung, daß er von anderen Ansprüchen unterschieden werden kann;

3) einen bestimmten Antrag, d. h. die bestimmte Angabe dessen, was der Kläger in dem Urteil ausgesprochen haben will. Der Antrag muß deshalb genau den Gegenstand des Anspruchs angeben und außerdem klar erkennen lassen, welche Art des Rechtsschutzes der Kläger verlangt.

Die Bestimmtheit des Anspruchs wird dadurch nicht ausgeschlossen, daß der Kläger einen primären und — für den Fall des Nichtdurchdringens mit diesem Antrag — einen eventuellen Antrag stellt;

4) die Ladung des Beklagten vor das Prozeßgericht zur mündlichen Verhandlung des Rechtsstreits, mit der Aufforderung, einen bei dem Prozeßgericht zugelassenen Anwalt als Vertreter zu bestellen;

5) die Namensunterschrift eines bei dem Prozeßgericht zugelassenen Anwalts.

352. Was soll die Klageschrift ferner enthalten? § 253 Abs. 3, 4. Vgl. §§ 130 ff.

I. In der Klageschrift soll der Wert des nicht in einer bestimmten Geldsumme bestehenden Streitgegenstandes angegeben werden, wenn die Zuständigkeit des Gerichts von diesem Werte abhängt.

II. Da außerdem auf die Klageschrift die allgemeinen Bestimmungen über die vorbereitenden Schriftsätze Anwendung finden, so soll die Klageschrift insbesondere auch die Bezeichnung der Beweismittel, Mitteilung der Urkunden rc. enthalten.

353. Wann bedarf es ausnahmsweise eines bestimmten Antrags nicht? § 254.

In dem Fall, wo mit der Klage auf Rechnungslegung oder auf Vorlegung eines Vermögensverzeichnisses oder auf Leistung des Offenbarungseides die Klage auf Herausgabe desjenigen verbunden wird, was der Beklagte aus dem zugrunde liegenden Rechtsverhältnis schuldet. Hier kann die bestimmte Angabe der Leistungen, welche der Kläger beansprucht, vorbehalten werden, bis die Rechnung mitgeteilt, das Vermögensverzeichnis vorgelegt oder der Offenbarungseid geleistet ist.

354. Ist der Vorsitzende berechtigt, die Terminsbestimmung zu verweigern, wenn die Klageschrift eines ihrer notwendigen Erfordernisse ermangelt?

Der Vorsitzende ist nicht berechtigt, wegen etwaiger Mängel der Klageschrift die Terminsbestimmung zu verweigern, es sei denn daß

a) eine gültige Willenserklärung der Partei überhaupt nicht vorliegt, weil die Klageschrift nicht von einem bei dem Prozeßgericht zugelassenen Anwalt unterschrieben ist,

b) es an den Erfordernissen einer gehörigen Ladung fehlt, entweder also der zu Ladende nicht angegeben ist, oder der Ladende selbst nicht genannt ist, oder aber Gegenstand und Zweck der Ladung völlig übergangen sind.

355. Was hat der Vorsitzende bei der Anberaumung des Termins zu berücksichtigen? §§ 216; 262, 261 Abs. 2.

I. Wie bei jeder Terminsbestimmung soll auch hier

a) der Termin binnen 24 Stunden anberaumt werden, und darf

b) nur in Notfällen auf Sonntage oder allgemeine Feiertage festgesetzt werden.

II. Außerdem hat der Vorsitzende hier aber den Termin soweit hinauszurücken, daß der Kläger in der Lage ist, die Einlassungsfrist, d. h. die bestimmte Frist, die zwischen der Zustellung der Klage und dem Termin zur mündlichen Verhandlung liegen muß, zu wahren.

Auf der anderen Seite soll aber der Termin auch nicht weiter hinausgerückt werden, als es zur Wahrung der Einlassungsfrist erforderlich ist.

356. Welches ist rechtliche Natur und Dauer der Einlassungsfrist? §§ 262, 604.

I. Die Einlassungsfrist ist im allgemeinen eine gesetzliche Mindestfrist. Sie beträgt regelmäßig mindestens zwei Wochen; im Wechselprozeß mindestens 24 Stunden, wenn die Klage am Sitze des Prozeßgerichts zugestellt wird, — mindestens drei Tage, wenn sie an einem anderen Orte innerhalb des Bezirks des Landgerichts zugestellt wird, — mindestens eine Woche, wenn sie an einem anderen deutschen Orte zugestellt wird; in Meß- und Marktsachen stets 24 Stunden.

Wie alle Zwischenfristen kann die Einlassungsfrist auf Antrag durch Richterspruch verkürzt werden.

II. Ausnahmsweise ist die Einlassungsfrist eine richterliche Frist, nämlich dann, wenn die Zustellung im Auslande vorzunehmen ist. Hier ist die Dauer der Frist durch den Vorsitzenden bei der Anberaumung des Termins zu bestimmen.

357. Unter welchen Voraussetzungen ist die Verbindung mehrerer Klageansprüche in einer Klage zulässig? § 260; EG. z. ZPO. § 5.

Mehrere Ansprüche können nur dann in einer Klage geltend gemacht werden:

a) wenn die gewählte Prozeßart, z. B. der Urkundenprozeß, für jeden einzelnen Anspruch zulässig ist;

b) wenn für jeden einzelnen Anspruch das Prozeßgericht zuständig wäre, wobei, wenn die Zuständigkeit von dem Wert des Streitgegenstandes abhängt, eine Zusammenrechnung sämtlicher Ansprüche stattfindet;

c) wenn sämtliche Ansprüche von demselben Kläger gegen denselben Beklagten oder — im Fall der Streitgenossenschaft — von denselben Klägern gegen dieselben Beklagten geltend gemacht werden;

d) wenn die Klageansprüche nicht in Eventualverhältnis stehen, wenn also nicht ein Klageanspruch nur für den Fall als erhoben gilt, daß der andere nicht durchdringt (während die Stellung eines prinzipalen und eines eventuellen Antrags aus einem einheitlichen Klagegrunde zulässig ist).

358. In welcher Verfahrensart ist ausnahmsweise eine Klagenverbindung von prinzipalen und eventuellen Klageansprüchen zulässig? §§ 633, 615.

Im Eheverfahren kann einerseits mit der Nichtigkeitsklage die Klage auf Feststellung des Bestehens oder Nichtbestehens einer Ehe, und andererseits können miteinander verbunden werden die Klage auf Herstellung des ehelichen Lebens, die Klage auf Trennung der Ehe und die Anfechtungsklage.

359. Unter welchen Voraussetzungen kann in einer Klage mit dem Klageanspruch ein Anspruch rein formaler Natur, nämlich der Anspruch auf Bestimmung einer Frist, verbunden werden? § 255.

1) Wenn der Kläger für den Fall, daß der Beklagte nicht vor dem Ablauf einer ihm zu bestimmenden Frist den erhobenen Anspruch befriedigt, das Recht hat, Schadensersatz wegen Nichterfüllung zu verlangen oder die Aufhebung eines Vertrags herbeizuführen;

so kann z. B. der Besteller eines Werkes, wenn er auf Beseitigung eines Mangels des Werks durch den Unternehmer klagt, gleich verlangen, daß dem Unternehmer in dem Urteil eine Frist zur Beseitigung des Mangels gesetzt wird (BGB. § 634); —

2) wenn dem Kläger das Recht zusteht, die Anordnung einer Verwaltung zu verlangen für den Fall, daß der Beklagte nicht vor dem Ablauf einer ihm zu bestimmenden Frist die beanspruchte Sicherheit leistet;

so kann z. B. der Eigentümer, der gegen den Nießbraucher auf Sicherheitsleistung klagt, gleichzeitig verlangen, daß dem Nießbraucher in dem Urteile eine Frist zur Sicherheitsleistung gestellt werde (BGB. § 1052); —

3) wenn ein Erblasser bei einer letztwilligen Auflage die Bestimmung einer Person, an welche die Leistung erfolgen soll, dem Beschwerten überlassen hat, so kann der Kläger, der gegen den Beschwerten auf Vollziehung der Auflage klagt, verlangen, daß in dem Urteile dem Beschwerten eine angemessene Frist zur Vollziehung der Auflage gesetzt werde (BGB. § 2193).

360. *Ist unter Umständen auch noch eine nachträgliche Klagenverbindung zulässig? §§ 147. 280; 33; 717, 302, 541, 600.*

I. Unter bestimmten Voraussetzungen kann nach Klageerhebung eine Verbindung mehrerer Klageansprüche durch das Gericht von Amts wegen angeordnet werden (s. Nr. 209).

II. Eine nachträgliche Klagenverbindung kann ferner herbeigeführt werden:

1) seitens des Klägers: durch Erhebung einer Inzidentfeststellungsklage;

2) seitens des Beklagten: durch Erhebung einer gewöhnlichen Widerklage, oder auch einer Inzidentfeststellungswiderklage;

3) in den Fällen, wo der Beklagte den ihm auf Grund einer Zwangsvollstreckung aus einem für vorläufig vollstreckbar erklärten oder aus einem Vorbehaltsurteil zustehenden Schadensersatzanspruch in dem anhängigen Verfahren geltend machen kann.

361. *Unter welchen Voraussetzungen darf aber Kläger wie Beklagter nur eine Inzidentfeststellungsklage erheben? § 280.*

Der Kläger darf eine Inzidentfeststellungsklage, der Beklagte eine Inzidentfeststellungswiderklage nur erheben:

a) wenn im Laufe des Prozesses ein Rechtsverhältnis streitig geworden ist, und

b) wenn von dem Bestehen oder Nichtbestehen dieses Rechtsverhältnisses die Entscheidung des Rechtsstreits ganz oder zum Teil abhängt, wie z. B. der Zinsanspruch von dem Bestehen des Kapitalsanspruchs.

Durch dieses zweite Erfordernis ist sowohl das für die Zulässigkeit der Feststellungsklage als solcher erforderte „rechtliche Interesse an der alsbaldigen Feststellung" als auch der für die Zulassung einer Widerklage geforderte „rechtliche Zusammenhang zwischen Widerklageanspruch und Klageanspruch" gedeckt.

362. *Wie wird eine Inzidentfeststellungsklage erhoben?*

Die Inzidentfeststellungswiderklage wird wie jede Widerklage durch einen in der mündlichen Verhandlung zu stellenden Antrag erhoben, und das gleiche gilt auch von der Inzidentfeststellungsklage des Klägers.

Dieser Antrag kann auch in Abwesenheit des Gegners wirksam gestellt werden, wenn demselben die Erhebung der Inzidentklage(widerklage) rechtzeitig durch Schriftsatz angekündigt ist.

363. Welche Bedeutung hat der Zeitpunkt der Klagerhebung für den Prozeß?

Mit der Klagerhebung beginnt der Prozeß. Die Streitsache wird rechtshängig: das Gericht wird Prozeßgericht und damit verpflichtet und berechtigt, den ihm vorgelegten Prozeßstoff auf Verlangen der Parteien zu erledigen; die streitenden Personen selbst werden Parteien und hiermit den an die Rechtshängigkeit geknüpften prozeß- wie materiellrechtlichen Folgen unterworfen.

364. Welches sind im einzelnen die prozeßrechtlichen Wirkungen der Rechtshängigkeit? §§ 263, 264.

I. Die Zuständigkeit des Prozeßgerichts wird durch eine Veränderung der sie begründenden Umstände nicht berührt, vielmehr sind für die Frage der Zuständigkeit einzig und allein die zur Zeit der Klagerhebung bestehenden Umstände maßgebend: das zur Zeit der Klagerhebung zuständige Gericht kann also durch Veränderung der Umstände seine Zuständigkeit während des Prozesses ebensowenig verlieren, wie ein zur Zeit der Klagerhebung unzuständiges Gericht durch eine Veränderung der Umstände, solange die Sache anhängig ist, zuständig werden kann.

II. Ferner wird durch die Rechtshängigkeit der Sache die (prozeßhindernde) Einrede der Rechtshängigkeit für die Gegenpartei begründet, falls eine Partei, sei es Kläger oder Beklagter, dieselbe Streitsache noch einmal, sei es bei demselben oder einem anderen Gericht, anhängig macht.

III. Nach Eintritt der Rechtshängigkeit ist eine Änderung der Klage nur noch unter bestimmten Voraussetzungen zulässig.

365. Wann liegt eine Klageänderung vor? § 268 Z. 1, 2.

Eine Klageänderung liegt nicht vor bei jeder Änderung des Inhalts der Klageschrift, sondern nur

1) wenn der Klagegrund geändert wird;

dagegen dürfen die tatsächlichen ebenso wie die rechtlichen Ausführungen ergänzt und berichtigt werden —

2) auch ohne Änderung des Klagegrundes, wenn der Gegenstand des Klageanspruchs geändert wird.

Eine Änderung des Gegenstandes liegt im Sinne des Gesetzes aber noch nicht vor, wenn der Klageantrag (und damit auch der Gegenstand) in der Hauptsache oder in bezug auf Nebenforderungen — und zwar nicht nur rein quantitativ — erweitert oder beschränkt wird, z. B. auch derart, daß statt Geltendmachung der Gesamthaftung Haftung pro rata geltend gemacht wird.

Ebenso gilt es als Klageänderung nicht, wenn von der Leistungs- zur Feststellungsklage übergegangen wird und umgekehrt.

366. Unter welchen Voraussetzungen sieht das Gesetz auch eine Änderung des Gegenstandes nicht als Klageänderung an? § 268 Z. 3.

Dann, wenn wegen einer später eingetretenen oder doch dem Kläger erst bekannt gewordenen Veränderung statt des ursprünglich geforderten Gegenstandes ein anderer Gegenstand oder das Interesse gefordert wird; immer aber vorausgesetzt, daß keine Änderung des Klagegrundes vorliegt.

367. Unter welchen Voraussetzungen ist auch noch nach Eintritt der Rechtshängigkeit eine Klageänderung statthaft? §§ 264, 270.

Sie ist zulässig, wenn entweder:

a) der Beklagte, nach Vortrag der Klageänderung durch den Kläger, in dieselbe einwilligt,

b) auch gegen den Willen des Beklagten, wenn nach dem Ermessen des Gerichts durch die Änderung die Verteidigung des Beklagten nicht wesentlich erschwert wird.

Das Gericht kann nach dieser Regel zwar auch auf Grund einseitiger mündlicher Verhandluug (im Versäumnisverfahren) eine Klageänderung zulassen, jedoch kann dann der Kläger in demselben Termin ein Versäumnisurteil gemäß der geänderten Klage gegen den Beklagten nicht erlangen.

Die Entscheidung, daß eine Klageänderung zuzulassen sei, ist ebenso wie die Entscheidung, daß eine Klageänderung nicht vorliege, unanfechtbar.

368. Bedarf es zur Zulässigkeit einer Klageänderung — abgesehen von dem Fall der Zulassung durch das Gericht — stets einer ausdrücklichen Einwilligung des Beklagten? § 269.

Die Einwilligung des Beklagten in die Klageänderung kann auch ebensowohl stillschweigend geschehen. Eine stillschweigende Einwilligung ist insbesondere — und zwar unwiderleglich — dann anzunehmen, wenn der Beklagte, ohne der Änderung zu widersprechen, sich in einer mündlichen Verhandlung auf die abgeänderte Klage eingelassen hat.

369. Welches sind die materiellrechtlichen Wirkungen der Rechtshängigkeit? § 267.

Von den sehr zahlreichen materiellrechtlichen Wirkungen der Rechtshängigkeit sind die wichtigsten reichsrechtlichen:

1) die Unterbrechung der Verjährung (BGB. § 209),

2) die Unterbrechung der Ersitzung (BGB. § 941),

3) der Beginn des Laufs der Prozeßzinsen (BGB. § 291),

4) der Beginn der Verantwortlichkeit des Besitzers dem Eigentümer gegenüber (gemäß BGB. § 989),

5) die gesteigerte Haftung des Empfängers bei der ungerechtfertigten Bereicherung (BGB. § 818).

Außerdem bestimmt die ZPO. noch im besonderen, daß auch die Wirkungen, die das durch das Bürgerliche Gesetzbuch unberührte Landesrecht an die Anstellung, Mitteilung oder gerichtliche Anmeldung der Klage, an die Ladung oder Einlassung des Beklagten knüpft, sämtlich mit der Erhebung der Klage (d. h. als Folgen der Rechtshängigkeit) eintreten sollen.

370. Wann treten ausnahmsweise gewisse materiellrechtliche Wirkungen der Rechtshängigkeit schon vor der Erhebung der Klage ein? §§ 267, 207.

Soweit durch die Erhebung der Klage (als Beginn der Rechtshängigkeit) materiellrechtliche Fristen gewahrt oder unterbrochen werden oder die Verjährung unterbrochen wird, treten bei der Klagerhebung durch öffentliche Zustellung der Klageschrift oder durch Zustellung derselben im Auslande diese Wirkungen schon mit der Überreichung des Gesuchs um Zustellung ein, vorausgesetzt nur, daß die Zustellung danach auch wirklich rechtsgültig bewirkt wird.

371. Welche gemeinrechtliche materielle Wirkung der Rechtshängigkeit wird durch die ZPO. ausdrücklich abgelehnt? § 265 Abs. 1.

Entgegen dem gemeinrechtlichen Verbot der Veräußerung der res litigiosa wie der Zession der actio litigiosa, schließt nach der ZPO. die Rechtshängigkeit das Recht der einen oder der anderen Partei, die im Streit befangene Sache zu veräußern oder den geltend gemachten materiellen Anspruch abzutreten, nicht mehr aus.

372. Wodurch beugt aber das Gesetz nachteiligen Folgen dieser Veräußerungs- und Abtretungsfreiheit für die Gegenpartei des Veräußerers bzw. Abtretenden vor? §§ 265 Abs. 2; 325.

I. Die Veräußerung oder Abtretung hat auf den Prozeß keinen Einfluß:

1) Derselbe nimmt also unter denselben Parteien seinen Fortgang, als hätte eine Veräußerung oder Abtretung nicht stattgefunden. Der Rechtsnachfolger (Erwerber, Zessionar) ist weder berechtigt, an Stelle des Veräußerers (Zedenten) in den Prozeß einzutreten, noch eine neue Klage gegen den Gegner desselben anzustrengen.

2) Und auch bei Erlaß des Urteils hat der Richter nicht die zu dieser Zeit, sondern die vor Eintritt der Veräußerung (Abtretung) bestehenden Verhältnisse zu berücksichtigen. Das Urteil lautet demnach stets auf den Namen des Veräußerers (Zedenten).

II. Auf der anderen Seite erlangt aber das Urteil gegen den Rechtsnachfolger Rechtskraft, es sei denn, daß einer der Fälle vorliegt, wo nach bürgerlichem Recht auch von einem Nichtberechtigten wirksam Rechte hergeleitet werden können, wie namentlich im Fall des guten Glaubens beim Eigentumserwerb an beweglichen Sachen (BGB. § 932).

373. Inwieweit ist auch die Zulässigkeit einer Intervention des Rechtsnachfolgers in den anhängigen Rechtsstreit beschränkt? § 265 Abs. 2.

I. Eine Hauptintervention darf der Rechtsnachfolger nur mit Genehmigung des Gegners des Veräußerers (Zedenten) erheben.

II. Eine Nebenintervention ist statthaft nach allgemeiner Regel, jedoch niemals mit der Wirkung, daß der Rechtsnachfolger Streitgenosse des Veräußerers (Zedenten), also der Partei, wird.

374. In welchen Fällen ist jedoch ausnahmsweise die Veräußerung der res litigiosa bzw. die Abtretung der actio litigiosa auf den Fortgang des Prozesses von Einfluß? §§ 266 Abs. 1; 265 Abs. 3, 266 Abs. 2.

I. Wenn über das Bestehen oder Nichtbestehen eines Rechts, welches für ein Grundstück in Anspruch genommen wird (Grunddienstbarkeit), oder einer Verpflichtung, welche auf einem Grundstücke ruhen soll (Grundschuld), zwischen dem Grundstücksbesitzer und einem Dritten ein Rechtsstreit anhängig ist, und nun das Grundstück im Laufe des Rechtsstreits veräußert wird, so ist der Rechtsnachfolger nicht nur berechtigt, sondern auf Antrag des Gegners sogar verpflichtet, den Rechtsstreit in der Lage, in welcher er sich befindet, als Hauptpartei zu übernehmen,

es sei denn, daß das Urteil gegen den Rechtsnachfolger keine Rechtskraft erlangen würde, weil einer der Fälle vorliegt, wo nach bürgerlichem Recht auch von einem Nichtberechtigten wirksam Rechte hergeleitet werden können.

II. In allen Fällen, in denen das Urteil keine Rechtskraft gegen den Rechtsnachfolger haben würde, hat eine seitens des Klägers geschehene Veräußerung bzw. Abtretung die Wirkung, daß ihm von dem Beklagten der Einwand entgegengehalten werden kann, daß er zur Geltendmachung des Anspruchs nicht mehr befugt sei, welcher Einwand die sofortige Abweisung der Klage zur Folge hat.

375. In welchem Zeitpunkt tritt die Rechtshängigkeit bei den Ansprüchen ein, die erst nach Klagerhebung geltend gemacht werden? §§ 281; 302, 541, 600,—717; 693.

Sowohl die Ansprüche, welche im Laufe des Rechtsstreits durch Klageänderung oder Erweiterung des Klageantrags entstehen, als auch die, welche im Wege der Widerklage oder der Inzidentfeststellungsklage geltend gemacht werden, werden erst mit dem Zeitpunkt rechtshängtg, in dem sie in der mündlichen Verhandlung erhoben werden.

Nur die Schadensersatzansprüche, die sich aus der Vollstreckung der Vorbehaltsurteile (s. Nr. 360) und des für vorläufig vollstreckbar erklärten Urteils ergeben können, werden, wenn sie in dem anhängigen Verfahren geltend gemacht werden, schon als zur Zeit der Leistung oder Zahlung des zu Erstattenden anhängig geworden angesehen. —

Im Mahnverfahren treten die Wirkungen der Rechtshängigkeit schon mit der Zustellung des Zahlungsbefehls an den Schuldner ein.

376. Wann erlöschen die prozeßrechtlichen Wirkungen der Rechtshängigkeit?

Die prozeßrechtlichen Wirkungen der Rechtshängigkeit erlöschen mit der Beendigung des Prozesses

a) durch formell rechtskräftiges Endurteil;

b) durch Vergleich;
c) durch Klagezurücknahme;
d) im Mahnverfahren außerdem durch Versäumung der sechsmonatlichen Fristen zur Erhebung der Klage bzw. zur Nachsuchung des Erlasses eines Vollstreckungsbefehls (s. Nr. 1005, 1007).

377. Was versteht das Gesetz unter Klagezurücknahme?

Klagezurücknahme ist die Erklärung des Gegners, daß er auf Entscheidung über den Klageanspruch im gegenwärtigen Prozeß verzichte.

378. Ist eine Klagezurücknahme unbeschränkt zulässig? § 271 Abs. 1.

Unbeschränkt zulässig ist sie nur bis zur Verhandlung des Beklagten zur Hauptsache; von diesem Zeitpunkt ab nur noch mit Einwilligung des Beklagten, mit dieser jedoch auch noch nach Erlaß des Urteils bis zum Eintritt der Rechtskraft.

379. In welcher Form erfolgt die Zurücknahme der Klage? § 271 Abs. 2.

Die Zurücknahme der Klage kann erfolgen entweder:

a) durch Erklärung des Klägers in der — zweiseitigen oder einseitigen — mündlichen Verhandlung vor dem Prozeßgericht, oder

b) durch Zustellung eines Schriftsatzes, von dem eine Abschrift sofort nach erfolgter Zustellung auf der Gerichtsschreiberei niederzulegen ist.

380. Welche Folgen hat die Klagezurücknahme? §§ 271 Abs. 3, 4; 274 Z. 6.

I. Die Wirkungen der Rechtshängigkeit erlöschen nicht nur wie bei der Beendigung des Prozesses durch rechtskräftiges Urteil oder durch Vergleich, sondern sie werden auch rückwärts aufgehoben, und zwar ebensowohl die materiellrechtlichen (vgl. aber BGB. §§ 212, 942 I) wie die prozeßrechtlichen Wirkungen.

II. Außerdem erwächst durch die Klagezurücknahme dem Kläger die Verpflichtung, die Kosten des Rechtsstreits zu tragen, sofern nicht bereits durch rechtskräftiges Urteil über dieselben anders erkannt ist.

Auf Antrag des Beklagten ist diese Verpflichtung durch Urteil auszusprechen.

III. Dagegen wird der Kläger durch die Zurücknahme der Klage nicht gehindert, denselben Klageanspruch in einem neuen Prozeß geltend zu machen.

Stellt er jedoch die neue Klage an, ehe seinerseits die Kostenerstattung erfolgt ist, so steht dem Beklagten die (prozeßhindernde) Einrede zu, „daß die zur Erneuerung des Rechtsstreits erforderliche Erstattung der Kosten des früheren Verfahrens noch nicht erfolgt sei".

381. Was ist im Sinne der Prozeßordnung unter „Vergleich" zu verstehen? § 296. Vgl. §§ 510, 608, 794.

Vergleich (als prozessuales Rechtsgeschäft) ist ein zwischen den Parteien (oder zwischen einer Partei und einem Dritten) vor Gericht abgeschlossener und deshalb mit prozessualen Wirkungen ausgestatteter Vertrag, durch den ein über ein Rechtsverhältnis bestehender Streit auf Grund gegenseitigen Nachgebens (z. B. auch derart, daß der Kläger auf den Anspruch verzichtet oder der Beklagte anerkennt, wofern nur die Gegenpartei ebenfalls sich zu einer Leistung verpflichtet, ev. also einen Teil der Kosten übernimmt) gänzlich oder in bezug auf einzelne Streitpunkte auf gütlichem Wege erledigt wird.

Ein solcher Vergleich kann bereits vor Anhängigkeit der Sache vor den Amtsgerichten abgeschlossen werden (s. Nr. 712, 896 ff.), aber auch nach Anhängigkeit der Sache vor dem Prozeßgericht oder vor einem beauftragten oder ersuchten Richter; nur bei der letztgenannten Art kann selbstverständlich von einer Beendigung des Prozesses und damit der Rechtshängigkeit die Rede sein.

382. Welche Mittel stehen dem Prozeßgericht zur Verfügung, um gegebenen Falles auf den Abschluß eines Vergleiches hinzuwirken? § 296.

I. Das Prozeßgericht kann in jeder Lage des Rechtsstreits die Parteien zum Zwecke eines Sühneversuchs vor einen beauftragten oder ersuchten Richter verweisen.

II. Ferner kann es jederzeit das persönliche Erscheinen der Parteien — vor dem Prozeßgericht oder auch vor dem beauftragten oder ersuchten Richter — zum Zwecke eines Sühneversuchs anordnen. Zwangsmittel stehen ihm allerdings nicht zu Gebote (anders im Eheprozeß; s. Nr. 895).

Der beauftragte oder ersuchte Richter ist nicht berechtigt, von sich aus das persönliche Erscheinen der Parteien anzuordnen; wohl aber ist er jederzeit zur Mitwirkung bei einem Vergleich berechtigt, auch dann, wenn die Sache an ihn nicht zum Zwecke eines Sühneversuchs, sondern aus einem anderen Grunde, zum Zwecke einer Beweisaufnahme, verwiesen ist.

---

383. Wodurch wird die mündliche Verhandlung eingeleitet? §§ 137 Abs. 1, 297 Abs. 1.

Die durch die Mitteilung vorbereitender Schriftsätze vorzubereitende (s. Nr. 184 ff.) mündliche Verhandlung wird dadurch eingeleitet, daß der Kläger seinen Klageantrag verliest. Wie sich die daran schließende mündliche Verhandlung (s. Nr. 199 ff.) gestaltet, hängt sodann vorzugsweise von dem Verhalten des Beklagten ab.

383a. Braucht nur der Klageantrag verlesen zu werden? §§ 297, 298.

Nicht nur der Klageantrag, sondern jeder in der mündlichen Verhandlung zu stellende Sachantrag (d. h. ein eine Sachentscheidung begehrender Antrag) muß verlesen werden. Anträge, die nicht in den vorbereitenden Schriftsätzen enthalten sind oder doch von den in diesen Schriftsätzen enthaltenen Anträgen in wesentlichen Punkten abweichen, sind deshalb in besonderen Schriftsätzen zu formulieren, die dem Protokoll als Anlage beizufügen sind.

Sonstige Erklärungen der Parteien werden nicht verlesen. Aber auch sie sind, wenn sie nicht in den vorbereitenden Schriftsätzen enthalten sind, in einer Anlage festzustellen, vorausgesetzt:

a) daß es beantragt wird, und

b) daß das Gericht die Erklärung für wesentlich hält.

Geständnisse sowie Erklärungen über Annahme oder Zurückschiebung zugeschobener Eide sind auf Antrag auch dann festzustellen, wenn sie in vorbereitenden Schriftsätzen bereits angekündigt sind, und ohne vorherige Prüfung ihrer Erheblichkeit.

384. In welch verschiedener Weise kann sich der Beklagte dem klägerischen Angriff gegenüber verhalten?

I. Der Beklagte erkennt den Anspruch an.

In diesem Fall erfolgt auf Antrag Verurteilung gemäß dem Anerkenntnis (s. Nr. 422).

II. Er erkennt den Anspruch nicht ausdrücklich an, aber gesteht die Klagetatsachen zu oder erklärt sich nicht über sie, ohne dem Klageanspruch zu widersprechen.

III. Der Beklagte widerspricht dem Klageanspruch

a) indem er die Klagetatsachen leugnet, sei es daß er sie bloß verneint, sei es daß er abweichende positive Behauptungen aufstellt;

b) indem er die von dem Kläger behaupteten Tatsachen zugesteht oder doch nicht bestreitet, aber

α) bestreitet, daß aus den in der Klage behaupteten Tatsachen das von dem Kläger gefolgerte subjektive Recht fließe (rechtsverneinende Einwendung), oder

β) seinerseits einredeweise neues Tatsachenmaterial vorbringt, auf Grund dessen er

αα) gemäß den Vorschriften des Prozeßrechts, oder

ββ) denen des materiellen Rechts

die Abweisung der Klage verlangt.

IV. Der Beklagte geht seinerseits gegen den Kläger zum Angriff über, indem er eine Widerklage erhebt (s. Nr. 39).

385. Wann hat jedoch schon von Amts wegen eine Abweisung der Klage zu erfolgen, auch dann, wenn der Beklagte dem klägerischen Anspruch nicht widersprochen, oder ihn gar anerkannt hat?

I. Das Gericht ist zu einer Sachentscheidung überhaupt nicht befugt, sondern muß die Klage ohne vorgängige sachliche Prüfung abweisen (absolutio ab instantia), wenn es an einer Prozeßvoraussetzung fehlt, d. h. wenn entweder

a) die Parteien nicht prozeßfähig, oder

b) ihre Vertreter nicht legitimiert sind, oder

c) das Gericht für den geltend gemachten Anspruch nicht zuständig ist (S. aber Nr. 46), oder

d) die Klage nicht in der vorgeschriebenen Form oder nicht in der zulässigen Prozeßart erhoben ist.

II. Ebenso muß das Gericht schon von Amts wegen — auch bei Anerkenntnis des Beklagten — die Klage abweisen:

a) bei mangelnder Parteifähigkeit,

b) bei Unzulässigkeit des Rechtswegs.

Die hier ergehende Entscheidung ist aber keine absolutio ab instantia, sondern eine Entscheidung in der Sache, daher denn auch Parteifähigkeit und Zulässigkeit des Rechtswegs nicht als Prozeßvoraussetzungen zu bezeichnen sind.

386. In welchem Fall der absolutio ab instantia erübrigt sich unter Umständen eine neue Klagerhebung? §§ 276, II.

Wenn der Kläger mit seiner Klage abgewiesen wird, weil für den Klageanspruch nicht die Landgerichte, sondern die Amtsgerichte sachlich zuständig sind.

Hier nämlich ist auf Antrag des Klägers der Rechtsstreit an ein von ihm zu bezeichnendes Amtsgericht des Bezirks — ohne vorherige Prüfung, ob dieses Amtsgericht auch örtlich zuständig ist — zu verweisen.

Mit der Rechtskraft des landgerichtlichen Urteils gilt der Rechtsstreit als bei dem Amtsgerichte anhängig, das nunmehr hinsichtlich der sachlichen Zuständigkeit an die Entscheidung des Landgerichts gebunden ist.

387. Sind auch alle sonstigen Verstöße gegen die Vorschriften über das Verfahren, insbesondere über die Form einer Prozeßhandlung, von Amts wegen zu berücksichtigen? § 295.

I. Die Verletzung eines großen Teils der das Verfahren betreffenden Vorschriften sind ebenso wie das Fehlen einer Prozeßvoraussetzung von Amts wegen zu berücksichtigen. Zur Berücksichtigung der durch die Verletzung einer solchen Vorschrift bewirkten Ungültigkeit der einzelnen Prozeßhandlung bzw. des ganzen Verfahrens bedarf es daher einer Rüge der Partei nicht.

II. Bei solchen Verfahrensvorschriften dagegen, auf deren Befolgung die Partei wirksam verzichten kann, weil sie lediglich in ihrem Interesse gegeben sind, wird eine durch die Verletzung solcher Vorschriften herbeigeführte Ungültigkeit einer Prozeßhandlung nur dann berücksichtigt, wenn die Partei den Mangel rügt, da sonst eine Heilung des Mangels eintritt.

Solche Vorschriften, auf deren Befolgung die Partei wirksam verzichten kann, sind z. B. die Vorschriften über die Einhaltung der Einlassungsfrist, über die Beeidigung der Zeugen und Sachverständigen usw.

388. Wann hat die Partei ihr Rügerecht verloren? § 295.

Die zur Rüge berechtigte Partei hat ihr Rügerecht verloren:

1) wenn sie auf die Befolgung der betreffenden Vorschrift verzichtet hat;

2) wenn sie den Mangel nicht rechtzeitig, d. h. nicht in der nächsten mündlichen Verhandlung rügt, welche auf Grund des mangelhaften Verfahrens stattgefunden hat, oder in welcher auf dasselbe Bezug genommen ist, vorausgesetzt

a) daß sie in der Verhandlung erschienen und

b) daß ihr der Mangel bekannt war oder doch bekannt sein mußte.

389. Wie stellt sich der Begriff der „prozeßhindernden Einrede" zu dem der Prozeßvoraussetzung? § 274 Abs. 1.

Unter der von der ZPO. gebrauchten Bezeichnung „prozeßhindernde Einrede" ist lediglich ein Sammelbegriff zu verstehen, insofern nämlich als dieser Begriff nur zum Teil

1) die Rüge des Mangels einer Prozeßvoraussetzung einbegreift (a) Einrede der Unzuständigkeit, b) Einrede der mangelnden Prozeßfähigkeit, c) Einrede der mangelnden gesetzlichen Vertretung), teils aber auch

2) die Rüge der ebenfalls von Amts wegen zu berücksichtigenden Parteiunfähigkeit und Unzulässigkeit des Rechtswegs, teils aber endlich auch

3) wirkliche Einreden umfaßt, nämlich:

a) die Einrede, daß die Entscheidung des Rechtsstreits durch Schiedsrichter zu erfolgen habe,

b) die Einrede der Rechtshängigkeit,

c) die Einrede der mangelnden Sicherheit für die Prozeßkosten (s. Nr. 161),

d) die Einrede, daß die zur Erneuerung des Rechtsstreits erforderliche Erstattung der Kosten des früheren Verfahrens noch nicht erfolgt sei.

390. Was ist den sämtlichen prozeßhindernden Einreden gemeinsam? §§ 274, 275.

I. Für sie allein besteht noch die Eventualmaxime im heutigen Recht. Sie sind gleichzeitig, und zwar noch vor der Verhandlung des Beklagten zur Hauptsache vorzubringen (s. aber Nr. 393).

II. Auf Grund prozeßhindernder Einreden ist der Beklagte berechtigt, die Verhandlung zur Haupsache zu verweigern.

III. Es wird über sie besonders verhandelt und durch Urteil entschieden, wenn entweder

a) der Beklagte auf Grund derselben die Verhandlung zur Hauptsache verweigert, oder

b) das Gericht auf Antrag oder von Amts wegen die abgesonderte Verhandlung anordnet.

391. Wie ergeht die Entscheidung, wenn abgesondert über prozeßhindernde Einreden verhandelt ist? § 275 Abs. 2.

I. Wird eine prozeßhindernde Einrede als begründet angesehen, so wird die Klage durch Endurteil abgewiesen.

II. Die Entscheidung, durch welche die prozeßhindernde Einrede verworfen wird, ergeht als Zwischenurteil.

392. Welches ist die besondere rechtliche Natur dieses Zwischenurteils? § 275 Abs. 2; vgl. z. B. §§ 302, 304.

Dieses Urteil ist eines jener Zwischenurteile, die hinsichtlich der Rechtsmittel als Endurteil anzusehen sind, also der selbständigen Anfechtung durch Berufung und Revision unterliegen. Bis zur Rechtskraft dieses Zwischenurteils ruht deshalb das Verfahren vor dem Prozeßgericht, es sei denn, daß das Prozeßgericht anordnet, daß zur Hauptsache zu verhandeln sei. Diese Anordnung erfolgt nur auf Antrag.

Das etwa vor Rechtskraft des Zwischenurteils ergehende Urteil über die Hauptsache hat dann aber zur stillschweigenden Voraussetzung, daß das Zwischenurteil durch die höhere Instanz nicht geändert wird. Es fällt deshalb, auch falls es inzwischen formell rechtskräftig geworden sein sollte, zusammen, wenn ihm dadurch der Boden entzogen wird, daß die Klage wegen Vorliegens einer prozeßhindernden Einrede in der höheren Instanz abgewiesen wird.

393. Ist ein Vorbringen der prozeßhindernden Einreden nach Einlassung des Beklagten auf die Hauptsache gänzlich ausgeschlossen? § 274 Abs. 2.

I. Solche prozeßhindernden Einreden, auf die der Beklagte wirksam nicht verzichten kann, weil der ihnen zugrunde liegende Mangel schon von Amts wegen zu berücksichtigen ist, dürfen ganz unbeschränkt auch noch nach Beginn der mündlichen Verhandlung des Beklagten zur Hauptsache vorgebracht werden.

II. Aber auch die prozeßhindernden Einreden, die wirkliche Einreden sind, dürfen noch nach der „litis contestatio" des Beklagten vorgebracht werden, freilich nur dann, wenn der Beklagte glaubhaft macht, daß er ohne sein Verschulden nicht imstande gewesen sei, dieselben vor der Verhandlung zur Hauptsache geltend zu machen.

394. Gilt für das Vorbringen der sonstigen Verteidigungs- wie Angriffsmittel der Parteien gar keine zeitliche Beschränkung? §§ 278 Abs. 1, 279.

Prinzipiell können — abgesehen von den prozeßhindernden Einreden — sämtliche Angriffs- und Verteidigungsmittel der Parteien (und das gleiche gilt von der Widerklage) — entsprechend dem Grundsatz der Einheit der mündlichen Verhandlung — bis zum Schlusse derjenigen mündlichen Verhandlung vorgebracht werden, auf welche das Urteil (Endurteil, Zwischenurteil) ergeht.

Ausnahmsweise kann jedoch das Gericht Verteidigungsmittel

(also nicht Widerklagen), wenn auch nicht endgültig, so doch für die Instanz zurückweisen, falls folgende Voraussetzungen vorliegen:

a) die Verteidigungsmittel müssen von dem Beklagten (Widerbeklagten) nachträglich, d. h. später, als es einer ordnungsmäßigen Prozeßführung entspricht, vorgebracht sein;

b) die Zulassung der nachträglich vorgebrachten Verteidigungsmittel muß (objektiv) die Erledigung des Prozesses verzögern;

c) das Gericht muß aber auch (subjektiv) die Überzeugung haben, daß der Beklagte die Verteidigungsmittel in der Absicht, den Prozeß zu verschleppen, oder aus grober Nachlässigkeit nicht früher vorgebracht hat;

d) schließlich verlangt das Gesetz als formales Erfordernis einen entsprechenden Antrag des Klägers.

395. Welche Nachteile können aber — abgesehen von der Befugnis des Gerichts, Verteidigungsmittel als verspätet vorläufig zurückzuweisen — jeder Partei erwachsen, die Verteidigungs- oder Angriffsmittel oder eine Widerklage verspätet vorbringt? § 278 Abs. 2.

Auch wenn das nachträgliche Vorbringen von Verteidigungsmitteln — und ebenso von Angriffsmitteln und Widerklagen — nicht durch dolus oder culpa lata der Partei bedingt ist, kann ihr das Gericht, trotz ihres Obsiegens, die Prozeßkosten von Amts wegen ganz oder teilweise auferlegen, wenn

a) durch das nachträgliche Vorbringen die Erledigung des Rechtsstreits (objektiv) verzögert ist, und

b) das Gericht der Überzeugung ist, daß die Partei imstande war, das Angriffsmittel (Verteidigungsmittel, Widerklage) zeitiger geltend zu machen.

---

396. Dürfen sich die Parteien damit begnügen, zur Begründung ihrer oder zur Widerlegung der gegnerischen Ansprüche, Tatsachen zu behaupten? § 282.

Jede Partei hat nicht nur die Tatsachen zu behaupten, sondern — vorausgesetzt, daß sie die Beweislast trifft — gleichzeitig unter der Bezeichnung der Beweismittel, deren sie sich zum Nachweise oder zur Widerlegung tatsächlicher Behauptungen bedienen will, den Beweis anzutreten und über die von der Gegenpartei angegebenen Beweismittel sich zu erklären (ihre eventuellen Beweiseinreden vorzubringen).

397. Ist hinsichtlich des Vorbringens der Beweismittel und der Beweiseinreden der Partei eine zeitliche Schranke gesetzt? § 283.

Wie Angriffs- und Verteidigungsmittel dürfen auch Beweismittel und Beweiseinreden bis zum Schluß derjenigen mündlichen Verhandlung, auf welche das Urteil ergeht, geltend gemacht werden.

Unter denselben Voraussetzungen wie bei dem nachträglichen Vorbringen von Angriffs- oder Verteidigungsmitteln (s. Nr. 395) können aber der Partei, die Beweismittel oder Beweiseinreden nachträglich vorbringt, trotz ihres Obsiegens die Prozeßkosten ganz oder teilweise auferlegt werden.

Dagegen kann sie in keinem Fall, wie mit dem Vorbringen von Verteidigungsmitteln, mit dem nachträglichen Vorbringen von Beweismitteln oder Beweiseinreden ausgeschlossen werden.

398. Muß die Partei auch das Bestehen oder den Inhalt von Rechtsnormen beweisen? § 293.

Da die Partei nicht einmal verpflichtet ist, Rechtsnormen anzuführen, ist sie auch nicht verpflichtet, das Bestehen oder den Inhalt von Rechtsnormen zu beweisen (iura novit curia).

Nur das in einem anderen Staate geltende Recht (also nicht bloß außerdeutsches Recht), Gewohnheitsrechte und Statuten bedürfen des Beweises, aber auch nur dann, wenn sie dem Gerichte unbekannt sind. Bei Ermittlung dieser Rechtsnormen ist das Gericht auf die von den Parteien beigebrachten Nachweise nicht beschränkt; es ist befugt, auch andere Erkenntnisquellen zu benutzen und zum Zwecke einer solchen Benutzung das Erforderliche anzuordnen.

399. Inwieweit bedürfen auch behauptete Tatsachen eines Beweises nicht? §§ 288, 138; 291, 292.

Behauptete Tatsachen bedürfen nur des Beweises, soweit sie vom Gegner bestritten sind; demnach erübrigt sich ein Beweis,

a) wenn die Tatsachen zugestanden sind,

b) oder wenn sie als zugestanden gelten, weil der Gegner eine Erklärung auf sie nicht abgegeben hat (s. Nr. 202).

Aber auch vom Gegner bestrittene Tatsachen bedürfen des Beweises nicht:

a) wenn sie bei dem Gericht offenkundig, d. h. wenn sie in weiteren Kreisen und auch dem Gericht bekannt sind;

b) wenn das materielle oder das Prozeßrecht für ihr Vorhandensein eine Vermutung aufgestellt hat.

400. Ist gegen gerichtsnotorische oder gesetzlich präsumierte Tatsachen Gegenbeweis zulässig? § 292.

I. Gegenüber der gerichtlichen Offenkundigkeit einer Tatsache ist in jedem Falle Gegenbeweis zulässig.

II. Gegen gesetzliche Präsumptionen ist Gegenbeweis stets zulässig, sofern er nicht ausdrücklich durch das Gesetz ausgeschlossen ist.

Soweit hiernach ein Gegenbeweis zulässig ist, kann in beiden Fällen das Gegenteil der gerichtsnotorischen oder der vermuteten Tatsache auch wirksam zugestanden werden.

401. Was versteht das Gesetz unter einem „Geständnis“? § 288.

Unter Geständnis versteht die ZPO. nur das gerichtliche Geständnis, d. h. die im Laufe des Rechtsstreits bei einer mündlichen Verhandlung oder zu Protokoll eines beauftragten oder ersuchten Richters von einer Partei abgegebene ausdrückliche Erklärung, daß sie eine vom Gegner behauptete Tatsache als wahr angesehen wissen wolle.

402. Was ergibt sich im einzelnen aus dem Begriff des gerichtlichen Geständnisses? §§ 288, 289.

I. Das gerichtliche Geständnis erstreckt sich nur auf Tatsachen, nicht also auch auf Rechtsverhältnisse (s. jedoch die auch hier gültige Erweiterung des Begriffs in Nr. 631). Ausgeschlossen ist es aber auch hinsichtlich solcher Tatsachen, durch die von Amts wegen zu berücksichtigende Erfordernisse begründet werden sollen.

II. Das Geständnis muß in der mündlichen Verhandlung oder zu Protokoll eines beauftragten oder ersuchten Richters geschehen; aber nicht erforderlich ist, daß der Gegner bei Abgabe der Erklärung anwesend ist, da es zur Wirksamkeit des gerichtlichen Geständnisses dessen Annahme nicht bedarf.

III. Die Erklärung muß eine ausdrückliche sein, wenn auch nicht erforderlich ist, daß das Wort „zugestehen" in der Erklärung enthalten ist; das bloße Nichtbestreiten aber ist noch kein Geständnis.

Dagegen wird die Wirksamkeit des gerichtlichen Geständnisses nicht dadurch beeinträchtigt, daß demselben eine Behauptung hinzugefügt wird, welche ein selbständiges Angriffs- oder Verteidigungsmittel enthält (qualifiziertes Geständnis).

Ob bei Hinzufügung anderer zusätzlicher oder einschränkender Behauptungen die einräumende Erklärung noch als ein Geständnis anzusehen sei, hat das Gericht nach Beschaffenheit des einzelnen Falles zu beurteilen.

IV. Die Wirksamkeit des Geständnisses ist schließlich unabhängig davon, ob die behauptete Tatsache in Wirklichkeit auf Wahrheit beruht oder nicht; denn das Geständnis ist nicht eine Wissenserklärung, sondern eine Willenserklärung (daß nämlich die Tatsache in dem Prozeß als wahr gelten solle).

403. In welcher Beziehung kann es jedoch von Bedeutung werden, ob die zugestandene Tatsache wahr ist oder nicht? § 290.

Diese Unterscheidung ist für die Frage nach der Zulässigkeit eines einseitigen Widerrufs des Geständnisses von Bedeutung.

Wofern das Geständnis nämlich der Wahrheit entspricht, ist ein Widerruf gänzlich ausgeschlossen. Beweist dagegen die Partei, daß das Geständnis der Wahrheit nicht entspricht, so kann sie es wirksam widerrufen, wofern ihr der weitere Beweis gelingt, daß sie zu dem Geständnis durch einen Irrtum veranlaßt ist.

404. Wann findet auch bei an sich zu beweisenden Tatsachen eine Beweisaufnahme nur statt? § 286.

Eine Beweisaufnahme findet nur statt:

1) wenn das Gericht die Tatsache als für die Entscheidung des Rechtsstreits erheblich erachtet;

2) wenn das Gericht nicht schon unter Berücksichtigung des gesamten Inhalts der bisherigen Verhandlungen die Überzeugung von der Wahrheit oder Unwahrheit der behaupteten Tatsache erlangt hat, und außerdem der Ansicht ist, daß die Aufnahme des angebotenen Beweises, wie auch immer das Ergebnis ausfallen möge, an dieser Überzeugung nichts ändern könne.

405. In welchem Fall hängt es gänzlich von dem freien Ermessen des Gerichts ab, ob es einer beantragten Beweisaufnahme stattgeben will oder nicht? § 287.

In Schädenprozessen hängt es völlig vom freien Ermessen des Gerichts ob, ob es hinsichtlich der Tatsachen, welche

a) die Existenz des Schadens,

b) dessen Höhe begründen sollen,

c) hinsichtlich der Tatsachen, aus denen das Vorhandensein des Kausalzusammenhangs abgeleitet werden soll,

eine beantragte Beweisaufnahme anordnen will oder nicht.

Dagegen darf es hinsichtlich der Tatsachen, die die Verpflichtung einer Person zum Schadensersatz begründen sollen, im allgemeinen, d. h. abgesehen von der Frage des Kausalzusammenhanges, eine beantragte Beweisaufnahme wieder nur dann ablehnen, wenn es bereits die Überzeugung von der Wahrheit oder Unwahrheit dieser Tatsachen erlangt hat.

406. Welches besondere Beweismittel steht dem Gericht in Schädenprozessen zur Verfügung, um den Schaden festzustellen? § 287.

Das Gericht kann anordnen, daß der Beweisführer den Schaden (damnum emergens und lucrum cessans) eidlich schätze. Dieser Schätzungseid ist eine Abart des richterlichen Eides; er wird, wie dieser, durch bedingtes Endurteil, niemals durch Beweisbeschluß auferlegt. In dem bedingten Endurteil hat das Gericht zugleich den Betrag zu bestimmen, welchen die eidliche Schätzung nicht übersteigen darf.

Die gemeinrechtlichen Beschränkungen des Schätzungseides (iuramentum in litem) auf dolus und contumacia sind durch die ZPO. aufgehoben.

407. Wie geschieht die Fortsetzung der Verhandlung nach geschehener Beweisaufnahme? § 285.

I. Fand die Beweisaufnahme vor dem Prozeßgericht statt, so haben die Parteien gleich nach Beendigung der Beweisaufnahme, falls nicht etwa Vertagung eintritt, über das Ergebnis der Beweisaufnahme unter Darlegung des Streitverhältnisses zu verhandeln.

II. Fand die Beweisaufnahme aber vor einem beauftragten oder ersuchten Richter statt, so haben die Parteien zunächst dem Prozeßgericht das Ergebnis der Beweisaufnahme auf Grund der Beweisverhandlungen vorzutragen, woran sich dann erst die Verhandlung schließt.

408. Wann ist auf Grund einer Beweisaufnahme eine Tatsache als *bewiesen* anzunehmen? § 286.

Wie das Gericht eine Beweisaufnahme überhaupt ablehnen kann, weil es unter Berücksichtigung des gesamten Inhalts der Verhandlungen bereits von der Wahrheit oder Unwahrheit der zu beweisenden Tatsache überzeugt ist, hat es auch eine geschehene Beweisaufnahme *prinzipiell frei zu würdigen*, d. h. wiederum *unter Berücksichtigung der ganzen bisherigen Verhandlungen* sich sein Urteil über die Wahrheit oder Unwahrheit der Tatsache frei von jedem gesetzlichen Zwange zu bilden, soweit es nicht im einzelnen an reichsgesetzliche Beweisregeln gebunden ist.

409. Welche *gesetzlichen Beweisregeln* enthält die ZPO.? §§ 463, 464; 415—418; 164; 314.

Gesetzliche Beweisregeln, d. h. Regeln, die den Richter zwingen, einem Beweismittel einen bestimmten Beweiswert beizulegen, stellt die ZPO. auf hinsichtlich der Beweiskraft

a) des *Eides*,
b) der *Urkunden*,
c) des *gerichtlichen Protokolls* über die Verhandlung,
d) des *Tatbestandes* des Urteils.

410. Wodurch beugt die ZPO. einem etwaigen Mißbrauch der freien Beweiswürdigung durch den Richter vor? § 286.

Der Richter ist verpflichtet, in dem Urteile anzugeben, welche *Gründe* für die Bildung seiner Überzeugung von der Wahrheit oder Unwahrheit einer Tatsache leitend gewesen sind.

411. Wann bedarf es ausnahmsweise seitens der Partei nicht eines Nachweises der *Wahrheit* (eines Beweises) der behaupteten Tatsache, sondern nur eines Nachweises ihrer *Wahrscheinlichkeit*, einer sog. Glaubhaftmachung? §§ 294; 920, 605, 105.

Eine *Glaubhaftmachung* an Stelle eines Beweises genügt nur da, wo das Gesetz Glaubhaftmachung als genügend ausdrücklich bezeichnet. Von den zahlreichen Einzelfällen sind die wichtigsten:

1) Glaubhaftmachung des Anspruchs und Arrestgrundes im *Arrestverfahren*;
2) Glaubhaftmachung der *Nebenforderungen* im *Wechselprozeß*;
3) Glaubhaftmachung der einzelnen Ansätze im *Kostenfestsetzungsverfahren*.

412. Welche *Mittel* stehen der Partei zur Glaubhaftmachung zur Verfügung? § 294.

Die Partei kann sich zur Glaubhaftmachung aller Mittel bedienen. welche sie zum Beweise einer Tatsache benutzen darf (Zeugen, Sachverständige 2c.), jedoch mit Ausnahme der *Eideszuschiebung*. An deren

Stelle kann die Partei jedoch zur Versicherung an Eides Statt zugelassen werden.

Allgemeine Voraussetzung für jede Beweisaufnahme ist jedoch hier, daß die Beweismittel zur Stelle sind. Eine Beweisaufnahme, welche nicht sofort erfolgen kann, ist unstatthaft.

413. In welchen Fällen der Glaubhaftmachung ist ausnahmsweise eine eidesstattliche Versicherung ausgeschlossen? §§ 44, 406; 546.

1) Im Fall der Glaubhaftmachung des Grundes für die Ablehnung eines Richters, Gerichtsschreibers oder Sachverständigen.

2) Im Fall der Glaubhaftmachung des Wertes des Beschwerdegegenstandes durch den Revisionskläger.

414. Gilt der Grundsatz der freien Beweiswürdigung auch gegenüber einer Glaubhaftmachung? § 386 (anders § 986!).

Wie das Gericht unter Berücksichtigung des gesamten Inhalts der Verhandlungen und des Ergebnisses einer etwaigen Beweisaufnahme nach freier Überzeugung entscheidet, ob eine tatsächliche Behauptung für wahr oder nicht wahr zu erachten sei, hat es auch gegenüber einer geschehenen Glaubhaftmachung prinzipiell aus seiner freien Überzeugung zu beurteilen, ob eine genügende Wahrscheinlichkeit erbracht ist oder nicht.

Diese freie Beweiswürdigung ist nur in einem Falle ausgeschlossen, da nämlich, wo ein Zeuge die Richtigkeit des von ihm angegebenen Zeugnisverweigerungsgrundes unter Berufung auf einen geleisteten Diensteid versichert: Hier kann der Richter eine weitere Glaubhaftmachung nicht verlangen.

---

415. In welchem Umfang ist eine Einsicht der Gerichtsakten gestattet? § 299.

I. Die Parteien können ohne weiteres von den Gerichtsakten Einsicht nehmen; ebenso können sie sich auch aus denselben durch den Gerichtsschreiber Ausfertigungen, Auszüge und Abschriften erteilen lassen.

II. Dritte Personen können Einsicht von den Gerichtsakten nur mit Genehmigung beider Parteien nehmen, es sei denn, daß sie

a) ein rechtliches Interesse glaubhaft machen, und

b) ihnen der Vorstand des Gerichts (nicht der Vorsitzende der Kammer!) daraufhin die Einsicht der Akten gestattet.

Ein Recht, Abschriften ꝛc. zu verlangen, haben sie in keinem Fall. —

Sowohl dritten Personen wie den Parteien werden jedoch die Entwürfe zu Urteilen, Beschlüssen und Verfügungen, die zur Vorbereitung derselben gelieferten Arbeiten, sowie die Schriftstücke, welche Abstimmungen oder Strafverfügungen betreffen, weder vorgelegt noch abschriftlich mitgeteilt.

2. Titel. **Urteil.**

416. Was ist ein Endurteil?

Endurteile sind diejenigen richterlichen Entscheidungen, welche den Klageanspruch ganz oder doch einen Teil desselben endgültig für die Instanz, gleichgültig ob aus sachlichen oder aus prozessualen Gründen, erledigen.

417. Gibt es außer den Endurteilen noch andere Urteile?

Ihrem Namen wie im wesentlichen ihrer prozessualen Behandlung nach sind auch die Zwischenurteile Urteile, insbesondere können auch sie nur ebenso wie die Endurteile — im Gegensatz zu den Beschlüssen — nur auf Grund obligatorischer mündlicher Verhandlung erlassen werden. Ihrem Wesen nach stehen die Zwischenurteile jedoch den Beschlüssen näher als den Endurteilen, denn wenn sie auch wie diese für die Instanz endgültig entscheiden, so entscheiden sie doch niemals — ganz oder teilweise — über den Klageanspruch in seiner Totalität, sondern immer nur über einzelne Urteilselemente (die Zwischenurteile gegen Dritte entscheiden sogar nicht einmal über Urteilselemente) und bereiten daher ebenso wie die Beschlüsse die Endentscheidung nur vor.

418. Kennt die ZPO. auch Zwischenurteile und Beschlüsse, welche ausnahmsweise nicht bloß die Endentscheidung vorbereiten, sondern ebenso wie die Endurteile über den Anspruch endgültig entscheiden? §§ 302, 529, 540, 599; 645, 680, 922 (320, 506, 900).

I. Es gibt zwar einige Zwischenurteile, die nicht nur über einzelne Urteilselemente, sondern über den Anspruch in seiner Totalität entscheiden. Es sind dies die Vorbehaltsurteile.

Diese sind aber darum keine Endurteile, weil sie über den Anspruch nicht endgültig entscheiden.

II. Dagegen gibt es einige Beschlüsse, so namentlich die Beschlüsse, durch die eine Entmündigung oder ein Arrest angeordnet wird, welche über den Anspruch und zwar auch endgültig erkennen; an der prozessualen Behandlung dieser Beschlüsse wird dadurch jedoch nichts geändert, insbesondere verlangen sie nicht eine obligatorische mündliche Verhandlung.

(Auf der anderen Seite gibt es auch wieder einige Beschlüsse, welche die obligatorische mündliche Verhandlung mit den Urteilen gemeinsam haben, ihrem Wesen nach aber reine Beschlüsse sind, wie z. B. der Berichtigungsbeschluß (s. Nr. 453).)

419. Warum ist das den Erben unter Vorbehalt der beschränkten Haftung verurteilende Erkenntnis ein Endurteil und kein Zwischenurteil? §§ 305, 782.

Im Gegensatz zu den Vorbehaltsurteilen, welche, wenn sie auch über den Anspruch in seiner Totalität entscheiden, doch nicht endgültig, sondern nur unter Vorbehalt einer Abänderung der Entscheidung über den Anspruch in einem anhängig bleibenden Nachverfahren erkennen, entscheidet das den Erben unter Vorbehalt der beschränkten Haftung verurteilende Erkenntnis über den Anspruch endgültig, und der in diesem Urteil gemachte Vorbehalt bedeutet lediglich, daß der Erbe bei einer vom Gläubiger getätigten Zwangsvollstreckung verlangen kann, daß diese auf solche Maßregeln beschränkt wird, welche zur Vollziehung eines Arrestes zulässig sind. Das Urteil ist demnach unzweifelhaft ein Endurteil.

420. Welche verschiedene Arten von Endurteilen hat man zu unterscheiden? (§§ 461 Abs. 2, 347 Abs. 2).

I. Je nachdem die Endurteile über den ganzen Anspruch oder nur über einen Teil desselben erkennen, unterscheidet man Voll- und Teilurteile.

II. Ferner unterscheidet man unbedingte und bedingte Endurteile, je nachdem die in dem Endurteil enthaltene Sachentscheidung — wie in der Regel — unbedingt oder durch Eidesleistung der Partei bedingt ist.

II. Schließlich spricht man von kontradiktorischen und Versäumnisurteilen, jenachdem die dem Urteil zugrunde liegende mündliche Verhandlung zweiseitig oder nur einseitig war.

(Die beiden letzten Einteilungsgründe beziehen sich auch auf Zwischenurteile:

a) ein bedingtes Zwischenurteil kann ergehen, wenn die Entscheidung über einzelne selbständige Angriffs- oder Verteidigungsmittel von der Leistung eines Eides abhängt;

b) ein Versäumniszwischenurteil kann ergehen, wenn ein Termin lediglich zur Verhandlung über einen Zwischenstreit bestimmt war.)

421. Wann ergeht ein Vollurteil? § 300.

Das Gericht erläßt ein Vollurteil:

a) wenn der Rechtsstreit,

b) wenn in einem Verbundprozeß einer der vor der Verbindung selbständigen Prozesse

zur Endentscheidung reif, d. h. soweit verhandelt ist, daß das Gericht — sei es aus prozessualen, sei es aus materiellen Gründen — eine unbedingte oder durch Eid einer Partei bedingte endgültige Entscheidung über den ganzen bzw. den Klageanspruch des einzelnen Prozesses zu geben vermag.

Liegen diese Voraussetzungen vor, so muß das Gericht ein Vollurteil erlassen, ohne Rücksicht auf etwaige weitere Beweis- und Vertagungsanträge.

422. Wann muß das Gericht ein Vollurteil erlassen, selbst wenn der Prozeßstoff nach sachlicher Prüfung nicht zur Endentscheidung reif ist? §§ 306, 307.

Ein Vollurteil muß ergehen, sobald bei der mündlichen Verhandlung der Kläger auf den Klageanspruch verzichtet, oder der Beklagte den gegen ihn geltend gemachten Klageanspruch anerkennt und außerdem der jeweilige

Gegner auf Grund des Verzichts Klageabweisung, bzw. auf Grund des Anerkenntnisses Verurteilung nach dem Klageantrage beantragt.

Dem Gericht ist in diesen Fällen die materielle Prüfung des Prozeßstoffs entzogen; es muß dem gestellten Antrage gemäß erkennen, sobald nur die allgemeinen Prozeßvoraussetzungen vorliegen.

Wird der Antrag vom Gegner jedoch nicht gestellt, so geht das Verfahren weiter ohne Rücksicht auf den erklärten Verzicht bzw. das Anerkenntnis, denn diese, obschon vor dem Gericht erklärt, sind doch nicht für das Gericht erklärt; sie kommen, wenn der bezügliche Antrag nicht gestellt wird, für das Gericht bei der Entscheidung des Rechtsstreits erst in Betracht, wenn sie von dem Gegner als Prozeßstoff in der mündlichen Verhandlung vorgetragen werden.

423. Wie unterscheidet sich Verzicht und Anerkenntnis von Klagezurücknahme und Geständnis? §§ 271, 306; 288, 307.

I. Während die Klagezurücknahme nur ein Verzicht auf die Geltendmachung des Anspruchs in dem bestimmten Prozesse ist, ist der Verzicht ein Aufgeben des Anspruchs überhaupt.

II. Während das Geständnis sich immer nur auf einzelne Tatsachen bezieht, erstreckt sich das Anerkenntnis auf den Klage- oder Widerklageanspruch als solchen.

424. Unter welchen Voraussetzungen ergeht ein Teilurteil? § 301 Abs. 1.

Ein Teilurteil ergeht:

a) wenn von mehreren in einer Klage in objektiver oder subjektiver Klagenhäufung geltend gemachten Ansprüchen nur der eine, oder im Falle einer Inzidentfeststellungsklage diese, zur Endentscheidung reif ist;

b) wenn bei erhobener Widerklage nur die Klage oder die Widerklage (oder die etwa erhobene Inzidentfeststellungswiderklage), und schließlich

c) auch dann, wenn ein rechtlich trennungsfähiger (quantitativ begrenzter) Teil des Klage- oder Widerklageanspruchs zur Endentscheidung reif ist.

425. Ist das Gericht verpflichtet, wenn die Voraussetzungen für ein Teilurteil vorliegen, ein solches zu erlassen? §§ 301 Abs. 2; 306, 307; 254, 353 Abs. 2.

In der Regel kann die Erlassung eines Teilurteils unterbleiben, wenn das Gericht sie nach Lage der Sache nicht für angemessen erachtet. Ausnahmsweise muß das Gericht ein Teilurteil erlassen:

1) auf Antrag des Gegners, wenn eine Partei bei der mündlichen Verhandlung

a) auf einen Teil des geltend gemachten Klage- oder Widerklageanspruchs verzichtet hat, oder

b) den gegen sie geltend gemachten Klage- oder Widerklageanspruch anerkannt hat;

2) schon von Amts wegen,

a) wenn mit der Klage auf Rechnungslegung oder auf Vorlegung eines Vermögensverzeichnisses oder auf Leistung des Offenbarungseides die Klage auf Herausgabe desjenigen verbunden ist, was der Beklagte aus dem zugrunde liegenden Rechtsverhältnisse schuldet, und der Kläger sich die bestimmte Angabe der von ihm beanspruchten Leistung vorbehalten hat: hier wird über den Anspruch auf Rechnungslegung rc. vorweg durch Teilurteil entschieden;

b) wenn nach Abschluß des vorbereitenden Verfahrens in Rechnungssachen und ähnlichen Prozessen eine Partei im Termin vor dem Prozeßgericht säumig ist: hier ergeht ein Teilurteil über diejenigen Ansprüche, welche sich in dem vorbereitenden Verfahren als unstreitig herausgestellt haben.

426. Unter welchen Voraussetzungen ergeht eine den Erben unter Vorbehalt der beschränkten Haftung verurteilende Endentscheidung? § 305.

Wenn der Erbe (bzw. im Fall der fortgesetzten Gütergemeinschaft der überlebende Ehegatte) die Berichtigung einer Nachlaßverbindlichkeit (bzw. einer Gesamtgutsverbindlichkeit, für die er nur infolge des Eintritts der fortgesetzten Gütergemeinschaft haftet) mit den ihm kraft materiellen Rechts zustehenden aufschiebenden Einreden verweigert.

Der Vorbehalt ist von Amts wegen in das Urteil aufzunehmen, sobald die Einreden erhoben werden.

427. Welches sind die Anwendungsfälle des Zwischenurteils? §§ 303; 71, 135, 387, 402. 302, 540 (vgl. auch 529 Abs. 3), 599; 275; 304.

I. Ein Zwischenurteil ergeht:

1) wenn ein selbständiges Angriffs- oder Verteidigungsmittel, insbesondere auch eine prozeßhindernde Einrede (s. sub II, 2),

2) wenn ein Zwischenstreit unter den Parteien,

3) wenn ein Zwischenstreit unter den Parteien und Dritten zur Entscheidung reif ist.

II. Eigenartige Fälle des Zwischenurteils sind:

1) folgende Vorbehaltsurteile, nämlich

a) das Urteil, welches unter Vorbehalt der Entscheidung über die Aufrechnung ergeht;

ein solches Urteil ergeht, wenn

α) die vom Beklagten zur Aufrechnung gestellte Gegenforderung mit der in der Klage geltend gemachten Forderung nicht in rechtlichem Zusammenhange steht, und

β) die Klageforderung sich bereits als begründet herausgestellt hat;

b) das Urteil, durch das der Beklagte in der Berufungsinstanz — um einer Verschleppung des Prozesses vorzubeugen — in seinen Verteidigungsmitteln beschränkt wird;

c) das Urteil, durch das im Urkundenprozeß dem Beklagten, der dem

Klageanspruch widersprochen hat, die Ausführung seiner Rechte im ordentlichen Verfahren vorbehalten wird;

2) das Urteil, welches eine prozeßhindernde Einrede in dem Falle verwirft, wo über dieselbe abgesondert verhandelt ist, weil

a) der Beklagte auf Grund der prozeßhindernden Einrede die Verhandlung zur Hauptsache verweigert hat, oder

b) das Gericht auf Antrag oder von Amts wegen die abgesonderte Verhandlung angeordnet hat;

3) das Urteil, durch welches bei einem nach Grund und Betrag streitigen Klage- oder Widerklageanspruche der Grund als bestehend vorab festgestellt wird.

428. Über welche selbständigen Angriffs- und Verteidigungsmittel kann nur durch Zwischenurteil entschieden werden? § 303 vgl. mit § 146.

Der Begriff der „selbständigen Angriffs- und Verteidigungsmittel" ist hier kein absoluter wie dort, wo es sich darum handelt, über welche Angriffs- und Verteidigungsmittel selbständig verhandelt werden kann. Vielmehr kann über solche selbständig verhandlungsfähigen Angriffs- und Verteidigungsmittel durch Zwischenurteil nur dann entschieden werden, wenn sie im einzelnen Falle dem Anspruche gegenüber selbständig entscheidungsfähig sind; nicht also dann, wenn durch eine Entscheidung über sie gleichzeitig über den Klageanspruch in seiner Totalität entschieden würde, wie z. B. dann, wenn die Einrede der Zahlung als begründet erklärt wird. Wohl aber kann ein Zwischenurteil ergehen, wenn sich dieselbe Einrede als unbegründet herausstellt.

Auf der anderen Seite ist dagegen für den Erlaß eines Zwischenurteils nicht erforderlich, daß über das selbständig verhandlungsfähige Angriffs- und Verteidigungsmittel im konkreten Falle selbständig verhandelt ist.

429. Was versteht das Gesetz unter einem Zwischenstreit?

Ein Zwischenstreit ist jeder im Lauf des Verfahrens entstehende Streit über die Anwendung einer prozeßrechtlichen Vorschrift.

430. Muß das Gericht in allen Fällen ein Zwischenurteil erlassen, wenn die Voraussetzungen für dasselbe vorliegen?

I. Nur in einigen Fällen ist das Zwischenurteil obligatorisch, derart, daß es unter allen Umständen erlassen werden muß.

II. In einer großen Anzahl von Fällen ist es zwar auch obligatorisch, aber nur insofern, als das Gericht, wenn es die Entscheidung nicht dem Endurteil vorbehalten will, diese in der Form des Zwischenurteils geben muß.

III. In anderen Fällen wieder muß das Gericht zwar eine Vorentscheidung treffen, hat aber die Wahl zwischen Zwischenurteil und Beschluß.

IV. In anderen Fällen schließlich hat das Gericht neben der Wahl in der Entscheidungsform auch die Wahl, ob es eine Vorentscheidung geben will oder nicht.

431. Welches sind die Fälle, in denen das Gericht unter allen Umständen ein Zwischenurteil erlassen muß? §§ 71, 135, 387, 402; 540, 529, 599; 275; 347.

Eine Vorentscheidung in Form des Zwischenurteils muß das Gericht geben:

1) wenn ein Zwischenstreit unter den Parteien und Dritten zur Entscheidung reif ist;

ein solcher Streit kann entstehen:

a) über die Zulassung eines Nebenintervenienten,

b) deswegen, weil ein Rechtsanwalt die ihm zwecks Einsicht eingehändigte Urkunde nicht binnen drei Tagen zurückgibt,

c) über die Rechtmäßigkeit der Weigerung eines Zeugen oder Sachverständigen, sein Zeugnis bzw. sein Gutachten zu erstatten;

2) wenn die Voraussetzungen für den Erlaß eines Vorbehaltsurteils in der Berufungsinstanz und im Urkundenprozeß vorliegen;

3) wenn eine prozeßhindernde Einrede sich in abgesonderter Verhandlung als unbegründet herausgestellt hat;

4) wenn die Voraussetzungen für ein Versäumniszwischenurteil vorliegen.

432. In welchen Fällen muß das Gericht, vorausgesetzt daß es überhaupt eine Entscheidung erläßt, diese in Form des Zwischenurteils geben? §§ 303; 302, 304.

1) Allgemein dann, wenn ein selbständiges Angriffs- oder Verteidigungsmittel zur Entscheidung reif ist;

2) in den besonderen Fällen, wo

a) die Entscheidung über den Klageanspruch unter Vorbehalt der Entscheidung über die Aufrechnung ergehen kann,

b) über den Grund eines nach Grund und Betrag streitigen Anspruchs vorweg entschieden werden kann.

433. In welchen Fällen hat das Gericht für seine Vorentscheidung die Wahl zwischen Zwischenurteil und Beschluß?

In allen Zwischenstreitigkeiten unter den Parteien, soweit nicht Beschluß oder Zwischenurteil ausdrücklich als Entscheidungsform vorgeschrieben sind. Ob das Gericht in diesen Fällen gleichzeitig die Wahl hat, die Entscheidung vorweg oder erst im Endurteil zu geben, hängt von der Bedeutung des Zwischenstreits für die Weiterentwicklung des Verfahrens ab.

---

434. Wie wird jedes Urteil erlassen?

Die Erlassung jedes Urteils setzt sich aus zwei Akten zusammen: Das Urteil muß erst gefällt und dann verkündet werden. Der eigentliche rechtschaffende Akt ist die Fällung des Urteils; als Urteil existent wird die Entscheidung jedoch erst mit der Verkündung.

435. Wer fällt und verkündet das Urteil? § 309.

Entsprechend dem das Verfahren beherrschenden Grundsatz der Mündlichkeit der Verhandlung, kann das Urteil nur von denjenigen Richtern gefällt werden, welche der dem Urteil zugrunde liegenden mündlichen Verhandlung beigewohnt haben.

Die Verkündung des Urteils dagegen kann, als bloßer Formalakt, auch von einem anders besetzten Gericht erfolgen; erforderlich ist nur, daß das Gericht ordnungsmäßig besetzt ist.

436. Nach welchen Regeln vollzieht sich die Fällung des Urteils? GVG. §§ 198 Abs. 1, 199 Abs. 1; vgl. auch 198 Abs. 2.

Sie erfolgt stets nach der absoluten Mehrheit der Stimmen. Die Reihenfolge der Abstimmung richtet sich nach dem Dienstalter, bei der Kammer für Handelssachen nach dem Lebensalter; der Jüngste stimmt zuerst, der Vorsitzende zuletzt. Wenn ein Berichterstatter ernannt ist, so gibt dieser seine Stimme zuerst ab.

Die Fällung besteht nicht in der Niederschrift der Urteilsformel; diese wird erst notwendig für die Verkündung des Urteils.

437. Inwieweit ist das Gericht bei der Fällung des Urteils an die Anträge der Parteien gebunden? § 308.

Entsprechend der das Verfahren beherrschenden Verhandlungsmaxime ist das Gericht nicht berechtigt, einer Partei etwas zuzusprechen, was nicht beantragt ist.

Nur über die Verpflichtung, die Prozeßkosten zu tragen, hat das Gericht auch ohne Antrag zu erkennen.

438. Wann hat die Verkündung des Urteils zu erfolgen? § 310.

Die Verkündung des Urteils erfolgt nach der Fällung desselben, regelmäßig noch in demselben Termin, in welchem die mündliche Verhandlung geschlossen wird. Sie kann jedoch auch in einem späteren Termin erfolgen, der dann sofort in der letzten mündlichen Verhandlung anberaumt werden muß und nicht über eine Woche hinaus angesetzt werden soll.

439. Wie erfolgt die Verkündung des Urteils? § 311; GGV. § 174, ZPO. § 312 Abs. 1.

I. Die Verkündung des Urteils erfolgt regelmäßig durch Vorlesung der die Entscheidung enthaltenden Urteilsformel, die also vor der Verkündung, sei es im Protokoll, sei es in einer Anlage desselben, schriftlich abgefaßt sein muß.

Nur Versäumnisurteile, Urteile, welche auf Grund eines Anerkenntnisses erlassen werden, sowie Urteile, welche die Folge der Zurücknahme der Klage oder des Verzichts auf den Klageanspruch aussprechen, und Läuterungsurteile (s. Nr. 668) können verkündet werden, auch wenn die Urteilsformel noch nicht schriftlich abgefaßt ist.

Wird die Verkündung der Entscheidungsgründe für angemessen erachtet, so erfolgt sie durch Vorlesung der Gründe oder durch mündliche Mitteilung des wesentlichen Inhalts.

II. Die Verkündung der Urteilsformel erfolgt in jedem Fall öffentlich.

Für die Verkündung der Urteilsgründe oder eines Teils derselben kann das Gericht durch besonderen Beschluß die Öffentlichkeit ausschließen, wenn die Verkündung eine Gefährdung der Staatssicherheit oder der Sittlichkeit besorgen läßt (nicht aber wegen Gefährdung der öffentlichen Ordnung!).

Dagegen ist die Wirksamkeit der Verkündung des Urteils von der Anwesenheit der Parteien nicht abhängig. Die Verkündung gilt auch der Partei gegenüber bewirkt, welche den Termin versäumt hat.

440. In welcher Beziehung bedarf es zur Wirksamkeit des Urteils neben der Verkündung noch einer Zustellung des Urteils an den Gegner? § 312 Abs. 2.

Während im allgemeinen die Befugnis einer Partei, auf Grund eines verkündeten Urteils das Verfahren fortzusetzen oder von dem Urteil in anderer Weise, z. B. zwecks Kostenfestsetzung, Gebrauch zu machen, von der Zustellung des Urteils an den Gegner nicht abhängig ist, bedarf es doch einer Zustellung

1) für den Beginn des Laufs der Einspruchs- und Rechtsmittelfristen,
2) für den Beginn der Zwangsvollstreckung,
3) für den Beginn der einwöchigen Frist zur Ergänzung des Urteils.

441. Durch wen erfolgt die Zustellung? §§ 317 Abs. 1; 625, 639, 640, 641.

Die Zustellung der Urteile erfolgt regelmäßig auf Betreiben der Partei; nur die Urteile, durch die auf Nichtigkeit oder Scheidung der Ehe bzw. Aufhebung der ehelichen Gemeinschaft erkannt wird, sowie sämtliche Urteile, die im Statusprozeß ergehen, sind von Amts wegen zuzustellen. Eine Zustellung im Parteibetriebe würde in diesen Ausnahmefällen ebenso wirkungslos sein, wie im Regelfall die Zustellung von Amts wegen.

442. Genügt es, wenn die Niederschrift der Urteilsformel, wie sie für die Verkündung des Urteils regelmäßig erforderlich ist, zu den Gerichtsakten gebracht wird? § 315 Abs. 1, 2.

Nein, das Gericht muß vielmehr eine förmliche Urteilsurkunde abfassen, welche von den Richtern, welche bei der Entscheidung mitgewirkt haben, zu unterschreiben ist, und welche vor Ablauf einer Woche, vom Tage der Verkündung an gerechnet, in vollständiger Abfassung dem Gerichtsschreiber zu übergeben ist.

Ist ein Richter verhindert, seine Unterschrift beizufügen, so ist dies unter Angabe des Verhinderungsgrundes von dem Vorsitzenden, und bei dessen Verhinderung von dem ältesten beisitzenden Richter zu vermerken.

443. Was hat die Urteilsurkunde zu enthalten? § 313.

Jedes in vollständiger Form abgefaßte Urteil enthält:

1) das Rubrum, nämlich:
   a) die Bezeichnung der Parteien, ihrer gesetzlichen Vertreter und der

Prozeßbevollmächtigten nach Namen, Stand oder Gewerbe, Wohnort und Parteistellung,

b) die Bezeichnung des Gerichts und die Namen der Richter, welche die Entscheidung gefällt haben;

2) die Urteilsformel (Tenor), die äußerlich von den übrigen Teilen des Urteils zu sondern ist;

3) den Tatbestand, d. h.: eine gedrängte Darstellung des Sach- und Streitstandes auf Grundlage der mündlichen Vorträge der Parteien unter Hervorhebung der gestellten Anträge, wobei eine Bezugnahme auf den Inhalt der vorbereitenden Schriftsätze und auf die zum Sitzungsprotokoll erfolgten Feststellungen nicht ausgeschlossen ist;

4) die Entscheidungsgründe.

443 a. Kommt ebenso wie dem Sitzungsprotokoll auch dem Tatbestande von Gesetzes wegen bestimmte Beweiskraft zu? § 314.

Der Tatbestand des Urteils liefert rücksichtlich des mündlichen Parteivorbringens Beweis, der seinerseits aber durch das Sitzungsprotokoll — aber auch nur durch dieses — entkräftet werden kann.

444. Was geschieht weiter mit der dem Gerichtsschreiber übergebenen Urteilsurkunde? §§ 315 Abs. 3, 316.

I. Der Gerichtsschreiber, welcher bei der Verkündung des Urteils mitgewirkt hat, hat auf der Urteilsurkunde den Tag der Verkündung zu bemerken und diese Bemerkung zu unterschreiben.

II. Sodann ist das Urteil in das Verzeichnis der verkündeten und unterschriebenen Urteile einzutragen, welches an bestimmten, von dem Vorsitzenden festzusetzenden Wochentagen, mindestens auf die Dauer einer Woche in der Gerichtsschreiberei ausgehängt wird.

Der Tag des Aushangs dieses Verzeichnisses ist von dem Gerichtsschreiber, der den Aushang besorgt hat, auf der Urteilsurkunde zu vermerken. Auch diese Bemerkung ist zu unterschreiben.

445. Wird die Urteilsurkunde der obsiegenden Partei ausgehändigt? § 317 Abs. 2, 3.

Das Original der Urteilsurkunde bleibt in jedem Fall bei den Gerichtsakten. Die Parteien haben aber, sobald das Urteil verkündet, vollständig abgefaßt und unterschrieben ist, ein Recht auf Erteilung von Ausfertigungen, Auszügen und Abschriften der Urteilsurkunde.

Die Ausfertigungen und Auszüge sind von dem Gerichtsschreiber zu unterschreiben und mit dem Gerichtssiegel zu versehen.

---

446. Welche Wirkungen hat das Urteil?

I. Die Wirkung des Urteils besteht zunächst in der Bindung des Gerichts an seine im Urteil gegebene Entscheidung für den schwebenden Prozeß.

II. Die Wirkung des Urteils besteht ferner in der Erlangung der formellen Rechtskraft, d. h. in dem Ausschluß der Erwirkung eines anderen Urteils in demselben Verfahren durch Rechtsmittel oder Einspruch, mit anderen Worten: in dem Abschluß der Rechtshängigkeit der Sache.

III. Eine weitere Wirkung des Urteils besteht in seiner Fähigkeit zur materiellen Rechtskraft, d. h. der Bindung der Gerichte wie der Parteien an die in dem formell rechtskräftigen Endurteil gegebene Entscheidung über den Klage- oder Widerklageanspruch.

IV. Schließlich ist zu nennen als Wirkung des Urteils die Vollstreckbarkeit, insofern als die Partei auf Grund des Urteils zur Zwangsvollstreckung berechtigt ist.

447. Was bedeutet die Bindung des Gerichts an seine in dem Urteil gegebene Entscheidung? § 318.

Die Bindung des Gerichts erstreckt sich nur auf die Entscheidung, d. h. auf den dezisiven Teil des Urteils, mag dieser nun in der Urteilsformel vollständig enthalten sein oder sich erst durch Vergleichung der Entscheidungsgründe mit der Urteilsformel ergeben. Sie erstreckt sich also nicht auf die in dem Urteil wiedergegebenen Tatsachen und die zur Begründung der Entscheidung gegebenen Rechtsausführungen.

Diese Bindung des Gerichts besteht von der Verkündung des Urteils, nicht schon von dem Zeitpunkt seiner Fällung ab.

448. Was folgt für die durch den Erlaß eines Zwischenurteils herbeigeführte Bindung des Gerichts aus dem Verhältnis des Zwischenurteils zum Endurteil?

Wenn auch die Bindung des Gerichts an die in dem Zwischenurteil gegebene Entscheidung genau die gleiche ist wie die Bindung des Gerichts an die in dem Endurteil gegebene Entscheidung, so äußert sie praktisch doch in dem Fall keine Wirkung, wo das Gericht bezüglich des in dem Zwischenurteil noch nicht erledigten Prozeßstoffs später eine Entscheidung trifft, durch welche die Entscheidung des vorangegangenen Zwischenurteils unerheblich wird.

449. In welchen Ausnahmefällen ist das Gericht jedoch zu einer Änderung der von ihm in einem Endurteil gegebenen Entscheidung befugt? §§ (469, 470, 471); 321.

Das Gericht ist zu einer Änderung der von ihm in einem Endurteil gegebenen Entscheidung berechtigt

1) in folgenden besonderen Fällen:

a) im Fall des Einspruchs gegen ein Versäumnisurteil,

b) im Fall des Wiederaufnahmeverfahrens,

c) im Fall des bedingten Endurteils hinsichtlich der Eidesnorm (unter bestimmten Voraussetzungen);

2) bei allen Endurteilen:

wenn ein nach dem Tatbestand von einer Partei geltend gemachter Haupt- oder Nebenanspruch, oder wenn der Kostenpunkt ganz oder teilweise übergangen ist. — Hier ist das Urteil durch nachträgliche Entscheidung zu ergänzen.

450. Ist bei Zwischenurteilen eine Änderung der Entscheidung gänzlich ausgeschlossen? §§ 347; 302, 540, 541, 599.

Eine Änderung der in einem Zwischenurteil gegebenen Entscheidung ist nur in ganz beschränktem Umfange zulässig:

I. Ein Versäumniszwischenurteil ist ebenso wie ein Versäumnisendurteil auf Einspruch hin abänderlich.

II. Außerdem ist eine Abänderung der in einem Vorbehaltsurteil gegebenen Entscheidung in dem etwa stattfindenden Nachverfahren zulässig. Aber auch außerhalb des Nachverfahrens kann eine Ergänzung der Vorbehaltsurteile stattfinden, wenn sie wider das Gesetz ohne Vorbehalt erlassen sind.

451. Welches sind die formellen Voraussetzungen für die Ergänzung eines Urteils? § 321.

Die Ergänzung eines Urteils darf stets nur auf Antrag erfolgen. Der Antrag muß binnen einer einwöchigen Frist, welche mit der Zustellung des Urteils beginnt, durch Zustellung eines Schriftsatzes gestellt werden, der außer dem Antrag auf Ergänzung die Ladung des Gegners zur mündlichen Verhandlung enthalten muß.

452. Wie ergeht die Entscheidung über den Antrag auf Ergänzung des Urteils? § 321.

Über den Ergänzungsantrag ist auf Grund mündlicher Verhandlung durch Urteil zu entscheiden.

453. Darf das Gericht, wenn es nur eine Änderung der Entscheidung selbst nicht vornimmt, das von ihm erlassene Urteil unbeschränkt ändern? §§ 319, 320.

Auch wenn eine Änderung der Entscheidung selbst nicht geschieht, darf das Gericht das von ihm erlassene und in vollständiger Fassung vorliegende Urteil — vor der vollständigen Abfassung können Gründe wie Tatbestand beliebig geändert werden — nur in folgendem Umfang ändern:

I. Schreibfehler, Rechnungsfehler und ähnliche offenbare Unrichtigkeiten, die sich in dem Urteile (Rubrum, Urteilsformel, Tatbestand, Gründe) befinden, sind jederzeit vom Gericht — von Amts wegen wie auf Antrag — dem wahren Urteilswillen gemäß zu berichtigen.

II. Eine Berichtigung des Tatbestandes des Urteils hat das Gericht außerdem auf Antrag vorzunehmen, wenn sich in dem Tatbestand abgesehen von den erwähnten andere Unrichtigkeiten, Auslassungen, Dunkelheiten oder Widersprüche befinden.

In beiden Fällen ergeht die Entscheidung durch Beschluß, der im zweiten Fall nur auf Grund obligatorischer mündlicher Verhandlung, aber unter Ausschluß vorgängiger Beweisaufnahme erlassen werden darf. Die ergehenden Beschlüsse sind unanfechtbar mit Ausnahme desjenigen, der eine Berichtigung offenbarer Unrichtigkeiten des Urteils ausspricht; dieser ist mit sofortiger Beschwerde anfechtbar.

Der Beschluß, der die Berichtigung ausspricht, ist in beiden Fällen auf dem Urteile, wie auf sämtlichen Ausfertigungen zu vermerken.

454. Welche besonderen Voraussetzungen bestehen für die Zulässigkeit der Berichtigung des Tatbestandes, wenn diese nicht bloß in dem Ausscheiden von offenbaren Unrichtigkeiten besteht? § 320.

Voraussetzung ist:

1) daß von den Richtern, welche die Entscheidung gefällt haben, noch mindestens einer vorhanden ist, da die Entscheidung über den Berichtigungsantrag nur von denjenigen Richtern (wenn auch nicht notwendig in vollständig besetztem Richterkollegium) gefällt werden kann, welche bei dem Urteil mitgewirkt haben;

2) daß der Antrag vor Ablauf der gesetzlichen Frist von einer Woche durch Zustellung eines Schriftsatzes gestellt wird;

die Frist beginnt mit der Zustellung des Urteils zu laufen, wenn diese binnen zwei Monaten seit dem Tage des Aushangs des Verzeichnisses geschieht, andernfalls mit dem Tage des Aushangs.

455. Welche Urteile sind der formellen Rechtskraft fähig?

Formell rechtskräftig können naturgemäß nur diejenigen End- und Zwischenurteile werden, die selbständig anfechtbar oder von vornherein unanfechtbar sind (wie z. B. die kontradiktorischen Endurteile der Landgerichte in der Berufungsinstanz), nicht aber diejenigen Zwischenurteile, die erst mit dem Endurteil zugleich anfechtbar sind.

456. Welche Zwischenurteile sind selbständig anfechtbar? §§ 71, 135, 387, 402; 302, 540 (529), 599, 304, 275; 347.

I. Durch sofortige Beschwerde anfechtbar sind diejenigen Zwischenurteile, die in einem Zwischenstreit zwischen Parteien und Dritten ergehen.

II. Durch Berufung und Revision wie ein Endurteil anfechtbar sind:

1) die drei Vorbehaltsurteile;

2) das Zwischenurteil, das bei einem nach Grund und Betrag streitigen Anspruch über den Grund vorweg entscheidet;

3) das Zwischenurteil, das auf Grund abgesonderter Verhandlung über prozeßhindernde Einreden entscheidet.

III. Durch Einspruch anfechtbar ist das Versäumniszwischenurteil.

457. Welche Abgrenzungen ergeben sich im einzelnen aus dem erörterten Begriff der materiellen Rechtskraft?

I. Materielle Rechtskraft können nur formell rechtskräftige Urteile erlangen. Die formelle Rechtskraft der Urteile ist Voraussetzung für die materielle Rechtskraft derselben. Solange nicht eine formell rechtskräftige Entscheidung vorliegt, kann von einer Bindung der Parteien und der Gerichte an die Entscheidung keine Rede sein: Die Parteien können die Entscheidung anfechten, und das obere Gericht kann die Entscheidung des unteren Gerichts auf eingelegte Berufung oder Revision hin abändern.

II. Materielle Rechtskraft können nur Urteile erlangen, soweit sie über den durch die Klage oder Widerklage erhobenen Anspruch endgültig entscheiden. Materiell rechtskräftig werden können daher:

1) alle Urteile, die über den Klage- oder Widerklageanspruch entscheiden, also nicht bloß diejenigen Urteile, die über den Anspruch im Sinne des bürgerlichen Rechts entscheiden, sondern z. B. auch diejenigen, die auf eine Feststellungsklage hin ergehen;

2) die Entscheidung muß aber auch den Klageanspruch betreffen. Sie erwächst nur insoweit in Rechtskraft, als sie dasjenige betrifft, worüber die Parteien eine Entscheidung des Gerichts begehrten. Daher werden insbesondere nicht rechtskräftig solche Entscheidungen, die das Gericht, nur um zu einer Entscheidung über den Klageanspruch zu kommen, logischerweise treffen muß, wie z. B. bei einer Zinsenklage die Entscheidung über das Bestehen oder Nichtbestehen der Kapitalsforderung. Die Rechtskraft ergreift deshalb insbesondere nicht die Entscheidung über bloß präjudizielle Rechtsverhältnisse — es wäre denn, daß eine solche Entscheidung im Wege der Feststellungsklage oder einer Inzidentfeststellungsklage von den Parteien extrahiert ist — oder über einredeweise geltend gemachte Gegenrechte (mit einer Ausnahme, s. Nr. 458);

3) die Entscheidung muß aber auch eine endgültige sein. Zwischenurteile sind daher, auch wenn sie über den Anspruch entscheiden und formell rechtskräftig werden können, der materiellen Rechtskraft nicht fähig;

4) die Entscheidung über den Anspruch erwächst, richtiger Meinung nach, in Rechtskraft, mag sie aus sachlichen oder prozessualen Gründen erfolgt sein. Rechtskräftig wird also z. B. auch die Entscheidung, die die Klage wegen Unzuständigkeit des Gerichts abweist;

5) materiell rechtskräftig wird auch nur die in dem Urteil enthaltene Entscheidung über den Klageanspruch, nicht also die in dem Urteil enthaltenen tatsächlichen Feststellungen und Rechtsausführungen, sondern lediglich der dezisive Teil des Urteils: dieser aber nicht nur, wenn und wie er sich aus der Urteilsformel ergibt;

6) die Rechtskraft reicht endlich nur soweit (quantitativ), als über den Anspruch entschieden ist; die Entscheidung über einen Teil des Anspruchs wirkt deshalb keine Rechtskraft hinsichtlich der übrigen Teile des Anspruchs.

III. Die materielle Rechtskraft besteht in der Bindung der Gerichte an die ergangene Entscheidung. Die Gerichte haben dieselbe von Amts wegen, nicht bloß auf Grund einer exceptio rei iudicatae zu berücksichtigen; sie müssen eine neue Entscheidung ablehnen, sobald derselbe Klageanspruch, über den das materiell rechtskräftige Urteil entschieden hat, geltend gemacht wird.

IV. Das materiell rechtskräftige Urteil bindet schließlich in der Regel nur die Parteien, nicht auch Dritte (res iudicata ius facit inter partes). Nur zwischen den Parteien ist das Urteil ergangen, nur sie hatten vermöge der Verhandlungsmaxime die Möglichkeit auf den Ausgang des Prozesses maßgebend einzuwirken, und es ist daher berechtigt, daß das Urteil auch nur zwischen ihnen Recht schafft. Der für die Einführung der materiellen Rechtskraft überhaupt maßgebende Gedanke — Vermeidung widersprechender Entscheidungen und der damit verbundenen Herabwürdigung des Ansehens der Gerichte — hat aber dazu geführt, daß von der Regel Ausnahmen gemacht werden, daß die materielle Rechtskraft des Urteils auch gegen Dritte wirkt.

V. Die Bindung der Gerichte wie der Parteien besteht, mag das Urteil auch in Wirklichkeit unrichtig sein. Die Bindung der Parteien schließt selbstverständlich nicht aus, daß diese über ihre durch das Urteil festgestellten Rechte durch materielles Rechtsgeschäft verfügen; nur zu erneuter gerichtlicher Geltendmachung dürfen sie dieselben nicht bringen.

458. Welche Ausnahme besteht von dem Grundsatz, daß die materielle Rechtskraft niemals die bloß einredeweise geltend gemachten Gegenrechte ergreift? § 322 Abs. 2.

Hat der Beklagte einredeweise die Aufrechnung einer Gegenforderung geltend gemacht, so erwächst die Entscheidung, welche ausspricht, daß die Gegenforderung nicht besteht, bis zur Höhe des Betrags, für welchen die Aufrechnung geltend gemacht worden ist, in Rechtskraft.

459. In welchem Umfang kann jedoch eine Abänderung auch des materiell rechtskräftigen Urteils von den Parteien verlangt werden? §§ 767; 323; 324.

I. Der Schuldner kann gegen den im Urteil festgestellten Anspruch solche Einwendungen, welche erst nach dem Urteil entstanden sind, im Wege der Klage beim Prozeßgericht erster Instanz geltend machen.

II. Der Kläger wie der Beklagte kann ferner im Wege der Klage eine Abänderung des Urteils — ebenso wie vor, auch — nach Erlangung der Rechtskraft unter folgenden Voraussetzungen verlangen:

a) daß das Urteil eine Verurteilung zu künftig fällig werdenden, wiederkehrenden Leistungen enthält, z. B. zu einer Unterhaltsleistung wegen familienrechtlicher Beziehungen;

b) daß weiter eine wesentliche Änderung derjenigen Verhältnisse eingetreten ist, welche für die Verurteilung zur Entrichtung der Leistungen, für die Bestimmung der Höhe der Leistungen oder der Dauer ihrer Entrichtung maßgebend waren;

c) daß drittens diese Änderung in den Verhältnissen eine nachträgliche ist, daß sie nämlich nach dem Schluß derjenigen mündlichen Verhandlung eingetreten ist, in welcher eine Erweiterung des Klageantrags oder die Geltendmachung von Verteidigungsmitteln spätestens hätte erfolgen müssen; und

d) daß endlich diese Änderung nicht mehr durch Einspruch geltend gemacht werden kann; die Möglichkeit der Berufung dagegen schließt die neue Klage nicht aus.

III. Der im Fall der Tötung, der Verletzung des Körpers oder der Gesundheit, im Fall der Freiheitsentziehung sowie der Ehescheidung Unterhaltsberechtigte kann, wenn der Unterhaltspflichtige zur Entrichtung einer Geldrente verurteilt und dabei nicht auf Sicherheitsleistung erkannt worden ist, im Wege der Klage Sicherheit verlangen, sofern sich die Vermögensverhältnisse des Verpflichteten nach dem früheren Urteil erheblich verschlechtert haben. Unter der gleichen Voraussetzung kann er eine Erhöhung der in dem Urteile bestimmten Sicherheit verlangen.

460. Welche Ausnahmen bestehen von dem Grundsatz, daß das Urteil materielle Rechtskraft nur gegenüber den Parteien erlangt? § 325; BGB. § 1318, ZPO. §§ 64, 68, 72, 326, 327.

I. Jedes rechtskräftige Urteil wirkt nicht nur gegen die Parteien und, was selbstverständlich ist, gegen die allgemeinen Rechtsnachfolger, sondern auch gegen die Sondernachfolger (z. B. den Erwerber einer Sache), welche nach Eintritt der Rechtshängigkeit Rechtsnachfolger geworden sind oder auch nur den unmittelbaren Besitz der in Streit befangenen Sache auf solche Weise erlangt haben, daß eine der Parteien oder ihr Rechtsnachfolger mittelbarer Besitzer geworden ist.

Allen Rechtsnachfolgern kommen aber die Vorschriften des bürgerlichen Rechts zugunsten derjenigen, welche Rechte von einem Nichtberechtigten herleiten, zugute; es würde also z. B. das rechtskräftige Urteil nicht gegen den gutgläubigen Erwerber des Eigentums an beweglichen Sachen wirken.

Nur wenn das Urteil einen Anspruch aus einer eingetragenen Reallast, Hypothek, Grundschuld oder Rentenschuld betrifft, so wirkt das Urteil im Fall einer Veräußerung des belasteten Grundstücks in Ansehung dieses Grundstücks auch gegen den gutgläubigen Rechtsnachfolger, also auch, wenn er die Rechtshängigkeit nicht gekannt hat. Gegen den Ersteher eines im Wege der Zwangsversteigerung veräußerten Grundstücks dagegen wirkt das Urteil ausnahmsweise wieder nur dann, wenn die Rechtshängigkeit spätestens im Versteigerungstermine vor der Aufforderung zur Abgabe von Geboten angemeldet worden ist.

II. Aus der Repräsentation des Vertretenen durch den Vertreter folgt die Rechtskraftwirkung des in einem Prozeß des Vertreters ergangenen Urteils für und gegen den Vertretenen.

III. Von den in der ZPO. und anderen Reichsgesetzen enthaltenen weiteren Bestimmungen über die erweiterte Rechtskraft seien ferner hervorgehoben:

1) das in dem Prozeß des Ehemannes über ein zum eingebrachten Gut gehörendes Recht ergehende Urteil wirkt für und gegen die Ehefrau, sofern der Mann über das Recht ohne Zustimmung der Frau zu verfügen befugt war;

2) das auf die Hauptintervention hin ergehende Urteil wirkt gegen beide Parteien des Vorprozesses;

3) das Urteil wirkt in bestimmtem Umfang ferner gegenüber dem Nebenintervenienten oder demjenigen, der infolge einer Streitverkündung als Nebenintervenient dem Prozeß hätte beitreten können;

4) das zwischen dem Vorerben und einem Dritten ergehende Urteil wirkt, auch wenn der Nacherbe nicht als Nebenintervenient dem Prozeß beigetreten ist,

a) für und gegen den Nacherben:
sofern das Urteil einen der Nacherbfolge unterliegenden Gegenstand betrifft, über den der Vorerbe ohne Zustimmung des Nacherben zu verfügen befugt ist;

b) nur zugunsten des Nacherben:
sofern das Urteil einen anderen der Nacherbfolge unterliegenden Gegenstand oder eine Nachlaßverbindlichkeit betrifft;

5) das zwischen einem Testamentsvollstrecker und einem Dritten ergehende Urteil wirkt für und gegen den Erben:

a) sofern es über ein der Verwaltung des Testamentsvollstreckers unterliegendes Recht ergeht,

b) sofern es über einen gegen den Nachlaß gerichteten Anspruch ergeht, hier aber nur dann, wenn der Testamentsvollstrecker nach bürgerlichem Recht zur Führung des Rechtsstreits berechtigt war;

6) die konstitutiven Urteile endlich wirken gemäß ihrer Natur für und gegen jedermann.

461. In welchem Umfange erkennt die ZPO. die materielle Rechtskraft der Urteile ausländischer Gerichte an? § 328.

Prinzipiell macht die ZPO. hinsichtlich der materiellen Rechtskraft keinen Unterschied zwischen Urteilen inländischer und ausländischer Gerichte.

Jedoch ist die Anerkennung der materiellen Rechtskraft des Urteils eines ausländischen Gerichts dann ausgeschlossen:

1) wenn die Gerichte des Staates, dem das ausländische Gericht angehört, nach den deutschen Gesetzen nicht zuständig sind, d. h. wenn Deutschland nach seinen Gesetzen in gleicher Lage dem Auslande gegenüber die Gerichtsbarkeit nicht ausgeübt hätte;

2) wenn der unterlegene Beklagte ein Deutscher ist und sich auf den Prozeß nicht eingelassen hat, sofern die den Prozeß einleitende Ladung oder Verfügung ihm weder in dem Staate des Prozeßgerichts in Person noch durch Gewährung deutscher Rechtshilfe zugestellt ist;

3) wenn das Urteil in Ehe- und Familienstandssachen ergangen ist und in dem Urteile zum Nachteil einer deutschen Partei von den im Einführungsgesetz zum Bürgerlichen Gesetzbuch gegebenen Grundsätzen des internationalen Privatrechts abgewichen ist;

4) wenn die Anerkennung des Urteils gegen die guten Sitten oder gegen den Zweck eines deutschen Gesetzes verstoßen würde;

5) wenn die Gegenseitigkeit nicht rechtlich und tatsächlich verbürgt ist. Von diesem Erfordernis wird aber ausnahmsweise abgesehen, wenn das Urteil einen nicht vermögensrechtlichen Anspruch betrifft und nach den deutschen Gesetzen ein Gerichtsstand im Inlande nicht begründet war.

462. Welche Urteile können Vollstreckbarkeit erlangen?

Allgemeine Voraussetzung für die Vollstreckbarkeit eines Urteils ist, daß es über den Klageanspruch in seiner Totalität entscheidet. Eine solche Entscheidung über den Klageanspruch enthalten aber nur die Endurteile und die drei Vorbehaltsurteile.

Weitere Voraussetzung ist jedoch, daß der Anspruch sich seiner Natur nach zur Vollstreckung eignet, worüber indes hier nicht zu handeln ist.

463. Was ergibt sich für eine Zwangsvollstreckung aus einem Vorbehaltsurteile mit Rücksicht darauf, daß dieses nicht definitiv über den Anspruch entscheidet? §§ 302, 541, 600.

Der Kläger, der eine Zwangsvollstreckung aus einem Vorbehaltsurteile getätigt hat, ist dem Beklagten ersatzpflichtig, wenn in dem Nachverfahren eine das Vorbehaltsurteil zu ungunsten des Klägers abändernde Entscheidung ergeht, freilich bei den einzelnen Vorbehaltsurteilen in verschiedenem Umfange.

Während der Beklagte nämlich bei dem der Berufungsinstanz eigentümlichen Vorbehaltsurteile (s. Nr. 427 II b), wo der Erlaß des Urteils als Vorbehaltsurteil durch culpa des Beklagten bedingt ist, nur Anspruch auf Erstattung des von ihm auf Grund des Urteils Gezahlten oder Geleisteten in dem Umfange, in dem eine ungerechtfertigte Bereicherung herausverlangt werden kann (§ 818 BGB.), hat, ist bei den übrigen Vorbehaltsurteilen der Kläger zum Ersatze des vollen Schadens verpflichtet, der dem Beklagten durch die Vollstreckrng des Urteils oder durch eine zur Abwendung der Vollstreckung gemachte Leistung entstanden ist.

Gemeinsam dagegen ist allen Vorbehaltsurteilen, daß der Erstattungsanspruch bereits in dem Nachverfahren geltend gemacht werden kann. Bei dem der Berufungsinstanz eigentümlichen Vorbehaltsurteile treten außerdem die materiellen Wirkungen der Rechtshängigkeit schon mit der Zahlung oder Leistung auch dann ein, wenn die Geltendmachung des Anspruchs nicht schon im Nachverfahren erfolgt.

464. Welche Entscheidungen gibt es außer den Urteilen? § 329.

Beschlüsse und Verfügungen! Dieselben unterscheiden sich ihrem Wesen nach voneinander nicht, da sie beide im Gegensatz zum Endurteil nicht über den Klageanspruch (mit Ausnahme der Nr. 418 genannten Beschlüsse), sondern entweder nur über prozessuale Ansprüche entscheiden oder nur rein prozeßleitender Natur sind. Jedoch pflegt das Gesetz von Beschlüssen zu sprechen, wenn die Entscheidungen im landgerichtlichen Verfahren vom Richterkollegium, von Verfügungen dagegen, wenn sie vom Vorsitzenden oder einem beauftragten oder ersuchten Richter erlassen werden. Hieraus folgt dann auch entsprechend für den Amtsrichter, ob er seine Entscheidung als Beschluß oder als Verfügung zu erlassen hat.

Die vom Gesetz als „einstweilige Verfügungen" bezeichneten Entscheidungen sind keine Verfügungen: sie werden vom Gerichte als Beschluß oder Urteil erlassen.

Die vom Gesetz als „Befehl" bezeichneten Entscheidungen (Zahlungsbefehl, Vollstreckungsbefehl, Arrestbefehl) sind teils Beschlüsse, teils Urteile.

Der Ausdruck „Anordnung" hat in der ZPO. keine technische Bedeutung; es werden darunter Verfügungen und Beschlüsse, aber auch Urteile verstanden.

465. Wie unterscheiden sich Beschlüsse und Verfügungen hinsichtlich ihrer Form vom Urteil?

Beschlüsse und Verfügungen unterliegen nicht den strengen Formvorschriften wie die Urteile. Erforderlich ist nur, daß sie schriftlich abgefaßt werden (§ 160 Z. 5). Die Zufügung eines Tatbestandes oder von Entscheidungsgründen ist für Beschlüsse und Verfügungen nicht vorgeschrieben, aber auch nicht ausgeschlossen.

Soweit Beschlüsse und Verfügungen im Laufe eines Prozesses ergehen, sind sie in das Sitzungsprotokoll aufzunehmen oder demselben in schriftlicher Abfassung als Anlage beizufügen.

466. Was gilt für die Erlassung und Zustellung der Beschlüsse und Verfügungen? § 329.

I. Beschlüsse, die auf Grund einer — wenn auch nur fakultativen — mündlichen Verhandlung ergehen, können ebenso wie die Urteile nur von denjenigen Richtern gefällt werden, die bei der entscheidenden mündlichen Verhandlung mitgewirkt haben und müssen ebenso wie die Urteile verkündet werden, nur daß sie nicht vor der Verkündung schriftlich abgefaßt zu werden brauchen.

Verfügungen brauchen dagegen auch dann nicht verkündet zu werden, wenn sie auf Grund mündlicher Verhandlung ergehen.

II. Von Amts wegen zugestellt werden müssen alle Beschlüsse, die n i c h t auf Grund einer mündlichen Verhandlung erlassen worden sind, und alle Verfügungen, die nicht verkündet sind, ohne Rücksicht darauf, ob sie auf Grund mündlicher Verhandlung ergangen sind oder nicht.

Eine Ausnahme machen nur von den Beschlüssen: der Zahlungsbefehl, der Vollstreckungsbefehl und der Pfändungs- und Überweisungsbeschluß, von den Verfügungen: die Terminsbestimmungen im Parteibetrieb; — die Zustellung dieser Beschlüsse und Verfügungen liegt der Partei ob.

467. Welches sind die Wirkungen der Beschlüsse und Verfügungen im Gegensatz zu den Wirkungen des Urteils? § 329.

I. Gebunden ist der Richter an seine Beschlüsse und Verfügungen nicht, er kann dieselben jeder Zeit abändern. Eine Bindung des Gerichts an seinen Beschluß tritt n u r ein, wenn gegen denselben das Rechtsmittel der s o f o r t i g e n B e s c h w e r d e eingelegt wird, da mit der Einlegung der sofortigen Beschwerde die Sache an den Oberrichter devolviert wird.

II. Rechtskräftig sowie vollstreckbar können Beschlüsse nur werden, wenn sie eine zur Rechtskraft bzw. zur Vollstreckung geeignete Entscheidung enthalten.

3. Titel. **Versäumnisurteil.**

468. Was ist ein Versäumnisurteil?

Ein Versäumnisurteil ist ein Urteil, das auf einseitiges Vorbringen der nicht säumigen Partei gegen die säumige Partei wegen ihrer Versäumung eines Verhandlungstermins ergeht.

469. Wann liegt Versäumung eines Verhandlungstermins durch eine Partei vor? §§ 334, 333, 332.

Versäumung eines Verhandlungstermins liegt nicht schon dann vor, wenn die Partei mit einer einzelnen Prozeßhandlung im Verhandlungstermin in Säumnis gerät, indem sie sich über Tatsachen, Urkunden oder Eideszuschiebungen nicht erklärt, sondern nur dann, wenn sie den ganzen Verhandlungstermin versäumt, d. h. wenn sie — bzw. im Anwaltsprozesse ihr Anwalt — im Verhandlungstermin nicht erscheint oder überhaupt nicht verhandelt, wobei als Verhandlungstermine auch diejenigen Termine anzusehen sind, auf welche die mündliche Verhandlung vertagt ist oder welche zur Fortsetzung der Verhandlung vor oder nach dem Erlaß eines Beweisbeschlusses bestimmt sind.

470. Was heißt verhandeln?

Verhandeln heißt die Anträge verlesen und zu ihrer Begründung etwas vortragen; das Verlesen der Anträge ohne Begründung ist noch kein Verhandeln. Dagegen ist nicht erforderlich ein Verhandeln zur Hauptsache.

471. Was geschieht, wenn beide Parteien ausbleiben oder nicht verhandeln? § 251 Abs. 2.

Dann ruht das Verfahren.

472. Auf welcher Vermutung basiert das ganze Versäumnisverfahren?

Die Abweisung der Klage (bzw. der Widerklage) bei Säumnis des Klägers (bzw. des Widerklägers) beruht auf der Vermutung, daß der Kläger auf seinen Anspruch verzichtet. Die Verurteilung des säumigen Beklagten (bzw. des Widerbeklagten) nach dem gegnerischen Antrage beruht auf der Vermutung, daß dieser das tatsächliche mündliche Vorbringen des Klägers (bzw. des Widerklägers) zugesteht.

473. Welches sind außer dem Nichterscheinen oder Nichtverhandeln weitere Voraussetzungen für den Erlaß eines Versäumnisurteils

a) gegen den Kläger,

b) gegen den Beklagten? §§ 330, 331.

Für den Erlaß des Versäumnisurteils

a) gegen den säumigen Kläger bedarf es nur eines Antrages des Beklagten auf Erlaß des Versäumnisurteils;

b) gegen den säumigen Beklagten dagegen muß zu dem Antrag

des Klägers auf Erlaß des Versäumnisurteils noch hinzukommen, daß das tatsächliche mündliche Vorbringen des Klägers den Klageantrag rechtfertigt. Nur insoweit dies der Fall ist, kann Versäumnisurteil gegen den Beklagten ergehen. Wenn und soweit aber das Vorbringen des Klägers den Klageantrag nicht rechtfertigt, wird der Kläger mit seiner Klage durch kontradiktorisches Urteil abgewiesen.

474. Ist das Versäumnisurteil stets ein Endurteil? § 347 Abs. 2.

Es kann auch ein Zwischenurteil sein, nämlich dann, wenn der Termin lediglich zur Verhandlung über einen Zwischenstreit bestimmt war.

475. Wie stellt sich das Versäumnisurteil zu einem vorangegangenen Teil- oder Zwischenurteil? Vgl. § 304.

Das Teilurteil bleibt unberührt; das Zwischenurteil wird vernichtet, auch dann, wenn in demselben der Anspruch seinem Grunde nach schon rechtskräftig festgestellt und nur der Betrag noch streitig war.

476. Wann ist der Antrag auf Erlaß eines Versäumnisurteils, auch wenn die sonstigen Voraussetzungen für ein solches vorliegen, doch zurückzuweisen? § 335 Abs. 1.

Der Antrag ist zurückzuweisen:

a) wenn die erschienene Partei den vom Gericht wegen eines von Amts wegen zu berücksichtigenden Umstandes erforderten Nachweis (z. B. der Prozeßfähigkeit) nicht zu beschaffen vermag;

b) wenn die nicht erschienene Partei nicht ordnungsmäßig, insbesondere nicht rechtzeitig geladen war, es sei denn, daß es einer Ladung überhaupt nicht bedurfte, weil der Verhandlungstermin verkündet war, oder daß die erschienene Partei nachweist, daß sie zur Ladung nicht verpflichtet war, weil die nicht erschienene Partei selbst geladen hat;

und im Fall der Versäumung des Termins durch den Beklagten auch noch:

c) wenn ihm ein tatsächliches mündliches Vorbringen oder ein Antrag nicht rechtzeitig mittels Schriftsatzes mitgeteilt war.

477. Welches ist Form und Anfechtung der den Antrag auf Erlaß eines Versäumnisurteils zurückweisenden Entscheidung? §§ 336, 577 Abs. 2.

Die Entscheidung ergeht in Form eines Beschlusses, gegen den sofortige Beschwerde stattfindet. Die zweiwöchentliche Notfrist, binnen der die sofortige Beschwerde einzulegen ist, läuft hier ausnahmsweise schon von der Verkündung des Beschlusses ab.

478. Kann die säumig gewesene Partei, wenn der den Antrag auf Versäumnisurteil zurückweisende Beschluß auf sofortige Beschwerde hin aufgehoben wird, durch ihr Erscheinen in dem zur Weiterverfolgung des Antrags auf Versäumnisurteil neu anberaumten Termine die Folgen ihrer ersten Säumnis abwenden? § 336 Satz 2.

Nein; sie wird auch zu dem neuen Termin nicht geladen, und wenn sie ohne Ladung erscheint, wird sie — wenigstens nicht gegen den Willen des Gegners — zur mündlichen Verhandlung nicht zugelassen.

480. Welche anderen als die bisher erörterten Möglichkeiten gibt es für den Ausgang eines Termins, in dem eine Partei nicht erschienen ist? §§ 335, 337.

Außer dadurch, daß:

a) Versäumnisurteil ergeht,

b) der Antrag auf Erlaß eines Versäumnisurteils zurückgewiesen wird,

und im Fall der Säumnis des Beklagten:

c) der Kläger durch kontradiktorisches Urteil abgewiesen wird, weil sein tatsächliches Vorbringen den Klangeantrag nicht rechtfertigt,

kann der Termin auch dadurch seine Erledigung finden, daß die mündliche Verhandlung

d) auf Antrag der Partei vertagt wird; diesen Antrag kann sie auch noch nach der Zurückweisung ihres Antrags auf Erlaß des Versäumnisurteils stellen —

e) von Amts wegen vertagt wird.

481. Inwiefern ist die Befugnis des Gerichts, die Verhandlung von Amts wegen zu vertagen, im Versäumnisverfahren beschränkt? § 337.

Sobald ein Antrag der erschienenen Partei auf Erlaß eines Versäumnisurteils vorliegt, kann das Gericht von Amts wegen nur unter ganz bestimmten Voraussetzungen Vertagung der Verhandlung beschließen, nämlich nur, wenn es dafür hält:

a) daß die von dem Vorsitzenden bestimmte Einlassungs- oder Ladungsfrist zu kurz bemessen ist, oder

b) daß die Partei durch Naturereignisse oder durch andere unabwendbare Zufälle am Erscheinen verhindert worden ist.

482. Durch welche Besonderheit zeichnet sich die im Versäumnisverfahren erfolgende Vertagung, sowohl die auf Parteiantrag wie die von Amts wegen, aus? §§ 335 Abs. 2, 337 Satz 2.

Obwohl der neue Termin verkündet ist, muß die nicht erschienene Partei zu demselben doch von der erschienenen Partei geladen werden.

Anders, wenn Termin zur Fortsetzung der — einseitigen — mündlichen Verhandlung anberaumt wird (s. Nr. 310).

---

483. Wie wird das Versäumnisurteil angefochten? § 338.

Von seiten der erschienenen Partei wird es wie ein kontradiktorisches Urteil durch Berufung und Revision angefochten, von seiten der nicht erschienenen Partei aber durch Einspruch.

484. Ist der Einspruch ein Rechtsmittel wie die Berufung und die Revision?

Ein Rechtsmittel im Sinne der ZPO. ist der Einspruch nicht, denn er bringt den Streit nicht an eine höhere Instanz; vielmehr entscheidet über den Einspruch das Gericht, welches das Versäumnisurteil erlassen hat.

485. Wann muß das Gericht den Einspruch zulassen? § 341.

Das Gericht hat lediglich, und zwar von Amts wegen, zu prüfen, ob der Einspruch form- und fristgemäß eingelegt ist. Ist dies der Fall, so muß es ihn, wenn er seitens der säumigen Partei gegen das Versäumnisurteil eingelegt wird, ohne weiteres zulassen ohne Rücksicht darauf, ob die stattgehabte Versäumnis entschuldbar ist oder nicht.

486. In welcher Form erfolgt die Einlegung des Einspruchs? § 340.

Die Einlegung des Einspruchs erfolgt durch Zustellung eines Schriftsatzes an den Gegner, der enthalten muß:

1) die Bezeichnung des Urteils, gegen welches der Einspruch gerichtet wird,

2) die Erklärung, daß gegen dieses Urteil Einspruch eingelegt werde,

3) die Ladung des Gegners zur mündlichen Verhandlung über die Hauptsache (also nicht bloß über die Zulässigkeit des Einspruchs).

Der Schriftsatz soll zugleich dasjenige enthalten, was zur Vorbereitung der Verhandlung über die Hauptsache erforderlich ist und muß insoweit den Vorschriften über die vorbereitenden Schriftsätze entsprechen.

487. Binnen welcher Frist muß der Einspruch eingelegt werden? § 339.

Binnen einer Frist von zwei Wochen nach Zustellung des Versäumnisurteils. Er kann jedoch auch, anders als die Berufung und Revision, schon vor der Zustellung des Urteils, gleich nach Erlaß desselben eingelegt werden.

Muß die Zustellung im Ausland oder durch öffentliche Bekanntmachung erfolgen, so bestimmt das Gericht die Einspruchsfrist, und zwar entweder gleich im Versäumnisurteil oder nachträglich durch besonderen Beschluß, der ohne vorgängige mündliche Verhandlung erlassen werden kann.

488. Kann die Einspruchsfrist durch Parteivereinbarung verändert werden? § 339 Abs. 1.

Die Einspruchsfrist ist stets eine Notfrist, ist also der Parteivereinbarung entzogen.

489. In welcher Form erfolgt die Entscheidung über die Zulässigkeit des Einspruchs? § 341 Satz 2.

Wenn der Einspruch vom Gericht als unzulässig erachtet wird, so wird er durch Endurteil als unzulässig verworfen. Hält das Gericht den Einspruch für zulässig, so ergeht in der Regel die Entscheidung über die Zulässigkeit des Einspruchs zugleich mit der Entscheidung über die Sache selbst. Ist jedoch ein Zwischenstreit über die Zulässigkeit des Einspruchs entstanden, so kann das Gericht die Zulässigkeit durch Zwischenurteil aussprechen.

490. Welches ist die Folge, wenn der Einspruch vom Gericht für zulässig erachtet wird? § 342.

Dann wird der Prozeß in die Lage zurückversetzt, in welcher er sich vor Eintritt der Säumnis befand. Es werden also die durch das Versäumnisurteil außer Wirkung gesetzten Geständnisse, Beweisaufnahmen, Zwischenurteile &c. wieder wirksam.

491. Wird das ergangene Versäumnisurteil, wenn der Einspruch zulässig ist, auch formell und durch besondere Entscheidung aufgehoben? § 343.

Eine besondere Entscheidung ergeht nicht, aber auch das neue in der Sache ergehende Urteil hebt das Versäumnisurteil nur dann auf, wenn sein Inhalt von ihm abweicht; stimmt es dagegen mit der in dem Versäumnisurteil enthaltenen Entscheidung überein, so hat es auszusprechen, daß diese Entscheidung aufrecht zu erhalten sei.

492. Wer trägt die durch die Säumnis entstandenen Mehrkosten, wenn infolge des Einspruchs zu gunsten der säumigen Partei eine abändernde Entscheidung ergeht? § 344.

Auch in diesem Fall hat die säumige Partei die durch ihre Säumnis verursachten Kosten zu tragen, außer:

a) wenn ein Versäumnisurteil überhaupt nicht hätte erlassen werden dürfen,

b) wenn oder soweit diese Kosten durch einen unbegründeten Widerspruch des Gegners entstanden sind.

493. Steht der säumigen Partei auch gegen ein zweites in derselben Sache ergangenes Versäumnisurteil noch der Einspruch zu? § 345.

Auch wenn die Partei mehrmals in derselben Sache säumig gewesen ist, kann sie ein gegen sie erlassenes Versäumnisurteil immer wieder durch Einspruch anfechten. Nur wenn die Partei, nachdem sie gegen ein Versäumnisurteil Einspruch eingelegt hat, gleich in der ersten zur mündlichen Verhandlung bestimmten Sitzung oder in derjenigen Sitzung, auf welche die Verhandlung vertagt ist, nicht erscheint oder nicht zur Hauptsache verhandelt, steht ihr gegen ein nunmehr ergehendes Versäumnisurteil, durch das ihr Einspruch verworfen wird, ein weiterer Einspruch nicht zu.

494. Hat die säumige Partei gegen ein Versäumnisurteil, gegen welches ein Einspruch nicht mehr zulässig ist, gar kein Anfechtungsmittel? §§ 513, 566.

Gegen ein solches Versäumnisurteil hat die säumige Partei die Rechtsmittel der Berufung bzw. Revision, aber nur soweit, als diese Rechtsmittel darauf gestützt werden, daß der Fall der Versäumung nicht vorgelegen habe.

495. Kann die säumige Partei ihren Einspruch jederzeit zurücknehmen? §§ 346, 515 Abs. 1.

Ohne weiteres kann sie den Einspruch nur bis zum Beginn der mündlichen Verhandlung seitens des Gegners zurücknehmen (nicht wie die Klage: bis zum Beginn der mündlichen Verhandlung zur Hauptsache). Nach diesem Zeitpunkte bedarf sie zur Zurücknahme des Einspruchs der Einwilligung des Gegners.

496. In welcher Form erfolgt die Zurücknahme des Einspruchs? §§ 346, 515 Abs. 2.

Die Zurücknahme des Einspruchs erfolgt, wenn sie nicht bei der mündlichen Verhandlung erklärt wird, durch Zustellung eines Schriftsatzes an den Gegner. Von dem Schriftsatz ist eine Abschrift sofort nach erfolgter Zustellung an den Gegner auf der Gerichtsschreiberei niederzulegen.

497. Welche Wirkungen hat die Zurücknahme des Einspruchs? §§ 346, 515 Abs. 3.

Die Zurücknahme hat den Verlust des Einspruchs und die Verpflichtung zur Folge, die durch den Einspruch entstandenen Kosten zu tragen. Auf Antrag des Gegners sind diese Wirkungen durch Urteil auszusprechen.

498. Bedarf es zur Wirksamkeit eines Verzichts auf das Recht, Einspruch zu erheben, einer Annahme durch den Gegner? §§ 346, 514.

Sofern der Verzicht nach Erlaß des Versäumnisurteils erklärt wird, bedarf es zur Wirksamkeit des Verzichts einer Annahme durch den Gegner nicht; anderenfalls ist ein Vertrag zwischen den beiden Parteien erforderlich.

4. Titel. **Vorbereitendes Verfahren in Rechnungssachen, Auseinandersetzungen und ähnlichen Prozessen.**

499. Welches sind die Voraussetzungen des vorbereitenden Verfahrens? §§ 348, 508; 277.

Voraussetzungen sind:

a) daß ein Prozeß in erster oder zweiter Instanz vor einem Landgericht oder Oberlandesgericht anhängig ist — im Verfahren vor den Amtsgerichten ist ein vorbereitendes Verfahren ausgeschlossen;

b) daß in dem Prozeß bereits kontradiktorisch mündlich verhandelt ist, und etwa vorgebrachte prozeßhindernde Einreden erledigt sind;

c) daß dieser Prozeß die Richtigkeit einer Rechnung, einer Vermögensauseinandersetzung oder ähnliche Verhältnisse zum Gegenstande hat;

d) daß sich in dem anhängigen Prozesse eine erhebliche Zahl von streitigen Ansprüchen oder von streitigen Erinnerungen gegen eine Rechnung oder gegen ein Inventar herausgestellt hat.

500. Vor wem findet das vorbereitende Verfahren statt? § 348.

Ausschließlich vor einem beauftragten Richter, also einem Mitgliede des Prozeßgerichts: nicht vor einem ersuchten Richter.

501. Wie erfolgt die Anordnung des vorbereitenden Verfahrens? § 349.

Sie erfolgt durch unanfechtbaren Beschluß, der von Amts wegen erlassen wird, sobald das Gericht die Voraussetzungen als gegeben erachtet; eines Antrags bedarf es nicht.

Der Beschluß ist zu verkünden; bei der Verkündung ist zugleich durch den Vorsitzenden des Prozeßgerichts der beauftragte Richter zu bezeichnen und der Termin zur Erledigung des Beschlusses zu bestimmen. — Ist die Terminsbestimmung unterblieben, so erfolgt sie durch den beauftragten Richter.

502. Worin besteht die Eigenart des vorbereitenden Verfahrens? §§ 350; GVG. 170.

Abgesehen davon, daß es als Verfahren vor einem beauftragten Richter nicht öffentlich ist, und daß es im allgemeinen den Vorschriften, die für das amtsgerichtliche Verfahren gelten, unterliegt, zeichnet es sich dadurch aus, daß es ein schriftliches, von der Eventualmaxime beherrschtes Verfahren ist.

503. Was folgt für das vorbereitende Verfahren aus der analogen Anwendung der Vorschriften über das amtsgerichtliche Verfahren? §§ 350 Abs. 2, 495 ff.

Vor allem herrscht kein Anwaltszwang; ferner kann eine Vorbereitung durch Schriftsätze ohne Nachteil unterbleiben; die Zustellungen können durch Vermittlung des Gerichtsschreibers erfolgen rc. Dagegen finden die Vorschriften über das Protokoll im amtsgerichtlichen Prozeß auf das vorbereitende Verfahren keine Anwendung, da hier besondere Vorschriften bestehen.

504. Inwiefern ist das vorbereitende Verfahren ein schriftliches Verfahren? § 350 Abs. 1.

Es ist ein schriftliches Verfahren insofern, als das ganze tatsächliche Material schriftlich festzustellen ist. Diese Feststellung geschieht in dem Protokoll. In dasselbe sind nicht nur, wie gewöhnlich, einzelne bestimmte Anträge und Erklärungen aufzunehmen, sondern es ist zu protokollieren:

a) welche Ansprüche erhoben und welche Angriffs- und Verteidigungsmittel geltend gemacht werden;

b) welche Ansprüche und welche Angriffs- und Verteidigungsmittel streitig oder unstreitig sind;

c) in Ansehung der bestrittenen Ansprüche und der bestrittenen Angriffs- und Verteidigungsmittel das Sachverhältnis nebst den von den Parteien bezeichneten Beweismitteln, den geltend gemachten Beweiseinreden, den abgegebenen Erklärungen über Beweismittel und Beweiseinreden und den gestellten Anträgen.

505. Inwieweit wird das vorbereitende Verfahren von der Eventualmaxime beherrscht? § 354.

I. Erklärungen über Tatsachen, Urkunden und Eideszuschiebungen, die in dem Verfahren vor dem beauftragten Richter ausdrücklich verweigert oder auf die Aufforderung des Richters zur Abgabe der Erklärung nicht erfolgt sind, können nach Schluß des vorbereitenden Verfahrens überhaupt nicht mehr wirksam vorgebracht werden.

II. Ansprüche, Angriffs- und Verteidigungsmittel, Beweismittel und Beweiseinreden, welche zum Protokolle des beauftragten Richters nicht festgestellt sind, können nur ausnahmsweise auch nach Schluß des vorbereitenden Verfahrens noch geltend gemacht werden, wenn nämlich glaubhaft gemacht wird, daß dieselben erst später entstanden oder der Partei bekannt geworden sind.

In beiden Fällen gilt die Präklusion jedoch immer nur für ein und dieselbe Instanz.

506. Welche Besonderheit gilt für das vorbereitende Verfahren hinsichtlich der Säumnis einer Partei? § 351.

Erscheint eine Partei in einem Termine vor dem beauftragten Richter nicht, so gilt das tatsächliche Vorbringen der erschienenen Partei noch nicht als zugestanden, vielmehr ist, nachdem ihr Vorbringen, soweit erforderlich, zu Protokoll festgestellt ist, von Amts wegen ein neuer Termin anzuberaumen und die nicht erschienene Partei zu demselben unter Mitteilung einer Abschrift des Protokolls von der erschienenen Partei zu laden.

Erst wenn die säumige Partei auch in dem neuen Termin nicht erscheint, gelten die in dem zugestellten Protokoll enthaltenen tatsächlichen Behauptungen des Gegners als zugestanden und ist das vorbereitende Verfahren bezüglich derselben nicht weiter fortzusetzen.

507. Wann hat der beauftragte Richter das vorbereitende Verfahren zu schließen?

Der beauftragte Richter hat das vorbereitende Verfahren von Amts wegen solange fortzusetzen, bis ihm der Rechtsstreit selbst oder ein Zwischenstreit zur Erlassung eines Urteils oder eines Beweisbeschlusses reif erscheint; das Prozeßgericht kann aber jederzeit die Fortsetzung des vorbereitenden Verfahrens anordnen.

---

508. Wie entwickelt sich das Verfahren nach Schluß des vorbereitenden Verfahrens weiter? §§ 352, 353 Abs. 1.

Nach dem Schluß des vorbereitenden Verfahrens ist der Termin zur mündlichen Verhandlung vor dem Prozeßgericht von Amts wegen zu bestimmen und auch von Amts wegen den Parteien bekannt zu machen.

Bei der mündlichen Verhandlung haben die Parteien das Ergebnis des vorbereitenden Verfahrens auf Grund des Protokolls vorzutragen.

509. In welchem Fall zeigt sich noch im besonderen die Bedeutung des im vorbereitenden Verfahren aufgenommenen Protokolles für das weitere Verfahren? § 353 Abs. 2.

Wenn in dem nach Schluß des vorbereitenden Verfahrens anberaumten Termine zur mündlichen Verhandlung eine Partei ausbleibt, so sind die Ansprüche, welche sich nach dem Protokolle als unstreitig ergeben haben, durch kontradiktorisches Teilurteil zu erledigen, und nur bezüglich der noch streitigen Ansprüche kann auf Antrag ein Versäumnisurteil erlassen werden.

5. Titel. Allgemeine Bestimmungen über die Beweisaufnahme.

510. Erfordert die Beweisaufnahme nach der ZPO. stets wie die im gemeinrechtlichen Prozeß ein besonderes Verfahren? §§ 355, 358.

Die Beweisaufnahme erfolgt im heutigen Prozeß, wenn angängig, gleich in der mündlichen Verhandlung ohne Unterbrechung des Verfahrens; ein besonderes Verfahren findet nur dann statt, wenn die Beweisaufnahme nicht vor dem Prozeßgericht, sondern vor einem beauftragten oder ersuchten Richter stattfinden soll, oder wenn sie aus einem anderen Grunde ein besonderes Verfahren erforderlich macht, z. B. wegen ihres Umfangs oder weil die Beweismittel nicht zur Stelle sind.

511. Wie wird das besondere Verfahren für die Beweisaufnahme angeordnet? §§ 358, 460, 461.

Stets durch Beweisbeschluß; nur die Leistung eines Eides wird in der Regel durch bedingtes Endurteil, und nur in Ausnahmefällen durch Beweisbeschluß, angeordnet.

512. Welchen Inhalt hat der Beweisbeschluß? § 359.

Der Beweisbeschluß enthält:

a) die Bezeichnung der streitigen Tatsachen, über welche der Beweis zu erheben ist;

b) die Bezeichnung der **Beweismittel** unter Benennung der zu vernehmenden Zeugen und Sachverständigen;

c) die Bezeichnung der **Partei**, welche sich zum Nachweise oder zur Widerlegung tatsächlicher Behauptungen auf das Beweismittel berufen hat;

d) die Eidesnorm, wenn die Abnahme eines zugeschobenen oder zurückgeschobenen Eides angeordnet wird.

Beispiel:

Beweisbeschluß.

Es soll Beweis darüber erhoben werden (a), daß der Beklagte dem Kläger bei Hingabe der 500 Mark versprochen hat, dieselben am 15. September 1903 zurückzuerstatten

(b) durch Vernehmung des N. N. als Zeugen (c) des Klägers.

513. Wodurch unterscheidet sich der Beweisbeschluß der ZPO. von dem Beweisurteil des gemeinrechtlichen Prozesses? §§ 355 Abs. 2; 283.

I. Während das **Beweisurteil** des gemeinrechtlichen Prozesses als Urteil selbständig anfechtbar und der Rechtskraft fähig war, ist der **Beweisbeschluß** stets unanfechtbar, und zwar auch soweit durch ihn die Beweisaufnahme vor einem beauftragten oder ersuchten Richter angeordnet wird.

II. Während durch das **Beweisurteil**, sobald es rechtskräftig war, das Gericht gebunden und ein Nachbringen neuer Angriffs- und Verteidigungsmittel seitens der Parteien ausgeschlossen war, kann jetzt das Gericht seinen **Beweisbeschluß** jederzeit abändern, und die Parteien können auch noch nach Erledigung des Beweisbeschlusses, bis zum Schluß der mündlichen Verhandlung, auf die das Urteil ergeht, Angriffs- und Verteidigungsmittel vorbringen und dadurch eventuell einen neuen Beweisbeschluß notwendig machen.

513 a. Können die Parteien auf Grund der **früheren** Verhandlungen eine Änderung des ergangenen Beweisbeschlusses herbeiführen? § 360.

Nein, sie müssen vielmehr die durch das Gericht von Amts wegen herbeizuführende Erledigung des Beweisbeschlusses abwarten, wofern nicht das Gericht von sich aus eine Änderung des Beweisbeschlusses für angezeigt erachtet.

514. In welchen Fällen findet die Beweisaufnahme vor einem **beauftragten oder ersuchten Richter** statt? §§ 355, 375.

Die Fälle, in denen die Beweisaufnahme nicht vor dem Prozeßgericht stattfindet, sondern einem Mitgliede des Prozeßgerichts (als **beauftragtem Richter**) oder einem anderen Gerichte (nämlich dem Amtsgerichte, in dessen Bezirke die Beweisaufnahme stattfinden soll, durch **Ersuchen**) übertragen wird, sind im Gesetz besonders aufgezählt, wie z. B. der Fall, daß der Zeuge verhindert ist, vor dem Prozeßgerichte zu erscheinen.

515. Durch wen wird der beauftragte Richter bezeichnet, bzw. das Amtsgericht um die Beweisaufnahme ersucht? §§ 361 Abs. 1, 362 Abs. 1.

Während die Bestimmung, daß die Beweisaufnahme durch einen beauftragten oder den ersuchten Richter erfolgen soll, durch das Gericht, im Beweisbeschlusse selbst geschieht, erfolgt die Bezeichnung des Mitgliedes des Prozeßgerichts und der Erlaß des Ersuchungsschreibens an das zuständige Amtsgericht durch den Vorsitzenden des Prozeßgerichts.

516. Wer bestimmt den Termin zur Beweisaufnahme vor dem beauftragten bzw. ersuchten Richter? § 361.

I. Der Termin zur Beweisaufnahme vor dem beauftragten Richter wird in der Regel durch den Vorsitzenden bei Verkündung des Beschlusses bestimmt, und nur wenn dies nicht geschehen ist, durch den beauftragten Richter.

II. Dagegen bestimmt der ersuchte Richter den Termin zur Beweisaufnahme stets selbst.

517. Wie geschieht die Beweisaufnahme, wenn sie im Auslande erfolgen soll? §§ 369; 363 Abs. 1, 364 Abs. 1. Vgl. auch § 364 Abs. 2—4.

Die Beweisaufnahme im Auslande erfolgt nach den Vorschriften des ausländischen Rechts durch die nach diesem Recht zuständige Behörde; jedoch kann daraus, daß die Beweisaufnahme nach dem ausländischen Recht mangelhaft ist, dann kein Einwand entnommen werden, wenn sie dem inländischen Prozeßrecht entspricht.

Die ausländische Behörde ersucht der Vorsitzende des Prozeßgerichts um die Beweisaufnahme; doch kann das Gericht auch anordnen, daß der Beweisführer selbst das Ersuchungsschreiben zu besorgen und die Erledigung des Ersuchens zu betreiben habe.

518. In welchen Fällen hat der Vorsitzende statt der ausländischen Behörde einen Reichskonsul um die Beweisaufnahme zu ersuchen? § 363 Abs. 2. Vgl. §§ 1 u. 6 des Gesetzes vom 7. 4. 1900 und § 20 des Gesetzes vom 8. 11. 1867.

In allen Fällen, in denen die Beweisaufnahme durch einen Reichskonsul geschehen kann.

Wann sie durch einen Reichskonsul geschehen kann, bestimmt sich nach äußerem Staatsrecht.

519. Ist der mit der Beweisaufnahme beauftragte oder um dieselbe ersuchte Richter zur Weiterbegebung des Auftrags bzw. des Ersuchens ermächtigt? §§ 361 Abs. 2, 365.

I. Ist der beauftragte Richter verhindert, den Auftrag auszuführen, so ist er nicht berechtigt, ein anderes Mitglied des Prozeßgerichts an seiner Stelle zu beauftragen; dies geschieht vielmehr durch den Vorsitzenden des Prozeßgerichts.

II. Sowohl der beauftragte wie der ersuchte Richter ist jedoch ermächtigt, falls sich später Gründe ergeben, welche die Beweisaufnahme durch ein anderes Gericht sachgemäß erscheinen lassen, dieses Gericht um die Aufnahme des Beweises zu ersuchen. — Die Parteien sind dann von dieser Verfügung in Kenntnis zu setzen.

520. Ist der beauftragte und der ersuchte Richter auch berechtigt, alle Zwischenstreitigkeiten, die sich gelegentlich der Beweisaufnahme vor ihnen ergeben, zu entscheiden? § 366.

Da die Delegation sich nur auf die in dem Beweisbeschlusse angeordnete Beweisaufnahme erstreckt, ist der beauftragte wie der ersuchte Richter auch nur befugt, solche Zwischenstreitigkeiten selbst zu entscheiden, welche die Art und Weise der Ausführung dieser Beweisaufnahme betreffen. Alle anderen Zwischenstreitigkeiten, die sich nur gelegentlich der Beweisaufnahme ergeben, hat das Prozeßgericht zu erledigen, und zwar, wenn von der Erledigung die Fortsetzung der Beweisaufnahme abhängt, vor der Fortsetzung nach Unterbrechung der Beweisaufnahme; der Termin zur mündlichen Verhandlung über den Zwischenstreit ist von Amts wegen zu bestimmen und den Parteien bekannt zu machen.

521. Wie verfährt der ersuchte Richter nach Erledigung der Beweisaufnahme? § 362 Abs. 2.

Er übersendet die sich auf die Beweisaufnahme beziehenden Verhandlungen in Urschrift dem Gerichtsschreiber des Prozeßgerichts, der seinerseits den Parteien von dem Eingang Nachricht gibt.

522. Ist für die Beweisaufnahme die Anwesenheit der Parteien erforderlich? §§ 367 Abs. 1, 368.

Den Parteien ist gestattet, der Beweisaufnahme vor dem Prozeßgericht wie vor dem beauftragten und ersuchten Richter beizuwohnen; erforderlich ist ihre Anwesenheit nicht. Vielmehr ist, wenn eine Partei oder beide Parteien in dem Termin zur Beweisaufnahme nicht erscheinen, diese gleichwohl insoweit zu bewirken, als es nach Lage der Sache geschehen kann; auch ist, wenn ein neuer Termin zur Beweisaufnahme oder zur Fortsetzung derselben erforderlich wird, dieser ohne Rücksicht auf das Ausbleiben der Parteien, wie überhaupt jeder Beweistermin von Amts wegen zu bestimmen.

523. Unter welchen Voraussetzungen kann die nicht erschienene Partei eine nachträgliche Beweisaufnahme oder eine Vervollständigung derselben erlangen? § 367 Abs. 2.

Eine nachträgliche Beweisaufnahme oder eine Vervollständigung derselben ist auf Antrag der nicht erschienenen Partei vom Gericht — bis zum Schluß der mündlichen Verhandlung, auf die das Urteil ergeht — außer wenn die gegnerische Partei zustimmt, nur anzuordnen:

a) wenn das Verfahren durch die Beweisaufnahme nicht verzögert wird, oder

b) wenn die Partei glaubhaft macht, daß sie ohne ihr Verschulden außerstande gewesen sei, in dem früheren Termin zu erscheinen.

In letzterem Fall darf jedoch eine Vervollständigung der Beweisaufnahme nur dann angeordnet werden, wenn die Partei außerdem glaubhaft macht, daß durch ihr Nichterscheinen eine wesentliche Unvollständigkeit der Beweisaufnahme veranlaßt sei.

524. Kann eine Partei mit einem Beweismittel von vornherein ausgeschlossen werden, wenn die Benutzung des Beweismittels eine Verzögerung des Verfahrens befürchten läßt? § 356.

Nein, vielmehr hat das Gericht, wenn der Aufnahme des Beweises ein Hindernis von ungewisser Dauer entgegensteht, zunächst auf Antrag eine Frist zu bestimmen, innerhalb welcher das der Beweisaufnahme entgegenstehende Hindernis zu beseitigen ist; und erst nach fruchtlosem Ablaufe dieser Frist kann das Gericht die Benutzung des Beweismittels deshalb ausschließen, weil dadurch das Verfahren verzögert würde.

525. Wie wird der Termin zur Fortsetzung der mündlichen Verhandlung nach Beendigung der Beweisaufnahme bestimmt? §§ 370 Abs. 2; Abs. 1.

I. Erfolgt die Beweisaufnahme vor einem beauftragten oder ersuchten Richter, so kann bereits in dem Beweisbeschlusse, welcher die Beweisaufnahme anordnet, der Termin zur Fortsetzung der mündlichen Verhandlung bestimmt werden. Ist dies nicht geschehen, so wird nach Beendigung der Beweisaufnahme dieser Termin von Amts wegen bestimmt und den Parteien bekannt gemacht.

II. Erfolgt dagegen die Beweisaufnahme vor dem Prozeßgericht, so ist die Bestimmung eines Termins zur Fortsetzung der durch die Beweisaufnahme unterbrochenen mündlichen Verhandlung nicht nur nicht erforderlich, sondern sogar unzulässig, da kraft Gesetzes jeder Beweistermin vor dem Prozeßgericht zugleich zur Fortsetzung der mündlichen Verhandlung bestimmt ist.

526. Welche Beweismittel kennt die ZPO.?

Die ZPO. kennt folgende Beweismittel: Augenschein, Zeugen, Sachverständige, Urkunden und Eid.

6. Titel. Beweis durch Augenschein.

527. Was versteht man unter Augenschein?

Unter Augenschein ist jede sinnliche — also nicht bloß die

durch das Gesicht sondern auch die durch die anderen Sinne vermittelte — Wahrnehmung des Richters in amtlicher Eigenschaft zu verstehen (Augenschein im weiteren Sinn). Hierher gehört z. B. auch die Vernehmung eines Zeugen. Da aber der Beweis durch Zeugen und Sachverständige wie auch der Urkundenbeweis vom Gesetz besonders geregelt ist, so ist der Augenschein im engeren Sinn nur die sinnliche Wahnehmung des Richters an allen sinnlich wahrnehmbaren Objekten mit Ausnahme der Zeugen, Sachverständigen und Urkunden.

528. Wie wird der Beweis durch Augenschein angetreten? §§ 371; 421, 428.

Er wird angetreten durch Bezeichnung des Gegenstandes des Augenscheins und durch die Angabe der zu beweisenden Tatsachen.

Und zwar geschieht die Beweisantretung in dieser Weise auch dann, wenn sich das Objekt des Augenscheins nicht in den Händen des Beweisführers selbst befindet (und nicht wie beim Urkundenbeweis, wo die Antretung des Beweises für den Fall, daß sich die Urkunde in den Händen des Gegners befindet, durch den Antrag geschieht, dem Gegner die Vorlegung der Urkunde aufzugeben, für den Fall aber, daß sich die Urkunde in den Händen eines Dritten befindet, durch den Antrag zur Herbeischaffung der Urkunde eine Frist zu bestimmen).

529. Bedarf es zur Augenscheinseinnahme stets eines Beweisantritts durch die Partei? §§ 144, 372 Abs. 1.

Nein, das Prozeßgericht kann auch von Amts wegen die Einnahme des Augenscheins anordnen, wie es auch zu jeder Augenscheinseinnahme die Zuziehung eines oder mehrerer Sachverständiger anordnen kann.

530. Muß das Gericht die Augenscheinseinnahme stets selbst vornehmen? § 372 Abs. 2.

Es kann die Einnahme des Augenscheins ebenso wie die Ernennung etwa zuzuziehender Sachverständigen ganz allgemein — auch ohne Vorliegen besonderer Gründe — einem beauftragten oder ersuchten Richter übertragen.

531. Inwieweit bedarf es einer Feststellung der Augenscheinseinnahme im Protokoll? § 160 Abs. 2, Z. 4.

Im Protokoll braucht nur das Ergebnis des Augenscheins festgestellt zu werden, d. h. das Urteil, welches sich das Gericht auf Grund seiner sinnlichen Wahrnehmung gebildet hat.

7. Titel. Zeugenbeweis.

532. Was sind Zeugen?

Zeugen sind dritte Personen, welche im Prozeß von ihnen in der Vergangenheit wahrgenommene Tatsachen berichten sollen. Zeugen können daher alle physische Personen sein außer den Parteien und ihren gesetzlichen Vertretern, sofern diese den Prozeß als ihre Vertreter führen.

533. Wie erfolgt die Antretung des Zeugenbeweises? § 373.

Die Antretung des Zeugenbeweises erfolgt durch die Benennung der Zeugen und die Bezeichnung der Tatsachen, über welche die Vernehmung der Zeugen stattfinden soll.

534. Bis zu welchem Zeitpunkt kann ein Beweis durch Zeugen angetreten werden? §§ 283, 374.

Wie alle Beweismittel können auch Zeugen bis zum Schluß der mündlichen Verhandlung, auf welche das Urteil ergeht, benannt werden. Nur wenn Zeugen bezüglich solcher streitiger Tatsachen benannt werden, über die bereits ein Beweisbeschluß erlassen ist, so kann das Gericht die Vernehmung dieser neuen Zeugen auf Antrag ablehnen, wenn:

a) durch die Vernehmung die Erledigung des Rechtsstreits verzögert werden würde, und außerdem

b) das Gericht die Überzeugung gewinnt, daß die Partei in der Absicht, den Prozeß zu verschleppen oder aus grober Nachlässigkeit die Zeugen nicht früher benannt hat.

535. Vor wem erfolgt die Aufnahme des Zeugenbeweises? § 375 Abs. 1.

In der Regel vor dem Prozeßgericht; jedoch kann dieses die Aufnahme des Zeugenbeweises durch einen beauftragten oder ersuchten Richter anordnen, wenn:

a) zur Ausmittlung der Wahrheit die Vernehmung der Zeugen an Ort und Stelle dienlich erscheint,

b) die Beweisaufnahme vor dem Prozeßgericht wegen ihrer Art erheblichen Schwierigkeiten unterliegen würde,

c) der Zeuge verhindert ist, vor dem Prozeßgericht zu erscheinen,

d) der Zeuge in großer Entfernung vom Sitz des Prozeßgerichts sich aufhält.

536. Wann muß das Prozeßgericht die Aufnahme des Zeugenbeweises durch einen ersuchten Richter vornehmen lassen? § 382.

Die Aufnahme des Zeugenbeweises muß durch einen ersuchten Richter erfolgen, wenn der Reichskanzler, die Minister eines Bundesstaats, die Mitglieder der Senate der freien Hansestädte, die Vorstände der obersten Reichsbehörden und die Vorstände der Ministerien zu vernehmen sind und das Prozeßgericht nicht an ihrem Amtssitze — oder, wenn sie sich außerhalb desselben aufhalten, an ihrem Aufenthaltsorte — seinen Sitz hat, da die genannten Personen nur an ihrem Amtssitze bzw. Aufenthaltsorte vernommen werden dürfen.

Ebenso sind die Mitglieder des Bundesrats während ihres Aufenthalts am Sitze des Bundesrats an diesem Sitze, die Mitglieder einer deutschen gesetzgebenden Versammlung während der Sitzungsperiode und ihres Aufenthalts am Orte der Versammlung an diesem Orte zu vernehmen.

537. Was gilt im besonderen für die Vernehmung der Landesherren und der ihnen gleichgestellten Personen? § 375 Abs. 2; EG. z. ZPO. § 5.

Sie sind in ihrer Wohnung zu vernehmen und zwar durch einen beauftragten oder ersuchten Richter, immer vorausgesetzt jedoch, daß nicht die einzelnen Landesgesetze oder Hausverfassungen abweichende Bestimmungen treffen.

538. Wie geschieht die Ladung der Zeugen? § 377 Abs. 1.

Die Ladung, die von dem Gerichtsschreiber unter Bezugnahme auf den Beweisbeschluß ausgefertigt wird, ist den Zeugen von Amts wegen zuzustellen. Eine Ladung der Zeugen seitens der Partei findet nicht statt, jedoch ist es der Partei unbenommen, Zeugen an Gerichtsstelle mitzubringen.

539. Welchen Inhalt hat die Ladung? § 377 Abs. 2.

Die Ladung muß enthalten:

1) die Bezeichnung der Parteien;

2) den Gegenstand der Vernehmung, — eine Mitteilung des ganzen Beweisthemas ist nicht erforderlich, es genügt ein Auszug aus demselben;

3) die Anweisung zur Ablegung des Zeugnisses, bei Vermeidung der durch das Gesetz angedrohten Strafen, in dem nach Ort und Zeit zu bezeichnenden Termine zu erscheinen.

540. Wie geschieht die Ladung einer dem aktiven Heer oder der aktiven Marine angehörigen Person des Soldatenstandes? § 378.

Sie geschieht nicht, wie die Ladung eines Unteroffiziers oder eines Gemeinen als Partei, durch Zustellung an den Chef der zunächst vorgesetzten Kommandobehörde, sondern durch Ersuchen der für die einzelnen Kontingente des Heeres besonders bestimmten Militärbehörden, zu dem noch hinzukommen muß die Anweisung zum Erscheinen an Gerichtsstelle durch die ersuchte Militärbehörde.

---

541. Besteht eine Zeugnispflicht?

Jede physische Person ist, vorausgesetzt, daß sie frist- und formgemäß geladen ist, verpflichtet, Zeuge zu sein. Diese Zeugnispflicht umfaßt die Pflicht, vor Gericht zu erscheinen, auszusagen und die Aussage zu beeidigen.

542. Werden dem Zeugen die ihm durch seine Zeugenschaft etwa erwachsenen materiellen Nachteile vergütet? § 401; GVG. § 166 Abs. 3.

Jeder Zeuge hat nach Maßgabe der Gebührenordnung für Zeugen

und Sachverständige Anspruch auf Entschädigung für Zeitversäumnis und, wenn sein Erscheinen eine Reise erforderlich macht, auf Erstattung der Kosten, welche durch die Reise und den Aufenthalt am Ort der Vernehmung verursacht werden.

Bei weiterer Entfernung des Aufenthaltsorts der geladenen Zeugen ist denselben auf Antrag ein Vorschuß zu bewilligen.

Die Entschädigung wie den Vorschuß erhalten die Zeugen aus der Staatskasse, die sich ihrerseits durch von dem Beweisführer eingeforderten Vorschuß decken kann.

543. Kann das Gericht die Ladung eines Zeugen davon abhängig machen, daß der Beweisführer einen Vorschuß zur Deckung der Staatskasse wegen der durch die Vernehmung des Zeugen erwachsenden Auslagen einzahlt? § 379.

Dem ersuchten und beauftragten Richter steht diese Befugnis nicht zu, wohl aber kann das Prozeßgericht in dem Beweisbeschluß oder durch nachträglichen Beschluß die Ladung des Zeugen davon abhängig machen, daß der Beweisführer binnen einer bestimmten Frist einen Vorschuß zur Deckung der Staatskasse hinterlegt.

Erfolgt die Hinterlegung nicht binnen der bestimmten Frist, so unterbleibt die Ladung, es wäre denn, daß die Hinterlegung noch so zeitig nachgeholt wird, daß die Vernehmung ohne Verzögerung des Verfahrens erfolgen kann.

544. Welche Folgen treten ein, wenn ein Zeuge trotz ordnungsmäßiger Ladung nicht oder nicht rechtzeitig im Termin erscheint? § 380 Abs. 1.

Der Zeuge ist, und zwar auch ohne Antrag, durch Beschluß des Prozeßgerichts bzw. des beauftragten oder ersuchten Richters in die durch sein Ausbleiben verursachten Kosten und außerdem zu einer Geldstrafe bis zu 300 Mark, und für den Fall, daß diese nicht beigetrieben werden kann, zu einer Haftstrafe bis zu sechs Wochen zu verurteilen.

545. Welche weitere Zwangsmaßregel steht dem Gericht zu Gebote, wenn der Zeuge wiederholt nicht erscheint? § 380 Abs. 2.

Abgesehen davon, daß der Zeuge bei wiederholtem Ausbleiben zu einem zweiten Male — aber nicht öfter! — in die Kosten und in die Strafe innerhalb der gesetzlichen Schranken verurteilt werden muß, kann das Gericht und zwar auch schon neben der zweiten Verurteilung des Zeugen in Kosten und Strafe — ebenfalls durch Beschluß — die zwangsweise Vorführung des Zeugen anordnen.

546. Welches Rechtsmittel hat der Zeuge gegen die Beschlüsse, durch die er in Kosten und Strafe verurteilt, bzw. seine zwangsweise Vorführung angeordnet wird? §§ 380 Abs. 3, 572.

Gegen beide Beschlüsse, die dem Zeugen von Amts wegen zuzustellen sind, steht ihm das Rechtsmittel der Beschwerde zu, die hier ausnahmsweise eine die Vollstreckung hindernde Wirkung hat.

547. Wie geschieht die Vollstreckung der Strafe und die zwangsweise Vorführung?

Die Vollstreckung der Strafe wie die zwangsweise Vorführung wird durch das beweiserhebende Gericht selbst, nicht etwa durch die gewöhnlichen Strafvollstreckungsbehörden (Staatsanwalt und Amtsgericht) veranlaßt.

Die Vollstreckung der Strafe geschieht durch Pfändung nach allgemeinen Regeln und die zwangsweise Vorführung durch den Gerichtsvollzieher.

548. Wie erfolgt die Festsetzung und Vollstreckung der Strafe gegen eine dem aktiven Heer oder der aktiven Marine angehörige Militärperson?

Die Festsetzung und Vollstreckung der Strafe gegen eine Militärperson — dazu gehören außer den Personen des Soldatenstandes auch die Militärbeamten — geschieht durch Ersuchen des Militärgerichts, die Vorführung einer solchen Person durch Ersuchen der für die einzelnen Heereskontingente besonders bestimmten Militärbehörden.

549. In welchem Fall unterbleibt die Verurteilung in Strafe und Kosten sowie die Anordnung der zwangsweisen Vorführung eines trotz ordnungsmäßiger Ladung nicht erschienenen Zeugen? § 381.

Diese Maßregeln unterbleiben, wenn das Ausbleiben des Zeugen nach dem Ermessen des Gerichts genügend entschuldigt ist. Ebenso sind die bereits getroffenen Maßregeln gegen den Zeugen ohne weiteres wieder aufzuheben, wenn er sich nachträglich genügend entschuldigt; wird seiner Entschuldigung nicht stattgegeben, so hat er immer noch das Mittel der Beschwerde.

Die Anzeigen und Gesuche des Zeugen können schriftlich oder zum Protokolle des Gerichtsschreibers oder mündlich in dem zur Vernehmung bestimmten neuen Termine angebracht werden.

550. Welche anderen als die in der ZPO. bestimmten Nachteile können einem Zeugen erwachsen, der sein Nichterscheinen durch eine unwahre Tatsache entschuldigt? StGB. § 138.

Er kann auch mit Gefängnis bis zu zwei Monaten vom Strafrichter bestraft werden.

551. Welche Folgen treten ein, wenn der Zeuge zu einem Termin erscheint, aber sein Zeugnis verweigert? §§ 390, 913.

Abgesehen von der zwangsweisen Vorführung treten dieselben Folgen ein, als wenn der Zeuge überhaupt nicht im Termine erschienen wäre. Im Falle wiederholter Weigerung ist aber außerdem — dies jedoch nur auf Antrag — durch Beschluß zur Erzwingung des Zeugnisses die Haft anzuordnen, welche jedoch niemals über den Zeitpunkt der Beendigung des Prozesses in der Instanz hinaus und höchstens sechs Monate lang dauern darf.

Auch gegen diese Beschlüsse findet die Beschwerde mit vollstreckungshindernder Wirkung statt; ebenso gilt auch von der Vollstreckung der Strafe und Zwangsmaßregel dasselbe wie beim Nichterscheinen des Zeugen im Termin, nur daß die Zwangshaft — anders als die Strafhaft — gegen Militärpersonen nicht durch das Militärgericht festgesetzt und vollstreckt wird, sondern durch das Zivilgericht festgesetzt und durch die Militärbehörde vollstreckt wird.

552. Wann liegt eine Zeugnisverweigerung vor?

Nicht nur dann, wenn der Zeuge seine Aussage ganz oder zum Teil verweigert, sondern auch dann, wenn er sich weigert, seine Aussage zu beeiden.

553. Unter welchen Voraussetzungen bringt jedoch nur die Zeugnisverweigerung die bezeichneten Nachteile mit sich? § 390.

Die Verweigerung der Aussage wie die Verweigerung der Beeidigung derselben haben die bezeichneten Nachteile nur dann zur Folge:

a) wenn sie ohne Angabe eines Grundes geschehen, oder

b) wenn sie, nachdem der vorgeschützte Grund rechtskräftig für unerheblich erklärt worden ist, aufrecht erhalten werden.

554. Welche Zeugen sind berechtigt, ihre Aussage ganz zu verweigern? § 383 Abs. 1 Z. 1—3, Abs. 2.

Ihre Aussage können ganz verweigern die Angehörigen der „Familie einer Partei im weiteren Sinne", nämlich:

1) der Verlobte einer Partei;

2) der Ehegatte einer Partei, auch wenn die Ehe nicht mehr besteht;

3) diejenigen, welche mit einer Partei in gerader Linie verwandt, verschwägert oder durch Adoption verbunden, oder in der Seitenlinie bis zum dritten Grade verwandt oder bis zum zweiten Grade verschwägert sind, auch wenn die Ehe, durch welche die Schwägerschaft begründet ist, nicht mehr besteht.

Alle diese Personen sind vor der Vernehmung über ihr Recht zur Verweigerung der Aussage durch das Gericht zu belehren.

554a. Über welche besonderen Tatsachen dürfen jedoch auch diese Familienangehörigen ihre Aussage nicht verweigern. § 385 Abs. 1 Z. 1—4.

Sie dürfen ihre Aussage niemals verweigern:

1) über die Errichtung und den Inhalt eines Rechtsgeschäfts, bei dessen Errichtung sie als Zeugen zugezogen waren;

2) über Geburten, Verheiratungen oder Sterbefälle von Familiengliedern;

3) über Tatsachen, welche die durch das Familienverhältnis bedingten Vermögensangelegenheiten betreffen;

4) über diejenigen auf das streitige Rechtsverhältnis sich beziehenden

Handlungen, welche von ihnen selbst als Rechtsvorgänger oder Vertreter einer Partei vorgenommen sein sollen.

555. Über welche bestimmten Einzelfragen darf jeder Zeuge seine Aussage verweigern? § 384.

Die Aussage kann von jedem Zeugen verweigert werden:

1) über Fragen, deren Beantwortung dem Zeugen selbst oder einem Angehörigen seiner Familie im weiteren Sinn einen unmittelbaren vermögensrechtlichen Schaden verursachen würde, es sei denn, daß die Fragen sich auf solche Tatsachen beziehen, über die auch ein Familienangehöriger der Partei, wenn er als Zeuge vernommen würde, seine Aussage nicht verweigern dürfte;

2) über Fragen, deren Beantwortung dem Zeugen oder einem seiner Familienangehörigen zur Unehre gereichen oder die Gefahr strafgerichtlicher Verfolgung zuziehen würde;

3) über Fragen, welche der Zeuge nicht würde beantworten können, ohne ein Kunst- oder Gewerbegeheimnis zu offenbaren.

556. Über welche besonderen Fragen dürfen schließlich bestimmte Personenkategorien ihre Aussage verweigern? § 383 Abs. 1 Z. 4 u. 5, Abs. 3.

Ihre Aussage dürfen verweigern:

1) Geistliche in Ansehung desjenigen, was ihnen bei der Ausübung der Seelsorge anvertraut ist;

2) Personen, welchen kraft ihres Amtes, Standes oder Gewerbes Tatsachen anvertraut sind, deren Geheimhaltung durch die Natur derselben oder durch gesetzliche Vorschrift geboten ist, in betreff der Tatsachen, auf welche die Verpflichtung zur Verschwiegenheit sich bezieht; — hierher gehören namentlich außer den Beamten: Rechtsanwälte, Ärzte, Apotheker, Hebeammen.

Diese Personenkategorien sind sogar, auch wenn die Aussage von ihnen nicht verweigert wird, nach solchen Tatsachen überhaupt nicht zu befragen, in Ansehung welcher erhellt, daß sie ohne Verletzung der Verpflichtung zur Verschwiegenheit nicht bezeugt werden können.

556 a. Wann aber sind diese Personenkategorien zur Verweigerung ihrer Aussage über die erwähnten Fragen nicht berechtigt? §§ 385 Abs. 2; 376.

Sobald sie von der Verpflichtung zur Amtsverschwiegenheit entbunden sind.

Bei öffentlichen Beamten ist die Genehmigung zur Aussage von der dem Beamten vorgesetzten Dienstbehörde oder, wenn der Beamte nicht mehr im Amte ist, von der ihm zuletzt vorgesetzt gewesenen Dienstbehörde durch das Prozeßgericht einzuholen und dem Zeugen bekannt zu machen.

Die vorgesetzte Dienstbehörde darf die Genehmigung nur versagen, wenn die Ablegung des Zeugnisses dem Wohle des Reiches oder eines Bundesstaats Nachteil bereiten würde.

557. Wie und wann hat der Zeuge die Erklärung, daß er seine Aussage verweigere, abzugeben? § 386 Abs. 1 und 4.

Der Zeuge hat die Tatsachen, auf welche er seine Weigerung gründet, anzugeben und glaubhaft zu machen, und zwar kann er dies schon vor dem zu seiner Vernehmung bestimmten Termine schriftlich oder zu Protokoll des Gerichtsschreibers, oder aber mündlich in dem Termine selbst tun.

Von dem Eingange einer Erklärung des Zeugen oder von der Aufnahme einer solchen zu Protokoll hat der Gerichtsschreiber die Parteien zu benachrichtigen.

558. Welchen Vorzug hat es für den Zeugen, wenn er seine Aussageverweigerung bereits vor dem Termine in ordnungsmäßiger Form anzeigt? § 386 Abs. 3.

Er braucht dann in dem Termine überhaupt nicht zu erscheinen.

559. Wann bedarf es einer richterlichen Entscheidung über die Rechtmäßigkeit der Aussageverweigerung nicht? § 399.

Wenn die Partei, die den Zeugen vorgeschlagen hat, auf seine Aussage ausdrücklich oder doch dadurch verzichtet, daß sie den Weigerungsgrund als berechtigt anerkennt, es wäre denn, daß der Zeuge im Termin erschiene und der Gegner seine Vernehmung, bzw. wenn die Vernehmung bereits begonnen hat, die Fortsetzung derselben trotz des Verzichts der beweisführenden Partei verlangte.

560. Wer ist, falls eine Entscheidung über die Rechtmäßigkeit der Weigerung notwendig wird, für den Erlaß derselben zuständig? §§ 387 Abs. 1, 389 Abs. 1.

Stets das Prozeßgericht, auch wenn die Beweisaufnahme vor einem beauftragten oder ersuchten Richter stattfindet.

Aus diesem Grunde sind auch, wenn ein Zeuge seine Aussage vor dem beauftragten oder ersuchten Richter unter Angabe von Gründen verweigert, seine diesbezüglichen Erklärungen nebst den Erklärungen der Parteien in das Protokoll aufzunehmen, damit dieses dem Prozeßgericht als Unterlage für seine Entscheidung dienen kann. — Hat der Zeuge seine Erklärungen schriftlich oder zu Protokoll des Gerichtsschreibers abgegeben, sind nur noch die Erklärungen der Parteien im Protokoll festzulegen.

561. Wie gestaltet sich das Verfahren über die Rechtmäßigkeit der Aussagenverweigerung? §§ 387, 388.

Der durch die Aussagenverweigerung zwischen der beweisführenden Partei — bzw. der Gegenpartei, wenn diese im Fall des Verzichts der beweisführenden Partei die Vernehmung des Zeugen verlangt — und dem Zeugen entstandene Zwischenstreit, in dem sich der Zeuge durch einen Anwalt nicht vertreten zu lassen braucht, wird nach Anhörung der Parteien durch Zwischenurteil entschieden, gegen das sofortige Beschwerde zulässig ist.

Hat der Zeuge seine Weigerung schriftlich oder zu Protokoll des Gerichtsschreibers erklärt und ist er, wie es ihm in diesem Fall frei steht, in dem zu seiner Vernehmung bestimmten Termin nicht erschienen, so hat auf Grund seiner Erklärungen ein Mitglied des Prozeßgerichts Bericht zu erstatten, welcher der Entscheidung an Stelle der mündlichen Erklärungen des Zeugen zugrunde gelegt wird.

562. Welche Besonderheiten bestehen für das Verfahren über die Rechtmäßigkeit der Aussagenverweigerung, wenn die Aussagenverweigerung selbst vor einem beauftragten oder ersuchten Richter stattgefunden hat? § 389 Abs. 3.

Hier hat stets ein Mitglied des Prozeßgerichts auf Grund der von dem Zeugen und den Parteien abgegebenen Erklärungen Bericht zu erstatten, jedoch werden der Zeuge wie die Parteien zur mündlichen Verhandlung vor das Prozeßgericht von Amts wegen geladen, und es kann nach dem Vortrage des Berichterstatters der Zeuge ebenso wie die Parteien sich noch mündlich zur Sache äußern; neue Tatsachen oder Beweismittel freilich darf er ebensowenig wie die Parteien vorbringen, da für die Feststellung ihrer Angaben vor dem beauftragten oder ersuchten Richter die Eventualmaxime gilt.

---

563. Wie lautet der von dem Zeugen zu leistende Eid? §§ 391, 481.

Der von dem Zeugen vor der Vernehmung zu leistende Eid (promissorischer Eid) lautet: „Ich schwöre bei Gott dem Allmächtigen und Allwissenden, daß ich nach bestem Wissen die reine Wahrheit sagen, nichts verschweigen und nichts hinzusetzen werde. So wahr mir Gott helfe!"

Der nach der Vernehmung zu leistende (assertorische) Eid lautet: „Ich schwöre bei Gott dem Allmächtigten und Allwissenden, daß ich nach bestem Wissen die reine Wahrheit gesagt, nichts verschwiegen und nichts hinzugesetzt habe. So wahr mir Gott helfe!"

564. Welcher Eid bildet die Regel? § 391.

Der promissorische Eid: jeder Zeuge ist vor seiner Vernehmung und zwar einzeln zu beeidigen; nur aus besonderen Gründen, namentlich wenn Bedenken gegen die Zulässigkeit der Beeidigung obwalten, kann dieselbe bis nach Abschluß der Vernehmung ausgesetzt werden.

565. In welchen Fällen hat jedoch eine Beeidigung überhaupt zu unterbleiben? §§ 391 Abs. 2; 393 Abs. 1 Z. 1 u. 2, StGB. § 161.

Eine Beeidigung hat zu unterbleiben:

1) wenn beide Parteien auf die Beeidigung verzichten, daher ist bei Abwesenheit einer Partei ein vernommener Zeuge, selbst wenn die anwesende Partei auf seine Beeidigung verzichtet, doch zu beeidigen;

2) aus in der Person des Zeugen liegenden Gründen, nämlich

a) wenn der Zeuge zur Zeit der Vernehmung das sechzehnte Lebensjahr noch nicht vollendet oder wegen mangelnder Verstandesreife oder wegen Verstandesschwäche von dem Wesen und von der Bedeutung des Eides keine genügende Vorstellung hat;

b) wenn gegen den Zeugen durch rechtskräftiges Strafurteil auf dauernde Unfähigkeit, als Zeuge eidlich vernommen zu werden, erkannt ist, was in der Regel bei jeder Verurteilung wegen vorsätzlichen Meineids geschieht.

566. In welchen Fällen schließlich ist ein promissorischer Eid zwar stets ausgeschlossen, ein assertorischer jedoch möglich? § 393 Abs. 2, Abs. 1 Z. 3 und 4.

Das Gericht kann nach seinem Ermessen durch Beschluß die nachträgliche Beeidigung eines Zeugen anordnen:

1) wenn dieser Zeuge zur Familie einer Partei im weiteren Sinne gehört und von dem ihm zustehenden Aussageverweigerungsrecht keinen Gebrauch gemacht hat;

2) wenn dieser Zeuge Fragen beantwortet hat, deren Beantwortung er hätte verweigern können, weil sie ihm oder einem seiner Familienangehörigen einen unmittelbaren vermögensrechtlichen Nachteil oder die Gefahr strafgerichtlicher Verfolgung zuziehen oder ihnen zur Unehre gereichen konnte, — bei einem solchen Zeugen jedoch nur dann, wenn er lediglich über solche Tatsachen als Zeuge benannt war, auf welche sich das Recht zur Verweigerung der Aussage bezieht, über andere Fragen ist ein solcher Zeuge stets, und zwar promissorisch zu beeidigen;

3) wenn dieser Zeuge an dem Ausgange des Rechtsstreits unmittelbar beteiligt ist, d. h. wenn das in dem Rechtsstreit ergehende Urteil auch gegen ihn rechtskräftig wirken und ihm dadurch ein rechtlicher Vorteil oder Nachteil erwachsen würde, — daher sind insbesondere aus dem Urteil Regreßberechtigte oder -Verpflichtete, wie z. B. Bürgen oder Zedenten (soweit diese nicht bloß zum Inkasso zediert haben), stets zu beeidigen, denn sie sind an dem Ausgang des Rechtsstreits nicht unmittelbar beteiligt.

567. Bedarf es bei einer erneuten Vernehmung eines Zeugen stets einer nochmaligen Beeidigung? § 398 Abs. 3.

Im allgemeinen ja; nur wenn der Zeuge über dasselbe Beweisthema erneut vernommen wird, kann das Gericht statt der nochmaligen Beeidigung den Zeugen die Richtigkeit seiner Aussage unter Berufung auf den früher geleisteten Eid versichern lassen.

568. Wie unterscheidet sich das Verfahren über die Rechtmäßigkeit der Eidesverweigerung von dem über die Rechtmäßigkeit der Aussageverweigerung?

Während im allgemeinen auf dieses Verfahren die Regeln betreffend das Verfahren über die Rechtmäßigkeit der Aussageverweigerung Anwendung finden, besteht ein Unterschied doch insofern, als der hier entstehende Streit nicht zwischen dem Zeugen und einer Partei (der beweisführenden Partei, unter Umständen der Gegenpartei), sondern zwischen dem Zeugen und beiden Parteien als notwendigen Streitgenossen herrscht, da auf die Beeidigung des Zeugen beide Parteien ein Recht haben; praktisch wird dieser Unterschied jedoch nicht, da auch bei der Aussageverweigerung beide Parteien zu hören sind.

569. Womit beginnt jede Vernehmung eines Zeugen? § 395.

Nachdem der Zeuge beeidigt ist, wird er zuerst über Vornamen und Zunamen, Alter, Religionsbekenntnis, Stand oder Gewerbe und Wohnort befragt. Erforderlichenfalls sind ihm Fragen über solche Umstände, welche seine Glaubwürdigkeit in der vorliegenden Tatsache betreffen, insbesondere über seine Beziehungen zu den Parteien vorzulegen.

---

570. Wie erfolgt die Vernehmung des Zeugen zur Sache? § 396.

Die Vernehmung geschieht nicht in der Art, daß an den Zeugen einzelne Fragen gerichtet werden, auf die er sich äußert. Vielmehr ist der Zeuge zu veranlassen, dasjenige, was ihm von dem Gegenstande seiner Vernehmung bekannt ist, im Zusammenhange vorzutragen; es genügt nicht etwa die Bezugnahme auf ein überreichtes Schriftstück.

Nur zur Erklärung und zur Vervollständigung der Aussage, sowie zur Erforschung des Grundes, auf dem die Wissenschaft des Zeugen beruht, sind nötigenfalls Fragen vom Vorsitzenden zu stellen, der auch jedem Mitglied des Gerichts auf Verlangen zu gestatten hat, derartige Fragen an den Zeugen zu richten.

571. Sind auch die Parteien berechtigt, selbst Fragen an den Zeugen zu richten? § 397.

Im allgemeinen sind sie wie ihre Anwälte nur berechtigt, durch den Vorsitzenden dem Zeugen diejenigen Fragen vorlegen zu lassen, welche sie zur Aufklärung der Sache oder der Verhältnisse des Zeugen für dienlich erachten.

Unmittelbar können die Parteien solche Fragen nur dann an den Zeugen richten, wenn der Vorsitzende es ihnen gestattet; ihren Anwälten muß er aber direkte Fragestellung gestatten.

Entstehen hierbei Zweifel über die Zulässigkeit einer Frage, so entscheidet darüber nicht der Vorsitzende, sondern das Gericht.

572. Wie erfolgt die Vernehmung, wenn mehrere Zeugen in der Sache zu vernehmen sind? § 394.

Dann ist zunächst jeder Zeuge einzeln und in Abwesenheit der später abzuhörenden Zeugen zu vernehmen. Ergeben sich jedoch später Widersprüche zwischen den einzelnen Zeugenaussagen, so können die Zeugen auch einander gegenübergestellt werden.

573. Welche verschiedenen Arten der erneuten Vernehmung eines Zeugen über dasselbe Beweisthema kennt die ZPO.? §§ 398 Abs. 1 u. 2, 400.

I. Eine wiederholte Vernehmung eines Zeugen kann das Prozeßgericht wie der beauftragte oder ersuchte Richter nach freiem Ermessen anordnen.

II. Eine nachträgliche Vernehmung eines Zeugen kann vom Prozeßgericht über eine solche Frage angeordnet werden, deren Stellung bei der Vernehmung des Zeugen vor einem beauftragten oder ersuchten Richter von einer Partei angeregt, aber von dem Richter verweigert worden ist.

Eine solche nachträgliche Vernehmung ist deswegen zulässig, weil der beauftragte oder ersuchte Richter über die Zulässigkeit der Stellung einer Frage an den Zeugen immer nur vorläufig entscheiden kann.

8. Titel. Beweis durch Sachverständige.

574. Was versteht man unter einem Sachverständigen im Gegensatz zum Zeugen?

Der Sachverständige ist eine dritte Person, welche — anders als der Zeuge, der nur von ihm in der Vergangenheit wahrgenommene Tatsachen berichtet — kraft ihrer besonderen Sachkunde über dem Richter schon vorliegendes Tatsachenmaterial ein Gutachten abgibt, um dadurch den Richter in der sachlichen Beurteilung dieses Tatsachenmaterials zu unterstützen (als Richtergehilfe).

575. Ist auch der sachverständige Zeuge als Sachverständiger anzusehen? § 414.

Nein, denn der sachverständige Zeuge berichtet auch nur wie der Zeuge über in der Vergangenheit von ihm wahrgenommene Tatsachen, nur daß zur Wahrnehmung dieser Tatsachen eine besondere Sachkunde erforderlich war.

576. Welche Abweichungen ergeben sich in der gesetzlichen Regelung des Beweises durch Sachverständige und durch sachverständige Zeugen aus deren Begriffsverschiedenheit? §§ 402, 414.

Während auf den Sachverständigen nur im allgemeinen die Vorschriften über die Zeugen Anwendung finden, und im einzelnen mancherlei Besonderheiten gelten, wird der sachverständige Zeuge ganz wie der Zeuge behandelt.

577. Welche Abweichungen ergeben sich vorzugsweise daraus, daß der Sachverständige nicht nur wie der Zeuge Beweismittel der Partei, sondern daneben auch Richtergehilfe ist? §§ 144, 372, 412 Abs. 1; 406 Abs. 1, vgl. §§ 42, 41.

I. Das Gericht kann auch von Amts wegen einen Beweis durch Sachverständige anordnen; insonderheit kann es auch bei der Einnahme des

Augenscheins, mag diese selbst nun von Amts wegen oder auf Antrag der Partei angeordnet sein, bestimmen, daß einer oder mehrere Sachverständige hinzuzuziehen seien. Das Gericht kann auch eine neue Begutachtung durch dieselben oder durch andere Sachverständige anordnen, wenn es das erstattete Gutachten für ungenügend erachtet.

II. Andererseits kann das Gericht aber auch einen von der Partei angebotenen Sachverständigenbeweis ablehnen, wenn es selbst die nötige Sachkunde zu haben meint, also nicht bloß wie bei der Ablehnung eines angebotenen Zeugenbeweises diesen aus dem Grunde, weil es die Überzeugung von der Wahrheit oder Unwahrheit des thema probandum bereits erlangt hat.

III. Schließlich folgt aus der Qualität des Sachverständigen als Richtergehilfen auch noch, daß er von den Parteien aus denselben Gründen abgelehnt werden kann, die zur Ablehnung eines Richters berechtigen; jedoch kann ein Ablehnungsgrund nicht daraus entnommen werden, daß der Sachverständige als Zeuge vernommen ist.

578. In welcher Weise geschieht die Ablehnung eines Sachverständigen durch die Partei? § 406 Abs. 2—5.

Sie erfolgt durch ein Ablehnungsgesuch, das auch zu Protokoll des Gerichtsschreibers erklärt werden kann, und bei dem Gerichte oder Richter anzubringen ist, von welchem die Ernennung des Sachverständigen geschehen ist. Im übrigen entspricht das Verfahren im wesentlichen demjenigen bei Ablehnung eines Richters.

579. Wie erfolgt die Antretung des Sachverständigenbeweises durch die Partei? § 403.

Es bedarf zur Antretung des Sachverständigenbeweises lediglich der Bezeichnung der zu begutachtenden Punkte; eine Benennung der Sachverständigen ist nicht erforderlich.

580. Durch wen erfolgt die Bezeichnung der Sachverständigen? § 404 Abs. 1, Abs. 3.

Die Auswahl der zuzuziehenden Sachverständigen sowohl wie die Bestimmung ihrer Anzahl erfolgt durch das Prozeßgericht nach freiem Ermessen; das Gericht kann jedoch die Parteien auffordern, ihm Vorschläge zu machen. Es kann sich auf die Ernennung eines einzigen Sachverständigen beschränken, auch kann es an Stelle der zuerst ernannten Sachverständigen andere ernennen.

581. Inwiefern ist das freie Ermessen des Gerichts bei der Auswahl der Sachverständigen beschränkt? § 404 Abs. 2 und 4.

I. Das Gericht soll, soweit für gewisse Arten von Gutachten Sachverständige öffentlich bestellt sind, andere Personen nur dann wählen, wenn besondere Umstände es erfordern.

II. Das Gericht muß sogar, wenn sich die Parteien über bestimmte

Personen als Sachverständige einigen, dieser Einigung Folge geben, wobei es jedoch die Wahl der Parteien auf eine bestimmte Anzahl von Sachverständigen beschränken kann.

Bei einem von Amts wegen angeordneten Sachverständigenbeweis bindet jedoch die Einigung der Parteien das Gericht in keiner Weise.

582. Ist auch der mit der Beweisaufnahme betraute beauftragte oder ersuchte Richter zur Bezeichnung der Sachverständigen befugt? § 405.

Der beauftragte oder ersuchte Richter hat die dem Prozeßgericht zustehenden Befugnisse hinsichtlich der Auswahl der Sachverständigen und der Bestimmung ihrer Anzahl nur dann, wenn er von dem Prozeßgericht in dem Beweisbeschluß ausdrücklich dazu ermächtigt ist.

583. Kennt die ZPO. entsprechend der allgemeinen Zeugen- auch eine allgemeine Sachverständigenpflicht? § 407.

Nein, vielmehr hat der zum Sachverständigen Ernannte der Ernennung nur dann Folge zu leisten, wenn er:

a) zur Erstattung von Gutachten der erforderten Art öffentlich bestellt ist, oder

b) sich zur Erstattung des Gutachtens vor Gericht bereit erklärt hat, oder

c) die Wissenschaft, die Kunst oder das Gewerbe, deren Kenntnis Voraussetzung der Begutachtung ist, öffentlich zum Erwerbe ausübt, oder doch zur Ausübung derselben öffentlich bestellt oder ermächtigt ist.

584. Inwieweit geht die dem Sachverständigen für die Erfüllung seiner Sachverständigenpflicht gewährte Entschädigung über die dem Zeugen gewährte hinaus? § 413.

Der Sachverständige hat nicht nur wie der Zeuge Anspruch auf Entschädigung für Zeitversäumnis und auf Erstattung der Zehr- und Reisekosten, sondern er kann neben der Entschädigung für Zeitversäumnis Erstattung sämtlicher ihm, insbesondere durch die Vorbereitung des Gutachtens, verursachten Kosten und außerdem eine angemessene Vergütung seiner Mühewaltung verlangen, alles nach Maßgabe der Gebührenordnung für Zeugen und Sachverständige.

585. Aus welchen Gründen kann eine an sich der Sachverständigenpflicht unterworfene Person die Erstattung eines Gutachtens rechtmäßig verweigern? § 408 Abs. 1.

Ein Sachverständiger kann die Abgabe eines Gutachtens aus denselben Gründen ganz oder nur bezüglich einzelner Fragen rechtmäßig verweigern, aus denen der Zeuge seine Aussage verweigern darf. Das Gericht kann jedoch den Sachverständigen auch aus anderen Gründen, z. B. weil er die Abgabe des Gutachtens verzögert, von der Verpflichtung zur Erstattung des Gutachtens entbinden.

586. Welche Besonderheit gilt bezüglich der Zulässigkeit der Vernehmung eines öffentlichen Beamten als Sachverständigen gegenüber der Vernehmung eines solchen als Zeugen? § 408 Abs. 2.

Während ein öffentlicher Beamter als Zeuge über Dinge, auf die sich seine Verpflichtung zur Amtsverschwiegenheit erstreckt, nur mit Genehmigung der vorgesetzten Dienstbehörde vernommen werden darf, und das Gericht selbst diese Genehmigung vor der Vernehmung einholen muß, kann er als Sachverständiger stets vernommen werden, solange nicht die vorgesetzte Behörde des Beamten ihrerseits dem Gericht erklärt, daß die Vernehmung des Beamten den dienstlichen Interessen Nachteile bereiten würde.

587. Wodurch unterscheiden sich die Nachteile, welche eintreten, wenn ein Sachverständiger entweder überhaupt nicht erscheint oder ohne Angabe eines Grundes oder nach rechtskräftiger Verwerfung des vorgeschützten Grundes die Erstattung des Gutachtens oder die Beeidigung desselben verweigert, von den Nachteilen, die einen ungehorsamen Zeugen treffen? § 409.

Abgesehen davon, daß beim Sachverständigen, anders als beim Zeugen, die Nachteile die gleichen sind, mögen dieselben wegen des Nichterscheinens oder wegen der Verweigerung des Gutachtens bzw. der Beeidigung desselben festgesetzt werden, bestehen noch folgende Unterschiede:

I. Einerseits findet eine Freiheitsbeschränkung des Sachverständigen nicht statt: eine zwangsweise Vorführung, Zwangshaft, wie auch die Substitution von Haft für den Fall der Nichtbeitreibung einer verhängten Geldstrafe darf gegen den Sachverständigen nicht angeordnet werden.

II. Andererseits kann bei wiederholtem Ungehorsam des Sachverständigen die zum zweiten Mal zu verhängende Geldstrafe bis auf 600 Mark erhöht werden.

---

588. In welcher Weise erstattet der Sachverständige sein Gutachten? § 411.

In der Regel mündlich im Beweistermin; jedoch kann das Gericht auch schriftliche Begutachtung anordnen, in welchem Fall dann der Sachverständige das von ihm abgegebene Gutachten zu unterschreiben und auf der Gerichtsschreiberei niederzulegen hat. Schon mit der Niederlegung ist das Gutachten erstattet.

Auch bei schriftlicher Begutachtung kann das Gericht aber das Erscheinen des Sachverständigen zum Termin zwecks Erläuterung seines Gutachtens anordnen.

589. Welche Abweichungen von den Regeln über die Beeidigung des Zeugen gelten hinsichtlich der Beeidigung des Sachverständigen? § 410 Abs. 1.

I. Während der Zeuge unter Umständen auch nachträglich vereidigt werden kann, muß der Sachverständige stets vor Erstattung seines mündlichen wie schriftlichen Gutachtens vereidigt werden.

II. Der einzige Grund, aus dem ein Sachverständiger sein Gutachten nicht zu beeidigen braucht, ist der, daß beide Parteien auf die Beeidigung verzichtet haben.

590. Was folgt daraus, daß der Sachverständige abgesehen von dem Fall des Verzichts beider Parteien sein Gutachten stets beeidigen muß?

Daraus folgt, daß Personen, die eidesunfähig sind, sei es weil sie unter 16 Jahren, sei es weil sie wegen vorsätzlichen Meineids bestraft sind, niemals als Sachverständige zugezogen werden können.

591. Wie lautet der Eid, den der Sachverständige zu schwören hat? § 410.

Der Sachverständigeneid lautet: „Ich schwöre bei Gott dem Allmächtigen und Allwissenden, daß ich das von mir geforderte Gutachten unparteiisch und nach bestem Wissen und Gewissen erstatten werde. So wahr mir Gott helfe!"

Ist der Sachverständige für die Erstattung von Gutachten der betreffenden Art im allgemeinen beeidigt, so genügt an Stelle des körperlichen Eides die Berufung auf den ein für allemal geleisteten Eid.

9. Titel. Beweis durch Urkunden.

592. Was versteht die ZPO. unter einer Urkunde?

Urkunde ist jeder mit bekannten Lautzeichen zum Zweck der Überlieferung des durch die Lautzeichen verkörperten Gedankens versehene Gegenstand beliebigen Materials.

Urkunden im weiteren Sinn, d. h. sämtliche einen Gedanken in beliebiger Weise — nicht bloß in Schriftform — überliefernde Gegenstände, können wohl als Augenscheinsobjekte in Frage kommen; Beweismittel beim „Beweis durch Urkunden" können sie dagegen nicht sein, da die ZPO. sie nicht unter den Begriff der Urkunden faßt.

593. Welche beiden Arten von Urkunden hat man beim „Beweis durch Urkunden" zu unterscheiden? § 415.

Man hat zu unterscheiden:

1) öffentliche Urkunden, d. h. die von einer öffentlichen Behörde innerhalb der Grenzen ihrer Amtsbefugnisse oder von einer mit öffentlichem Glauben versehenen Person (z. B. einem Notar) innerhalb des ihr zugewiesenen Geschäftskreises in der vorgeschriebenen Form aufgenommenen Urkunden,

2) Privaturkunden, das sind alle übrigen Urkunden, einschließlich der öffentlich beglaubigten Urkunden.

594. In welchen Beziehungen ist die Unterscheidung von öffentlichen und Privaturkunden von Bedeutung?

Öffentliche und Privaturkunden werden verschieden behandelt:

1) hinsichtlich des Beweises ihrer Echtheit, d. h. der Tatsache, daß die Urkunde, so wie sie vorliegt, von dem als Aussteller durch den Beweisführer Benannten in Wirklichkeit herrührt;

2) hinsichtlich des Beweises der — durch die Echtheit der Urkunde bedingten — Richtigkeit der in der Urkunde enthaltenen Erklärungen (der formellen Beweiskraft).

Über die Frage, welche rechtliche Bedeutung der Inhalt der in der Urkunde enthaltenen Erklärungen hat (materielle Beweiskraft), enthält die ZPO. keine Vorschriften.

---

595. Welcher Unterschied besteht zwischen öffentlichen und Privaturkunden hinsichtlich des Beweises ihrer Echtheit? §§ 437 Abs. 1, 440 Abs. 1.

Während bei Urkunden, welche sich nach Form und Inhalt als öffentliche Urkunden darstellen, die Echtheit vermutet wird, gelten Privaturkunden erst als echt, wenn der Beweis ihrer Echtheit erbracht ist.

596. Welche Schranken bestehen für die Vermutung der Echtheit einer öffentlichen Urkunde? §§ 437 Abs. 2, 438.

I. Die Vermutung gilt nur solange, als nicht die Unechtheit der Urkunde durch die Partei bewiesen ist. Aber auch das Gericht kann seinerseits, wenn es die Echtheit für zweifelhaft hält, von Amts wegen — und zwar auch dann, wenn dieselbe seitens der Partei nicht angezweifelt ist — Nachforschungen über die Echtheit der Urkunde anstellen, indem es die Behörde bzw. die Person, von der die Urkunde errichtet sein soll, um eine Erklärung über die Echtheit ersucht.

II. Die Vermutung erstreckt sich ipso iure auch nur auf inländische öffentliche Urkunden; bei einer ausländischen öffentlichen Urkunde bestimmt das Gericht nach den Umständen des Falls, ob es dieselbe als echt ansehen will oder nicht.

Sobald jedoch die ausländische Urkunde durch einen Konsul oder Gesandten des Reichs legalisiert ist, muß daß Gericht die Echtheit der Urkunde anerkennen.

597. In welchem Fall bedarf es auch bei der Privaturkunde eines Beweises der Echtheit nicht? §§ 440 Abs. 1; 439 Abs. 3, 507.

Eine Privaturkunde ist ohne Beweis als echt anzusehen:

a) wenn der Gegner des Beweisführers sie ausdrücklich als echt anerkennt, oder

b) wenn er seiner Verpflichtung zur Erklärung über die Echtheit der Urkunde nicht nachgekommen ist, es sei denn, daß die Absicht, die Echtheit der Urkunde bestreiten zu wollen aus seinen übrigen Erklärungen hervorgeht.

Zur Abgabe solcher Erklärung ist er im Anwaltsprozeß ohne weiteres, im Parteiprozeß nur auf besondere Aufforderung des Richters hin verpflichtet.

597a. Worauf hat sich bei mit Namen unterschriebenen Privaturkunden die Erklärung des Gegners des Beweisführers zu beziehen? §§ 439 Abs. 2, 440 Abs. 2.

Die Erklärung hat sich hier allein auf die Namensunterschrift zu erstrecken; denn wenn die Namensunterschrift feststeht, so wird kraft Gesetzes vermutet, daß der über der Unterschrift stehende Text echt sei.

598. Wann erübrigt sich bei mit Namen unterschriebenen Privaturkunden, außer wenn die Namensunterschrift ausdrücklich anerkannt oder eine Erklärung darüber nicht abgegeben ist, ein Beweis der Echtheit der ganzen Urkunde? § 440 Abs. 2.

Wenn die Namensunterschrift gerichtlich oder notariell beglaubigt ist; und insofern steht der beglaubigten Namensunterschrift auch ein beglaubigtes Handzeichen gleich (während dagegen die Anerkennung eines Handzeichens keineswegs die Vermutung der Echtheit des ganzen Textes zur Folge hat, und auch die Erklärung des Gegners nicht — wie auf die Namensunterschrift — so auf das Handzeichen, sondern auf den ganzen Text zu richten ist).

599. Wann bedarf es sonach bei mit Namen unterschriebenen Privaturkunden überhaupt noch eines Beweises der Echtheit?

Die Echtheit einer solchen Urkunde ist nur dann zu beweisen, wenn die Namensunterschrift weder anerkannt noch die Echtheit derselben vermutet wird, weil die Erklärung über die Echtheit unterblieben oder die Unterschrift gerichtlich oder notariell beglaubigt ist.

In jedem Fall aber braucht immer nur die Echtheit der Namensunterschrift bewiesen zu werden.

600. Wie kann der Beweis der Echtheit oder Unechtheit einer Urkunde geführt werden? §§ 441, 442.

Durch jedes beliebige Beweismittel, insbesondere auch durch Eid; als besondere Art der Beweisführung nennt die ZPO. die Schriftvergleichung. Über das Ergebnis einer solchen entscheidet das Gericht nach freier Überzeugung. Es kann sich bei der Schriftvergleichung auch der Hilfe von Sachverständigen bedienen.

---

601. Welche Arten von öffentlichen Urkunden ihrem Inhalt nach hat man hinsichtlich der formellen Beweiskraft der Urkunden zu unterscheiden? §§ 417; 415, 418.

Hinsichtlich der formellen Beweiskraft sind zu unterscheiden:

1) öffentliche Urkunden, die von einer Behörde ausgestellt sind und eine amtliche Anordnung, Verfügung oder Entscheidung enthalten,

2) alle übrigen öffentlichen Urkunden, sowohl diejenigen, die über eine vor der Behörde oder der Urkundsperson abgegebene Erklärung errichtet sind, als auch solche, durch welche eine sonstige Tatsache bezeugt wird.

602. Inwieweit ist die formelle Beweiskraft bei den erwähnten Arten von öffentlichen Urkunden eine verschiedene? §§ 417; 415 Abs. 2, 418 Abs. 2.

I. Bei der ersterwähnten Art von öffentlichen Urkunden wird voller Beweis dafür, daß die amtliche Anordnung Verfügung oder Entscheidung mit dem aus der Urkunde ersichtlichen Inhalt erlassen ist, mit der Wirkung begründet, daß ein Gegenbeweis ausgeschlossen ist.

II. Bei den übrigen Urkunden ist ein Gegenbeweis zulässig:

1) bei denjenigen öffentlichen Urkunden, die über eine vor der Behörde oder der Urkundsperson abgegebene Erklärung errichtet sind, kann der Gegenbeweis dahin geführt werden, daß der durch die Behörde oder die Urkundsperson beurkundete Vorgang unrichtig beurkundet ist;

2) bei denjenigen öffentlichen Urkunden, die über andere Tatsachen errichtet sind, kann die Unrichtigkeit der bezeugten Tatsache nachgewiesen werden.

603. Inwieweit ist jedoch dem Landesrecht auf die formelle Beweiskraft solcher öffentlicher Urkunden, die eine andere Tatsache als eine vor der Behörde oder der Urkundsperson abgegebene Erklärung oder eine behördliche Anordnung usw. betreffen, ein Einfluß eingeräumt? § 418 Abs. 2, 3.

I. Zunächst können die Landesgesetze den Gegenbeweis der Unrichtigkeit der bezeugten Tatsachen wirksam ausschließen oder beschränken.

II. Bei solchen öffentlichen Urkunden, bei denen das Zeugnis der Behörde oder Urkundsperson nicht auf eigener Wahrnehmung beruht, hängt es sogar von dem Landesrecht ab, ob diesen Urkunden überhaupt eine formelle Beweiskraft beizulegen ist.

604. Welche Arten von Privaturkunden sind hinsichtlich ihrer formellen Beweiskraft zu unterscheiden? § 416.

Hinsichtlich der formellen Beweiskraft sind zu unterscheiden:

1) Privaturkunden, die von den Ausstellern unterschrieben oder mittels gerichtlich oder notariell beglaubigten Handzeichens unterzeichnet sind;

2) alle übrigen Privaturkunden.

Während erstere vollen Beweis — vorbehaltlich des Gegenbeweises — dafür begründen, daß die in ihnen enthaltenen Erklärungen von dem Aussteller abgegeben sind, entscheidet bei letzteren das Gericht nach freiem Ermessen über die formelle Beweiskraft.

In beiden Fällen muß jedoch auch hier zuvor die Echtheit der Urkunden feststehen.

605. Wann aber werden die gesetzlichen Beweisregeln über die Echtheit und die formelle Beweiskraft, sowohl der öffentlichen wie der Privaturkunden, aufgehoben und durch das freie richterliche Ermessen ersetzt? § 419.

Sobald Durchstreichungen, Radierungen, Einschaltungen oder sonstige äußere Mängel sich auf der Urkunde befinden.

---

606. Wird der Urkundenbeweis stets durch die Partei angetreten? HGB. §§ 45, 47, 102; ZPO. § 142, vgl. auch § 143.

In der Regel wird der Urkundenbeweis durch die Partei angetreten; aber das Gericht kann auch von Amts wegen anordnen:

a) die Vorlegung der Handelsbücher einer Partei, sowie des Tagebuchs des Handelsmäklers ohne weiteres,

b) die Vorlegung einer sonstigen Urkunde nur unter der Voraussetzung, daß dieselbe sich in den Händen einer Partei befindet, und diese sich auf die Urkunde bezogen hat.

607. Wonach bestimmt sich die Form der Antretung des Urkundenbeweises seitens der Partei?

Die Antretung des Urkundenbeweises ist eine verschiedene, je nachdem sich die Urkunde in den Händen der beweisführenden Partei selbst, ihres Gegners oder eines Dritten befindet, wobei wieder zu unterscheiden ist, ob dieser Dritte eine Privatperson oder eine öffentliche Behörde bzw. ein öffentlicher Beamter ist.

608. Unter welchen Voraussetzungen kann jedoch die Partei nur den Beweis mit Urkunden, die sich in den Händen des Gegners oder eines Dritten befinden, führen? §§ 422, 429; 423.

Abgesehen von dem Fall, daß der Gegner oder der Dritte die Urkunde dem Beweisführer aus freien Stücken zur Verfügung stellt, kann dieser den Beweis durch solche Urkunden nur dann führen:

a) wenn er nach den Vorschriften des bürgerlichen Rechts die Herausgabe oder die Vorlegung der Urkunden von dem Dritten oder von dem Gegner verlangen kann,

durch eine in den Händen des Gegners befindliche Urkunde, außerdem noch

b) wenn der Gegner zur Vorlegung der in seinen Händen befindlichen Urkunde verpflichtet ist, weil er im Prozeß auf sie zur Beweisführung, wenn auch nur in einem vorbereitenden Schriftsatze, Bezug genommen hat.

609. Wie tritt die Partei den Urkundenbeweis an, wenn sich die Urkunde in ihren Händen befindet? § 420.

Die Antretung des Beweises erfolgt nicht etwa schon mit der vorgeschriebenen Beifügung der Urkunde in Urschrift oder Abschrift zu dem vorbereitenden Schriftsatz oder durch die eventuell erforderliche Niederlegung der Urkunde auf der Gerichtsschreiberei (s. Nr. 192), sondern sie erfolgt erst durch die Vorlegung der Urkunde in der mündlichen Verhandlung, so daß hier ein Beweisbeschluß also nicht ergeht, Beweisantretung und Beweisaufnahme vielmehr zusammenfallen.

610. Wann bedarf es jedoch bei der Beweisantretung, trotzdem sich die Urkunde in den Händen der beweisführenden Partei befindet, ausnahmsweise nicht der gleichzeitigen Vorlegung der Urkunde? § 434.

Wenn die Vorlegung der Urkunde bei der mündlichen Verhandlung wegen erheblicher Hindernisse nicht erfolgen kann, oder wegen der Wichtigkeit der Urkunde und der Besorgnis des Verlustes oder der Beschädigung bedenklich erscheint. Hier geschieht die Antretung des Beweises durch die Bezeichnung der Urkunde in Verbindung mit dem Antrage, die Vorlegung der Urkunde vor einem ersuchten oder beauftragten Richter anzuordnen. Die Anordnung geschieht durch Beweisbeschluß.

611. Wie erfolgt die Antretung des Beweises, wenn sich die Urkunde nach der Behauptung des Beweisführers *in den Händen der gegnerischen Partei* befindet? § 421.

Die Antretung des Beweises erfolgt in diesem Fall durch den in der mündlichen Verhandlung zu stellenden Antrag, dem Gegner die Vorlegung der Urkunde aufzugeben.

612. Was *muß* in dem Antrage, dem Gegner die Vorlegung der Urkunde aufzugeben, dargetan werden. § 424.

Der Antrag *muß* enthalten:

1) die Bezeichnung der Urkunde;

2) die Bezeichnung der Tatsachen, welche durch die Urkunde bewiesen werden sollen;

3) die möglichst vollständige Bezeichnung des Inhalts der Urkunde;

4) die Angabe der Umstände, auf welche die Behauptung sich stützt, daß die Urkunde sich in dem Besitze des Gegners befindet;

5) die Bezeichnung des Grundes, welcher die Verpflichtung zur Vorlegung der Urkunde ergibt. Der Grund ist glaubhaft zu machen.

613. Unter welchen Voraussetzungen ordnet das Gericht dem Antrage gemäß die Vorlegung der Urkunde durch den Gegner an? § 425.

Das Gericht ordnet durch Beweisbeschluß die Vorlegung der Urkunde durch den Gegner an:

a) wenn es die Tatsache, welche durch die Urkunde bewiesen werden soll, für erheblich und den gestellten Antrag, insbesondere die Behauptung bezüglich der Vorlegungspflicht des Gegners für begründet erachtet, und wenn

b) außerdem der Gegner entweder sich über den Antrag nicht erklärt oder aber zugesteht, daß sich die Urkunde in seinen Händen befinde und er zur Herausgabe derselben bereit ist.

Bestreitet er dagegen seine Verpflichtung zur Herausgabe, so kann das Gericht die Vorlegung durch Beweisbeschluß erst anordnen, nachdem es in dem über die Weigerung zu erlassenden Zwischenurteil die Weigerung für unbegründet erklärt hat.

614. Wie verfährt das Gericht auf den Antrag der Partei, dem Gegner die Vorlegung der Urkunde aufzugeben, wenn der Gegner bestreitet, daß die Urkunde sich überhaupt in seinen Händen befinde? § 426 Abs. 1.

In diesem Fall legt das Gericht, immer vorausgesetzt, daß es die Tatsache, welche durch die Urkunde bewiesen werden soll, für erheblich und den gestellten Antrag für begründet erachtet, durch Beschluß dem Gegner den Editionseid auf; eines besonderen auf die Leistung des Eides gerichteten Antrages des Beweisführers bedarf es nicht.

615. Wem wird der Editionseid aufgelegt, wenn die gegnerische Partei nicht prozeßfähig ist? § 426 Abs. 3, 4.

In der Regel dem gesetzlichen Vertreter der nicht prozeßfähigen Partei. Ist diese Partei aber

a) eine öffentliche Behörde, so muß der Editionseid dem Beamten auferlegt werden, welchem die Verwahrung der Urkunde übertragen ist,

b) ein Minderjähriger, der das sechzehnte Lebensjahr vollendet hat, oder ein Volljähriger, welcher wegen Geistesschwäche, Verschwendung oder Trunksucht entmündigt ist, so kann das Gericht auch diesen Personen selbst den Editionseid auferlegen, wenn der Gegner es beantragt und das Gericht es nach den Umständen des Falls für zulässig erachtet.

616. Wie lautet der Editionseid? § 426 Abs. 1, 2.

„Ich schwöre bei Gott dem Allmächtigen und Allwissenden,

daß ich nach sorgfältiger Nachforschung die Überzeugung erlangt habe, daß die Urkunde sich nicht in meinem Besitze befindet (Überzeugungsform),

daß ich die Urkunde nicht in der Absicht abhanden gebracht habe, deren Benutzung dem Beweisführer zu entziehen (Wahrheitsform),

daß ich auch nicht weiß, wo sich die Urkunde befindet (Wahrheitsform).

So wahr mir Gott helfe!"

Es ist dem Gericht zwar überlassen, eine der Lage der Sache entsprechende Änderung der Eidesnorm zu beschließen; jedoch darf es nicht die „Überzeugungs-" durch die „Wahrheitsform" und die „Wahrheits-" durch die „Überzeugungsform" ersetzen.

617. Welche Folgen hat es für den Gegner, wenn er der Anordnung, die Urkunde vorzulegen oder den Eid zu leisten, nicht nachkommt? § 427.

Die Folgen sind verschiedene, je nachdem der Beweisführer eine Abschrift der Urkunde beigebracht hat oder nicht.

Im ersteren Fall nämlich muß das Gericht die Abschrift als richtig d. h. mit dem Original übereinstimmend ansehen, wobei dann aus der Form der Abschrift auf die formelle Beweiskraft der Urkunde zu schließen ist. Im zweiten Fall steht es im Ermessen des Gerichts, ob es die Behauptungen des Beweisführers über die Beschaffenheit und den Inhalt der Urkunde als bewiesen annehmen will.

Der Ausspruch dieser Folgen geschieht nicht durch eine besondere Entscheidung, sondern im Urteil (Endurteil bzw. Zwischenurteil).

618. In welchem weiteren Falle kann das Gericht nach seinem Ermessen, wenn die Urkunde nicht vorgelegt wird, die Behauptungen des Beweisführers über die Beschaffenheit und den Inhalt der Urkunde als bewiesen annehmen? § 444.

Wenn die Urkunde von dem Gegner in der Absicht, deren Benutzung dem Beweisführer zu entziehen, beseitigt oder zur Benutzung untauglich gemacht worden ist; und zwar gilt hier das freie Ermessen des Gerichts auch dann, wenn der Beweisführer eine Abschrift der Urkunde beigebracht hat.

619. Wie erfolgt die Antretung des Beweises, wenn sich die Urkunde nach der Behauptung des Beweisführers in den Händen eines Dritten befindet? § 428.

Hier erfolgt die Beweisantretung durch den in der mündlichen Verhandlung zu stellenden Antrag des Beweisführers, ihm zur Herbeischaffung der Urkunde eine Frist zu bestimmen.

620. Was muß dieser Antrag dartun? § 430.

Er muß im allgemeinen denselben Inhalt haben wie der Antrag des Beweisführers, dem Gegner die Vorlegung der in seinen Händen befindlichen Urkunde aufzugeben, und unterscheidet sich von diesem Antrag nur dadurch, daß an Stelle der Angabe der Umstände, aus denen auf den Besitz der Urkunde durch den Gegner geschlossen werden soll, hier die Glaubhaftmachung zu treten hat, daß sich die Urkunde in den Händen des Dritten befindet.

621. Wann muß das Gericht dem Antrag auf Bestimmung einer Frist zur Herbeischaffung der Urkunde entsprechen?

Das Gericht muß dem Antrag stets stattgeben, sobald es nur die Tatsache, welche durch die Urkunde bewiesen werden soll, für erheblich erachtet, und der Antrag den gesetzlichen Erfordernissen entspricht; auf eine Erklärung des Dritten über den Antrag, anders wie auf die des Gegners, der eine in seinen Händen befindliche Urkunde herausgeben soll, kommt es hier nicht an.

Die Frist zur Herbeischaffung der Urkunde wird in der Weise bestimmt, daß das Gericht durch Beschluß eine Frist setzt, innerhalb welcher der Beweisführer einen Termin zur Vorlegung der Urkunde nachsuchen muß.

622. Wie erfolgt die Herbeischaffung der Urkunde, die sich in den Händen eines Dritten befindet?

Während in dem Fall, wo sich die Urkunde in den Händen der gegnerischen Partei befindet, auf den Antrag des Beweisführers hin das Gericht für die Herbeischaffung der Urkunde sorgt, ist es hier dem Beweisführer selbst überlassen, für die Herbeischaffung innerhalb der von dem Gericht gesetzten Frist zu sorgen, indem er nötigenfalls gegen den Dritten in einem besonderen Prozeß auf Herausgabe bzw. auf Vorlegung der Urkunde klagt.

623. Wie kann die Fortsetzung des Verfahrens, abgesehen von dem Fall, daß der Beweisführer innerhalb der Frist die Anberaumung eines Termins zur Vorlegung der Urkunde nachsucht, herbeigeführt werden? § 431 Abs. 2.

Durch Ladung zur mündlichen Verhandlung

1) seitens des Beweisführers: nach fruchtlosem Ablauf der Frist und auch schon vor Ablauf derselben, wenn er auf den Beweis durch die Urkunde verzichtet; oder

2) seitens des Gegners: in der Regel nur nach fruchtlosem Ablauf der Frist; vor Ablauf der Frist nur unter der Voraussetzung, daß

a) die Klage gegen den Dritten bereits erledigt ist, oder

b) der Beweisführer die Erhebung der Klage oder die Betreibung des Prozesses bzw. der Zwangsvollstreckung verzögert,

Tatsachen, die der Gegner selbst zur Begründung seines im Termin zu stellenden Antrags auf Fortsetzung des Verfahrens dartun muß.

624. Welche Besonderheit gilt für die Antretung des Beweises durch Urkunden, welche sich in den Händen eines Dritten befinden, sofern dieser Dritte eine öffentliche Behörde oder ein öffentlicher Beamter ist? § 432 Abs. 1.

Hier erfolgt die Antretung des Beweises durch den Antrag, die Behörde oder den Beamten um die Mitteilung der Urkunde zu ersuchen, so daß hier für die Herbeischaffung der Urkunden wieder das Gericht und nicht die Partei sorgt.

624a. Inwiefern unterscheidet sich diese Beweisantretung in ihren Voraussetzungen von der Beweisantretung in dem Falle, wo der Dritte, in dessen Händen sich die Urkunde befindet, eine Privatperson ist?

Die Beweisantretung ist hier auch in den Fällen zulässig, in denen der Dritte nach den Vorschriften des bürgerlichen Rechts nicht zur Herausgabe oder Vorlegung der Urkunde verpflichtet ist.

625. Wann aber hat, auch wenn der Dritte eine öffentliche Behörde oder ein öffentlicher Beamter ist, die Beweisantretung doch wieder durch den Antrag auf Bestimmung einer Frist zur Herbeischaffung der Urkunde zu geschehen? § 432 Abs. 2, 3.

1) Wenn der Beweisführer sich nach den gesetzlichen Vorschriften die Urkunde ohne Mitwirkung des Gerichts verschaffen kann, wie z. B. eine beglaubigte Abschrift des Grundbuchs;

2) subsidiär — vorausgesetzt, daß die Behörde oder der Beamte nach den Vorschriften des bürgerlichen Rechts zur Herausgabe oder Vorlegung der Urkunde verpflichtet ist — auch dann, wenn die Behörde oder der Beamte die Mitteilung der Urkunde auf das gerichtliche Ersuchen hin verweigert hat.

626. Bis zu welchem Zeitpunkt kann der Beweisführer auf die von ihm als Beweismittel benannte Urkunde verzichten? § 436.

Mit Zustimmung des Gegners jederzeit, ohne dieselbe jedoch nur bis zur Vorlegung der Urkunde im Termin.

627. Kann auch die Vorlegung von Urkunden, die sich im Besitze des Gegners oder eines Dritten befinden, — ebenso wie die Vorlegung einer Urkunde, die sich in den Händen des Beweisführers befindet — vor einem beauftragten oder ersuchten Richter erfolgen? § 434.

Auch hier kann das Prozeßgericht die Vorlegung vor einem beauftragten oder ersuchten Richter anordnen, jedoch wiederum nur unter der Voraussetzung, daß entweder

a) die Vorlegung der Urkunden bei der mündlichen Verhandlung wegen erheblicher Hindernisse nicht erfolgen kann, oder

b) wegen der Wichtigkeit der Urkunden und der Besorgnis des Verlustes oder der Beschädigung bedenklich erscheint.

628. Muß stets die Urschrift der Urkunde vorgelegt werden? § 435.

Von Privaturkunden muß stets die Urschrift vorgelegt werden. Bei öffentlichen Urkunden genügt die Vorlegung einer beglaubigten Abschrift, sofern diese hinsichtlich der Beglaubigung die Erfordernisse einer öffentlichen Urkunde an sich trägt.

Das Gericht kann jedoch auch hier anordnen, daß der Beweisführer entweder die Urschrift vorlege oder aber die Tatsachen angebe und glaubhaft mache, welche ihn an der Vorlegung der Urkunde verhindern. Erfolgt weder das eine noch das andere, so hat das Gericht nach freier Überzeugung zu entscheiden, welche Beweiskraft der beglaubigten Abschrift beizulegen sei.

629. Wo verbleiben die zwecks Beweises vorgelegten Urkunden? § 443.

Im allgemeinen sind die Urkunden, eventuell nach Entnahme einer Abschrift, zurückzugeben. Nur wenn die Echtheit der Urkunden bestritten wird oder deren Inhalt verändert sein soll, sollen die Urkunden bis zur Erledigung des Rechtsstreits auf der Gerichtsschreiberei verwahrt werden, sofern nicht ihre Auslieferung an eine andere Behörde, z. B. zwecks strafgerichtlicher Verfolgung, im Interesse der öffentlichen Ordnung erforderlich ist.

10. Titel. **Beweis durch Eid.**

630. Welche Eide sind nach der ZPO. allgemeines Beweismittel?

Allgemeines Beweismittel sind nur die von den Parteien zu leistenden zugeschobenen Eide (Schiedseide) und die richterlichen Eide (Noteide); nicht also die für besondere Beweisfälle in der ZPO. gegebenen Eide: der Schätzungseid (s. Nr. 406), der Editionseid (s. Nr. 614) und der Offenbarungseid; ferner auch nicht die von dritten Personen (Zeugen und Sachverständigen) zu leistenden Eide.

631. Kennt die ZPO. auch noch einen Eid über das Recht selbst (jusjurandum in jure delatum), wie der gemeine Prozeß?

Nein; sowohl der zugeschobene wie der richterliche Eid sind nur über Tatsachen zulässig, d. h. über Vorgänge und Zustände in der Außenwelt (äußere Tatsachen) wie im menschlichen Seelenleben (innere Tatsachen, z. B. die Überzeugung von einer äußeren Tatsache, eine bestimmte Absicht usw.). Zu den Tatsachen sind hier aber auch solche Urteile zu rechnen, die in der Sprache des Verkehrs häufig sind, wie insbesondere die Rechtsbegriffe des Kaufs, der Miete, des Darlehns usw.

---

632. Ist die Eideszuschiebung einer nicht beweispflichtigen Partei zu berücksichtigen? § 447.

Nein; jede Eideszuschiebung ist als unter der Bedingung geschehen anzusehen, daß die zuschiebende Partei die Beweislast trifft. Eine nicht beweispflichtige Partei übernimmt durch die Eideszuschiebung nicht die Beweispflicht.

633. Über welche Tatsachen ist die Eideszuschiebung stets unzulässig? §§ 446. 294. 581 Abs 2; 617 Abs. 2, 640, 641, 644; 670, 679, 684, 686; 975.

Die Eideszuschiebung ist stets unzulässig:

a) über eine Tatsache, deren Gegenteil das Gericht für erwiesen erachtet;

b) zum Zweck der bloßen Glaubhaftmachung einer Tatsache;

c) aus öffentlich-rechtlichen Gründen: über Tatsachen, die zur Begründung der Restitutionsklage (s. Nr. 845) dienen sollen, über bestimmte Tatsachen in Ehesachen und in Familienstandssachen, ferner in Entmündigungssachen und bei der Anfechtung der Todeserklärung.

634. Ist über alle anderen Tatsachen die Eideszuschiebung ohne weiteres zulässig? §§ 445, 450.

Die Eideszuschiebung ist regelmäßig nur dann zulässig, wenn die Tatsachen:

a) in eigenen Handlungen des Gegners (d. h. des Schwurpflichtigen),

b) in Handlungen seiner Rechtsvorgänger oder Vertreter bestehen, oder

c) wenn sie Gegenstand der Wahrnehmung dieser Personen gewesen sind.

Wenn aber die Parteien in betreff des zu leistenden Eides einig sind, so kann das Gericht nach seinem freien Ermessen eine Eideszuschiebung auch über solche Tatsachen zulassen, die diesen Anforderungen nicht entsprechen.

635. Unter welchen Voraussetzungen ist die Zurückschiebung des Eides zulässig. § 448.

Die Partei, welcher der Eid zugeschoben ist, kann ihn in der Regel nur dann zulässigerweise zurückschieben, wenn die Eidestatsache in einer Handlung oder Wahrnehmung

a) der zuschiebenden Partei selbst, oder

b) ihrer Rechtsvorgänger oder Vertreter besteht;

im letzteren Falle jedoch nur dann, wenn auch die Partei, welcher der Eid zugeschoben war, nicht über ihre eigenen Handlungen oder Wahrnehmungen zu schwören haben würde.

635a. Wann aber brauchen bei der Zurückschiebung des Eides diese gesetzlichen Voraussetzungen nicht vorzuliegen? § 450.

Ebenso wie bei der Eideszuschiebung: wenn die Parteien über den zu leistenden Eid einig sind und das Gericht, nach seinem freien Ermessen, anordnet, daß von den gesetzlichen Beschränkungen abgesehen werden soll.

636. Kann die Zuschiebung oder die Zurückschiebung eines Eides auch an einen Dritten erfolgen? §§ 449, 450; vgl. §§ 69; 74, 77; 265, 266.

In der Regel kann der Eid nur der Partei zugeschoben und auch nur an die zuschiebende Partei zurückgeschoben werden, wobei als Partei nicht nur die Hauptpartei, sondern auch der Nebenintervenient, Litisdenuntiat und Rechtsnachfolger gilt, sofern diese Personen als Streitgenossen der Hauptpartei oder an ihre Stelle in den Prozeß eingetreten sind.

Das Gericht kann jedoch wieder, nach seinem freien Ermessen, anordnen, daß diese Regel außer Betracht bleiben soll, wenn die Parteien über den zu leistenden Eid einig sind. — Daß sich der Dritte vorher zur Eidesleistung bereit erklärt hat, ist in diesem Falle nicht erforderlich.

637. Muß der Eid stets allen Streitgenossen zu- und zurückgeschoben werden. § 472 Satz 1.

Eine Zu- und Zurückschiebung an alle Streitgenossen ist erforderlich, wenn dieselben notwendige Streitgenossen sind, sofern nicht rücksichtlich einzelner Streitgenossen die Zuschiebung oder Zurückschiebung unzulässig ist.

Bei der nicht notwendigen Streitgenossenschaft ist dagegen auch hinsichtlich der Eideszu- und Zurückschiebung jeder Streitgenosse Einzelpartei.

638. Kann ein Eid auch einer prozeßunfähigen Partei zu- und zurückgeschoben werden? §§ 473, 474.

Der prozeßunfähigen Partei selbst kann ein Eid nur ausnahmsweise zu- und zurückgeschoben werden. An ihrer Stelle kann er jedoch ihrem gesetzlichen Vertreter zu- und zurückgeschoben werden.

Mehrere gesetzliche Vertreter werden wie notwendige Streitgenossen behandelt.

639. Was ergibt sich daraus, daß der gesetzliche Vertreter hinsichtlich der Eideszu- und Zurückschiebung an Stelle der prozeßunfähigen Partei tritt, für den Umfang der Tatsachen, über die eine Eideszu- und Zurückschiebung an ihn zulässig ist? § 473 Abs. 1.

Ihm kann ein Eid nicht nur über seine eigenen und seiner Rechtsvorgänger oder Vertreter Handlungen oder Wahrnehmungen zu- und zurückgeschoben werden, sondern auch über solche Tatsachen, über die der Partei selbst der Eid zu- oder zurückgeschoben werden könnte, wenn sie prozeßfähig wäre.

640. In welchem Falle kann ausnahmsweise auch der nicht prozeßfähigen Partei selbst der Eid zu- und zurückgeschoben werden? § 473 Abs. 2, 3; vgl. § 53.

Folgenden prozeßunfähigen Personen:

1) Minderjährigen, welche das sechzehnte Lebensjahr vollendet haben;

2) Volljährigen, welche wegen Geistesschwäche, Verschwendung oder Trunksucht entmündigt sind;

3) Volljährigen, welche unter vorläufige Vormundschaft gestellt sind;

4) an sich Prozeßfähigen, die in dem Rechtsstreit durch einen Pfleger vertreten werden und daher für den Rechtsstreit als prozeßunfähig gelten, kann ein Eid, — jedoch nur über solche Tatsachen, die in eigenen Handlungen der Prozeßunfähigen bestehen oder Gegenstand ihrer eigenen Wahrnehmung gewesen sind — zu- und zurückgeschoben werden, sofern dies von dem Gericht auf Antrag des Gegners nach den Umständen des Falls für zulässig erklärt wird.

641. Wie erfolgt die Beweisantretung mittels des zugeschobenen Eides? §§ 451; 472, 474.

Die Antretung des Beweises durch den Beweisführer (Deferent) erfolgt durch die Erklärung, daß dem Gegner (Delat) über die genau zu bezeichnende Tatsache der Eid zugeschoben werde.

Besteht die Partei aus mehreren notwendigen Streitgenossen, so bedarf es zur Zuschiebung des Eides in jedem Fall der übereinstimmenden Erklärung aller Streitgenossen. Dasselbe gilt für mehrere gesetzliche Vertreter einer prozeßunfähigen Partei.

642. Muß sich der Gegner auf die Eideszuschiebung erklären? §§ 452 Abs. 1; 472, 474.

Der Gegner ist verpflichtet, sich zu erklären, ob er den Eid annehme oder zurückschiebe, wenn er ihn nicht ausdrücklich verweigert. Eine solche Erklärung muß er auch abgeben, selbst wenn er Einwendungen in Beziehung auf die Eideszuschiebung vorbringt, wenn er den Eid z. B. für unerheblich erklärt.

Während es zu einer wirksamen Zurückschiebung des Eides ebenso wie zur Zuschiebung in jedem Fall der übereinstimmenden Erklärung aller notwendigen Streitgenossen bzw. gesetzlichen Vertreter bedarf, haben sich über die Annahme des Eides nur diejenigen zu erklären, denen der Eid tatsächlich zugeschoben ist.

643. Ist auch die prozeßunfähige Partei, der ausnahmsweise der Eid zugeschoben worden ist, verpflichtet, sich über die Eideszuschiebung zu erklären?

Sie ist nicht nur nicht verpflichtet, sondern auch nicht berechtigt, sich über die Eideszuschiebung zu erklären. Wenn sie auch zur Eidesleistung zugelassen ist, so hat doch die Erklärungen auf die Eideszuschiebung ausschließlich der gesetzliche Vertreter abzugeben.

644. Bis zu welchem Zeitpunkt kann der Delat seiner Verpflichtung, sich auf die Eideszuschiebung zu erklären, nachkommen? § 354 Abs. 1.

Mit Ausnahme des vorbereitenden Verfahrens in Rechnungssachen und ähnlichen Prozessen, wo er sich gleich im Termin vor dem beauftragten Richter auf die Eideszuschiebung erklären muß, kann der Delat die Erklärung noch rechtzeitig bis zum Schluß der mündlichen Verhandlung abgeben, auf welche das Urteil ergeht.

645. Welches ist die Folge, wenn der Delat seiner Verpflichtung zuwider sich überhaupt nicht oder nicht rechtzeitig erklärt, ob er den Eid annehme oder zurückschiebe? §§ 452, 464.

Die Folge ist dieselbe wie die der ausdrücklichen Verweigerung des Eides: daß nämlich das Gegenteil der zu beschwörenden Tatsache für voll bewiesen gilt.

646. Tritt diese Folge der ausdrücklichen Verweigerung des Eides wie der Nicht- bzw. der nicht rechtzeitigen Erklärung über die Eideszuschiebung stets ohne weiteres ein? §§ 231, 455.

Sie tritt kraft Gesetzes ohne Antrag ein; im Falle der unterbliebenen Erklärung jedoch nur dann, wenn die Partei durch das Gericht zur Erklärung über den Eid aufgefordert ist.

647. In welchem Fall tritt die Folge der Eidesverweigerung ein, obwohl der Delat eine Erklärung dahin, daß er den Eid zurückschiebe, abgegeben hat? § 452 Abs. 2.

Wenn die Zurückschiebung des Eides unzulässig war, und der Delat bei der Zurückschiebung den Eid nicht zugleich bedingt angenommen hatte.

648. In welchem Fall braucht der Delat sich jedoch nicht über die Eideszuschiebung zu erklären? § 454 Abs. 1.

Wenn für dieselben Tatsachen, über welche der Eid zugeschoben ist, von irgend einer Seite andere Beweismittel beigebracht sind. Hier ist er zur Erklärung erst dann verpflichtet, wenn die Eideszuschiebung nach Aufnahme oder sonstiger Erledigung der anderen Beweise wiederholt ist.

649. Bedarf es auch im Fall der Zurückschiebung des Eides der Abgabe einer Erklärung durch den Deferenten? § 456.

Nein; der zurückgeschobene Eid gilt auch ohne ausdrückliche Erklärung über die Annahme als von dem Beweisführer angenommen.

650. Wird die Beibringung anderer Beweismittel für dieselben Tatsachen, über die der Eid zugeschoben ist, durch die Zuschiebung ausgeschlossen? § 453.

Nein; der Deferent wie der Delat können neben und nach der Zuschiebung, ja selbst noch nach erfolgter Annahme oder Zurückschiebung des Eides, bis zur Ableistung oder Verweigerung desselben, andere Beweismittel für die Tatsachen, über welche der Eid zugeschoben ist, beibringen. Denn der Eid ist nur ein subsidiäres Beweismittel!

Werden solche anderen Beweismittel geltend gemacht, so gilt der Eid kraft Gesetzes nur für den Fall als zugeschoben, daß die Antretung des Beweises durch die anderen Beweismittel erfolglos bleibt.

651. Kann die Zuschiebung des Eides, die Annahme und die Zurückschiebung des Eides widerrufen werden? §§ 458, 454 Abs. 2, 457.

Während die Zuschiebung des Eides von dem Deferenten bis zum Schluß der mündlichen Verhandlung, auf welche das Urteil ergeht, unbeschränkt widerrufen werden kann, kann die Annahme und die Zurückschiebung nur widerrufen werden, wenn nach der abgegebenen Erklärung der Annahme oder der Zurückschiebung andere Beweismittel von einer der Parteien geltend gemacht und diese Beweise erhoben worden sind.

Die Zurückschiebung des Eides kann außerdem auch widerrufen werden, wenn der Schwurpflichtige wegen wissentlicher Verletzung der Eidespflicht rechtskräftig verurteilt, oder wenn glaubhaft gemacht wird, daß der Gegner des Schwurpflichtigen erst nach erfolgter Zurückschiebung des Eides von einer solchen Verurteilung Kenntnis erlangt habe.

---

652. In welcher Form hat der Schwurpflichtige die Eidestatsache zu beschwören? § 459.

Die Form des Eides ist je nach dem Verhältnis des Schwurpflichtigen zur Eidestatsache verschieden.

I. Besteht die Eidestatsache in einer eigenen Handlung des Schwurpflichtigen oder ist sie Gegenstand seiner Wahrnehmung gewesen, so ist der Eid:

a) regelmäßig in der Wahrheitsform dahin zu leisten, daß „die Tatsache wahr oder nicht wahr sei,"

b) ausnahmsweise kann aber das Gericht auf Antrag des Schwurpflichtigen über solche Tatsachen die Leistung des Eides auch in der Überzeugungsform dahin anordnen, daß der Schwurpflichtige „nach sorgfältiger Prüfung und Erkundigung die Überzeugung erlangt habe, daß die Tatsache wahr oder nicht wahr sei;" — dies jedoch nur dann, wenn

α) die Eidestatsache vom Gegner des Schwurpflichtigen behauptet ist, und

β) dem letzteren nach den Umständen des Falls, z. B. wegen Länge der Zeit, nicht zugemutet werden kann, daß er die Wahrheit oder Nichtwahrheit der Tatsache beschwöre.

II. Über alle anderen Tatsachen, also auch über solche, die Handlungen oder Wahrnehmungen des Rechtsvorgängers oder Vertreters des Schwurpflichtigen waren, ist der Eid stets in der Überzeugungsform zu leisten. Und zwar muß der Delat diesen Eid dahin leisten, daß er „nach sorgfältiger Prüfung und Erkundigung die Überzeugung nicht erlangt habe, daß die Tatsache wahr sei," der Deferent — im Fall der Zurückschiebung des Eides — aber dahin, daß er diese Überzeugung erlangt habe.

653. Wie ordnet das Gericht die Eidesleistung an? § 460 Abs. 1.

Entsprechend der subsidiären Natur des Eides als Beweismittel, und damit überflüssige oder sich widersprechende Eidesleistungen vermieden werden, hat die Anordnung der Eidesleistung grundsätzlich nicht durch Beweisbeschluß, sondern durch bedingtes Endurteil zu erfolgen, d. h. durch ein Urteil, welches die in ihm enthaltene Entscheidung des ganzen oder eines Teils des Klageanspruchs in der Instanz einzig und allein noch abhängig macht von der Eidesleistung einer Partei.

Voraussetzung für den Erlaß eines solchen bedingten Endurteils ist also, daß der Streitstoff bis auf den durch den Eid zu erbringenden Beweis zur Entscheidung reif ist.

654. In welchen Fällen kann ausnahmsweise die Eidesleistung durch Beweisbeschluß angeordnet werden? § 461.

Abgesehen vom Urkunden- und Wechselprozeß, wo die Anordnung jeder Eidesleistung durch Beweisbeschluß erfolgen muß, kann das Gericht die Eidesleistung durch Beweisbeschluß statt durch bedingtes Endurteil nur in folgenden drei Fällen anordnen:

1) wenn die Parteien über die Erheblichkeit und die Norm des Eides einverstanden sind, d. h. wenn sie über die Erheblichkeit der bestimmten Eidestatsache, über die Beweislast und darüber, ob der Eid in der Wahrheits- oder in der Überzeugungsform zu leisten ist, einverstanden sind;

2) wenn der Eid zur Erledigung eines Zwischenstreits dient;

3) wenn die Entscheidung über einzelne selbständige Angriffs- und Verteidigungsmittel von einem Eide abhängt.

655. Kann die Eidesleistung auch durch bedingtes Zwischenurteil erlassen werden? § 461 Abs. 2.

Durch bedingtes Zwischenurteil kann das Gericht eine Eidesleistung nur in dem Falle anordnen, wo die Entscheidung über einzelne Angriffs- und Verteidigungsmittel von einem Eide abhängt. In diesem Fall kann das Gericht sonach die Eidesleistung durch bedingtes Endurteil, durch bedingtes Zwischenurteil oder durch Beweisbeschluß anordnen.

656. Welchen Inhalt muß die in dem bedingten Urteil zu gebende Entscheidung haben? § 462 Abs. 1.

Das bedingte End- oder Zwischenurteil muß enthalten:

1) die Eidesnorm, d. h. die zu beschwörende Tatsache in der bestimmten Eidesform (Wahrheits- oder Überzeugungsform),

2) die Angabe der Folgen sowohl der Leistung als der Nichtleistung des Eides so genau, als es die Lage der Sache gestattet.

Bei mehreren in dem bedingten Urteil erforderten Eiden ist insbesondere anzugeben, ob dieselben alternativ oder kumulativ geleistet werden sollen, und im letzteren Fall weiter, ob die Leistung des einen Eides durch die Leistung eines anderen bedingt ist oder nicht.

657. Worin zeigt sich der hauptsächlichste Unterschied der Anordnung der Eidesleistung durch ein bedingtes Endurteil, durch ein bedingtes Zwischenurteil und durch Beweisbeschluß? §§ 460 Abs. 2, 318; 275, 304.

I. Mit der Anordnung in einem bedingten Endurteil hat das

Gericht für sich verbindlich zum Ausdruck gebracht, daß die Eidestatsache für die Endentscheidung des Rechtsstreits erheblich ist.

Das Gericht muß deshalb den einmal normierten Eid unbedingt erfordern, sofern das bedingte Endurteil nicht etwa mit Erfolg durch Berufung bzw. Revision angefochten wird. Auf der anderen Seite darf, wegen der auch in der höheren Instanz fortdauernden subsidiären Natur des Beweismittels des Eides, die Eidesleistung aber auch nicht früher erfolgen, als bis das bedingte Endurteil rechtskräftig geworden ist.

II. Auch an den in einem bedingten Zwischenurteil auferlegten Eid ist das Gericht gebunden, jedoch nur insoweit, als die Erheblichkeit der Eidestatsache für das durch das Zwischenurteil entschiedene Urteilselement in Frage kommt. Insoweit aber das Gericht bei der Endentscheidung an das Zwischenurteil selbst nicht gebunden ist (weil das Gericht über den noch nicht erledigten Prozeßstoff eine Entscheidung treffen kann, durch welche die in dem Zwischenurteil enthaltene Entscheidung unerheblich wird), ist es auch nicht an die in dem Zwischenurteile geschehene Auferlegung des Eides gebunden Deshalb erfolgt hier die Leistung des Eides nur dann, wenn durch bedingtes Endurteil rechtskräftig erkannt ist, daß es auf dieselbe für die Endentscheidung des Rechtsstreits noch ankommt.

Eine Ausnahme bilden nur die bedingten Zwischenurteile, die durch Rechtsmittel selbständig anfechtbar sind, nämlich:

1) das bedingte Zwischenurteil, welches auf Grund abgesonderter Verhandlung über prozeßhindernde Einreden entscheidet;

2) das bedingte Zwischenurteil, welches bei einem nach Grund und Betrag streitigen Anspruch über den Grund vorweg entscheidet.

Bei diesen beiden Urteilen ist die Eidesleistung nur soweit hinauszuschieben, bis das Zwischenurteil rechtskräftig geworden ist.

III. An die in einem Beweisbeschluß angeordnete Eidesleistung ist das Gericht, wie an den Inhalt eines jeden Beweisbeschlusses, überhaupt nicht gebunden. Selbständig anfechtbar ist der Beweisbeschluß ebensowenig wie das Zwischenurteil; die Eidesleistung erfolgt hier sofort.

658. Inwieweit ist das Gericht aber auch bei einem durch bedingtes End- oder Zwischenurteil auferlegten Eide berechtigt, selbst nach Rechtskraft des Urteils, eine Änderung der Eidesnorm zu beschließen? §§ 369, (319).

I. Für die Entscheidung unerhebliche Umstände, welche in di Eidesnorm aufgenommen sind, können, auch wenn die allgemeinen Voraussetzungen für eine Berichtigung des Urteils nicht vorliegen, auf Antrag des Schwurpflichtigen oder des Gegners berichtigt werden.

II. Aber auch erhebliche Momente können aus der Eidesnorm ausgeschieden werden, sofern nur der geänderte Eid überhaupt noch für die Entscheidung Erheblichkeit behält.

Eine solche Änderung darf das Gericht aber nur beschließen, wenn der Schwurpflichtige sich zur Leistung eines beschränkteren Eides erbietet, indem er frühere Behauptungen zurücknimmt oder früher bestrittene Tatsachen zugesteht.

659. In welchem Umfang kann auch noch nach Auferlegung des Eides durch bedingtes Urteil die Zuschiebung wie die Zurückschiebung des Eides widerrufen werden? § 470.

Der Widerruf der Zuschiebung wie der Zurückschiebung des Eides ist nach Auferlegung des Eides nur noch zulässig, wenn der Schwurpflichtige wegen wissentlicher Verletzung der Eidespflicht nach der Zuschiebung bzw. Zurückschiebung rechtskräftig verurteilt wird, oder wenn glaubhaft gemacht wird, daß der Gegner erst nach erfolgter Zuschiebung oder Zurückschiebung von einer solchen (vor der Zuschiebung bzw. Zurückschiebung erfolgten) Verurteilung Kenntnis erlangt habe.

Ein solcher Widerruf ist selbst noch nach Eintritt der Rechtskraft des bedingten Urteils, bis zur Ableistung des Eides, statthaft.

660. Welche Folgen hat ein nach Auferlegung des Eides durch bedingtes Urteil erfolgender Widerruf der Zuschiebung bzw. der Zurückschiebung des Eides? § 471.

Sofern der Widerruf vom Gericht als gültig anerkannt wird, wird der Prozeß hinsichtlich der Beweisfrage in die Lage zurückversetzt, in welcher er sich vor der Zuschiebung des Eides befand. Beide Parteien können in Ansehung der betreffenden Beweisführung sämtliche Rechte ausüben, die ihnen vor der Zuschiebung des Eides zustanden.

Und die gleichen Wirkungen treten ein, wenn vor oder nach der Auferlegung des Eides, durch Beschluß oder durch bedingtes Urteil, der Schwurpflichtige stirbt, wenn er zur Leistung des Eides (z. B. durch Geisteskrankheit) unfähig wird, oder aufhört gesetzlicher Vertreter zu sein.

661. Welche Besonderheit gilt für die Anberaumung des Beweistermins, in dem der Eid geleistet werden soll, wenn der Eid durch bedingtes Urteil auferlegt ist?

Während sonst die Beweistermine stets von Amts wegen anberaumt werden, wird der Termin zur Eidesleistung nach Rechtskraft des bedingten Endurteils nur auf Parteiantrag bestimmt, da das Gericht vielfach nicht in der Lage ist, ohne Hilfe der Parteien zu konstatieren, ob das Urteil bereits rechtskräftig geworden ist.

---

662. Welches sind die gesetzlichen Wirkungen der Leistung des Eides? § 463.

Durch Leistung des Eides wird voller Beweis der beschworenen Tatsache begründet, und zwar gleichgültig, ob der Eid in der Wahrheits- oder in der Überzeugungsform geschworen ist. Hinsichtlich der durch die Eidesleistung feststehenden Tatsache ist also die freie Beweiswürdigung des Gerichts ausgeschlossen: Beweis durch Eid ist formaler Beweis!

Ein Beweis des Gegenteils der beschworenen Tatsache ist nur unter der Voraussetzung statthaft, daß der Schwurpflichtige:

a) sich bei der Leistung des Eides einer vorsätzlichen oder fahrlässigen Verletzung der Eidespflicht schuldig gemacht hat, und daß außerdem

b) wegen dieser strafbaren Handlung eine rechtskräftige Verurteilung ergangen ist, oder aber die Einleitung oder Durchführung eines Strafverfahrens aus anderen Gründen als wegen Mangels an Beweis, z. B. wegen dauernder Abwesenheit, nicht erfolgen kann.

663. Wann treten dieselben Wirkungen ein, obwohl der Eid nicht geleistet wird? § 464 Abs. 1.

Wenn dem Schwurpflichtigen der Eid nach der Auferlegung von seiten des Gegners in der Verhandlung vor dem Prozeßgericht oder in dem Beweistermin vor dem beauftragten oder ersuchten Richter erlassen wird. Die Erlassung des Eides steht der Eidesleistung gleich; nur daß hier, da eine Eidesleistung nicht stattfindet, naturgemäß ein Gegenbeweis gänzlich ausgeschlossen ist.

664. Welche Wirkung hat die Verweigerung des Eides? § 464 Abs. 2.

Die Verweigerung der Leistung des Eides, mag dieselbe eine ausdrückliche sein oder sich aus den Umständen des Falls ergeben, hat zur Folge, daß das Gegenteil der zu beschwörenden Tatsache als voll bewiesen gilt, und zwar mit der Wirkung, daß ein Gegenbeweis gänzlich ausgeschlossen ist.

665. Welche Tatsache stellt das Gesetz der Verweigerung der Eidesleistung gleich? §§ 465, 466, 467; 310, 329.

Wenn der Schwurpflichtige im Termin zur Eidesleistung nicht erschienen ist, vorausgesetzt, daß der Gegner einen Antrag dahin stellt, den Eid als verweigert anzusehen.

Jedoch kann der Schwurpflichtige binnen der Notfrist von einer Woche die Anberaumung eines Termins zur nachträglichen Eidesabnahme beantragen; deshalb muß nicht nur nicht, entgegen der allgemeinen Vorschrift, die Verkündung einer Entscheidung, sei es eines Urteils, sei es eines Beweisbeschlusses, innerhalb einer Woche, sondern darf erst nach Ablauf einer Woche seit dem Terminstage geschehen.

666. Welche Verschiedenheiten ergeben sich im einzelnen für den Fall der Versäumnis des Beweistermins durch den Schwurpflichtigen, jenachdem der Termin zur Abnahme des Eides vor dem Prozeßgericht oder vor einem beauftragten bzw. ersuchten Richter stattfindet? §§ 368, 467 Abs. 2.

I. Findet die Beweisaufnahme vor dem Prozeßgericht statt, und

a) stellt der Gegner des Schwurpflichtigen den Antrag, den Eid für verweigert anzusehen, so ist ohne weiteres zur Hauptsache zu verhandeln;

b) stellt er den Antrag nicht, so kann auch nicht zur Hauptsache verhandelt werden; das Gericht muß vielmehr, da die Beweisaufnahme noch nicht erledigt ist, nach allgemeiner Regel, von Amts wegen einen neuen Termin zur Eidesabnahme anordnen, für den im übrigen dasselbe gilt, wie für den ersten Beweistermin.

II. Findet die Beweisaufnahme vor einem beauftragten oder ersuchten Richter statt, so ist lediglich im Protokoll zu vermerken, daß der Schwurpflichtige im Beweistermin nicht erschienen ist; einen neuen Termin zur Beweisaufnahme darf der beauftragte oder ersuchte Richter von Amts wegen in keinem Falle anordnen, sondern nur, wenn der Schwurpflichtige innerhalb der Notfrist von einer Woche die Abnahme des Eides beantragt. Wohl aber hat das Prozeßgericht, wenn der Gegner den Schwurpflichtigen im ersten Termine (wo er es frühestens tun kann) nach Rückkunft der Akten den Antrag, den Eid für verweigert anzusehen, nicht stellt, wieder nach allgemeiner Regel von Amts wegen einen neuen Beweistermin anzuberaumen.

667. Kann der Schwurpflichtige, wenn auf seinen Antrag bereits einmal ein neuer Termin zur nachträglichen Eidesabnahme anberaumt war, und er auch in diesem Termin ausgeblieben ist, die Anberaumung eines weiteren Termins zur Eidesabnahme erwirken? § 468.

Nein!

668. Treten die in dem bedingten Urteile an die Leistung bzw. Nichtleistung des Eides geknüpften Folgen sofort mit der Leistung (Erlassung) bzw. Verweigerung des Eides ein? §§ 462 Abs. 2; 311, 708.

Nein; die Folgen sind vielmehr immer erst durch ein besonderes, auf Grund mündlicher Verhandlung zu erlassendes Urteil (Läuterungsurteil) auszusprechen, das vor der schriftlichen Abfassung verkündet werden kann und ohne Antrag für vorläufig vollstreckbar zu erklären ist.

Die dem Läuterungsurteil zugrunde liegende mündliche Verhandlung hat sich lediglich auf die Fragen zu beschränken, ob der Eid geleistet oder nicht geleistet ist, und welches die auszusprechenden Folgen sind.

---

669. Welches ist der wesentliche Unterschied zwischen dem Beweismittel des richterlichen Eides und dem des zugeschobenen Eides? § 477 Abs. 1.

Während der richterliche Eid das mit dem zugeschobenen Eid gemeinsam hat, daß er wie dieser eine formale Beweiswirkung hat, und demnach die Wirkungen der Leistung, Erlassung, Verweigerung des Eides wie des Nichterscheinens des Schwurpflichtigen im Eidestermin dieselben sind wie beim zugeschobenen Eide, unterscheidet er sich von diesem wesentlich dadurch, daß er nicht wie dieser subsidiäres Beweismittel ist; er kann also auch dann auferlegt werden, wenn sich die Parteien auf andere noch nicht erhobene Beweismittel berufen, insbesondere den Eid zugeschoben haben.

670. Unter welchen Voraussetzungen ist die Auferlegung eines richterlichen Eides zulässig? § 475.

Die Auferlegung eines richterlichen Eides über eine streitige Tatsache ist nur dann zulässig:

a) wenn das Gericht noch nicht die Überzeugung von der Wahrheit oder Unwahrheit dieser Tatsache erlangt hat,

b) auf der anderen Seite jedoch bereits eine gewisse Wahrscheinlichkeit zugunsten der beweispflichtigen Partei für die Tatsache oder für ihr Gegenteil begründet ist; daß eine Beweisaufnahme stattgefunden hat, ist nicht erforderlich.

671. In welchen Verfahrensarten ist die Auferlegung eines richterlichen Eides gänzlich ausgeschlossen? §§ 670 Abs. 2, 679, 684, 686; 595 Abs. 2.

Während der zugeschobene Eid im Ehe- und Statusprozeß sowie im Verfahren über Entmündigungssachen unzulässig ist, ist der richterliche Eid nur in Entmündigungssachen, außerdem aber auch im Urkunden- und Wechselprozeß unstatthaft.

672. Inwiefern ist im allgemeinen der richterliche Eid in weiterem Umfange zulässig als der zugeschobene Eid? § 477 Abs. 1.

Abgesehen davon, daß der richterliche Eid kein subsidiäres Beweismittel ist, kann er auch auferlegt werden:

a) über solche Tatsachen, welche nicht eigene Handlungen oder Wahrnehmungen bzw. Handlungen oder Wahrnehmungen des Rechtsvorgängers oder des Vertreters der Partei sind;

b) auch der nicht beweispflichtigen Partei (jedoch einem Dritten in keinem Fall!).

673. Welche Abweichung von den Regeln über den zugeschobenen Eid besteht hinsichtlich der Auferlegung eines richterlichen Eides an notwendige Streitgenossen bzw. mehrere gesetzliche Vertreter einer prozeßunfähigen Partei? § 476.

Während der Schiedseid stets allen notwendigen Streitgenossen bzw. allen gesetzlichen Vertretern einer prozeßunfähigen Partei zugeschoben werden muß, es sei denn, daß die Zuschiebung an einzelne der Streitgenossen bzw. Vertreter unzulässig wäre, kann der richterliche Eid in jedem Falle bloß einigen der notwendigen Streitgenossen bzw. Vertreter auferlegt werden.

674. Wie wird der richterliche Eid auferlegt? § 477.

Der richterliche Eid wird stets durch bedingtes Urteil, niemals durch Beweisbeschluß auferlegt.

An dieses Urteil ist das Gericht in demselben Umfang gebunden wie an das bedingte Urteil, durch das der zugeschobene Eid auferlegt wird; nur ist eine Zurücknahme des richterlichen Eides — auch noch nach Rechtskraft des Urteils — in weiterem Umfange als der Widerruf eines zugeschobenen Eides zulässig, insofern als die Tatsache, daß der Schwurpflichtige wegen wissentlicher Verletzung der Eidespflicht rechtskräftig verurteilt ist, die Zurücknahme des Eides auch dann rechtfertigt, wenn der Gegner schon vor der Auferlegung des Eides von dieser Verurteilung Kenntnis erlangt hatte.

In jedem Fall aber darf die Zurücknahme des Eides, und damit die Zurücknahme des Urteils, nur auf Antrag des Gegners erfolgen.

11. Titel. **Verfahren bei der Abnahme von Eiden.**

675. Kann der Eid auch durch einen Bevollmächtigten geleistet werden? § 478, EG. z. ZPO. § 5.

Infolge der höchst persönlichen Natur des Eides müssen die Parteien sowohl — und als Partei gilt hinsichtlich der Eidesleistung auch der gesetzliche Vertreter — wie auch die Zeugen und Sachverständigen den Eid stets in Person leisten.

Nur den Landesherren und den ihnen gleichgestellten Personen kann landesrechtlich gestattet werden, den Eid durch einen Bevollmächtigten zu leisten.

Dies ist in Preußen geschehen durch § 2 AG. z. ZPO. v. 6. Oktober 1899. In Sachsen schwört der König (nicht die Mitglieder der Familie) durch einen Anwalt (G. v. 28. Juni 1835). Für Bayern und Württemberg bestehen solche landesrechtlichen Bestimmungen nicht.

676. Vor wem ist der Eid zu leisten? § 479, EG. z. ZPO. § 5.

In der Regel vor dem Prozeßgericht selbst. Wenn jedoch der Schwurpflichtige am Erscheinen vor dem Prozeßgericht verhindert ist, oder sich in großer Entfernung von dem Sitze desselben aufhält, kann das Prozeßgericht anordnen, daß die Eidesleistung vor einem seiner Mitglieder oder vor einem anderen Gericht erfolge.

Nur die Landesherreu und die ihnen gleichgestellten Personen leisten den Eid stets vor einem beauftragten oder ersuchten Richter, und zwar in ihrer Wohnung, immer vorausgesetzt, daß nicht die einzelnen Landesgesetze oder Hausverfassungen abweichende Bestimmungen treffen.

677. Was soll der Leistung jedes Eides unmittelbar vorausgehen? § 480.

Der Richter soll den Schwurpflichtigen in einer der Persönlichkeit desselben angemessenen Weise auf die Bedeutung des Eides hinweisen.

678. Womit beginnt und womit endet jeder Eid? § 481.

Er beginnt mit den Worten: „Ich schwöre bei Gott dem Allmächtigen und Allwissenden", und schließt: „So wahr mir Gott helfe." — Diese

Eingangs- und Schlußworte bilden zusammen die Eidesformel, die die Eidesnorm umschließt.

679. In welcher Form geschieht die Leistung des Eides? § 482.

Der Eid wird mittels Nachsprechens oder Ablesens der die Eidesnorm enthaltenden Eidesformel geleistet. Der Schwörende soll bei der Eidesleistung die rechte Hand erheben.

Ist die Eidesnorm von großem Umfange, so genügt die Vorlesung der Eidesnorm und die Verweisung auf die letztere in der Eidesformel.

Die Landesherren und die ihnen gleichgestellten Personen leisten den Eid mittels Unterschreibens der die Eidesnorm enthaltenden Eidesformel.

680. In welcher Form leisten Stumme den Eid? § 483.

I. Stumme, welche schreiben können, leisten den Eid mittels Abschreibens und Unterschreibens der die Eidesnorm enthaltenden Eidesformel.

II. Stumme, welche nicht schreiben können, leisten den Eid mit Hilfe eines Dolmetschers durch Zeichen.

681. Wodurch wird die Leistung des Eides bei solchen Personen ersetzt, denen ihre Religion zu schwören verbietet?

Bei ihnen wird es der Eidesleistung gleich geachtet, wenn sie ihre Erklärungen unter Beteuerungsformeln ihrer Religion abgeben, sofern ihnen der Gebrauch solcher Beteuerungsformeln an Stelle der Eidesformel durch das Gesetz gestattet ist.

1) Dies ist in Preußen geschehen hinsichtlich der Mennoniten: durch Verordnung v. 11. März 1827; hinsichtlich der Philipponen: durch Kabinettsordre v. 19. November 1836.

2) In Bayern ist ganz allgemein Mitgliedern von Religionsgesellschaften, deren Bekenntnis die Eidesleistung untersagt, an Stelle des Eides die dem Bekenntnis entsprechende Beteuerung gestattet (AG. z. ZPO. Art. 15).

3) In Württemberg ist den Herrnhutern, Mennoniten, Nazarenern und den Angehörigen der Gemeinde Kornthal und Wilhelmsdorf (diesen jedoch mit Beschränkung auf die daselbst ansässigen Gemeindeglieder) der Gebrauch bestimmter Beteuerungsformeln an Stelle der Eidesformel gestattet.

12. Titel. Sicherung des Beweises.

682. Was versteht man unter Sicherung des Beweises?

Darunter versteht man eine antizipierte Beweisaufnahme, d. h. eine Beweisaufnahme vor Beginn des Prozesses oder doch vor der im gewöhnlichen Lauf des Prozesses erfolgenden Beweisaufnahme (probatio in aeternam memoriam).

683. Welches sind die materiellen Voraussetzungen einer Sicherung des Beweises? §§ 485, 488.

Sicherung des Beweises ist nur zulässig, soweit der Beweis durch Einnahme des Augenscheins oder durch Vernehmung von Zeugen oder Sachverständigen geführt werden soll, und zwar:

1) mit Zustimmung des Gegners — ganz allgemein;

2) ohne diese Zustimmung — nur dann, wenn

a) zu besorgen ist, daß das Beweismittel verloren oder die Benutzung desselben erschwert werde,

b) der Zustand eines Gutes festzustellen ist, für dessen Beweis ein Kommissionär, Spediteur, Lagerhalter oder Frachtführer zu sorgen verpflichtet ist,

c) Mängel einer Sache oder eines Werkes festzustellen sind, aus denen ein Recht gegen den Gegner hergeleitet werden soll, und zwar:

α) auf Antrag desjenigen, der ein Recht aus den Mängeln herleiten will — ohne jede weitere Voraussetzung,

β) auf Antrag desjenigen, gegen den das Recht hergeleitet werden soll — im allgemeinen nicht, es sei denn, daß dieser Gegner Veräußerer der Sache oder Unternehmer des Werks ist, und daß ihm außerdem seitens der Gegenpartei der Mangel angezeigt oder diese die Annahme der Sache bzw. die Abnahme des Werks wegen Mangelhaftigkeit abgelehnt hat.

684. Welches sind die formellen Voraussetzungen einer Sicherung des Beweises?

Die Einleitung des Verfahrens hat zur formellen Voraussetzung, daß ein ordnungsmäßiges Gesuch bei dem zuständigen Gericht angebracht wird.

685. Form und Inhalt des Gesuchs um Sicherung des Beweises! §§ 486 Abs. 1; 487, 494 Abs. 1.

I. Das Gesuch kann schriftlich oder, falls der Rechtsstreit schon anhängig ist, auch in der mündlichen Verhandlung angebracht werden; es kann auch vor dem Gerichtsschreiber zu Protokoll erklärt werden.

II. Das Gesuch muß enthalten:

1) die Bezeichnung des Gegners, oder wenn ein Gegner nicht bezeichnet wird, die Glaubhaftmachung seitens des Beweisführers, daß er ohne sein Verschulden außerstande sei, den Gegner zu bezeichnen;

2) die Bezeichnung der Tatsachen, über welche die Beweisaufnahme erfolgen soll;

3) die Bezeichnung der Beweismittel unter Benennung der zu vernehmenden Zeugen und Sachverständigen;

4) den Nachweis der materiellen Voraussetzungen für die antizipierte Beweisaufnahme. Wenn diese jedoch wegen der Besorgnis, daß das Beweismittel verloren oder die Benutzung desselben erschwert werde, beantragt wird, genügt die bloße Glaubhaftmachung des Grundes, auf welchem die Besorgnis beruht.

686. Welches Gericht ist für die Sicherung des Beweises zuständig? § 486.

I. Wenn der Rechtsstreit noch nicht anhängig ist, ist das Amtsgericht zuständig, in dessen Bezirk die zu vernehmenden Personen sich aufhalten oder der in Augenschein zu nehmende Gegenstand sich befindet.

II. Ist der Rechtsstreit bereits anhängig, so ist grundsätzlich das Prozeßgericht zuständig, das bezeichnete Amtsgericht nur in Fällen dringender Gefahr.

687. Form und Anfechtung der Entscheidung über das Gesuch um Sicherung des Beweises! § 490.

I. Die Entscheidung, welche ohne vorgängige mündliche Verhandlung ergehen kann, erfolgt in Form des Beschlusses.

II. Der Beschluß, durch welchen das Gesuch zurückgewiesen wird, unterliegt nach allgemeiner Regel der Beschwerde; der Beschluß, durch welchen dem Gesuch nachgegeben wird, ist unanfechtbar.

688. Was hat im besonderen der Beschluß zu enthalten, durch den dem Gesuch um Sicherung des Beweises stattgegeben wird? §§ 490 Abs. 2, 494 Abs. 2.

In diesem Beschlusse sind die Tatsachen, über welche der Beweis zu erheben ist, und die Beweismittel unter Benennung der zu vernehmenden Zeugen und Sachverständigen zu bezeichnen.

Ist der Gegner unbekannt, so kann das Gericht ihm zur Wahrnehmung seiner Rechte bei der Beweisaufnahme zugleich einen Vertreter bestellen.

689. Ist die Beweisaufnahme von einer Ladung des Gegners durch den Beweisführer abhängig? §§ 491, 493 Abs. 2.

Sofern eine Ladung nach den besonderen Umständen des Falls überhaupt geschehen kann — man denke an die Dringlichkeit vieler solcher Beweisaufnahmen! — ist zwar der Beweisführer verpflichtet, unter Zustellung des Beschlusses und einer Abschrift des Gesuchs zu dem für die Beweisaufnahme bestimmten Termine den Gegner bzw. den gerichtlich bestellten Vertreter des unbekannten Gegners so zeitig — ohne daß jedoch die gesetzliche Ladungsfrist einzuhalten wäre — zu laden, daß derselbe in dem Termine seine Rechte wahrzunehmen vermag. Die Nichtbefolgung dieser Verpflichtung steht jedoch der Beweisaufnahme nicht entgegen; nur kann sie unter Umständen eine Einschränkung des Benutzungsrechts der Beweisverhandlungen im Prozeß für den Beweisführer zur Folge haben.

690. Wie vollzieht sich die Beweisaufnahme? § 492.

Die Beweisaufnahme erfolgt nach den für die Aufnahme des betreffenden Beweismittels geltenden Vorschriften.

Das Protokoll über die Beweisaufnahme ist bei dem Gericht, welches dieselbe angeordnet hat, aufzubewahren.

691. Wer ist berechtigt, die stattgehabte Beweisaufnahme im Prozeß zu benutzen?

Jede Partei hat das Recht, die Beweisverhandlungen im Prozesse zu benutzen. War der Gegner jedoch in dem Termin, in welchem die Beweisaufnahme erfolgte, nicht erschienen, so steht dem Beweisführer dieses Benutzungsrecht nur dann zu, wenn der Gegner zu dem Termin rechtzeitig geladen war, oder wenn der Beweisführer glaubhaft macht, daß ohne sein Verschulden die Ladung unterblieben oder nicht rechtzeitig erfolgt sei.

2. Abschnitt. Verfahren vor den Amtsgerichten.

692. Ist das amtsgerichtliche Verfahren in diesem Abschnitt erschöpfend geregelt? § 495.

Nein; vielmehr finden im allgemeinen die Vorschriften über das landgerichtliche Verfahren Anwendung. Gänzlich ausgeschlossen ist nur, und zwar wegen der Konstruktion des amtsgerichtlichen Verfahrens als einzelrichterliches Verfahren, ein besonderes vorbereitendes Verfahren in Rechnungssachen 2c.

693. Wird das amtsgerichtliche Verfahren vom Anwaltszwang beherrscht? § 78.

Nein; der amtsgerichtliche Prozeß ist Parteiprozeß, nicht Anwaltsprozeß wie der landgerichtliche.

694. Welche Erleichterungen bestehen hinsichtlich der Klage im amtsgerichtlichen Verfahren? §§ 496, 500.

Die Klage braucht nicht schriftlich eingereicht zu werden, sondern sie kann auch dem Gerichtsschreiber zu Protokoll erklärt werden.

Außerdem können die Parteien an ordentlichen Gerichtstagen auch ohne Ladung und Terminsbestimmung zur Verhandlung des Rechtsstreits vor Gericht erscheinen.

695. Wie wird die Klage erhoben:

a) wenn sie zu Protokoll des Gerichtsschreibers gegeben ist,

b) wenn die Parteien ohne Ladung erscheinen? §§ 499, 500 Abs. 2.

Im ersten Fall durch Zustellung des Protokolls; im zweiten Fall durch Vortrag in der mündlichen Verhandlung.

696. Wer sorgt für die Zustellung der Klage? § 497.

Für die Zustellung der Klage sorgt der Gerichtsschreiber, und zwar nicht nur dann, wenn sie vor ihm zu Protokoll gegeben ist, sondern auch dann, wenn, wie im landgerichtlichen Verfahren, die fertige Klageschrift bei Gericht eingereicht wird.

697. Ist eine Zustellung der Klage durch die Partei ausgeschlossen? § 497.

Die Partei kann auch selbst für die Zustellung Sorge tragen, doch muß sie dann in der Klageschrift oder in der zu Protokoll gegebenen Klage ausdrücklich erklären, die Zustellung selbst bewirken zu wollen.

698. Gelten die bezüglich der Klage erwähnten Erleichterungen nur für diese allein? §§ 501, 502.

Dieselben Erleichterungen gelten auch bezüglich aller Ladungen einer Partei, welche im Lauf des Rechtsstreits erfolgen, wie z. B. zur Verhandlung über einen Zwischenstreit, und sie finden auch Anwendung, wenn eine Intervention oder eine Streitverkündung erfolgen, oder wenn die Klage oder der Einspruch zurückgenommen werden soll.

Bezüglich der vorbereitenden Schriftsätze mit Ausnahme der Klage gilt auch noch die weitere Erleichterung, daß sie überhaupt nicht zugestellt zu werden brauchen, sondern auch formlos mitgeteilt werden können.

699. Ist die Mitteilung vorbereitender Schriftsätze im Amtsgerichtsprozeß erforderlich? §§ 129, 335.

Eine Mitteilung vorbereitender Schriftsätze ist nicht erforderlich, ist vielmehr in das Belieben der Parteien gestellt.

Jedoch gilt die Bestimmung auch für das amtsgerichtliche Verfahren, daß der Kläger gegen den säumigen Beklagten ein Versäumnisurteil nicht erzielen kann, wenn er ihm ein mündliches Vorbringen oder einen Antrag nicht rechtzeitig mittels Schriftsatzes mitgeteilt hat.

700. Welche Besonderheiten gelten hinsichtlich der Einlassungs- und der **Ladungsfrist**?

I. Statt zwei Wochen beträgt die Einlassungsfrist im Amtsgerichtsprozeß regelmäßig eine Woche; wenn die Zustellung innerhalb des Bezirks des Prozeßgerichts erfolgt, sogar nur drei Tage; in Meß- und Marktsachen, wie immer, 24 Stunden. Desgleichen hat, wenn die Zustellung im Ausland zu erfolgen hat, auch im Amtsgerichtsprozeß das Gericht die Einlassungsfrist festzusetzen.

II. Statt einer Woche beträgt die Ladungsfrist im Amtsgerichtsprozeß drei Tage, in Meß- und Marktsachen, wie immer, 24 Stunden.

701. Inwiefern ist die Prozeßleitungsbefugnis des Amtsrichters eine ausgedehntere als die des Vorsitzenden im landgerichtlichen Verfahren? §§ 139, 503.

Der Amtsrichter hat nicht nur dafür zu sorgen, daß „alle für die Feststellung des Sachverhaltes erheblichen Erklärungen abgegeben werden", sondern auch, „daß die sachdienlichen Anträge gestellt werden".

702. Wird durch diese Vorschrift über die erweiterte richterliche Tätigkeit bei der Prozeßleitung die Inquisitionsmaxime statt der Verhandlungsmaxime im Amtsgerichtsprozeß eingeführt?

Keineswegs; der Richter soll vielmehr nur der Partei behilflich sein, das, was sie sagen will, in der sachgemäßen Form vorzubringen, ohne dabei auf den Inhalt ihres Vorbringens einzuwirken. Hierdurch setzt er sich nicht in Widerspruch mit der Verhandlungsmaxime.

703. Gilt auch im amtsgerichtlichen Prozeß für die prozeßhindernden Einreden das Eventualprinzip? § 504.

Das Eventualprinzip gilt im amtsgerichtlichen Verfahren für die prozeßhindernden Einreden nur insoweit, als die Einrede der Unzuständigkeit des Gerichts vor der Verhandlung zur Hauptsache vorzubringen ist; auf die sachliche Unzuständigkeit hat außerdem der Richter schon von Amts wegen den Beklagten vor dessen Verhandlung zur Hauptsache aufmerksam zu machen.

In keinem Fall dürfen jedoch die Parteien die Verhandlung zur Hauptsache auf Grund prozeßhindernder Einreden verweigern.

704. Ist eine abgesonderte Verhandlung über prozeßhindernde Einreden im Amtsgerichtsprozeß ausgeschlossen? § 504 Abs. 3.

Wenn die Parteien auch die Verhandlung zur Hauptsache auf Grund prozeßhindernder Einreden nicht verweigern dürfen, so kann doch das Gericht, sowohl auf Antrag wie von Amts wegen, eine abgesonderte Verhandlung über prozeßhindernde Einreden anordnen.

705. Was geschieht, wenn das Amtsgericht

a) schon gemäß der Klage sachlich unzuständig ist, oder

b) nachträglich, durch Vorbringen einer Widerklage oder einer Inzidentfeststellungsklage oder durch Erweiterung des Klageantrags, sachlich unzuständig wird? §§ 505, 506.

I. Im Falle a hat das Amtsgericht in dem Urteil, in dem es seine sachliche Unzuständigkeit ausspricht, wenn der Kläger dies beantragt, zugleich den Rechtsstreit an das übergeordnete Landgericht zu verweisen.

II. Im Falle b hat das Amtsgericht, sofern eine Partei vor weiterer Verhandlung zur Hauptsache darauf anträgt, durch Beschluß seine Unzuständigkeit auszusprechen und den Rechtsstreit an das Landgericht zu verweisen.

706. Wird der Rechtsstreit sofort mit der Überweisung bei dem Landgericht anhängig? §§ 505 Abs. 2, 506 Abs. 2.

I. Wird die Überweisung durch Urteil ausgesprochen, so wird der Rechtsstreit bei dem Landgericht erst mit der Rechtskraft dieses Urteils, aber von dem Zeitpunkt der Klagerhebung an, anhängig.

II. Wird die Überweisung durch Beschluß ausgesprochen, so gilt der

Rechtsstreit, da dieser Beschluß unanfechtbar ist, schon mit der Verkündung des Beschlusses bei dem Landgericht anhängig, wiederum mit Zurückrechnung auf den Zeitpunkt der Klagerhebung.

707. Was gilt im Fall der Überweisung hinsichtlich der amtsgerichtlichen Kosten? § 506 Abs. 2.

I. In dem die Verweisung aussprechenden Urteile werden sie nach allgemeinen Regeln dem Kläger auferlegt.

II. Bei der durch Beschluß erfolgenden Überweisung werden sie als Teil der bei dem Landgericht erwachsenden Kosten berechnet.

708. Welche Besonderheit gilt für die Anerkennung von Privaturkunden? § 507. Vgl. § 439.

Eine Nichterklärung gilt nur dann als Anerkennung der Urkunde, wenn die Partei zur Erklärung über die Echtheit der Urkunde vom Gericht aufgefordert worden ist.

709. Was ist im Sitzungsprotokoll festzustellen? § 509.

Stets die Anträge, sowie die Erklärungen über Annahme oder Zurückschiebung geschobener Eide; Geständnisse und sonstige Erklärungen einer Partei aber nur insoweit, als das Gericht bei Schluß der einzelnen mündlichen Verhandlung die Feststellung für angemessen erachtet.

Die Feststellung dieser Tatsachen kann jedoch unterbleiben, wenn dieselben in vorbereitenden Schriftsätzen enthalten sind, auf die Bezug genommen werden kann.

---

710. Welches Mittel gibt das Gesetz den Parteien, einen unter ihnen entstandenen Streit über ein Rechtsverhältnis ohne Prozeß zu erledigen? § 510 Abs. 1.

Wer eine Klage zu erheben beabsichtigt, kann unter Angabe des Gegenstandes seines Anspruchs zum Zwecke eines Sühneversuchs den Gegner vor das Amtsgericht laden, vor welchem dieser seinen allgemeinen Gerichtsstand hat.

Die Ladung kann und muß vor das Amtsgericht erfolgen, auch wenn dasselbe für die Erhebung der Klage sachlich nicht zuständig wäre.

711. Wie unterscheidet sich dieser besondere amtsgerichtliche Sühneversuch von dem sowohl den Amtsgerichten wie den Landgerichten zugewiesenen Sühneversuch? Vgl. § 296.

Während der besondere amtsgerichtliche Sühneversuch von den Parteien beantragt wird, um einem Rechtsstreit überhaupt vorzubeugen, wird der landgerichtliche Sühneversuch in einem anhängigen Verfahren unternommen, um den bereits begonnenen Prozeß gütlich beizulegen.

712. Welches sind die verschiedenen **Ergebnisse** des Sühnetermins

a) bei Erscheinen beider Parteien,

b) bei Ausbleiben einer Partei? § 510 Abs. 2.

a) Entweder kommt ein **Vergleich** zustande, der dann zu Protokoll festgestellt und ebenso wie die im Laufe des Verfahrens vor einem deutschen Gerichte zustande gekommenen Vergleiche, vollstreckbar ist; oder die Parteien vergleichen sich nicht: dann kann der Rechtsstreit sofort verhandelt werden, wenn beide Parteien darauf antragen und ein anderes Gericht nicht örtlich oder sachlich ausschließlich zuständig ist; die Erhebung der Klage erfolgt in diesem Fall, wie beim Erscheinen beider Parteien ohne Ladung und Terminsbestimmung durch mündlichen Vortrag.

b) Die erschienene Partei kann ein Versäumnisurteil nicht erwirken, sondern muß, da die Sache noch nicht anhängig ist, die Klage auf gewöhnlichem Wege erheben.

713. Wer trägt die **Kosten** des Sühneversuchs? §§ 98, 92; 510 Abs. 3.

I. Kommt ein Vergleich zustande, so gelten, wenn die Parteien nicht etwas anderes vereinbart haben, die Kosten als gegeneinander aufgehoben; die Gerichtskosten sind also von jeder Partei zur Hälfte zu tragen.

II. Ist der Sühneversuch erfolglos geblieben oder ist der Gegner nicht erschienen, so werden die erwachsenen Kosten als Teil der Kosten des Rechtsstreits behandelt.

III. Buch. **Rechtsmittel.**

714. Was sind Rechtsmittel?

Die ZPO. versteht unter „**Rechtsmitteln**" nicht allgemein jede Art von prozessualen Rechtsbehelfen (Rechtsmittel im weiteren Sinne), sondern bezeichnet als „Rechtsmittel" vielmehr **nur die zur Anfechtung einer noch nicht rechtskräftig gewordenen richterlichen Entscheidung gegebenen Rechtsbehelfe, die die Sache zwecks Nachprüfung an die höhere Instanz bringen**, d. h. nach gemeinrechtlichem Sprachgebrauch Devolutiveffekt haben.

715. Welches sind die Rechtsmittel der ZPO.?

Rechtsmittel sind nur die **Berufung**, die **Revision** und die **Beschwerde** (einfache Beschwerde und sofortige Beschwerde). Dagegen gehört zu den Rechtsmitteln z. B. nicht der **Einspruch**, denn er hat keinen Devolutiveffekt; und ebensowenig gehören zu den Rechtsmitteln die **Restitutions-** und die **Nichtigkeitsklage**, denn sie wenden sich außerdem auch noch gegen eine rechtskräftige Entscheidung.

1. Abschnitt. Berufung.

716. Durch welches besondere Merkmal unterscheidet sich die Berufung von den übrigen Rechtsmitteln?

Die richterliche Entscheidung, gegen die sich die Berufung richtet, ist stets ein erstinstanzliches Urteil eines Amts- oder Landgerichts.

Berufungsgericht ist für die amtsgerichtlichen Urteile das übergeordnete Landgericht (ausschließlich der Handelskammern), für die landgerichtlichen Urteile das übergeordnete Oberlandesgericht.

717. Findet die Berufung nur gegen Endurteile statt? § 511.

In der Regel kann durch das Rechtsmittel der Berufung nur ein Endurteil (bedingtes oder unbedingtes Voll- oder Teilurteil) angefochten werden; aber während auf der einen Seite gegen ein Versäumnisurteil, auch wenn es Endurteil ist, seitens der säumigen Partei, und ebenso auch gegen das Ausschlußurteil im Aufgebotsverfahren Berufung nicht eingelegt werden kann, gibt es auf der anderen Seite auch wieder einige Zwischenurteile, die durch Berufung angefochten werden können.

718. In welchen Fällen ist die Berufung ausnahmsweise auch gegen ein Versäumnisurteil zulässig? §§ 513; 345, 238.

Ein Versäumnisurteil kann seitens der säumigen Partei durch Berufung nur dann angefochten werden, wenn der Einspruch gegen dasselbe nicht zulässig ist, sei es

a) darum, weil es sich um ein weiteres Versäumnisurteil handelt, oder sei es

b) daß ein Antrag auf Wiedereinsetzung in den vorigen Stand durch Versäumnisurteil verworfen ist.

Aber auch in diesen beiden Fällen ist die Berufung nur insoweit statthaft, als sie sich darauf stützt, daß eine Versäumnis überhaupt nicht stattgefunden hat.

719. Welches sind die Zwischenurteile, die hinsichtlich der Zulässigkeit der Berufung den Endurteilen gleichzuachten sind? §§ 275, 302, 304, 599.

Es sind dies folgende Zwischenurteile:

a) das Zwischenurteil, durch welches auf Grund einer abgesonderten Verhandlung die prozeßhindernde Einrede verworfen wird;

b) das Zwischenurteil, das über die Klageforderung unter Vorbehalt der Entscheidung über die Aufrechnung ergeht;

c) das Zwischenurteil, das über den Grund eines nach Grund und Betrag streitigen Anspruchs vorab entscheidet;

d) das Zwischenurteil, das im Urkundenprozeß unter Vorbehalt der Rechte ergeht, wenn der Beklagte verurteilt wird, obwohl er dem geltend gemachten Anspruch widersprochen hat.

720. *Sind die übrigen Zwischenurteile und sonstigen dem Endurteile vorangehenden Entscheidungen der Nachprüfung durch das Berufungsgericht gänzlich entzogen?* § 512.

Solche Entscheidungen dürfen zwar nicht selbständig mit der Berufung angefochten werden, unterliegen jedoch, soweit sie für das durch Berufung angefochtene Urteil kausal sind, gleichfalls der Beurteilung des Berufungsgerichts. Von dieser Regel bestehen jedoch Ausnahmen:

a) Versäumniszwischenurteile finden nur unter den gleichen Voraussetzungen Berücksichtigung, die auch für die Anfechtung der Versäumnisendurteile mit der Berufung bestehen;

b) gänzlich der Nachprüfung durch das Berufungsgericht entzogen sind:

α) die Entscheidungen, die das Gesetz ausdrücklich als unanfechtbar bezeichnet, wie z. B. der Beschluß, durch den das Gesuch um Verlängerung einer Frist zurückgewiesen wird (§ 225 Abs. 3),

β) die Entscheidungen, die durch Beschwerde anfechtbar sind, wie die meisten eine vorgängige mündliche Verhandlung nicht erfordernden Entscheidungen, durch welche ein das Verfahren betreffendes Gesuch zurückgewiesen wird.

721. *Welche Voraussetzungen bestehen für die Zulässigkeit der Berufung hinsichtlich des Inhalts des erstinstanzlichen Urteils?* § 99 Abs. 3.

I. Das Urteil muß eine Entscheidung über die Hauptsache enthalten.

Urteile, die nur die Kostenfrage erledigen, können nicht durch Berufung angefochten werden, unterliegen vielmehr der sofortigen Beschwerde.

II. Das Urteil muß für die Partei, die dagegen Berufung einlegen will, in der Hauptsache beschwerend sein, d. h. es muß in seinem Tenor von den Anträgen der Partei abweichen, da anderenfalls ein Grund zur Berufung nicht vorliegt.

Nicht erforderlich ist dagegen für die Zulässigkeit der Berufung ein Beschwerdeobjekt von bestimmter Höhe. Im Gegensatz zu der gemeinrechtlichen appellatio, die nach dem Jüngsten Reichsabschied eine summa appellabilis von 400 Talern zur Voraussetzung hat, ist die Berufung der ZPO. — nicht so die Revision — auch in Bagatellsachen statthaft.

722. *Wer ist berechtigt Berufung einzulegen?*

I. Das Rechtsmittel einlegen darf nur die Prozeßpartei oder ihr Rechtsnachfolger; nicht irgendwelche interessierte Dritte, außer als Nebenintervenienten; aber auch als solche nur solange, als die Partei auf das Rechtsmittel noch nicht verzichtet hat.

II. Ein Streitgenosse kann mit Wirkung für die anderen Streitgenossen nur im Falle der notwendigen Streitgenossenschaft Berufung einlegen.

III. Ist die Partei prozeßunfähig, so steht das Recht Berufung einzulegen ausschließlich dem gesetzlichen Vertreter zu.

723. Wie erfolgt die Einlegung der Berufung? § 578.

Sie geschieht — entsprechend der Klagerhebung — durch Zustellung eines Schriftsatzes, der dem Gerichte zuvor zur Terminsbestimmung eingereicht ist.

724. Bei welchem Gerichte hat der Berufungskläger den Schriftsatz zur Terminsbestimmung einzureichen?

Die Berufung ist ausschließlich beim Berufungsgericht einzulegen. Die ZPO. kennt anders als der gemeinrechtliche Prozeß für die Berufung ein besonderes Interpositionsverfahren vor dem judex a quo nicht.

725. Ist der Vorsitzende unter allen Umständen verpflichtet die Terminsbestimmung vorzunehmen? § 518.

Der Vorsitzende hat nur zu prüfen, ob die Berufungsschrift in formeller Hinsicht genügt, d. h. ob sie von einem bei dem Berufungsgerichte zugelassenen Anwalt unterschrieben ist. Ist dies der Fall, so hat er Termin anzusetzen, auch dann, wenn die Berufungsschrift inhaltlich den gesetzlichen Vorschriften nicht entspricht, oder wenn es versäumt ist — was instruktionell vorgeschrieben ist —, dem Berufungsgerichte eine Ausfertigung oder beglaubigte Abschrift des angefochtenen Urteils vorzulegen.

726. Welchen Inhalt muß die Berufungsschrift haben? § 518.

Sie muß enthalten:

a) die Bezeichnung des Urteils, gegen welches die Berufung gerichtet wird;

b) die Erklärung, daß gegen dieses Urteil Berufung eingelegt werde (das Wort „Berufung" ist nicht unbedingt erforderlich, wenn nur der Wille der Partei, gerade dieses Rechtsmittel einzulegen, klar zum Ausdruck gebracht ist);

c) die Ladung des Berufungsbeklagten vor das Berufungsgericht zur mündlichen Verhandlung über die Berufung.

727. Welchen weiteren Erfordernissen soll die Berufungsschrift entsprechen? § 519.

Die Berufungsschrift gilt ebenso wie die Klageschrift als vorbereitender Schriftsatz, und als solcher soll sie insbesondere enthalten:

a) die Erklärung, inwieweit das Urteil angefochten werde und welche Abänderungen desselben beantragt werden (Berufungsanträge);

b) die Angabe derjenigen neuen Tatsachen und Beweismittel, welche die Partei geltend zu machen beabsichtigt.

728. Wem ist die Berufungsschrift zuzustellen? § 179.

Die Zustellung der Berufungsschrift hat an den Prozeßbevollmächtigten der ersten Instanz zu erfolgen; sofern von dem Gegner bereits ein Prozeßbevollmächtigter für die Berufungsinstanz bestellt ist, kann die Zustellung auch an diesen erfolgen.

Ist ein Prozeßbevollmächtigter jedoch überhaupt nicht bestellt, so geschieht die Zustellung in erster Linie an den von dem Gegner bestellten Zustellungsbevollmächtigten, und nur in Ermangelung eines solchen an den Gegner selbst.

729. Binnen welcher Frist muß die Zustellung der Berufungsschrift erfolgen? § 516.

Die Berufungsschrift muß innerhalb einer einmonatigen Frist, die eine Notfrist ist und vom Tage der Zustellung des Urteils ab läuft, zugestellt werden; sie kann gleichzeitig mit der Zustellung des angefochtenen Urteils zugestellt werden, aber niemals vorher, wie z. B. die Einspruchsschrift.

730. Wird der Lauf der Berufungsfrist durch ein inzwischen anhängig gewordenes Urteilsergänzungsverfahren gehemmt? § 517.

Dies ist zwar nicht der Fall; ergeht jedoch noch binnen der Berufungsfrist ein dem Ergänzungsantrage stattgebendes Urteil, so beginnt mit der Zustellung der nachträglichen Entscheidung der Lauf der Berufungsfrist auch für die Berufung gegen das zuerst ergangene Urteil von neuem. Und wird gegen beide Urteile von derselben Partei Berufung eingelegt, so sind beide Berufungen miteinander zu verbinden.

731. Welche Erleichterung der Zustellung ergibt sich für die Zustellung der Berufungsschrift daraus, daß diese die Wahrung einer Notfrist bezweckt? §§ 166 Abs. 2, 207 Abs. 2.

Die Partei darf sich bei der Zustellung der Vermittelung des Gerichtsschreibers bedienen.

Tut sie dies, so ergibt sich daraus die weitere Folge, daß die Wirkungen der Zustellung bereits mit der Einreichung des Schriftsatzes bei dem Gerichtsschreiber eintreten, vorausgesetzt, daß der Schriftsatz binnen einer Frist von zwei Wochen nach der Einreichung tatsächlich zugestellt wird.

732. Welche Wirkung hat die rechtzeitige Einlegung der Berufung? § 705.

Während der Devolutiveffekt des Rechtsmittels — wenigstens in rein formeller Beziehung — unabhängig davon ist, ob die Berufung rechtzeitig oder verspätet eingelegt wird, insofern, als es unter allen Umständen zu einer Verhandlung (über die Zulässigkeit der Berufung) vor dem Berufungsgericht kommen muß, kann von einem Suspensiveffekt, d. h. von einer Hemmung der Rechtskraft nur die Rede sein, falls die Berufung rechtzeitig, eben vor Rechtskraft des Urteils, eingelegt wird.

Der Suspensiveffekt erstreckt sich dann aber stets auf das ganze Urteil, auch wenn dieses nur in einzelnen Teilen angefochten wird.

733. Wodurch macht sich die devolvierende Wirkung der Berufung bereits im voraus bemerkbar? § 544 Abs. 1.

Innerhalb vierundzwanzig Stunden, nachdem die Berufungsschrift zum

Zwecke der Terminsbestimmung eingereicht ist, hat der Gerichtsschreiber des Berufungsgerichts von dem Gerichtsschreiber des Gerichts erster Instanz die Akten einzufordern.

734. Gibt es auch bei der Berufung ein der Widerklage entsprechendes Institut? (§ 529 Abs. 2).

Ungefähr wie sich die (unter Umständen auch noch in der Berufungsinstanz zulässige) Widerklage zur Klage verhält, steht der Berufung die Anschlußberufung gegenüber. Dieselbe wird ebenso wie die Widerklage in der mündlichen Verhandlung vorgebracht und kann auch wie die Widerklage bereits durch einen Schriftsatz mit der Wirkung vorbereitet werden, daß bei Ausbleiben des Berufungsklägers im Berufungstermin der Berufungsbeklagte auf Grund der nunmehr mündlich vorgebrachten Anschlußberufung ein Versäumnisurteil gegen den säumigen Berufungskläger als Anschlußberufungsbeklagten erzielen kann.

735. Muß der Berufungsbeklagte, wenn er seinerseits auch Berufung einlegen will, sich stets der Anschlußberufung bedienen?

Der Berufungsbeklagte kann auch selbständig durch Zustellung eines Schriftsatzes Berufung einlegen; beide Berufungen werden aber nichtsdestoweniger in einem gemeinsamen Verfahren verhandelt, ebenso wie wenn er sich der Berufung angeschlossen hätte.

736. Inwiefern ist die Anschlußberufung der selbständigen Berufung gegenüber erleichtert? § 521 Abs. 1.

Eine Anschlußberufung ist statthaft trotz vorherigen Verzichts auf die Berufung — es sei denn, daß ausdrücklich auch auf die Anschließung verzichtet ist — und auch noch nach Ablauf der Berufungsfrist; außerdem genügt es für sie auch, wenn der Berufungsbeklagte nur hinsichtlich des Kostenpunktes beschwert ist.

Im übrigen gelten jedoch für sie die gleichen Voraussetzungen wie für die selbständige Berufung.

737. Inwiefern ist es jedoch von Bedeutung, daß der Berufungsbeklagte sich innerhalb der Berufungsfrist der Berufung anschließt, und daß auch die sämtlichen materiellen Voraussetzungen der selbständigen Berufung vorliegen? § 522.

In diesem Falle hat die Anschlußberufung durchaus die Wirkung einer selbständigen Berufung, während sie sonst, also wenn z. B. der Berufungsbeklagte sich erst nach Ablauf der Frist der Berufung angeschlossen hat, oder wenn der Berufungsbeklagte nur hinsichtlich der Prozeßkosten beschwert ist, in ihrem Bestande von dem Bestehen der Hauptberufung abhängt, so daß sie wirkungslos wird, sobald jene für unzulässig erklärt oder zurückgenommen wird.

Die Berufungsfrist ist jedoch schon als gewahrt anzusehen, wenn der Berufungsbeklagte dem Berufungskläger innerhalb der Frist seine Absicht anzeigt, in der mündlichen Verhandlung sich der Berufung anzuschließen, vorausgesetzt daß er die Anschließung später in dem Termine auch wirklich erklärt.

738. In welchem Umfange ist ein Verzicht auf die Berufung zulässig? § 514.

Auf das Recht Berufung einzulegen kann sowohl vor wie nach Erlaß des Urteils verzichtet werden, jedoch mit dem Unterschied, daß der vor Erlaß des Urteils erklärte Verzicht stets der Vertragsform bedarf, während es für den Verzicht nach Erlaß des Urteils — mag Berufung bereits eingelegt sein oder nicht — genügt, wenn die Verzichterklärung dem Gegner gegenüber schriftlich oder mündlich abgegeben wird.

739. Welches sind die Wirkungen des Verzichts auf die Berufung?

Das Recht zur Einlegung der Berufung erlischt, aber nicht das Recht auf Anschließung, es sei denn daß der Verzicht ausdrücklich auf diese ausgedehnt ist; daher tritt, abgesehen von dem zuletzt erwähnten Falle, Rechtskraft des Urteils nur dann ein, wenn der Gegner gleichfalls auf Berufung verzichtet hat, oder aus einem anderen Grunde nicht in der Lage ist, Berufung einzulegen.

Wird der Verzicht erklärt, nachdem die Berufung bereits eingelegt ist, so ist die Berufung als unzulässig zu verwerfen, während im übrigen ein Urteil über die Folgen des Verzichts nicht ergeht.

740. Was bedeutet die Zurücknahme der Berufung im Gegensatze zum Verzicht auf die Berufung? § 515 Abs. 3.

I. Die Zurücknahme der Berufung ist der Verzicht auf das eingelegte Rechtsmittel, schließt also die Einlegung einer neuen Berufung, wenn die Berufungsfrist noch nicht abgelaufen ist, nicht aus. Ebenso wenig wie der Verzicht schließt sie natürlich eine Anschließung an die Berufung des Gegners aus.

II. Die Wirkungen der Zurücknahme, die in dem Verlust der eingelegten Berufung und der Verpflichtung, die durch das Rechtsmittel entstandenen Kosten zu tragen, bestehen, sind auf Antrag des Gegners stets durch Urteil auszusprechen.

741. In welchem Umfange ist eine Zurücknahme der Berufung zulässig? § 515 Abs. 1.

Ohne Einwilligung des Gegners ist die Zurücknahme der Berufung — entsprechend der Zurücknahme der Klage, die ohne Einwilligung des Gegners nur bis zur mündlichen Verhandlung des Gegners zur Hauptsache statthaft ist — nur bis zum Beginn der mündlichen Verhandlung des Berufungsbeklagten zu den Berufungsanträgen zulässig, mit Einwilligung des Beklagten jedoch bis zur Beendigung der Berufungsinstanz durch ein unanfechtbares Urteil oder durch die Devolvierung der Sache an das Revisionsgericht.

742. In welcher Form erfolgt die Zurücknahme der Berufung? § 515 Abs. 2.

Die Zurücknahme der Berufung geschieht in der mündlichen Verhandlung oder durch Zustellung eines Schriftsatzes. Sie ist sofort mit der Abgabe der Erklärung bindend, auch dann, wenn es noch einer Einwilligung des Gegners bedarf.

Einer formellen Zurücknahme bedarf es nicht, wenn der Berufungskläger gleichzeitig auf die Berufung verzichtet. Hier ergeht das Urteil dahin, daß die Berufung als unzulässig zu verwerfen sei.

743. Ist in der Berufungsinstanz auch noch eine Klagezurücknahme statthaft? § 271 Abs. 1.

Ebenso wie die Partei noch in der Berufungsinstanz auf ihren materiellen Anspruch verzichten kann, kann sie auch noch die Klage zurücknehmen; letzteres jedoch nur mit Einwilligung des Gegners, in Anbetracht dessen, daß diese auch schon in der ersten Instanz erforderlich ist, sobald die Partei zur Hauptsache mündlich verhandelt hat.

---

744. Nach welchen Grundsätzen regelt sich das Nachprüfungsverfahren vor dem Berufungsgericht? § 523.

Das Berufungsverfahren wird ebenso wie das Verfahren erster Instanz von der Mündlichkeit beherrscht, wie denn auch die Berufungsschrift als notwendigen Bestandteil die Ladung des Gegners zur mündlichen Verhandlung enthält. Und zwar verhandeln die Parteien prinzipiell von neuem vor dem Berufungsgericht, als wäre das Urteil erster Instanz mit seinen präkludierenden Wirkungen nicht vorhanden. Die mündliche Verhandlung vor dem Berufungsgericht bildet danach die Fortsetzung der mündlichen Verhandlung erster Instanz. — Überhaupt regelt sich das Verfahren vor dem Berufungsgericht grundsätzlich nach den für das landgerichtliche Verfahren erster Instanz gegebenen Vorschriften, soweit nicht die Natur des Berufungsverfahrens als eines Rechtsmittelverfahrens besondere Ausnahmebestimmungen gezeitigt hat, die vorzugsweise eine notwendige Beschränkung der Partei in ihrer prozessualen Bewegungsfreiheit bezwecken.

745. Darf die mündliche Verhandlung vor dem Berufungsgericht schon vor Ablauf der Notfrist beginnen? §§ 520, 262; 524.

Der Vorsitzende braucht bei der Terminsbestimmung auf den Lauf der Notfrist keine Rücksicht zu nehmen, vielmehr ist nur erforderlich, daß zwischen der Zustellung der Berufungsschrift und der mündlichen Verhandlung ein der Einlassungsfrist entsprechender Zeitraum liegt. Da das Minimum dieser Quasieinlassungsfrist bei Zustellungen im Inlande längstens 2 Wochen beträgt, ist es danach wohl möglich, daß der erste Termin zur mündlichen Verhandlung in die Berufungsfrist hineinfällt. In diesem Falle steht dem Berufungsbeklagten dann aber das Recht zu (zwecks Vorbereitung etwaiger Anschließungsanträge), die Vertagung der mündlichen Verhandlung bis zum Ablauf der Frist zu verlangen.

Hat der Berufungsbeklagte den Einspruch gegen das Urteil erhoben, so ist die mündliche Verhandlung auch schon von Amts wegen bis zur Erledigung des Einspruchs zu vertagen.

746. Inwieweit jedoch ist der Berufungsbeklagte nicht berechtigt, auf Grund seines Rechts, die Vertagung zu verlangen, die Einlassung zu verweigern? § 718.

Der Berufungsbeklagte hat kein Recht, die Vertagung der mündlichen Verhandlung zu verlangen, wenn das Gericht auf Antrag des Klägers beschlossen hat, daß über die vorläufige Vollstreckbarkeit des angefochtenen Urteils vorab verhandelt und entschieden werden solle.

747. Wodurch wird die mündliche Verhandlung der Berufungsinstanz eingeleitet? §§ 523, 137, 297.

Nach allgemeiner Regel beginnt die mündliche Verhandlung damit, daß die Parteien ihre Anträge stellen, d. h. der Berufungskläger seine Berufungsanträge und der Berufungsbeklagte eventuell seine Anschließungsanträge. Eines ausdrücklichen Antrages des Berufungsbeklagten auf Zurückweisung der Berufung bedarf es dagegen nicht, da das Gericht ohnehin schon die Berufung, wenn sie unzulässig ist, verwerfen muß, und wenn sie unbegründet ist — sofern der Beklagte überhaupt verhandelt — auch ohne einen solchen Antrag die Berufung als unbegründet zurückweisen muß.

Die Anträge sind aus der Berufungsschrift oder einem anderen vorbereitenden Schriftsatz, eventuell aus einem dem Protokoll als Anlage beizufügenden Schriftsatz, zu verlesen.

748. Welche Bedeutung haben die Berufungsanträge für das Berufungsverfahren? §§ 525, 536, 534.

I. Sie geben die Grenzen ab, innerhalb deren der Rechtsstreit vor dem Berufungsgericht von neuem zu verhandeln ist. Denn wenn der Suspensiveffekt der Berufung auch stets das ganze angefochtene Urteil erfaßt, so hat sich die Nachprüfung der Sache doch nur soweit zu erstrecken, als das Urteil von den Parteien angefochten wird.

II. Die Berufungsanträge bilden auch die Grenze für die Entscheidung des Berufungsgerichts, insofern als dieses das Urteil nur insoweit abändern darf, als eine Abänderung in den Berufungs- oder Anschließungsanträgen beantragt worden ist.

III. Schließlich bilden sie auch die Grenze für die Vollstreckbarkeit des erstinstanzlichen Urteils. Soweit dieses durch die Anträge der Parteien nicht angefochten ist, ist es nämlich auf den im Laufe der mündlichen Verhandlung gestellten Antrag für (unbedingt) vorläufig vollstreckbar zu erklären, — falls es in der ersten Instanz noch nicht oder nur unter einer Bedingung für vorläufig vollstreckbar erklärt worden ist.

749. Dürfen die Berufungsanträge im Laufe der mündlichen Verhandlung geändert werden? Vgl. §§ 719, 707.

Ebenso wie der Berufungsbeklagte sich bis zum Schlusse der letzten mündlichen Verhandlung der Berufung anschließen darf, darf auch der Berufungskläger seine Berufungsanträge (und demnach auch der Berufungsbeklagte seine Anschließungsanträge) beliebig einschränken und erweitern.

Die erst im Laufe der mündlichen Verhandlung erfolgende Anschließung hat jedoch ebensowenig wie die Erweiterung der Anträge zur Folge, daß die in der Berufungsinstanz ausgesprochene teilweise Vollstreckbarkeit des Urteils ganz oder zum Teil erlischt. Das Gericht kann nur, wenn es ihm angemessen erscheint — und das gleiche gilt auch schon hinsichtlich der ursprünglichen Berufungsanträge für den Fall, daß das Urteil bereits in erster Instanz für vorläufig vollstreckbar erklärt war — auf Antrag anordnen, daß die Zwangsvollstreckung gegen oder ohne Sicherheitsleistung einstweilen eingestellt werde oder nur gegen Sicherheitsleistung stattfinde, und daß die erfolgten Vollstreckungsmaßregeln gegen Sicherheitsleistung aufzuheben seien.

750. Auf welche Weise wird in der mündlichen Verhandlung der Berufungsinstanz die „Einheit der Verhandlung" gewahrt? § 526.

Bei der mündlichen Verhandlung haben die Parteien das durch die Berufung angefochtene Urteil sowie die dem Urteile vorausgegangenen Entscheidungen nebst den Entscheidungsgründen und den Beweisverhandlungen insoweit vorzutragen, als dies zum Verständnisse der Berufungsanträge und zur Prüfung der Richtigkeit der angefochtenen Entscheidung erforderlich ist.

751. Wodurch ist dafür gesorgt, daß die Parteien den Prozeßstoff richtig und vollständig vortragen? § 526.

I. Schon dadurch, daß das Gesetz nicht eine bestimmte Partei (z. B. den Berufungskläger) zum Vortrag verpflichtet hat, ist die Möglichkeit für die vortragende Partei, ein ihr ungünstiges Beweisergebnis rc. zu unterschlagen, bedeutend eingeschränkt, da der Gegner in solchem Falle in der Lage ist, die Lücke im Vortrage auszufüllen.

II. Außerdem hat der Vorsitzende von Amts wegen zu veranlassen — nötigenfalls unter Wiedereröffnung der Verhandlung —, daß vorgekommene Unrichtigkeiten oder Unvollständigkeiten durch die Parteien berichtigt oder ergänzt werden.

Beide Garantien reichen jedoch für den Fall nicht aus, daß die Parteien sich darüber einig sind, etwas nicht vortragen zu wollen. Einem solchen übereinstimmenden Willen der Parteien gegenüber ist ebenso der Vorsitzende wie das Gericht ohnmächtig. Und da der Grundsatz der Mündlichkeit hinsichtlich der Vorgänge der ersten Instanz für die Berufungsinstanz ebenso wie beim Richterwechsel in der Instanz eine abschwächende Auslegung nicht verträgt, ist die Folge, daß das, was die Parteien absichtlich nicht vorgetragen haben, ebenso wie das, was sie aus Versehen übergangen haben, von dem Berufungsgericht nicht berücksichtigt werden darf.

752. Inwieweit wird von dem strengen Mündlichkeitsprinzip in der Berufungsinstanz abgesehen? §§ 533 Abs. 1, 532 (290), 533 Abs. 2; 542.

I. Es behalten ihre Wirksamkeit für die Berufungsinstanz, auch wenn sie nicht vorgetragen werden:

a) die in erster Instanz erfolgte Annahme oder Zurückschiebung eines Eides (nicht aber die bloße Zuschiebung ohne darauf folgende Erklärung);

b) das in erster Instanz abgelegte gerichtliche Geständnis (ein Widerruf ist jedoch wie in erster Instanz statthaft, wenn die widerrufende Partei beweist, daß das Geständnis der Wahrheit nicht entspreche und durch einen Irrtum veranlaßt ist);

c) unter der Voraussetzung, daß die Entscheidung, durch welche die Leistung eines Eides angeordnet ist, von dem Berufungsgericht für gerechtfertigt erachtet wird:

α) die Leistung des Eides,

β) die Verweigerung desselben,

γ) die Erlassung des Eides.

II. Ganz allgemein ist das in der ersten Instanz festgestellte Sachverhältnis, ohne Rücksicht darauf, ob es vollständig vorgetragen wird oder nicht, maßgeblich für die Berufungsinstanz im Falle der Säumnis des Berufungsbeklagten. Hier nämlich ist das mündliche Vorbringen des Berufungsklägers nur insoweit als zugestanden anzusehen, als es nicht diesem festgestellten Sachverhältnis widerspricht.

753. Kann der Berufungskläger, wenn sein mündliches Vorbringen dem in der ersten Instanz festgestellten Sachverhältnis widerspricht, ein Versäumnisurteil gegen den Berufungsbeklagten überhaupt nicht erzielen? § 542.

Er kann ein Versäumnisurteil erzielen, sobald er seine dem festgestellten Sachverhältnis entgegenstehenden Behauptungen genügend beweist. Und hierzu ist nur erforderlich, daß er die zweckdienlichen Beweisanträge stellt, da die Säumnis des Berufungsbeklagten die gesetzliche Fiktion zur Folge hat, daß die zulässig beantragte Beweisaufnahme das in Aussicht gestellte Ergebnis gehabt hat.

754. Was ergibt sich aus der Natur der mündlichen Verhandlung vor dem Berufungsgericht als einer Fortsetzung der mündlichen Verhandlung erster Instanz grundsätzlich für die prozessuale Bewegungsfreiheit der Parteien? §§ 529 Abs. 1, 531; 530.

Die Parteien verhandeln — im Rahmen der Berufungsanträge —

den Prozeß vor dem Berufungsgerichte weiter, als wäre ein Urteil in der Sache noch gar nicht ergangen. Sie können also immer noch Angriffs- und Verteidigungsmittel, welche in erster Instanz nicht geltend gemacht sind, insbesondere neue Tatsachen und Beweismittel vorbringen. Ebenso können auch die in erster Instanz unterbliebenen oder verweigerten Erklärungen über Tatsachen, Urkunden und Eideszuschiebungen in der Berufungsinstanz nachgeholt werden.

Auf der anderen Seite bleiben jedoch die Präklusionen, die bereits vor Erlaß des Urteils in der ersten Instanz eingetreten sind, auch für die zweite Instanz bestehen. — So darf insbesondere die Verletzung einer das Verfahren erster Instanz betreffenden Vorschrift in der Berufungsinstanz nicht mehr gerügt werden, wenn die Partei in erster Instanz auf die Befolgung der Vorschrift verzichtet oder das Rügerecht dadurch verloren hat, daß sie bei der nächsten mündlichen Verhandlung, welche auf Grund des betreffenden Verfahrens stattgefunden hat oder in welcher auf dasselbe Bezug genommen ist, den Mangel nicht gerügt hat, obwohl sie erschienen und ihr der Mangel bekannt war oder bekannt sein mußte, — es sei denn, daß Vorschriften verletzt sind, auf deren Befolgung eine Partei wirksam nicht verzichten kann.

755. In welcher Beziehung ist jedoch die prozessuale Bewegungsfreiheit der Parteien durch positive Ausnahmebestimmungen für die Berufungsinstanz beschränkt? §§ 527, 528 (274, 275); 529 Abs. 2, 3.

I. Es sind die bereits in erster Instanz eingetretenen Präklusionen zum Teil verschärft:

a) eine Klageänderung ist nur noch mit Einwilligung des Beklagten, nicht etwa auch dann zulässig, wenn nach dem Ermessen des Gerichts durch die Änderung die Verteidigung des Beklagten nicht wesentlich erschwert wird;

dagegen darf der Kläger wie in erster Instanz neue Ansprüche — auch ohne Einwilligung des Beklagten — vorbringen, wenn dadurch die Klage nicht geändert wird;

b) verzichtbare prozeßhindernde Einreden dürfen in der Berufungsinstanz nur noch vorgebracht werden, wenn die Partei glaubhaft macht, daß sie ohne ihr Verschulden außerstande war, dieselben (nicht nur vor der Verhandlung zur Hauptsache, sondern überhaupt) in erster Instanz geltend zu machen. — Den verzichtbaren Einreden wird überdies in der Berufungsinstanz gleich behandelt die Einrede der Unzuständigkeit wegen Bestehens eines vermögensrechtlichen ausschließlichen Gerichtsstandes, sofern der Beklagte in erster Instanz überhaupt zur Hauptsache mündlich verhandelt hat.

Verweigert werden darf die Verhandlung zur Hauptsache auf Grund prozeßhindernder Einreden überhaupt nicht mehr; das Gericht kann jedoch die abgesonderte Verhandlung über solche Einreden — auch von Amts wegen — anordnen.

II. Zum Teil sind ganz neue Ausnahmebestimmungen getroffen:

a) eine neue Inzidentfeststellungsklage und eine neue Widerklage dürfen in der Berufungsinstanz nur noch mit Einwilligung des Gegners erhoben werden;

b) ebenso ist die Geltendmachung einer Aufrechnungseinrede in der Berufungsinstanz nur zulässig, wenn entweder der Kläger in die Geltendmachung einwilligt oder der Beklagte glaubhaft macht, daß er ohne sein Verschulden außerstande gewesen ist, die Aufrechnung in erster Instanz geltend zu machen.

---

756. Was hat das Berufungsgericht nach Eintritt in die mündliche Verhandlung von Amts wegen zu prüfen? § 535.

Das Berufungsgericht ist verpflichtet, von Amts wegen zu prüfen, ob die sämtlichen materiellen und prozessualen Voraussetzungen des Rechtsmittels vorliegen, d. h. also, ob das angefochtene Urteil sich nach Form und Inhalt zur Anfechtung durch Berufung eignet, und ob die Berufung in der gesetzlichen Form und Frist eingelegt ist.

757. Bildet die Verhandlung über die Voraussetzungen des Rechtsmittels einen besonderen Prozeßabschnitt?

Das Gericht ist weder verpflichtet, abgesondert über diese Rechtsmittelvoraussetzungen zu verhandeln, noch die Partei berechtigt, die Verhandlung zu den Anträgen zu verweigern, bis über die Voraussetzungen entschieden ist. Wohl aber kann das Gericht — von Amts wegen wie auf Antrag — beschließen, daß zuerst über die Rechtsmittelvoraussetzungen zu verhandeln sei.

758. Welches ist die Folge, wenn sich herausstellt, daß es an einer der Rechtsmittelvoraussetzungen mangelt? § 535.

In diesem Fall bedarf es einer Verhandlung bzw. einer weiteren Verhandlung darüber, ob die Berufungsanträge begründet sind oder nicht, nicht mehr, sondern die Berufung ist ohne weiteres durch Endurteil als unzulässig zu verwerfen.

759. Wann ist die Berufung als unbegründet zurückzuweisen?

Sie ist als unbegründet zurückzuweisen, wenn sie zwar zulässig ist, also auch die von der Partei behauptete Beschwer (d. h. Abweichung von ihren Anträgen) vorliegt, aber diese Beschwer zu Recht erfolgt ist.

760. Darf sich das Berufungsgericht damit begnügen, die Berufung als unbegründet zurückzuweisen, bzw., wenn sie als begründet angesehen wird, das erstinstanzliche Urteil aufzuheben, indem es die weitere Verhandlung und Entscheidung der ersten Instanz überläßt. § 537.

Während in dem Falle, wo die Berufung als unzulässig verworfen wird, das Berufungsgericht, da hier eine Devolvierung des Rechtsstreits in materieller Beziehung (s. Nr. 732) nicht stattgefunden hat zu einer Sachentscheidung überhaupt nicht berechtigt ist, und die Sache, sofern sie noch nicht vollständig erledigt ist, kraft Gesetzes wieder zur ersten Instanz zurückkehrt, bedarf es in den Fällen, wo die Berufung als unbegründet zurückgewiesen oder wo der Berufung stattgegeben und das erstinstanzliche Urteil aufgehoben wird, zur Rückkehr der Sache in die erste Instanz einer ausdrücklichen Erklärung im Urteil, daß die Sache an die erste Instanz zurückgewiesen werde.

Eine solche Zurückverweisung bildet jedoch die Ausnahme: im allgemeinen ist das Berufungsgericht verpflichtet, selbst die Sache vollständig zu erledigen, indem es sämtliche einen zuerkannten oder aberkannten Anspruch betreffende Streitpunkte, soweit dies in Gemäßheit der Anträge erforderlich ist, selbst wenn über diese Streitpunkte in erster Instanz nicht verhandelt oder nicht entschieden ist, erledigt.

Insbesondere hat es auch ein von ihm erlassenes bedingtes Urteil zu erledigen.

761. In welchen Fällen kehrt ausnahmsweise die Sache, auch wenn die Berufung materiell und formell zulässig war, ohne weiteres in die erste Instanz zurück? § 537 Satz 3.

Einer ausdrücklichen Zurückweisung bedarf es ausnahmsweise nicht:

1) wenn die Berufung gegen ein Teilurteil eingelegt ist und die Sache im übrigen noch nicht vollständig erledigt ist, da sich die Anträge der Partei und damit auch die Entscheidung des Berufungsgerichts selbstverständlich nur auf das angefochtene Teilurteil und nicht auf die noch nicht erledigten oder durch ein anderes Teilurteil erledigten Ansprüche erstrecken kann;

2) wenn das angefochtene Urteil ein bedingtes Urteil ist.

In diesem Falle freilich kann das Berufungsgericht auch selbst das bedingte Urteil durch Abnahme des Eides ꝛc. erledigen, muß dann aber diese seine Absicht gleich bei der Urteilsverkündung zum Ausdruck bringen.

762. In welchen Fällen muß das Berufungsgericht die Sache an die erste Instanz zurückverweisen? §§ 538 : 238 Abs. 2, 345; 599; 304; 275; aber nicht § 302!

1) Wenn das angefochtene Urteil ein Versäumnisurteil ist;

2) wenn durch das angefochtene Urteil ein Einspruch als unzulässig verworfen ist;

3) wenn das angefochtene Urteil (Zwischenurteil) im Urkunden- oder Wechselprozesse unter Vorbehalt der Rechte erlassen ist;

4) wenn im Falle eines nach Grund und Betrag streitigen Anspruchs durch das angefochtene Urteil über den Grund des Anspruchs vorab entschieden (Zwischenurteil), oder die Klage abgewiesen ist (Endurteil);

5) wenn durch das angefochtene Urteil nur über prozeßhindernde Einreden entschieden ist, sei es, daß dieselben begründet (Endurteil), sei es, daß sie unbegründet (Zwischenurteil) sind; in diesem Fall hat

das Berufungsgericht jedoch die sämtlichen prozeßhindernden Einreden zu erledigen.

In allen den erwähnten Fällen ist jedoch eine Zurückweisung erforderlich und statthaft nur dann, wenn die Sache noch einer weiteren Verhandlung bedarf, z. B. also nicht dann, wenn der Vorderrichter in dem angefochtenen Zwischenurteil eine prozeßhindernde Einrede als unbegründet verworfen hat, der Berufungsrichter aber diese oder eine andere prozeßhindernde Einrede als vorliegend annimmt, da in diesem Fall der Prozeß sich ohne weiteres durch Klagabweisung erledigt.

763. In welchen Fällen kann außerdem das Berufungsgericht die Sache an die erste Instanz zurückverweisen? § 539 (anders § 564!).

Leidet das Verfahren erster Instanz an einem wesentlichen Mangel, so kann das Berufungsgericht unter Aufhebung des Urteils und des Verfahrens, soweit das letztere durch den Mangel betroffen wird, die Sache an das Gericht erster Instanz zurückverweisen.

764. Wann erläßt das Berufungsgericht seine Entscheidung als Vorbehaltsurteil? §§ 599, 302; (601), 540 (279), 529 Abs. 3.

I. Ebenso wie das erstinstanzliche Gericht trifft das Berufungsgericht seine Entscheidung in der Form eines Vorbehaltsurteils:

1) im Urkunden- und Wechselprozeß, in allen Fällen, in denen ein Beklagter, der dem geltend gemachten Anspruch widersprochen hat, verurteilt wird,

2) in jedem Prozeß, wenn die Verhandlung über die Klageforderung bereits zur Entscheidung reif ist, während die Verhandlung über eine vom Beklagten aufrechnungsweise geltend gemachten, mit der Klageforderung nicht in rechtlichem Zusammenhang stehenden Gegenforderung noch nicht so weit gediehen ist, und das Gericht es für angemessen erhält, vorbehaltlich der Entscheidung über die Aufrechnung über die Klagforderung zu entscheiden.

II. Außerdem muß aber in der Berufungsinstanz (abgesehen vom Urkunden- und Wechselprozeß) die Entscheidung als Vorbehaltsurteil auch noch dann ergehen:

1) wenn das Gericht — nach allgemeiner Regel — nachträglich von dem Beklagten vorgebrachte Verteidigungsmittel, um einer Verschleppung des Prozesses vorzubeugen,

2) wenn es insbesondere — nach den besonderen Regeln der Berufungsinstanz — eine neue Aufrechnungseinrede des Beklagten zurückgewiesen hat.

765. Worauf erstreckt sich der Vorbehalt in dem der Berufungsinstanz eigentümlichen Vorbehaltsurteil? § 540.

Dem Beklagten wird nicht ganz allgemein — wie im Urkunden- und Wechselprozeß — die Ausführung seiner Rechte, sondern nur die Geltendmachung der bestimmten einzelnen Verteidigungsmittel (insbesondere der Gegenforderung) vorbehalten, mit denen er vorläufig zurückgewiesen ist.

766. Welches ist die rechtliche Natur dieses Vorbehaltsurteils? §§ 540, 541.

Es ist wie die anderen Vorbehaltsurteile Zwischenurteil, denn es entscheidet nicht definitiv für die Instanz über den Anspruch; vielmehr bleibt der Rechtsstreit in der Berufungsinstanz anhängig, und insoweit sich in dem Nachverfahren ergibt, daß der in der Klage geltend gemachte Anspruch unbegründet war, ist das frühere Urteil aufzuheben, der Kläger mit dem Anspruch abzuweisen, sowie über die Kosten anderweit zu entscheiden.
Nichtsdestoweniger wird dieses Vorbehaltsurteil — ebenso wie die anderen Vorbehaltsurteile — hinsichtlich der Rechtsmittel und der Vollstreckung als Endurteil behandelt.

767. Inwiefern ist jedoch das der Berufungsinstanz eigentümliche Vorbehaltsurteil in seinen Wirkungen stärker als die übrigen Vorbehaltsurteile? § 541.

Während in den anderen beiden Fällen des Vorbehaltsurteils der Kläger, der in dem Nachverfahren mit seinem Anspruch abgewiesen wird, zum Ersatze des vollen Schadens verpflichtet ist, der dem Beklagten durch die Vollstreckung des Urteils oder durch eine zur Abwendung der Vollstreckung gemachten Leistung entstanden ist, hat hier — wo der Erlaß des Urteils als Vorbehaltsurteil durch eine culpa des Beklagten bedingt ist — der Beklagte nur Anspruch auf Erstattung des von dem Beklagten auf Grund des Urteils Gezahlten oder Geleisteten, und zwar in dem Umfange, in dem eine ungerechtfertigte Bereicherung (BGB. § 818) herausgegeben werden muß.
Gemeinsam dagegen ist diesem Vorbehaltsurteil mit den übrigen, daß der Erstattungsanspruch bereits in dem Nachverfahren geltend gemacht werden kann; die materiellen Wirkungen der Rechtshängigkeit treten mit der Zahlung oder Leistung hier sogar dann ein, wenn diese Geltendmachung auch nicht schon in dem Nachverfahren erfolgt.

768. Durch welche gesetzliche Bestimmung wird dem Berufungsrichter die Abfassung des Urteils erleichtert? § 543.

Das Gesetz bestimmt, daß bei der Darstellung des Tatbestandes im Urteil eine Bezugnahme auf das Urteil voriger Instanz nicht ausgeschlossen ist.

769. Welche Besonderheit gilt für die Kostenberechnung in der Berufungsinstanz? GKG. § 49.

In der Berufungsinstanz erhöhen sich die Gerichtsgebühren — nicht auch die Anwaltsgebühren — um ein Drittel.

770. Wann erhält die erste Instanz ihre Akten vom Berufungsgericht zurück? § 544.

Sobald die Berufung erledigt ist.

Den Akten ist eine beglaubigte Abschrift des in der Berufungsinstanz ergangenen Urteils beizufügen.

2. Abschnitt. Revision.

771. Welches ist die rechtliche Natur der Revision?

Die Revision ist ein Rechtsmittel wie die Berufung und die Beschwerde, und richtet sich — wie die Berufung — nur gegen Urteile, und zwar gegen Urteile des Berufungsgerichts. Sie ist also eine Art Oberberufung, aber nur eine Oberberufung in iure, nicht auch in facto, und außerdem auf wichtige Fälle beschränkt, entsprechend ihrem Hauptzweck, weniger dem Interesse der gerade streitenden Parteien zu dienen, als vor allem durch die Entscheidung des Revisionsgerichts auf eine einheitliche Rechtsprechung hinzuwirken.

772. Welches sind die materiellen Voraussetzungen, die die Revision mit der Berufung gemeinsam hat? §§ 566, 513; 540, 529 Abs. 3.

I. Die Revision ist prinzipiell nur gegen Endurteile statthaft; jedoch bestehen hiervon die Ausnahmen, daß

a) ein Versäumnisurteil von der säumigen Partei mit der Revision auch dann nicht angefochten werden darf, wenn es ein Endurteil ist — außer in den bei der Berufung erörterten beiden Ausnahmefällen;

b) daß auch gewisse Zwischenurteile der Revision unterliegen — es sind dies dieselben, die auch durch Berufung anfechtbar sind; außerdem kommt aber noch hinzu das Zwischenurteil, das unter Vorbehalt der Geltendmachung von Verteidigungsmitteln in der Berufungsinstanz ergehen kann.

II. Das Urteil, das mit Revision angefochten werden soll, muß eine Entscheidung über die Hauptsache enthalten, und diese Entscheidung muß für die Partei, die dagegen Revision einlegen will, beschwerend sein.

773. Welches sind die der Revision eigentümlichen materiellen Voraussetzungen? §§ 545, 546, 549.

I. Die Revision ist nur gegen solche Urteile statthaft, die in der Berufungsinstanz von den Oberlandesgerichten erlassen werden.

II. Entscheidet das Urteil über vermögensrechtliche Ansprüche, so besteht als weitere Voraussetzung das Vorliegen einer Beschwerdesumme von über 1500 Mark.

III. Stets aber kann die Revision nur darauf gestützt werden, daß das Urteil auf der Verletzung eines Gesetzes von größerem Geltungsbereiche beruhe.

774. Können ausnahmsweise auch erstinstanzliche Urteile mit der Revision angefochten werden? §§ 943, 919, 922; 591.

Es können zwar gewisse einzelne Urteile mit der Revision angefochten werden, durch die zum ersten Mal über eine Sache entschieden wird — es sind dies die Urteile, die das Berufungsgericht im Arrestverfahren als Gericht der Hauptsache erläßt, und ferner das Urteil, durch das das Berufungsgericht über ein bei ihm anhängig gemachtes Wiederaufnahmeverfahren entscheidet; — dennoch sind dies keine erstinstanzlichen Entscheidungen, denn sie werden von dem Berufungsgericht in seiner Eigenschaft als Berufungsgericht erlassen. — Ein erstinstanzliches Urteil ist niemals durch Revision anfechtbar.

775. Wonach bestimmt sich die Höhe der Beschwerdesumme? § 546 Abs. 3.

Die Beschwerdesumme wird durch den Wert des Beschwerdeobjekts bestimmt; sie kann also nie größer sein, als die Differenz, um die das Berufungsurteil in dem, was sie der Partei zuerkennt, von den Anträgen jener abweicht (bei gänzlicher Klageabweisung kann also die Beschwerdesumme gleich dem gesamten Streitwert sein). Die Beschwerdesumme kann jedoch kleiner sein als jene Differenz, wenn nämlich die beschwerte Partei sich nicht hinsichtlich der ganzen Differenz, sondern nur hinsichtlich eines Teiles derselben als zu Unrecht beschwert glaubt.

Der Wert des Beschwerdeobjekts ist von der Partei glaubhaft zu machen; hierbei darf sie sich jedoch der Versicherung an Eides Statt als Mittel der Glaubhaftmachung nicht bedienen.

776. Ist das Revisionsgericht hinsichtlich der Berechnung der Beschwerdesumme an die Entscheidung des Untergerichts gebunden? § 546 Abs. 2.

Nein. Das Revisionsgericht bestimmt den Wert des Beschwerdeobjekts nach freiem Ermessen und ist hierbei nur an diejenigen gesetzlichen Regeln gebunden, die auch für die Berechnung des für die Zuständigkeit erster Instanz ausschlaggebenden Streitwertes gegeben sind (s. Nr. 11 ff.).

777. In welchen Fällen ist die Zulässigkeit der Revision gegen Entscheidungen über vermögensrechtliche Ansprüche nicht von dem Vorliegen der Revisionssumme abhängig? § 547.

I. Ganz allgemein findet die Revision ohne Rücksicht auf das Vorliegen der Revisionssumme in Rechtsstreitigkeiten statt, die solche vermögensrechtliche Ansprüche betreffen, für die die Landgerichte ohne Rücksicht auf den Streitwert — nach Reichs- oder Landesrecht — ausschließlich zuständig sind.

II. Das gleiche gilt in beschränktem Maße für alle Fälle, in denen entgegen der Entscheidung des Berufungsgerichts seitens der Partei die Zuständigkeit bzw. Unzuständigkeit des Gerichts, oder die Zulässigkeit bzw. Unzulässigkeit des Rechtswegs oder der Berufung behauptet wird.

Hier nämlich ist die Revision auch ohne Revisionssumme zulässig, aber nur insoweit, als sie auf die erwähnten Mängel gestützt wird; andere Beschwerdepunkte dürfen nur geltend gemacht werden, wenn die Revisionssumme vorliegt.

778. Wann liegt im Sinne der ZPO. eine Gesetzesverletzung vor? § 550.

Das „Gesetz“ im Sinne der ZPO. ist nicht nur dann verletzt, wenn der Richter ein Reichs- oder Landesgesetz nicht beobachtet hat, sondern auch dann, wenn er gegen irgend eine andere Rechtsnorm verstoßen hat, z. B. gegen einen Satz des Gewohnheitsrechts. Und zwar umfaßt „Gesetz“ ebensowohl die Normen des materiellen wie des Prozeßrechts.

„Verletzt“ ist das Gesetz, wenn die Rechtsnorm nicht oder nicht richtig angewandt ist.

Dies kann geschehen:

a) bei Feststellung des Tatsachenverhältnisses,

b) bei der Anwendung der Rechtssätze auf das festgestellte Tatsachenverhältnis,

c) in bezug auf das Verfahren.

Gleichgültig ist dabei, ob der Richter aus Irrtum oder absichtlich das Gesetz nicht beobachtet hat.

779. Unter welchen Voraussetzungen eignet sich jedoch ein Mangel des Verfahrens nur als Revisionsgrund? § 558.

Ein Mangel des Verfahrens vor dem Berufungsgericht darf in der Revisionsinstanz nur geltend gemacht werden, wenn entweder

a) Vorschriften verletzt sind, auf deren Befolgung eine Partei nicht wirksam verzichten kann, oder

b) die Partei den Mangel bereits in der Berufungsinstanz rechtzeitig gerügt hat.

780. In welchen Fällen bedarf es des Nachweises eines Kausalzusammenhanges zwischen der Gesetzesverletzung und der angefochtenen Entscheidung nicht? § 551.

Während im allgemeinen das Vorhandensein der Rechtsverletzung an sich nicht genügt, sondern des weiteren auch erforderlich ist, daß die Entscheidung auf dieser Rechtsverletzung beruhe, zählt das Gesetz besondere Rechtsverletzungen auf, die ohne weiteres als kausal anzusehen sind.

Eine Entscheidung ist hiernach stets als auf einer Verletzung des Gesetzes beruhend anzusehen:

1) wenn das erkennende Gericht nicht vorschriftsmäßig besetzt war;

2) wenn bei der Entscheidung ein Richter mitgewirkt hat, welcher von

der Ausübung des Richteramts ausgeschlossen war, sofern nicht dieses Hindernis mittels eines Ablehnungsgesuchs ohne Erfolg geltend gemacht ist;

3) wenn bei der Entscheidung ein Richter mitgewirkt hat, obgleich derselbe wegen Besorgnis der Befangenheit abgelehnt und das Ablehnungsgesuch für begründet erklärt war;

4) wenn das Gericht seine Zuständigkeit oder Unzuständigkeit mit Unrecht angenommen hat;

5) wenn eine Partei in dem Verfahren nicht nach Vorschrift der Gesetze vertreten war, sofern sie nicht die Prozeßführung ausdrücklich oder stillschweigend genehmigt hat;

6) wenn die Entscheidung auf Grund einer mündlichen Verhandlung ergangen ist, bei welcher die Vorschriften über die Öffentlichkeit des Verfahrens verletzt sind;

7) wenn die Entscheidung nicht mit Gründen versehen ist.

781. Welche weitere Voraussetzung muß jedoch bei der Gesetzesverletzung zur Kausalität noch hinzutreten, damit die Gesetzesverletzung sich als Revisionsgrund eigne? § 549; EG. z. ZPO. § 6.

Eine Gesetzesverletzung ist nur dann Revisionsgrund, wenn die verletzte Rechtsnorm entweder dem Reichsrecht angehört, oder ihr Geltungsbereich sich doch über die Grenzen des Berufungsgerichts hinaus erstreckt.

Außerhalb Bayerns — hinsichtlich dessen mit Rücksicht auf das Bestehen eines obersten Landesgerichts von einer weiteren Einschränkung der Revision abgesehen ist — muß in letzterem Fall außerdem noch hinzukommen, daß die Rechtsnorm sich über den ganzen Umfang zweier Bundesstaaten erstreckt, bei welcher Feststellung eine preußische Provinz als Bundesstaat anzusehen ist.

Weitere Sondervorschriften enthalten die Kais. Verordnung v. 28. September 1879 und mehrere Reichsgesetze aus den Jahren 1881, 1886, 1893.

Die Verletzung einer Norm des ausländischen Rechts kann niemals Revisionsgrund sein.

---

782. Welches Gericht ist Revisionsgericht? EG. z. GVG. § 8.

Da die Revision nur gegen Urteile der Oberlandesgerichte zulässig ist, ist Revisionsgericht allein das Reichsgericht.

Nur in den Staaten, in denen ein oberstes Landesgericht besteht (bisher nur in Bayern) tritt an Stelle des Reichsgerichts als Revisionsgericht das oberste Landesgericht, soweit es sich nicht um Rechtsstreitigkeiten handelt, die ehedem zur Zuständigkeit des Reichsoberhandelsgerichts gehörten oder durch besondere Reichsgesetze dem Reichsgericht zugewiesen worden sind.

783. Wie wird die Revision eingelegt? §§ 552, 553, 554 Abs. 1.

Mehr als hinsichtlich der materiellen Voraussetzungen stimmt die Revision in ihren formellen Voraussetzungen mit der Berufung überein: die gleiche Notfrist von einem Monat, beginnend mit der Zustellung des Urteils; Einlegung der Revision zugleich mit der Zustellung, jedoch nicht vorher; Zustellung der Revisionsschrift an den Gegner nach vorheriger Einreichung derselben zur Terminsbestimmung bei dem Revisionsgericht; Form und Inhalt des Schriftsatzes — in allen diesen Punkten unterscheidet sich die Revision nur wenig von der Berufung.

784. Welche Abweichung von den Regeln über die Berufung gilt hinsichtlich des Inhalts der Revisionsschrift? § 554 Abs. 2 u. 3.

Mit Rücksicht auf die besonderen materiellen Voraussetzungen der Revision soll die Revisionsschrift enthalten:

a) zur Begründung der Revisionsanträge:

α) stets die Bezeichnung der Norm des materiellen oder des Prozeßrechts, die nicht oder nicht richtig angewendet sein soll,

β) falls behauptet wird, daß das Gesetz in bezug auf das Verfahren verletzt sei oder daß unter Verletzung des Gesetzes Tatsachen festgestellt, übergangen oder als vorgebracht angenommen seien, außerdem auch noch: die Bezeichnung der Tatsachen, die dies ergeben sollen;

b) bei Streitigkeiten über vermögensrechtliche Ansprüche den Wert des Beschwerdegegenstandes, falls dieser nicht schon in einer Geldsumme besteht, oder einer der Fälle vorliegt, in denen die Revision ohne Rücksicht auf den Wert des Beschwerdegegenstandes stattfindet (s. Nr. 777).

785. Welche weitere Abweichung von den Regeln über die Berufung gilt hinsichtlich des Laufes der Notfrist für die Revision? Vgl. § 517.

Wenn ein Urteil innerhalb der Revisionsfrist durch eine nachträgliche Entscheidung ergänzt wird, so hat diese Ergänzung auf den Lauf der Notfrist für das zuerst ergangene Urteil — im Gegensatz zu den Regeln über die Berufung — keinen Einfluß.

786. Welche Besonderheit gilt hinsichtlich der Einlegung der Revision in Bayern? EG. z. ZPO. § 7.

Dort, wo ein oberstes Landesgericht besteht, ist die Revision unter allen Umständen bei diesem einzulegen, auch dann, wenn nicht dieses, sondern das Reichsgericht das Revisionsgericht ist

Außerdem geschieht hier die Einlegung nicht durch Zustellung eines Schriftsatzes an die Gegenpartei, sondern durch Einreichung der Revisionsschrift bei dem obersten Landesgericht, das der Gegenpartei dann von Amts wegen eine Abschrift der Revisionsschrift zustellen läßt.

Die Revisionsschrift braucht aber nicht von einem bei dem obersten Landesgerichte zugelassenen Anwalt unterschrieben zu sein, vielmehr ist hierzu jeder bei einem Landgericht oder Oberlandesgericht zugelassene Anwalt befugt. Der Bestellung eines bei dem obersten Landesgericht bzw. bei dem Reichsgericht zugelassenen Anwaltes bedarf es erst, nachdem das oberste Landesgericht sich für zuständig erklärt, bzw. für unzuständig erklärt und dem Reichsgericht die Prozeßakten übersandt hat.

787. Kennt das Gesetz auch bei der Revision eine Anschließung? § 556. Vgl. §§ 521, 522.

Ebenso wie der Berufungsbeklagte kann sich auch der Revisionsbeklagte an das Rechtsmittel anschließen; und zwar entspricht die Revisionsanschließung, was Voraussetzungen, Einlegung und Wirkungen anbetrifft, durchaus der Anschließung an die Berufung, nur daß, da die Revision eine revisio in iure ist, auch der Beklagte seine Anschließung nur auf eine Gesetzesverletzung stützen kann, und zwar eine Gesetzesverletzung der bezeichneten Art.

Dagegen ist nicht erforderlich, daß auf seiten des Anschließenden — auch in den Fällen, wo dies sonst erforderlich ist — eine Revisionssumme vorliege; und zwar ist dies auch für den Fall nicht erforderlich, daß die rechtzeitig erklärte Anschlußrevision nach Erledigung der Hauptrevision als selbständige Revision fortbesteht.

---

788. Nach welchen Grundsätzen bewegt sich das Verfahren der Revisionsinstanz? § 557.

Auch das Verfahren vor dem Revisionsgericht wird von der Mündlichkeit beherrscht, und die Folge davon ist, daß auch die Regeln über das Versäumnisverfahren Anwendung finden.

Überhaupt bewegt sich das Verfahren grundsätzlich nach den Vorschriften über das Verfahren vor den Landgerichten, soweit nicht einerseits schon durch die besondere Natur des Rechtsmittelverfahrens, andererseits aber des weiteren durch die Eigenart der Revision als einer revisio in iure Ausnahmen bedingt sind.

789. Welche Besonderheiten des Verfahrens hat die Revision, weil sie ebenso ein Rechtsmittel ist wie die Berufung, mit dieser gemein? §§ 555, 566.

Es gehören hierher:

a) die Art und Weise, wie die Einheit des Verfahrens durch die Vorträge der Parteien hergestellt wird (s. Nr. 750);

b) die besondere Behandlung der in der Rechtsmittelinstanz vorgebrachten prozeßhindernden Einreden (insbesondere keine Verweigerung der Verhandlung zur Hauptsache, s. Nr. 755 I b);

c) der Anspruch des Revisionsbeklagten, unter gewissen Umständen die Vertagung der mündlichen Verhandlung bis zum Ablauf der Notfrist, bzw. bis zur Erledigung eines von ihm eingelegten Einspruchs zu verlangen (s. Nr. 745);

d) die Bestimmungen über die von Amts wegen vorzunehmende Prüfung des Vorliegens der materiellen und formellen Voraussetzungen des Rechtsmittels wie über die Wirkung des Mangels einer derselben (s. Nr. 756);

e) die Vorschriften über Verzicht und Zurücknahme des Rechtsmittels (s. Nr. 738 ff.);

f) die Vorschriften über Einforderung und Zurücksendung der Akten (s. Nr. 733, 770);

g) die Vorschrift, daß zwischen Zustellung der Revisionsschrift und der mündlichen Verhandlung ein der Einlassungsfrist entsprechender Zeitraum zu liegen hat (s. Nr. 745).

789 a. Welche Besonderheit gilt für den Beginn der Quasieinlassungsfrist im Falle der Einlegung der Revision beim obersten Landesgericht? EG. z. ZPO. § 7 Abs. 4.

Hier beginnt der Lauf der Frist mit dem Zeitpunkte der Bekanntmachung der durch das oberste Landesgericht bzw. durch das Reichsgericht erfolgten Bestimmung des Termins zur mündlichen Verhandlung an den Revisionsbeklagten.

790. Welche weiteren Besonderheiten des Verfahrens ergeben sich aus der Natur der Revision als einer revisio in iure? §§ 561, 562.

Da die Revision nur eine Prüfung der Rechtsfrage bezweckt, ist das Revisionsgericht an das von der Berufungsinstanz festgestellte Tatsachenergebnis gebunden; — und da die Revision weiter auch nur die Nachprüfung der Anwendung solcher Rechtsnormen beabsichtigt, die dem Reichsrecht oder den diesem gleichgestellten Rechtsgebieten angehören, ist für das Revisionsgericht auch die rechtliche Feststellung des Berufungsgerichts insoweit maßgebend, als diese Feststellung solche Rechtsnormen betrifft, auf deren Verletzung die Revision nicht gestützt werden darf, — vorausgesetzt jedoch, daß diese Gesetze auch wirklich anzuwenden waren und nicht an ihrer Stelle das Reichsrecht, da sonst eine Verletzung des letzteren durch Nichtanwendung desselben vorliegen würde.

790 a. Dürfen in der Revisionsinstanz gar keine neuen Tatsachen und Beweise vorgebracht werden? § 561 Satz 2.

Das Verbot des Vorbringens neuer Tatsachen und Beweise bezieht sich nicht auf solche Tatsachen, die gar nicht den Rechtsstreit selbst, sondern nur die Zulässigkeit der Revision betreffen. Aber auch von den den Rechtsstreit selbst betreffenden Tatsachen dürfen solche nur vorgebracht werden, die

a) unter Verletzung des Gesetzes festgestellt, übergangen oder als vorgebracht angenommen sind,

b) die ergeben, daß das Gesetz in bezug auf das Verfahren verletzt ist.

791. Wodurch wird außerdem das Revisionsgericht in seiner Bewegungsfreiheit beschränkt? § 559.

Das Gericht darf die Entscheidung des Unterrichters nur insoweit nachprüfen, als die Aufhebung derselben von der bzw. von den Parteien beantragt ist. Es sind jedoch nur die Anträge selbst, nicht etwa auch deren Begründung für das Revisionsgericht maßgebend; darum hat dieses auch seine Prüfung nicht auf die von der Partei behaupteten Gesetzesverletzungen zu beschränken.

792. Unterliegen auch die dem angefochtenen Urteile vorausgegangenen Entscheidungen der Beurteilung des Revisionsgerichts? § 548.

Sie unterliegen in denselben Grenzen wie das angefochtene Urteil selbst der Beurteilung des Revisionsgerichts, vorausgesetzt jedoch, daß sie nicht ausdrücklich als unanfechtbar bezeichnet sind oder dem Rechtsmittel der Beschwerde unterliegen.

793. Wird das Urteil, soweit seine Aufhebung nicht beantragt worden ist, mit Ablauf der Notfrist rechtskräftig? §§ 705, 560.

Nein; auch der Suspensiveffekt der Revision betrifft stets das ganze Urteil.

Da der Revisionskläger seine Anträge bis zum Schlusse der letzten mündlichen Verhandlung erweitern kann, auch dem Revisionsbeklagten bis zu dem gleichen Moment das Recht der Anschließung zusteht, könnte auch von einer Rechtskraft des zunächst nicht angefochtenen Teiles der Entscheidung gar nicht die Rede sein; wohl aber hat das Revisionsgericht ein nicht oder nicht unbedingt für vorläufig vollstreckbar erklärtes Urteil des Berufungsgerichtes, insoweit dasselbe durch die Revisionsanträge nicht angefochten wird, auf den im Laufe der mündlichen Verhandlung gestellten Antrag für vorläufig vollstreckbar zu erklären.

---

794. Wann ist die Revision als begründet anzusehen? § 563.

Begründet kann die Revision nur sein, wenn sie zuvor als zulässig erkannt ist.

Liegen jedoch die sämtlichen allgemeinen wie besonderen materiellen und formellen Voraussetzungen der Revision vor, hat sich insbesondere die behauptete Gesetzesverletzung als ein geeigneter Revisionsgrund herausgestellt, so ist nunmehr zu prüfen:

a) ob eine derartige Gesetzesverletzung in Wirklichkeit vorliegt;

b) ob die Partei infolge dieser Gesetzesverletzung zu Unrecht beschwert ist?

Nur wenn beide Fragen zu bejahen sind, ist die Revision begründet. Stellt sich jedoch heraus, daß das Gesetz zwar verletzt ist, daß aber aus anderen rechtlichen Gründen die Beschwerung der Partei (d. h. die Abweichung der Entscheidung von den Anträgen der Partei) eine gerechte ist, so ist die Revision als unbegründet zurückzuweisen.

795. Bei welchen Gesetzesverletzungen ist die Revision stets als begründet anzusehen, auch wenn die Beschwerung der Partei aus anderen rechtlichen Gründen eine gerechte ist? Vgl. § 551.

Von der Regel, daß eine Gesetzesverletzung nur dann die Revision begründet, wenn sie eine ungerechte Beschwerung der Partei zur Folge hat, machen jene Verfahrensmängel eine Ausnahme, die von dem Gesetz als stets durchschlagende Revisionsgründe ausdrücklich hervorgehoben sind (s. Nr. 780); da bei ihnen die Prüfung des Kausalzusammenhanges mit der Entscheidung dem Gericht entzogen ist, ist es für sie auch gleichgültig, ob die Entscheidung aus anderen — materiellrechtlichen — Gründen ebenso ausfallen müßte.

796. Wie ist zu entscheiden, wenn die Revision für begründet erachtet wird? §§ 564, 565 Abs. 1.

I. Zunächst ist das angefochtene Urteil, soweit die Revision für begründet erachtet wird, aufzuheben.

Erfolgt die Aufhebung des Urteils wegen eines Mangels des Verfahrens, so ist zugleich das Verfahren insoweit aufzuheben, als es durch den Mangel betroffen wird.

II. Sodann ist die Sache zur anderweiten Verhandlung und Entscheidung an denselben oder an einen anderen Senat des Berufungsgerichts zurückzuverweisen.

797. In welchen Fällen hat ausnahmsweise das Revisionsgericht in der Sache selbst zu entscheiden? § 565 Abs. 3 u. 4.

Während es bei der Berufung die Regel ist, daß das Berufungsgericht in der Sache selbst entscheidet, ist hierzu das Revisionsgericht nur dann verpflichtet, wenn

a) das Sachverhältnis in der Berufungsinstanz ohne Gesetzesverletzung festgestellt und das Gesetz nur bei seiner Anwendung auf das festgestellte Sachverhältnis verletzt worden ist, und

b) außerdem der Rechtsstreit zur Endentscheidung reif ist.

Ohne Rücksicht auf die gesetzmäßige Feststellung des Sachverhältnisses liegt die Entscheidung dem Revisionsgericht nur in den Fällen ob, in denen die Aufhebung des Urteils wegen Unzuständigkeit des Gerichts oder wegen Unzulässigkeit des Rechtswegs erfolgt.

Aber auch in allen diesen Fällen kann das Revisionsgericht die Sache zur anderweiten Verhandlung und Entscheidung an das Berufungsgericht zurückverweisen, wenn für die in der Sache selbst zu erlassende Entscheidung die Anwendbarkeit von Gesetzen in Frage kommt, auf deren Verletzung die Revision nicht gestützt werden darf.

798. Ist das Revisionsgericht auch berechtigt, die Sache gleich an die erste Instanz zurückzuverweisen?

Das Revisionsgericht ist nicht berechtigt, wenn das Verfahren der ersten Instanz bereits einen Mangel aufweist, das Urteil und das Verfahren der ersten Instanz aufzuheben; das Revisionsgericht darf daher auch nicht die Sache unter Umgehung des Berufungsgerichts an das Gericht erster Instanz verweisen; vielmehr ist es regelmäßig erst Sache des Berufungsgerichts, dann seinerseits das Urteil erster Instanz aufzuheben und die Zurückverweisung anzuordnen.

Etwas anderes gilt nur für den Fall, daß das Revisionsgericht ausnahmsweise in der Sache selbst entscheidet: hier kann es das Urteil der ersten Instanz aufheben, und hier ist es auch unter denselben Voraussetzungen wie das Berufungsgericht berechtigt bzw. verpflichtet, die Sache an die erste Instanz zurückzuverweisen.

799. Welche Schranken bestehen für die neue Verhandlung der Sache vor dem Berufungsgericht? § 565 Abs. 2.

Das Berufungsgericht ist nach zwei Richtungen hin gebunden:

a) es darf über die Sache nur insoweit von neuem verhandeln, als das Urteil von dem Revisionsgericht aufgehoben ist;

b) es ist verpflichtet die Rechtsanschauungen des Revisionsgerichts, die zur Aufhebung des Urteils geführt haben, seiner neuen Entscheidung zugrunde zu legen.

Abgesehen von diesen Beschränkungen jedoch steht das Berufungsgericht ebenso frei da wie früher, und es ist nicht ausgeschlossen, daß es auf Grund neuer Erhebungen oder neuer rechtlicher Gesichtspunkte — ohne sich mit den Rechtsanschauungen des Revisionsgerichts in Widerspruch zu setzen — zu demselben Urteil gelangt wie in der ersten Verhandlung.

800. Findet gegen das neue Urteil des Berufungsgerichts wiederum Revision statt?

Auch gegen das neue Berufungsurteil findet unter den allgemeinen Voraussetzungen Revision statt. Besonders ist ein Revisionsgrund dann gegeben, wenn das Berufungsgericht seiner Verpflichtung zuwider sich nicht der Rechtsmeinung des Revisionsgerichts angeschlossen hat.

801. Entscheidet das Revisionsgericht stets über die Kosten?

Es entscheidet über die Kosten nur:

a) wenn es die Revision als unzulässig verwirft und

b) wenn es in der Sache selbst entscheidet,

und zwar im ersteren Falle nur über die Kosten der Revisionsinstanz, im zweiten Falle über die Kosten des ganzen Verfahrens.

Verweist dagegen das Revisionsgericht die Sache an das Berufungsgericht zurück, so hat erst das Berufungsgericht über die Kosten mitzuentscheiden.

802. Welche Besonderheit erfährt die Kostenberechnung in der Revisionsinstanz? GKG. § 49; GO. f. RA. § 52.

Die Gerichtskosten erhöhen sich in der Revisionsinstanz um die Hälfte, und die Anwaltsgebühren um drei Zehntel.

802a. Welche Besonderheit gilt hinsichtlich der Kostenverteilung in der Revisionsinstanz? § 97 Abs. 3.

Die Kosten der Revisionsinstanz in Rechtsstreitigkeiten über Ansprüche, für welche die Landgerichte ohne Rücksicht auf den Wert des Streitgegenstandes ausschließlich zuständig sind (s. Nr. 5 II 2b), hat auch im Fall des Obsiegens die Reichs- oder die Staatskasse zu tragen, wenn der Wert des Streitgegenstandes die Summe von 300 Mark nicht übersteigt und der Vertreter des Reichs oder des Staats die Revision eingelegt hat.

3. Abschnitt. **Beschwerde.**

803. Welches ist die rechtliche Natur der Beschwerde?

Als Rechtsmittel im technischen Sinne ist die Beschwerde ein devolutiv wirkender Rechtsbehelf zur Anfechtung einer noch nicht rechtskräftig gewordenen richterlichen Entscheidung. Die richterlichen Entscheidungen aber, gegen die sich die Beschwerde wendet, sind Entscheidungen von untergeordneter Bedeutung; vor allem sind es nicht Endurteile (mit einer Ausnahme, s. Nr. 834) und solche Zwischenurteile, gegen die Berufung bzw. Revision zulässig ist, denn Berufung und Revision auf der einen Seite und die Beschwerde auf der anderen Seite schließen sich gegenseitig aus, wie denn auch solche Entscheidungen, gegen die das Rechtsmittel der Beschwerde zulässig ist, nicht der Beurteilung des Berufungs- bzw. des Revisionsgerichts unterliegen.

804. Welche verschiedenen Arten der Beschwerde hat man zu unterscheiden?

Man unterscheidet die „einfache Beschwerde“ und die „sofortige Beschwerde“; die erstere nennt das Gesetz kurzweg „Beschwerde“, da sie die Hauptform ist, von der sich die für bestimmte einzelne Fälle gegebene sofortige Beschwerde nur in wenigen Punkten — nämlich was ihre Einlegung und das zur Entscheidung berechtigte Gericht anbetrifft — unterscheidet.

805. Ist gegen sämtliche Enscheidungen, die — weil sie nicht Endurteile sind — nicht der Berufung bzw. Revision unterliegen, die Beschwerde zulässig? § 567.

Eine sehr große Anzahl von Entscheidungen dieser Art ist selbständig überhaupt nicht anfechtbar. Die Beschwerde ist nur statthaft — abgesehen von der beträchtlichen Anzahl von einzelnen Entscheidungen, die das Gesetz durch positive Bestimmung der Beschwerde unterworfen hat — gegen solche Entscheidungen, die

a) eine vorgängige mündliche Verhandlung nicht erfordern, und gleichzeitig

b) ein das Verfahren betreffendes Gesuch zurückweisen —

freilich auch hier wieder nur insoweit als nicht durch das Gesetz einzelne Fälle ausdrücklich ausgenommen sind.

806. Gegen welche der der Beschwerde unterworfenen Entscheidungen ist das Rechtsmittel der Beschwerde als sofortige Beschwerde angeordnet? §§ 793; 663, 678; 319. Vgl. auch §§ 71, 99, 102, 103, 105, 107, 109, 135, 252, 336, 406, 656, 699, 934, 952, 1022, 1045.

Die große Mehrzahl derjenigen Entscheidungen, die kraft positiver gesetzlicher Vorschrift dem Rechtsmittel der Beschwerde unterliegen, ist durch sofortige Beschwerde anfechtbar. Insbesondere gehören hierher alle Entscheidungen, welche im Zwangsvollstreckungsverfahren ohne vorgängige mündliche Verhandlung erfolgen können (das gleiche gilt auch von den meisten im Konkursverfahren ergehenden Entscheidungen), die Beschlüsse, durch die der Antrag auf Entmündigung abgelehnt oder die Entmündigung aufgehoben wird, der Beschluß durch den ein Urteil berichtigt wird, usw.

807. Ist es hinsichtlich der Zulässigkeit der Beschwerde ohne Unterschied, von welchem Gericht die anzufechtende Entscheidung erlassen ist?

Sowohl gegen die Entscheidungen der Amts- und Landgerichte, als auch gegen die der Oberlandesgerichte ist die Beschwerde zulässig, und zwar ohne Rücksicht darauf, in welcher Instanz der Rechtsstreit schwebt, und ob gegen das in dieser Instanz ergehende Endurteil überhaupt noch ein Rechtsmittel zulässig ist. — Die Beschwerde kann sich ebensowohl gegen Entscheidungen des Gerichts als auch gegen solche des Vorsitzenden richten; sie ist aber nicht statthaft gegen die Entscheidungen eines ersuchten oder beauftragten Richters.

808. Besteht für die durch die Entscheidung eines ersuchten oder beauftragten Richters beschwerte Person keine Möglichkeit, eine Abänderung dieser Entscheidung herbeizuführen? § 576.

Wenn der beschwerten Person gegen solche Entscheidung auch nicht unmittelbar das Rechtsmittel der Beschwerde zusteht, so kann sie doch — und zwar gilt dies auch hinsichtlich einer Entscheidung, die ein beauftragter Reichsgerichtsrat erlassen hat —, ohne daß im allgemeinen hierfür eine besondere Form vorgeschrieben wäre, die Entscheidung des Prozeßgerichts nachsuchen, und gegen diese dann, wenn im übrigen die gesetzlichen Voraussetzungen vorliegen, die Beschwerde einlegen (abgesehen natürlich von dem Fall, daß der beauftragte Richter dem Reichsgericht angehört). — Und was von der Anfechtung der Entscheidung eines ersuchten oder beauftragten Richters gesagt ist, das gilt entsprechend auch für die Anfechtung der selbständigen Entscheidungen des Gerichtsschreibers, die er in seiner Eigenschaft als Organ des Gerichts erläßt.

809. Hat die Zulässigkeit der Beschwerde eine bestimmte Beschwerdesumme zur Voraussetzung? § 567 Abs. 2.

Die Beschwerde ist im allgemeinen ohne Rücksicht auf das Beschwerdeobjekt zulässig. Es besteht nur die eine Ausnahme, daß gegen die in betreff der Prozeßkosten erlassenen Entscheidungen der Oberlandesgerichte die Beschwerde nur dann statthaft ist, wenn die Beschwerdesumme den Betrag von 100 Mark übersteigt.

---

810. Wer ist zur Einlegung der Beschwerde berechtigt?

Nicht nur (wie bei der Berufung) die Partei bzw. deren gesetzlicher Vertreter kann das Rechtsmittel einlegen, sondern es können dies auch sonstige am Prozeß Beteiligte, wie Zeugen, Sachverständige, Prozeßbevollmächtigte im eigenen Namen — sofern sie nur durch die anzufechtende Entscheidung rechtlich beschwert sind. Hinsichtlich des Nebenintervenienten wie des Streitgenossen bestehen jedoch die gleichen Einschränkungen wie bei der Einlegung der Berufung: der Nebenintervenient darf im Namen der Partei die Beschwerde nur geltend machen, solange die Partei nicht auf dieselbe verzichtet hat; der Streitgenosse kann mit Wirkung für die anderen Streitgenossen nur im Falle der notwendigen Streitgenossenschaft Beschwerde einlegen.

811. Wie erfolgt die Einlegung der Beschwerde? § 569 Abs. 2.

Zur Einlegung dieses Rechtsmittels bedarf es nicht wie bei der Berufung und der Revision der Zustellung eines Schriftsatzes an den Gegner; vielmehr erfolgt die Einlegung dadurch, daß der Beschwerdeführer dem Gericht eine Beschwerdeschrift einreicht bzw. vor dem Gerichtsschreiber die Beschwerde zu Protokoll erklärt. — Eine Zustellung an den „Gegner" wäre allgemein auch gar nicht durchführbar, da sich die Beschwerde in sehr vielen Fällen, namentlich bei Beschwerden von Zeugen und Sachverständigen, als durchaus einseitiges Rechtsmittel darstellt, das einen Gegner überhaupt nicht zur Voraussetzung hat.

Dem entspricht es auch, daß der Beschwerdeführer zur Zurücknahme der Beschwerde unter keinen Umständen der Einwilligung des Gegners bedarf.

812. In welchen Fällen darf die Einlegung der Beschwerde durch Erklärung zu Protokoll des Gerichtsschreibers erfolgen? § 569 Abs. 2.

Eine protokollarische Einlegung der Beschwerde ist zulässig:

1) wenn die anzufechtende Entscheidung im Laufe eines Rechtsstreits ergeht, der in erster Instanz bei einem Amtsgericht anhängig ist oder war; — es genügt also nicht, daß die Zuständigkeit der Amtsgerichte für die Sache begründet war, sondern sie muß tatsächlich vor einem Amtsgericht verhandelt sein; dagegen ist es gleichgültig, ob die anzufechtende Entscheidung von dem Amtsgericht selbst oder von der höheren Instanz erlassen wird;

2) wenn die Beschwerde das Armenrecht betrifft;
3) wenn sie von einem Zeugen oder Sachverständigen erhoben wird.

813. Form und Inhalt der Beschwerdeschrift!

I. Die Beschwerdeschrift unterliegt, da sie stets für das Beschwerdegericht — also immer für ein Kollegialgericht bestimmt ist, dem Anwaltszwange, und müßte aus demselben Grunde auch stets von einem bei dem Beschwerdegerichte zugelassenen Anwalt unterzeichnet sein; die herrschende Meinung jedoch macht einen Unterschied, je nachdem die Beschwerde beim iudex a quo oder beim Beschwerdegericht eingelegt wird, und verlangt dementsprechend, daß im ersteren Falle ein bei jenem, im anderen Falle ein bei diesem Gericht zugelassener Anwalt die Beschwerde unterzeichnet.

Ausnahmsweise unterliegt die Beschwerdeschrift nicht dem Anwaltszwange in denjenigen Fällen, in denen die Beschwerde auch zu Protokoll des Gerichtsschreibers erklärt werden könnte (s. Nr. 812).

II. Inhaltlich genügt die Beschwerdeschrift, wenn sich aus ihr ergibt, daß von einem bestimmten Beschwerdeführer gegen eine bestimmte Entscheidung Beschwerde eingelegt wird; einen bestimmten Antrag braucht die Beschwerdeschrift ebensowenig wie eine Begründung der Beschwerde zu enthalten.

814. Bei welchem Gericht ist die Beschwerde einzulegen? § 569 Abs. 1; EG. z. ZPO. § 7 Abs. 5.

Die Beschwerde wird prinzipiell bei dem Gericht eingelegt, von welchem oder von dessen Vorsitzenden die angefochtene Entscheidung erlassen ist; nur in dringenden Fällen kann sie auch bei dem Beschwerdegericht eingelegt werden.

Dort, wo ein oberstes Landesgericht besteht (also in Bayern), ist die Beschwerde gegen die Entscheidung eines Oberlandesgerichts in dringenden Fällen stets bei dem obersten Landesgericht einzulegen, auch wenn nicht dieses, sondern das Reichsgericht Beschwerdegericht ist.

815. Welches Gericht ist das Beschwerdegericht? § 568 Abs. 1; EG. z. GVG. § 8.

Beschwerdegericht ist das Gericht, das dem Gericht, das die angefochtene Entscheidung erlassen hat, zunächst übergeordnet ist. — Dort, wo ein oberstes Landesgericht besteht, tritt dieses (wie bei der Revision) an Stelle des Reichsgerichts; ausgenommen sind jedoch solche Rechtsstreitigkeiten, die ehedem zur Zuständigkeit des Reichsoberhandelsgerichts gehörten, oder die durch besondere Reichsgesetze dem Reichsgericht zugewiesen sind.

816. Ist die Einlegung der Beschwerde an eine Frist gebunden?

I. Die einfache Beschwerde ist an keine Frist gebunden; sie kann also solange noch erhoben werden, als der Beschwerdeführer auf sein Beschwerderecht nicht verzichtet hat, — auch noch nach Beendigung des ganzen Verfahrens, falls sie dann nicht schon gegenstandslos geworden ist.

II. Die sofortige Beschwerde ist dagegen vor Ablauf einer Notfrist von zwei Wochen einzulegen.

817. Lauf und Wahrung der für die Einlegung der sofortigen Beschwerde gegebenen Notfrist von 2 Wochen! § 577 Abs. 2; 336, 952. Vgl. §§ 516, 552.

I. Der Lauf der Frist beginnt in der Regel mit der Zustellung der Entscheidung. Ob die Zustellung von Amts wegen oder auf Betreiben der Partei zu bewirken ist, richtet sich nach der Art der Entscheidung, wie denn z. B. nicht verkündete Beschlüsse des Gerichts und nicht verkündete Entscheidungen des Vorsitzenden immer von Amts wegen zuzustellen sind (s. Nr. 278).

In zwei Ausnahmefällen beginnt der Lauf der Frist jedoch bereits mit der Verkündung der Entscheidung; diese Entscheidungen sind:

1) der Beschluß, durch welchen der Antrag auf Erlassung des Versäumnisurteils zurückgewiesen wird,

2) der Beschluß, durch welchen der Antrag auf Erlassung des Ausschlußurteils im Aufgebotsverfahren zurückgewiesen wird, sowie Beschränkungen und Vorbehalte, welche solchem Ausschlußurteil beigefügt sind.

II. Die Frist wird unter allen Umständen durch die Einlegung der Beschwerde beim Beschwerdegericht gewahrt, auch dann, wenn der Fall kein dringender ist.

Während die Berufung und Revision kraft positiver Vorschrift nicht vor Beginn der Notfrist (d. h. nicht vor Zustellung des Urteils) erhoben werden dürfen, gilt diese Beschränkung für die Beschwerde nicht. Dieselbe kann, abgesehen von den nicht verkündeten Entscheidungen, die erst mit der Zustellung von Amts wegen nach außen hin existent werden — auch vor Zustellung der Entscheidung erhoben werden, vorausgesetzt nur, daß die Entscheidung bereits verkündet ist.

818. Unter welchen Voraussetzungen kann die sofortige Beschwerde auch noch nach Ablauf der zweiwöchigen Notfrist erhoben werden? § 577 Abs. 2.

Die sofortige Beschwerde ist an die Notfrist nicht gebunden, wenn der Beschwerdegrund ein derartiger ist, daß er, wenn er ein rechtskräftiges Urteil beträfe, die Wiederaufnahme des Verfahrens rechtfertigen würde. Auch hier zwar ist die sofortige Beschwerde an eine Notfrist gebunden, diese beträgt jedoch einen Monat und läuft von dem Zeitpunkt an, in dem die Partei von dem Anfechtungsgrunde Kenntnis erhält; nach Ablauf von 5 Jahren aber, gerechnet von dem Tage, an dem die zweiwöchige Notfrist ihr Ende erreicht haben würde, ist die sofortige Beschwerde nicht mehr statthaft. — So weit von diesen Regeln für die Wiederaufnahme des Verfahrens einzelne Ausnahmen bestehen, gelten diese entsprechend auch für die sofortige Beschwerde (s. Nr. 850).

819. Wird durch die Einlegung der Beschwerde die Vollziehung der angefochtenen Entscheidung gehemmt? § 572.

Die Beschwerde hat, abgesehen von einigen Ausnahmefällen, ipso iure keine aufschiebende Wirkung, aber sowohl der iudex a quo (und zwar der Vorsitzende oder das Gericht, je nachdem, wessen Entscheidung angefochten wird) wie auch das Beschwerdegericht kann anordnen, daß die Vollziehung der angefochtenen Entscheidung auszusetzen sei; und das Beschwerdegericht kann auch noch andere einstweilige Anordnungen erlassen: so kann es insbesondere z. B. die Aussetzung der Vollziehung von einer Sicherheitsleistung abhängig machen.

820. Welches sind die Ausnahmefälle, in denen ohne weiteres mit der Einlegung der Beschwerde die Vollstreckung gehemmt wird? §§ 572 Abs. 1: 380, 390, 409, 619; 656, 678; 109.

In erster Linie gehören hierher die Beschlüsse, durch die gegen ungehorsame Zeugen oder Sachverständige — im Eheverfahren auch gegen die ungehorsame Partei — Strafen oder Zwangsmaßregeln angeordnet werden; — ferner aus dem Entmündigungsverfahren: die Beschlüsse, durch die die Unterbringung des zu Entmündigenden in eine Heilanstalt angeordnet oder die Entmündigung aufgehoben wird; — und schließlich die Beschlüsse, durch welche der Antrag, eine Frist für die Einwilligung in die Rückgabe einer geleisteten Sicherheit zu bestimmen, abgelehnt, oder die Rückgabe der Sicherheit angeordnet wird.

821. Wann bedarf es aber auch in den Fällen, in denen die Beschwerde aufschiebende Wirkung hat, noch einer besonderen gerichtlichen Anordnung?

Da die aufschiebende Wirkung erst mit der Einlegung der Beschwerde eintritt, kann sehrwohl vorher bereits Vollstreckungsklausel erteilt sein. In diesem Fall ist, zumal, wenn der Gerichtsvollzieher die Vollstreckung schon begonnen hat, von dem iudex a quo — auf Antrag, oder auch schon von Amts wegen — ein formeller Einstellungsbeschluß zu erlassen, da ohne diesen für den Gerichtsvollzieher die Vollstreckungsklausel das allein Maßgebende bleiben müßte.

---

822. Wer entscheidet über die Beschwerde? §§ 568 Abs. 1, 571

Das zur Entscheidung über die Beschwerde berufene Gericht ist das Beschwerdegericht. Durch die Einlegung der Beschwerde wird die Beschwerdesache in ihrem status quo an das Beschwerdegericht devolviert. — Wird die Beschwerde bei dem iudex a quo eingelegt, was die Regel ist, so hat dieser binnen einer Woche die Beschwerde dem Beschwerdegericht vorzulegen.

823. Inwiefern ist der Devolutiveffekt der Beschwerde für den Fall, daß dieselbe beim iudex a quo eingelegt wird, suspensiv bedingt? § 571.

Der iudex a quo schon (und zwar je nachdem, wer die angefochtene Entscheidung erlassen hat: entweder der Vorsitzende oder das Gericht) ist verpflichtet, die Beschwerde zu prüfen und hat, wenn er dieselbe für begründet erachtet, derselben abzuhelfen. Hilft der iudex a quo der Beschwerde vollständig ab, so ist diese Beschwerde damit endgültig erledigt und eine Devolution der Beschwerdesache an das Beschwerdegericht ausgeschlossen. Diese tritt vielmehr nur dann ein und mit dem Moment, wann der iudex a quo, weil er die Beschwerde ganz oder zum Teil für unbegründet erachtet, dieselbe dem Beschwerdegericht vorlegt

824. Welches ist die rechtliche Natur der einwöchigen Frist, binnen der der iudex a quo die Beschwerde dem Beschwerdegericht vorzulegen hat? Vgl. § 310.

Diese Zeitbestimmung ist keine Frist im eigentlichen Sinne, sie hat vielmehr einen rein disziplinären Charakter, ebenso wie z. B. die Bestimmung, daß der Termin zur Publikation eines Urteils nicht über eine Woche hinaus angesetzt werden soll.

825. Steht auch nach Einlegung einer sofortigen Beschwerde dem iudex a quo das Recht zu, seine Entscheidung im Sinne der Beschwerde abzuändern? § 577 Abs. 3.

Die Entscheidungen, die durch sofortige Beschwerde anfechtbar sind, darf der iudex a quo, sobald das Rechtsmittel eingelegt ist, nicht mehr ändern (hier tritt also der Devolutiveffekt sogleich mit der Einlegung der Beschwerde beim iudex a quo ein); vorher darf er sie jedoch ändern, und wenn ein Rechtsmittel nicht eingelegt wird, auch noch nach Ablauf der zweiwöchigen Notfrist, solange die Sache vor ihm schwebt.

826. In welchen beiden Fällen aber kann auch nach Einlegung der sofortigen Beschwerde der iudex a quo seine Entscheidung abändern? § 577 Abs. 3: 105, 103.

Sowohl die Kostenfestsetzung, die durch besonderen Festsetzungsbeschluß ergeht, wie auch die im amtsgerichtlichen Urteile ergehende Kostenfestsetzung unterliegen der Abänderung durch den iudex a quo im Sinne der Beschwerde, immer aber auch hier vorausgesetzt, daß das Rechtsmittel bei dem iudex a quo eingelegt wird, da mit der Einlegung der Beschwerde beim Beschwerdegericht unter allen Umständen sofort Devolutiveffekt eintritt.

827. Welche Besonderheit gilt für die Anfechtung solcher Entscheidungen eines beauftragten bzw. ersuchten Richters oder eines

Gerichtsschreibers, gegen die, wenn sie von dem Prozeßgericht erlassen wären, die sofortige Beschwerde zulässig wäre? § 577 Abs. 4.

Auch die Anfechtung solcher Entscheidungen geschieht dadurch, daß zunächst die Entscheidung des Prozeßgerichts nachgesucht wird; das Prozeßgericht darf hier aber über das Gesuch nur dann befinden, wenn es demselben stattgeben will; anderenfalls hat es dasselbe dem Beschwerdegericht vorzulegen, das nun darüber entscheidet, wie wenn unmittelbar gegen die Entscheidung des ersuchten bzw. beauftragten Richters oder des Gerichtsschreibers die sofortige Beschwerde eingelegt wäre. In eine Beschwerde wandelt sich das Nachsuchen jedoch tatsächlich erst mit der Weitergabe des Gesuchs an das Beschwerdegericht, so daß hier von einem suspensiv bedingten Devolutiveffekt nicht die Rede sein kann.

828. Welche Erfordernisse ergeben sich für das Gesuch, durch das die Entscheidung des Prozeßgerichts angestrebt wird, aus der Behandlung desselben durch das Gesetz als eventuelle Beschwerde? § 577 Abs. 4.

Da jenes Gesuch eventuell als sofortige Beschwerde in Betracht kommen kann, muß es auch auf dem für die Einlegung jener vorgeschriebenen Wege angebracht werden. Es muß also binnen der zweiwöchigen Notfrist eingereicht werden und es muß auch den Erfordernissen der Beschwerdeschrift genügen; soweit die Beschwerde selbst zu Protokoll gegeben werden darf, darf dieses Gesuch es auch, — das einzige Gericht, bei dem es angebracht werden darf, ist aber das Prozeßgericht.

829. Hat die Entscheidung des Beschwerdegerichts über die Beschwerde eine mündliche Verhandlung zur Voraussetzung? § 573.

Die Entscheidung des Beschwerdegerichts erfordert nicht eine vorgängige mündliche Verhandlung. Eine solche bildet die Ausnahme, da das Gericht in den meisten Fällen, in denen es noch einer Aufklärung über Antrag oder Begründung der Beschwerde bedarf, sich diese dadurch verschaffen kann, daß es den Beschwerdeführer oder den Gegner zu einer schriftlichen Erklärung über die Zweifelspunkte auffordert. Ordnet das Beschwerdegericht jedoch mündliche Verhandlung an, so unterliegt diese dem Anwaltszwange auch in den Fällen, in denen die Einlegung der Beschwerde vom Anwaltszwange befreit ist.

Wenn aber schon das Beschwerdegericht ohne vorgängige mündliche Verhandlung entscheiden kann, so gilt dies um so mehr für die Abänderung der angefochtenen Entscheidung durch den iudex a quo.

830. Wodurch wird der Partei die Abgabe der erforderten schriftlichen Erklärung erleichtert? § 573 Abs. 2.

Auch die schriftliche Erklärung, die auf Anordnung des Beschwerdegerichts abzugeben ist, unterliegt regelmäßig dem Anwaltszwange, sie kann aber zur Erleichterung der Partei auch durch einen bei dem iudex a quo zugelassenen Anwalt erfolgen; und in den Fällen, in denen die Beschwerde zu Protokoll des Gerichtsschreibers eingelegt werden darf, kann auch diese Erklärung zu Protokoll gegeben werden, unterliegt also insoweit dem Anwaltszwange überhaupt nicht.

831. Schließt die große Einfachheit des Beschwerdeverfahrens das Vorbringen neuer Tatsachen aus? § 570.

Die Beschwerde kann sowohl auf neue Beweise als auch auf neue Tatsachen gestützt werden; nur neue Ansprüche dürfen mit ihr nicht geltend gemacht werden.

---

832. Was ist für die Entscheidung des Beschwerdegerichts maßgebend? § 574.

Das Beschwerdegericht hat zuerst von Amts wegen zu prüfen, ob die sämtlichen materiellen und formellen Voraussetzungen der Beschwerde vorliegen; fehlt es an einem dieser Erfordernisse (ist z. B. der Beschwerdeführer durch die Entscheidung überhaupt nicht beschwert, oder ist bei der sofortigen Beschwerde z. B. die Notfrist nicht gewahrt), so ist die Beschwerde ohne weiteres als unzulässig zu verwerfen.

Ist jedoch erwiesen, daß die Beschwerde an sich statthaft, und daß sie in der gesetzlichen Form und Frist eingelegt ist, so hat das Gericht nunmehr zu untersuchen, ob die Beschwerde auch begründet ist.

833. Wie entscheidet das Beschwerdegericht, wenn es die Beschwerde für begründet erachtet? § 575.

Unter allen Umständen hebt das Beschwerdegericht, wenn es die Beschwerde für begründet hält, die beschwerende Entscheidung auf; die weiteren sich ergebenden notwendigen Anordnungen braucht es nicht selbst zu erlassen, sondern kann sie demjenigen Gericht oder Vorsitzenden übertragen, von welchem die beschwerende Entscheidung erlassen war.

834. In welcher Form ergehen die Entscheidungen des Beschwerdegerichts? Vgl. § 99 Abs. 3.

Die Entscheidung des Beschwerdegerichts über die Beschwerde ist stets ein Beschluß, auch dann, wenn die Beschwerde gegen ein Zwischenurteil oder gegen das Urteil, das mangels einer Entscheidung über die Hauptsache über die Kosten entscheidet — das einzige durch Beschwerde anfechtbare Endurteil — gerichtet war.

---

835. Ist gegen die Entscheidung des Beschwerdegerichts ein weiteres Rechtsmittel zulässig?

Ein besonderes etwa der Revision entsprechendes Rechsmittel ist gegen die Entscheidung des Beschwerdegerichts nicht gegeben, wohl aber kann gegen dieselbe — sei es von dem ersten Beschwerdeführer, sei es von dem Gegner — wiederum die Beschwerde eingelegt werden, vorausgesetzt, daß auch bei dieser neuen Entscheidung die materiellen Voraussetzungen für eine Beschwerde, sei es nun eine einfache oder eine sofortige Beschwerde, gegeben sind.

Diese neue Beschwerde ist eine weitere Beschwerde, weil sie sich gegen eine auf Beschwerde ergangene Entscheidung richtet, aber sie ist nicht „die weitere Beschwerde", ein besonderes Rechtsmittel, denn sie unterscheidet sich von der Beschwerde erster Instanz nur dadurch, daß ihre Zulässigkeit in verschiedener Hinsicht beschränkt ist.

836. In wiefern unterliegt die Zulässigkeit einer weiteren Beschwerde besonderen Einschränkungen? § 568 Abs. 2—4; vgl. § 567 Abs. 2.

I. Es genügt nicht für die Zulässigkeit einer weiteren Beschwerde, daß die Entscheidung des Beschwerdegerichts die allgemeinen Beschwerdevoraussetzungen erfüllt, daß also die Beschwerde auch dann zulässig wäre, wenn die Entscheidung in erster Instanz ergangen wäre, sondern es ist weiter erforderlich, daß in der Entscheidung des Beschwerdegerichts ein neuer selbständiger Beschwerdegrund enthalten ist.

II. Eine bestimmte Beschwerdesumme ist nicht nur erforderlich für die Anfechtung einer Kostenentscheidung der Oberlandesgerichte (100 Mark), sondern auch Kostenentscheidungen der Landgerichte unterliegen einer weiteren Beschwerde nur, wenn die Beschwerdesumme den Betrag von 50 Mark übersteigt.

III. Gegen die Entscheidung über eine weitere Beschwerde ist eine Beschwerde nicht mehr zulässig.

837. Wer trägt die Kosten des Beschwerdeverfahrens?

Wird die Beschwerde als unzulässig verworfen, oder als unbegründet zurückgewiesen, so trägt der Beschwerdeführer die Kosten des Beschwerdeverfahrens, anderenfalls werden sie als Teil der Gesamtkosten des Prozesses behandelt.

IV. Buch. Wiederaufnahme des Verfahrens.

838. Was versteht man unter Wiederaufnahme des Verfahrens? § 578 Abs. 1.

Man versteht darunter die Erneuerung eines bereits durch rechtskräftige Entscheidung abgeschlossenen Verfahrens.

839. Durch welche Rechtsbehelfe kann eine Wiederaufnahme des Verfahrens herbeigeführt werden? § 578 Abs. 1.

Sowohl die Nichtigkeits- wie die Restitutionsklage streben die

Aufhebung einer rechtskräftigen Entscheidung an. Hierdurch unterscheiden sie sich von den Rechtsmitteln und von dem Einspruch; von ersteren auch noch dadurch, daß sie keinen Devolutiveffekt haben. Dieses gleiche Unterscheidungsmerkmal trennt sie auch von der Nullitätsklage und der Restitutionsklage des gemeinen Rechts, die nicht selbständige Klagen, sondern als außerordentliche Rechtsmittel konstruiert waren (die Nullitätsklage konnte sogar schon alternativ zugleich mit der Appellation eingelegt werden).

840. Wie verhalten sich Nichtigkeits- und Restitutionsklage zu einander? § 578 Abs. 2.

Wenn die beiden Klagen auch das gemeinsam haben, daß sie sich gegen eine rechtskräftige Entscheidung richten, und daß das Verfahren sich im wesentlichen nach denselben Grundsätzen regelt, so sind sie innerlich doch verschieden voneinander. Während die Nichtigkeitsklage nur auf Grund solcher Umstände erhoben werden kann, die der Jüngste Reichsabschied als „insanabilis defectus aus der Person des Richters, der Partei oder aus den substantialibus des Prozesses" bezeichnet, ist die Restitutionsklage für solche Fälle gegeben, in denen die Billigkeit die Aufhebung des rechtskräftigen Urteils verlangt. Außerdem richtet sich die Nichtigkeitsklage gegen Verletzungen des Prozeßrechts, die Restitutionsklage aber gegen Verletzungen des materiellen Rechts.

Und dieser Wesensunterschied zeigt sich auch praktisch in der Bestimmung, daß wenn beide Klagen gleichzeitig — sei es von derselben, sei es von verschiedenen Parteien — erhoben werden, die Verhandlung und Entscheidung über die Restitutionsklage bis zur rechtskräftigen Entscheidung über die stärkere Klage, die Nichtigkeitsklage, ausgesetzt wird.

841. Richten sich die Nichtigkeits- und die Restitutionsklage gegen jede Art von rechtskräftigen Entscheidungen? §§ 578 Abs. 1; 577 Abs. 2.

Eine Wiederaufnahme des Verfahrens ist nur statthaft gegen ein Endurteil (gleichgültig ob kontradiktorisches oder Versäumnisurteil), gegen diejenigen Zwischenurteile, die hinsichtlich der Rechtsmittel als Endurteil anzusehen sind, und gegen den Vollstreckungsbefehl im Mahnverfahren. — Sie ist nicht statthaft gegenüber denjenigen Entscheidungen, die mit Beschwerde anfechtbar sind, demnach also auch nicht gegen das Endurteil, das nur über die Kosten entscheidet. Hier wäre sie auch überflüssig, da die einfache Beschwerde ohnehin an keine Frist gebunden ist, bei der sofortigen Beschwerde aber die Fälle, bei denen die besonderen materiellen Voraussetzungen der Nichtigkeits- oder der Restitutionsklage vorliegen, bereits eine besondere Berücksichtigung gefunden haben (s. Nr. 818).

842. Welches sind die besonderen materiellen Voraussetzungen der Nichtigkeitsklage? § 579.

I. Es muß einer der gesetzlichen Nichtigkeitsgründe vorliegen; und zwar ist ein Nichtigkeitsgrund gegeben:

1) wenn das erkennende Gericht nicht vorschriftsmäßig besetzt war;

2) wenn ein Richter bei der Entscheidung mitgewirkt hat, welcher von der Ausübung des Richteramts kraft des Gesetzes ausgeschlossen war, sofern nicht dieses Hindernis mittels eines Ablehnungsgesuchs oder eines Rechtsmittels ohne Erfolg geltend gemacht ist;

3) wenn bei der Entscheidung ein Richter mitgewirkt hat, obgleich derselbe wegen Besorgnis der Befangenheit abgelehnt und das Ablehnungsgesuch für begründet erklärt war;

4) wenn eine Partei in dem Verfahren nicht nach Vorschrift der Gesetze vertreten war, sofern sie nicht die Prozeßführung ausdrücklich oder stillschweigend genehmigt hat.

II. Die gesetzlichen Nichtigkeitsgründe zu 1) und zu 3) dürfen aber der Partei nicht schon vor Rechtskraft des Urteils bekannt, und sie selbst außerdem in der Lage gewesen sein, dieselben mittels eines Rechtsmittels geltend zu machen.

843. Warum ist der Fall, daß ein überhaupt nicht zum Richteramt Berufener das rechtskräftige Urteil erlassen hat, nicht unter den Nichtigkeitsgründen aufgezählt?

Einer Nichtigkeitsklage bedarf es für den vorliegenden Fall nicht. Zwar ist der ZPO. eine absolute Nichtigkeit, wie sie das Privatrecht kennt, unbekannt, insofern namentlich, als jegliche richterliche Entscheidung — mag sie auch völlig ungesetzlich sein — so lange zu Recht besteht, bis sie in gesetzmäßiger Weise wieder aufgehoben ist. In dem vorliegenden Fall jedoch liegt eine richterliche Entscheidung ebensowenig vor, wie in dem Fall, wo jemand ein Urteil gefälscht hat; folglich bedarf es hier auch nicht eines Aufhebungsaktes.

844. Welches sind die besonderen materiellen Voraussetzungen der Restitutionsklage? §§ 580, 582.

Entsprechend den materiellen Voraussetzungen der Nichtigkeitsklage wird auch hier

a) positiv vorausgesetzt,

daß einer der gesetzlichen Restitutionsgründe vorliegt, die teils darauf hinauslaufen, daß das angefochtene Urteil auf ein durch eine strafbare Handlung geschaffenes Faktum gegründet ist (restitutio propter dolum) teils aber darin bestehen, daß für die Entscheidung des Rechtsstreits sehr wichtiges neues Material entdeckt worden ist (restitutio ex capite novorum);

b) und negativ — allerdings weitergehend als bei der Nichtigkeitsklage —,

daß die Partei ohne ihr Verschulden außerstande war, den

Restitutionsgrund in dem früheren Verfahren durch Berufung oder Einspruch geltend zu machen.

845. Welches sind im einzelnen die Restitutionsgründe? §§ 580, 581.

Die Restitutionsklage findet statt

I. als restitutio propter dolum:

1) wenn der Gegner durch Leistung eines Parteieides, auf welche das Urteil gegründet ist, sich einer vorsätzlichen oder fahrlässigen Verletzung der Eidespflicht schuldig gemacht hat;

2) wenn eine Urkunde, auf welche das Urteil gegründet ist, fälschlich angefertigt oder verfälscht war;

3) wenn durch Beeidigung eines Zeugnisses oder eines Gutachtens, auf welche das Urteil gegründet ist, der Zeuge oder der Sachverständige sich einer vorsätzlichen oder fahrlässigen Verletzung der Eidespflicht schuldig gemacht hat;

4) wenn das Urteil von dem Vertreter der Partei oder von dem Gegner oder dessen Vertreter durch eine in Beziehung auf den Rechtsstreit verübte Handlung erwirkt ist, welche mit einer im Wege des gerichtlichen Strafverfahrens zu verhängenden öffentlichen Strafe bedroht ist;

5) wenn ein Richter bei dem Urteile mitgewirkt hat, welcher sich in Beziehung auf den Rechtsstreit einer Verletzung seiner Amtspflichten gegen die Partei schuldig gemacht hat, sofern diese Verletzung mit einer im Wege des gerichtlichen Strafverfahrens zu verhängenden öffentlichen Strafe bedroht ist; — — jedoch in allen 5 Fällen nur dann, wenn wegen der strafbaren Handlung eine rechtskräftige Verurteilung ergangen ist, oder wenn die Einleitung oder Durchführung eines Strafverfahrens aus anderen Gründen als wegen Mangels an Beweis — z. B. weil der Täter sich verborgen hält — nicht erfolgen kann;

II. als restitutio ex capite novorum:

6) wenn ein — rechtskräftiges oder nicht rechtskräftiges — strafgerichtliches Urteil, auf welches das Urteil gegründet ist, im Wege des Rechtsmittelverfahrens oder des Wiederaufnahmeverfahrens durch ein anderes, rechtskräftig gewordenes Urteil aufgehoben ist;

7) wenn die Partei

a) ein in derselben Sache erlassenes, früher rechtskräftig gewordenes Urteil, oder

b) eine andere Urkunde auffindet oder zu benutzen in den Stand gesetzt wird, welche eine ihr günstigere Entscheidung herbeigeführt haben würde,

in dem zuletzt genannten Falle der Auffindung einer Urkunde jedoch dann nicht, wenn das angefochtene Urteil darauf beruht, daß auf Grund einer Eidesleistung des Gegners die betreffende Tatsache oder deren Gegenteil für bewiesen erachtet ist.

846. Können mit den beiden Klagen auch solche Anfechtungsgründe geltend gemacht werden, die nicht das angefochtene Urteil selbst, sondern eine diesem vorausgegangene Entscheidung betreffen? § 583. Vgl. § 512.

Dies ist nur statthaft unter folgenden Voraussetzungen:

a) die vorausgegangene Entscheidung muß von derselben oder einer unteren Instanz (nicht von einer höheren) erlassen sein;

b) sie muß für das angefochtene Urteil kausal sein;

c) auch für die vorausgegangene Entscheidung müssen die besonderen — positiven und negativen — materiellen Voraussetzungen der Nichtigkeits- bzw. der Restitutionsklage vorliegen;

d) die vorausgegangene Entscheidung darf nicht eine solche sein, gegen die selbständig Nichtigkeits- oder Restitutionsklage erhoben werden könnte.

Daß eine Entscheidung von dem Gesetz als unanfechtbar bezeichnet ist, hindert — mangels einer positiven Vorschrift, wie sie z. B. bei der Berufung besteht — ihre Berücksichtigung im Wiederaufnahmverfahren nicht.

---

847. Welches sind die formellen Voraussetzungen der beiden Rechtsbehelfe? §§ 585; 586; 587; 176, 178.

Die Nichtigkeits- und die Restitutionsklage werden wie jede andere Klage erhoben: durch Zustellung einer Klageschrift an den Gegner, die zuvor dem zuständigen Gericht zur Terminsbestimmung einzureichen ist; soweit dies nach allgemeinen Regeln zulässig ist, kann die Klage auch dem Gerichtsschreiber zu Protokoll gegeben werden.

Als besondere prozessuale Voraussetzungen kommen jedoch hinzu:

a) daß die Klage binnen einer bestimmten Frist zu erheben ist;

b) daß die Klageschrift einen der besonderen Natur der Klagen entsprechenden Inhalt haben muß;

c) daß die Zustellung der Klageschrift nicht an die Partei selbst, sondern an den Prozeßbevollmächtigten erfolgen muß, der die Partei in dem Prozesse vor dem für die Wiederaufnahme zuständigen Gericht vertreten hat.

848. Welches Gericht ist für das Wiederaufnahmeverfahren zuständig? § 584.

Zuständig — und zwar ausschließlich — ist das Gericht, welches das anzufechtende Urteil erlassen hat. Von dieser Regel bestehen jedoch zwei Ausnahmen:

a) Das Berufungsgericht zieht auch das Wiederaufnahmeverfahren gegen ein Urteil erster Instanz an sich, wenn dieses gleichzeitig mit dem Berufungsurteil als selbständiges formell rechtskräftiges Urteil angefochten wird, — was sich allerdings nur ereignen kann, wenn das Berufungsgericht entweder die Berufung als unzulässig verworfen, oder die Sache an das Gericht erster Instanz zurückverwiesen hat.

b) Das Berufungsgericht ist ferner zuständig, auch wenn das Urteil von der Revisionsinstanz erlassen ist: für die restitutio ex capite novorum, und für die restitutio propter dolum, soweit sie sich darauf stützt, daß das angefochtene Urteil mittels Meineids oder Urkundenfälschung (Fall 1 bis 3) erzielt worden ist. Eine solche Restitution ist aber gegen ein Revisionsurteil nur in den Fällen denkbar, wo das Revisionsgericht in der Sache selbst eine abändernde Entscheidung getroffen hat.

849. Welche Sonderbestimmung besteht für die Zuständigkeit hinsichtlich des Wiederaufnahmeverfahrens gegen einen Vollstreckungsbefehl? § 584 Abs. 2. Vgl. §§ 696, 697.

Entsprechend der Regelung der Zuständigkeit beim Widerspruch gegen einen Zahlungsbefehl ist für die Nichtigkeits- und Restitutionsklage gegen einen Vollstreckungsbefehl das Gericht, das den Vollstreckungsbefehl erlassen hat, nur dann zuständig, wenn der Anspruch nach den allgemeinen Regeln über die Zuständigkeit vor die Amtsgerichte gehört; im anderen Fall aber das für den Rechtsstreit über den Anspruch zuständige Landgericht.

850. In welcher Frist sind die Klagen bei dem zuständigen Gerichte anzubringen? § 586.

Die Klagen sind binnen der Notfrist eines Monats, die von dem Augenblick, da die Partei oder ihr gesetzlicher Vertreter von dem Anfechtungsgrunde Kenntnis erhalten hat — bzw. wenn das Urteil zu jener Zeit noch nicht rechtskräftig war, von der Rechtskraft des Urteils ab — zu laufen beginnt, spätestens aber binnen fünf Jahren nach Rechtskraft des Urteils anzubringen.

Eine Ausnahme macht nur die Nichtigkeitsklage wegen mangelnder vorschriftsmäßiger Vertretung. Sie verjährt nicht in fünf Jahren, und die einmonatige Notfrist für ihre Erhebung läuft von dem Tage, an welchem der Partei bzw. ihrem gesetzlichen Vertreter das Urteil zugestellt ist.

Die Tatsachen, welche ergeben, daß die Klagen vor Ablauf der Notfrist erhoben sind, brauchen stets nur glaubhaft gemacht zu werden.

851. Ist der Partei verboten, die letzterwähnte Nichtigkeitsklage auch schon vor der Zustellung des Urteils anzustrengen, wenn sie erfährt, daß, ohne daß sie im Prozeß vorschriftsmäßig vertreten war, ein rechtskräftiges Urteil gegen sie ergangen ist?

Der Erhebung der Klage vor Zustellung des Urteils steht an sich nichts entgegen.

In jedem Falle ist aber Voraussetzung auch für die Erhebung dieser Nichtigkeitsklage, daß das anzufechtende Urteil bereits die Rechtskraft (infolge Zustellung des Urteils an den falsus procurator nämlich) beschritten hat, ansonst die Partei immer noch die Möglichkeit hätte, ein Rechtsmittel oder Einspruch einzulegen, ein Wiederaufnahmeverfahren also mit Rücksicht auf seine rechtliche Natur ausgeschlossen wäre.

(An dem Lauf der einmonatigen Frist wird hierdurch jedoch — richtiger Auffassung nach — nichts geändert. Sie läuft, da § 586 Abs. 2 ausdrücklich für nicht anwendbar erklärt wird, unter allen Umständen von der Zustellung des Urteils ab, ohne Rücksicht darauf, ob überhaupt die allgemeine Voraussetzung für ein Wiederaufnahmeverfahren, Rechtskraft der Entscheidung, gegeben ist oder nicht.)

852. Was muß die Klageschrift enthalten? § 587.

Die Klageschrift braucht nur zu enthalten:

1) die Bezeichnung des Urteils, gegen welches die Nichtigkeits- oder Restitutionsklage gerichtet wird,

2) die Erklärung, welche dieser Klagen erhoben werde.

853. Welche Angaben soll die Klageschrift außerdem noch enthalten? § 588.

Als vorbereitender Schriftsatz soll die Klage enthalten:

1) die Bezeichnung des Anfechtungsgrundes;

2) die Angabe der Beweismittel für die Tatsachen, welche den Grund und die Einhaltung der Notfrist ergeben;

3) die Erklärung, inwieweit die Beseitigung des angefochtenen Urteils und welche andere Entscheidung in der Hauptsache beantragt werde.

Dem Schriftsatze, durch welchen eine Restitutionsklage erhoben wird, sind die Urkunden, auf welche dieselbe gestützt wird, in Urschrift oder in Abschrift beizufügen. Befinden sich die Urkunden nicht in den Händen des Klägers, so hat er zu erklären, welchen Antrag er wegen Herbeischaffung derselben zu stellen beabsichtigt.

854. Was folgt daraus, daß die Bezeichnung des Anfechtungsgrundes nicht notwendiger, sondern nur wünschenswerter Bestandteil der Klageschrift ist, für die Vorbringung neuer Anfechtungsgründe im Laufe des Verfahrens?

Neue Anfechtungsgründe können auch nach Erhebung der Klage, und auch nach Ablauf der Notfrist — denn diese bezieht sich nur auf die Klagerhebung — vorgebracht werden, nur daß nicht in einem Verfahren auf eine Nichtigkeitsklage ein Restitutionsgrund geltend gemacht werden darf und vice versa, denn die Angabe, ob mit der Nichtigkeits- oder der Restitutionsklage geklagt werde, gehört zu den notwendigen Bestandteilen der Klageschrift, so daß dem Kläger in dieser Beziehung weder ein Variations- noch ein Akkumulationsrecht zusteht.

855. Wird durch die Einlegung der Nichtigkeits- oder der Restitutionsklage die Zwangsvollstreckung gehemmt? § 707.

Ebensowenig wie die Nichtigkeits- und Restitutionsklage Devolutiveffekt haben, haben sie auch aufschiebende Wirkung; jedoch kann das Gericht auf Antrag anordnen, daß die Zwangsvollstreckung gegen oder ohne Sicherheitsleistung einstweilen eingestellt werde oder nur gegen Sicherheitsleistung stattfinde, und daß die erfolgten Vollstreckungsmaßregeln gegen Sicherheitsleistung aufzuheben seien.

856. In welche Bestandteile ihrem Gegenstande nach zerfällt die mündliche Verhandlung? §§ 589, 590.

Es wird einmal über Grund und Zulässigkeit der Wiederaufnahme des Verfahrens verhandelt — und zwar hat das Gericht schon von Amts wegen zu prüfen, ob die materiellen und formellen Voraussetzungen der Klage vorliegen — und zweitens über die Hauptsache.

857. Zerfällt entsprechend der Zweiteilung des Verhandlungsstoffes auch die Verhandlung selbst in zwei getrennte Abschnitte? § 590 Abs. 2.

Eine Trennung der Verhandlung findet nur statt, wenn dies das Gericht — sei es auf Antrag, sei es von Amts wegen — ausdrücklich anordnet. Aber auch wenn zuerst nur über Grund und Zulässigkeit der Wiederaufnahme des Verfahrens verhandelt wird, gilt die folgende Verhandlung über die Hauptsache doch als Fortsetzung der Verhandlung über Grund und Zulässigkeit, so daß eine selbständige Anfechtung der die Wiederaufnahme für zulässig erklärenden Entscheidung hiernach ausgeschlossen ist.

858. In welchem Umfange ist die Hauptsache von neuem zu verhandeln? § 590 Abs. 1.

Die Hauptsache wird nur insoweit von neuem verhandelt, als sie von dem Anfechtungsgrunde betroffen wird. Da die Nichtigkeitsklage sich stets auf einen insanabilis defectus des Verfahrens stützt, so ist hier immer der ganze Rechtsstreit von neuem zu verhandeln, jedoch nur von dem Momente an, wo der Nichtigkeitsgrund in dem Prozesse hervorgetreten ist.

859. Gelten im übrigen für das Verfahren besondere Bestimmungen? §§ 585, 581 Abs. 2; 590 Abs. 3.

Abgesehen von den erwähnten Besonderheiten folgt das Wiederaufnahmeverfahren den allgemeinen Regeln über das Verfahren vor den Land- bzw. Amtsgerichten; nur bezüglich des Beweisverfahrens besteht noch die eine Sondervorschrift, daß der Beweis der Tatsachen, welche die Restitutionsklage begründen, durch Eideszuschiebung nicht geführt werden darf. Sofern das Urteil einer höheren Instanz angefochten wird, sind auch für das Wiederaufnahmeverfahren die Bestimmungen maßgebend, die für das Verfahren in der höheren Instanz gelten, vor der die Wiederaufnahme schwebt; so darf z. B. das Revisionsgericht auch in einem Wiederaufnahmeverfahren tatsächliche Feststellungen nur insoweit vornehmen, als diese für die Entscheidung über Grund und Zulässigkeit der Klagen erforderlich sind.

860. Welche Modifikation erfährt das Versäumnisverfahren in der Wiederaufnahmeinstanz?

Während gegen den säumigen Kläger bei Vorliegen der allgemeinen Voraussetzungen stets ein Versäumnisurteil ergehen kann, kann der säumige

Beklagte nur dann durch Versäumnisurteil verurteilt werden, wenn gleichzeitig sowohl die materiellen wie die formellen Erfordernisse der Nichtigkeits- bzw. Restitutionsklage vorliegen, da der Mangel derselben schon von Amts wegen zu berücksichtigen ist.

861. Sind gegen die Entscheidung in der Wiederaufnahmeinstanz Rechtsmittel zulässig? § 591.

Rechtsmittel sind nur insoweit zulässig, als sie gegen die Entscheidungen der mit den Klagen befaßten Instanzen überhaupt stattfinden; denn das Gericht höherer Instanz entscheidet, auch wenn es zum ersten Mal über die Nichtigkeits- bzw. Restitutionsklage entscheidet, doch immer als Gericht höherer Instanz. Ist das Urteil der Wiederaufnahmeinstanz rechtskräftig, so kann gegen dasselbe auch wiederum eine Wiederaufnahmeklage gerichtet werden.

Dagegen kann von einem erneuten Wiederaufnahmeverfahren gegen das zuerst angefochtene Urteil nur dann die Rede sein, wenn

1) neue Anfechtungsgründe vorliegen, und
2) entweder:
   a) der frühere Antrag auf Wiederaufnahme als unzulässig verworfen, oder
   b) die Hauptsache doch nur zum Teil von neuem verhandelt ist.

Soweit letzteres geschehen ist, ist das frühere Urteil durch das Wiederaufnahmeurteil vernichtet, weshalb z. B. eine neue Nichtigkeitsklage gegen ein bereits mit Erfolg durch Nichtigkeitsklage angefochtenes Urteil unter allen Umständen ausgeschlossen ist, da die Nichtigkeitsklage stets den ganzen Rechtsstreit erfaßt.

V. Buch. Urkunden- und Wechselprozeß.

862. Welches ist Wesen und Zweck des Urkundenprozesses?

Der Urkundenprozeß ist eine außerordentliche Prozeßform, die dem Zweck dient, einem Kläger, der alle zur Begründung seines Anspruchs erforderlichen Tatsachen durch Urkunden beweisen kann, möglichst schleunigst einen vollstreckbaren Titel dadurch zu verschaffen, daß der prozessualen Bewegungsfreiheit der Parteien in diesem Verfahren bestimmte Schranken gesetzt sind.

863. Eignen sich alle Ansprüche zur Geltendmachung im Wege des Urkundenprozesses? § 592.

Nein, vielmehr dürfen im Urkundenprozesse nur solche Ansprüche geltend gemacht werden, welche die Zahlung einer bestimmten Geldsumme oder die Leistung einer bestimmten Quantität anderer vertretbarer Sachen oder Wertpapiere zum Gegenstande haben, nicht also z. B. Ansprüche, die auf Leistung einer species gehen.

Als ein Anspruch, welcher die Zahlung einer Geldsumme zum Gegenstand hat, gilt auch der Anspruch aus einer Hypothek, Grund- oder Rentenschuld.

864. Welches sind die formellen Voraussetzungen für die Zulässigkeit des Urkundenprozesses? § 593. Vgl. §§ 131, 134; 262, 498.

Die Klageschrift muß die Erklärung enthalten, daß im Urkundenprozesse geklagt werde. Außerdem müssen die Urkunden, durch die der Kläger die zur Begründung seines Anspruchs erforderlichen Tatsachen beweisen will, der Klageschrift in Urschrift oder Abschrift beigefügt werden. Die Beifügung der Urkunden zu einem besonderen vorbereitenden Schriftsatz genügt, anders als im ordentlichen Verfahren, hier nur dann, wenn zwischen der Zustellung dieses Schriftsatzes und dem Termin zur mündlichen Verhandlung ein der Einlassungsfrist gleicher Zeitraum liegt, der also verschieden ist, je nachdem der Urkundenprozeß vor einem Amts- oder Landgericht geführt wird.

865. Ist der Kläger verpflichtet, wenn die materiellen Voraussetzungen des Urkundenprozesses vorliegen, in dieser Prozeßart zu klagen? § 596.

Nein, er kann sogar, auch nachdem der Beklagte bereits im Urkundenprozesse zur Hauptsache mündlich verhandelt hat, bis zum Schluß der letzten mündlichen Verhandlung in erster Instanz von der gewählten Prozeßart Abstand nehmen und im ordentlichen Verfahren weiterklagen, ohne daß es hierzu wie bei der Klagezurücknahme der Einwilligung des Beklagten bedürfte.

866. Bedarf es im Falle der Überleitung des Urkundenprozesses in das ordentliche Verfahren einer neuen Klage? § 596.

Nein! Wenn der Kläger in der mündlichen Verhandlung erklärt, daß er von dem Urkundenprozesse Abstand nehme (ohne die Klage zurückzunehmen), so bleibt der Rechtsstreit ohne weiteres im ordentlichen Verfahren anhängig.

867. Inwieweit sind der prozessualen Bewegungsfreiheit der Parteien im Urkundenprozeß Schranken gesetzt? §§ 595 Abs. 2; 595 Abs. 3, 421, 428.

I. Die einzigen Beweismittel, deren sich der Kläger wie der Beklagte im Urkundenprozesse bedienen dürfen, sind Urkunden und Eideszuschiebung, während hinsichtlich der den Klageanspruch begründenden Tatsachen sogar nur ausschließlich Urkunden zulässig sind.

II. Die Antretung des Urkundenbeweises darf nur durch Vorlegung der Urkunden erfolgen, nicht also auch durch den Antrag, dem Gegner die Vorlegung einer Urkunde aufzugeben oder eine Frist zur Herbeischaffung der Urkunde zu bestimmen.

868. Welchen besonderen Beschränkungen unterliegt der Beklagte im Urkundenprozeß? §§ 595 Abs. 1; 594.

I. Die Erhebung einer Widerklage ist im Urkundenprozesse unzulässig.

II. Der Beklagte darf im Urkundenprozesse niemals, auch nicht vor dem Landgericht, die Verhandlung zur Hauptsache auf Grund prozeßhindernder Einreden verweigern, während die Eventualmaxime hinsichtlich der prozeßhindernden Einreden — selbstverständlich nur im Urkundenprozeß vor den Landgerichten — bestehen bleibt.

869. Ist eine abgesonderte Verhandlung über die prozeßhindernden Einreden im Urkundenprozeß gänzlich ausgeschlossen? § 594.

Nein, denn sie kann durch das Gericht von Amts wegen angeordnet werden; geschieht dies aber, so fällt hinsichtlich der prozeßhindernden Einreden auch die Beschränkung der Partei in der Wahl der Beweismittel fort.

870. In welcher Form hat im Urkundenprozeß die Auferlegung eines zugeschobenen oder zurückgeschobenen Eides zu erfolgen? § 595 Abs. 4.

Sie erfolgt niemals durch bedingtes Endurteil, sondern stets durch Beweisbeschluß; ein richterlicher Eid, der nach allgemeiner Regel immer durch bedingtes Endurteil auferlegt werden muß, ist im Urkundenprozeß unstatthaft.

871. Wie ist zu entscheiden, wenn sich in der mündlichen Verhandlung herausstellt, daß der Urkundenprozeß wegen mangelnder materieller oder formeller Voraussetzungen unstatthaft ist? § 597 Abs. 2.

In diesem Fall — wenn der Kläger also z. B. nicht sämtliche zur Begründung des Anspruchs erforderlichen Tatsachen durch Urkunden beweisen kann — ist die Klage zwar nicht definitiv, wohl aber als in der gewählten Prozeßart unstatthaft abzuweisen. Das gleiche trifft zu, wenn der Kläger den ihm obliegenden Beweis anderer als klagbegründender Tatsachen durch die zulässigen Beweismittel nicht oder nicht vollständig zu führen vermag.

Diese Abweisung der Klage als in der gewählten Prozeßart unstatthaft hat, abgesehen von dem Fall, daß der Beklagte den Anspruch anerkennt, stets zu erfolgen, auch dann, wenn der Beklagte der Klage nur auf Grund von Einwendungen widersprochen hat, welche rechtlich unbegründet oder im Urkundenprozeß unstatthaft sind; und selbst dann, wenn der Beklagte im Termin überhaupt nicht erscheint: im Urkundenprozeß gelten also die klagbegründenden Tatsachen nicht als vom säumigen Beklagten zugestanden, vielmehr muß der Kläger sie stets durch Urkunden beweisen.

872. Unter welchen Umständen wird der Kläger mit seiner Klage definitiv abgewiesen? § 597 Abs. 1.

Definitiv wird der Kläger abgewiesen:

1) insoweit der in der Klage geltend gemachte Anspruch

a) an sich unbegründet ist, d. h. wenn die von dem Kläger vorgebrachten Behauptungen den Klageanspruch nicht rechtfertigen, oder

b) durch Einrede des Beklagten bereits im Urkundenprozesse endgültig — also nicht bloß, weil der Kläger einen Gegenbeweis wegen der dem Urkundenprozesse eigentümlichen Beschränkung der Beweismittel nicht führen kann — entkräftet wird;

2) wenn der Kläger im Termin nicht erscheint und der Beklagte Versäumnisurteil beantragt;

3) wenn der Kläger auf seinen Anspruch verzichtet und der Beklagte die Abweisung beantragt.

873. Kann auch der Beklagte definitiv verurteilt werden? § 599 Abs. 1 u. 2.

Definitiv wird der Beklagte nur verurteilt, soweit er den Anspruch anerkennt, oder wenn er den Termin versäumt und der Kläger Versäumnisurteil beantragt; im letzteren Falle aber, wie bereits erwähnt, nur unter der Voraussetzung, daß die klagbegründenden Tatsachen durch Urkunden bewiesen sind.

Hat der Beklagte dagegen dem geltend gemachten Anspruch widersprochen, so muß ihm in allen Fällen, in denen er verurteilt wird, die Ausführung seiner Rechte im ordentlichen Verfahren vorbehalten werden; hat der Beklagte dem Klageanspruch auf Grund von ihm zu beweisender Einwendungen widersprochen, die er mit den im Urkundenprozesse zulässigen Beweismitteln nicht oder nicht vollständig beweisen kann, so sind diese Einwendungen in den Entscheidungsgründen des Vorbehaltsurteils ausdrücklich als im Urkundenprozeß unstatthaft zurückzuweisen.

Ergeht das Urteil nichtsdestoweniger ohne Vorbehalt, so kann in der gewöhnlichen Frist und Form Ergänzung desselben verlangt werden.

874. Als was für ein Urteil charakterisiert sich das den Beklagten unter Vorbehalt der Ausführung seiner Rechte verurteilende Erkenntnis? §§ 599 Abs. 3, 708 Z. 4.

Das Urteil ist ein Zwischenurteil, das jedoch kraft positiver Vorschrift in betreff der Rechtsmittel und der Zwangsvollstreckung als Endurteil anzusehen ist; das Urteil ist sogar von Amts wegen für vorläufig vollstreckbar zu erklären.

875. Gilt auch für den Urkundenprozeß in der Berufungsinstanz die Bestimmung, daß der Beklagte, sofern er dem Anspruch widersprochen hat, unter Vorbehalt seiner Rechte zu verurteilen ist? § 601; vgl. §§ 540, 541.

Da die Besonderheiten des Urkundenprozesses für die höhere Instanz ebenso gelten wie für die erste Instanz, ist der Beklagte, falls er dem klägerischen Anspruch widerspricht, auch in der Berufungsinstanz stets nur unter Vorbehalt der Ausführung seiner Rechte zu verurteilen. Dafür erübrigt sich hier aber das der Berufungsinstanz sonst eigentümliche Vorbehaltsurteil, das in dem besonderen Falle ergeht, wo der Beklagte durch Richterspruch — um einer Verschleppung des Prozesses vorzubeugen — in seinen Verteidigungsmitteln beschränkt wird. Deswegen ist auch durch positive Vorschrift ein solches Vorbehaltsurteil für die Berufungsinstanz des Urkundenprozesses für unzulässig erklärt.

876. Bedarf es nach Erlaß des Vorbehaltsurteils im Urkundenprozeß einer formellen Überleitung in das ordentliche Verfahren? § 600 Abs. 1.

Nein, vielmehr bleibt der Rechtsstreit ebenso wie bei der Abstandnahme des Klägers vom Urkundenprozesse ohne weiteres im ordentlichen Verfahren, und zwar bei demselben Gerichte, das das Vorbehaltsurteil erlassen hat, anhängig. Jede der Parteien kann zur mündlichen Verhandlung laden.

877. Inwieweit ist das Gericht im nachfolgenden ordentlichen Verfahren an das im Urkundenprozesse ergangene Vorbehaltsurteil gebunden?

Das Vorbehaltsurteil entscheidet zwar über den Anspruch in seiner Totalität, aber nicht für die Instanz definitiv. Bindend für Richter und Parteien ist es als Zwischenurteil nur, insoweit es über einzelne Urteilselemente definitiv für die Instanz entschieden hat. Dies kann es aber nur, soweit die Beschränkungen des Urkundenprozesses eine endgültige Entscheidung nicht ausschließen.

878. Wie ist in dem nachfolgenden ordentlichen Verfahren zu entscheiden? § 600 Abs. 2, 3.

Soweit der Anspruch des Klägers sich auch hier als begründet herausstellt, wird das im Urkundenprozeß ergangene Urteil aufrecht erhalten, soweit er sich aber als unbegründet erweist, wird das ergangene Urteil aufgehoben, der Kläger mit seinem Anspruch abgewiesen und über die Kosten anderweit erkannt.

Versäumt eine Partei in dem Nachverfahren einen Verhandlungstermin, so ergeht nach allgemeinen Regeln Versäumnisurteil ohne Rücksicht auf das ergangene Vorbehaltsurteil.

878a. Wie wird der Nachteil ausgeglichen, der dem Beklagten durch eine aus dem vollstreckbaren, später aber aufgehobenen, Vorbehaltsurteil getätigte Zwangsvollstreckung des Klägers oder durch eine zur Abwendung der Vollstreckung gemachte Leistung erwachsen ist? § 600 Abs. 2.

Für den Fall, daß der Kläger in der Endentscheidung unterliegt, ist er zum Ersatz des Schadens verpflichtet, der dem Beklagten durch die Vollstreckung oder eine zur Abwendung derselben gemachte Leistung entstanden ist. Diesen Anspruch auf Schadensersatz kann der Beklagte in dem anhängigen Rechtsstreite geltend machen.

---

879. Für welche urkundlich nachweisbaren Ansprüche besteht eine besondere Abart des Urkundenprozesses? § 602.

Für Ansprüche aus Wechseln im Sinne der Wechselordnung. Sie werden im „Wechselprozesse" geltend gemacht.

880. Ist der Kläger verpflichtet, Ansprüche aus Wechseln im Wechselprozesse geltend zu machen? § 604 Abs. 1.

Nein, er kann sie auch im gewöhnlichen Urkundenprozeß wie im ordentlichen Verfahren geltend machen; es besteht auch nicht einmal die Vermutung, daß er im Wechselprozeß klagen wolle, vielmehr muß die Klageschrift die ausdrückliche Erklärung enthalten, daß im Wechselprozeß geklagt werde.

881. Sind im übrigen hinsichtlich der Zulässigkeit des Wechselprozesses die materiellen Voraussetzungen die gleichen wie im Urkundenprozeß? § 605.

I. Es ist im Wechselprozeß nicht erforderlich, daß der klägerische Anspruch stets auf die Leistung von vertretbaren Sachen gerichtet ist; es können vielmehr auch andere Ansprüche, insbesondere solche auf Sicherstellung im Wechselprozesse geltend gemacht werden, wenn es nur Ansprüche aus Wechseln sind.

II. Auf der anderen Seite ist zwar auch im Wechselprozeß im allgemeinen erforderlich, daß die klagbegründenden Tatsachen durch Urkunden bewiesen werden müssen. Aber zwei Ausnahmen sind hiervon neuerdings zugelassen:

a) soweit es zur Erhaltung des wechselmäßigen Anspruchs der rechtzeitigen Protesterhebung nicht bedarf, ist als Beweismittel bezüglich der Präsentation des Wechsels Eideszuschiebung zulässig;

b) zur Berücksichtigung von Nebenforderungen (Zinsen, Kosten und Provision) genügt es sogar, daß sie glaubhaft gemacht sind.

882. Welches Gericht ist für den Wechselprozeß zuständig? § 603.

Wechselklagen können sowohl bei dem Gerichte des Zahlungsorts (der Zahlungsort ist nicht immer derselbe Ort wie der Erfüllungsort) als bei dem Gericht angestellt werden, bei welchem der Beklagte seinen allgemeinen Gerichtsstand hat.

Wenn mehrere Wechselverpflichtete gemeinschaftlich verklagt werden, so ist außer dem Gerichte des Zahlungsorts jedes Gericht zuständig, bei welchem einer der Beklagten seinen allgemeinen Gerichtsstand hat.

883. Wodurch wird eine große Beschleunigung des Wechselprozesses herbeigeführt? § 604 Abs. 2, 3; vgl. §§ 217, 262.

Die Einlassungs- sowohl wie die Ladungsfristen sind bedeutend verkürzt.

Die Einlassungs- wie die Ladungsfrist beträgt mindestens 24 Stunden, wenn die Zustellung am Sitze des Prozeßgerichts erfolgt; sie beträgt mindestens drei Tage, wenn die Klage bzw. die Ladung an einem anderen Orte innerhalb des Landgerichtsbezirkes, in welchem das Prozeßgericht seinen Sitz hat, zugestellt wird; sie beträgt mindestens eine Woche, — im Parteiprozesse jedoch die Ladungsfrist ebenfalls nur 3 Tage — wenn die Zustellung des Schriftsatzes an einem anderen deutschen Orte erfolgt.

Die angegebene Abkürzung der Fristen greift auch Platz hinsichtlich der Ladungsfristen und der Quasieinlassungsfrist in den höheren Instanzen.

VI. Buch. Ehesachen. Feststellung des Rechtsverhältnisses zwischen Eltern und Kindern. Entmündigungssachen.

1. Abschnitt. Verfahren in Ehesachen.

884. Welche Rechtsstreitigkeiten gehören zu den Ehesachen im Sinne dieses Abschnitts? § 606. BGB. § 1297.

In dem besonders gearteten Eheprozeß sind anzustrengen:

1) die Klage auf Trennung einer bestehenden Ehe;

2) die Klage auf Nichtigkeit der Ehe wegen eines impedimentum dirimens publicum (BGB. §§ 1324 ff.);

3) die Klage auf Anfechtung der Ehe wegen eines impedimentum dirimens privatum (BGB. §§ 1331 ff., 1350);

4) die Klage auf Feststellung des Bestehens oder Nichtbestehens einer Ehe zwischen den Parteien;

5) die Klage auf Herstellung des ehelichen Lebens (BGB. §§ 1353 ff.).

Alle übrigen die Ehe berührenden Streitigkeiten sind dagegen in dem gewöhnlichen landgerichtlichen Verfahren geltend zu machen; auf Eingehung der Ehe darf überhaupt nicht geklagt werden.

885. In welchen verschiedenen Formen aber kann die Klage auf Trennung einer bestehenden Ehe im Eheprozeß geltend gemacht werden? §§ 606, 639.

Die Klage kann die Trennung der Ehe anstreben:

a) dem Bande nach — als Scheidungsklage (BGB. §§ 1564 bis 1569);

b) hinsichtlich der tatsächlichen Gemeinschaft:

α) als Klage auf Aufhebung der ehelichen Gemeinschaft — nach deutschem Recht (BGB. § 1575);

β) als Klage auf beständige oder zeitweilige Trennung von Tisch und Bett — nach ausländischem Recht (EG. z. BGB. Art. 17).

886. Welches Gericht ist für das Eheverfahren zuständig? § 606 Abs. 1, 4. Vgl. §§ 13 ff.

Zuständig, und zwar ausschließlich zuständig, ist das Landgericht, bei dem der Ehemann seinen allgemeinen Gerichtsstand hat, sei es, daß er in dem Bezirk dieses Landgerichts wohnt, sei es, daß er, falls er weder im Inland noch im Ausland einen Wohnsitz hat, sich im Bezirk dieses Gerichts aufhält, oder doch — falls er sich im Auslande aufhält — sein letzter Wohnsitz in diesem Bezirk begründet war.

Sind jedoch beide Ehegatten Ausländer, so kann die Scheidungsklage bei diesem Landgericht nur erhoben werden, wenn dasselbe auch nach den Gesetzen des Staates zuständig ist, dem der Ehemann angehört.

887. Wonach bestimmt sich die örtliche Zuständigkeit, wenn der Ehemann einen allgemeinen Gerichtsstand im Inlande nicht hat? § 606 Abs. 2, 3.

Hat der Ehemann keinen allgemeinen Gerichtsstand im Inlande, sei es darum, weil er zwar im Auslande, aber nicht im Inlande einen Wohnsitz hat, sei es, weil er, ohne überhaupt einen Wohnsitz zu haben, sich im Auslande aufhält, sein letzter Wohnsitz aber im Ausland begründet war, so hat man zu unterscheiden:

a) ist der Ehemann ein Deutscher,

b) waren beide Ehegatten zur Zeit der Eheschließung Deutsche, oder sind sie es später geworden, und hat dann aber

α) der Ehemann seine Reichsangehörigkeit verloren, während die Ehefrau sie behalten hat,

β) oder haben zwar beide Ehegatten ihre Reichsangehörigkeit verloren, der Ehemann aber eine andere Staatsangehörigkeit noch nicht erworben:

in diesen drei Fällen ist für sämtliche Klagen des Eheprozesses das Landgericht zuständig, in dessen Bezirk der Ehemann seinen letzten inländischen Wohnsitz hatte; —

c) waren beide Ehegatten zur Zeit der Eheschließung Deutsche und haben sie dann beide ihre Reichsangehörigkeit verloren, und der Ehemann schon eine neue Staatsangehörigkeit erworben,

d) war zur Zeit der Eheschließung der Ehemann ein Ausländer, die Ehefrau aber eine Deutsche:

in diesen beiden Fällen ist wenigstens noch für die von der Ehefrau zu erhebende Nichtigkeits- und Anfechtungsklage ein Gerichtsstand im Inland begründet, nämlich bei dem Landgericht, in dessen Bezirk die Ehefrau ihren letzten inländischen Wohnsitz hatte.

888. Sind auch die subsidiären Gerichtsstände des letzten inländischen Wohnsitzes ausschließliche Gerichtsstände? § 40 Abs. 2.

Sie können zwar nicht durch Vereinbarung ausgeschlossen werden, ausschließlich sind sie jedoch nicht, weil neben ihnen wahlweise der ausländische Gerichtsstand zugelassen ist.

889. Welches ist der Grund dafür, daß die erwähnten Ehesachen nicht nach den Vorschriften des ordentlichen Verfahrens, sondern in den Formen des besonders gearteten Eheprozesses verhandelt werden?

Diese Streitigkeiten, obschon höchstpersönlicher Natur, insofern als es sich bei ihnen stets um die Geltendmachung nicht übertragbarer Rechte handelt, sind nicht bloße Privatstreitigkeiten: Für den Staatsorganismus, dessen Zelle die Familie ist, ist es von höchster Bedeutung, daß Ehen, die zu Recht bestehen, nicht als nicht bestehend angesehen oder leichtfertig wieder gelöst werden, gleichwie es sein Interesse erheischt, daß Ehen, die entweder rechtlich oder sittlich nicht wahre Ehen sind, für nicht bestehend erklärt bzw. aufgehoben werden. Dieses Staatsinteresse ist es denn auch, das dem Eheprozeß hauptsächlich — neben der höchstpersönlichen Natur der Ehesachen — sein besonderes Gepräge verleiht.

890. In welchen Sonderbestimmungen des Eheprozesses kommt die höchstpersönliche Natur der Ehesachen zum Ausdruck?

Die höchstpersönliche Natur der Ehesachen steht nicht in feindlichem Gegensatze zum öffentlichen Interesse. Im Gegenteil: gerade dadurch, daß die interne Natur der Ehesachen möglichst berücksichtigt, die Person des Ehegatten folglich möglichst in den Vordergrund des Eheprozesses geschoben wird, läßt sich am ehesten eine dem staatlichen Interesse entsprechende Lösung des Ehekonfliktes erhoffen, und darum ist fast durchweg auch bei den folgenden Abweichungen neben der höchstpersönlichen Natur der Ehesachen in zweiter Linie auch das Staatsinteresse als gestaltende Kraft des Eheprozesses zu betrachten.

Diese vorzugsweise auf die höchstpersönliche Natur zurückgehenden Abweichungen bestehen aber:

1) in der erweiterten Prozeßfähigkeit des in der Geschäftsfähigkeit beschränkten Ehegatten,
2) in der beschränkten Aktivlegitimation des gesetzlichen Vertreters des geschäftsunfähigen Ehegatten,
3) in den verschärften Bestimmungen hinsichtlich der Vollmacht,
4) in den Sonderbestimmungen über die Verpflichtung der Parteien zum persönlichen Erscheinen vor Gericht, insbesondere im Sühnetermin vor dem Amtsgerichte,
5) in der Einschränkung der Öffentlichkeit des Verfahrens.

891. Ist der in der Geschäftsfähigkeit beschränkte Ehegatte im Eheprozeß vollkommen prozeßfähig. § 612 Abs. 1.

Er ist im allgemeinen vollkommen prozeßfähig, nur darf er die Ehe nicht anfechten:

a) aus dem Grunde, weil die Eheschließung, obwohl er zur Zeit derselben geschäftsbeschränkt war, ohne Einwilligung des gesetzlichen Vertreters erfolgt ist (BGB. §§ 1336, 1331);

b) aus dem Grunde, weil er in dem Falle, wo die Ehe ohne nachfolgende Bestätigung nichtig wäre, da er zur Zeit der Eheschließung geschäftsunfähig war oder sich im Zustande der Bewußtlosigkeit oder vorübergehender Störung der Geistestätigkeit befand, diese Bestätigung, obschon er zu der Zeit in der Geschäftsfähigkeit beschränkt war, wiederum ohne Einwilligung des gesetzlichen Vertreters erteilt hat (BGB. §§ 1336, 1331, 1325).

In diesen beiden Fällen darf die Anfechtungsklage, solange der Ehegatte geschäftsbeschränkt ist, nur von dem gesetzlichen Vertreter erhoben werden.

892. Inwiefern ist auch der gesetzliche Vertreter eines geschäftsunfähigen Ehegatten in seiner prozessualen Vertretungsmacht beschränkt? § 612 Abs. 2.

Die einzige Klage, die er namens eines Ehegatten im Eheprozeß selbständig erheben darf, ist die Nichtigkeitsklage. Zur Erhebung der Klage auf Herstellung des ehelichen Lebens ist er überhaupt nicht befugt. Zur Erhebung einer der sonstigen Klagen des Eheprozesses bedarf er der Genehmigung des Vormundschaftsgerichts.

893. Welches ist die einzige Klage des Eheprozesses, die auch von einer dritten Privatperson erhoben werden kann? § 632.

Ebenso wie die Nichtigkeitsklage die einzige Klage des Eheprozesses ist, die der gesetzliche Vertreter des geschäftsunfähigen Ehegatten selbständig erheben kann, zeichnet sie sich auch dadurch aus, daß sie von einer dritten Privatperson erhoben werden kann, — freilich nur unter der besonderen Voraussetzung, daß für den Dritten von der Nichtigkeit der Ehe ein Recht oder von ihrer Gültigkeit eine Verpflichtung abhängt (also z. B. nicht, wenn von der Gültigkeit der Ehe ein Anspruch für ihn abhängt).

In dem besonderen Falle der Nichtigkeit wegen Bigamie ist der Dritte, mit dem die erste Ehe geschlossen wurde, ohne weiteres zur Erhebung der Nichtigkeitsklage legitimiert.

In jedem Fall aber hat der Dritte die Klage gegen beide Ehegatten — als notwendige Streitgenossen — zu richten.

894. Welches sind die verschärften Bestimmungen, die hinsichtlich der Vollmacht im Eheprozeß bestehen? §§ 613, 88.

Auch für den Eheprozeß besteht Anwaltszwang, da er vor den Landgerichten verhandelt wird; jedoch genügt hier auf seiten der klagenden wie der widerklagenden Partei — mag diese nun ein Ehegatte oder eine dritte Privatperson sein — nicht, wie bei anderen Prozessen, die Erteilung einer Generalvollmacht, vielmehr bedarf der Bevollmächtigte im Eheprozeß einer besonderen, auf die bestimmte Ehesache (Scheidungsklage, Nichtigkeitsklage 2c.) gerichteten Vollmacht.

Und das Vorhandensein dieser Spezialvollmacht ist auch von Amts wegen zu berücksichtigen, während es hinsichtlich der Vollmacht des Vertreters des Beklagten, solange sich dieser in der Defensive hält, nach allgemeiner Regel dem Gegner überlassen bleibt, den Mangel der Vollmacht zu rügen.

895. Welche besonderen Handhaben sind dem Gericht im Eheprozeß gegeben, um eine Vernehmung der Parteien in Person herbeizuführen. § 619. Vgl. §§ 141, 296.

I. Auch im ordentlichen Verfahren kann das Gericht durch Beschluß das persönliche Erscheinen der Parteien vor Gericht anordnen; jedoch bleibt es dort den Parteien gänzlich überlassen, ob sie diesem Beschluß Folge leisten wollen oder nicht.

Im Eheverfahren kann die Partei — wenn auch nicht zur Aussage, so doch — zum Erscheinen vor Gericht genötigt werden. — Wie gegen einen ungehorsamen Zeugen kann gegen sie, wenn sie unentschuldigt ausbleibt, auf eine Geldstrafe bis zu 300 Mark und auf Auferlegung der durch ihr Ausbleiben erwachsenen Kosten erkannt werden. Bei wiederholtem Ausbleiben muß dies sogar geschehen; außerdem kann dann auch ihre zwangsweise Vorführung angeordnet werden. Nur auf Haft, auch als substituierte Strafe, darf gegen sie nicht erkannt werden.

II. Im ordentlichen Verfahren kann außerdem das persönliche Erscheinen der Parteien im allgemeinen nur vor das Prozeßgericht erfordert werden (nur zum Zwecke eines Sühneversuchs auch vor den beauftragten oder ersuchten Richter), während im Eheverfahren die Vernehmung der Partei auch durch einen beauftragten oder ersuchten Richter erfolgen kann, wenn die zu vernehmende Partei:

a) am Erscheinen vor dem Prozeßgericht verhindert ist,

b) sich in großer Entfernung von dem Sitze des Prozeßgerichts aufhält.

896. Welche Klagen des Eheverfahrens haben noch ein besonderes Vorverfahren zwischen den Ehegatten in Person zur Voraussetzung? § 608.

Es sind dies die Scheidungsklage und die Klage auf Aufhebung der ehelichen Gemeinschaft, sowie die Klage auf Herstellung des ehelichen Lebens, — letztere namentlich aus dem Grunde, weil bei dem Verfahren über sie erfahrungsgemäß eine der ersten Klagen häufig als Widerklage erhoben wird.

Der Vorsitzende darf den Termin zur mündlichen Verhandlung über eine dieser Klagen nicht festsetzen, wenn nicht zuvor ein Sühneversuch stattgefunden hat.

897. In welchen Fällen bedarf es jedoch eines Sühneversuches zwecks Erhebung einer der genannten drei Klagen nicht? § 611 Abs. 1. Vgl. StPO. § 420 Abs. 2.

Der Sühneversuch ist nicht erforderlich, wenn der Aufenthalt des Beklagten unbekannt oder im Auslande ist (anders der Sühneversuch der Strafprozeßordnung in Privatklagesachen, der nur dann obligatorisch ist, wenn beide Parteien in demselben Gemeindebezirke wohnen), ferner wenn dem Sühneversuche ein anderes schwer zu beseitigendes Hindernis entgegensteht, welches von dem Kläger nicht verschuldet ist, oder wenn die Erfolglosigkeit des Sühneversuchs mit Bestimmtheit vorauszusehen ist.

898. Wer entscheidet darüber, ob eine der den Sühneversuch überflüssig machenden Tatsachen vorliegt? § 611 Abs. 2.

Die Entscheidung steht dem Vorsitzenden des Prozeßgerichts, nicht diesem selbst zu. Jedoch kann das Gericht, wenn der Vorsitzende Termin zur mündlichen Verhandlung anberaumt hat, immer noch einen nachträglichen Sühneversuch anordnen, was insbesondere dann in Frage kommen wird, wenn die den Sühneversuch überflüssig machende Tatsache nachträglich fortgefallen ist.

899. Welches sind die prozessualen Voraussetzungen dieses Sühneversuchs? § 609 Abs. 1. Vgl. §§ 496, 497.

Der Ehegatte, der auf Scheidung ꝛc. klagen will, hat die Ladung des anderen Ehegatten zum Sühnetermin dem zuständigen Amtsgericht mit dem Antrage auf Bestimmung eines Sühnetermins einzureichen und sodann dem anderen Ehegatten zustellen zu lassen.

Entsprechend den Regeln des amtsgerichtlichen Verfahrens hinsichtlich der Klageschrift kann die Ladung auch dem Gerichtsschreiber zu Protokoll gegeben werden. Auch wenn dies nicht geschehen ist, sorgt für die Zustellung der Gerichtsschreiber von Amts wegen, es sei denn, daß der Antragsteller ausdrücklich erklärt hat, daß er selbst zustellen wolle.

900. Welches Amtsgericht ist für den Sühnetermin zuständig? §§ 609, 606 Abs. 1, 2.

Während sachlich zuständig im Gegensatz zum Eheprozeß ausschließlich das Amtsgericht ist, bestimmt sich die örtliche Zuständigkeit nach denselben Regeln, die für die Zuständigkeit des Landgerichts in bezug auf die Scheidungsklage ꝛc. selbst gelten; insbesondere ist auch hier eine Vereinbarung der Parteien über den Gerichtsstand ausgeschlossen.

901. Ist eine Vertretung des Ehegatten im Sühnetermin gänzlich ausgeschlossen? § 610 Abs. 1. Vgl. § 612 Abs. 2.

Eine Vertretung durch Bevollmächtigte ist ausgeschlossen; Beistände können zurückgewiesen werden.

Dagegen wird ein geschäftsunfähiger Ehegatte auch im Sühnetermin durch den gesetzlichen Vertreter vertreten. Aber dieser wiederum kann einen Sühnetermin nur beantragen, wenn er berechtigt ist, die Scheidungsklage oder die Klage auf Aufhebung der ehelichen Gemeinschaft (die Klage auf Herstellung des ehelichen Lebens darf er in keinem Falle erheben) zu erheben, d. h. wenn er hierzu die Genehmigung des Vormundschaftsgerichts erhalten hat.

902. Welches ist die Folge, wenn eine der Parteien im Sühnetermin ausbleibt? § 610 Abs. 2. BGB. § 1571.

I. Bleibt der Beklagte aus, so gilt — vorausgesetzt, daß er ordnungsmäßig, insbesondere (wenn auch nicht unter Einhaltung einer bestimmten Einlassungsfrist, doch) so rechtzeitig geladen ist, daß er den Termin hätte wahrnehmen können, — der Sühneversuch als mißlungen; denn der Beklagte kann — anders als im Eheprozeß selbst — zum Erscheinen vor Gericht nicht genötigt werden.

Damit ist ebenso, wie wenn beide Parteien erscheinen und eine Aussöhnung nicht zustande kommt, die Vorbedingung für die Erhebung der Scheidungsklage 2c. gegeben.

II. Bleibt der Kläger selbst aus, so kann er in keinem Fall, auch wenn der Beklagte ebenfalls nicht erschienen ist, die Scheidungsklage 2c. auf Grund dieses Sühnetermins erheben. Es steht ihm jedoch prozessualisch frei, die Anberaumung eines neuen Termins zu beantragen und zu diesem den Beklagten von neuem zu laden.

Freilich wird unter Umständen ein solcher neuer Sühnetermin materiell den von dem Kläger beabsichtigten Zweck nicht mehr erfüllen, da das Bürgerliche Gesetzbuch für die Erhebung der Scheidungsklage bzw. die Ladung zum Sühnetermin die kurze Frist von sechs Monaten festgesetzt hat.

903. Muß über den Sühneversuch in jedem Falle ein Protokoll aufgenommen werden?

Eines förmlichen Protokolls bedarf es nur im Falle des Gelingens des Sühneversuchs. Schriftlich konstatiert werden muß jedoch auch das Mißlingen des Sühneversuchs, ebenso wie das Nichterscheinen des Klägers.

In Preußen wird zu diesem Zweck ein besonderes Sühneregister geführt.

Für Bayern vgl. die Geschäftsanweisung f. d. Ger.-Schr. §§ 70, 71.

904. Welche besondere Einschränkung erfährt im Eheprozeß das Prinzip der Öffentlichkeit? GVG. §§ 170, 171.

Die Öffentlichkeit ist im Eheprozeß auszuschließen, sobald eine der Parteien es beantragt. — Die Verkündung des Urteils erfolgt jedoch auch hier stets öffentlich.

Die Verhandlung im Sühnetermin dagegen findet überhaupt nicht öffentlich statt, weil sie keine Verhandlung vor dem erkennenden Gericht ist.

905. In welcher Beziehung hat ausschließlich das staatliche Interesse an einer dem gemeinen Wohl entsprechenden Erledigung der Ehekonflikte auf den Eheprozeß gestaltend eingewirkt?

Auf das staatliche Interesse sind folgende Abweichungen des Eheprozesses vom ordentlichen Verfahren unmittelbar zurückzuführen:

1) die Mitwirkung der Staatsanwaltschaft;
2) die Beschränkung der Parteidisposition und die Erweiterung der richterlichen Befugnisse;
3) die in bestimmter Beziehung erweiterte prozessuale Bewegungsfreiheit der Parteien;
4) die erweiterte Zulässigkeit einer Aussetzung des Verfahrens;
5) die gesteigerte Wirkung des Urteils im Eheprozeß;
6) die erweiterte Zulässigkeit einstweiliger Verfügungen.

906. Ist die Mitwirkung der Staatsanwaltschaft bei allen Ehesachen die gleiche? §§ 607, 632.

Gemeinsam ist allen Klagen des Eheprozesses, daß die Mitwirkung der Staatsanwaltschaft immer nur fakultativ ist. Insofern besteht jedoch ein bedeutender Unterschied, als der Staatsanwalt bei der Nichtigkeitsklage als Partei den Prozeß betreiben darf, während ihm bei den übrigen Klagen als drittem Beteiligten nur gewisse Einzelbefugnisse zustehen.

In jedem Falle aber ist der Name des mitwirkenden Staatsanwalts im Sitzungsprotokoll anzugeben, auch sind in dasselbe die von dem Staatsanwalt gestellten Anträge aufzunehmen.

907. Welches sind im einzelnen die Befugnisse, die hinsichtlich der Mehrzahl der Ehesachen die gesamte Mitwirkung des Staatsanwalts ausmachen? § 607 Abs. 2, 3.

I. Der Staatsanwalt hat ein Recht darauf, sämtlichen Sitzungen des Prozeßgerichts wie auch denen vor einem beauftragten oder ersuchten Richter beizuwohnen. Er ist daher von allen Terminen von Amts wegen in Kenntnis zu setzen.

II. Er hat ferner ein Recht darauf, sich in der Verhandlung mündlich über die zu erlassende Entscheidung gutachtlich zu äußern, wobei er sich ebensowohl für die Aufrechterhaltung der Ehe als auch gegen dieselbe aussprechen kann.

III. Dagegen darf er neues Tatsachen- und Beweismaterial nur insoweit vorbringen, als dasselbe geeignet ist, die Aufrechterhaltung der Ehe zu unterstützen. Nach dieser Richtung hin ist seine Tätigkeit also eine einseitige.

908. Welches ist die Parteistellung des Staatsanwalts bei der Nichtigkeitsklage? §§ 632, 634, 636.

Der Staatsanwalt kann selbst die Nichtigkeitsklage erheben. Aber auch, wenn er die Klage nicht erhoben hat, kann er jederzeit in den anhängigen Prozeß eintreten und denselben als Prozeßpartei betreiben; insbesondere darf er, auch wenn er in der unteren Instanz nicht mitgewirkt hat, ein Rechtsmittel einlegen. Er darf ein Rechtsmittel aber auch dann einlegen, wenn er in der unteren Instanz mitgewirkt hat und durch das Urteil derselben in keiner Weise beschwert erscheint, insofern als durchaus seinen Anträgen gemäß entschieden ist.

I. Wenn der Staatsanwalt die Klage selbst erhebt, so hat er sie — entsprechend der Nichtigkeitsklage einer dritten Privatperson — gegen beide Ehegatten als Streitgenossen zu richten.

II. Tritt er in den schon anhängigen Prozeß während des Verfahrens vor einer Instanz ein, so tut er es als notwendiger Streitgenosse einer Partei. Hierbei steht es dem Staatsanwalt nicht nur frei, für oder gegen die Nichtigkeit aufzutreten, sondern er kann auch seine Parteistellung im Laufe des Verfahrens ändern, also z. B., wenn er zuerst als Streitgenosse des Klägers operiert hat, später dem Beklagten als Streitgenosse beitreten.

III. Legt er gegen die Entscheidung ein Rechtsmittel ein, so sind die sämtlichen Privatparteien (ev. also die beiden Ehegatten und der Dritte) seine Gegner, mag er auch vorher Streitgenosse einer Partei gewesen sein.

IV. Wird schließlich seitens einer Privatpartei ein Rechtsmittel eingelegt, so ist der Staatsanwalt wieder, sofern er überhaupt in der unteren Instanz Partei war, Streitgenosse der übrigen Privatparteien, mag er auch selbst gegen beide Ehegatten die Klage erhoben haben.

909. Was ergibt sich aus der Stellung des Staatsanwalts als Prozeßpartei für die Tragung der Kosten im Falle des Unterliegens des Staatsanwalts? § 637.

Da der Staatsanwalt im Nichtigkeitsprozeß, mag er nun selbst die Klage erhoben haben, oder später als Streitgenosse einer Partei in den Prozeß eingetreten sein, oder mag er auch erst später selbständig gegen die Privatparteien als Gegner ein Rechtsmittel eingelegt haben, stets als Prozeßpartei angesehen wird, so wird er auch hinsichtlich der Kostenerstattung vollkommen wie eine Privatpartei behandelt, nur daß die Kosten nicht ihm persönlich, sondern der Staatskasse auferlegt werden.

910. Worin gipfeln die gesamten Beschränkungen der Parteidisposition wie auch die Erweiterung der gerichtlichen Befugnisse im Eheprozeß?

Während im ordentlichen Verfahren vor den Landgerichten, wo Parteibetrieb und Verhandlungsmaxime uneingeschränkt herrschen, einerseits die Parteien durch ihr Vorbringen und durch ihr Verhalten auf das von dem Gegner Vorgebrachte das Material zu dem Urteil selbst herbeischaffen müssen, andererseits aber auch der Richter einmal kein weiteres Material als das von den Parteien herbeigeschaffte zu dem Urteil verwenden darf und zweitens in mancher Beziehung sogar gezwungen ist, das herbeigeschaffte Material im Sinne der Parteien zu verwerten, ist im Eheprozeß sowohl die weitgehende Parteidisposition über Anspruch und Prozeßstoff wie auch die Gebundenheit des Richters bedeutend abgeschwächt, beides in der Absicht, den Parteien die Möglichkeit zu entziehen, durch ihr Vorbringen und durch ihr Verhalten auf das Vorgebrachte ein Urteil zu extrahieren, wie es zwar der aus der Verhandlung sich ergebenden formellen Wahrheit, aber nicht der materiellen Wahrheit, und darum auch nicht dem Staatsinteresse entspricht.

911. Ist die Beschränkung der Parteidisposition und die Erweiterung der richterlichen Befugnisse bei allen Ehesachen die gleiche? §§ 617, 622.

Ebenso wie bezüglich der Frage nach der Aktivlegitimation (des Staatsanwalts, einer dritten Privatperson, des gesetzlichen Vertreters), wo die Nichtigkeitsklage allen übrigen Klagen des Eheprozesses gegenübersteht, und wie bei der Frage nach dem Erfordernis des Sühneversuchs, wo wiederum die Klagen auf Trennung der Ehe mit der Klage auf Herstellung des ehelichen Lebens zusammen eine besondere Gruppe für sich bilden, hat man auch hier zwei Gruppen zu unterscheiden: auf der einen Seite stehen die Nichtigkeitsklage und die Klage auf Feststellung des Bestehens oder Nichtbestehens einer Ehe zwischen den Parteien, auf der anderen Seite alle übrigen Klagen.

Bei den letzteren ist die Verhandlungsmaxime in ihren wichtigsten Konsequenzen nur insoweit ausgeschaltet, als es sich um Tatsachen handelt, die der Aufrechterhaltung der Ehe entgegenstehen, während die richterlichen Befugnisse wiederum nur zwecks Aufrechterhaltung der Ehe erweitert sind. Bei der Nichtigkeits- und der Feststellungsklage wird diese Unterscheidung nicht gemacht. Der Staat nimmt ein gleiches Interesse daran, daß eine nichtige Ehe für nicht bestehend erklärt wird, wie daran, daß eine gültige Ehe für gültig erklärt wird. Darum ist für das Verfahren über eine Nichtigkeits- oder eine Feststellungsklage ausschließlich die materielle Wahrheit maßgebend, auch hinsichtlich solcher Tatsachen, die das Bestehen der Ehe begünstigen würden.

912. Was ergibt sich aus dem durchgreifenden Unterschied in der prozessualen Behandlung für die Zulässigkeit einer Verbindung mehrerer Klagen des Eheprozesses? §§ 615; 633, 638.

Mit der Nichtigkeitsklage kann nur eine Klage auf Feststellung des Bestehens oder Nichtbestehens einer Ehe zwischen den Parteien verbunden werden und vice versa. Auf der anderen Seite können miteinander verbunden werden die Klage auf Herstellung des ehelichen Lebens, die Klage auf Trennung der Ehe und die Anfechtungsklage.

Soweit hiernach aber — ohne Rücksicht darauf, daß es sich hier immer nur um eine Eventualhäufung handeln kann — eine objektive

Klagenhäufung statthaft ist, kann sie auch noch nach Anhängigkeit der Sache, sogar auch noch in der Berufungsinstanz erfolgen.

913. Welches sind im einzelnen die Einschränkungen der Parteidisposition im Eheprozeß? § 617. Vgl. §§ 307; 138, 439; 391; 288, 464; 445, 449, 421 ff.

Auch im Eheprozeß steht es der Partei frei, den Klageanspruch anzuerkennen, Tatsachen zuzugestehen, auf eine Eideszuschiebung sich nicht zu äußern usw. Aber diesen prozessualen Handlungen bzw. Unterlassungen fehlen die strengen Wirkungen, die ihnen im ordentlichen Verfahren zukommen: Auf Grund des Anerkenntnisses kann der Richter nicht zum Erlaß eines verurteilenden Erkenntnisses genötigt werden, und dem Geständnis wie dessen Surrogaten (z. B. Verweigerung der Erklärung über die Echtheit von Urkunden) kommt nicht die formale Beweiskraft zu wie im ordentlichen Verfahren.

Im einzelnen sind neben den Vorschriften über die Wirkung eines Anerkenntnisses noch folgende Bestimmungen für den Eheprozeß ausgeschaltet:

1) die Vorschriften über die Folgen der unterbliebenen oder verweigerten Erklärung über Tatsachen oder über die Echtheit von Urkunden;

2) die Vorschriften über den Verzicht der Parteien auf die Beeidigung von Zeugen und Sachverständigen;

3) die Vorschriften über die Wirkung eines gerichtlichen Geständnisses und der Erlassung eines Eides;

4) die Vorschriften über die Eideszuschiebung und den Antrag, dem Gegner die Vorlegung einer Urkunde aufzugeben.

914. Inwieweit ist ein Verzicht auf den Klageanspruch im Eheprozeß statthaft?

Ein Verzicht ist im Eheprozeß nur hinsichtlich der Nichtigkeits- und der schon erwähnten Feststellungsklage ausgeschlossen. Dagegen ist hinsichtlich der übrigen Klagen ein Verzicht auf den Klageanspruch durchaus zulässig, um so mehr als er stets der Aufrechterhaltung der Ehe dient.

915. Welche Konsequenzen ergeben sich aus den erörterten Beschränkungen der Parteidisposition für die Zulässigkeit eines Versäumnisurteils? §§ 618 Abs. 5; 635, 638.

I. Das Versäumnisurteil gegen den Beklagten im ordentlichen Verfahren beruht ausschließlich auf der Vermutung, daß der säumige Beklagte das mündliche Vorbringen des Klägers zugestehe. Da aber schon dem mündlich in der Verhandlung abgegebenen Geständnis im Eheprozeß nicht schlechthin volle Beweiskraft beigemessen wird, könnte dies ebensowenig bei einem fingierten Geständnis geschehen. Hiernach ist ein Versäumnisurteil gegen den Beklagten (bzw. Widerbeklagten) mit den Prinzipien des Eheprozesses unvereinbar und daher auch positiv durch das Gesetz ausgeschlossen.

II. Das Versäumnisurteil gegen den Kläger beruht im ordentlichen Verfahren auf der Annahme, daß derselbe auf den Klageanspruch verzichte. Soweit im Eheverfahren ein Verzicht auf den Klageanspruch zulässig ist, kann demnach nach allgemeiner Regel das Versäumnisurteil gegen den Kläger (bzw. Widerkläger) dahin ergehen, daß die Klage abzuweisen sei. Nur bei der Nichtigkeits- und der erwähnten Feststellungsklage, bei denen ein Verzicht ausgeschlossen ist, ist daher auch ein klageabweisendes Versäumnisurteil ausgeschlossen. Hier ergeht kraft positiver Vorschrift das Urteil dahin, daß die Klage als zurückgenommen gelte.

916. Kann der säumige Beklagte (bzw. Widerbeklagte) im Eheprozeß überhaupt nicht verurteilt werden? § 618 Abs. 2, 4, 6.

Er kann zwar nicht durch Versäumnisurteil, wohl aber durch kontradiktorisches Urteil verurteilt werden, oder genauer: durch ein Urteil, das, obschon es nur auf Grund einer einseitigen mündlichen Verhandlung ergeht, doch die Wirkungen eines kontradiktorischen Urteils hat, wie z. B. auch das Urteil, das bei Säumnis des Beklagten den Kläger mit seiner Klage abweist, insoweit sein Vorbringen den Klageantrag nicht rechtfertigt.

Eine solche Verurteilung kann freilich im ersten Verhandlungstermin nur dann erfolgen, wenn der säumige Beklagte durch öffentliche Zustellung geladen war; im anderen Falle darf gar nicht zur Verhandlung geschritten, die Sache auch nicht vertagt werden, sondern der Kläger muß die Anberaumung eines neuen Termins beantragen und zu diesem den Beklagten von neuem laden. — Erst, wenn der Beklagte auch in diesem Termine nicht erscheint, kann einseitig zur Sache verhandelt werden.

917. Durch welche weiteren Bestimmungen sucht das Gesetz möglichst eine einseitige Verhandlung zu vermeiden? § 618 Abs. 1; 3, 4, 6.

I. Um dem Beklagten das Erscheinen im ersten Termin zu erleichtern, ist der Vorsitzende im Eheprozeß nicht an die instruktionelle Vorschrift gebunden, die ihn im ordentlichen Verfahren verpflichtet, den ersten Verhandlungstermin nur soweit herauszurücken, als es zur Wahrung der Einlassungsfrist geboten erscheint.

II. Damit der Beklagte jederzeit in das Verfahren eintreten könne, muß der Kläger den Beklagten nicht nur zu dem oben erwähnten zweiten Termin, sondern überhaupt zu allen Terminen laden, die nicht in Gegenwart des Beklagten verkündigt worden sind, ausgenommen wieder nur den Fall, daß der Beklagte durch öffentliche Zustellung zum ersten Termin geladen und nicht erschienen ist.

918. Worin besteht die Erweiterung der richterlichen Befugnisse im Eheprozeß? § 622.

Abgesehen von den Erweiterungen in der Befugnis des Gerichts, die sich als Reflexwirkungen der erörterten Beschränkungen der Parteidisposition von selbst verstehen, wie z. B. der Fortfall der besonderen Wirkungen des gerichtlichen Geständnisses ohne weiteres eine Erweiterung der freien Beweiswürdigung des Gerichts zur Folge hat, ist nun aber auch positiv Offizialbetrieb und Inquisitionsmaxime insoweit für den Eheprozeß eingeführt, als das Gericht:

1) auch solche Tatsachen berücksichtigen darf, welche von den Parteien nicht vorgebracht sind,

2) von Amts wegen die Aufnahme von Beweisen anordnen darf.

Beide Befugnisse stehen jedoch, wie schon erwähnt, abgesehen von der Nichtigkeits- und der Feststellungsklage, dem Gerichte nur zu zwecks Aufrechterhaltung der Ehe.

919. In welchem Einzelfalle muß das Gericht sogar einen Beweis von Amts wegen erheben? § 623.

Wegen Geisteskrankheit eines Ehegatten darf das Gericht auf Trennung der Ehe nicht erkennen, bevor es nicht mindestens einen Sachverständigen über den Geisteszustand des Beklagten gehört hat. Will das Gericht also auf Trennung der Ehe erkennen, obwohl ein Sachverständigenbeweis von den Parteien nicht angetreten ist, so muß es die Aufnahme eines solchen Beweises von Amts wegen anordnen.

Das Gesetz verlangt jedoch nur formell, daß der Sachverständige gehört wird, nicht etwa auch materiell, daß der Sachverständige den Beklagten für unheilbar geisteskrank erklärt.

920. Unter welcher formellen Voraussetzung darf jedoch das Gericht nur von den Parteien nicht vorgebrachte Tatsachen oder das Ergebnis einer von Amts wegen angeordneten Beweisaufnahme bei der Urteilsfällung berücksichtigen? § 622 Abs. 1 Satz 2.

Das Gericht muß den Parteien vor der Entscheidung von seiner Absicht, diese Tatsachen oder dieses Ergebnis einer Beweisaufnahme zu berücksichtigen, Kenntnis sowie auch Gelegenheit gegeben haben, sich mündlich in der Verhandlung hierzu zu äußern, denn auch für die Offizialtätigkeit des Gerichts gilt das Prinzip der Mündlichkeit.

921. Inwiefern ist im Interesse einer endgültigen Erledigung des ganzen Ehekonfliktes in einem Prozesse die prozessuale Bewegungsfreiheit der Parteien dem ordentlichen Verfahren gegenüber erweitert? §§ 614 Abs. 1; 615, 633, 638; 626, vgl. §§ 279, 540.

I. Im Eheprozeß ist eine Klageänderung im weitesten Umfang zulässig. Der Kläger kann von einer Klage des Eheprozesse ohne weiteres zu einer anderen übergehen, sei es z. B. von der Anfechtungsklage zur Scheidungsklage, einer Klage derselben Klagegruppe, sei es aber auch z. B. zur Nichtigkeitsklage, da einer sukzessiven Klagenhäufung der durchgreifende Unterschied in der prozessualen Behandlung nicht entgegensteht.

Eine solche Klageänderung ist in gleicher Weise zulässig in der ersten wie in der zweiten Instanz — ohne daß es der Einwilligung des Gegners bedürfte — bis zum Schluß der letzten mündlichen Verhandlung.

II. Desgleichen kann auch eine Widerklage in der ersten wie in der zweiten Instanz ohne Einwilligung des Gegners erhoben und von einer Widerklage zu einer anderen übergegangen werden. Da jedoch die Erhebung einer Widerklage materiell eine kumulative Häufung mehrerer — wenn auch vielleicht im Eventualverhältnis zueinander stehender — Klagen zur Folge hat, kann als Widerklage, entsprechend den Regeln über die Klagenverbindung, nur eine Klage derselben Klagengruppe erhoben werden.

III. Eine dritte Erweiterung der prozessualen Bewegungsfreiheit der Partei betrifft nur die Berufungsinstanz:

Der Beklagte darf noch bis zum Schluß der letzten mündlichen Verhandlung neue Verteidigungsmittel unbeschränkt vorbringen. Das Gericht darf dieselben in keinem Fall als verspätet zurückweisen. Und hieraus folgt dann weiter, daß auch für ein Vorbehaltsurteil, wie es im ordentlichen Verfahren in der Berufungsinstanz, und zwar unter Vorbehalt der Geltendmachung von Verteidigungsmitteln, ergehen kann, im Eheverfahren kein Raum ist.

922. Macht ein neues Vorbringen, insbesondere das Übergehen von einer Klage des Eheprozesses zu einer anderen, sowie die Erhebung einer Widerklage die Wiederholung des Sühneversuchs erforderlich? § 614 Abs. 2.

Da der Sühnetermin niemals wegen eines bestimmten Klagegrundes, sondern immer zur gütlichen Beilegung des ganzen Ehekonfliktes überhaupt angeordnet wird, bedarf es auch nicht einer Wiederholung desselben während Anhängigkeit derselben Sache. Aber auch, wenn vor Anhängigkeit der Sache ein Sühneversuch überhaupt noch nicht stattgefunden hat, z. B. weil der Kläger zuerst die Nichtigkeitsklage erhoben hatte und erst im Laufe des Verfahrens zur Scheidungsklage überging, bedarf es nunmehr — nach Anhängigkeit der Sache — kraft positiver Vorschrift eines Sühneversuchs nicht mehr.

923. In welchem Umfange ist bei einzelnen Ehesachen eine Aussetzung des Verfahrens, abgesehen von den gewöhnlichen Fällen der Aussetzung, angebracht? §§ 620, 621.

Auch ohne Vorliegen eines der gesetzlichen Aussetzungsgründe

a) muß das Gericht das Verfahren über eine Klage auf Trennung der Ehe aussetzen:

α) auf Antrag des Klägers:

stets, wenn es der Klage entsprechen will; wenn es die Klage ohnehin abweisen will, läßt es den Antrag unberücksichtigt; —

β) von Amts wegen:
wenn als einziger Trennungsgrund der eine relative Scheidungsgrund des Bürgerlichen Gesetzbuches (§ 1568) vorgebracht ist und außerdem das Gericht die Überzeugung gewonnen hat, daß eine Aussöhnung der Parteien nicht ausgeschlossen ist.

Da es für diesen Fall der Aussetzung gleichgültig ist, ob das Gericht auf Trennung der Ehe erkennen oder die Klage abweisen will, hat es die Aussetzung von Amts wegen ohne weiteres anzuordnen, sobald es erkannt hat, das eine Aussöhnung nicht ausgeschlossen ist, eventuell also bevor noch irgend eine Beweisaufnahme stattgefunden hat —

b) kann das Gericht das Verfahren über eine Klage auf Herstellung des ehelichen Lebens von Amts wegen in jedem Falle dann anordnen, wenn eine Aussöhnung der Parteien nicht unwahrscheinlich ist.

Hier hat die Aussetzung also einen — wenn auch geringen — Grad der Wahrscheinlichkeit einer Aussöhnung zur Voraussetzung, während im Falle a) β) die Möglichkeit einer Aussöhnung genügt.

924. Ist in den genannten Fällen eine wiederholte Aussetzung des Verfahrens statthaft? §§ 621 Abs. 2, 620 Abs. 2.

Ohne Vorliegen eines der gewöhnlichen gesetzlichen Aussetzungsgründe darf die Aussetzung nur einmal stattfinden. Dafür darf aber das Verfahren über die Klage auf Herstellung des ehelichen Lebens auf ein ganzes Jahr, und das Verfahren über eine der Klagen auf Trennung der Ehe sogar auf zwei Jahre ausgesetzt werden.

925. Worin bestehen die gesteigerten Wirkungen des Urteils im Eheprozeß? §§ 629; 616.

I. Nicht nur das Urteil, das die Nichtigkeit oder die Trennung der Ehe ausspricht, sondern auch die Urteile, die eine Nichtigkeits- oder eine Anfechtungsklage abweisen, sowie das Urteil, das das Bestehen oder Nichtbestehen einer Ehe zwischen den Parteien feststellt, wirken für und gegen alle. Es bleiben sonach von den Urteilen des Eheprozesses nur das die Klage auf Trennung der Ehe abweisende Urteil sowie das Urteil, das in dem Verfahren über die Klage auf Herstellung des ehelichen Lebens ergeht, als solche übrig, für die der Satz: „res iudicata ius facit inter partes“ noch seine einschränkende Gültigkeit hat.

II. Aber nicht nur der durch das Urteil gebundene Personenkreis, sondern auch der Umfang der Rechtskraft ist — wenigstens bei bestimmten Urteilen — im Eheprozeß ein weiterer: Ist nämlich in einem Prozeß, der die Trennung der Ehe oder ihre Anfechtung zum Gegenstande hatte, ein klagabweisendes Urteil ergangen, so darf keine Partei in einem neuen Trennungs- oder Anfechtungsprozeß das Recht, die Trennung der Ehe zu verlangen oder die Ehe anzufechten, auf Tatsachen gründen, die sie in dem früheren Prozeß, nun nicht nur: geltend gemacht hat, sondern überhaupt nur geltend machen konnte, sei es durch sukzessive

Klagenhäufung oder durch Klagenverbindung oder aber durch Erhebung einer Widerklage.

Hieraus ergibt sich, daß soweit Trennung und Anfechtung der Ehe in Frage kommen, für den gesamten Ehekonflikt, als Einheit betrachtet, eine Art von Eventualmaxime gilt. Die Parteien sind sogar zu einer Klageänderung (bzw. Erhebung einer Widerklage) nicht nur berechtigt, sondern auch verpflichtet, wenn sie nicht wollen, daß ihr „Schweigen" zu einem „Sichverschweigen" wird.

926. Welche Sonderbestimmung gilt hinsichtlich der Rechtskraft für das Urteil, das die auf Grund einer bestehenden Doppelehe angestrengte Nichtigkeitsklage zurückweist? § 629 Abs. 1 Satz 2.

Dieses Urteil erlangt gegen den Dritten, mit dem die erste Ehe geschlossen ist, nur dann Rechtskraft, wenn er die Klage selbst erhoben oder sich doch als Nebenintervenient an dem Rechtsstreit beteiligt hat.

War er aber beteiligt, so wirkt das Urteil in jedem Fall gegen ihn unbeschränkt, auch dann, wenn er nur als Nebenintervenient einer Partei beigetreten war.

927. Durch welche besondere Voraussetzung ist jedoch im Eheprozeß der Eintritt der Rechtskraft bedingt? § 628.

Das Urteil kann Rechtskraft nur erlangen, wenn die Rechtsmittelfristen allen Parteien gegenüber bei Lebzeiten beider Ehegatten abgelaufen sind.

Stirbt nämlich einer der Ehegatten vor der Rechtskraft des Urteils, so wird dadurch der Ehekonflikt auf natürlichem Wege beseitigt, und ist deshalb auch der darüber geführte Rechtsstreit ohne weiteres in der Hauptsache als erledigt anzusehen.

928. Ist eine Aufnahme des Verfahrens durch die Rechtsnachfolger des vor Rechtskraft des Urteils verstorbenen Ehegatten gänzlich ausgeschlossen? Vgl. § 246.

Da der vor der Rechtskraft des Urteils erfolgende Tod eines Ehegatten bezüglich der Hauptsache das Verfahren nicht etwa unterbricht oder einen Grund zur Aussetzung desselben bildet, sondern dasselbe vollkommen beendigt, kann auch von einer Aufnahme des Verfahrens bezüglich der Hauptsache keine Rede sein.

Hinsichtlich der Prozeßkosten bleibt das Verfahren jedoch anhängig. Nach allgemeiner Regel kann hier sowohl der Bevollmächtigte des verstorbenen Ehegatten als auch der Gegner eine Aussetzung des Verfahrens beantragen, das dann von den Rechtsnachfolgern des verstorbenen Ehegatten aufgenommen werden kann.

929. Welche Urteile des Eheprozesses sind von Amts wegen zuzustellen? § 625. Vgl. § 704 Abs. 2.

Der Staat nimmt ein Interesse daran, daß die Urteile, die eine Ehe für nichtig erklären oder ihr Nichtbestehen feststellen oder aber ihre Trennung aussprechen, auch baldigst Rechtskraft erlangen. Daher sind diese Urteile von Amts wegen den Parteien zuzustellen, um zu verhüten, daß die Parteien geflissentlich die Zustellung und damit die Rechtskraft des Urteils hinausschieben, was um so wesentlicher ist, als Urteile in Ehesachen nicht für vorläufig vollstreckbar erklärt werden dürfen.

930. Welche besondere Vorschrift gilt für das Urteil, durch das eine Ehe wegen Ehebruchs geschieden wird? § 624.

Hat sich aus der Verhandlung ergeben, mit welcher Person der Ehebruch, um dessetwillen die Ehe geschieden wird, begangen worden ist, so ist diese Person im Urteil festzustellen. Daß diese Feststellung im Tenor erfolgt, ist nicht notwendig, sie kann auch in den Gründen erfolgen, wofern es nur eine wirkliche Feststellung ist.

Da der Zweck dieser Feststellung ausschließlich der ist, die Ehebrecher an einer Eheschließung durch das aus der Feststellung sich ergebende impedimentum criminis (BGB. § 1312) zu verhindern, erübrigt sich eine solche für das Urteil, das auf Aufhebung der ehelichen Gemeinschaft erkennt, da hier die Ehe dem Bande nach bestehen bleibt und also eine weitere Eheschließung hindert.

931. In welchem Umfang ist der Erlaß einer einstweiligen Verfügung im Eheprozeß statthaft? §§ 627 Abs. 4, 940; 627 Abs. 1.

I. In allen Ehesachen kann das Gericht nach allgemeiner Vorschrift eine Regelung durch einstweilige Verfügungen treffen, wenn dieselbe zur Abwendung wesentlicher Nachteile oder zur Verhinderung drohender Gewalt oder aus anderen Gründen nötig erscheint.

II. Im Verfahren über die Nichtigkeit, Anfechtung oder Trennung der Ehe kann das Gericht außerdem nach freiem Ermessen, also auch wenn eine Notwendigkeit nicht besonders begründet ist, durch einstweilige Verfügung für die Dauer des Rechtsstreits

a) das Getrenntleben der Ehegatten gestatten;

b) die gegenseitige Unterhaltspflicht der Ehegatten nach Maßgabe des Bürgerlichen Gesetzbuchs dadurch regeln, daß sie einem der Ehegatten die Zahlung einer Geldrente an den anderen aufgibt, eventuell den Ehemann auch zur Herausgabe der zur Führung eines abgesonderten Haushaltes erforderlichen Sachen aus dem gemeinschaftlichen Haushalte anweist;

c) wegen der Sorge für die Person der gemeinschaftlichen minderjährigen Kinder, soweit es sich nicht um die gesetzliche Vertretung handelt, Anordnungen treffen;

d) die Unterhaltspflicht der Ehegatten den Kindern gegenüber im Verhältnis der Ehegatten zueinander regeln.

932. Welche formellen Voraussetzungen erfordert jedoch der Erlaß einer solchen spezifisch eherechtlichen Verfügung? § 627 Abs. 1, 2, 4.

1) Zeitlich wird erfordert:

a) bei einer Nichtigkeits- oder Anfechtungsklage: — daß Termin zur mündlichen Verhandlung angesetzt ist;

b) bei einer Klage auf Trennung der Ehe: — daß Termin zur mündlichen Verhandlung oder zum Sühneversuch bestimmt ist;

c) bei einer Feststellungsklage: — daß eine Nichtigkeitsklage als Widerklage erhoben ist;

d) bei einer Klage auf Herstellung des ehelichen Lebens: — daß eine Klage auf Trennung der Ehe oder eine Anfechtungsklage als Widerklage erhoben ist.

Daß der Rechtsstreit bereits anhängig ist, ist also nicht allgemein Voraussetzung. Ausgeschlossen ist eine einstweilige Verfügung aber in jedem Fall, wenn der Rechtsstreit nicht mehr anhängig ist, weil er durch rechtskräftiges Urteil oder durch den Tod eines Ehegatten erledigt ist.

2) Der Erlaß der einstweiligen Verfügung setzt ferner voraus den Antrag eines der Ehegatten auf Erlaß der einstweiligen Verfügung. —

Im übrigen richtet sich das Verfahren auch bei dieser spezifisch eherechtlichen einstweiligen Verfügung nach den allgemeinen Vorschriften.

933. In welchem Falle ist von dem Erlaß einer einstweiligen Verfügung oder eines Urteils im Eheprozeß das Vormundschaftsgericht zu benachrichtigen. §§ 627 Abs. 3, 630.

Ist ein gemeinschaftliches minderjähriges Kind der Ehegatten vorhanden, so hat sowohl das Gericht, das eine spezifisch eherechtliche einstweilige Verfügung erlassen hat, als auch das Ehegericht, dessen Urteil rechtskräftig geworden ist, dem zuständigen Vormundschaftsgericht den dezisiven Teil der betreffenden Entscheidung abschriftlich mitzuteilen.

2. Abschnitt. Verfahren in Rechtsstreitigkeiten, welche die Feststellung des Rechtsverhältnisses zwischen Eltern und Kindern zum Gegenstande haben.

934. Welches sind die Rechtsstreitigkeiten, die in diesem Sonderverfahren zur Verhandlung kommen? §§ 640, 641, 644.

In dem besonderen Statusverfahren werden zwei Arten von Klagen erhoben: die Statusfeststellungsklage und die Statusanfechtungsklage. In jeder Klagart sind wiederum zwei Formen zu unterscheiden, so daß es im ganzen vier Statusklagen gibt, nämlich:

1) die Klage auf Feststellung des Bestehens oder Nichtbestehens eines Eltern- oder Kindesverhältnisses, —

der Klagegrund kann bei dieser Klage ein sehr verschiedener sein, je nachdem behauptet (bzw. bestritten) wird, daß das Kindesverhältnis durch

Geburt in der Ehe, Legitimation oder Adoption, oder schließlich durch außereheliche Geburt begründet sei. Die außereheliche Geburt schafft jedoch ein Kindesverhältnis im Sinne der Statusfeststellungsklage nur der unehelichen Mutter gegenüber, nicht auch im Verhältnis zum unehelichen Vater; —

2) die Klage auf Feststellung des Bestehens oder Nichtbestehens der elterlichen Gewalt;

3) die Klage, durch die die Ehelichkeit eines Kindes angefochten wird;

4) die Klage, durch die die Anerkennung der Ehelichkeit eines Kindes angefochten wird.

935. Welches sind die Parteien im Statusprozeß? §§ 640, 256; 641, BGB. §§ 1596, 1599.

I. Die Feststellungsklagen können sowohl von dem beteiligten Elternteil gegen das Kind, als auch von dem Kind gegen den beteiligten Elternteil, nicht aber auch von einem Dritten oder gegen diesen erhoben werden. Sind beide Eltern rechtlich beteiligt, so können sie auch beide klagen oder verklagt werden, vorausgesetzt, daß beide ein rechtliches Interesse an der alsbaldigen Feststellung haben, bzw. das Kind ein rechtliches Interesse daran hat, daß die Feststellung alsbald beiden gegenüber getroffen wird.

II. Die beiden Anfechtungsklagen dagegen kann nur der Ehemann erheben, und zwar muß er sie gegen das Kind richten; die Mutter des Kindes kann sich an dem Prozesse nur als Nebenintervenient beteiligen.

936. Welches Gericht ist für den Statusprozeß zuständig? GVG. § 70; ZPO. § 642.

I. Sachlich zuständig ist, da der Statusprozeß nicht den Amtsgerichten ausdrücklich zugewiesen ist, das Landgericht.

II. Die örtliche Zuständigkeit wird durch den allgemeinen Gerichtsstand des Beklagten bestimmt.

Hat der Beklagte im Inland keinen allgemeinen Gerichtsstand, so kann die Klage auch bei dem Landgericht erhoben werden, in dessen Bezirk der Beklagte seinen letzten Wohnsitz im Inland hatte, vorausgesetzt, daß zur Zeit der Klagerhebung:

a) der Beklagte Deutscher ist, oder

b) der Kläger noch Deutscher ist, und der Beklagte es wenigstens gewesen ist, oder endlich

c) daß beide Deutsche gewesen sind und der Beklagte noch nicht Ausländer geworden ist.

937. Worin besteht die Eigenart des Statusverfahrens?

Das Statusverfahren ist aus denselben Gründen wie der Eheprozeß im wesentlichen ein Offizialverfahren, auf das die Sonderbestimmungen des Eheprozesses entsprechende Anwendung finden, so zwar, daß die Statusfeststellungsklage nach dem Vorbild der Ehefeststellungsklage und die Statusanfechtungsklage nach dem Vorbild der Eheanfechtungsklage geregelt ist.

938. Welches sind die der Statusfeststellungsklage und der Statusanfechtungsklage gemeinsamen Analoga des Eheprozesses? §§ 640, 641; 643.

1) Im Statusprozeß ist der Staatsanwalt in demselben Umfange zur Mitwirkung befugt wie bei der Scheidungsklage rc. (607).

2) Es wird Spezialvollmacht verlangt; diese ist von Amts wegen zu prüfen (613).

3) Ein Versäumnisurteil gegen den Beklagten ist ausgeschlossen, eine kontradiktorische Verurteilung im Falle seiner Säumnis unter gewissen Kautelen jedoch statthaft (618).

4) Die Parteien können zum persönlichen Erscheinen vor dem Prozeßgericht wie vor einem beauftragten oder ersuchten Richter gezwungen werden (619).

5) Eine Klagenverbindung ist nur innerhalb der einzelnen Klagengruppen zulässig (640^2, 641^2 cf. 615, 633).

6) Ein Urteil unter Vorbehalt der Geltendmachung von Verteidigungsmitteln (540) ist unstatthaft (626).

7) Das Urteil ist von Amts wegen zuzustellen und wirkt, bei Lebzeiten der Parteien rechtskräftig geworden, für und gegen alle (625; 643 Satz 1 cf. 628, 629). — Allerdings besteht von dieser Regel eine Ausnahme: das Urteil, das das Bestehen des Eltern- und Kindesverhältnisses oder der elterlichen Gewalt feststellt, wirkt gegenüber einem Dritten, welcher das elterliche Verhältnis oder die elterliche Gewalt für sich in Anspruch nimmt, nur dann, wenn er an dem Rechtsstreite teilgenommen hat.

939. In welcher Beziehung ist das Verfahren über die Statusfeststellungsklage und das über die Statusanfechtungsklage verschieden geregelt? §§ 640, 641.

1) Die Beschränkung der Parteidisposition und die Erweiterung der richterlichen Befugnisse, wie sie im Eheverfahren angeordnet sind, greifen in vollem Umfange (entsprechend der Ehefeststellungsklage) nur im Verfahren über die Statusfeststellungsklage Platz. Im Verfahren über die Statusanfechtungsklage sind diese einschneidenden Abwandlungen des Verfahrens nur zugunsten der Ehelichkeit des Kindes gegeben, entsprechend der Eheanfechtungsklage, wo sie nur zugunsten der Aufrechterhaltung der Ehe bestehen (617, 622).

2) Ebenso ist das abgeschwächte Versäumnisurteil gegen den Kläger (635) nur für das Verfahren über die Statusfeststellungsklage übernommen; im Verfahren über die Statusanfechtungsklage ist ein Verzicht und daher auch ein klageabweisendes Versäumnisurteil statthaft.

3) Eine erweiterte Prozeßfähigkeit (641^2 cf. 612) ist umgekehrt nur für die Statusanfechtungsklage angeordnet, insofern als

hier der geschäftsbeschränkte Ehemann voll prozeßfähig ist. — Für einen geschäftsunfähigen Ehemann kann der gesetzliche Vertreter die Klage erheben, — jedoch nur mit Genehmigung des Vormundschaftsgerichts.

4) Ebenso ist eine Widerklage nur im Verfahren über die Statusanfechtungsklage ausgeschlossen, während im Verfahren über eine Statusfeststellungsklage die andere — aber auch nur sie — als Widerklage erhoben werden darf.

940. Wer vertritt im Statusprozesse die Interessen des prozeßunfähigen Kindes, wenn dessen gesetzliche Vertretung in den Händen seines Gegners liegt? BGB. § 1909.

Ist der klagende (bzw. der beklagte) Elternteil gleichzeitig der gesetzliche Vertreter des beklagten (bzw. des klagenden) Kindes, so hat das Vormundschaftsgericht dem Kinde zur Vertretung seiner Interessen in dem Statusprozeß einen Pfleger zu bestellen.

3. Abschnitt. Verfahren in Entmündigungssachen.

941. Welche verschiedenen Stadien hat man bei dem Verfahren in Entmündigungssachen zu unterscheiden?

I. Der Antrag auf Entmündigung wird bei dem Amtsgericht gestellt. Dieses entscheidet über den Antrag durch Beschluß.

II. Gegen den die Entmündigung aussprechenden Beschluß ist eine Anfechtungsklage gegeben. Für dieselbe ist das Landgericht zuständig.

III. Eine Wiederaufhebung der Entmündigung wegen veränderter Umstände muß bei dem Amtsgericht beantragt werden. Die Entscheidungsform ist der Beschluß.

IV. Lehnt das Amtsgericht die Wiederaufhebung der Entmündigung ab, so kann die Wiederaufhebung im Wege der Klage bei dem Landgericht beantragt werden.

942. Aus welchen Gründen kann eine Entmündigung ausgesprochen werden?

Eine Entmündigung kann ausgesprochen werden:
1) wegen Geisteskrankheit,
2) wegen Geistesschwäche,
3) wegen Verschwendung,
4) wegen Trunksucht.

943. Ist das Verfahren bei allen Entmündigungsgründen das gleiche?

Grundsätzlich ist das Verfahren bei allen Entmündigungsgründen das gleiche; immerhin zeigen sich im einzelnen Verschiedenheiten, und zwar hat man mit Rücksicht hierauf die Entmündigungsgründe in zwei

Gruppen einzuteilen: Geisteskrankheit und Geistesschwäche auf der einen Seite, Verschwendung und Trunksucht auf der anderen (während auf die Wirkungen der Entmündigung abgestellt, die Geisteskrankheit allein den anderen Entmündigungsgründen gegenüberzustellen ist, insofern als die Entmündigung wegen Geisteskrankheit Geschäfts**unfähigkeit**, die wegen Geistesschwäche, Verschwendung oder Trunksucht nur **beschränkte** Geschäftsfähigkeit nach sich zieht).

---

944. Welches Amtsgericht ist für das **erste Stadium** des Entmündigungsverfahrens örtlich **zuständig**? §§ 648, 680; 650, 651.

I. Für die **Einleitung** des Verfahrens ist bei **sämtlichen Entmündigungsgründen** das Amtsgericht ausschließlich zuständig, bei welchem der zu Entmündigende seinen allgemeinen Gerichtsstand hat.

Und nur, wenn der zu Entmündigende keinen allgemeinen Gerichtsstand im Inlande hat, kann der Antrag, vorausgesetzt, daß der zu Entmündigende ein Deutscher ist, bei dem Amtsgericht gestellt werden, in dessen Bezirk er seinen letzten Wohnsitz im Inlande hatte.

II. Ist das Verfahren aber eingeleitet, so kann, sofern es sich um die Entmündigung wegen **Geisteskrankheit** oder **Geistesschwäche** handelt, das Gericht, welches das Verfahren eingeleitet hat, die Verhandlung (bzw. die Weiterverhandlung) und die Entscheidung dem Amtsgericht **überweisen**, in dessen Bezirk sich der zu Entmündigende aufhält; und dieses kann seinerseits, wenn nach der Übernahme des Verfahrens ein Wechsel im Aufenthaltsort des zu Entmündigenden eingetreten ist, eine **weitere Überweisung** an das Gericht des neuen Aufenthaltsorts vornehmen — bei jeder Überweisung aber vorausgesetzt:

a) daß diese mit Rücksicht auf die Verhältnisse des zu Entmündigenden erforderlich erscheint, **und**

b) daß das überweisende Gericht den zu Entmündigenden (in der vorgeschriebenen Weise) noch nicht vernommen hat. —

Sofern es sich um die Entmündigung wegen **Verschwendung** oder **Trunksucht** handelt, ist dagegen nicht nur für die Einleitung des Verfahrens, sondern auch für die Verhandlung und Entscheidung **stets** das Gericht zuständig, bei dem der zu Entmündigende seinen allgemeinen Gerichtsstand hat (bzw. in dessen Bezirk er seinen letzten Wohnsitz im Inlande hatte).

945. Kann das Entmündigungsverfahren auch **von Amts wegen** eingeleitet werden? §§ 645 Abs. 2, 680.

Nein, es bedarf stets eines Antrags.

946. Wer ist zur Stellung des Antrags berechtigt? §§ 646, 680.

Der Antrag kann gestellt werden:

1) von dem **Ehegatten** des zu Entmündigenden,

2) von dem **gesetzlichen Vertreter** des zu Entmündigenden, sofern ihm die Sorge für die Person zusteht (von dem Inhaber der elterlichen Gewalt, dem Vormund und unter Umständen auch von dem Pfleger),

3) von einem Verwandten des zu Entmündigenden, jedoch nicht

a) gegen eine Person, die unter elterlicher Gewalt oder unter Vormundschaft steht,

b) gegen eine Ehefrau, es sei denn, daß auf Aufhebung der ehelichen Gemeinschaft erkannt ist, oder daß der Ehemann die Ehefrau verlassen hat, oder daß der Ehemann zur Stellung des Antrags dauernd außerstande oder sein Aufenthalt dauernd unbekannt ist;

in dem Entmündigungsverfahren wegen Geisteskrankheit und Geistesschwäche:

4) von dem Staatsanwalt bei dem dem Amtsgericht übergeordneten Landgericht;

in dem Entmündigungsverfahren wegen Verschwendung oder Trunksucht:

5) von einer Gemeinde oder einem der Gemeinde gleichstehenden Verbande oder einem Armenverbande, sofern diese landesgesetzlich dazu befugt sind.

Vgl. z. B. pr. AG. z. ZPO. § 3 (Armenverband); bayer. Gesetz vom 29. IV. 69 über die öffentliche Armen- und Krankenpflege, in der Fassung vom 30. VII. 99, Art. 36 Abs. 4 (Armenpflegschaftsrat); württ. AG. z. ZPO. Art. 15 (Gemeinderat); sächs. Verordnung v. 20. XI. 99 § 8 (Gemeinde).

947. Form und Inhalt des Antrags? §§ 647, 645 Abs. 2; 680.

I. Der Antrag kann bei dem Gerichte schriftlich eingereicht oder zum Protokoll des Gerichtsschreibers angebracht werden.

II. Der Antrag muß den Entmündigungsgrund angeben, wobei es zulässig ist, daß neben der Geisteskrankheit die Geistesschwäche, neben der Verschwendung die Trunksucht als Entmündigungsgrund bezeichnet wird.

Außerdem soll der Antrag eine Angabe der ihn begründenden Tatsachen und die Bezeichnung der Beweismittel enthalten.

948. In welchen Fällen ist der Antrag auf Entmündigung ohne Einleitung eines Verfahrens zurückzuweisen? § 649.

I. Das Gericht muß den Antrag ohne Einleitung eines Verfahrens zurückweisen:

1) wenn in dem Antrag der Entmündigungsgrund nicht angegeben ist;

2) wenn es nicht zuständig ist;

3) wenn der Antragsteller zur Stellung des Antrags nicht legitimiert ist, insbesondere, wenn der antragende Bevollmächtigte nicht eine Spezialvollmacht nachweist.

II. Ferner kann es den Antrag auf Entmündigung wegen Geisteskrankheit oder wegen Geistesschwäche ohne Einleitung eines Verfahrens zurückweisen, wenn es dem Antragsteller, wozu es befugt ist, vor der Einleitung des Verfahrens durch Beschluß aufgegeben hat, ein ärztliches Zeugnis über den Geisteszustand des zu Entmündigenden beizubringen, und der Antragsteller diesem Beschluß nicht nachgekommen ist.

949. Hat der Antragsteller, ebenso wie auf die Einleitung des Verfahrens, auch auf das an die Einleitung sich anschließende Ermittelungsverfahren unmittelbaren Einfluß? § 653.

Nein, dieses Ermittelungsverfahren ist ein rein inquisitorisches Verfahren. Das Gericht hat in demselben — wenn auch unter Benutzung der in dem Antrag angegebenen Tatsachen und Beweismittel — von Amts wegen die sämtlichen zur Feststellung des Geisteszustandes erforderlichen Ermittelungen zu veranstalten und die erheblich erscheinenden Beweise aufzunehmen. Zuvor hat es allerdings dem zu Entmündigenden Gelegenheit zur Bezeichnung von Beweismitteln zu geben, desgleichen demjenigen gesetzlichen Vertreter des zu Entmündigenden, welchem die Sorge für die Person zusteht, sofern er nicht die Entmündigung beantragt hat.

Den Antragsteller kann das Gericht natürlich hören, braucht es aber nicht zu tun.

Ein Recht jedem Termin ohne weiteres beizuwohnen hat weder der Antragsteller noch der zu Entmündigende.

950. Welche privilegierte Stellung nimmt der Staatsanwalt in dem Entmündigungsverfahren ein? § 652.

Der Staatsanwalt kann das Verfahren durch Stellung von Anträgen betreiben und den Terminen beiwohnen. Er ist deshalb von der Einleitung des Verfahrens sowie von einer etwa erfolgten Überweisung und von allen Terminen in Kenntnis zu setzen.

Und zwar stehen ihm diese Rechte zu ohne Rücksicht darauf, ob er selbst den Antrag auf Entmündigung gestellt hat oder nicht. Sie stehen ihm aber nur zu, wenn der in Frage stehende Entmündigungsgrund Geisteskrankheit oder Geistesschwäche ist, wie er denn auch nur aus diesen Gründen die Entmündigung beantragen darf.

951. Welche Besonderheiten ergeben sich für das Ermittelungsverfahren wegen Geisteskrankheit oder Geistesschwäche aus der diffizilen Natur dieser Entmündigungsgründe? §§ 655; 654; 656.

I. Die Entmündigung darf nicht ausgesprochen werden, bevor das Gericht einen oder mehrere Sachverständige über den Geisteszustand des zu Entmündigenden in dem Ermittelungsverfahren gehört hat.

Es genügt nicht, wenn vor der Einleitung des Verfahrens ein ärztliches Gutachten eingeholt ist.

II. In jedem Falle ist der zu Entmündigende persönlich unter Zuziehung mindestens eines Sachverständigen zu vernehmen, zu welchem Zwecke auch die Vorführung des zu Entmündigenden angeordnet werden kann.

Die Vernehmung kann auch durch einen ersuchten Richter erfolgen.

III. Um den Sachverständigen eine sicherere Grundlage für ihr Gutachten zu geben, kann das Gericht auch durch Beschluß anordnen, daß der zu Entmündigende auf die Dauer von höchstens sechs Wochen in eine Heilanstalt gebracht werde, vorausgesetzt:

a) daß der Antragsteller zu dieser Anordnung seine Zustimmung erteilt,

b) daß die Anordnung nach ärztlichem Gutachten zur Feststellung des Geisteszustandes geboten erscheint, und endlich

c) daß sie ohne Nachteil für den Gesundheitszustand des zu Entmündigenden ausführbar ist, worüber das Gericht gleichfalls Sachverständige hören wird.

Vor der Entscheidung sind neben dem Antragsteller (der ja seine Zustimmung erteilen muß) — soweit tunlich — auch die sonstigen Antragsberechtigten zu hören, und zwar ohne Rücksicht darauf, ob sie im konkreten Falle antragsberechtigt waren oder nicht.

952. Wann darf die persönliche Vernehmung des zu Entmündigenden ausnahmsweise unterbleiben? § 654 Abs. 3.

Die Vernehmung darf nur unterbleiben, wenn sie mit besonderen Schwierigkeiten verbunden oder nicht ohne Nachteil für den Gesundheitszustand des zu Entmündigenden ausführbar ist.

953. Ist das mit der Entmündigung befaßte Gericht, wenn sich im Laufe des Ermittelungsverfahrens die Anordnung einer Fürsorge für die Person oder das Vermögen des zu Entmündigenden als erforderlich herausstellt, berechtigt, diese Anordnung vorzunehmen? § 657.

Nein, vielmehr hat das Gericht in diesem Falle der Vormundschaftsbehörde zum Zwecke dieser Anordnung Mitteilung zu machen.

954. Wie ergeht die Entscheidung auf den Entmündigungsantrag?

Sie ergeht in jedem Fall durch Beschluß, sowohl wenn die Entmündigung abgelehnt wird, als auch dann, wenn sie ausgesprochen wird; und der Beschluß ist stets, auch wenn er nicht verkündet ist, von Amts wegen zuzustellen.

955. Bei welchem Entmündigungsgrund ist das Gericht berechtigt, obwohl nach dem Stande der Sache bereits die Voraussetzungen für eine Entmündigung gegeben sind, die Beschlußfassung auszusetzen? § 681.

Eine solche Aussetzung der Beschlußfassung kann sowohl auf Antrag wie von Amts wegen erfolgen, wenn die Entmündigung wegen Trunksucht beantragt ist. Sie darf aber nur geschehen, wenn Aussicht besteht, daß der zu Entmündigende sich bessern werde.

956. Wem ist der über die Entmündigung erlassene Beschluß zuzustellen? §§ 659, 660; 683 Abs. 1.

I. Der die Entmündigung aussprechende Beschluß ist:

1) in jedem Fall dem Antragsteller zuzustellen;

2) bei der Entmündigung wegen Geisteskrankheit oder Geistesschwäche außerdem:

a) dem Staatsanwalt, und zwar auch dann, wenn er bei dem Verfahren gar nicht mitgewirkt hat,

b) wenn der Entmündigte unter elterlicher Gewalt oder unter Vormundschaft steht, auch demjenigen gesetzlichen Vertreter, welchem die Sorge für die Person des Entmündigten zusteht;

3) bei der Entmündigung wegen Geistesschwäche, Verschwendung oder Trunksucht (also da, wo der Entmündigte nur geschäftsbeschränkt wird): auch dem Entmündigten selbst.

Außerdem ist der Beschluß in allen Fällen von Amts wegen der Vormundschaftsbehörde, wenn auch nicht formell zuzustellen, so doch mitzuteilen.

II. Der die Entmündigung ablehnende Beschluß ist:

1) in jedem Fall dem Antragsteller und demjenigen, dessen Entmündigung beantragt war, zuzustellen,

2) bei der Entmündigung wegen Geisteskrankheit oder Geistesschwäche: dem Staatsanwalt, und zwar wiederum auch dann, wenn er bei dem Verfahren gar nicht mitgewirkt hatte.

957. Wann ist neben der Zustellung noch eine öffentliche Bekanntmachung des die Entmündigung aussprechenden Beschlusses vorgeschrieben? § 687.

Wenn die Entmündigung wegen Verschwendung oder wegen Trunksucht erfolgt ist.

958. Wem sind in dem über die Entmündigung zu erlassenden Beschluß die Kosten des Verfahrens aufzuerlegen? §§ 658, 682.

I. Wird die Entmündigung ausgesprochen, so sind die Kosten des Verfahrens in jedem Fall von dem Entmündigten zu tragen.

II. Wird die Entmündigung abgelehnt, so fallen die Kosten des Verfahrens

a) bei der Entmündigung wegen Verschwendung oder Trunksucht dem Antragsteller

b) bei der Entmündigung wegen Geisteskrankheit oder Geistesschwäche regelmäßig der Staatskasse zur Last. — Nur wenn den Antragsteller (mit Ausnahme des Staatsanwalts) nach dem Ermessen des Gerichts bei Stellung des Antrags ein Verschulden trifft, können ihm auch hier die Kosten ganz oder teilweise auferlegt werden.

559. Wann treten die Wirkungen der Entmündigung ein? §§ 661 Abs. 2, 683 Abs. 2; 661 Abs. 1.

I. Bei der Entmündigung wegen Geistesschwäche, Verschwendung oder Trunksucht tritt die Entmündigung mit der Zustellung des Beschlusses an den Entmündigten selbst in Wirksamkeit.

II. Bei der Entmündigung wegen Geisteskrankheit tritt, wenn der Entmündigte unter elterlicher Gewalt oder unter Vormundschaft steht, die Entmündigung mit der Zustellung des Beschlusses an denjenigen gesetzlichen Vertreter ein, welchem die Sorge für die Person zusteht, anderenfalls mit der Bestellung des Vormundes.

---

960. Welche Anfechtungsmittel gibt es gegen den über die Entmündigung erlassenen Beschluß?

I. Der die Entmündigung ablehnende Beschluß ist durch sofortige Beschwerde anfechtbar.

II. Der die Entmündigung aussprechende Beschluß kann im Wege der Klage angefochten werden.

961. Wem steht gegen den die Entmündigung ablehnenden Beschluß das Rechtsmittel der sofortigen Beschwerde zu? §§ 663, 680.

In jedem Fall dem Antragsteller; war die Entmündigung wegen Geisteskrankheit oder wegen Geistesschwäche beantragt, auch dem Staatsanwalt.

962. Nach welchen Grundsätzen regelt sich das Verfahren vor dem Beschwerdegericht? §§ 663 Abs. 2, 680.

Das Verfahren vor dem Beschwerdegericht ist ebenso wie das erstinstanzliche Verfahren ein rein inquisitorisches. Auch hier wird der Sachverhalt von Amts wegen, wenn auch unter Benutzung der in dem Antrag angegebenen Tatsachen und Beweismittel, erforscht.

War die Entmündigung wegen Geisteskrankheit oder Geistesschwäche beantragt, so ist auch wieder der Staatsanwalt in demselben Umfang wie in der ersten Instanz zur Mitwirkung, insbesondere durch Stellung von Anträgen, berechtigt.

963. Welche Personen sind berechtigt, den die Entmündigung aussprechenden Beschluß im Wege der Klage anzufechten? §§ 664 Abs. 2, 684 Abs. 1.

Zur Erhebung der Anfechtungsklage ist

1) in jedem Fall der Entmündigte berechtigt, und zwar auch dann, wenn er durch die Entmündigung geschäftsunfähig geworden ist, es sei denn, daß er aus einem anderen Grunde, z. B. wegen Minderjährigkeit, nicht bzw. nicht vollständig prozeßfähig ist,

2) bei der Entmündigung wegen Geisteskrankheit oder Geistesschwäche, außerdem:

a) der Staatsanwalt,

b) derjenige gesetzliche Vertreter des Entmündigten, welchem die Sorge für die Person zusteht,

c) der Ehegatte,

d) Verwandte, diese auch dann, wenn sie, z. B. wegen Vorhandensein eines gesetzlichen Vertreters, zur Stellung des Entmündigungsantrags nicht berechtigt gewesen wären.

Und zwar sind diese Personen zur Anfechtung auch dann berechtigt, wenn sie selbst den Antrag auf Entmündigung gestellt hatten.

964. Durch welche Bestimmung erleichtert das Gesetz dem wegen Geisteskrankheit oder Geistesschwäche Entmündigten die Erhebung der Anfechtungsklage? § 668.

Dem Entmündigten, der die Anfechtungsklage erheben will, ist auf seinen Antrag in jedem Fall — nicht nur dann, wenn die Voraussetzungen für die Bewilligung des Armenrechts vorliegen — von dem Vorsitzenden des Prozeßgerichts ein Rechtsanwalt als Prozeßbevollmächtigter (nicht als gesetzlicher Vertreter) beizuordnen.

965. Gegen wen ist die Anfechtungsklage zu richten? §§ 666, 684 Abs. 3.

I. Bei der wegen Geisteskrankheit oder Geistesschwäche erfolgten Entmündigung ist die Klage in der Regel gegen den Staatsanwalt zu richten. Nur wenn dieser selbst die Anfechtungsklage erhebt, ist sie gegen denjenigen gesetzlichen Vertreter des Entmündigten zu richten, welchem die Sorge für die Person zusteht.

Gegen sonstige Antragsberechtigte darf die Klage jedoch nicht erhoben werden, auch dann nicht, wenn sie den Entmündigungsantrag im konkreten Fall gestellt hatten; haben sie den Antrag jedoch gestellt, so sind sie unter Mitteilung der Klage zum Termin zur mündlichen Verhandlung zu laden.

II. Bei der wegen Verschwendung oder Trunksucht erfolgten Entmündigung ist die Klage gegen denjenigen zu richten, welcher die Entmündigung beantragt hatte; falls aber dieser verstorben oder sein Aufenthalt unbekannt oder im Auslande ist, gegen den Staatsanwalt.

966. Welches Gericht ist für die Anfechtungsklage zuständig? §§ 665, 684 Abs. 4.

Für die Anfechtungsklage ist in jedem Fall das Landgericht, und zwar ausschließlich, zuständig, in dessen Bezirk das Amtsgericht, welches über die Entmündigung entschieden hat, seinen Sitz hat.

967. Ist die Erhebung der Anfechtungsklage an eine Frist gebunden? §§ 684 Abs. 2; 664 Abs. 3.

Die Anfechtungsklage kann nur binnen der Frist eines Monats erhoben werden.

Der Lauf der Frist beginnt:

a) bei der wegen Verschwendung oder Trunksucht erfolgten Entmündigung — mit der Zustellung des Entmündigungsbeschlusses an den Entmündigten;

b) bei der wegen Geistesschwäche erfolgten Entmündigung:

α) für den gesetzlichen Vertreter des unter elterlicher Gewalt oder unter Vormundschaft stehenden Entmündigten — mit dem Zeitpunkt, in welchem dem gesetzlichen Vertreter der Beschluß zugestellt wird,

β) für den Entmündigten selbst und die übrigen Personen — mit der Zustellung des Beschlusses an den Entmündigten;

c) bei der wegen Geisteskrankheit erfolgten Entmündigung:

α) für den Entmündigten — mit dem Zeitpunkt, in welchem er von der Entmündigung Kenntnis erlangt,

β) für die übrigen Personen — mit dem Zeitpunkt, in welchem die Entmündigung in Wirksamkeit tritt.

968. Welches ist die rechtliche Natur der Anfechtungsklage? §§ 669, 684 Abs. 4.

Die Anfechtungsklage ist zwar kein Rechtsmittel, weil das Landgericht nicht dem Amtsgericht gegenüber als zweite Instanz erscheint, sondern sie ist eine selbständige Klage. Tatsächlich aber bildet auch hier, wie bei der Berufung, das amtsgerichtliche Verfahren die Grundlage für das landgerichtliche. Daher haben auch hier die Parteien bei der mündlichen Verhandlung die Ergebnisse der bei dem Amtsgericht stattgehabten Sachuntersuchung, soweit es zur Prüfung der Richtigkeit des angefochtenen Beschlusses erforderlich ist, richtig und vollständig vorzutragen.

969. Nach welchen Regeln vollzieht sich das Verfahren vor dem Landgericht? §§ 670, 684 Abs. 4.

Das Verfahren vor dem Landgericht ist ein mündliches und vollzieht sich auch sonst im allgemeinen nach den Regeln des ordentlichen landgerichtlichen Verfahrens, es ist also auf jeden Fall nicht ein reines Offizialverfahren wie das amtsgerichtliche Verfahren.

Allerdings ist auch hier:

1) in demselben Umfang wie in dem Eheverfahren bei der Klage auf Nichtigkeit der Ehe die Parteidisposition beschränkt (s. Nr. 911) und das Gericht befugt, auch solche Tatsachen, welche von den Parteien nicht vorgebracht sind, zu berücksichtigen und die Aufnahme von Beweisen von Amts wegen anzuordnen;

2) der Parteieid sogar ganz (d. h. sowohl der richterliche wie der zugeschobene Eid) unzulässig.

970. Besteht auch für das Landgericht die Verpflichtung, vor seiner Entscheidung den wegen Geisteskrankheit oder Geistesschwäche Entmündigten persönlich unter Zuziehung von Sachverständigen zu vernehmen? § 671.

Diese Verpflichtung besteht, und zwar gleichgültig, ob der Entmündigte von dem Amtsgericht bereits vernommen worden ist oder nicht, es sei denn, daß die Vernehmung mit besonderen Schwierigkeiten verbunden oder nicht ohne Nachteil für den Gesundheitszustand des Entmündigten ausführbar ist.

Von der Vernehmung Sachverständiger dagegen darf das Landgericht Abstand nehmen, wenn es das vor dem Amtsgericht abgegebene Gutachten für genügend erachtet.

Und die Unterbringung des Entmündigten in einer Heilanstalt zur Feststellung seines Geisteszustandes ist überhaupt ausgeschlossen.

971. Wohin ergeht das Urteil, wenn die Anfechtungsklage für begründet erachtet wird? §§ 672, 673; 684 Abs. 4.

Dann wird in dem Urteil der die Entmündigung aussprechende Beschluß aufgehoben.

Die Kosten sind nach allgemeiner Regel der unterliegenden Partei aufzuerlegen; nur wenn die Anfechtungsklage von dem Staatsanwalt erhoben war, in allen Fällen der Staatskasse.

972. Wann tritt die Aufhebung des Entmündigungsbeschlusses in Wirksamkeit? §§ 672, 674; 684 Abs. 4.

Stets erst mit der Rechtskraft des Urteils; dasselbe darf nicht für vorläufig vollstreckbar erklärt werden.

Auf Antrag können jedoch zum Schutze der Person oder des Vermögens des Entmündigten einstweilige Verfügungen getroffen werden; überdies hat das Prozeßgericht auch der Vormundschaftsbehörde (wie dem Amtsgericht) von jedem in der Sache erlassenen Endurteile Mitteilung zu machen, so daß auch diese etwa erforderliche Anordnungen zum Schutze des Entmündigten treffen kann.

---

973. Wie unterscheidet sich die Wiederaufhebung der Entmündigung von der Anfechtung einer solchen?

Während die Anfechtung einer Entmündigung sich darauf gründet, daß der Entmündigungsbeschluß nach den zur Zeit seines Erlasses bestehenden Verhältnissen zu Unrecht ergangen sei, stützt sich die Wiederaufhebung der Entmündigung darauf, daß nach Erlaß des Entmündigungsbeschlusses die Umstände sich derart geändert haben, daß die Fortdauer des Entmündigungsbeschlusses nicht mehr gerechtfertigt sei.

974. Wer ist für das Wiederaufhebungsverfahren sachlich zuständig?

Zunächst ist für die Wiederaufhebung der Entmündigung das Amtsgericht zuständig. Und erst, wenn dieses den Antrag auf Wiederaufhebung der Entmündigung abgelehnt hat, kann Klage auf Wiederaufhebung bei dem übergeordneten Landgericht erhoben werden.

975. Wodurch wird die örtliche Zuständigkeit des Amtsgerichts für die Wiederaufhebung bestimmt? §§ 676 Abs. 1, 2; 685.

Örtlich, und zwar ausschließlich, zuständig ist das Amtsgericht, bei welchem der Entmündigte seinen allgemeinen Gerichtsstand hat.

Hat der Entmündigte im Inland keinen allgemeinen Gerichtsstand, so kann der Antrag auf Wiederaufhebung der Entmündigung bei dem Amtsgericht des Inlandes gestellt werden, welches über die Entmündigung entschieden hat.

976. Wer ist zur Stellung des Wiederaufhebungsantrages berechtigt? §§ 675, 685.

Zur Stellung des Antrags ist

1) in jedem Falle:

a) der Entmündigte selbst,

b) derjenige gesetzliche Vertreter, welchem die Sorge für die Person zusteht, berechtigt;

2) bei der wegen Geisteskrankheit oder Geistesschwäche ausgesprochenen Entmündigung: auch der Staatsanwalt.

977. Nach welchen Regeln vollzieht sich das amtsgerichtliche Wiederaufhebungsverfahren bis zum Erlaß des Beschlusses? §§ 676 Abs. 3, 685.

Auf dieses Verfahren finden sämtliche Regeln, welche für das Verfahren auf den Entmündigungsantrag gegeben sind, entsprechende Anwendung, mit der einzigen Ausnahme, daß in dem Wiederaufhebungsverfahren eine Unterbringung des Entmündigten in einer Heilanstalt zur Feststellung seines Geisteszustandes nicht zulässig ist.

978. Wem ist der über die Wiederaufhebung der Entmündigung erlassene Beschluß zuzustellen? §§ 678 Abs. 1 u. 3, 685; 687.

I. Der Beschluß, durch den die Wiederaufhebung der Entmündigung abgelehnt wird, ist nur dem Antragsteller zuzustellen.

II. Der Beschluß, durch den die Entmündigung aufgehoben wird, ist außer dem Antragsteller auch dem Entmündigten selbst und dem Staatsanwalt zuzustellen.

Außerdem ist jede rechtskräftig erfolgte Wiederaufhebung der Entmündigung der Vormundschaftsbehörde mitzuteilen, die Wiederaufhebung einer Entmündigung wegen Verschwendung oder Trunksucht auch öffentlich bekannt zu machen.

979. Ist der die Wiederaufhebung der Entmündigung aussprechende Beschluß anfechtbar? §§ 678 Abs. 2, 685.

I. War die Entmündigung wegen Geisteskrankheit oder Geistesschwäche ausgesprochen, so kann der Wiederaufhebungsbeschluß nur vom Staatsanwalt, und zwar durch sofortige Beschwerde angefochten werden.

II. Der die Entmündigung wegen Trunksucht oder Verschwendung aufhebende Beschluß ist unanfechtbar.

980. Wem fallen die Kosten des amtsgerichtlichen Wiederaufhebungsverfahrens zur Last? §§ 677, 685.

Die Kosten des Verfahrens fallen in der Regel dem Entmündigten, und nur, wenn das Verfahren von dem Staatsanwalt ohne Erfolg beantragt war, der Staatskasse zur Last.

---

981. Wer ist zur Erhebung der Wiederaufhebungsklage berechtigt? §§ 679 Abs. 2 u. 3, 686 Abs. 2.

1) In jedem Fall derjenige gesetzliche Vertreter, dem die Sorge für die Person zusteht,

2) bei der Entmündigung wegen Geisteskrankheit oder Geistesschwäche außerdem der Staatsanwalt.

In keinem Fall ist der Entmündigte selbst zur Erhebung der Klage berechtigt. Will jedoch der gesetzliche Vertreter die Klage nicht erheben, so kann der Vorsitzende des Prozeßgerichts dem Entmündigten einen Rechtsanwalt als gesetzlichen Vertreter (nicht, wie bei der Anfechtungsklage, als Bevollmächtigten) beiordnen, damit dieser die Klage erhebe.

982. Wie gestaltet sich das Verfahren auf die Wiederaufhebungsklage? §§ 679 Abs. 4, 686 Abs. 3 u. 4.

Das Verfahren entspricht vollkommen dem Verfahren auf die Anfechtungsklage; auch die Passivlegitimation ist bei beiden Klagen die gleiche.

VII. Buch. Mahnverfahren.

983. Wesen und Zweck des Mahnverfahrens?

Es ist eine besondere beschleunigte Prozeßart, durch die dem Gläubiger die Möglichkeit gegeben wird, den Schuldner durch Erwirken eines bedingten Zahlungsbefehls ohne Klage zur Erfüllung seiner Verpflichtungen anzuhalten.

984. Ist ein Mahnverfahren wegen aller Ansprüche zulässig? § 688.

Nein, sondern nur wegen solcher Ansprüche, die folgenden Voraussetzungen genügen:

a) sie müssen fällig sein, dürfen also nicht betagt oder suspensiv bedingt sein;

b) sie müssen auf Zahlung einer bestimmten Geldsumme oder die Leistung einer bestimmten Quantität anderer vertretbarer Sachen oder Wertpapiere gehen, dürfen also nicht die Leistung einer species zum Gegenstande haben; — als ein Anspruch, welcher die Zahlung einer Geldsumme zum Gegenstande hat, gilt auch der Anspruch aus einer Hypothek, einer Grund- oder Rentenschuld;

c) bei von einer Gegenleistung abhängigen Ansprüchen muß die Gegenleistung bereits erfolgt sein;

d) die Ansprüche dürfen nicht derart sein, daß eine Zustellung des Zahlungsbefehls im Auslande oder durch öffentliche Bekanntmachung erfolgen müßte.

985. Welches Gericht ist für das Mahnverfahren zuständig? § 689.

Ohne Rücksicht auf den Streitwert ist ausschließlich zuständig das Amtsgericht, bei welchem der allgemeine persönliche Gerichtsstand, der dingliche Gerichtsstand oder (neuerdings) der Gerichtsstand des dauernden Aufenthalts für die im ordentlichen Verfahren erhobene Klage begründet sein würde, wenn die Amtsgerichte in erster Instanz sachlich unbeschränkt zuständig wären.

986. Wodurch wird das Verfahren eröffnet? §§ 688, 702.

Durch ein Gesuch des Gläubigers, das auch mündlich dem Richter vorgetragen werden kann, ohne daß es in diesem Fall der Aufnahme eines Protokolls bedürfte.

987. Weshalb erübrigt sich in diesem Falle die Aufnahme eines Protokolls?

Weil (landesrechtlich) ein Mahnregister bei den Amtsgerichten über die Mahnsachen an Stelle der Gerichtsakten geführt wird. Durch einen Vermerk in diesem Mahnregister wird die Aufnahme eines Protokolls ersetzt. (Vgl. z. B. Pr. Gesch.Ordn. für die Gerichtsschreib. d. Amtsg. vom 26. Nov. 1899, § 24; Bayer. Gesch.Anw. für die Gerichtsschreib. der Amtsg. vom 30. Dez. 1901, § 62).

988. Wodurch wird die Anbringung des Gesuchs um Erlaß eines Zahlungsbefehls sonst noch erleichtert? § 703.

Wenn ein anderer für den Gläubiger den Erlaß eines Zahlungsbefehls nachsucht, braucht er eine Vollmacht nicht nachzuweisen.

989. Was muß das Gesuch enthalten? § 690.

Außer dem ausdrücklichen Antrag auf Erlaß eines Zahlungsbefehls, muß es ebenso wie die Klage enthalten:

a) die Bezeichnung der Parteien nach Namen, Stand oder Gewerbe und Wohnort;

b) die Bezeichnung des Gerichts;

c) die bestimmte Angabe des Betrages oder Gegenstandes und des Grundes des Anspruchs.

990. Wird die Glaubhaftmachung des Anspruchs oder die Angabe von Beweismitteln verlangt?

Nein! Der Zahlungsbefehl wird auf die bloßen Behauptungen des Gläubigers hin erlassen.

991. Worauf erstreckt sich die von dem Gerichte vorzunehmende Prüfung des Gesuchs? § 691.

a) Auf die Zulässigkeit des Mahnverfahrens (s. Nr. 984); — bei Ansprüchen aus zweiseitigen Verträgen muß im Gesuch behauptet werden, daß die Gegenleistung bereits erfolgt sei;

b) auf die Zuständigkeit des Gerichts (s. Nr. 985);

c) auf die in formaler Hinsicht vorgeschriebenen Bestandteile des Gesuchs (s. Nr. 989);

d) auf die Schlüssigkeit des in dem Gesuch geltend gemachten Anspruchs, und auch darauf, ob der Anspruch nicht etwa zur Zeit unbegründet ist.

992. Wann ist das Gesuch zurückzuweisen? § 691.

Wenn eines dieser Erfordernisse sub a—d fehlt; und zwar auch dann, wenn der Zahlungsbefehl auch nur in Ansehung eines Teils des Anspruchs nicht erlassen werden kann.

993. Was ist das Eigenartige dieser Zurückweisung?

Es ist ein Fall einer Zurückweisung a limine.

994. Findet eine Anfechtung der zurückweisenden Verfügung statt? § 691 Abs. 3.

Nein; dem Gläubiger ist es aber unbenommen, jeder Zeit ein neues Gesuch anzubringen.

995. Was enthält der Zahlungsbefehl? § 692.

1) Wie das Gesuch um Erlaß des Zahlungsbefehls:
a) die Bezeichnung der Parteien,
b) die Bezeichnung des Gerichts,
c) die bestimmte Angabe des Betrages oder Gegenstandes und des Grundes des Anspruchs;

2) unter Androhung sofortiger Zwangsvollstreckung den Befehl an den Schuldner, binnen der Frist von einer Woche den Gläubiger wegen des Anspruchs nebst Zinsen und Kosten zu befriedigen oder bei dem Gerichte Widerspruch zu erheben.

996. Lauf der einwöchentlichen Frist? § 692; GVG. § 204.

Die gesetzliche Frist von einer Woche (früher zwei Wochen) läuft vom Tage der Zustellung des Befehls ab; sie wird durch die Gerichtsferien nicht gehemmt; eine Wiedereinsetzung findet jedoch nicht statt, weil die Frist keine Notfrist ist.

997. Bedarf es zur Festsetzung der Kosten eines besonderen Beschlusses. § 692.

Nein, sondern dieselben werden im Zahlungsbefehl selbst dem Betrage nach aufgeführt.

998. Was gilt hinsichtlich der Zustellung des Zahlungsbefehls? § 693.

Er wird lediglich dem Schuldner, nicht auch dem Gläubiger zugestellt; die Zustellung aber geschieht nicht von Amts wegen, sondern auf Betreiben des Gläubigers, regelmäßig durch Vermittlung des Gerichtsschreibers, es wäre denn, daß sich der Gläubiger in dem Gesuch die Zustellung ausdrücklich vorbehalten hat.

999. Wann treten die Wirkungen der Rechtshängigkeit ein? § 693.

Mit der Zustellung des Zahlungsbefehls an den Schuldner.

1000. Form des Widerspruchs? §§ 694, 703.

Der Widerspruch ist formlos; er kann schriftlich oder mündlich dem Gerichte gegenüber erklärt werden; auch braucht ein Dritter, welcher für den Schuldner Widerspruch erhebt, seine Vollmacht ebensowenig wie bei dem Gesuch um Erlaß des Zahlungsbefehls nachzuweisen.

1001. Kann der Schuldner auch noch nach Ablauf der einwöchentlichen Frist rechtzeitig Widerspruch erheben? § 694 Abs. 1.

Ja; er kann bis zur Vollstreckbarkeitserklärung des Zahlungsbefehls wirksam Widerspruch erheben.

1001 a. Erhalten die Parteien von Amts wegen Nachricht, wenn rechtzeitig Widerspruch erhoben ist? § 694 Abs. 2.

Nur der Gläubiger erhält Nachricht, und zwar durch formlose Mitteilung. — Der Schuldner erhält eine Bescheinigung, wenn er es beantragt (aus Vorsicht für den Fall, daß der vorgeschriebene Vermerk über die Widerspruchserhebung im Mahnregister versehentlich unterblieben sein sollte).

1002. Folgen des Widerspruchs:

a) wenn er nicht rechtzeitig erhoben ist? § 694 Abs. 3.

b) wenn er rechtzeitig erhoben ist? §§ 695, 698 Abs. 1.

a) Das Gericht beachtet ihn nicht, eine besondere Zurückweisung findet nicht statt.

b) Der Zahlungsbefehl verliert dann seine Kraft; die Rechtshängigkeit der Sache bleibt jedoch bestehen, das einseitige Verfahren geht in ein zweiseitiges über; die Kosten des Mahnverfahrens sind als Kosten des entstehenden Rechtsstreits anzusehen.

1003. Bedarf es zur Einleitung des zweiseitigen Verfahrens noch einer besonderen Klage? §§ 696 Abs. 1, 697.

Nur, wenn nach allgemeinen Regeln die Landgerichte sachlich zuständig sind; gehört die Sache vor die Amtsgerichte so gilt die Klage als mit der Zustellung des Zahlungsbefehls bei dem Amtsgericht, welches den Befehl erlassen hat, erhoben.

1004. Welche weitere Abweichung für das Verfahren ergibt sich folgerichtig, je nachdem

a) die Amtsgerichte, oder

b) die Landgerichte zuständig sind? § 696 Abs. 2.

a) Da hier die Klage schon mit Zustellung des Zahlungsbefehls als erhoben gilt, können beide Parteien zur mündlichen Verhandlung laden; die Ladungsfrist beträgt mindestens drei Tage.

b) Da es hier noch einer förmlichen Klageerhebung bedarf, hat der Schuldner kein Mittel, den Prozeß zu beschleunigen; er muß warten, bis der Gläubiger Klage erhebt.

1005. Wann erlöschen die Wirkungen der Rechtshängigkeit, wenn die Sache vor die Landgerichte gehört? §§ 697, 698 Abs. 2.

Sie erlöschen, wenn der Gläubiger nicht binnen sechs Monaten, gerechnet von dem Tage, an welchem er die Benachrichtigung von der Erhebung des Widerspruchs erhalten hat, Klage erhebt. — Außerdem fallen ihm dann auch die Kosten des Mahnverfahrens zur Last.

1006. Wie entwickelt sich das Verfahren, wenn der Schuldner nicht oder nicht rechzeitig (s. Nr. 1001) Widerspruch erhebt? § 699.

Dann wird nach Ablauf der einwöchentlichen Frist auf ein Gesuch des Gläubigers der Zahlungsbefehl für vorläufig vollstreckbar erklärt, sofern das Gesuch für zulässig erachtet wird.

1007. Innerhalb welcher Frist muß der Gläubiger das Gesuch um Vollstreckbarkeitserklärung des Zahlungsbefehls stellen? § 701.

Innerhalb sechs Monaten, gerechnet vom Ablauf der einwöchentlichen Frist, widrigenfalls der Zahlungsbefehl seine Kraft verliert und die Wirkungen der Rechtshängigkeit erlöschen.

1008. Unterscheidet sich dieses Gesuch um Vollstreckbarkeitserklärung nach Form und Behandlung von dem um Erlaß des Zahlungsbefehls? §§ 702, 703.

Nein; nur wird hier nicht mehr für den Fall, daß der Gläubiger von einem Dritten vertreten wird, von der Beibringung einer Vollmacht abgesehen.

1009. Welches Rechtsmittel hat der Gläubiger, wenn sein Gesuch um Vollstreckbarkeitserklärung zurückgewiesen wird? § 699 Abs. 2.

Die sofortige Beschwerde.

1010. Form und Inhalt der Vollstreckbarkeitserklärung? § 699 Abs. 1.

Die Vollstreckbarkeitserklärung erfolgt durch einen auf den Zahlungsbefehl zu setzenden Vollstreckungsbefehl Derselbe führt dem Betrage nach die in dem Zahlungsbefehle noch nicht enthaltenen Kosten des Verfahrens auf und lautet etwa:

Vorstehender Zahlungsbefehl wird zuzüglich der nebenstehend berechneten Kosten von M. . . . . . hierdurch für vorläufig vollstreckbar erklärt.

1011. Bedarf der Vollstreckungsbefehl einer Vollstreckungsklausel (s. Nr. 1052, 1053)? § 796.

In der Regel nicht, sondern nur, wenn die Zwangsvollstreckung für einen anderen als den in dem Befehle bezeichneten Gläubiger oder gegen einen anderen als den in dem Befehle bezeichneten Schuldner erfolgen soll.

1012. Gilt bezüglich der Zustellung des Vollstreckungsbefehls dieselbe Vermutung wie beim Zahlungsbefehl?

Nein; hier wird ein Auftrag des Gläubigers an den Gerichtsschreiber, die Zustellung zu vermitteln, nicht vermutet, vielmehr bedarf es eines ausdrücklichen Auftrags.

1013. Charakter des Vollstreckungsbefehls? § 700.

Der Vollstreckungsbefehl steht einem für vorläufig vollstreckbar erklärten, auf Versäumnis erlassenen Endurteile gleich.

1014. Was folgt aus diesem Charakter? § 700 cf. §§ 338—46.

Es folgt daraus, daß dem Schuldner gegen den Vollstreckungsbefehl wie gegen ein Versäumnisurteil der Einspruch zusteht.

1015. Wird, was die Vertretung anbetrifft, der Einspruch ebenso wie der Widerspruch und wie das Gesuch um Erlaß des Zahlungsbefehls behandelt? § 703.

Nein; hier bedarf es einer Vollmacht für den Vertreter wie beim Erlaß des Vollstreckungsbefehls.

1016. Wird die Zwangsvollstreckung durch den Einspruch gehemmt?

Nein; der Einspruch hat keine aufschiebende Wirkung.

1017. Welche Verschiedenheiten ergeben sich für die Behandlung des Einspruchs, je nachdem der geltend gemachte Anspruch

a) vor die Amtsgerichte, oder

b) vor die Landgerichte gehört? § 700.

a) Das Amtsgericht entscheidet nicht nur über die Zulässigkeit des Einspruchs, sondern gleichzeitig über die Hauptsache.

b) Hier prüft das Amtsgericht lediglich, ob der Einspruch in der gesetzlichen Form und Frist eingelegt ist; erklärt es den Einspruch für zulässig, so ist es Sache des Gläubigers, Klage beim Landgericht zu erheben, wie beim Widerspruch, nur daß hier die sechsmonatliche Frist für die Klageerhebung mit dem Tage der Rechtskraft des Urteils über den Einspruch beginnt.

VIII. Buch. Zwangsvollstreckung.

1. Abschnitt. Allgemeine Bestimmungen.

1018. Begriff der Zwangsvollstreckung?

Zwangsvollstr. ist die Anwendung staatlichen Zwanges zur Verwirklichung eines Rechtes, von einem anderen ein Tun oder Unterlassen zu verlangen (eines Anspruchs im Sinne des bürgerlichen Rechts).

1019. Bei welchen materiellen Ansprüchen versagt jedoch das Gesetz die Hilfe zur zwangsweisen Verwirklichung des Rechtes? § 888.

I. Gänzlich ausgeschlossen ist die Zwangsvollstr. wegen eines Anspruchs:

1) auf Eingehung einer Ehe,

2) auf Herstellung des ehelichen Lebens,

3) auf Leistung von Diensten aus einem Dienstvertrage, sofern dieselben in unvertretbaren Handlungen bestehen.

II. Bei allen sonstigen Ansprüchen auf Vornahme einer unvertretbaren Handlung findet eine Zwangsvollstr. nur unter der Voraussetzung statt, daß die Handlung lediglich vom Willen des Schuldners abhängt.

1020. Was ist Voraussetzung für den Anspruch des Gläubigers gegen den Staat auf Zwangsvollstr.

Voraussetzung für den publizistischen Anspruch des Gläubigers auf Anwendung staatlicher Zwangsgewalt zur Durchführung seines Anspruchs ist das Vorhandensein eines Vollstreckungstitels, d. h. einer öffentlichen Urkunde, auf Grund deren die Zwangsvollstr. wegen des materiellen Anspruchs erfolgen kann. Ihrer Entstehung nach zerfallen die Vollstreckungstitel in richterliche Dekrete und Parteidispositionsakte.

1021. Welches sind die einzelnen Vollstreckungstitel? §§ 801; 704 Abs. 1, 722, 794, 928, 936, 1042.

Die ZPO. zählt die Vollstreckungstitel nicht erschöpfend auf. Sowohl in anderen Reichsgesetzen als auch in Landesgesetzen sind eine Reihe von Vollstreckungstiteln gegeben. Auf Grund landesgesetzlicher Vollstreckungstitel kann außerhalb des betreffenden Bundesstaates jedoch nur im Wege der Rechtshilfe vollstreckt werden.

I. Reichsgesetzliche Vollstreckungstitel
1) der ZPO. sind:
a) an richterlichen Dekreten:
α) inländische Endurteile. Inländische Urteile sind auch die Urteile der deutschen Konsulatsgerichte und der Gerichtsbehörden in den deutschen Schutzgebieten,
β) durch (inländisches) Vollstreckungsurteil für vollstreckbar erklärte ausländische Urteile,
γ) die gerichtlichen Entscheidungen, die durch das Rechtsmittel der Beschwerde anfechtbar sind. Desgleichen auch die Entscheidungen der Beschwerdegerichte, welche, wenn sie in erster Instanz erlassen wären, und die Entscheidungen des Reichsgerichts, welche, wenn es noch eine höhere Instanz gäbe, mit der Beschwerde anfechtbar wären,
δ) die Vollstreckungsbefehle im Mahnverfahren,
ε) die Arrestbefehle und einstweiligen Verfügungen,
ζ) die durch Vollstreckungsurteil für vollstreckbar erklärten Schiedssprüche;
b) an Parteidispositionsakten:
α) die gerichtlichen Vergleiche, sowohl die vor Erhebung der Klage vor dem Amtsgerichte geschlossenen Vergleiche als auch die nach Erhebung der Klage zwischen den Parteien oder zwischen einer Partei und einem Dritten zur Beilegung des Rechtsstreits seinem ganzen Umfange nach oder in betreff eines Teils des Streitgegenstandes vor einem deutschen Gerichte (dem Prozeßgerichte oder einem beauftragten oder ersuchten Richter) abgeschlossenen Vergleiche,
β) exekutorische Urkunden deutscher Gerichte oder Notare;
2) anderer Reichsgesetze sind z. B.:
a) gewerbegerichtliche Endurteile und Vergleiche (Gewerbegerichtsgesetz v. 29. September 1901 § 57),
b) der Beschluß, durch den bei einer Zwangsversteigerung der Zuschlag erteilt wird (ZwVG. §§ 93, 132),
c) die Feststellung in der Konkurstabelle und der Zwangsvergleich (KO. §§ 164 Abs. 2, 194, 206 Abs. 2),
d) die Entscheidungen der Strafgerichte über Vermögensstrafen, Bußen und Kosten (StPO. §§ 83 Abs. 1, 495, 496),
e) die Urteile der Ehrengerichte der Anwaltskammern auf Geldstrafen und Kosten (RAO. §§ 94 Abs. 2, 97 Abs. 2 u. 3).

II. Landesgesetzliche Vollstreckungstitel sind z. B.
1) in Preußen:
a) die vor einem Schiedsmann geschlossenen Vergleiche (§ 32 Pr. Schiedsmannsordnung v. 29. März 1879, Pr. AG. zur Novelle der ZPO. v. 22. September 1899, Art 3),
b) die von einem zum Richteramt befähigten Beamten einer landschaftlichen (ritterschaftlichen) Kreditanstalt in den Grenzen seiner Amtsbefugnisse aufgenommenen Urkunden (§§ 1 u. 10 des Pr. Gesetzes v. 3. August 1897, Pr. AG. zur Novelle der ZPO. v. 22. September 1899, Art. 5);

2) in Württemberg: die vor einer Unterpfandsbehörde aufgenommenen Unterpfandsurkunden (Verf. d. Justizministers v. 12. Juli 1880).

1022. Wann sind inländische Endurteile nur Vollstreckungstitel? §§ 704 Abs. 1; 302, 540, 599.

I. Aus dem erörterten Begriffe der Zwangsvollstr. ergibt sich schon, daß nur aus solchen Urteilen eine Zwangsvollstr. stattfinden kann, durch die der Schuldner zu einem Tun oder Unterlassen verurteilt worden ist (Leistungsurteile), in keinem Falle also aus Feststellungs- und konstitutiven Urteilen; aber auch aus Leistungsurteilen nicht, wenn der materielle Anspruch nicht vollstreckt werden darf (s. Nr. 1019).

II. Weitere Voraussetzung ist:

a) daß das Urteil unbedingt ist,

b) daß es formell rechtskräftig oder vorläufig vollstreckbar ist.

Den Endurteilen sind jedoch kraft positiver Vorschrift hinsichtlich der Zwangsvollstr. die drei Vorbehaltsurteile gleichgestellt.

1023. Welche Endurteile sind formell rechtskräftig? § 705.

I. Die Endurteile, welche durch Rechtsmittel oder Einspruch nicht anfechtbar sind, werden formell rechtskräftig mit ihrer Verkündung, so die kontradiktorischen Urteile, die „weiteren Versäumnisurteile" und das Versäumnisurteil, durch welches der Antrag auf Wiedereinsetzung in den vorigen Stand verworfen wird, sofern diese Urteile von den Landgerichten als Berufungsgerichten, dem Reichsgericht oder dem bayerischen obersten Landesgericht erlassen werden.

II. Die Endurteile, die durch Rechtsmittel oder Einspruch anfechtbar sind, werden rechtskräftig erst mit dem Ablaufe der für die Einlegung der Rechtsmittel oder des Einspruchs gegebenen Notfrist. Formell rechtskräftig wird insbesondere auch ein oberlandesgerichtliches Urteil, das über einen vermögensrechtlichen Anspruch entscheidet, selbst wenn es nach dem Streitwert die Revisionssumme nicht erreicht, erst mit Ablauf der Revisionsfrist.

Durch die rechtzeitige Einlegung des Rechtsmittels oder des Einspruchs wird der Eintritt der Rechtskraft gehemmt.

1024. Wodurch erbringt die Partei den Nachweis der formellen Rechtskraft? § 706.

Durch ein Rechtskraftzeugnis, welches der Partei auf Verlangen in der Regel vom Gerichtsschreiber erster Instanz zu erteilen ist, wenn dieser auf Grund der Prozeßakten die Überzeugung erlangt, daß das Urteil rechtskräftig ist. Handelt es sich um Urteile, die schon mit der Verkündung rechtskräftig werden, so erteilt er das Rechtskraftzeugnis ohne weiteres. Handelt es sich um ein durch Rechtsmittel oder Einspruch anfechtbares Urteil, so hat der Gerichtsschreiber des weiteren zu prüfen, ob entweder die Notfrist fruchtlos abgelaufen ist, oder ob das eingelegte Rechtsmittel oder der Einspruch durch rechtskräftige Entscheidung oder durch

Zurücknahme erledigt ist. Damit der Gerichtsschreiber den fruchtlosen Ablauf der für ein Rechtsmittel gegebenen Notfrist konstatieren kann, ist in der Regel erforderlich, daß die Partei ein Zeugnis des Gerichtsschreibers der Rechtsmittelinstanz (neben der Zustellung des Urteils) darüber beibringt, daß innerhalb der Notfrist ein Schriftsatz zum Zwecke der Terminsbestimmung nicht eingereicht sei (Notfristzeugnis). Bringt die Partei jedoch ein solches Notfristzeugnis bei, so muß der Gerichtsschreiber das Rechtskraftzeugnis geben, vorausgesetzt, daß die Zustellung des Urteils ordnungsmäßig geschehen ist.

1025. Wann ist nicht der Gerichtsschreiber erster Instanz, sondern der Gerichtsschreiber einer höheren Instanz zur Erteilung des Rechtskraftzeugnisses zuständig? § 706.

Solange der Rechtsstreit in einer höheren Instanz anhängig ist, ist das Rechtskraftzeugnis von dem Gerichtsschreiber dieser Instanz zu erteilen. Als anhängig in der höheren Instanz wird hinsichtlich dieser Bestimmung der Rechtsstreit nach allgemeiner, aber nicht gerechtfertigter Auffassung schon dann angesehen, sobald die Prozeßakten vom Gerichtsschreiber der höheren Instanz eingefordert sind und solange, als sie sich dort befinden.

1026. Durch welche Bestimmung beugt die ZPO. einer Verzögerung der Erlangung des Rechtskraftattestes vor, die dadurch entstehen könnte, daß eine Partei zwar die Rechtsmittel- oder die Einspruchsschrift zur Terminsbestimmung einreicht, aber nachher nicht zustellt (weil in diesem Fall der um das Rechtskraftzeugnis angegangene Gerichtsschreiber dasselbe verweigern muß)? § 706 Abs. 3.

In diesem Fall kann die Gegenpartei nach Ablauf der Notfrist beantragen, daß der Partei von dem Gerichtsschreiber eine Frist zum Nachweis der Zustellung bestimmt werde. Erbringt die Partei innerhalb der Frist den Nachweis der Zustellung nicht, so ist das Rechtskraftzeugnis zu erteilen.

War die Vornahme der Zustellung unter Vermittlung des Gerichtsschreibers eingeleitet, so darf die Gegenpartei den erwähnten Antrag erst stellen, wenn nicht nur die Notfrist, sondern auch zwei Wochen nach Einreichung der Schrift bei dem Gerichtsschreiber verstrichen sind, weil hier die auch nach Ablauf der Notfrist erfolgende Zustellung immer noch rechtzeitig innerhalb dieser zwei Wochen geschieht.

1027. Darf jedes Endurteil für vorläufig vollstreckbar erklärt werden? § 704 Abs. 2.

Voraussetzung für die vorläufige Vollstreckbarkeitserklärung eines Urteils ist nicht, daß es seinem Inhalt nach zur Zwangsvollstr. geeignet ist; es können nicht nur Leistungs- sondern auch Feststellungs- und konstitutive Urteile für vorläufig vollstreckbar erklärt werden, mit der Wirkung, daß, wenn aus ihnen auch keine Zwangsvollstr. getätigt werden kann, so doch die sonstigen realen Urteilswirkungen (Vollstreckbarkeit im weiteren Sinn) lebendig werden, so z. B. der Anspruch auf Kostenfestsetzung, die Eintragungsmöglichkeit in öffentliche Bücher usw.

Nicht für vorläufig vollstreckbar erklärt werden dürfen aber: Urteile in Ehesachen und in Rechtsstreitigkeiten, welche die Feststellung des Rechtsverhältnisses zwischen Eltern und Kindern zum Gegenstande haben.

Naturgemäß erübrigt sich eine vorläufige Vollstreckbarkeitserklärung solcher Urteile, die sofort mit der Verkündung rechtskräftig werden.

Alle anderen Endurteile und auch die drei Vorbehaltsurteile sind — von Amts wegen oder auf Antrag — gegen oder ohne Sicherheitsleistung — für vorläufig vollstreckbar zu erklären.

1028. Welche Urteile sind schon von Amts wegen für vorläufig vollstreckbar zu erklären? § 708.

Auch ohne Antrag sind für vorläufig vollstreckbar zu erklären:

1) Urteile, welche auf Grund eines Anerkenntnisses eine Verurteilung aussprechen;

2) Läuterungsurteile (s. Nr. 668);

3) jedes zweite oder fernere in derselben Instanz gegen dieselbe Partei zur Hauptsache erlassene Versäumnisurteil, auch wenn gegen dasselbe noch Einspruch zulässig ist;

4) alle Urteile, welche im Urkunden- oder Wechselprozeß erlassen werden;

5) Urteile, durch welche Arreste oder einstweilige Verfügungen aufgehoben werden;

6) Urteile, welche die Verpflichtung zur Entrichtung von Alimenten oder zur Entrichtung einer nach dem bürgerlichen Recht im Fall der Tötung, der Verletzung des Körpers oder der Gesundheit geschuldeten Geldrente aussprechen, soweit die Entrichtung für die Zeit nach der Erhebung der Klage und für das der Erhebung der Klage vorausgehende letzte Vierteljahr zu erfolgen hat.

1029. Welche Urteile muß das Gericht auf Antrag für vorläufig vollstreckbar erklären? §§ 709 (721); 711; 534, 560. 710.

I. Ohne weiteres sind auf Antrag für vorläufig vollstreckbar zu erklären:

1) alle Urteile über vermögensrechtliche Ansprüche, sofern der Gegenstand der Verurteilung (nicht des Rechtsstreits) an Geld oder Geldeswert die Summe von 300 Mark nicht übersteigt;

2) alle Urteile in den den Amtsgerichten zugewiesenen Miet-, Gesinde- und Reisestreitigkeiten (s. Nr. 5 II a), und zwar auch, wenn sie vom Landgericht oder einem höheren Gericht erlassen sind;

(wird auf Räumung einer Wohnung erkannt, so kann das Gericht aber auf Antrag dem Schuldner eine den Umständen nach angemessene Frist zur Räumung gewähren, und zwar auch dann, wenn das Urteil im einzelnen Fall nicht für vorläufig vollstreckbar erklärt wird);

3) Urteile der Oberlandesgerichte dann, wenn nach dem Ermessen des Gerichts unzweifelhaft ist, daß die Voraussetzungen für die Revision aus dem Grunde nicht vorliegen, weil weder die Revisionssumme erreicht ist noch einer der Fälle vorliegt, in denen eine Revision ohne Rücksicht auf den Streitwert zugelassen ist; —

in der höheren Instanz:

4) jedes Urteil des Vorderrichters, insoweit als dasselbe in der höheren Instanz durch die Rechtsmittelanträge nicht angefochten ist.

II. Alle anderen Urteile sind auf Antrag für vorläufig vollstreckbar zu erklären:

1) wenn glaubhaft gemacht wird, daß die Aussetzung der Vollstreckung dem Gläubiger einen schwer zu ersetzenden oder einen schwer zu ermittelnden Nachteil bringen würde, oder

2) wenn sich der Gläubiger erbietet, vor der Vollstreckung Sicherheit zu leisten.

1030. Ist, abgesehen von dem Fall, in welchem die vorläufige Vollstreckbarkeit aus dem Grunde ausgesprochen ist, weil der Gläubiger sich zur Sicherheitsleistung erboten hat, die vorläufige Vollstreckbarkeit stets als unbedingte auszusprechen? §§ 713 Abs. 1; Abs. 2; 534, 560.

I. In allen Fällen kann das Gericht die vorläufige Vollstreckbarkeit von einer vorgängigen Sicherheitsleistung des Gläubigers abhängig machen, wenn der Schuldner dies beantragt; auch dann, wenn das Gericht das Urteil von Amts wegen für vorläufig vollstreckbar erklären muß.

II. Das Gericht muß sogar die vorläufige Vollstreckbarkeit bedingt anordnen, wenn der Schuldner beantragt, ihm nachzulassen, durch Sicherheitsleistung oder durch Hinterlegung die Vollstreckung abzuwenden — was ihm das Gericht gestatten muß, wenn nicht der Gläubiger wiederum sich erbietet, seinerseits Sicherheitsleistung vor der Vollstreckung zu leisten. In jedem Fall ist also die Vollstreckbarkeitserklärung eine bedingte.

III. Ausgenommen sind nur die Fälle, in denen die vorläufige Vollstreckbarkeit durch das höhere Gericht insoweit ausgesprochen wird, als das Urteil der unteren Instanz durch Rechtsmittel nicht angefochten ist. Hier muß die vorläufige Vollstreckbarkeit stets als unbedingte ausgesprochen werden.

1031. Welche Wirkung äußert die Entscheidung, daß dem Schuldner nachgelassen werde, die Zwangsvollstr. durch Sicherheitsleistung oder Hinterlegung abzuwenden, auf die Vollstreckung, selbst wenn der Schuldner von dem ihm zuerkannten Rechte keinen Gebrauch macht? §§ 720, 815 Abs. 3; 839.

Es darf zwar gepfändet werden, und die gepfändeten Sachen dürfen auch versteigert werden. Gepfändetes Geld oder der Erlös gepfändeter Gegenstände darf aber nicht, wie gewöhnlich, dem Gläubiger ausgehändigt, sondern muß hinterlegt werden.

Entsprechend sind gepfändete Forderungen auch nicht an Zahlungs Statt, sondern nur zur Einziehung, und mit der Maßgabe zu überweisen, daß der Betrag der Forderung hinterlegt werde.

1032. Unter welcher Voraussetzung darf, auch wenn an sich die Bedingungen für eine vorläufige Vollstreckbarkeitserklärung gegeben sind, das Urteil doch nicht für vorläufig vollstreckbar erklärt werden? § 712.

Wenn der Schuldner glaubhaft macht, daß ihm die Vollstreckung des Urteils einen nicht zu ersetzenden Nachteil bringen würde, ist bei den Urteilen, die von Amts wegen für vorläufig vollstreckbar zu erklären sind, auf Antrag des Schuldners auszusprechen, daß das Urteil nicht vorläufig vollstreckbar sei, bei den auf Antrag für vollstreckbar zu erklärenden Urteilen aber der Antrag des Gläubigers zurückzuweisen.

Ausgenommen sind hier nur wieder die Fälle, in denen die vorläufige Vollstreckbarkeit durch das höhere Gericht insoweit ausgesprochen wird, als eine Anfechtung des Urteils der unteren Instanz nicht erfolgt ist.

1033. In welchen Fällen ist das Gericht berechtigt, noch nachträglich die Vollstreckbarkeit des Urteils von einer Sicherheitsleistung abhängig zu machen? §§ 719, 707.

Das Gericht kann auf Antrag nachträglich, d. h. nachdem bereits die Vollstreckbarkeit an sich ausgesprochen ist, anordnen, daß die Zwangsvollstr. aus dem für vorläufig vollstreckbar erklärten Urteile nur gegen Sicherheitsleistung (bzw. gegen eine höhere als die bereits festgesetzte) stattfinde, wenn gegen dieses Urteil der Einspruch oder ein Rechtsmittel eingelegt wird.

Das gleiche gilt von der Zwangsvollstr. aus einem rechtskräftigen Urteil, wenn die Wiedereinsetzung in den vorigen Stand oder eine Wiederaufnahme des Verfahrens beantragt worden ist.

Die Entscheidung, die in der Form des Beschlusses ergeht und unanfechtbar ist, kann ohne vorgängige mündliche Verhandlung erfolgen.

1034. Welche anderen Sicherungsmaßregeln kann das Gericht im Interesse des Schuldners auf seinen Antrag treffen, wenn gegen ein vorläufig vollstreckbares Urteil der Einspruch oder ein Rechtsmittel eingelegt, oder wenn die Wiedereinsetzung in den vorigen Stand oder eine Wiederaufnahme des Verfahrens beantragt wird? §§ 719, 707.

Das Gericht kann anordnen, daß die Zwangsvollstr. gegen Sicherheitsleistung einstweilen eingestellt werde, und kann ferner anordnen, daß die bereits erfolgten Vollstreckungsmaßregeln gegen Sicherheitsleistung wieder aufzuheben seien. Ohne Sicherheitsleistung darf es eine einstweilige Einstellung der Zwangsvollstr. nur anordnen, wenn glaubhaft gemacht wird, daß die Vollstreckung einen nicht zu ersetzenden Nachteil bringen würde, eine Aufhebung der bereits erfolgten Vollstreckungsmaßregeln aber überhaupt nicht.

In jedem Fall ergeht die Entscheidung auf Grund fakultativer mündlicher Verhandlung als unanfechtbarer Beschluß.

1035. Welche Erleichterung gewährt das Gesetz für das Verfahren hinsichtlich der Rückgabe einer Sicherheit in den Fällen, in welchen das Gericht die vorläufige Vollstreckbarkeit eines Urteils davon abhängig gemacht hat, daß der Gläubiger Sicherheit leistet, wenn dieses Urteil rechtskräftig geworden ist? § 715; vgl. § 109.

In diesem Fall bedarf es nicht, wie gewöhnlich, der Festsetzung einer Frist, binnen welcher die Partei, zu deren Gunsten die Sicherheit geleistet ist, in die Rückgabe der Sicherheit einzuwilligen oder die Erhebung der Klage wegen ihrer entgegenstehenden Ansprüche nachzuweisen hat, vielmehr kann das Gericht hier, sobald ein Zeugnis über die Rechtskraft des für vorläufig vollstreckbar erklärten Urteils vorgelegt wird, ohne weiteres auf Antrag (der auch dem Gerichtsschreiber zu Protokoll gegeben werden darf) und ohne vorgängige mündliche Verhandlung die Rückgabe der geleisteten Sicherheit anordnen.

Dieses vereinfachte Rückgabeverfahren ist jedoch unzulässig im Fall der nachträglich angeordneten Sicherheitsleistung.

1036. Wann sind sämtliche die vorläufige Vollstreckbarkeit eines Urteils betreffende Anträge zu stellen? §§ 714; 721.

Sämtliche Anträge (die im Anwaltsprozeß zu verlesen sind) müssen vor Schluß der mündlichen Verhandlung, auf die das Urteil ergeht, gestellt werden.

Die Entscheidung über die vorläufige Vollstreckbarkeit ergeht in der Regel zusammen mit der Entscheidung über die Hauptsache im Endurteil.

Das gleiche gilt auch von dem Antrag auf Gewährung einer Frist zur Räumung einer Wohnung.

1037. Wann muß ausnahmsweise über die vorläufige Vollstreckbarkeit vorab entschieden werden? §§ 534, 560; 718.

I. In der Berufungs- wie in der Revisionsinstanz ist auf den im Laufe der mündlichen Verhandlung gestellten Antrag das Urteil der unteren Instanz, soweit es nicht angefochten ist, vorab — durch unanfechtbaren Beschluß für vorläufig vollstreckbar zu erklären.

II. In der Berufungsinstanz ist außerdem über die vorläufige Vollstreckbarkeit vorab zu verhandeln und vorab zu entscheiden, wenn in der ersten Instanz bereits eine Entscheidung über die vorläufige Vollstreckbarkeit ergangen (nicht auch dann, wenn sie vorschriftswidrig unterlassen) ist und das Urteil hinsichtlich der Vollstreckbarkeit angefochten ist, —

vorausgesetzt, daß nicht ein neuer Antrag in Ansehung der Vollstreckbarkeit gestellt wird (vgl. auch Nr. 746).

1038. Welches Mittel hat der Gläubiger, um eine Entscheidung über die vorläufige Vollstreckbarkeit zu erzielen, wenn diese vorschriftswidrig unterlassen ist? §§ 716, 721.

Sowohl in dem Fall, wo der Antrag, das Urteil für vorläufig vollstreckbar zu erklären, übergangen ist, als auch in dem Fall, wo, trotzdem das Urteil von Amts wegen für vorläufig vollstreckbar zu erklären war, eine Entscheidung über die vorläufige Vollstreckbarkeit nicht ergangen ist, kann der Gläubiger eine Ergänzung des Urteils (s. Nr. 451, 452) verlangen.

Eine Ergänzung des Urteils kann auch beantragt werden, wenn der Antrag auf Gewährung einer Frist zur Räumung einer Wohnung im Urteil übergangen ist.

1039. Welche Wirkung hat es auf die vorläufige Vollstreckbarkeit eines Urteils, wenn dieses später durch ein anderes Urteil in bezug auf die Hauptsache oder die Vollstreckbarkeitserklärung aufgehoben oder abgeändert wird? §§ 717; 775 Z. 1, 776.

In diesem Fall tritt die vorläufige Vollstreckbarkeit ipso iure insoweit außer Kraft, als die Aufhebung oder Abänderung erfolgt, und zwar gleich mit der Verkündung, nicht erst mit der Rechtskraft des neuen Urteils, so daß jede nach diesem Zeitpunkt vorgenommene Vollstreckungshandlung unwirksam ist.

Eine Einstellung der Zwangsvollstr. geschieht jedoch erst, wenn den Vollstreckungsorganen eine Ausfertigung der vollstreckbaren Entscheidung vorgelegt wird. (Also keine vollstreckbare Ausfertigung der Entscheidung [s. Nr. 1057], sondern nur eine Ausfertigung der vollstreckbaren Entscheidung; vollstreckbar ist die Entscheidung aber nach dem Gesagten bereits mit der Verkündung!) Wird die Zwangsvollstr. eingestellt, so sind zugleich die bereits erfolgten Vollstreckungsmaßregeln aufzuheben.

1040. Welcher Nachteil kann dem Gläubiger durch eine auf Grund eines vorläufig vollstreckbaren Urteils getätigte Zwangsvollstr. erwachsen, wenn das Urteil später in der Hauptsache aufgehoben oder abgeändert wird? § 717 Abs. 2.

Der Gläubiger ist dann dem Schuldner zum Ersatz des Schadens verpflichtet, der ihm durch die Vollstreckung des Urteils oder durch eine zur Abwendung der Vollstreckung gemachte Leistung entstanden ist.

1040a. Wie wird der Schadensersatzanspruch geltend gemacht? § 717 Abs. 2.

Der Schuldner kann den Schadensersatzanspruch in einem besonderen Prozeß, aber auch schon in dem anhängigen Rechtsstreit geltend machen.

Letzteres hat den Vorteil, daß der Anspruch bereits als zur Zeit der Zahlung oder Leistung rechtshängig geworden anzusehen ist.

1041. *Wie erlangt die Partei das zur Zwangsvollstr. aus einem ausländischen Urteil erforderliche Vollstreckungsurteil? § 722.*

Die Partei muß im Inlande auf Erlassung des Vollstreckungsurteils klagen.

Für diese Klage ist ausschließlich örtlich zuständig das Amts- oder Landgericht, bei welchem der Schuldner seinen allgemeinen Gerichtsstand hat; in Ermangelung eines solchen ist der Gerichtsstand des Vermögens (s. Nr. 31) gegeben.

Das Vollstreckungsurteil ist wie jedes Endurteil durch Rechtsmittel oder Einspruch anfechtbar, kann auch unter denselben Voraussetzungen wie jedes andere Urteil für vorläufig vollstreckbar erklärt werden.

1042. *Wann hat das Gericht dem Antrag auf Erlaß des Vollstreckungsurteils stattzugeben? § 723.*

Es hat ohne Prüfung der Gesetzmäßigkeit der Entscheidung des ausländischen Gerichts das Vollstreckungsurteil zu erlassen, es sei denn:

a) daß das ausländische Urteil nach dem ausländischen Recht noch anfechtbar ist;

b) daß die Voraussetzungen fehlen, unter denen ein ausländisches Urteil im Inlande materielle Rechtskraft erlangt (s. Nr. 461);

c) daß der Schuldner neue begründete Einwendungen gegen den durch das ausländische Urteil festgestellten Anspruch erhebt, vorausgesetzt, daß die Gründe, auf denen diese Einwendungen beruhen, erst nach dem Zeitpunkt entstanden sind, in dem sie spätestens in Gemäßheit des ausländischen Rechts hätten geltend gemacht werden können.

Dagegen ist nicht erforderlich, daß das ausländische Urteil ein Leistungsurteil ist, da nicht nur die Vollstreckung im engeren Sinne, sondern auch die sonstigen realen Urteilswirkungen des ausländischen Urteils von dem Erlasse eines Vollstreckungsurteils abhängig sind.

1043. *Ist auch für die Zwangsvollstr. aus den mit Beschwerde anfechtbaren Entscheidungen Voraussetzung, daß sie rechtskräftig oder vorläufig vollstreckbar sind? §§ 794 Z. 3, 99 Abs. 3.*

Nein, diese Entscheidungen sind bereits mit ihrem Erlaß vollstreckbar, weshalb auch eine vorläufige Vollstreckbarkeitserklärung nicht nur nicht überflüssig, sondern sogar unzulässig ist. Voraussetzung für die Zwangsvollstr. aus diesen Entscheidungen ist nur, daß sie einen zur Zwangsvollstr. geeigneten Inhalt haben.

Zu diesen Entscheidungen gehört auch ein Endurteil, nämlich das Urteil, das nur über die Kosten entscheidet (s. Nr. 138a), vorausgesetzt, daß es ein kontradiktorisches Endurteil ist; als Versäumnisurteil ist es dagegen durch Einspruch anfechtbar, nicht also schon mit der Verkündung vollstreckbar, kann aber unter den allgemeinen Voraussetzungen für vorläufig vollstreckbar erklärt werden.

1044. Bei welchen Entscheidungen hat jedoch die Beschwerde ausnahmsweise aufschiebende Wirkung? § 572 Abs. 1.

Die Einlegung der Beschwerde hat ausnahmsweise aufschiebende Wirkung, wenn sie gerichtet ist:

a) gegen die Beschlüsse, durch die gegen ungehorsame Zeugen oder Sachverständige — im Eheverfahren auch gegen die ungehorsame Partei — Strafen oder Zwangsmaßregeln angeordnet werden;

b) im Entmündigungsverfahren gegen die Beschlüsse, durch die die Unterbringung des zu Entmündigenden in eine Heilanstalt angeordnet oder die Entmündigung aufgehoben wird;

c) gegen die Beschlüsse, durch welche der Antrag, eine Frist für die Einwilligung in die Rückgabe einer geleisteten Sicherheit zu bestimmen, abgelehnt, oder durch welche die Rückgabe der Sicherheit angeordnet wird. —

Trotz der aufschiebenden Wirkung der Beschwerde ist jedoch auch in diesen Fällen eine vorläufige Vollstreckbarkeitserklärung nicht zugelassen, weil das Gesetz die Zwangvollstr. bei diesen Entscheidungen eben aufgeschoben haben will (überhaupt auch nur Urteile nach der ZPO. für vorläufig vollstreckbar erklärt werden können).

1045. Wann sind gerichtliche Vergleiche, Vollstreckungsbefehle, Arrestbefehle und einstweilige Verfügungen, sowie durch Vollstreckungsurteil für vollstreckbar erklärte Schiedssprüche vollstreckbar?

I. Gerichtliche Vergleiche, Vollstreckungsbefehle, Arrestbefehle und einstweilige Verfügungen sind sofort vollstreckbar, Arrestbefehle und einstweilige Verfügungen auch dann, wenn sie in Form eines Urteils erlassen werden, so daß sich bei ihnen eine vorläufige Vollstreckbarkeitserklärung erübrigt.

II. Durch Vollstreckungsurteil für vollstreckbar erklärte Schiedssprüche sind ebenso wie die durch Vollstreckungsurteil für vollstreckbar erklärten ausländischen Urteile vollstreckbar, wenn das Vollstreckungsurteil rechtskräftig oder für vorläufig vollstreckbar erklärt ist.

1046. Welche Urkunden sind exekutorische Urkunden und damit Vollstreckungstitel? § 794 Z. 5.

Exekutorische Urkunden sind solche Urkunden, die

a) von einem deutschen Gerichte oder von einem deutschen Notar innerhalb der Grenzen seiner Amtsbefugnisse in der vorgeschriebenen Form aufgenommen sind, und

b) über einen Anspruch errichtet sind, welcher die Zahlung einer bestimmten Geldsumme oder die Leistung einer bestimmten Quantität anderer vertretbarer Sachen oder Wertpapiere zum Gegenstande hat (wobei als ein Anspruch, welcher die Zahlung einer Geldsumme zum

Gegenstande hat, auch der Anspruch aus einer Hypothek, Grund- oder Rentenschuld gilt) und

c) bei denen der Schuldner sich in der Urkunde der sofortigen Zwangsvollstr. unterworfen hat.

1046a. In welchen besonderen Fällen kann eine exekutorische Urkunde auch über andere als die erwähnten Ansprüche errichtet werden? § 794 Abs. 2.

In den Fällen, in denen zur Zwangsvollstr. in bestimmte Gegenstände die Verurteilung eines dritten Beteiligten zur Duldung der Zwangsvollstr. erforderlich ist (wie z. B. beim gesetzlichen Güterstande der Verwaltungsgemeinschaft die Verurteilung des Ehemannes zur Duldung der Zwangsvollstr. in das eingebrachte Gut der Ehefrau wegen Verbindlichkeiten derselben), kann sich der dritte Beteiligte in einer exekutorischen Urkunde hinsichtlich des gegen ihn gegebenen Anspruchs auf Duldung der Zwangsvollstr. der sofortigen Zwangsvollstr. unterwerfen.

In diesen Fällen ist es gleichgültig, welcher Art die Verbindlichkeiten sind, wegen deren der Beteiligte zur Duldung der Zwangsvollstr. verpflichtet ist.

1047. Welchen Inhalt muß der Vollstreckungstitel hinsichtlich der Bezeichnung der Parteien haben? §§ 750; 735, 736, 747.

Die Personen, für und gegen welche die Zwangsvollstr. stattfinden soll, müssen im Vollstreckungstitel namentlich bezeichnet sein. Es genügt also z. B. bei einer Mehrheit von Gläubigern nicht die Bezeichnung „Schulze und Genossen", sondern es müssen die einzelnen Gläubiger dem Namen nach bezeichnet werden. Anders bei juristischen Personen oder solchen Personengesamtheiten, welche ohne juristische Persönlichkeit zu haben, als solche klagen oder verklagt werden können: hier bedarf es nicht nur nicht zur Zwangsvollstr. der Aufführung der einzelnen Mitglieder im Vollstreckungstitel, eine solche würde sogar nicht einmal ausreichen.

So genügt z. B. zur Zwangsvollstr. in das Vermögen eines nicht rechtsfähigen Vereins ein gegen den Verein lautender Vollstreckungstitel, während zur Zwangsvollstr. in das Gesellschaftsvermögen einer Gesellschaft des bürgerlichen Gesetzbuchs ein gegen alle Gesellschafter (anders bei der offenen Handelsgesellschaft, HGB. § 122 l), zur Zwangsvollstr. in einen Nachlaß, wenn mehrere Erben vorhanden sind, bis zur Teilung ein gegen alle Erben lautender Vollstreckungstitel erforderlich ist.

1048. Was ergibt sich aus den Wirkungen des ehelichen Güterrechts für den Inhalt des Vollstreckungstitels, wenn Ehegatten Schuldner sind? §§ 739, 742 Abs. 1, 741; 740, 741, 742 Abs. 2; 743, vgl. auch 744; 745.

I. Bei dem Güterstande der Verwaltung und Nutznießung, der Errungenschaftsgemeinschaft und der Fahrnisgemeinschaft ist die Zwangsvollstr. in das eingebrachte Gut der Ehefrau nur zulässig, wenn die Ehefrau zur Leistung und der Ehemann zur Duldung der Zwangsvollstr. in das eingebrachte Gut verurteilt ist (vgl. jedoch Nr. 1046 a).

Eine solche Verurteilung des Ehemannes neben der Ehefrau erübrigt sich:

a) wenn beide Ehegatten solidarisch verurteilt sind;

b) wenn der Vollstreckungstitel gegen die Frau schon bei Schließung der Ehe vorhanden ist oder zwar nachträglich, aber in Verfolg eines schon damals anhängigen Prozesses erlassen wird (s. Nr. 1051 Z. 6);

c) wenn die Frau selbständig ein Erwerbsgeschäft betreibt, — es sei denn, daß zur Zeit des Eintritts der Rechtshängigkeit ein Einspruch des Mannes gegen den Betrieb des Erwerbsgeschäfts bzw. ein Widerruf seiner Einwilligung zu dem Betriebe im Güterrechtsregister eingetragen war.

II. Bei dem Güterstande der allgemeinen Gütergemeinschaft, der Errungenschaftsgemeinschaft und der Fahrnisgemeinschaft ist zur Zwangvollstr. in das Gesamtgut ein gegen den Ehemann — als gesetzlichen Vertreter des gütergemeinschaftlichen Vermögens im Prozeß — ergangenes Urteil erforderlich und genügend. Ein gegen die Ehefrau allein ergangenes Urteil genügt aber zur Zwangsvollstr. in das Gesamtgut:

a) wenn die Ehefrau selbständig ein Erwerbsgeschäft betreibt (nur mit den Ausnahmen wie sub I c);

b) wenn die allgemeine Gütergemeinschaft oder die Fahrnisgemeinschaft erst eingetreten ist, nachdem ein von der Ehefrau oder gegen sie geführter Rechtsstreit rechtshängig geworden ist (s. Nr. 1051 Z. 6).

III. Nach der Beendigung der allgemeinen Gütergemeinschaft, der Errungenschaftsgemeinschaft und der Fahrnisgemeinschaft ist vor der Auseinandersetzung die Zwangsvollstr. in das Gesamtgut nur zulässig, wenn beide Ehegatten zu der Leistung, oder doch der eine zu der Leistung und der andere zu der Duldung der Zwangsvollstr. verurteilt sind.

IV. Im Fall der fortgesetzten Gütergemeinschaft ist zur Zwangsvollstr. in das Gesamtgut ein gegen den überlebenden Ehegatten allein ergangenes Urteil erforderlich und genügend.

1049. Welchen Einfluß übt, abgesehen von dem Nießbrauch des Ehemannes an dem eingebrachten Gute der Ehefrau, der Nießbrauch an einem Vermögen auf die Zwangsvollstr. in die dem Nießbrauch unterliegenden Gegenstände aus? §§ 746; 737, 738.

I. Die Gläubiger eines unter elterlicher Gewalt stehenden Kindes können ohne Rücksicht auf die elterliche Nutznießung Befriedigung aus dem Vermögen des Kindes verlangen; zur Zwangsvollstr. in das der elterlichen Nutznießung unterliegende Vermögen des Kindes ist ein gegen das Kind ergangenes Urteil (Vergleich usw.) genügend.

II. Im übrigen ist bei Bestehen eines Nießbrauches an einem Vermögen wegen der vor Bestellung des Nießbrauchs entstandenen Verbindlichkeiten des Bestellers die Zwangsvollstr. in die dem Nießbrauch unterliegenden Gegenstände ohne Rücksicht auf den Nießbrauch zulässig, wenn der Besteller zu der Leistung und der Nießbraucher zur

Duldung der Zwangsvollstr. verurteilt ist (während wegen der erst nach Bestellung des Nießbrauchs entstandenen Forderungen der Gläubiger die Zwangsvollstr. nur unter Berücksichtigung des Nießbrauchs betreiben kann).

Einer besonderen Verurteilung des Nießbrauchers bedarf es aber — abgesehen von dem Fall, wo der Nießbraucher in einer exekutorischen Urkunde die sofortige Zwangsvollstr. in die seinem Recht unterworfenen Gegenstände bewilligt hat — dann nicht, wenn die Bestellung des Nießbrauchs erst nach der rechtskräftigen Feststellung der Schuld des Bestellers erfolgt ist (s. Nr. 1051 Z. 9).

1050. Was ergibt sich für die Zwangsvollstr. in einen Nachlaß, für den ein Testamentsvollstrecker bestellt ist, aus den diesem zustehenden Befugnissen? § 748.

I. Unterliegt ein Nachlaß der Verwaltung eines Testamentsvollstreckers, so ist, da diesem allein das Recht zusteht, über die Nachlaßgegenstände zu verfügen, zur Zwangsvollstr. in den Nachlaß ein gegen den Testamentsvollstrecker lautender Vollstreckungstitel erforderlich und genügend.

II. Steht dem Testamentsvollstrecker aber nur die Verwaltung einzelner Nachlaßgegenstände zu, so ist die Zwangsvollstr. in diese Gegenstände nur zulässig, wenn der Erbe zu der Leistung, und der Testamentsvollstrecker zur Duldung der Zwangsvollstr. in dem Vollstreckungstitel verpflichtet ist, da in diesem Fall die Geltendmachung eines Anspruchs, der sich gegen den Nachlaß richtet, nur gegen den Erben zulässig ist, während das ausschließliche Verfügungsrecht über die einzelnen Gegenstände dem Testamentsvollstrecker zusteht;

III. In beiden Fällen ist jedoch zur Zwangsvollstr. wegen eines Pflichtteilsanspruchs ein sowohl gegen den Erben als auch gegen den Testamentsvollstrecker lautender Vollstreckungstitel erforderlich, da die Vertretung des Nachlasses gegen einen Pflichtteilsanspruch außerhalb der Aufgaben des Testamentsvollstreckers liegt, ein solcher Anspruch vielmehr immer nur gegen den Erben geltend gemacht werden kann.

1051. In welchem Umfang erkennt die ZPO. die Vollstreckbarkeit der Vollstreckungstitel für und gegen andere als die in ihnen genannten Personen an? §§ 727—729; 742; 744; 745; 738; 749; 800.

Wie sich die Rechtskraft der Schuldtitel regelmäßig nur auf die Prozeßparteien und bloß ausnahmsweise auf Dritte erstreckt (s. Nr. 460), so ist auch die Vollstreckbarkeit der Schuldtitel regelmäßig nur für und gegen die in diesen bezeichneten Personen, und nur ausnahmsweise auch für und gegen andere Personen gegeben. Dabei ist aber zu beachten, daß Rechtskraftwirkung und Vollstreckbarkeit für und gegen dritte Personen sich nicht decken. Letztere tritt vielmehr nur ein:

1) für den Rechtsnachfolger des im Urteil (Vergleich usw.) bezeichneten Gläubigers, ferner gegen denjenigen Rechtsnachfolger des in

dem Urteile bezeichneten Schuldners und denjenigen Besitzer der in Streit befangenen Sache, gegen welche das Urteil Rechtskraftwirkung hat (s. Nr. 460, I);

2) für und gegen den Nacherben, wenn gegenüber dem Vorerben ein für oder gegen den Nacherben rechtswirksames Urteil ergangen ist (s. Nr. 460, III, 4);

3) für und gegen den Erben, wenn gegenüber dem Testamentsvollstrecker ein dem Erben gegenüber rechtswirksames Urteil ergangen ist (s. Nr. 460, III, 5);

4) wenn jemand das Vermögen eines anderen durch Vertrag mit diesem nach der rechtskräftigen Feststellung einer Schuld des anderen übernommen hat: hinsichtlich des Übernehmers;

5) gegen denjenigen, welcher ein unter Lebenden erworbenes Handelsgeschäft unter der bisherigen Firma fortführt: in Ansehung der Verbindlichkeiten, für welche er nach Handelsrecht haftet (HGB. § 25), vorausgesetzt, daß sie vor dem Erwerbe des Geschäfts gegen den früheren Inhaber rechtskräftig festgestellt worden sind;

6) für und gegen den Ehemann: in bezug auf Urteile in Prozessen der Ehefrau, welche vor der Verheiratung anhängig geworden sind;

7) gegen die Ehefrau: in Ansehung des Gesamtguts, wenn die Beendigung der allgemeinen Gütergemeinschaft, der Errungenschaftsgemeinschaft oder der Fahrnisgemeinschaft nach der rechtskräftigen Beendigung eines Rechtsstreits des Ehemannes eingetreten ist;

8) gegen die anteilsberechtigten Abkömmlinge: hinsichtlich des Gesamtguts bei der fortgesetzten Gütergemeinschaft, wenn die Beendigung der letzteren nach der rechtskräftigen Beendigung eines Rechtsstreits des überlebenden Ehegatten erfolgt ist;

9) gegen denjenigen, welchem der Nießbrauch an einem Vermögen erst nach der rechtskräftigen Feststellung einer Schuld des Bestellers gewährt worden ist: in Ansehung der dem Nießbrauch unterliegenden Gegenstände;

10) für und gegen den Testamentsvollstrecker bezüglich eines für oder gegen den Erblasser ergangenen Urteils: aber nur hinsichtlich der seiner Verwaltung unterliegenden Nachlaßgegenstände;

11) wenn ein Grundstückseigentümer sich in einer vollstreckbaren Urkunde in Ansehung einer Hypothek, Grund- oder Rentenschuld der sofortigen Zwangsvollstr. in der Weise unterworfen hat, daß dieselbe auch gegen den jeweiligen Eigentümer zulässig sein soll und die Unterwerfung im Grundbuch eingetragen ist: hinsichtlich des jeweiligen Grundstückseigentümers.

1051 a. Unter welchen Voraussetzungen ist jedoch nur die Vollstreckung aus einem gegen den Erblasser lautenden Titel gegen den Erben (als Gesamtrechtsnachfolger) zulässig? § 778.

Die Vollstreckung aus einem solchen Titel ist gegen den Erben erst nach Annahme der Erbschaft zulässig. Vorher kann zwar in den Nachlaß vollstreckt werden, aber niemals gegen den Erben, sondern nur gegen einen vom Nachlaßgericht bestellten Nachlaßpfleger oder einen zur Verwaltung des Nachlasses berechtigten Testamentsvollstrecker. Vollstreckt werden kann in den Nachlaß aber nur wegen solcher Ansprüche, die sich gegen den Nachlaß richten, nicht auch wegen eigener Verbindlichkeiten des Erben; wegen dieser ist die Zwangsvollstr. nur in das eigene Vermögen des Erben zulässig.

1052. Was ist formelle Voraussetzung für die Vollstreckung aus einem Vollstreckungstitel? § 724 Abs. 1.

Die Vollstreckung darf nur stattfinden auf Grund einer mit der Vollstreckungsklausel versehenen Ausfertigung (vollstreckbare Ausfertigung) des Vollstreckungstitels.

1053. Bedürfen alle Vollstreckungstitel der Vollstreckungsklausel? §§ 796 Abs. 1, 929 Abs. 1, 936.

Einer Vollstreckungsklausel bedürfen nicht die Vollstreckungsbefehle, die Arrestbefehle und einstweiligen Verfügungen, es sei denn, daß die Zwangsvollstr. für einen anderen als den in der Entscheidung bezeichneten Gläubiger oder gegen einen anderen als den darin bezeichneten Schuldner erfolgen soll.

Alle übrigen Vollstreckungstitel, auch die zu einem ausländischen Urteil oder einem Schiedsspruch ergehenden Vollstreckungsurteile, bedürfen ausnahmslos der Vollstreckungsklausel, und zwar nicht nur zur Vollstreckung im engeren Sinn, sondern zu jeder realen Urteilswirkung (Vollstreckung im weiteren Sinn).

1054. Wer erteilt die Vollstreckungsklausel? §§ 724 Abs. 2, 797 Abs. 1 u. 2.

Die Erteilung der vollstreckbaren Ausfertigung geschieht durch den Gerichtsschreiber des Gerichts erster Instanz, und wenn der Rechtsstreit bei einem höheren Gericht anhängig ist (Nr. 1025), durch den Gerichtsschreiber dieses Gerichts.

Die vollstreckbare Ausfertigung gerichtlicher exekutorischer Urkunden und Vergleiche wird von dem Gerichtsschreiber des Gerichts erteilt, welches die Urkunde oder den Vergleich aufgenommen hat.

Die vollstreckbare Ausfertigung notarieller exekutorischer Urkunden wird von dem Notar erteilt, welcher die Urkunde verwahrt. Befindet sich die Urkunde in der Verwahrung einer Behörde, so hat diese die vollstreckbare Ausfertigung zu erteilen.

1055. Ist der Gerichtsschreiber völlig unabhängig von dem Vorsitzenden des Gerichts bei der Erteilung der vollstreckbaren Ausfertigung? §§ 730, 733 Abs. 1.

Im allgemeinen ja: er prüft selbständig, ob die Voraussetzungen für die Erteilung der Vollstreckungsklausel gegeben sind, insbesondere also z. B. bei Urteilen, ob dieselben rechtskräftig oder vorläufig vollstreckbar sind.

Dagegen darf der Gerichtsschreiber eine vollstreckbare Ausfertigung nur auf Anordnung des Vorsitzenden erteilen in allen Fällen:

1) in denen die Vollstreckung nach Inhalt des Vollstreckungstitels von dem durch den Gläubiger — schlechthin, ohne Rücksicht auf die Beweislast — zu beweisenden Eintritt einer Tatsache, z. B. einer Vorleistung des Gläubigers abhängt, es sei denn, daß diese Tatsache:

a) eine dem Gläubiger obliegende Sicherheitsleistung ist, oder

b) bei einer Zug um Zug zu bewirkenden Leistung des Gläubigers an den Schuldner die Tatsache, daß der Gläubiger das seinerseits Erforderliche getan hat (der Schuldner also befriedigt oder im Verzuge der Annahme ist);

2) in denen die Vollstreckung für einen anderen Gläubiger oder gegen einen anderen Schuldner als den im Vollstreckungstitel bezeichneten erfolgen soll (s. Nr. 1051);

3) in denen eine Partei die Erteilung einer weiteren vollstreckbaren Ausfertigung verlangt, ohne die früher erteilte zurückzugeben.

1055a. Unter welchen Voraussetzungen darf der Vorsitzende die Erteilung der Vollstreckungsklausel nur anordnen? §§ 726; 727 (728, 729, 738, 742, 744, 745, 749); 792.

I. Wenn die Vollstreckung des Schuldtitels nach seinem Inhalt von dem Eintritt einer Tatsache abhängt, so darf der Vorsitzende die Erteilung der vollstreckbaren Ausfertigung nur anordnen, wenn der Beweis des Eintritts der Tatsache durch öffentliche oder öffentlich beglaubigte Urkunden geführt wird.

(Soweit dagegen in den Fällen, in welchen die Vollstreckung von dem Eintritt einer Tatsache abhängt, der Gerichtsschreiber bei Erteilung der Vollstreckungsklausel von dem Vorsitzenden unabhängig ist, bedarf es auch eines Beweises des Eintritts der Tatsache durch öffentliche oder öffentlich beglaubigte Urkunden nicht, es sei denn, daß bei Abhängigkeit der Vollstreckung von einer Zug um Zug zu bewirkenden Leistung des Gläubigers an den Schuldner die dem Schuldner obliegende Leistung in der Abgabe einer Willenserklärung besteht.)

II. Sofern der Schuldtitel für oder gegen andere als die in ihm bezeichneten Personen vollstreckbar ist, darf die vollstreckbare Ausfertigung nur erteilt werden, sofern die Tatsache, von welcher die ZPO. die Vollstreckbarkeit für oder gegen diese anderen Personen abhängig macht (Rechtsnachfolge, Besitzverhältnis 2c.) entweder bei dem Gericht offenkundig ist oder durch öffentliche bzw. öffentlich beglaubigte Urkunden nachgewiesen werden. —

Zur Führung des urkundlichen Beweises kann der Gläubiger die Erteilung eines Erbscheins oder einer anderen Urkunde, die dem Schuldner auf Antrag von einer Behörde, einem Beamten oder einem Notar zu erteilen ist, an Stelle des Schuldners verlangen.

1056. Darf der Gläubiger auch auf Erteilung der Vollstreckungsklausel klagen? § 731.

Im allgemeinen kann der Gläubiger seinen Anspruch auf Erteilung einer vollstreckbaren Ausfertigung nur durch ein an den Gerichtsschreiber zu richtendes Gesuch geltend machen. Nur in den Fällen, wo er den von ihm zu erbringenden Nachweis durch öffentliche oder öffentlich beglaubigte Urkunden nicht zu führen vermag, kann der Gläubiger aus dem Urteil, und zwar ausschließlich bei dem Prozeßgericht erster Instanz (vgl. aber § 797 Abs. 5) Klage auf Erteilung der Vollstreckungsklausel erheben.

Über die Erinnerungen des Schuldners gegen die Erteilung der Vollstreckungsklausel vgl. Nr. 1098ff.

1057. In welcher Form wird die vollstreckbare Ausfertigung eines Vollstreckungstitels erteilt? §§ 725; 727 Abs. 2, 733 Abs. 4, 730; 734.

Die vollstreckbare Ausfertigung des Vollstreckungstitels ist eine gewöhnliche Ausfertigung desselben, der am Schluß die vom Gerichtsschreiber zu unterschreibende und mit dem Gerichtssiegel zu versehende Vollstreckungsklausel beigefügt ist, die regelmäßig dahin lautet:

„Vorstehende Ausfertigung wir dem A. A. zum Zweck der Zwangsvollstr. erteilt."

In diesen Rahmen sind alle im konkreten Fall erforderlichen Zusätze einzufügen, z. B. die Beschränkung der Zwangsvollstr. auf einen Teil des Streitgegenstandes, die Bezeichnung der Rechtsnachfolger der einen oder der anderen Partei. Vorgeschrieben ist insbesondere die Feststellung der Offenkundigkeit der Rechtsnachfolge usw., sowie die Bezeichnung einer weiteren Ausfertigung als solcher und die Erwähnung der Anordnung des Vorsitzenden. —

Um zu verhindern, daß dem Gläubiger mehrere vollstreckbare Ausfertigungen erteilt werden, auf Grund deren er mehrfach vollstrecken könnte, hat der Gerichtsschreiber vor der Aushändigung einer vollstreckbaren Ausfertigung auf der Urschrift des Vollstreckungstitel zu bemerken, für welche Partei und zu welcher Zeit die Ausfertigung erteilt ist.

1057a. Wann bedarf es ausnahmsweise nicht der Erteilung einer neuen Vollstreckungsklausel, obwohl die Vollstreckung nicht mehr gegen den im Vollstreckungstitel (bzw. in der alten Vollstreckungsklausel) bezeichneten Schuldner erfolgen kann? § 779.

Eine Zwangsvollstr., die zur Zeit des Todes des Schuldners gegen diesen bereits begonnen hatte, kann in den Nachlaß fortgesetzt werden, ohne daß es einer neuen Vollstreckungsklausel bedürfte.

1058. Wann darf die Zwangsvollstr. erst beginnen? §§ 750—752; 756 u. 765 vgl. mit 726 Abs. 2.

I. Voraussetzung für den Beginn jeder Zwangsvollstr. ist, daß der

Vollstreckungstitel entweder bereits zugestellt ist oder doch gleichzeitig mit dem Beginn der Vollstreckung zugestellt wird.

Handelt es sich um die Vollstreckung eines Titels, dessen vollstreckbare Ausfertigung nur auf Anordnung des Vorsitzenden erlassen werden darf (mit Ausnahme des Falls der Erteilung einer weiteren vollstreckbaren Ausfertigung!), so muß neben dem Vollstreckungstitel auch die demselben beigefügte Vollstreckungsklausel, und, sofern die Vollstreckungsklausel auf Grund öffentlicher oder öffentlich beglaubigter Urkunden erteilt ist, auch eine Abschrift dieser Urkunden vor oder gleichzeitig mit dem Beginn der Zwangsvollstr. zugestellt werden.

II. Ist die Geltendmachung des Anspruchs von dem Eintritt eines Kalendertages abhängig, so darf die Zwangsvollstr. auch erst beginnen, wenn der Kalendertag abgelaufen ist.

III. Hängt die Vollstreckung von einer dem Gläubiger obliegenden Sicherheitsleistung ab, so darf die Zwangsvollstr. erst beginnen, wenn die Sicherheitsleistung durch eine öffentliche oder öffentlich beglaubigte Urkunde nachgewiesen und eine Abschrift dieser Urkunde bereits zugestellt oder gleichzeitig zugestellt wird.

IV. Gegen eine dem aktiven Heere oder der aktiven Marine angehörende Militärperson darf die Zwangsvollstr. erst beginnen, nachdem von derselben die vorgesetzte Militärbehörde Anzeige erhalten hat.

V. Die Vollstreckung endlich, die von einer Zug um Zug zu bewirkenden Leistung des Gläubigers an den Schuldner abhängt, darf mit Rücksicht darauf, daß hier die Vollstreckungsklausel vom Gerichtsschreiber regelmäßig erteilt wird, ohne daß die Befriedigung des Schuldners bzw. sein Annahmeverzug vorher bewiesen zu werden braucht, erst beginnen:

1) seitens des Gerichtsvollziehers — wenn entweder:

a) der Gerichtsvollzieher (oder der Gläubiger in seiner Gegenwart) dem Schuldner die diesem gebührende Leistung in einer den Verzug der Annahme begründenden Weise (BGB. § 298) angeboten hat, oder

b) dem Schuldner bereits eine Abschrift von öffentlichen oder öffentlich beglaubigten Urkunden zugestellt ist oder gleichzeitig zugestellt wird, durch die der Beweis geführt wird, daß der Schuldner befriedigt oder im Verzug der Annahme ist;

2) seitens des Vollstreckungsgerichts:

wenn der Beweis, daß der Schuldner befriedigt oder im Verzug der Annahme ist, durch öffentliche oder öffentlich beglaubigte Urkunden geführt wird und eine Abschrift dieser Urkunden bereits zugestellt ist. (Einer Zustellung bedarf es nur dann nicht, wenn der Gerichtsvollzieher bereits die Vollstreckung begonnen hatte und durch das von ihm dabei aufgenommene Protokoll der Beweis dafür erbracht wird, daß die Voraussetzungen für den Beginn der Vollstreckung gegeben waren.)

1059. Bei welchen Vollstreckungstiteln genügt eine gleichzeitige Zustellung des Titels (bzw. des Titels nebst der Vollstreckungsklausel) für den Beginn der Zwangsvollstr. nicht? § 798.

Bei Kostenfestsetzungsbeschlüssen und exekutorischen Urkunden. Aus ihnen darf die Zwangsvollstr. nur beginnen, wenn der Schuldtitel (und wenn erforderlich, auch die Vollstreckungsklausel) mindestens einen Tag vor dem Beginn der Zwangsvollstr. zugestellt ist, sodaß also die Zwangsvollstr. frühestens am dritten Tage beginnen darf.

1060. Welches sind die Organe der Zwangsvollstr.?

Der Gerichtsvollzieher und das Gericht.

1061. Nach welchem Gesichtspunkte ist die Vollstreckungstätigkeit unter diese beiden Organe verteilt? § 753 Abs. 1. EG. z. ZPO. § 13 Abs. 1.

Jedem dieser Organe ist ein selbständiges Vollstreckungsgebiet zugeteilt.

I. Dem Gerichtsvollzieher ist die Zwangsvollstr. wegen Geldforderungen in die zum beweglichen Vermögen gehörenden Sachen und die Zwangsvollstr. zur Erwirkung der Herausgabe von Sachen zugewiesen.

II. Das Gericht ist zuständig für die Vollstreckung wegen Geldforderungen in Forderungen und andere Vermögensrechte, sowie in das unbewegliche Vermögen und registrierte Schiffe, außerdem für die Vollstreckung zur Erwirkung von Unterlassungen und anderen Handlungen als der Herausgabe von Sachen.

Ganz allgemein ist es ferner zuständig für die Zwangsvollstr. im Auslande und gegen eine dem aktiven Heer oder der aktiven Marine angehörende Person des Soldatenstandes in militärischen Dienstgebäuden und auf Kriegsfahrzeugen.

Jedoch kann durch Landesgesetz bei der Vollstreckung wegen Geldforderungen in das unbewegliche Vermögen die Tätigkeit des Gerichts auf bestimmte Amtshandlungen beschränkt und im übrigen die Vollstreckung einer anderen Behörde, einem Beamten oder einem Notar ganz oder teilweise zugewiesen werden.

(Dies ist auch in manchen Staaten geschehen; in Bayern z. B. ist die Versteigerung den Notaren übertragen.)

1062. Ist der Gerichtsvollzieher auf dem ihm zugewiesenen Vollstreckungsgebiet vollkommen selbständig?

Auf dem ihm zugewiesenen Gebiet handelt der Gerichtsvollzieher zwar unter Kontrolle des Gerichts, aber auf eigene Verantwortung und fast völlig selbständig. Nur für bestimmte einzelne Fälle ist er auf die Unterstützung des Gerichts angewiesen.

1063. Welchem Gericht liegt sowohl die Überwachung und Unterstützung des Gerichtsvollziehers als auch die Vollstreckung auf dem den Gerichten zugewiesenen Gebiet ob? §§ 764 Abs. 1; 887 ff.

Zuständig ist im allgemeinen das Vollstreckungsgericht, das

zwar tatsächlich mit dem Prozeßgericht zusammenfallen kann, rechtlich aber von ihm zu scheiden ist.

Nur die Vollstreckung zur Erwirkung von Unterlassungen und anderen Handlungen als der Herausgabe von Sachen sowie die Zwangsvollstr. im Auslande liegt dem Prozeßgericht als solchem, und zwar dem Prozeßgericht erster Instanz ob.

1064. Welches Gericht fungiert aber als Vollstreckungsgericht? §§ 764 Abs. 2; 828 (vgl. auch §§ 853—855, 858 Abs. 2), 899, 902.

Regelmäßig ist Vollstreckungsgericht dasjenige Amtsgericht, in dessen Bezirk das Vollstreckungsverfahren stattfinden soll oder stattgefunden hat. Für die verschiedenen Vollstreckungshandlungen können hiernach auch verschiedene Vollstreckungsgerichte in Betracht kommen.

In bestimmten Ausnahmefällen ist jedoch ein anderes Amtsgericht als das bezeichnete als Vollstreckungsgericht anzusehen, so z. B.:

a) für die Vollstreckung in Forderungen und andere Vermögensrechte — das Amtsgericht, bei welchem der Schuldner im Deutschen Reiche seinen allgemeinen Gerichtsstand hat, subsidiär das Amtsgericht, bei dem der Gerichtsstand des Vermögens (s. Nr. 31) begründet ist;

b) für die Abnahme des Offenbarungseides — das Amtsgericht, in dessen Bezirk der Schuldner im Deutschen Reich seinen Wohnsitz oder in Ermangelung eines solchen seinen Aufenthaltsort hat, bzw. das Amtsgericht des Haftorts.

1065. Was ist sämtlichen besonderen Gerichtsständen des Vollstreckungsverfahrens gemeinsam? § 802. Vgl. z. B. § 722.

Sie sind stets ausschließliche Gerichtsstände. Das gleiche gilt auch von der sachlichen Zuständigkeit; nur soweit die sachliche Zuständigkeit verschieden bestimmt ist je nach dem Wert des Streitgegenstandes, kann das Amtsgericht durch das Landgericht im Wege der Vereinbarung ersetzt werden und vice versa (vgl. auch Nr. 43 d).

1066. Welches ist die rechtliche Stellung des Gerichtsvollziehers als Vollstreckungsorgan den Parteien gegenüber? §§ 753 Abs. 1, 758 ff.

Wie in seiner Eigenschaft als Zustellungsorgan ist der Gerichtsvollzieher auch bei der Zwangsvollstr. Beauftragter der betreibenden Partei. Dieses nach materiellem Recht zu beurteilende Auftragsverhältnis (in der Sprache des BGB.: Werkvertrag) ist jedoch auch hier nur ein internes. Dem Schuldner wie jedem Dritten tritt der Gerichtsvollzieher nicht als Beauftragter des Gläubigers, sondern als Beamter gegenüber, mit einer durch das öffentliche Recht begrenzten Befugnismacht.

1067. Welches ist der Inhalt der dem Gerichtsvollzieher dem Schuldner sowie Dritten gegenüber zustehenden Befugnismacht?

Außer zur Vornahme von Vollstreckungshandlungen im engeren Sinne ist er berechtigt:

a) Zahlungen oder sonstige Leistungen in Empfang zu nehmen;

b) über das Empfangene wirksam zu quittieren;

c) dem Schuldner, wenn dieser seiner Verbindlichkeit genügt hat, die vollstreckbare Ausfertigung auszuliefern.

1068. Unter welchen Voraussetzungen ist jedoch der Gerichtsvollzieher dem Schuldner wie Dritten gegenüber nur berechtigt, von seinen Befugnissen als Vollstreckungsorgan Gebrauch zu machen? §§ 755, 761.

Allgemeine Voraussetzung für die Berechtigung des Gerichtsvollziehers Schuldner und Dritten gegenüber ist, daß er sich im Besitze einer vollstreckbaren Ausfertigung des Schuldtitels befindet. Einen Nachweis des Mandats darf der Schuldner (Dritte) nicht verlangen, braucht aber trotz solches Nachweises auch die Vollstreckung nicht zu dulden, wenn der Gerichtsvollzieher ihm nicht die vollstreckbare Ausfertigung vorlegt.

Eine besondere Voraussetzung tritt jedoch noch hinzu:

wenn der Gerichtsvollzieher irgend eine Vollstreckungshandlung zur Nachtzeit (s. Nr. 259 b) oder an Sonntagen und allgemeinen Feiertagen vornehmen will; — hier muß er zuvor die Erlaubnis des Vollstreckungsgerichts einholen. Ohne eine solche Erlaubnis wäre die Vollstreckungshandlung unwirksam, wenn der Schuldner auf die daraus herzuleitenden Einwendungen nicht verzichtet hat.

Die Verfügung, durch welche die Erlaubnis erteilt wird, soll bei der Zwangsvollstr. vorgezeigt werden.

1069. Welche Konsequenzen ergeben sich daraus, daß der Schuldner nicht berechtigt ist, dem durch Besitz der vollstreckbaren Ausfertigung legitimierten Gerichtsvollzieher den Mangel des Auftrags entgegenzuhalten, für die rechtlichen Beziehungen zwischen Gläubiger und Schuldner? § 755.

Der Schuldner, der an den legitimierten Gerichtsvollzieher leistet, und ebenso der Dritte, wird dadurch ohne weiteres dem Gläubiger gegenüber befreit. Der Mangel des Auftrags kann darum diesen Personen gegenüber von dem Gläubiger nicht geltend gemacht werden.

1070. Inwieweit wird das Bestehen des Auftragsverhältnisses auch von Bedeutung für das Verhältnis zwischen Gläubiger und Schuldner?

Ohne weiteres wird der Schuldner (Dritte) nur befreit, wenn er an den legitimierten Gerichtsvollzieher leistet. Leistet er an einen Gerichtsvollzieher, der nicht im Besitze einer vollstreckbaren Ausfertigung ist, so wird er dem Gläubiger gegenüber nur befreit, wenn der Gerichtsvollzieher tatsächlich von dem Gläubiger mit der Vollstreckung beauftragt war.

was der Schuldner zu beweisen hat; denn eine Vermutung, daß der Gerichtsvollzieher kraft Auftrags gehandelt hat, wie bei der Zustellung, gilt hier nicht (s. Nr. 237).

Eine Haftung des Gläubigers für ungesetzliche Handlungen des Gerichtsvollziehers kann jedoch aus dem Auftragsverhältnis in keinem Fall hergeleitet werden. Wohl aber haftet der Gläubiger dem Schuldner (Dritten) deliktsmäßig, wenn er die gesetzlich unzulässige Handlung besonders angeordnet hat; daneben haftet aber auch in diesem Fall der Gerichtsvollzieher in seiner Eigenschaft als Beamter gemäß BGB. § 839.

1071. Ist die Erteilung des Auftrags an den Gerichtsvollzieher an bestimmte Formen gebunden? § 754.

Der Auftrag selbst ist formlos; er kann mündlich wie schriftlich geschehen. Legitimiert zur Zwangsvollstr. gegenüber dem Schuldner und Dritten wird der Gerichtsvollzieher jedoch erst (und allein) mit der Aushändigung der vollstreckbaren Ausfertigung.

Ebenso hängt auch das Erlöschen des Auftrags nicht etwa von der Rückgabe der Ausfertigung ab; vielmehr erlischt der Auftrag durch bloßen Widerruf dem Gerichtsvollzieher gegenüber (BGB. § 649).

1072. Können in dem Auftrag die dem Gerichtsvollzieher nach dem Gesetz zustehenden Befugnisse eingeschränkt werden? § 755.

Eine derartige Beschränkung ist zulässig, jedoch nur, wie die Erteilung des Auftrags überhaupt, von Bedeutung für das Verhältnis zwischen Gerichtsvollzieher und Gläubiger, es sei denn, daß der Schuldner oder Dritte an den nicht legitimierten Gerichtsvollzieher geleistet hat (s. Nr. 1070).

Dem Gläubiger steht es jedoch frei, den Gerichtsvollzieher zu begleiten; in diesem Falle kann er verlangen, daß ihm direkt geleistet werde.

1073. Darf der Gläubiger sich zwecks Erteilung des Auftrags an den Gerichtsvollzieher, ebenso wie bei der Zustellung, der Vermittlung des Gerichtsschreibers bedienen? § 753 Abs. 2.

Auch der Auftrag zur Zwangsvollstr. kann dem Gerichtsvollzieher durch Vermittlung des Gerichtsschreibers erteilt werden, und zwar ist dies ganz allgemein zulässig, nicht etwa nur bei der Vollstreckung aus Entscheidungen und Vergleichen der Amtsgerichte.

Der Gerichtsschreiber, an den sich der Gläubiger zu wenden hat, ist der Gerichtsschreiber des Vollstreckungsgerichts.

1074. Welche Rechte sind dem Gerichtsvollzieher im einzelnen eingeräumt, um die Vollstreckung, nötigenfalls mit Gewalt, durchführen zu können? § 758.

Der Gerichtsvollzieher ist befugt:

1) die Wohnung und die Behältnisse (auch Kleidertaschen) des Schuldners zu durchsuchen, soweit der Zweck der Vollstreckung dies erfordert;

zur Wohnung in diesem Sinne gehören sämtliche im unmittelbaren

Besitze des Schuldners befindlichen Räume, auch wenn sie von der Wohnung im engeren Sinne getrennt sind, und auch dann, wenn sie nur vorübergehend von dem Schuldner in Besitz genommen sind;

2) verschlossene Haustüren, Zimmertüren und Behältnisse öffnen zu lassen;

3) wenn er Widerstand findet, Gewalt anzuwenden und zu diesem Zwecke die Unterstützung der polizeilichen Vollzugsorgane, durch Vermittlung des Vollstreckungsgerichts nötigenfalls auch militärische Hilfe, nachzusuchen.

1075. Welche Formvorschriften hat der Gerichtsvollzieher bei der Vornahme von Vollstreckungshandlungen zu beobachten? §§ 762; 759.

I. Über jede Vollstreckungshandlung, d. h. über jede Handlung, die der Gerichtsvollzieher in seiner Eigenschaft als Vollstreckungsorgan zum Zwecke der Zwangsvollstr. vornimmt, hat er ein Protokoll aufzunehmen.

II. Wird bei einer Vollstreckungshandlung Widerstand geleistet oder ist bei einer in der Wohnung des Schuldners erfolgenden Vollstreckungshandlung weder der Schuldner noch eine zur Familie desselben gehörige oder in dieser Familie dienende erwachsene (s. Nr. 254) Person gegenwärtig, so hat der Gerichtsvollzieher zwei großjährige Männer oder einen Gemeinde- oder Polizeibeamten als Zeugen zuzuziehen.

1076. Ist eine Vollstreckungshandlung, die ohne Beachtung dieser Formvorschriften vorgenommen ist, unwirksam? § 826.

I. Der Mangel eines Protokolls begründet die Unwirksamkeit der Vollstreckungshandlung nicht, denn dieses Protokoll hat keine konstitutive Bedeutung, sondern ist, ebenso wie die Zustellungsurkunde, bloße Beweisurkunde.

Eine Ausnahme bildet nur der Fall der Anschlußpfändung, denn diese geschieht durch Aufnahme einer Erklärung in das Protokoll.

II. Ebensowenig hat die Verletzung der Vorschrift über die Hinzuziehung von Zeugen die Unwirksamkeit der Vollstreckungshandlung zur Folge, wenn sie auch die Amtsausübung des Gerichtsvollziehers zu einer unrechtmäßigen macht.

1077. Welchen Inhalt muß das Protokoll des Gerichtsvollziehers haben, wenn es vollen Beweis für die darin bezeugten Tatsachen begründen soll? § 762.

Das Protokoll muß enthalten:

1) Ort und Zeit der Aufnahme;

2) den Gegenstand der Vollstreckungshandlung;

besteht die Vollstreckungshandlung in einer Aufforderung (z. B. der Aufforderung zur freiwilligen Leistung) oder Mitteilung (z. B. der Benachrichtigung des Schuldners von der geschehenen Pfändung), so ist diese vollständig in das Protokoll aufzunehmen; —

3) die Namen der Personen, mit denen verhandelt ist, also auch z. B. der Zeugen;

4) den Vermerk: „Vorgelesen, genehmigt" und darunter die Unterschrift dieser Personen; oder aber, wenn einem dieser Erfordernisse nicht genügt werden kann, den Grund hierfür;

5) die Unterschrift des Gerichtsvollziehers.

1078. Bedürfen die zum Zwecke der Zwangsvollstr. an den Schuldner oder Dritte zu richtenden Aufforderungen oder Mitteilungen zu ihrer Wirksamkeit einer förmlichen Zustellung? § 763.

Eine Zustellung ist nur subsidiär erforderlich, nämlich dann, wenn ein mündlicher Erlaß der Aufforderung bzw. Mitteilung nicht angängig ist. Die förmliche Zustellung wird jedoch durch einfache Übersendung durch die Post ersetzt, sobald die Zustellung an einem anderen Orte als dem Orte der Zwangsvollstr. erfolgen müßte; und sie unterbleibt gänzlich, wenn die Voraussetzungen für eine öffentliche Zustellung vorliegen (nicht aber auch dann, wenn im Auslande zugestellt werden müßte).

1079. Was ist zuzustellen bzw. zu übersenden, und an wen hat die Zustellung zu erfolgen? § 763 Abs. 2.

I. Zuzustellen ist eine Abschrift des über die Vollstreckungshandlung aufgenommenen Protokolls.

II. Die Zustellung hat ausschließlich an den Schuldner selbst zu erfolgen, nicht also z. B. an seinen Prozeßbevollmächtigten.

Dagegen ist eine Ersatzzustellung in dem gewöhnlichen Umfange (s. Nr. 253ff.) auch hier statthaft.

1080. Welche weitere öffentliche Urkunde hat der Gerichtsvollzieher außer dem Protokoll auszustellen, wenn er eine Leistung auf den Vollstreckungstitel erhalten hat? § 757 Abs. 1.

Über jede Leistung des Schuldners oder eines Dritten, mag sie freiwillig erfolgt oder durch die Vollstreckung erzielt sein, wenn sie nur an ihn selbst geschehen ist, hat der Gerichtsvollzieher eine Quittung auszustellen. Außerdem hat er die Leistung auch auf der vollstreckbaren Ausfertigung zu vermerken; bei vollständiger Leistung tritt an die Stelle dieses Vermerks die Auslieferung der vollstreckbaren Ausfertigung.

1081. Wird durch Quittierung seitens des Gerichtsvollziehers der Anspruch des Schuldners an den Gläubiger auf Erteilung einer Quittung absorbiert? BGB. § 368; ZPO. § 757 Abs. 2.

Nein; auch dann, wenn die Leistung an den Gerichtsvollzieher erfolgt ist und dieser darüber quittiert hat, kann der Schuldner nachträglich noch eine Quittung des Gläubigers selbst verlangen.

1082. Können die Parteien, ebenso wie von den Prozeßakten, auch von den Zwangsvollstreckungsakten des Gerichtsvollziehers Einsicht nehmen und sich aus denselben Abschriften erteilen lassen. § 760 (vgl. § 299).

Dieses Recht steht hinsichtlich der Akten des Gerichtsvollziehers nicht nur dem Gläubiger und dem Schuldner, sondern jeder Person zu, welche bei der Zwangsvollstr. beteiligt ist, wie z. B. der Drittschuldner.

Nicht beteiligten Personen darf anderseits die Einsicht der Akten sowie die Erteilung von Abschriften unter keinen Umständen gewährt werden.

1083. Nach welchen Grundsätzen vollzieht sich das Verfahren vor dem Vollstreckungsgericht? §§ 764 Abs. 3, 793.

Das Verfahren vor dem Vollstreckungsgericht zeichnet sich vornehmlich dadurch aus:

1) daß es beherrscht wird von dem Grundsatz der fakultativen mündlichen Verhandlung;

2) daß es vom Anwaltszwang frei ist;

3) daß gegen sämtliche Entscheidungen des Vollstreckungsgerichts das Rechtsmittel der sofortigen Beschwerde gegeben ist.

Die gleichen Verfahrensgrundsätze gelten auch für das Prozeßgericht, soweit diesem die Funktionen des Vollstreckungsgerichts übertragen sind (s. Nr. 1063).

1084. Worin besteht hauptsächlich die kontrollierende und unterstützende Tätigkeit des Vollstreckungsgerichtes auf dem Vollstreckungsgebiete des Gerichtsvollziehers? §§ 766, 777; 789, 758 Abs. 3, 790.

I. Das Vollstreckungsgericht ist hinsichtlich der Vollstreckungstätigkeit des Gerichtsvollziehers Beschwerdeinstanz und als solche zuständig für alle Anträge, Einwendungen und Erinnerungen des Schuldners, des Gläubigers oder eines Dritten, welche die Art und Weise der Zwangsvollstr. oder das bei derselben von dem Gerichtsvollzieher zu beobachtende Verfahren betreffen, und hat auch dann zu entscheiden, wenn ein Gerichtsvollzieher sich weigert, einen Vollstreckungsauftrag zu übernehmen oder eine Vollstreckungshandlung dem Auftrage gemäß auszuführen, oder wenn in Ansehung der von dem Gerichtsvollzieher in Ansatz gebrachten Kosten Erinnerungen erhoben werden.

Insbesondere ist der Schuldner berechtigt, auf diesem Wege der Zwangsvollstr. in sein übriges Vermögen zu widersprechen, wenn der Gläubiger eine bewegliche Sache des Schuldners in Besitz hat, in Ansehung deren ihm ein Pfandrecht oder ein Zurückbehaltungsrecht für seine Forderung zusteht. Der Widerspruch ist jedoch nur insoweit, als die Forderung durch den Wert der Sache gedeckt wird, und, wenn die Sache noch für eine andere Forderung haftet, nur unter der Voraussetzung zulässig, daß diese zweite Forderung durch den Wert der Sache vollständig gedeckt ist.

II. Auf die Unterstützung des Vollstreckungsgerichts ist der Gerichtsvollzieher stets angewiesen, wenn das Einschreiten einer Behörde erforderlich wird. Diese um ihr Einschreiten zu ersuchen, ist Sache des Vollstreckungsgerichts (vgl. aber Nr. 1086). Nur die Unterstützung der polizeilichen Vollzugsorgane darf der Gerichtsvollzieher, wenn er Widerstand findet, auch unmittelbar nachsuchen.

1085. Wie geschieht die Zwangsvollstr. gegen eine dem aktiven Heer oder der aktiven Marine angehörende Person des Soldatenstandes in militärischen Dienstgebäuden (z. B. Kasernen) oder auf Kriegsfahrzeugen? § 790.

Hier ersucht als Vollstreckungsorgan das Vollstreckungsgericht die zuständige Militärbehörde um die Zwangsvollstr., jedoch nur auf Antrag des Gläubigers selbst, nicht auch auf Antrag des Gerichtsvollziehers.

Das Pfändungspfandrecht entsteht hier bereits mit der Wegnahme der Sachen durch die von der Militärbehörde beauftragte Person, nicht erst mit der Ausfolgung derselben an den Gerichtsvollzieher.

Mit der Wegnahme der Gegenstände ist jedoch die Tätigkeit des Vollstreckungsgerichts als Vollstreckungsorgan erschöpft; die weiteren Vollstreckungshandlungen geschehen wieder durch den von dem Gläubiger beauftragten Gerichtsvollzieher, an den die gepfändeten Gegenstände von der Militärbehörde herauszugeben sind.

1086. Wie erfolgt die Zwangsvollstr. im Auslande? § 791.

Sofern die Parteien nicht ausländische Vollstreckungsbeamte direkt um die Vollstreckung aus inländischen Vollstreckungstiteln angehen, geschieht sie dadurch, daß auf Antrag des Gläubigers das Prozeßgericht erster Instanz die zuständigen ausländischen Behörden um die Vollstreckung ersucht, immer vorausgesetzt, daß die ausländischen Behörden überhaupt im Wege der Rechtshilfe aus inländischen Titeln vollstrecken.

Soweit die Vollstreckung durch einen Reichskonsul erfolgen kann, ist das Ersuchen stets an diesen zu richten.

1087. In welchem Umfange kann die Vollstreckung im Auslande durch einen Reichskonsul geschehen?

Eine Zwangsvollstr. durch die Reichskonsuln findet nur im Orient statt, und zwar in den Ländern, in denen den Konsuln durch Herkommen oder durch Staatsverträge Jurisdiktion eingeräumt ist, und auch nur den der konsularischen Gerichtsbarkeit unterworfenen Personen gegenüber, nämlich den nicht exterritorialen Deutschen und den Schutzgenossen (RG. über die Konsulargerichtsbarkeit v. 7. April 1900).

1088. Dürfen bei dem Vollstreckungsgericht Einwendungen hinsichtlich der Art und Weise der Vollstreckung auch gegen die eigenen Vollstreckungsbeschlüsse des Gerichts erhoben werden? § 766.

Die weitaus herrschende Meinung bejaht diese Frage für die Fälle, wo derjenige, der die Einwendung erheben will, vor Erlaß des Beschlusses nicht gehört worden ist, und läßt die sofortige Beschwerde in diesen Fällen erst gegen den über die Einwendung ergangenen Beschluß zu.

1089. Durch welche anderen Einwendungen (als solche gegen die Art und Weise der Zwangsvollstr.) kann sich der Schuldner einer gegen ihn begonnenen Zwangsvollstreckung gegenüber verteidigen?

Der Schuldner kann ferner erheben:

1) Einwendungen gegen den in dem Vollstreckungstitel festgestellten Anspruch selbst, insbesondere auch Einwendungen, betreffend die beschränkte Haftung des Schuldners hinsichtlich des in dem Vollstreckungstitel festgestellten Anspruchs,

2) Einwendungen (formelle oder materielle) gegen die Zulässigkeit der Vollstreckungsklausel.

1090. Wie sind solche Einwendungen, die sich gegen den zu vollstreckenden Anspruch selbst richten, geltend zu machen? § 767 Abs. 1.

Regelmäßig (s. Nr. 1106) im Wege einer förmlichen, vom Schuldner gegen den Gläubiger zu richtenden Klage (sog. Widerspruchsklage).

Diese Widerspruchsklage ist eine negative Feststellungsklage; der Klageantrag geht darauf: festzustellen, daß die Zwangsvollstr. nicht zulässig (oder nur in beschränktem Maße zulässig) ist.

1091. Welches Gericht ist zur Entscheidung über die Widerspruchsklage zuständig? §§ 767 Abs. 1; 722, 796 Abs. 3, 797 Abs. 5; 802.

Die Widerspruchsklage ist bei dem Prozeßgericht erster Instanz anzubringen.

An die Stelle des Prozeßgerichts tritt:

a) bei der Vollstreckung aus einem ausländischen Urteil oder einem Schiedsspruch — das Gericht, von dem das Vollstreckungsurteil erlassen wurde;

b) bei der Vollstreckung aus einem Vollstreckungsbefehl:

α) wenn der Anspruch vor die Amtsgerichte gehört — das Amtsgericht, das den Vollstreckungsbefehl erlassen hat bzw. den von dem Beschwerdegericht erlassenen Vollstreckungsbefehl zu erlassen gehabt hätte,

β) wenn der Anspruch vor die Landgerichte gehört — das dem bezeichneten Amtsgericht übergeordnete Landgericht;

c) bei der Vollstreckung aus einer exekutorischen Urkunde — das Amts- oder Landgericht, bei dem der Schuldner im Deutschen Reiche seinen allgemeinen Gerichtsstand hat, subsidiär das Gericht, bei dem der Gerichtsstand des Vermögens (s. Nr. 31) begründet ist.

In allen Fällen aber ist die Zuständigkeit eine ausschließliche.

1092. In welchem Umfange dürfen Einwendungen gegen den im Vollstreckungstitel festgestellten Anspruch selbst im Wege der Widerspruchsklage erhoben werden? §§ 797 Abs. 4; 767 Abs. 2 (278, 529); 796 Abs. 2.

I. Unbeschränkt zulässig sind solche Einwendungen nur gegenüber dem in einer exekutorischen Urkunde festgestellten Anspruch.

II. Im allgemeinen ist das Vorbringen solcher materiellrechtlicher Einwendungen nur insoweit zulässig, als die Gründe, auf denen sie beruhen, erst nach dem Schlusse derjenigen mündlichen Verhandlung, in welcher Einwendungen spätestens hätten geltend gemacht werden müssen, entstanden sind.

Die entscheidende mündliche Verhandlung ist hiernach regelmäßig diejenige, auf die in erster Instanz bzw. — wenn die Sache auch in der Berufungsinstanz verhandelt ist — in der Berufungsinstanz das Urteil ergangen ist; in keinem Falle jedoch erst die mündliche Verhandlung in der Revisionsinstanz.

In den Fällen des bedingten Urteils und des Vorbehaltsurteils ist die Verhandlung entscheidend, auf die das bedingte Urteil (nicht das Läuterungsurteil) bzw. das Vorbehaltsurteil (nicht das Urteil des Nachverfahrens) ergangen ist; eine Ausnahme von dieser Regel macht nur das Nachverfahren im Urkundenprozeß.

III. Beruht der Anspruch auf einem Vollstreckungsbefehl, so ist der für die Präklusion der Einwendungen entscheidende Zeitpunkt die Zustellung des Vollstreckungsbefehls.

1093. In welchen Fällen dürfen jedoch auch Einwendungen, die erst nach Schluß der entscheidenden mündlichen Verhandlung entstanden sind, nicht mittels Widerspruchsklage geltend gemacht werden? § 767 Abs. 2.

I. Gegen einen durch Versäumnisurteil festgestellten Anspruch dürfen Einwendungen im Wege der Widerspruchsklage nicht erhoben werden, solange sie noch durch Einspruch geltend gemacht werden können.

II. Das gleiche gilt von Einwendungen gegen den in dem Vorbehaltsurteil des Urkundenprozesses festgestellten Anspruch, solange es dem Schuldner noch offen steht, diese Einwendungen im Nachverfahren geltend zu machen.

Die Möglichkeit der Berufung schließt dagegen die Geltendmachung der Einwendungen nicht aus; um so weniger ist eine Widerspruchsklage aus dem Grunde ausgeschlossen, weil die Einwendungen durch Berufung oder einen anderen Rechtsbehelf (auch Einspruch) hätten geltend gemacht werden können (s. aber Nr. 1094 Abs. 3).

1094. Nach welchen Regeln vollzieht sich das Verfahren über eine Widerspruchsklage? § 767 Abs. 3.

Das Verfahren ist das des ordentlichen Prozesses; insbesondere unterliegt auch das ergehende Urteil der Anfechtung durch die gewöhnlichen Rechtsmittel.

Eigengeartet ist das Verfahren nur insofern, als der Schuldner sämtliche ihm zur Zeit der Klagerhebung zustehende Einwendungen in der Klageschrift vorbringen muß. Dagegen darf er im Laufe des Widerspruchsverfahrens noch solche Einwendungen vorbringen, die erst nach Erhebung der Widerspruchsklage entstanden sind; doch muß er dies in der ersten Verhandlung tun, in der er es tun kann.

Eine neue Widerspruchsklage kann er nur erheben auf Grund von Einwendungen, die er in dem früheren Verfahren nicht geltend zu machen imstande war.

1095. Unter welchen Voraussetzungen kann der Schuldner mit Rücksicht auf seine beschränkte Haftung eine Beschränkung der Zwangsvollstr. verlangen. §§ 784, 786; BGB. §§ 1975, 419; ZPO. §§ 782, 783. 780, 786, 780 Abs. 2; BGB. § 2011.

I. Materiell wird vorausgesetzt, daß der Schuldner nach bürgerlichem Recht:

a) entweder nur mit einem bestimmten Vermögenskomplexe haftet

(so ist z. B. die Haftung des Erben, wenn eine Nachlaßverwaltung angeordnet oder Nachlaßkonkurs eröffnet ist, hinsichtlich der Nachlaßverbindlichkeiten auf den Nachlaß beschränkt, oder beispielsweise die Haftung desjenigen, der durch Vertrag das Vermögen eines anderen übernommen hat, auf den Bestand des übernommenen Vermögens und die ihm aus dem Vertrage zustehenden Rechte) —

b) oder berechtigt ist, vorläufig die Berichtigung bestimmter Verbindlichkeiten überhaupt zu verweigern

(so kann z. B. der Erbe, der nicht unbeschränkt haftet, die Berichtigung einer Nachlaßverbindlichkeit bis zum Ablauf der ersten drei Monate nach Annahme der Erbschaft verweigern).

II. Regelmäßig ist jedoch auch noch formelle Voraussetzung, daß dem Schuldner die beschränkte Haftung im Vollstreckungstitel bereits vorbehalten ist.

Nicht erforderlich ist ein solcher Vorbehalt beispielsweise hinsichtlich der beschränkten Haftung des Fiskus als gesetzlichen Erben, da dieser stets nur cum viribus hereditatis haftet.

1096. Wie werden die auf die beschränkte Haftung des Schuldners gegründeten Einwendungen von diesem geltend gemacht? §§ 785, 781.

Auch diese Einwendungen sind im Wege der Widerspruchsklage geltend zu machen.

Anderenfalls wird die beschränkte Haftung des Schuldners überhaupt nicht berücksichtigt, es sei denn, daß sie bereits in dem Urteil, aus dem vollstreckt werden soll, endgültig festgestellt (nicht bloß vorbehalten) ist.

1097. In welchen beiden Fällen beschränkter Haftung nach dem bürgerlichen Gesetzbuch darf diese nicht nach Maßgabe der Widerspruchsklage geltend gemacht werden? §§ 786 (771, 774); BGB. §§ 1086, 1411.

1) Im Falle der Haftung des Nießbrauchers mit den Gegenständen des Nießbrauches für vor der Bestellung des Nießbrauches gegen den Besteller entstandene Forderungen.

2) Im Falle der Haftung des Ehemannes beim gesetzlichen Güterstande mit den dem ehemännlichen Nießbrauch unterworfenen Gegenständen, nämlich dem Eingebrachten der Frau, für Schulden der Frau.

In diesen beiden Fällen kann der Nießbraucher (bzw. der Ehemann) seine beschränkte Haftung nur im Wege der Exekutionsinterventionsklage (s. Nr. 1102) geltend machen; daß der Nießbraucher (Ehemann) ausdrücklich zur Duldung der Zwangsvollstr. in die dem (ehemännlichen) Nießbrauch unterliegenden Gegenstände verurteilt ist (was dem Vorbehalt beschränkter Haftung entsprechen würde), ist nicht Vorbedingung für die Erhebung der Klage (vgl. § 737 und den abweichenden § 739).

1098. In welcher Weise sind vom Schuldner Einwendungen gegen die Zulässigkeit der Vollstreckungsklausel geltend zu machen? §§ 732 (726); 768.

I. Sofern die Einwendungen sich darauf stützen, daß die Rechtskraft noch nicht eingetreten war, oder daß es an einer formellen Voraussetzung für die Erteilung der Vollstreckungsklausel fehlte (beispielsweise also, daß in dem Falle, wo die Vollstreckung von einer Zug um Zug zu bewirkenden Leistung des Gläubigers an den Schuldner abhängt und die dem Schuldner obliegende Leistung in einer Willenserklärung besteht, der Beweis, daß der Schuldner befriedigt ist, nicht ordnungsmäßig geführt war), sind sie stets formlos und bei dem Gericht anzubringen, dessen Gerichtsschreiber die Vollstreckungsklausel erteilt hat.

Die Entscheidung kann ohne vorgängige mündliche Verhandlung ergehen und ist mit sofortiger Beschwerde anfechtbar.

II. Stützt der Schuldner jedoch seine Einwendung auf materielle Mängel, also auf die Tatsache, daß er irrtümlich als Rechtsnachfolger angesehen ist, oder darauf, daß eine sonstige, als bewiesen angenommene, die Zwangsvollstr. im einzelnen Fall bedingende Tatsache in Wirklichkeit nicht eingetreten ist, so hat er die Wahl zwischen der formlosen Einwendung bei dem Gericht, dessen Gerichtsschreiber die Vollstreckungsklausel erteilt hat, und der Widerspruchsklage beim Prozeßgericht erster Instanz (s. Nr. 1090).

Diese Wahl ist aber keine definitive, wenigstens insofern, als er, wenn er im Wege der formlosen Einwendung nichts erreicht, immer noch den Weg der Widerspruchsklage beschreiten kann.

1098a. Welches Gericht ist für die formlose Einwendung zuständig bei notariellen Urkunden, wo die vollstreckbare Ausfertigung von dem Notar bzw. einer Behörde erteilt wird? § 797 Abs. 3.

Das Amtsgericht, in dessen Bezirk der Notar oder die betreffende Behörde den Amtssitz hat.

1099. Wird dadurch, daß die Vollstreckungsklausel auf Anordnung des Vorsitzenden erteilt ist, etwas an dem von dem Schuldner einzuschlagenden Rechtswege geändert? Vgl. § 730.

Da nach außen hin stets der Gerichtsschreiber derjenige ist, der die Vollstreckungsklausel erteilt, auch wenn sie auf Anordnung des Vorsitzenden erteilt wird, so steht dem Schuldner gegen die Erteilung der Zwangsvollstreckungsklausel niemals unmittelbar die Beschwerde zu; vielmehr muß er (wenn er nicht sofort klagen kann und will) zunächst immer eine Entscheidung des Gerichts extrahieren; und dies auch dann, wenn das Gericht ein Amtsgericht ist und der Amtsrichter vor der Erteilung der Klausel den Schuldner bereits zu rechtlichem Gehör verstattet hatte.

1100. Hat die Geltendmachung einer der erwähnten Einwendungen des Schuldners die Wirkung, daß die Zwangsvollstreckung gehemmt wird? §§ 732, 766, 769, 785.

Die Geltendmachung einer derartigen Einwendung hat keine aufschiebende Wirkung, wohl aber kann das für die Einwendung zuständige Gericht auf Antrag eine einstweilige Anordnung (nicht „einstweilige Verfügung", vgl. Nr. 464 Abs. 2, 4) erlassen, insbesondere dahin, daß die Zwangsvollstr. gegen oder ohne Sicherheitsleistung einstweilen einzustellen oder nur gegen Sicherheitsleistung fortzusetzen sei. Daß die bereits erfolgten Vollstreckungsmaßregeln gegen Sicherheitsleistung aufzuheben seien, kann jedoch im Wege einstweiliger Anordnung nur verfügt werden, wenn der Schuldner Einwendungen im Wege der Widerspruchsklage erhoben hat (vgl. jedoch Nr. 1106, 1107).

1101. Welche weiteren Besonderheiten gelten für den Erlaß solcher einstweiligen Anordnungen im Fall der Widerspruchsklage? §§ 769 Abs. 2; 770.

I. In dringenden Fällen können solche einstweilige Anordnungen nicht nur von dem Gericht der Widerspruchsklage, sondern auch von dem Vollstreckungsgericht erlassen werden, jedoch nur unter Bestimmung einer Frist, innerhalb welcher die Entscheidung des Prozeßgerichts beizubringen ist; nach fruchtlosem Ablauf der Frist wird die Zwangsvollstr. fortgesetzt.

II. Das Gericht der Widerspruchsklage kann auch in dem Urteil, durch welches über die Widerspruchsklage entschieden wird, die bezeichneten Anordnungen erlassen oder die bereits erlassenen aufheben, abändern oder bestätigen.

In der Berufungsinstanz ist über diesen Teil der Entscheidung — gleichwie über die vorläufige Vollstreckbarkeit (s. Nr. 1037 II) — auf Antrag vorab zu verhandeln und zu entscheiden; und entsprechend findet auch eine Anfechtung der Entscheidung des Berufungsgerichts über diese Anordnung nicht mehr statt.

1102. Auf welchem anderen Wege als durch formlose Einwendung bei dem Vollstreckungsgericht hinsichtlich der Art und Weise der Zwangsvollstr. (s. Nr. 1084 I) kann ein Dritter, dessen Rechte durch eine gegen den Schuldner begonnene Zwangsvollstr. gefährdet sind, seine Rechte wahren? § 771.

Er kann seine Einwendungen gegen die Vollstreckung im Wege einer förmlichen Klage gegen den Gläubiger, auf dessen Betreiben die Zwangsvollstr. erfolgt ist, mit dem Antrage, die Zwangsvollstr. für unzulässig zu erklären, erheben (Exekutionsinterventionsklage). Örtlich zuständig für diese Klage ist ausschließlich das Gericht, in dessen Bezirk die Zwangsvollstr. erfolgt ist; die sachliche Zuständigkeit richtet sich nach dem Wert des Streitgegenstandes.

Mit der Exekutionsinterventionsklage kann der Dritte gleichzeitig eine Klage gegen den Schuldner auf Herausgabe des gepfändeten Gegenstandes oder auf Feststellung seines an dem Gegenstande bestehenden Rechts verbinden; Gläubiger und Schuldner sind dann Streitgenossen.

1103. Unter welcher Voraussetzung steht dem Dritten die Exekutionsinterventionsklage zu?

Der Dritte muß an dem Gegenstande der Zwangsvollstr. ein die Veräußerung hinderndes Recht haben. Als solche Rechte kommen insbesondere in Betracht:

1) das Eigentum an einer Sache bzw. die Gläubigerstellung zu einer Forderung;

2) die dinglichen Rechte an einem fremden Gegenstande, sofern sie dem Anspruch des Gläubigers vorgehen und durch die Vollstreckung in diese Rechte eingegriffen wird;

3) der unmittelbare wie der mittelbare Besitz einer Sache.

Ein die Veräußerung hinderndes Recht ist dagegen nicht z. B. der bloße obligatorische Anspruch auf Herausgabe einer dem Schuldner gehörigen Sache.

1104. Welche dinglichen Rechte eines Dritten an dem von der Vollstreckung erfaßten Gegenstande berechtigen, auch wenn sie dem Anspruch des Gläubigers vorgehen, ausnahmsweise nicht zur Exekutionsinterventionsklage? §§ 805, 810 Abs. 2.

Pfand- und Vorzugsrechte an einer Sache, es sei denn, daß sich der Dritte gleichzeitig in dem Besitze der Sache befindet. Der Dritte kann in diesem Fall nur auf vorzugsweise Befriedigung aus dem Erlöse gegen den Gläubiger klagen, dies aber ohne Rücksicht darauf, ob seine Forderung fällig ist oder nicht.

Für die Klage ist das gleiche Gericht zuständig wie für die Exekutionsinterventionsklage; auch hier kann mit der Klage gegen den Gläubiger die Klage gegen den Schuldner verbunden werden. —

Von dieser Regel besteht jedoch wiederum die Ausnahme, daß ein

Gläubiger, der ein Recht auf Befriedigung aus einem Grundstücke hat, gegen die Pfändung stehender Früchte (die er nicht im Besitz hat) durch Exekutionsinterventionsklage Widerspruch erheben kann.

1105. Wird durch die Erhebung der Exekutionsinterventionsklage oder der Klage auf vorzugsweise Befriedigung die Zwangsvollstreckung gehemmt? §§ 771 Abs. 3, 805 Abs. 4.

Die Erhebung der Klagen hat keine aufschiebende Wirkung hinsichtlich der Zwangsvollstr., wohl aber kann das Prozeßgericht, in dringenden Fällen auch das Vollstreckungsgericht (diese Unterscheidung wird freilich nur dann praktisch, wenn der Streitwert mehr als 300 Mark beträgt, da sonst Prozeßgericht und Vollstreckungsgericht zusammenfallen) — im Urteil oder im Laufe des Verfahrens — durch einstweilige Anordnungen auf Antrag des Klägers Schutzmaßregeln zugunsten desselben treffen.

Im einzelnen kann das Gericht anordnen

1) bei der Exekutionsinterventionsklage:

a) daß die Zwangsvollstr. gegen oder ohne Sicherheitsleistung einstweilen einzustellen oder

b) nur gegen Sicherheitsleistung fortzusetzen sei;

c) daß die bereits erfolgten Vollstreckungsmaßregeln gegen Sicherheitsleistung aufzuheben seien;

2) bei der Klage auf vorzugsweise Befriedigung:

daß der Erlös zu hinterlegen sei.

Diese letzte Anordnung muß das Gericht sogar treffen, wenn der Anspruch des Klägers glaubhaft gemacht wird.

1106. Unter welchen Voraussetzungen kann der Schuldner bzw. ein Dritter materielle Einwendungen gegen den Anspruch auch auf andere Weise als durch Widerspruchsklage (s. Nr. 1090) bzw. durch Exekutionsinterventionsklage (s. Nr. 1102) geltend machen? §§ 775 Z. 4 u. 5, 776.

Der Schuldner wie ein Dritter können materielle Einwendungen gegen den Anspruch auch formlos direkt den Vollstreckungsorganen gegenüber erheben, sofern:

1) diese Einwendungen Befriedigung oder Stundung der Befriedigung sind und

2) der Schuldner oder der Dritte entweder:

a) eine öffentliche Urkunde oder eine von dem Gläubiger ausgestellte Privaturkunde vorlegt, aus welcher sich ergibt, daß der Gläubiger nach Erlassung des Vollstreckungstitels befriedigt ist oder Stundung bewilligt hat — oder

b) einen Postschein vorlegt, aus welchem sich ergibt, daß nach Erlassung des Vollstreckungstitels die zur Befriedigung des Gläubigers erforderliche Summe zur Auszahlung an den letzteren bei der Post eingezahlt ist.

Die formlose Geltendmachung dieser materiellen Einwendungen hat zur

Folge, daß die Zwangsvollstr. von den Vollstreckungsorganen ohne weiteres einzustellen oder zu beschränken (bei teilweiser Befriedigung) ist, es bedarf hier also nicht erst wie bei der Widerspruchs- und Exekutionsinterventionsklage (s. Nr. 1100 f., 1105) einer gerichtlichen Entscheidung. Die Einstellung oder Beschränkung der Zwangsvollstr. hat aber nicht zugleich die Aufhebung der bereits erfolgten Vollstreckungsmaßregeln zur Folge, diese bleiben vielmehr bis zur Vorlegung einer die Aufhebung anordnenden Entscheidung einstweilen bestehen.

1107. In welchen weiteren Fällen haben die Vollstreckungsorgane die Zwangsvollstr. einzustellen oder zu beschränken? KO. § 14; ZPO. §§ 775 Z. 1—3, 776.

Die Zwangsvollstr. ist einzustellen oder zu beschränken

1) von Amts wegen: bei Eröffnung des Konkurses über das Vermögen des Schuldners (sofern nicht schon durch Pfändung und Beschlagnahme ein Absonderungsrecht begründet ist);

2) auf Anweisung des Gläubigers: jederzeit;

3) auf Verlangen des Schuldners oder eines Dritten:

a) wenn die Ausfertigung einer vollstreckbaren Entscheidung vorgelegt wird, aus welcher sich ergibt, daß der Vollstreckungstitel oder die vorläufige Vollstreckbarkeit des zu vollstreckenden Urteils aufgehoben, oder daß die Zwangsvollstr. für unzulässig erklärt oder deren Einstellung angeordnet ist; oder

b) wenn eine öffentliche Urkunde vorgelegt wird, aus welcher sich ergibt, daß die zur Abwendung der Vollstreckung nachgelassene Sicherheitsleistung oder Hinterlegung erfolgt ist; oder

c) wenn die Ausfertigung einer gerichtlichen Entscheidung vorgelegt wird, aus welcher sich ergibt, daß die einstweilige Einstellung der Vollstreckung oder einer Vollstreckungsmaßregel angeordnet ist. —

In den Fällen 3a und b sind zugleich die bereits erfolgten Vollstreckungsmaßregeln aufzuheben, in dem Falle 3c jedoch nur, sofern durch die gerichtliche Entscheidung auch die Aufhebung der bisherigen Vollstreckungsmaßregeln angeordnet ist.

1108. Wer trägt die Kosten der Zwangsvollstr.? § 788 Abs. 1.

Soweit dieselben notwendig waren, trägt sie stets der Schuldner, ohne Rücksicht darauf, ob etwa die Kosten des Rechtsstreits in dem Schuldtitel ganz oder teilweise dem Gläubiger auferlegt sind.

1109. Wann hat der Gläubiger ausnahmsweise die notwendigen Kosten der Zwangsvollstr. zu tragen? § 788 Abs. 2.

Dann, wenn das Urteil (bzw. der Kostenfestsetzungsbeschluß) in Verfolg eines Rechtsmittels, einer Wiederaufnahmeklage 2c. aufgehoben wird. In diesem Falle hat der Gläubiger dem Schuldner die ihm durch die Zwangsvollstreckung entstandenen Kosten zu ersetzen.

Handelt es sich um die Aufhebung eines vorläufig vollstreckbaren Urteils oder eines Vorbehaltsurteils, so kann der Erstattungsanspruch in dem anhängigen Verfahren geltend gemacht werden, ohne daß hierdurch eine Erhöhung des Streitwerts eintritt.

1110. Welche Besonderheit gilt hinsichtlich der Beitreibung der Kosten der Zwangsvollstr.? § 788 Abs. 1.

Sie sind zugleich mit dem zur Zwangsvollstr. stehenden Anspruch beizutreiben, ohne daß es einer vorherigen gerichtlichen Festsetzung der Kosten bedürfte. Jedoch ist eine gerichtliche Festsetzung — im Wege des gewöhnlichen Kostenfestsetzungsverfahrens — auch nicht ausgeschlossen; nur hat der Gläubiger, wenn die Festsetzung nicht „notwendig" war, die Kosten derselben zu tragen.

1111. Gelten als Kosten der Zwangsvollstr. auch diejenigen, die durch die Vorbereitung der Zwangsvollstr. entstanden sind. Vgl. § 750 Abs. 2 mit § 516.

Sie gelten als Kosten der Zwangsvollstr., wenn die betreffenden prozessualen Akte, beispielsweise die Zustellung des Schuldtitels, lediglich hinsichtlich der Vollstreckung von Wirkung sind; anderenfalls bedürfen sie der gerichtlichen Festsetzung.

2. Abschnitt. Zwangsvollstreckung wegen Geldforderungen.

1. Titel. Zwangsvollstreckung in das bewegliche Vermögen.

I. Allgemeine Bestimmungen.

1112. Ist der zur Durchführung der Ansprüche gegebene staatliche Zwang bei allen Ansprüchen derselbe?

Er ist verschieden je nach der Art der zu vollstreckenden Ansprüche, je nachdem der Anspruch in einer Geldforderung besteht oder auf Herausgabe oder Leistung von anderen Sachen als Geld geht (s. Nr. 1215 ff.) oder endlich auf die Vornahme einer anderen Handlung als der Herausgabe oder Leistung von Sachen oder auf eine Unterlassung gerichtet ist (s. Nr. 1220 ff.).

Die Zwangsvollstr. wegen Geldforderungen gestaltet sich wieder verschieden, je nachdem sie in bewegliches oder in unbewegliches Vermögen geschieht (s. Nr. 1115, 1170 ff.). Ein Zwang, die Vollstreckung in das eine oder in das andere Vermögen zu richten, besteht natürlich nicht: Gegenstand der Zwangsvollstr. bildet regelmäßig das ganze Vermögen des Schuldners, es sei denn, daß der Vollstreckungstitel sachlich beschränkt ist, wie z. B. bei der Verurteilung des Ehemannes zur Duldung der Zwangsvollstr. in das eingebrachte Gut der Ehefrau.

1113. Wann besteht der Anspruch in einer Geldforderung?

Wenn er in einer Forderung besteht, die von Anfang an oder durch späteren Übergang, auf die Leistung einer in Reichswährung ausgedrückten Geldsumme gerichtet ist. Zu den Geldforderungen gehören auch Ansprüche aus Hypotheken, Grund- und Rentenschulden, dagegen — richtiger Meinung nach — nicht die Ansprüche auf Hinterlegung von Geld oder auf Zahlung an einen Dritten; diese sind vielmehr als Ansprüche auf Vornahme einer Handlung zu vollstrecken, während eine in ausländischer Währung ausgedrückte Geldschuld nur als Anspruch auf Leistung von anderen Sachen als Geld vollstreckt werden kann, wenigstens dann, wenn die Leistung in ausländischer Währung ausdrücklich bedungen ist oder wenn der Schuldner, von dem ihm im anderen Fall zustehenden Wahlrecht vor dem Beginn der Vollstreckung Gebrauch machend, in ausländischer Währung leisten will.

1114. Was gilt in Ansehung der Zwangsvollstr. als bewegliches Vermögen?

Als bewegliches Vermögen gilt alles, was hinsichtlich der Zwangsvollstr. nicht als unbewegliches Vermögen gilt (s. Nr. 1170). Bewegliches Vermögen sind deshalb:

1) sämtliche Sachen mit Ausnahme der Grundstücke und der registrierten Schiffe;

2) sämtliche Rechte mit Ausnahme der Berechtigungen, für welche die Vorschriften über Grundstücke gelten. —

1115. Wie erfolgt die Zwangsvollstr. wegen Geldforderungen in das bewegliche Vermögen? § 803.

Sie erfolgt stets durch Pfändung. Der Akt der Pfändung ist aber wieder ein verschiedener, je nachdem die Vollstreckung in körperliche Sachen (s. Nr. 1122 ff.) oder in Rechte (s. Nr. 1139 ff.) geschieht.

1116. Welche Schranken bestehen bezüglich jeder Pfändung? § 803.

I. Die Pfändung hat zu unterbleiben, wenn sich von der Verwertung der zu pfändenden Gegenstände ein Überschuß über die Kosten der Zwangsvollstr. nicht erwarten läßt (vgl. auch Nr. 1122 Abs. 2).

II. Die Pfändung darf nicht weiter ausgedehnt werden, als zur Befriedigung des Gläubigers und zur Deckung der Kosten der Zwangsvollstr. erforderlich ist (Verbot der Überpfändung).

Eine diese Schranken nicht berücksichtigende Pfändung ist jedoch nicht ipso jure unwirksam, kann vielmehr nur auf Einwendung des Schuldners (gegen die Art und Weise der Zwangsvollstr. bzw. das bei derselben vom Gerichtsvollzieher zu beobachtende Verfahren) vom Vollstreckungsgericht aufgehoben oder beschränkt werden.

1117. Welche Folge hat die Pfändung für den Gläubiger? § 804 Abs. 1.

Durch die Pfändung wird dem Gläubiger ein Pfandrecht an dem

gepfändeten Gegenstande erworben, vorausgesetzt, daß der Gegenstand dem Schuldner wirklich gehört.

1118. Welche Rechte gewährt das Pfändungspfandrecht dem Gläubiger? § 804 Abs. 2 u. 3.

Das Pfändungspfandrecht gewährt dem Gläubiger im Verhältnis zu anderen Gläubigern dieselben Rechte wie ein durch Vertrag erworbenes Faustpfandrecht. Es geht Pfand- und Vorzugsrechten vor, die für den Fall eines Konkurses den Faustpfandrechten nicht gleichgestellt sind (vgl. darüber KO. § 49).

Für die Rangfolge unter mehreren Pfändungspfandrechten an demselben Gegenstande ist die Zeitfolge der Pfändungen maßgebend. Bei gleichzeitiger Pfändung des Gegenstandes für mehrere Gläubiger stehen die Pfandrechte der mehreren Gläubiger im Range gleich.

1119. Wann erwirbt der Gläubiger ausnahmsweise durch die Pfändung kein Pfandrecht? § 815 Abs. 3.

Abgesehen von dem Fall, daß der gepfändete Gegenstand dem Schuldner nicht gehört, erwirkt der Gläubiger regelmäßig auch kein Pfandrecht an gepfändetem Gelde, weil er hier bereits mit der Wegnahme des Geldes durch den Gerichtsvollzieher sofort Eigentümer des Geldes wird.

1120. Welches Mittel gibt die ZPO. dem Gläubiger, in Erfahrung zu bringen, welche Vollstreckungsgegenstände der Schuldner besitzt und wo sich dieselben befinden? § 807.

Unter Umständen ist der Schuldner auf Antrag des Gläubigers verpflichtet, ein Verzeichnis seines Vermögens vorzulegen, in betreff seiner Forderungen den Grund und die Beweismittel zu bezeichnen und den Offenbarungseid (assertorisch) dahin zu leisten: daß er nach bestem Wissen sein Vermögen so vollständig angegeben habe, als er dazu imstande sei.

1121. Wann ist der Schuldner jedoch nur verpflichtet, unter dem Eide sein Vermögen anzugeben? § 807.

Der Schuldner ist dazu nur verpflichtet, wenn der Gläubiger:

a) zur Pfändung berechtigt ist und

b) außerdem glaubhaft macht, daß er durch Vollstreckung in das bewegliche Vermögen des Schuldners (die Tatsache, daß der Schuldner unbewegliches Vermögen besitzt, befreit ihn von der Verpflichtung zur Leistung des Offenbarungseides nicht!) keine oder keine vollständige Befriedigung erlangen könne. Zur Glaubhaftmachung genügt insbesondere der Nachweis, daß eine geschehene Pfändung zu einer vollständigen Befriedigung des Gläubigers nicht geführt hat.

II. Zwangsvollstreckung in körperliche Sachen.

1122. Unter welchen Voraussetzungen dürfen bewegliche Sachen nur gepfändet werden? §§ (811), 808, 809, 812.

Abgesehen davon, daß bestimmte Sachen *unpfändbar* sind, darf im übrigen eine Pfändung von beweglichen Sachen nur stattfinden, wenn diese Sachen sich im *Gewahrsam*, d. h. im *unmittelbaren* Eigen- oder Fremdbesitz des Schuldners, des Gläubigers oder eines *zur Herausgabe bereiten* Dritten befinden.

Außerdem soll der Gerichtsvollzieher solche Sachen nicht pfänden, die zum gewöhnlichen *Hausrate* gehören und im Haushalte des Schuldners *gebraucht* werden, wenn *ohne weiteres* ersichtlich ist, daß durch deren Verwertung nur ein Erlös erzielt werden würde, der — wenn er auch die Kosten des Verfahrens decken würde (s. Nr. 1116) — doch zu dem Werte der Sachen *für den Schuldner* außer allem Verhältnis steht.

1123. Welche Sachen sind in jedem Falle *unpfändbar*? § 811.

I. Bei *jedem* Schuldner sind unpfändbar:

1) die *Kleidungsstücke*, die Betten, die Wäsche, das Haus- und Küchengerät, insbesondere die Heiz- und Kochöfen, *soweit* diese Gegenstände für den Bedarf des Schuldners oder zur Erhaltung eines angemessenen (nicht standesgemäßen!) Hausstandes *unentbehrlich* sind;

2) die für den Schuldner, seine Familie und sein Gesinde auf *vier* Wochen erforderlichen *Nahrungs-*, Feuerungs- und Beleuchtungsmittel oder, soweit solche Vorräte auf *zwei* Wochen nicht vorhanden und ihre Beschaffung für diesen Zeitraum auf anderem Wege nicht gesichert ist, der zur Beschaffung erforderliche Geldbetrag;

3) eine Milchkuh oder nach der Wahl des Schuldners statt einer solchen zwei milchende Ziegen oder zwei solche Schafe nebst den zum Unterhalt und zur Streu für dieselben auf *vier* Wochen erforderlichen Futter- und Streuvorräten oder, soweit solche Vorräte auf *zwei* Wochen nicht vorhanden sind, dem zur Beschaffung erforderlichen Geldbetrage, — *wenn* die bezeichneten Tiere für die Ernährung des Schuldners, seiner Familie und seines Gesindes *unentbehrlich* sind;

4) die *Bücher*, welche zum Gebrauche des Schuldners und seiner Familie in der *Kirche* oder *Schule* oder einer sonstigen Unterrichtsanstalt oder bei der häuslichen Andacht bestimmt sind;

5) die in *Gebrauch* genommenen Haushaltungs- und Geschäftsbücher, die Familienpapiere, sowie die Trauringe, Orden und Ehrenzeichen;

6) künstliche Gliedmaßen, Brillen und andere wegen körperlicher Gebrechen notwendige Hilfsmittel, soweit diese Gegenstände zum Gebrauche des Schuldners und seiner Familie bestimmt sind;

7) die zur unmittelbaren Verwendung für die Bestattung bestimmten Gegenstände.

II. Mit Rücksicht auf Beruf, Gewerbe und Stand sind unpfändbar:

1) bei Personen, welche *Landwirtschaft* betreiben, das zum Wirtschaftsbetrieb erforderliche Gerät und Vieh nebst dem nötigen Dünger, sowie die landwirtschaftlichen Erzeugnisse, soweit sie zur *Fortführung* der Wirtschaft bis zu der Zeit erforderlich sind, zu welcher gleiche oder ähnliche Erzeugnisse voraussichtlich gewonnen werden;

2) bei *Künstlern*, *Handwerkern*, gewerblichen Arbeitern und

anderen Personen, welche aus Handarbeit oder sonstigen persönlichen Leistungen ihren Erwerb ziehen, die zur persönlichen Fortsetzung der Erwerbstätigkeit unentbehrlichen Gegenstände,

bei den Witwen und den minderjährigen Erben dieser Personen, wenn sie das Erwerbsgeschäft für ihre Rechnung durch einen Stellvertreter fortführen, die zur persönlichen Fortführung des Geschäfts durch den Stellvertreter unentbehrlichen Gegenstände;

3) die zum Betriebe einer Apotheke unentbehrlichen Geräte, Gefäße und Waren;

4) bei Offizieren, Deckoffizieren, Beamten, Geistlichen, Lehrern an öffentlichen Unterrichtsanstalten, Rechtsanwälten, Notaren, Ärzten und Hebammen die zur Verwaltung des Dienstes oder Ausübung des Berufes erforderlichen Gegenstände, sowie anständige Kleidung; — mit Ausnahme der Rechtsanwälte, Notare und Hebammen außerdem auch ein Geldbetrag, welcher dem der Pfändung nicht unterworfenen Teile des Diensteinkommens oder der Pension (s. Nr. 1141) für die Zeit von der Pfändung bis zum nächsten Termine der Gehalts- oder Pensionszahlung gleichkommt.

III. Unpfändbar sind ferner:

1) das Inventarium der Posthaltereien (RG. über das Postwesen v. 28. Oktober 1871 § 20);

2) die Fahrbetriebsmittel der Eisenbahnen, welche Güter oder Personen im öffentlichen Verkehr befördern, von der ersten Einstellung in den Betrieb bis zur endgültigen Ausscheidung aus den Beständen; Fahrbetriebsmittel ausländischer Eisenbahnen jedoch nur, soweit Gegenseitigkeit verbürgt ist (RG. v. 3. Mai 1886);

3) Das rollende Material der Eisenbahnen mit Einschluß sämtlicher beweglichen, der betreffenden Eisenbahn gehörigen Gegenstände, welche sich in diesem Material vorfinden, in dem Gebiete eines anderen Staates als desjenigen, welchem die betreffende Eisenbahn angehört, es wäre denn, daß die Pfändung auf Grund einer Entscheidung der Gerichte des Heimatsstaates erfolgt (Intern. Übereinkommen über den Eisenbahnfrachtverkehr v. 14. Oktober 1890 Art. 23);

4) das Werk des Urhebers gegenüber diesem, es wäre denn, daß er einwilligt (RG. betr. das Urheberrecht an Werken der Literatur und der Tonkunst v. 19. Juni 1901 § 10).

1124. Hat der Gläubiger keine Möglichkeit, die Sachen des Schuldners, die sich im Gewahrsam eines nicht zur Herausgabe bereiten Dritten befinden, zu pfänden?

Die Sachen selbst kann er allerdings nicht pfänden, wohl aber den Anspruch des Schuldners gegen den Dritten auf Herausgabe der Sachen (s. Nr. 1139 Z. 2).

1125. Findet auch eine Zwangsvollstr. in unbewegliches Vermögen nach den Grundsätzen derjenigen in bewegliche Sachen statt? § 810.

Im allgemeinen nicht! Nur Früchte auf dem Halm (vegetabilische Früchte mit Ausnahme des Holzes) können, obwohl wesentliche Bestandteile eines Grundstücks und deshalb unfähig, Gegenstand selbständiger Rechte zu sein, vor ihrer Trennung vom Grundstück wie bewegliche Sachen gepfändet werden, vorausgesetzt:

a) daß noch keine Beschlagnahme derselben im Wege der Immobiliarvollstreckung (s. Nr. 1173 Abs. 1) stattgefunden hat,

b) daß die Pfändung nicht früher als einen Monat vor der Reife der Früchte erfolgt, und

c) daß die Früchte nicht entweder zu den unpfändbaren Sachen (s. Nr. 1123 II. 1) gehören oder mit der Trennung Zubehörqualität erlangen würden (s. Nr. 1173 Abs. 2).

1126. Wodurch wird eine Gewähr dafür geboten, daß die gesetzlichen Pfändungsbeschränkungen hinsichtlich der Früchte auf dem Halm und der zum landwirtschaftlichen Betrieb erforderlichen Gegenstände (s. Nr. 1123 II 1) eingehalten werden? § 813.

Nach der ZPO. soll der Gerichtsvollzieher bei der Pfändung solcher Gegenstände einen landwirtschaftlichen Sachverständigen zuziehen, sofern anzunehmen ist, daß der Wert der zu pfändenden Gegenstände den Betrag von 1000 Mark übersteigt.

Durch die einzelnen Landesjustizverwaltungen kann die Wertgrenze jedoch heruntergesetzt werden (so in Preußen: über 300 Mark, in Württemberg: über 500 Mark).

1127. Wie geschieht die Pfändung beweglicher Sachen? §§ 808, 826.

Die Pfändung geschieht regelmäßig dadurch, daß der Gerichtsvollzieher die Sachen für den Gläubiger in Besitz nimmt. Eine Mitteilung des Gerichtsvollziehers von der geschehenen Pfändung an den Schuldner ist zur Wirksamkeit der Pfändung nicht erforderlich, wenn auch vorgeschrieben.

Nur zur Pfändung bereits gepfändeter Sachen bedarf es einer Besitzergreifung nicht, vielmehr genügt hier zur Pfändung die Aufnahme einer Erklärung in das Protokoll des Gerichtsvollziehers, daß er die Sachen für seinen Auftraggeber pfände (Anschlußpfändung). Ist die erste Pfändung durch einen anderen Gerichtsvollzieher geschehen, so muß zu der Protokollierung der Erklärung im Protokoll außerdem noch eine Zustellung einer Abschrift dieses Protokolls an den ersten Gerichtsvollzieher hinzukommen; bewirkt ist die Anschlußpfändung jedoch auch in diesem Falle schon mit der Protokollierung der Erklärung. Auch von der Anschlußpfändung soll der Schuldner in Kenntnis gesetzt werden.

Die Pfändung bereits gepfändeter Sachen kann aber auch durch Besitzergreifung geschehen, wie eine Erstpfändung. Dies hat den Vorzug, daß die zweite Pfändung nicht, wie bei der Anschlußpfändung, von dem Bestande der ersten Pfändung abhängig ist.

1128. In welcher Weise erfolgt die Besitzergreifung der Sachen durch den Gerichtsvollzieher? §§ 808 Abs. 2, 809.

I. Die Besitzergreifung besteht nicht notwendig in der Wegnahme der Sachen; der Gerichtsvollzieher kann die gepfändeten Sachen auch im Gewahrsam des Schuldners oder des Dritten belassen. In diesem Fall ist die Wirksamkeit der Pfändung aber dadurch bedingt, daß der Gerichtsvollzieher durch Anlegen von Siegeln oder durch eine sonstige Bezeichnung auf der Sache selbst die Pfändung ersichtlich macht. Nur wenn dies nicht möglich ist, wie z. B. bei Früchten auf dem Halme, genügt auch die Aufstellung einer Tafel, die die Pfändung anzeigt, neben den Früchten usw.

II. Nicht im Gewahrsam des Schuldners oder des Dritten dürfen aber belassen werden:

1) Geld, Kostbarkeiten und Wertpapiere,

2) andere Sachen dann, wenn durch ihre Belassung im Gewahrsam des Schuldners oder des Dritten die Befriedigung des Gläubigers gefährdet erscheint.

1129. Wie geschieht die Befriedigung des Gläubigers aus den gepfändeten Sachen? §§ 815, 821, 814.

I. Gepfändetes Geld hat der Gerichtsvollzieher dem Gläubiger abzuliefern. Als Geld in diesem Sinne gelten auch Reichskassenscheine, Banknoten sowie ausländisches Geld; nimmt der Gläubiger diese jedoch nicht als „Geld" an, wozu er nicht verpflichtet ist, so muß ihre Verwertung nach den Vorschriften über die Verwertung von Wertpapieren erfolgen.

II. Gepfändete Wertpapiere — mit Ausnahme der Reichskassenscheine und Banknoten sowie der Wechsel und anderer indossabler Forderungspapiere (s. Nr. 1156) — wie z. B. Aktien, Schuldverschreibungen auf den Inhaber, Pfand- und Rentenbriefe, Kuxe des heutigen Bergrechts sind in der Regel:

1) wenn sie einen Börsen- oder Marktpreis haben, von dem Gerichtsvollzieher aus freier Hand, nötigenfalls durch Vermittlung eines Mäklers oder Kommissionars, zum Tageskurs zu verkaufen,

2) wenn sie einen solchen Preis nicht haben, öffentlich zu versteigern.

III. Andere Sachen als Geld und Wertpapiere sind in der Regel von dem Gerichtsvollzieher öffentlich zu versteigern, Kostbarkeiten nach vorgängiger Abschätzung durch Sachverständige.

1130. Wann hat der Gerichtsvollzieher ausnahmsweise gepfändetes Geld nicht an den Gläubiger abzuführen? §§ 720, 815 Abs. 2 u. 3.

Der Gerichtsvollzieher darf das gepfändete Geld nicht dem Gläubiger aushändigen, sondern muß es hinterlegen:

1) wenn dem Schuldner bei Anordnung der vorläufigen Vollstreckbarkeit des Urteils nachgelassen war, durch Sicherheitsleistung oder durch Hinterlegung die Vollstreckung abzuwenden (s. Nr. 1031).

2) wenn dem Gerichtsvollzieher glaubhaft gemacht wird, daß an dem gepfändeten Gelde „ein die Veräußerung hinderndes Recht" (s. Nr. 1103)

eines Dritten bestehe. Legt der Dritte in diesem Falle aber dem Gerichtsvollzieher nicht binnen einer Frist von zwei Wochen seit dem Tage der Pfändung eine Entscheidung des Prozeßgerichts, daß die Zwangsvollstr. einzustellen sei, vor, so hat der Gerichtsvollzieher das Geld von der Hinterlegungsstelle wieder abzuheben und dem Gläubiger auszuhändigen.

1131. Welche Ausnahmen bestehen von der Regel, daß gepfändete Wertpapiere und andere Sachen als Geld aus freier Hand zum Tageskurs zu verkaufen bzw. öffentlich zu versteigern sind? §§ 825, 820.

I. Gläubiger und Schuldner können sich wirksam über eine andere Verwertung als die regelmäßig vorschriebene einigen.

II. Das Vollstreckungsgericht kann auf Antrag des Gläubigers oder des Schuldners anordnen, daß die Verwertung in anderer als der regelmäßigen Weise oder an einem anderen Orte, oder daß die Versteigerung durch eine andere Person als den Gerichtsvollzieher, z. B. durch einen Auktionator, vorzunehmen sei. So kann das Vollstreckungsgericht z. B. auch anordnen, daß die gepfändete Sache dem Gläubiger zum Taxwert überlassen werden soll.

III. Erreicht bei der öffentlichen Versteigerung von Gold- und Silbersachen das Meistgebot nicht den Gold- oder Silberwert (s. Nr. 1134), so kann der Gerichtsvollzieher den Verkauf aus freier Hand zu dem Preise bewirken, welcher den Gold- oder Silberwert erreicht.

1132. Zeit und Ort der Versteigerung? §§ 816, 824.

I. Die Versteigerung der gepfändeten Sachen soll nicht vor Ablauf einer Woche seit dem Tage der Pfändung geschehen. Eine frühere Versteigerung ist nur zulässig:

1) wenn Gläubiger und Schuldner sich dahin einigen, oder

2) wenn die frühere Versteigerung erforderlich ist, um die Gefahr einer beträchtlichen Wertsverminderung der zu versteigernden Sachen, z. B. bei leicht verderblichen Waren, abzuwenden oder um unverhältnismäßige Kosten einer längeren Aufbewahrung zu vermeiden.

Die Versteigerung gepfändeter, von dem Boden noch nicht getrennter Früchte ist erst nach der Reife zulässig, kann dann aber vor oder nach der Trennung der Früchte erfolgen; in letzterem Falle hat der Gerichtsvollzieher die Aberntung bewirken zu lassen.

II. Die Versteigerung soll in der Gemeinde geschehen, in welcher die Pfändung erfolgt ist, sofern nicht der Gläubiger und der Schuldner über einen anderen Ort sich einigen.

III. Zeit und Ort der Versteigerung sollen unter allgemeiner Bezeichnung der zu versteigernden Sachen durch Einrückung in öffentliche Blätter, Anschlag usw. öffentlich bekannt gemacht werden.

1133. Wie gestaltet sich das Verfahren im Versteigerungstermin? §§ 817, 816 Abs. 4.

I. Der Zuschlag an den Meistbietenden soll nur nach dreimaligem Aufruf erfolgen. Erst mit dem Zuschlag kommt der Verkauf zustande, bis dahin kann daher der Schuldner immer noch durch Befriedigung des Gläubigers die Pfänder einlösen. Der Zuschlag kann auch an den Gläubiger oder den Schuldner erfolgen, denn diese sind bei der Versteigerung zur Mitbietung berechtigt mit der Maßgabe, daß das Gebot des Schuldners zurückgewiesen werden darf, wenn nicht der Betrag bar erlegt wird. Der Gerichtsvollzieher dagegen und die von ihm zugezogenen Gehilfen mit Einschluß des Protokollführers dürfen die zu versteigernden Sachen weder für sich persönlich oder durch einen anderen noch als Vertreter eines anderen kaufen (BGB. § 456).

Die Versteigerung der gepfändeten Sachen muß eingestellt werden, sobald der Erlös zur Befriedigung des Gläubigers und zur Deckung der Kosten der Zwangsvollstr. hinreicht.

II. Die Ablieferung einer zugeschlagenen Sache darf nur gegen Barzahlung erfolgen, es wäre denn, daß Gläubiger und Schuldner eine Ablieferung ohne sofortige Zahlung bewilligen.

Hat der Meistbietende nicht zu der in den Versteigerungsbedingungen bestimmten Zeit oder in Ermanglung einer solchen Bestimmung nicht vor dem Schlusse des Versteigerungstermins die Ablieferung gegen Zahlung des Kaufpreises verlangt, so ist die Sache anderweit zu versteigern. Der erste Käufer wird hierbei zu einem nochmaligen Gebot nicht zugelassen und haftet für einen etwaigen Ausfall, während er auf einen Mehrerlös keinen Anspruch hat.

Wird der Zuschlag dem Gläubiger erteilt, so ist dieser von der Verpflichtung zur baren Zahlung soweit befreit, als der Erlös nach Abzug der Kosten der Zwangsvollstr. zu seiner Befriedigung zu verwenden ist, sofern nicht dem Schuldner nachgelassen ist, durch Sicherheitsleistung oder Hinterlegung die Vollstreckung abzuwenden, denn in diesem Falle ist der Erlös von dem Gerichtsvollzieher zu hinterlegen und dem Gläubiger steht nur ein Pfandrecht an dem hinterlegten Erlöse zu.

1134. *Wann darf der Gerichtsvollzieher den Zuschlag nicht erteilen? BGB. § 156, ZPO. §§ 817, 820.*

Er darf den Zuschlag nicht erteilen:

1) auf ein Gebot, sobald ein Übergebot abgegeben wird; denn in diesem Fall erlischt kraft Gesetzes das niedere Gebot, kann also gar nicht mehr durch Zuschlag zum Vertragsschluß führen: der Zuschlag darf nur an den Meistbietenden erfolgen,

2) wenn es der Gläubiger verlangt, denn der Gerichtsvollzieher hat sich als Beauftragter des Gläubigers nach dessen Weisungen zu richten. Der Gläubiger kann insbesondere schon im voraus bestimmen, daß der Zuschlag zu versagen sei, wenn das Meistgebot einen bestimmten Betrag nicht erreicht,

3) bei Gold- und Silbersachen, wenn das Meistgebot nicht den Gold- oder Silberwert erreicht, da diese Sachen nicht unter diesem Wert zugeschlagen werden dürfen.

1135. Welche besondere Ermächtigung kann dem Gerichtsvollzieher zur Verwertung von Wertpapieren erteilt werden? §§ 822, 823.

I. Lautet ein Wertpapier auf Namen, so kann der Gerichtsvollzieher auf seinen Antrag, wenn der Schuldner, auf dessen Namen das Papier ausgestellt oder übertragen ist, die Abtretungserklärung nicht erteilt, durch das Vollstreckungsgericht ermächtigt werden, die Umschreibung auf den Namen des Käufers zu erwirken und die hierzu erforderlichen Erklärungen (Zession oder Indossament) an Stelle des Schuldners wirksam abzugeben.

II. Ist ein Inhaberpapier von dem Aussteller zum Zwecke der Außerkurssetzung auf den Namen des Schuldners umgeschrieben, also in ein Namenspapier umgewandelt worden, so kann der Gerichtsvollzieher, (wenn er nicht etwa nach I verfahren will) auf seinen Antrag durch das Vollstreckungsgericht ermächtigt werden, die Rückwandelung des Namenspapieres in ein Inhaberpapier bei dem Schuldner zu erwirken und die hierzu erforderlichen Erklärungen an Stelle des Schuldners abzugeben. Dies folgt in entsprechender Anwendung aus der in der ZPO. noch enthaltenen, durch das im BGB. enthaltene Verbot der Außerkurssetzung (vgl. EG. z. BGB. Art. 176) aber hinfällig gewordenen Bestimmung, daß bei außerkursgesetzten Inhaberpapieren der Gerichtsvollzieher durch das Vollstreckungsgericht ermächtigt werden kann, die Wiederinkurssetzung zu bewirken.

1136. Hat der Käufer gepfändeter Sachen einen Gewährleistungsanspruch gegen den Verkäufer? § 806.

Schon das bürgerliche Recht bestimmt, daß der Verkäufer einen Sachmangel der verkauften Sache nicht zu vertreten hat, wenn die Sache auf Grund eines Pfandrechts in öffentlicher Versteigerung unter der Bezeichnung als Pfand verkauft wird (BGB. § 461).

Darüber hinausgehend bestimmt die ZPO., daß bei jeder auf Grund einer Pfändung erfolgten Veräußerung, also nicht bloß bei öffentlicher Versteigerung, sondern auch bei Verkauf aus freier Hand, dem Erwerber sowohl wegen eines Mangels im Rechte als auch wegen eines Mangels der veräußerten Sache ein Anspruch auf Gewährleistung nicht zusteht, und zwar auch dann nicht, wenn die Sache nicht unter der Bezeichnung als Pfand verkauft wurde.

Einen Gewährleistungsanspruch gegen den verkaufenden Gläubiger hat der Käufer nur dann, wenn der Gläubiger eine bestimmte Eigenschaft zugesichert hat und diese Eigenschaft fehlt.

1137. In welchem Augenblick tritt die Befriedigung des Gläubigers wegen seines Anspruchs bei der Zwangsvollstr. ein? §§ 815 Abs. 3, 819.

I. Die Wegnahme des Geldes bzw. die Empfangnahme des Erlöses durch den Gerichtsvollzieher gilt regelmäßig bereits als Zahlung seitens des Schuldners, nicht erst die tatsächliche Ablieferung an den Gläubiger. Dieser trägt deshalb von der Weg=

nahme des gepfändeten Geldes bzw. Empfangnahme des Erlöses an die Gefahr des Untergangs und der Unterschlagung. — Soweit der Gläubiger, wenn ihm bei der Versteigerung der Zuschlag erteilt wird, von der Verpflichtung zur Barzahlung befreit ist (s. Nr. 1133), gilt der Betrag als von dem Schuldner an den Gläubiger gezahlt in dem Augenblicke, wo der Zuschlag erklärt worden ist.

II. Eine Ausnahme tritt dann ein, wenn der Gerichtsvollzieher gepfändetes Geld bzw. den Erlös gepfändeter Sachen hinterlegen mußte, weil dem Schuldner bei der Anordnung der vorläufigen Vollstreckbarkeit nachgelassen worden war, die Zwangsvollstr. durch Sicherheitsleistung oder durch Hinterlegung abzuwenden, oder weil dem Gerichtsvollzieher ein die Veräußerung hinderndes Recht eines Dritten an dem gepfändeten Gelde glaubhaft gemacht wurde.

In diesen Fällen erlischt die Forderung erst mit der Ablieferung des hinterlegten Geldes an den Gläubiger oder, wenn es an den Gerichtsvollzieher ausgehändigt wird, an diesen.

1138. Wie gestaltet sich das Befriedigungsverfahren, wenn bereits gepfändete Sachen durch einen anderen Gerichtsvollzieher nochmals — durch Anschlußpfändung oder durch gewöhnliche Pfändung — gepfändet worden sind? § 827.

Die weitere Vollstreckung ist immer nur von einem der beteiligten Gerichtsvollzieher auszuführen. Daher geht kraft Gesetzes der Auftrag des zweiten Gläubigers auf den Gerichtsvollzieher über, von welchem die erste Pfändung bewirkt ist, es sei denn, daß das Vollstreckungsgericht auf Antrag eines beteiligten Gläubigers oder des Schuldners anordnet, daß die Verrichtungen jenes Gerichtsvollziehers von einem anderen zu übernehmen seien. Die Versteigerung erfolgt für alle beteiligten Gläubiger.

Reicht der Erlös zur Deckung aller Forderungen nicht aus, so hat der Gerichtsvollzieher zunächst die Kosten der Versteigerung abzuziehen und sodann die einzelnen Forderungen nebst den Nebenkosten nach der Reihenfolge der Pfändungen (bei gleichzeitiger Pfändung für mehrere Gläubiger nach Verhältnis ihrer Forderungen) zu befriedigen, bis die Masse erschöpft ist. Verlangt jedoch ein beteiligter Gläubiger ohne Zustimmung der übrigen eine andere Verteilung, so hat der Gerichtsvollzieher den Erlös zu hinterlegen und dem Vollstreckungsgericht unter Beifügung der auf das Verfahren sich beziehenden Schriftstücke die Sachlage anzuzeigen. Es tritt dann ein förmliches Verteilungsverfahren (s. Nr. 1185) ein.

III. Zwangsvollstreckung in Forderungen und andere Vermögensrechte.

1139. Welche Arten von zum beweglichen Vermögen gehörenden Rechten hat man bei der Zwangsvollstr. wegen Geldforderungen zu unterscheiden?

1) Geldforderungen;

2) Ansprüche auf Herausgabe oder Leistung körperlicher Sachen, welche die ZPO. auch beide als „Forderungen" zusammenfaßt, aber unrichtig, weil die Ansprüche auf Herausgabe oder Leistung körperlicher Sachen auch dinglicher Natur sein können;

3) andere Vermögensrechte, z. B. der Anspruch auf Übertragung einer Forderung, die Ansprüche aus dem Miteigentum.

Gepfändet werden können aber immer nur Vermögensrechte, d. h. solche Rechte, die einen Geldwert haben, nicht also z. B. auch ein Namensrecht.

1140. Sind alle Vermögensrechte ohne Unterschied der Pfändung unterworfen? §§ 850, 851 Abs. 1, 860, 859 Abs. 2.

Nein; der Pfändung sind solche Vermögensrechte nicht unterworfen, die:

1) aus sozialpolitischen Gründen für unpfändbar erklärt und deshalb unübertragbar sind (BGB. § 400),

2) aus einem anderen Grunde als dem der Unpfändbarkeit unübertragbar sind, wie z. B. die Ansprüche, welche den Gesellschaftern aus dem Gesellschaftsverhältnis gegeneinander zustehen (BGB. § 717).

Entsprechend dem Grundsatze, daß ein nicht übertragbares Recht auch nicht gepfändet werden kann, ist insbesondere:

a) bei dem Güterstande der allgemeinen Gütergemeinschaft, der Errungenschaftsgemeinschaft und der Fahrnisgemeinschaft der Anteil eines der Ehegatten an dem Gesamtgute und an den einzelnen dazu gehörigen Gegenständen, weil nicht übertragbar (BGB. § 1442 ꝛc.), auch nicht der Pfändung unterworfen;

b) der Anteil eines Miterben an den einzelnen Nachlaßgegenständen, weil unübertragbar, auch unpfändbar, während sein Anteil an dem Nachlaß in Konsequenz der Übertragbarkeit auch pfändbar ist (BGB. § 2033).

1141. Welches sind die aus sozialpolitischen Gründen unpfändbaren Rechte? § 850.

I. Der Pfändung sind ganz allgemein nicht unterworfen:

1) Die aus Kranken-, Hilfs- oder Sterbekassen, insbesondere aus Knappschaftskassen und Kassen der Knappschaftsvereine zu beziehenden Hebungen;

2) der Sold und die Invalidenpension der Unteroffiziere und der Soldaten;

3) das Diensteinkommen der Militärpersonen, welche zu einem mobilen Truppenteil oder zur Besatzung eines in Dienst gestellten Kriegsfahrzeuges gehören;

4) die auf gesetzlicher Vorschrift beruhenden Alimentenforderungen — mit Ausnahme der wegen einer Verletzung des Körpers oder der Gesundheit nach bürgerlichem Gesetzbuch zu entrichtenden Geldrente (s. II, 2 b) — und die im Fall der Tötung des gesetzlich zur Unterhaltsgewährung Verpflichteten dem Dritten gebührende Geldrente (BGB. § 844).

II. Nur bis zu gewisser Grenze sind der Pfändung nicht unterworfen —

1) bis zu relativ bestimmter Grenze:

die fortlaufenden Einkünfte, welche ein Schuldner aus Stiftungen oder sonst auf Grund der Fürsorge und Freigebigkeit eines Dritten bezieht, insoweit nämlich, als der Schuldner dieser Einkünfte zur Bestreitung des notdürftigen Unterhalts für sich, seinen Ehegatten und seine noch unversorgten Kinder bedarf;

2) bis zu absolut bestimmter Grenze, soweit nämlich der Gesamtbetrag der Forderungen des Schuldners die Summe von 1500 Mk. jährlich nicht übersteigt:

a) die Vergütung für Arbeiten oder Dienste, welche auf Grund eines Arbeits- oder Dienstverhältnisses geleistet werden (vgl. darüber das Lohnbeschlagnahmegesetz v. 21. Juni 1869 in der durch RG. v. 29. März 1897 bestimmten Fassung);

b) die wegen einer Verletzung des Körpers oder der Gesundheit nach dem bürgerlichen Gesetzbuch zu entrichtende Rente (BGB. § 843);

c) die Pensionen der Witwen und Waisen und die denselben aus Witwen- und Waisenkassen zukommenden Bezüge, die Erziehungsgelder und die Studienstipendien, sowie die Pensionen invalider Arbeiter;

d) das Diensteinkommen der Offiziere, Militärärzte und Deckoffiziere, der Beamten, der Geistlichen sowie der Ärzte und Lehrer an öffentlichen Anstalten; die Pensionen dieser Personen nach deren Versetzung in den einstweiligen oder dauernden Ruhestand, sowie der nach ihrem Tode den Hinterbliebenen zu gewährende Sterbe- oder Gnadengehalt.

In den beiden letzten Fällen ist ferner nur der dritte Teil des die Summe von 1500 Mk. übersteigenden Betrages pfändbar. Bei der Ermittelung, ob und bis zu welchem Betrage ein Diensteinkommen der Pfändung unterliege, dürfen die Einkünfte, die zur Bestreitung eines Dienstaufwandes bestimmt sind, wie z. B. Umzugskosten, Tagegelder bei Dienstreisen 2c., sowie der Servis der Offiziere, Militärärzte und Militärbeamten nicht mitgerechnet werden, wie dieselben auch der Pfändung entzogen sind. (Vgl. zu II, 2 b, c, d weiter § 850 Abs. 4). —

Auch andere Reichsgesetze als die ZPO. enthalten noch Pfändungsbeschränkungen, so ist z. B. die den Inhabern des eisernen Kreuzes gewährte Ehrenzulage der Pfändung ganz entzogen (RG. v. 2. Juni 1878).

1142. Welche Ausnahmen bestehen von dem Grundsatze, daß unübertragbare Rechte auch unpfändbar sind? §§ 851 Abs. 2, 857 Abs. 3; 859 Abs. 1, 860 Abs. 2.

I. Allgemeine Ausnahmen:

1) Vermögensrechte, die nur deshalb unübertragbar sind, weil die Leistung an einen anderen als den ursprünglichen Gläubiger nicht ohne Veränderung ihres Inhalts erfolgen kann oder weil die Abtretung mit dem Schuldner durch Vereinbarung ausgeschlossen ist (BGB. § 399)

können doch insoweit gepfändet werden, als der geschuldete Gegenstand der Pfändung unterworfen ist.

2) Unveräußerliche Vermögensrechte sind in Ermangelung besonderer Vorschriften der Pfändung insoweit unterworfen, als die Ausübung des Rechtes einem anderen übertragen werden kann, wie z. B. der Nießbrauch (s. jedoch Nr. 1144).

II. Besondere Ausnahmen:

1) Der Anteil eines Gesellschafters an dem Gesellschaftsvermögen einer Gesellschaft des bürgerlichen Gesetzbuches ist, obwohl unübertragbar (BGB. § 719), doch pfändbar, während der Anteil desselben an den einzelnen zum Gesellschaftsvermögen gehörenden Gegenständen wieder konsequenterweise als unübertragbar auch unpfändbar ist.

2) Bei dem Güterstande der allgemeinen Gütergemeinschaft, der Errungenschaftsgemeinschaft und der Fahrnisgemeinschaft ist nach der Beendigung der Gemeinschaft der Anteil eines der Ehegatten an dem Gesamtgute (nicht aber auch an den dazu gehörigen einzelnen Gegenständen) zugunsten der Gläubiger des Anteilsberechtigten der Pfändung unterworfen, obwohl der Anteilsberechtigte auch nach der Beendigung der Gemeinschaft (bis zur Auseinandersetzung) seinen Anteil noch nicht veräußern kann (BGB. § 1471 ꝛc.).

1143. Sind alle übertragbaren Rechte der Pfändung unterworfen? § 852.

Auch hier bestehen einige Ausnahmen. So ist insbesondere der Pflichtteilsanspruch, obwohl übertragbar, der Pfändung doch nur unterworfen, wenn er durch Vertrag anerkannt oder rechtshängig geworden ist, weil er ohne diese Beschränkung der Pfändbarkeit gegen den Willen des Berechtigten geltend gemacht werden könnte. Ebenso ist der dem Schenker wegen unverschuldeter Bedürftigkeit zustehende Anspruch auf Rückgabe des Geschenks (BGB. § 528), obwohl übertragbar, der Pfändung doch nur unterworfen, wenn er anerkannt oder rechtshängig geworden ist, weil ohne diese Beschränkung der Pfändbarkeit dem Schenker die Entscheidung darüber, ob er den Anspruch geltend machen will, entzogen würde.

1144. Sind alle unveräußerlichen Rechte der Pfändung insoweit unterworfen, als die Ausübung einem anderen übertragen werden kann? §§ 861, 862.

Nein. Der Pfändung sind gänzlich entzogen:

1) Das — unübertragbare — Recht, welches bei dem Güterstande der Verwaltung und Nutznießung dem Ehemann an dem eingebrachten Gute zusteht: für die Gläubiger des Mannes;

2) das — ebenfalls unübertragbare — Recht, welches dem Vater oder der Mutter kraft der elterlichen Nutznießung an dem Vermögen des Kindes zusteht: für die Gläubiger des Vaters oder der Mutter (nicht auch für die Gläubiger des Kindes, vgl. Nr. 1049);

obwohl in beiden Fällen die Ausübung des Rechts einem anderen übertragen werden kann.

1145. Können auch künftige Rechte gepfändet werden? §§ 832, 833.

Regelmäßig können nur Rechte gepfändet werden, die dem Schuldner zur Zeit der Pfändung zustehen, also keine künftigen Rechte, wohl aber bedingte oder befristete Rechte, auch Rechte aus gegenseitigen Verträgen. Der Gläubiger kann ferner auch eine Forderung des Schuldners gegen sich pfänden.

In zwei Fällen können ausnahmsweise auch künftige Rechte gepfändet werden:

1) das Pfandrecht, welches durch die Pfändung einer Gehaltsforderung oder einer ähnlichen in fortlaufenden Bezügen bestehenden Forderung z. B. eines Leibrentenanspruchs erworben wird, erstreckt sich kraft Gesetzes auch auf die nach der Pfändung fällig werdenden Beträge;

2) durch die Pfändung eines Diensteinkommens wird auch dasjenige Einkommen betroffen, welches der Schuldner infolge der Versetzung in ein anderes Amt, der Übertragung eines neuen Amts oder einer Gehaltserhöhung zu beziehen hat, vorausgesetzt jedoch, daß der Dienstherr, der Drittschuldner, derselbe bleibt.

1146. Was ist zu jeder Pfändung eines Vermögensrechts erforderlich? §§ 829, 831.

Regelmäßig ein förmlicher Pfändungsbeschluß. Ein solcher ist ausnahmsweise nur nicht notwendig zur Pfändung von Forderungen aus Wechseln und anderen indossablen Papieren, wie Konnossementen, Lagerscheinen ꝛc. Weil der Drittschuldner eines solchen Papiers nur dem durch den Besitz des Papiers legitimierten Gläubiger zu leisten verpflichtet ist, geschieht hier die Pfändung wirksam nur dadurch, daß der Gerichtsvollzieher die Papiere für den Gläubiger in Besitz nimmt; dem Gläubiger darf er sie jedoch erst ausliefern, nachdem die zur Verwertung notwendige Überweisung (s. Nr. 1156) geschehen ist.

1147. Wer ist zum Erlaß des Pfändungsbeschlusses zuständig? §§ 828, 858 Abs. 2.

Für den Erlaß des Pfändungsbeschlusses ist als Vollstreckungsgericht ausschließlich das Amtsgericht zuständig, bei welchem der Schuldner im Deutschen Reiche seinen allgemeinen Gerichtsstand hat, und in Ermangelung eines solchen das Amtsgericht, in dessen Bezirk sich Vermögen des Schuldners befindet.

Nur für die Pfändung des Anteils an einem im Schiffsregister eingetragenen Schiffe (Schiffspart) ist das Amtsgericht ausschließlich zuständig, in dessen Bezirke sich der Heimatshafen oder der Heimatsort befindet.

1148. Wie gestaltet sich das Verfahren bei Erlaß des Pfändungsbeschlusses? §§ 764 Abs. 3, 834.

Der Gläubiger muß — schriftlich oder zu Protokoll des Gerichtsschreibers — unter Überreichung des mit der Vollstreckungsklausel versehenen Vollstreckungstitels und des Nachweises der Zustellung die Pfändung der dem Schuldner gegen den Drittschuldner zustehenden Forderung, die er zu individualisieren hat, beantragen.

Die Entscheidung des Vollstreckungsgerichts über das Pfändungsgesuch kann ohne mündliche Verhandlung und muß in jedem Fall ohne vorgängiges Gehör des Schuldners erfolgen; dieser darf erst nach der Pfändung gehört werden, wenn es erforderlich sein sollte. Das Gericht hat bei Erlaß des Pfändungsbeschlusses nicht die Richtigkeit der Behauptungen des Gläubigers über das Bestehen der zu pfändenden Forderung zu prüfen.

1149. Welchen Inhalt hat der Pfändungsbeschluß? §§ 829, 847 Abs. 1, 848 Abs. 1 u. 2.

I. In dem Pfändungsbeschluß wird dem Drittschuldner verboten, an den Schuldner zu zahlen (arrestatorium) und dem Schuldner geboten, sich jeder Verfügung über die Forderung, insbesondere der Einziehung derselben, zu enthalten (inhibitorium); das arrestatorium entfällt, wenn kein Drittschuldner vorhanden ist, wie z. B. bei der Pfändung einer Forderung des Schuldners gegen den Gläubiger selbst.

II. Bei der Pfändung eines Anspruchs, welcher die Herausgabe oder Leistung einer beweglichen körperlichen Sache zum Gegenstande hat, ist in dem Pfändungsbeschluß zugleich anzuordnen, daß die Sache an einen vom Gläubiger zu beauftragenden Gerichtsvollzieher herauszugeben sei.

III. Bei Pfändung eines Anspruchs, der die Herausgabe oder Leistung einer unbeweglichen Sache zum Gegenstande hat, ist in dem Pfändungsbeschlusse zugleich anzuordnen, daß die Sache an einen auf Antrag des Gläubigers vom Amtsgericht der belegenen Sache zu bestellenden Sequester herauszugeben sei. Ist der gepfändete Anspruch auf Übertragung des Eigentums gerichtet, so hat die Auflassung an dem Sequester als Vertreter des Schuldners zu erfolgen; nötigenfalls muß der Sequester den Drittschuldner auf Abgabe der zur Auflassung erforderlichen Willenserklärung verklagen. Mit dem Übergange des Eigentums auf den Schuldner erlangt dann der Gläubiger kraft Gesetzes ohne Eintragung eine Sicherungshypothek für seine Forderung, deren Eintragung der Sequester behufs Berichtigung des Grundbuchs bewilligen muß.

1150. Entsteht das Pfandrecht bereits mit dem Erlaß des Pfändungsbeschlusses? §§ 829 Abs. 3, 857 Abs. 2.

Nein; es entsteht vielmehr regelmäßig erst mit der Zustellung des Beschlusses an den Drittschuldner bzw., wenn ein solcher nicht vorhanden ist, mit der Zustellung an den Schuldner, dem der Beschluß aber auch in dem Fall, wo ein Drittschuldner vorhanden ist, zugestellt werden soll.

1151. Wie geschieht die Zustellung des Pfändungsbeschlusses an den Drittschuldner und den Schuldner? § 829 Abs. 2.

Die Zustellung des Pfändungsbeschlusses erfolgt niemals von Amts wegen, sondern stets nur auf Betreiben des Gläubigers, der den Pfändungsbeschluß formlos ausgehändigt erhält. Der mit der Zustellung des Beschlusses an den Drittschuldner beauftragte Gerichtsvollzieher ist jedoch auch ohne besonderen Auftrag verpflichtet, den Beschluß zusammen mit einer Abschrift der Zustellungsurkunde dem Schuldner sofort zuzustellen, sofern nicht eine öffentliche Zustellung erforderlich wird. In gleicher Weise hat auch der Gerichtsschreiber für die Zustellung an den Schuldner zu sorgen, wenn die Zustellung an den Drittschuldner auf unmittelbares Ersuchen des Gerichtsschreibers durch die Post erfolgt. — An Stelle einer an den Schuldner im Auslande zu bewirkenden Zustellung erfolgt dieselbe durch Aufgabe zur Post.

1152. Bei welchen Rechten genügt jedoch zur Entstehung des Pfandrechts an ihnen nicht die Zustellung des Pfändungsbeschlusses an den Drittschuldner bzw. den Schuldner? § 830.

Abgesehen von der Pfändung von Forderungen aus Wechseln und anderen indossablen Papieren, wo die Pfändung ohne Pfändungsbeschluß durch Besitznahme der Papiere seitens des Gerichtsvollziehers geschieht, ist zur Pfändung einer Forderung, für welche eine Hypothek, Grund- oder Rentenschuld besteht, außer dem Pfändungsbeschluß noch die Übergabe des Hypotheken-, Grund- oder Rentenschuldbriefes an den Gläubiger, und wenn die Erteilung eines Briefes ausgeschlossen ist (ebenso wie bei der Pfändung einer Reallast), die Eintragung der Pfändung in das Grundbuch — die auf Grund des Pfändungsbeschlusses erfolgt — erforderlich. Das Pfandrecht entsteht in diesen Fällen erst mit der Übergabe des Briefes an den Gläubiger bzw. der Eintragung der Pfändung in das Grundbuch, mit der Maßgabe, daß wenn die Übergabe des Briefes im Wege der Zwangsvollstr. — auf Grund des Pfändungsbeschlusses als Vollstreckungstitels — bewirkt wird, sie als erfolgt gilt, wenn der Gerichtsvollzieher den Brief zum Zwecke der Ablieferung an den Gläubiger wegnimmt. Die Zustellung des Pfändungsbeschlusses an den Drittschuldner ist im allgemeinen für die Pfändung unerheblich und nur insofern von Bedeutung, als, wenn die Zustellung vor der Übergabe des Briefes oder der Eintragung der Pfändung geschieht, die Wirkung der Pfändung dem Drittschuldner gegenüber als bereits mit der Zustellung eingetreten gilt. — Als hypothekarische Forderungen in diesem Sinne gelten jedoch nicht die Forderungen auf Rückstände von Zinsen oder anderen Nebenleistungen oder auf Erstattung von Kosten (BGB. § 1159) und bei einer Sicherungshypothek für die Forderung aus einer Schuldverschreibung auf den Inhaber, aus einem Wechsel oder einem anderen indossablen Papier auch nicht die Hauptforderung. Die Pfändung dieser Forderungen geschieht vielmehr wieder nach der Regel durch bloße Zustellung eines Pfändungsbeschlusses an den Drittschuldner bzw. Schuldner.

1153. In welchen Fällen ist für die Entstehung des Pfandrechts neben dem Zeitpunkt der Zustellung des Pfändungsbeschlusses noch ein anderer Zeitpunkt maßgebend? §§ 858 Abs. 4, 857 Abs. 4.

1) Bei der Pfändung einer Schiffspart soll der Pfändungsbeschluß außer dem Schuldner auch einem etwaigen Korrespondentreeder (HGB. § 492) zugestellt werden; die Pfändung wird dann außer mit der Zustellung an den Schuldner auch mit der Zustellung an den Korrespondentreeder wirksam.

2) Das Gericht kann bei der Zwangsvollstr. in Nutzungsrechte in dem Verwertungsbeschlusse eine Verwaltung anordnen (s. Nr. 1158). In diesem Falle wird die Pfändung durch Übergabe der zu benutzenden Sache an den Verwalter bewirkt, sofern sie nicht bereits durch Zustellung des Pfändungsbeschlusses an den Eigentümer des belasteten Gegenstandes (als Drittschuldner) bewirkt worden war.

1154. Ist wie bei der Pfändung von Sachen auch bei der Pfändung von Rechten eine Anschlußpfändung möglich?

Eine Pfändung bereits gepfändeter Rechte zugunsten desselben oder eines anderen Gläubigers ist regelmäßig nur im Wege der Erstpfändung möglich. Eine Anschlußpfändung ist nur möglich bei bereits gepfändeten Forderungen aus Wechseln und anderen indossablen Papieren. Sie erfolgt hier ebenso wie die Anschlußpfändung bereits gepfändeter Sachen durch Aufnahme einer Erklärung in das Protokoll des Gerichtsvollziehers, daß er die Papiere für seinen Auftraggeber pfände.

Dagegen ist eine Pfändung einer schon gepfändeten Briefhypothek, -grundschuld oder -rentenschuld weder im Wege der Erstpfändung noch im Wege der Anschlußpfändung möglich, da zur wirksamen Pfändung die Übergabe des Briefes gehört (s. Nr. 1152), dieser aber bereits in den Händen des prior creditor ist; der nachpfändende Gläubiger kann hier lediglich den Anspruch auf Herausgabe des Briefes nach erfolgter Befriedigung und auf den etwaigen Überschuß — natürlich immer nur im Wege der Erstpfändung — pfänden.

1155. Welches Mittel ist dem Gläubiger gegeben, die Wirkung einer Pfändung zu antizipieren? § 845.

Dem Gläubiger ist eine Vorpfändung gestattet. Er kann schon vor der Pfändung dem Drittschuldner und dem Schuldner durch den Gerichtsvollzieher die Benachrichtigung, daß die Pfändung des Rechts bevorstehe, zustellen lassen, mit der Aufforderung an den Drittschuldner, nicht an den Schuldner zu zahlen, und mit der Aufforderung an den Schuldner, sich jeder Verfügung über die Forderung, insbesondere der Einziehung, zu enthalten. Diese Benachrichtigung kann er aber nur auf Grund eines vollstreckbaren Schuldtitels zustellen lassen; der vorherigen Erteilung einer vollstreckbaren Ausfertigung und der Zustellung des Schuldtitels bedarf es jedoch nicht.

Die Benachrichtigung hat ferner die Wirkung einer Arrestvollziehung

(§ 930) — Entstehen eines Pfandrechts — nur unter der aufschiebenden Bedingung, daß die Pfändung des Rechts innerhalb drei Wochen vom Tage der Benachrichtigung ab wirklich erfolgt. Die Wirkungen der Pfändung treten daher erst mit dem Eintritte der Bedingung ein, mit der Maßgabe, daß das Pfandrecht auf den Zeitpunkt der Benachrichtigung zurückdatiert wird.

1156. In welcher Weise wird die Befriedigung des Gläubigers aus den gepfändeten Rechten herbeigeführt? §§ 835, 846, 857; 831, 847, 848.

Zur Befriedigung des Gläubigers bedarf es ebenfalls wieder eines Gerichtsbeschlusses (Verwertungsbeschluß im Gegensatz zum Pfändungsbeschluß). Eines solchen Beschlusses bedarf es auch dann, wenn Forderungen aus Wechseln oder anderen indossablen Papieren gepfändet waren, ein Pfändungsbeschluß also nicht ergangen war.

Entbehrlich ist ein Verwertungsbeschluß nur, wenn der Anspruch die Herausgabe oder Leistung einer Sache betrifft und der Drittschuldner seiner Verpflichtung zur Herausgabe der Leistung der Sache an den Gerichtsvollzieher bzw. Sequester freiwillig nachkommt.

1157. Wer ist für den Erlaß des Verwertungsbeschlusses zuständig? § 828.

Zuständig, und zwar wieder ausschließlich, ist als Vollstreckungsgericht das Amtsgericht, bei welchem der Schuldner im Deutschen Reiche seinen allgemeinen Gerichtsstand, oder in Ermangelung eines solchen den Gerichtsstand des Vermögens (s. Nr. 31) hat.

1158. Welchen Inhalt hat der Verwertungsbeschluß? §§ 835, 844, 857 Abs. 1, 4, 5.

Regelmäßig wird dem Gläubiger das gepfändete Recht (zur Einziehung oder an Zahlungsstatt zum Nennwerte) überwiesen.

Eine andere Art der Verwertung des gepfändeten Rechts darf im allgemeinen nur angeordnet werden, wenn das gepfändete Recht ein bedingtes oder betagtes, oder seine Einziehung wegen der Abhängigkeit von einer Gegenleistung oder aus anderen Gründen mit Schwierigkeiten verbunden ist. Ohne diese besonderen Voraussetzungen ist sie nur zulässig bei Vermögensrechten, die nicht Geldforderungen und auch nicht auf die Herausgabe oder Leistung anderer Sachen gerichtet sind: hier kann das Gericht nach freiem Ermessen auf Antrag des Gläubigers an Stelle der Überweisung eine andere Verwertung des betreffenden Rechts bestimmen; so kann es insbesondere bei veräußerlichen Rechten die Veräußerung, bei Nutzungsrechten — vorausgesetzt nur, daß die Ausübung einem anderen überlassen werden kann — eine Verwaltung anordnen.

1159. Was ist formelle Voraussetzung für den Erlaß des Verwertungsbeschlusses? §§ 858 Abs. 3, 844 Abs. 2.

I. Wie der Pfändungsbeschluß wird auch der Verwertungsbeschluß nur auf (formlosen) Antrag des Gläubigers auf Grund fakultativer mündlicher Verhandlung erlassen. Dem Antrag ist, wenn bei der Zwangsvollstr. in eine Schiffspart die Veräußerung derselben beantragt wird, ein Auszug aus dem Schiffsregister beizufügen, der nicht älter als eine Woche sein darf und sämtliche die Part betreffenden Eintragungen zu enthalten hat.

II. Ein vorgängiges Gehör des Schuldners über den Verwertungsantrag ist im Gegensatz zum Verfahren bei Erlaß des Pfändungsbeschlusses nicht ausgeschlossen, in bestimmten Fällen sogar vorgeschrieben, nämlich dann, wenn aus besonderen Gründen von der regelmäßigen Verwertungsart, der Überweisung, abgewichen werden soll.

1160. Kann der Verwertungsantrag auch gleichzeitig mit dem Pfändungsantrag gestellt werden? §§ 831; 834, 844; 847, 848.

Im allgemeinen ist dies zulässig; der Verwertungsbeschluß ergeht dann gleichzeitig mit dem Pfändungsbeschluß. Letzteres ist nur ausgeschlossen:

a) bei der Verwertung von Forderungen aus Wechseln und anderen indossablen Papieren, weil ein Pfändungsbeschluß hier überhaupt nicht ergeht; hier ist Voraussetzung für Erlaß des Verwertungsbeschlusses, daß das Pfandrecht an den Papieren durch Wegnahme derselben seitens des Gerichtsvollziehers bereits entstanden ist;

b) wenn eine andere als die regelmäßige Verwertung beantragt wird, in Erwägung, daß vor Erlaß des Pfändungsbeschlusses der Schuldner nicht gehört werden darf, der Erlaß eines Beschlusses, durch den eine andere Verwertung als Überweisung angeordnet wird, aber vorgängiges Gehör des Schuldners zur Voraussetzung hat.

Dagegen ist eine gleichzeitige Pfändung und Überweisung von Ansprüchen auf Herausgabe oder Leistung von anderen Sachen als Geld zulässig: Der fruchtlose Versuch, von dem Drittschuldner die Herausgabe der Sachen auf gütlichem Wege zu erlangen, ist nicht Voraussetzung für den Erlaß des Überweisungsbeschlusses.

1161. Hat der Gläubiger zwischen den beiden Arten der Überweisung, der Überweisung an Zahlungsstatt zum Nennwerte und der Überweisung zur Einziehung, freie Wahl? §§ 835; 849, 851 Abs. 2, 839.

I. Soweit überhaupt beide Arten der Überweisung zulässig sind, hat der Gläubiger nicht nur freie Wahl zwischen ihnen, sondern er kann auch, nachdem ihm auf seinen Antrag das Recht zur Einziehung überwiesen ist, immer noch Überweisung an Zahlungsstatt oder, wenn die besonderen Voraussetzungen gegeben sind, auch noch eine andere Art der Verwertung beantragen. Er darf jedoch nicht mehr variieren, sobald ihm das Recht an Zahlungsstatt überwiesen ist, da mit dieser Überweisung der Anspruch des Gläubigers erloschen ist.

II. Eine Überweisung an Zahlungs Statt ist, weil diese zur Voraussetzung hat, daß das gepfändete Recht einen Nennwert hat, jedoch nur zulässig bei Geldforderungen, und auch bei diesen nicht:

a) wenn sie nur deshalb unübertragbar sind, weil die Leistung an einen anderen als den ursprünglichen Gläubiger nicht ohne Veränderung ihres Inhalts erfolgen kann, oder weil die Abtretung mit dem Schuldner durch Vereinbarung ausgeschlossen ist;

b) wenn dem Schuldner nachgelassen ist, die Vollstreckung aus einem vorläufig vollstreckbaren Urteil durch Sicherheitsleistung oder durch Hinterlegung abzuwenden; hier kann die Überweisung zur Einziehung überdies nur mit der Wirkung stattfinden, daß der Drittschuldner den Schuldbetrag zu hinterlegen hat.

1162. Welche Vorteile und Nachteile hat die Überweisung an Zahlungsstatt und die Überweisung zur Einziehung? §§ 835 Abs. 2, 841; 836 Abs. 1, 843, 842, 841.

I. Bei der Überweisung an Zahlungsstatt wird der Gläubiger sofort Inhaber der gepfändeten Forderung an Stelle des Schuldners und damit berechtigt, sofort völlig frei über die Forderung zu verfügen. Nur ist er, wenn er die Forderung einklagt, verpflichtet, dem Schuldner gerichtlich den Streit zu verkünden, es sei denn, daß eine Zustellung im Auslande oder eine öffentliche Zustellung erforderlich wäre.

Auf der anderen Seite hat die Überweisung an Zahlungsstatt für ihn den Nachteil, daß er den Schuldner wegen eines Mangels in der Bonität der Forderung (für die Verität der Forderung haftet der Schuldner), nicht in Anspruch nehmen kann, da seine Forderung gegen den Schuldner schon mit der Überweisung an Zahlungsstatt in Höhe des Nennwerts der überwiesenen Forderung erlischt.

II. Bei der Überweisung zur Einziehung tritt die Befriedigung des Gläubigers erst ein mit der tatsächlichen Leistung des Drittschuldners; das Risiko bei mangelnder Bonität trägt daher nicht der Gläubiger, sondern der Schuldner. Auch ist der Gläubiger jederzeit berechtigt, auf die durch Pfändung und Überweisung zur Einziehung erworbenen Rechte unbeschadet seines Anspruchs (allerdings eventuell mit der Folge, daß er die Kosten der Pfändung und Überweisung als nicht notwendige zu tragen hat) dadurch verzichten, daß er dem Schuldner eine Verzichtserklärung zustellt.

Auf der anderen Seite wird der Gläubiger hier nicht Inhaber der Forderung, sondern nur berechtigt zur Vornahme solcher Rechtshandlungen, die der Einziehung der Forderung dienen, nicht also z. B. zu einer Zession oder zum Abschluß eines Vergleichs über die gepfändete Forderung. Auch ist der Gläubiger dem Schuldner für den Schaden verantwortlich, der durch eine Verzögerung der Beitreibung der Forderung entsteht. Daß der Gläubiger beim Einklagen der Forderung dem Schuldner gerichtlich den Streit verkünden muß, trifft auch hier zu.

1163. Welches Mittel hat der Schuldner, sich über die Bonität des gepfändeten Rechts vor seinem Antrage auf Erlaß eines Verwertungsbeschlusses zu informieren? § 840.

Auf Verlangen des Gläubigers hat der Drittschuldner dem Gerichtsvollzieher bei der Zustellung oder nach derselben binnen zwei Wochen dem Gerichtsvollzieher oder dem Gläubiger zu erklären:

1) ob und inwieweit er das Recht als begründet anerkenne und Zahlung zu leisten bereit sei;

2) ob und welche Ansprüche andere Personen an das Recht machen;

3) ob und wegen welcher Ansprüche das Recht bereits für andere Gläubiger gepfändet sei.

Die Aufforderung zur Abgabe dieser Erklärungen muß in die Zustellungsurkunde aufgenommen werden.

Der Drittschuldner haftet dem Gläubiger für den aus der Nichterfüllung seiner Verpflichtung entstehenden Schaden.

1164. Ist auch der Schuldner verpflichtet, dem Gläubiger Auskunft über das gepfändete Recht zu erteilen? §§ 836 Abs. 3, 838.

Vor dem Erlaß des Verwertungsbeschlusses ist der Schuldner zu einer solchen Auskunftserteilung nicht verpflichtet, nach Erlaß desselben ist er dagegen nicht nur verpflichtet, dem Gläubiger die zur Geltendmachung des Rechts erforderliche Auskunft zu erteilen, sondern er muß ihm auch die über das Recht vorhandenen Urkunden herausgeben; weigert er die Herausgabe, so kann der Gläubiger dieselbe (nicht auch die Auskunftserteilung) im Wege der Zwangsvollstr. auf Grund des Verwertungsbeschlusses als Vollstreckungstitel erwirken.

Wird ein durch ein Pfandrecht an einer beweglichen Sache gesichertes Recht überwiesen, so kann der Schuldner die Herausgabe des Pfandes an den Gläubiger verweigern, bis ihm Sicherheit für die Haftung geleistet wird, die für ihn aus einer Verletzung der dem Gläubiger dem Verpfänder gegenüber obliegenden Verpflichtung entstehen kann (§ 1251 Abs. 2 BGB.).

1165. Mit welchem Zeitpunkt wird der Verwertungsbeschluß wirksam? § 835 Abs. 3.

Der Verwertungsbeschluß wird ebenso wie der Pfändungsbeschluß regelmäßig erst mit Zustellung an den Drittschuldner, und in Ermangelung eines solchen mit der Zustellung an den Schuldner wirksam.

Ausnahmen von dieser Regel bestehen:

1) für Hypotheken (mit Ausnahme der in Nr. 1152 bezeichneten hypothekarischen Forderungen), Grund- und Rentenschulden sowie Reallasten: hier genügt zur Wirksamkeit des Verwertungsbeschlusses regelmäßig die Aushändigung desselben an den Gläubiger; sofern die Erteilung des Briefes aber ausgeschlossen und eine Überweisung an Zahlungsstatt beantragt worden ist, ist die Eintragung der Überweisung in das Grundbuch auf Grund des Verwertungsbeschlusses erforderlich;

2) für den Verwertungsbeschluß, der bei der Zwangvollstr. in ein Nutzungsrecht die Anordnung einer Verwaltung enthält: hier wird der Beschluß wirksam durch Übergabe der zu benutzenden Sache an

den Verwalter, sofern er nicht schon vorher durch Zustellung wirksam geworden ist.

1166. Tritt der Verwertungsbeschluß auch dann in Wirksamkeit, wenn er zu Unrecht erlassen ist, weil es an einer für den Erlaß des Beschlusses notwendigen Voraussetzung fehlte. § 836 Abs. 2.

Ist der Verwertungsbeschluß zu Unrecht erlassen, z. B. weil die gepfändete Forderung unpfändbar ist, so gilt er dennoch zugunsten des Drittschuldners in seinem Verhältnis zu dem Schuldner als wirksam, bis er aufgehoben wird und die Aufhebung zur Kenntnis des Drittschuldners gelangt; ein anderer darf sich dagegen auf die Rechtsbeständigkeit des Beschlusses nicht berufen und auch der Drittschuldner nicht einem anderen als dem Schuldner gegenüber.

1167. Durch welche Bestimmung beugt das Gesetz einer Pluralität der Entscheidungen für den Fall vor, daß dasselbe Recht von mehreren Pfandgläubigern gepfändet ist? § 856.

Wenn auch nur ein Gläubiger Klage erhebt, wird dennoch über die Verpflichtung des Drittschuldners einheitlich, d. h. allen derzeitigen Pfandgläubigern gegenüber (auch wenn ihnen das Recht noch nicht überwiesen ist) entscheiden, wofern nur der Drittschuldner seiner Verpflichtung die Pfandgläubiger zum Termin zu laden, nachgekommen ist.

Hat der Drittschuldner dies freilich versäumt, so darf er sich denjenigen Gläubigern gegenüber, die die Klage nicht erhoben und sich auch dem Kläger nicht angeschlossen haben, auf die ihm günstige Entscheidung nicht berufen.

1168. Ist der Drittschuldner auch ohne Verurteilung verpflichtet einen von mehreren Pfandgläubigern, dem das Recht überwiesen ist, zu leisten? Vgl. §§ 853—855.

Unter allen Umständen verpflichtet zu leisten ist er nur dem prior creditor. Er kann sich aber auch dieser Verpflichtung dadurch entziehen, daß er den Schuldbetrag hinterlegt bzw. die Sache, auf die sich der gepfändete Anspruch bezieht, an den Gerichtsvollzieher (Sequester) herausgibt.

Auf Verlangen eines Gläubigers, dem das Recht überwiesen ist, muß der Drittschuldner hinterlegen bzw. die Sache aushändigen.

1169. Wie geschieht die endgültige Befriedigung der Gläubiger aus einem gepfändeten Anspruch auf Herausgabe oder Leistung von Sachen? § 854 Abs. 2.

Hat der Drittschuldner die Sache freiwillig oder gezwungen herausgegeben, so wird die Sache nach den allgemeinen Regeln verwertet (durch Versteigerung, freiwilligen Verkauf rc.); ist der Erlös zur Deckung der Forderungen nicht ausreichend, so hat der Gerichtsvollzieher, wenn ein Gläubiger mit der Verteilung des Erlöses dem Range nach nicht einverstanden ist und eine Einigung unter den Gläubigern nicht zu erzielen ist, den Erlös zu hinterlegen.

Die Folge ist dann, wie bei der Hinterlegung seitens des Schuldners, unter bestimmten Voraussetzungen ein förmliches Verteilungsverfahren (s. Nr. 1185 ff.).

2. Titel. Zwangsvollstreckung in das unbewegliche Vermögen.

1170. Welche Vermögensstücke gelten hinsichtlich der Zwangsvollstr. als unbewegliches Vermögen? § 864 Abs. 1: BGB. § 1017 Abs. 2; EG. z. BGB. Art. 63, 67, 68, 69, 196.

I. Als unbewegliches Vermögen im Sinne dieses Abschnitts gelten nach Reichsrecht:

1) Grundstücke;

2) das Erbbaurecht (als einzige reichsrechtliche Berechtigung, für welche die sich auf Grundstücke beziehenden Vorschriften gelten);

3) registrierte Schiffe (es kommt auf die Tatsache der Registrierung an, nicht darauf, ob die Schiffe registrierungspflichtig oder -fähig sind).

II. Landesrechtlich kommen als Berechtigungen, für welche die sich auf Grundstücke beziehenden Vorschriften gelten, zu dem Erbbaurecht noch hinzu:

1) das Erbpachtrecht (z. B. in den beiden Mecklenburg);

2) das Bergwerkseigentum (z. B. in Preußen);

3) vererbliche und veräußerliche Rechte zur Gewinnung nicht bergrechtlicher Mineralien (z. B. in Sachsen);

4) Jagd- und Fischereiberechtigungen (z. B. in Würtemberg);

5) sonstige an einem Grundstück bestehende veräußerliche und vererbliche Nutzungsrechte, wie z. B. Apothekerprivilegien, Mühlengererechtigkeiten rc.

1171. Ist die Zwangsvollstr. auch in einen Teil des zum unbeweglichen Vermögen gehörenden Gegenstandes zulässig? § 864 Abs. 2, EG. z. BGB. Art. 182; § 858.

I. Bei Grundstücken hat man zu unterscheiden:

1) In einen reellen Grundstücksteil ist die Zwangsvollstr. regelmäßig nicht zulässig.

Eine Ausnahme macht allein das landesrechtlich (z. B. in Bayern) bestehende Stockwerkseigentum; dieses kann selbständig Gegenstand der Zwangsvollstr. sein.

2) Dagegen ist die Zwangsvollstr. zulässig in den ideellen Teil eines Grundstückes (desgleichen einer der erwähnten Berechtigungen), aber auch nur unter bestimmten Voraussetzungen, nämlich:

a) wenn entweder der ideelle Teil in dem Anteil eines nach Bruchteilen berechtigten Miteigentümers besteht (also nicht eines Gesamthänders, wie z. B. des offenen Handelsgesellschafters), oder

b) der Schuldner zwar Alleineigentümer ist, aber der

Anspruch des Gläubigers sich auf ein Recht gründet, mit welchem der Bruchteil als solcher belastet ist (was zur Voraussetzung hat, daß zur Zeit der Belastung des Grundstücks Miteigentum nach Bruchteilen bestand).

II. In den Anteil eines registrierten Schiffes (die s. g. Schiffspart) ist die Zwangsvollstr. ganz allgemein zulässig, jedoch erfolgt sie nicht nach den Regeln über die Zwangsvollstr. in das unbewegliche Vermögen, sondern ist besonders geregelt im Anschluß an die Zwangsvollstr. in Vermögensrechte (s. Nr. 1147).

1172. In welchem Umfang erstreckt sich eine in das unbewegliche Vermögen stattfindende Zwangsvollstr. gleichzeitig auch auf bewegliche Vermögensstücke? § 865 Abs. 1; BGB. §§ 1120 ff., 1265.

Die in unbewegliches Vermögen stattfindende Zwangsvollstr. erfaßt nicht nur die sämtlichen wesentlichen und unwesentlichen Bestandteile des Grundstücks 2c., sondern auch die Gegenstände, auf die sich die Hypothek (bzw. bei Schiffen das eingetragene Pfandrecht) erstreckt, also:

1) sowohl bei Grundstücken wie bei Schiffen — das Zubehör, soweit es in das Eigentum des Grundstücks- (Schiffs)eigentümers gelangt ist;

2) bei Grundstücken ferner noch:

a) die getrennten Erzeugnisse und sonstigen Bestandteile, soweit sie nicht

α) entweder bereits mit der Trennung in das Eigentum eines Dritten gelangt sind, oder

β) zunächst zwar Eigentum des Grundstückseigentümers geworden sind, aber noch vor der Beschlagnahme (s. Nr. 1179) veräußert und von dem Grundstück entfernt worden sind;

b) Miets- und Pachtzinsforderungen;

c) Versicherungsgelder usw.

1173. Sind die beweglichen Gegenstände, auf die sich eine in das unbewegliche Vermögen stattfindende Zwangsvollstr. miterstreckt, der Mobiliarpfändung überhaupt entzogen? § 865 Abs. 2. Vgl. § 810.

Im allgemeinen unterliegen sie der Mobiliarversicherung solange, als nicht eine Beschlagnahme im Wege der Zwangsvollstr. in unbewegliches Vermögen (s. Nr. 1179) stattgefunden hat.

Eine Ausnahme macht nur das Grundstücks- (Schiffs)zubehör; dieses darf nicht selbständig, sondern nur zusammen mit der Hauptsache — im Wege der Immobiliarvollstreckung — in Anspruch genommen werden.

Auf der anderen Seite besteht dagegen wiederum die Ausnahme, daß auch gewisse wesentliche Grundstücksbestandteile, nämlich Früchte auf dem Halm, der Mobiliarpfändung unterliegen; allerdings auch bei ihnen vorausgesetzt, daß nicht bereits eine Beschlagnahme im Wege der Zwangsvollstr. in unbewegliches Vermögen stattgefunden hat.

1174. Welche verschiedenen Arten der Immobiliarvollstreckung hat man zu unterscheiden? §§ 866, 870.

I. Die Zwangsvollstr. in ein Grundstück oder eine diesem gleichgestellte Berechtigung erfolgt durch Zwangsversteigerung, Zwangsverwaltung und durch Eintragung einer Sicherungshypothek für die Forderung.

II. Die Zwangsvollstr. in ein registriertes Schiff geschieht nur durch Zwangsversteigerung.

1175. Hat der Gläubiger bei der Zwangsvollstr. in Grundstücke und die ihnen gleichgestellten Berechtigungen zwischen den einzelnen Vollstreckungsmaßregeln freie Wahl? § 866 Abs. 2 u. 3.

Er hat nicht nur freie Wahl zwischen den einzelnen Vollstreckungsmaßregeln, sondern er kann dieselben auch, da sie ganz verschiedene Zwecke anstreben, beliebig kumulieren; jedoch gelten bezüglich der Eintragung einer Sicherungshypothek folgende Einschränkungen:

a) auf Grund eines Vollstreckungsbefehls findet die Eintragung einer Sicherungshypothek überhaupt nicht statt;

b) auf Grund anderer Titel nur, wenn die Hauptforderung des Titels (bzw. bei mehreren Forderungen desselben Titels oder verschiedener Titel desselben Gläubigers: die Summe sämtlicher Hauptforderungen) 300 Mark übersteigt. Der Zweck der letzteren Einschränkung ist die Verhütung der Eintragung von allzukleinen Hypotheken.

1176. Welche verschiedenen Endziele verfolgen die Zwangsverwaltung und die Zwangsversteigerung?

Während bei der Zwangsverwaltung die Befriedigung der Gläubiger lediglich aus den Nutzungen des Grundstücks herbeigeführt wird, wird bei der Zwangsversteigerung des Grundstücks selbst in Geld umgesetzt, und die Befriedigung der Gläubiger erfolgt aus dem Erlöse.

1177. Grundzüge des Verfahrens bei der Zwangsversteigerung eines Grundstücks bzw. einer ihm gleichstehenden Berechtigung! ZwVG. §§ 15, 19; 36; 44, 66, 73; 81, 87; 105, 113, 117.

I. Auf Antrag des Gläubigers ordnet das Vollstreckungsgericht (das Gericht, in dessen Bezirk das Grundstück belegen ist) die Zwangsversteigerung durch Beschluß an und ersucht gleichzeitig das Grundbuchamt um die Eintragung der Anordnung.

II. Nach Eingang der notwendigen Information seitens des Grundbuchamts (beglaubigte Abschrift des Grundbuchblatts rc.) beraumt das Vollstreckungsgericht den Versteigerungstermin an.

III. In dem Termin fordert das Gericht, nach Feststellung des geringsten Gebots (vorhergehende Rechte plus Kosten des Verfahrens) zur Abgabe von Geboten auf. Die Versteigerung wird fortgesetzt, bis niemand mehr bietet; danach verkündet das Gericht das letzte Gebot und den Schluß der Versteigerung.

IV. Sogleich in dem Versteigerungstermin oder in einem sofort zu bestimmenden Termin wird sodann durch — mit der Verkündung wirksamen — Beschluß (dem Meistbietenden) der Zuschlag erteilt.

V. Nach Erteilung des Zuschlags bestimmt das Gericht einen Termin zur Verteilung des Versteigerungserlöses. In diesem Termin wird ein Teilungsplan aufgestellt und nach diesem der Erlös verteilt.

1178. **Grundzüge des Verfahrens bei der Zwangsverwaltung! ZwVG. §§ 146; 24, 148 Abs. 2, 150; 156; 161.**

I. Auch die Zwangsverwaltung ordnet das Vollstreckungsgericht auf Antrag des Gläubigers durch Beschluß an.

II. Aber während bei der Zwangsversteigerung zunächst dem Schuldner die Verwaltung und Nutzung des Grundstücks in den Grenzen einer ordnungsmäßigen Wirtschaft verbleibt, wird ihm hier die Verwaltung und Nutzung entzogen. An seine Stelle tritt der vom Gericht bestellte Verwalter.

III. Die laufenden Beträge der öffentlichen Lasten sind von dem Verwalter ohne weiteres zu berichtigen. Zeigt der Verwalter an, daß die Verwaltung solche Überschüsse ergeben hat, daß auch auf andere Ansprüche etwas geleistet werden kann, so wird von dem Gericht ein Verteilungstermin anberaumt, in demselben ein Teilungsplan — und zwar gleich für das ganze Verfahren — aufgestellt und nach diesem der zur Verfügung stehende Überschuß verteilt.

IV. Sind sämtliche Gläubiger befriedigt, wird die Zwangsverwaltung durch Gerichtsbeschluß aufgehoben.

1179. **In welchem Zeitpunkt tritt bei der Zwangsversteigerung und bei der Zwangsverwaltung die (der Pfändung beweglicher Sachen entsprechende) Beschlagnahme des Grundstücks ein? ZwVG. §§ 22; 146, 151 (150).**

I. Bei der Zwangsversteigerung wie bei der Zwangsverwaltung wird die Beschlagnahme wirksam entweder:

a) durch Zustellung des Anordnungsbeschlusses an den Schuldner, oder

b) durch den Eingang des Ersuchens um Eintragung des Versteigerungsvermerks beim Grundbuchamt (sofern auf das Ersuchen die Eintragung demnächst erfolgt).

II. Bei der Zwangsverwaltung wird die Beschlagnahme außerdem auch dadurch wirksam, daß der Verwalter (in der vorgeschriebenen Weise) den Besitz des Grundstücks erlangt.

1180. **Welche vornehmlichen Besonderheiten gelten für das Verfahren bei der Zwangsversteigerung von registrierten Schiffen? ZwVG. §§ 162; 163 Abs. 1; 2; 165; 169.**

Im allgemeinen richtet sich die Zwangsversteigerung registrierter Schiffe nach den Regeln über das Verfahren bei der Zwangsversteigerung von Grundstücken.

Bemerkenswerte Abweichungen von diesen Regeln sind folgende:

a) als Vollstreckungsgericht zuständig ist das Amtsgericht, in dessen Bezirk sich das Schiff befindet;

b) für das Verfahren tritt an Stelle des Grundbuchs das Schiffsregister;

c) bei der Anordnung der Zwangsversteigerung hat das Vollstreckungsgericht zugleich die Bewachung und Verwahrung des Schiffes anzuordnen, die Beschlagnahme wird auch mit der Vollziehung dieser Maßregel wirksam;

d) die Vorschriften über das geringste Gebot finden keine Anwendung.

1181. Auf welchem Wege erreicht der Gläubiger die Eintragung einer Sicherungshypothek? § 867 Abs. 1.

Eine Vermittlung der Eintragung durch das Vollstreckungsgericht findet nicht statt, vielmehr hat sich der Gläubiger mit seinem Antrage — schriftlich oder mündlich — auf direktem Wege an das Grundbuchamt, als das zuständige Vollstreckungsorgan, zu wenden.

Dieses prüft, ob die sämtlichen Voraussetzungen für eine Zwangsvollstr. überhaupt, als auch im besonderen für die Eintragung einer Sicherungshypothek (s. Nr. 1175) gegeben sind — und zwar müssen sie sämtlich durch öffentliche oder öffentlich beglaubigte Urkunden nachgewiesen werden —, und weist hiernach entweder den Antrag durch Beschluß zurück oder verfügt die Eintragung der Hypothek.

1182. In welcher Weise hat die Eintragung der Hypothek zu erfolgen, wenn in mehrere Grundstücke vollstreckt werden soll? § 867 Abs. 2.

Die Eintragung einer Gesamthypothek ist in solchem Falle unzulässig, vielmehr ist der Betrag der Forderung nach Anordnung des Gläubigers auf die einzelnen Grundstücke zu verteilen.

1183. Mit welchem Zeitpunkt wird die Sicherungshypothek existent? § 867 Abs. 1.

In jedem Falle sofort mit der Eintragung in das Grundbuch (einer Einigung zwischen Gläubiger und Eigentümer bedarf es nicht).

Die Erteilung eines Hypothekenbriefs ist nach allgemeiner Regel (BGB. § 1185) ausgeschlossen; zur Sicherung des Schuldners ist jedoch die Eintragung auf dem Vollstreckungstitel zu vermerken.

1184. Wann erlöschen die Rechte des Gläubigers aus der Sicherungshypothek? § 868.

Abgesehen von dem Fall, daß die Forderung selbst erlischt:

1) wenn durch eine vollstreckbare Entscheidung die zu vollstreckende Entscheidung oder ihre vorläufige Vollstreckbarkeit aufgehoben oder die Zwangsvollstr. für unzulässig erklärt oder deren Einstellung angeordnet wird;

2) wenn durch eine gerichtliche Entscheidung die einstweilige Einstellung der Vollstreckung erfolgt und zugleich die Aufhebung der erfolgten Vollstreckungsmaßregeln angeordnet wird;

3) wenn die zur Abwendung der Vollstreckung nachgelassene Sicherheitsleistung oder Hinterlegung erfolgt.

In allen drei Fällen geht die Sicherungshypothek (als Grundschuld) ohne weiteres kraft Gesetzes auf den Grundstückseigentümer über.

3. Titel. Verteilungsverfahren.

1185. Unter welchen Voraussetzungen bedarf es bei der Zwangsvollstreckung wegen Geldforderungen in das bewegliche Vermögen noch eines besonderen gerichtlichen Verteilungsverfahrens? § 872. Vgl. §§ 827, 853, 854.

Das gerichtliche Verteilungsverfahren hat zur Voraussetzung:

1) daß mehrere Gläubiger auf den durch die Zwangsvollstr. erzielten Geldbetrag Anspruch erheben, weil dieselbe Sache oder dasselbe Recht — gleichzeitig oder nacheinander — von ihnen auf Grund irgend eines vollstreckbaren Titels gepfändet worden ist;

2) daß der Versteigerungserlös von dem Gerichtsvollzieher, bzw. — bei der Pfändung einer Geldforderung — der Schuldbetrag von dem Drittschuldner hinterlegt worden ist;

3) daß der hinterlegte Geldbetrag — was sich allerdings bei der Hinterlegung durch den Gerichtsvollzieher schon von selbst versteht, da anderenfalls eine Hinterlegung seinerseits nicht erfolgen darf — nicht ausreicht, um sämtliche Gläubiger voll zu befriedigen.

Aber auch bei Vorliegen dieser Voraussetzungen ist das Vorteilungsverfahren nicht obligatorisch; es unterbleibt bzw. es wird sofort eingestellt, sobald sich die Gläubiger und der Schuldner untereinander über die Verteilung geeinigt haben.

1186. Welches Gericht ist für das Verteilungsverfahren zuständig? §§ 873; 827 Abs. 2, 764 Abs. 2; 853, 854.

Ausschließlich zuständig ist das Amtsgericht, und zwar:

1) für das Verteilungsverfahren im Anschluß an die Pfändung einer Sache: das Vollstreckungsgericht, also das Gericht, in dessen Bezirk die Pfändung stattgefunden hat;

2) für das Verteilungsverfahren im Anschluß an die Pfändung eines Rechts: das Amtsgericht, dessen Beschluß dem Drittschuldner zuerst zugestellt ist; ohne Rücksicht darauf, ob es in Wirklichkeit Vollstreckungsgericht, also zum Erlaß des Beschlusses befugt war, ist es nunmehr für das Verteilungsverfahren Vollstreckungsgericht.

1187. Nach welchen allgemeinen Regeln vollzieht sich das Verteilungsverfahren? Vgl. § 764 Abs. 3.

Als Teil des Vollstreckungsverfahrens bestimmt sich das Verteilungsverfahren nach den Regeln über die fakultative mündliche Verhandlung. Im übrigen ist es ein reines Offizialverfahren; insbesondere erfolgen sämtliche Zustellungen und Ladungen im Offizialwege, auch eingeleitet wird das Verfahren von Amts wegen.

1188. Von welcher formellen Voraussetzung hängt der Beginn des Verteilungsverfahrens ab? § 873 (§§ 827, 853, 854).

Das Verteilungsverfahren kann erst beginnen, nachdem der Gerichtsvollzieher bzw. der Drittschuldner dem Verteilungsgericht die für den Fall der Hinterlegung vorgeschriebene Anzeige von der Sachlage erstattet, insbesondere also die beteiligten Gläubiger bezeichnet hat.

1189. In welcher Weise leitet das Verteilungsgericht das Verfahren ein? § 873.

Es erläßt im Wege des Beschlusses an die ihm in der Anzeige von der Sachlage angegebenen beteiligten Gläubiger die Aufforderung, binnen zwei Wochen eine Berechnung ihrer Forderungen an Kapital, Zinsen, Kosten und sonstigen Nebenforderungen einzureichen.

1190. Was geschieht nach Ablauf der zweiwöchigen Frist? §§ 874, 875.

Ist die zweiwöchige Frist allen Gläubigern gegenüber abgelaufen, so stellt das Gericht zunächst einen Teilungsplan auf und beraumt sodann zur Erklärung über den Teilungsplan sowie zur Ausführung der Verteilung einen Termin an.

1191. Nach welchen Grundsätzen wird der Teilungsplan aufgestellt? § 874.

I. Zunächst werden die einzelnen Forderungen auf Grund der Anzeige und deren Unterlagen sowie auf Grund der bis zur Anfertigung des Teilungsplans (also nicht nur bis zum Ablauf der Frist) etwa eingegangenen Aufstellungen der Gläubiger berechnet.

II. Sodann werden die einzelnen Forderungen entsprechend ihrem Rangverhältnisse geordnet, wobei auch die nur durch ein Arrestpfandrecht gesicherten Forderungen — für den Fall ihrer definitiven Feststellung — mit einrangieren.

III. Schließlich wird der vorhandene Betrag in der Weise verteilt, daß zuerst die Kosten des Verteilungsverfahrens vorweg in Abzug gebracht und sodann die einzelnen Forderungen in der Reihenfolge ihres Ranges berücksichtigt werden.

1192. Wodurch werden die Beteiligten in die Lage gesetzt, von dem Teilungsplan vor dem Termin Kenntnis zu nehmen? § 875 Abs. 1.

Das Gesetz bestimmt, daß der Teilungsplan mindestens drei Tage vor dem Termin auf der Gerichtsschreiberei zur Einsicht der Beteiligten niedergelegt werden muß.

1193. Wer wird zu dem Termin geladen? § 875 Abs. 2.

Die sämtlichen beteiligten Gläubiger wie auch der Schuldner sind von Amts wegen zu laden. Nur die Ladung des Schuldners kann dann allerdings unterbleiben, wenn sie durch Zustellung im Auslande oder durch öffentliche Zustellung erfolgen müßte.

1194. Welche Folgen hat es für einen Gläubiger, wenn er in dem Termin ausbleibt? § 877.

Bleibt ein Gläubiger im Termin aus, so wird angenommen, daß er die Ausführung des Plans wünsche, d. h.: daß er weder selbst dem Plan widersprechen, noch auf einen Widerspruch von anderer Seite, durch den seine Position, wie sie nach dem Teilungsplan feststeht, angegriffen wird, als begründet anerkennen wolle.

Hat er jedoch bereits vor dem Termin schriftlich oder zu Protokoll des Gerichtsschreibers Widerspruch eingelegt, so hat dies die gleiche Wirkung, als wenn er den Widerspruch im Termin eingelegt hätte. Die Fiktion, daß er einem Widerspruch von anderer Seite, durch den er berührt wird, widerspricht, gilt aber auch für diesen Fall.

1195. Wie gestaltet sich das Verfahren im Verteilungstermin? § 876.

I. Ist seitens der Gläubiger (vor oder im Termin) ein Widerspruch gegen den Teilungsplan nicht erhoben, so ist der Plan sofort zur Ausführung zu bringen, d. h. der vorher durch das Gericht nebst den Hinterlegungszinsen von der Hinterlegungsstelle eingeforderte Versteigerungserlös bzw. Schuldbetrag dem Plane entsprechend auszuzahlen.

II. Erfolgt dagegen ein Widerspruch gegen den Plan, so haben sich die im Termin anwesenden Gläubiger, sofern sie durch den Widerspruch berührt werden, sofort über denselben zu erklären.

a) Wird nun der Widerspruch als begründet anerkannt oder kommt anderweit eine Einigung zustande, so wird der Plan demgemäß berichtigt und der berichtigte Plan dann sofort zur Ausführung gebracht.

b) Erledigt sich der Widerspruch nicht auf gütlichem Wege — und das kann er niemals, wenn einer der durch den Widerspruch berührten Gläubiger im Termin nicht anwesend ist, da der nicht anwesende Gläubiger als dem Widerspruch widersprechend gilt — so wird der Plan nur insoweit zur Ausführung gebracht, als er durch den Widerspruch nicht berührt wird.

1196. Wie lange wirkt die Suspensivkraft des Widerspruchs? §§ 878 Abs. 1, 882.

Der Widerspruch hindert die Ausführung bzw. die vollständige Ausführung des Verteilungsplanes nur einen Monat lang, gerechnet vom Tage des Termins.

Nach Ablauf dieser Frist wird die Ausführung des Plans ohne Rücksicht auf den Widerspruch angeordnet, es sei denn, daß der Gläubiger dem Verteilungsgericht inzwischen den Nachweis erbracht hat, daß er den Widerspruch gegen die durch denselben berührten Gläubiger im Wege der Klage geltend gemacht hat. In diesem Falle nämlich tritt eine weitere Suspension der Ausführung des Planes bis zur Rechtskraft des auf die Klage ergehenden Urteils ein.

1197. Hat der Gläubiger, der es versäumt hat, rechtzeitig Widerspruch einzulegen, keine Möglichkeit, ein besseres Recht gegen einen Gläubiger, welcher nach dem Teilungsplan einen Geldbetrag erhalten soll bzw. schon erhalten hat, geltend zu machen? § 878 Abs. 2.

Es ist dem Gläubiger, der nicht Widerspruch eingelegt hat, unbenommen, gegen einen im Teilungsplan bedachten Gläubiger die Bereicherungsklage anzustellen, nur kann er nicht die besondere Klage des Verteilungsverfahrens erheben und dadurch die Ausführung des Teilungsplanes hindern.

Und das Entsprechende gilt auch für den Gläubiger, der zwar rechtzeitig Widerspruch eingelegt hat, aber nachher die Frist zur Einlegung der Klage versäumt. Seine Befugnis, ein besseres Recht gegen den Gläubiger, welcher einen Geldbetrag nach dem Plane erhalten hat, im Wege der Bereicherungsklage geltend zu machen, wird dadurch nicht ausgeschlossen.

1198. Welches Gericht ist für die besondere Klage des Verteilungsverfahrens zuständig? §§ 879, 802.

I. Beträgt der Streitgegenstand, d. h. der Betrag, bezüglich dessen eine Neuverteilung beantragt wird, mehr als 300 M., so ist ausschließlich das dem Verteilungsgericht übergeordnete Landgericht zuständig.

Und zwar ist es für sämtliche Klagen zuständig, wenn seine Zuständigkeit nach dem Inhalt der erhobenen und in dem Verteilungstermin nicht zur Erledigung gelangten Widersprüche auch nur in betreff einer Klage begründet ist, es sei denn, daß die sämtlichen Beteiligten — d. h. alle klagenden und alle durch die Widersprüche berührten (also beklagten) — Gläubiger vereinbaren, daß das Verteilungsgericht über alle Widersprüche entscheiden solle.

II. Beträgt der Streitwert 300 M. oder weniger, so ist das Verteilungsgericht selbst ausschließlich für die Klage zuständig.

1199. Nach welchen Regeln vollzieht sich das Verfahren auf die Widerspruchsklage? § 881.

Das Verfahren zeigt keine Besonderheiten mit der einzigen Ausnahme, daß gegen einen widersprechenden Gläubiger das Versäumnisurteil nicht dahin zu erlassen ist, daß die Klage abgewiesen werde, sondern dahin, daß der Widerspruch als zurückgenommen anzusehen sei.

1200. Wohin ergeht das Urteil, wenn der Widerspruch für begründet erachtet wird. § 880.

Regelmäßig wird in dem Urteil, durch das der Widerspruch für begründet erachtet wird, zugleich bestimmt, an welche Gläubiger und in welchen Beträgen der streitige Teil der Masse auszuzahlen sei, so daß sich ein anderweites Verteilungsverfahren erübrigt.

Nur wenn das Gericht dies — z. B. weil noch eine andere Widerspruchsklage schwebt, die noch nicht zur Entscheidung reif ist — nicht für angemessen erachtet, darf es sich darauf beschränken, in dem Urteil die Anfertigung eines neuen Planes und ein anderweites Verteilungsverfahren anzuordnen.

1201. Darf das Urteil für vorläufig vollstreckbar erklärt werden? § 882.

Nein! — Daher darf das Verteilungsgericht zu der angeordneten Auszahlung bzw. zu dem neuen Verteilungsverfahren erst schreiten, wenn das Urteil rechtskräftig geworden ist.

1202. Hat auch der Schuldner ein Recht, gegen den Teilungsplan Widerspruch zu erheben?

Auch er kann dem Teilungsplan widersprechen und diesen Widerspruch durch Klage oder Rechtsmittel geltend machen, aber sein Widerspruch hat keine aufschiebende Wirkung und berechtigt ihn auch nicht zur Erhebung der besonderen Widerspruchsklage.

Auf der anderen Seite hat darum auch sein Ausbleiben im Verteilungstermin für ihn keine präkludierenden Wirkungen.

3. Abschnitt. **Zwangsvollstreckung zur Erwirkung der Herausgabe von Sachen und zur Erwirkung von Handlungen oder Unterlassungen.**

1203. In welchem Umfange können auch andere Ansprüche als Geldforderungen im Wege der Zwangsvollstr. verwirklicht werden? §§ 883—886; 887, 888, 894. 890.

I. Von den Ansprüchen auf ein Tun regelt das Gesetz besonders die Ansprüche auf Herausgabe von individuell bestimmten (vertretbaren oder unvertretbaren) Sachen bzw. auf Leistung von nur ihrem genus nach bestimmten Sachen (außer Geld) und läßt hier im allgemeinen die Zwangsvollstr. zu, ausgenommen allein den Fall, daß sich der Anspruch auf die Leistung zwar nur ihrem genus nach bestimmter, aber unvertretbarer Sachen richtet.

Im übrigen hat man zu unterscheiden, ob die geschuldete Handlung:

a) vertretbar ist; hier ist die Zwangsvollstr. regelmäßig ohne weiteres zulässig —

b) oder ob sie unvertretbar ist; hier ist die Zwangsvollstr. nur zulässig, wenn die unvertretbare Handlung ausschließlich von dem Willen des Schuldners abhängt, in keinem Fall jedoch dann, wenn es sich um die Verurteilung zur Eingehung einer Ehe (s. Nr. 1206), zur Herstellung des ehelichen Lebens oder zur Leistung von Diensten aus einem Dienstvertrage handelt.

Ohne Rücksicht darauf, ob die geschuldete Handlung vertretbar ist oder nicht, ist die Zwangsvollstr. außerdem ausgeschlossen, wenn die geschuldete Handlung in einer Willenserklärung besteht und der Vollstreckungstitel ein Urteil ist.

II. Richtet sich der Anspruch auf ein Unterlassen, sei es, daß der Schuldner verpflichtet ist, seinerseits bestimmte Handlungen nicht vorzunehmen, sei es, daß er die Vornahme bestimmter Handlungen zu dulden hat, so ist die Verwirklichung dieses Anspruchs im Wege der Zwangsvollstr. stets zulässig.

1204. Welche Handlungen sind „vertretbar"? § 887.

„Vertretbar" sind solche Handlungen, die mit gleicher Wirkung für den Gläubiger auch durch einen anderen als gerade den Schuldner vorgenommen werden können, Rechtshandlungen wie Handlungen rein tatsächlicher Natur, also beispielsweise die Befreiung eines Grundstücks von der darauf lastenden Hypothek durch Befriedigung des Hypothekengläubigers ebensowohl wie landwirtschaftliche oder gewerbliche Arbeiten, die eine besondere Kunstfertigkeit nicht erfordern.

1205. Welche Handlungen hängen nicht ausschließlich von dem Willen des Schuldners ab? §§ 888, 889.

Hierzu gehören nicht nur die Handlungen, die noch von dem Willen eines anderen als dem des Schuldners abhängen, sondern auch diejenigen, die überhaupt mehr voraussetzen als den Willen des Schuldners, also außer dem guten Willen beispielsweise noch Geldmittel oder besondere Fähigkeiten.

Als eine Handlung, die ausschließlich vom Willen des Schuldners abhängt, hebt das Gesetz insbesondere hervor die Ableistung eines auf materiellrechtlicher Verpflichtung beruhenden Offenbarungseides.

1206. Aus welchem Grunde ist die Zwangsvollstr. aus Urteilen ausgeschlossen, die zur Abgabe einer Willenserklärung verurteilen? § 894.

Weil diese Urteile die Anspruchsrealisierung bereits in sich tragen. Obwohl an sich Leistungsurteile, indem sie auf eine Leistungsklage hin den Beklagten zu einem Tun verurteilen, haben sie dennoch kraft einer gesetzlichen Fiktion die Wirkungen eines konstitutiven Urteils. Denn da das Gesetz fingiert, daß mit Rechtskraft des Urteils die geschuldete Willenserklärung als abgegeben gilt, wird durch das Urteil, wie durch ein konstitutives Urteil, der bestehende Rechtszustand geändert.

Doch ist zu bemerken:

1) Mit Rücksicht auf den Inhalt der Willenserklärung tritt die gesetzliche Fiktion nicht ein:

a) im Falle der Verurteilung zur Eingehung einer Ehe (gemäß BGB. § 1297 ist eine Verurteilung zur Eingehung einer Ehe im übrigen unzulässig),

b) wenn die Willenserklärung ihrem Inhalt nach nicht genau bestimmt ist,

c) wenn der Schuldner verurteilt ist, nach seiner Wahl entweder diese oder eine andere Willenserklärung, oder anstatt der Willenserklärung etwas anderes zu leisten;

2) Die gesetzliche Fiktion gilt nur für inländische Urteile bzw. für durch inländisches Vollstreckungsurteil anerkannte ausländische Urteile oder Schiedssprüche, nicht auch für die sonstigen Vollstreckungstitel; die aus einem Vergleich geschuldete Willenserklärung z. B. muß daher im Wege der Vollstreckung erzwungen werden; die Art der Vollstreckung ist verschieden, je nachdem die Willenserklärung vertretbar oder unvertretbar ist.

3) Die gesetzliche Fiktion tritt erst ein mit der Rechtskraft des Urteils, nicht schon mit der, an sich zulässigen, vorläufigen Vollstreckbarkeitserklärung; auf Grund eines vorläufig vollstreckbaren Urteils darf die Willenserklärung aber auch nicht im Wege der Zwangsvollstr. erzwungen werden, denn wo überhaupt die gesetzliche Fiktion Platz greift, schließt sie eine Zwangsvollstr. vollkommen aus.

1207. In welchen Fällen tritt die gesetzliche Fiktion nicht schon mit der Rechtskraft des Urteils, sondern erst mit einem späteren Zeitpunkt ein? § 894.

Wenn die geschuldete Willenserklärung von einer Gegenleistung des Gläubigers abhängig gemacht ist, tritt die Realisierung des Anspruchs erst ein, wenn von dem rechtskräftigen Urteil eine vollstreckbare Ausfertigung erteilt ist, was nur geschehen darf, nachdem durch öffentliche oder öffentlich beglaubigte Urkunden der Beweis erbracht ist, daß der Gläubiger seine Verpflichtung erfüllt hat, und — abgesehen von den Fällen einer Zug um Zug Leistung — auch nur auf Anordnung des Vorsitzenden.

1208. In welchem besonderen Fall tritt ausnahmsweise schon mit der vorläufigen Vollstreckbarkeitserklärung eine Änderung des bisherigen Rechtszustandes ein? § 895.

Wenn die Willenserklärung, zu deren Abgabe der Schuldner verurteilt ist, eine solche ist, auf Grund deren eine Eintragung in das Grundbuch oder das Schiffsregister erfolgen soll. Hier gilt bereits mit der vorläufigen Vollstreckbarkeitserklärung, wenn auch nicht die Eintragung der betreffenden Rechtsänderung selbst, so doch die Eintragung einer bezüglichen Vormerkung bzw. eines Widerspruchs (letzterer nämlich dann, wenn die Willenserklärung auf eine Berichtigung des Grundbuchs gerichtet ist) als bewilligt.

1209. In welchem Augenblick tritt die Rechtsänderung ein, wenn der Schuldner zur Übertragung des Eigentums oder zur Bestellung eines Rechts an einer beweglichen Sache verurteilt ist? § 897; vgl. § 898.

Die gesetzliche Fiktion, daß der zur Übereignung oder Bestellung eines dinglichen Rechts an einer beweglichen Sache erforderliche Willensakt von dem Schuldner vorgenommen ist, tritt auch hier mit der Rechtskraft des Urteils ein. Da aber zur Übereignung 2c. außer der Einigung der Parteien noch die Übergabe der Sache erforderlich ist, wird die Übereignung 2c. erst perfekt, wenn der Gerichtsvollzieher die Sache dem Schuldner fortgenommen hat. Ist dies bereits vor der Rechtskraft auf Grund der vorläufigen Vollstreckbarkeit des Urteils geschehen, oder befand sich die Sache schon im Besitze des Gläubigers, so tritt die Rechtsänderung sofort mit der Rechtskraft ein.

Und das gleiche gilt für die Verurteilung des Schuldners zur Bestellung einer Hypothek, Grundschuld oder Rentenschuld oder zur Abtretung oder Belastung einer Hypothekenforderung, Grundschuld oder Rentenschuld. Hier vollzieht sich die Rechtsänderung mit der Erfüllung der beiden Voraussetzungen: Rechtskraft des Urteils und Wegnahme des Briefes durch den Gerichtsvollzieher. Befindet sich der Gläubiger bereits im Besitze des Briefes, so fällt das zweite Erfordernis natürlich fort.

1210. Hat der Gläubiger in den sonstigen Fällen, in denen eine Zwangsvollstr. ausgeschlossen ist, gar kein Mittel, seinen judikatsmäßigen Anspruch durchzusetzen?

Geht der judikatsmäßige Anspruch auf die Leistung einer nur ihrem genus nach bestimmten unvertretbaren Sache oder auf eine unvertretbare Handlung, die nicht ausschließlich von dem Willen des Schuldners abhängt oder in Diensten besteht, die aus einem Dienstvertrage geschuldet werden, so kann der Gläubiger nur Klage auf Schadensersatz wegen Nichterfüllung bei dem Prozeßgericht erster Instanz, als dem für diese Klage ausschließlich zuständigen Gericht, erheben, aber auch nur dann naturgemäß, wenn die geschuldete Leistung einen Vermögenswert hat.

1211. Ist der Gläubiger zur Erhebung der Klage auf das Interesse nur in den Fällen berechtigt, in denen eine Zwangsvollstr. unstatthaft ist? § 893.

Der Gläubiger wird durch das Prozeßrecht nicht gehindert auch dann, wenn ihm Vollstreckungsmaßregeln zur Verfügung stehen, — und zwar nicht nur subsidiär, nach mißglückter Vollstreckung, sondern auch prinzipaliter — bei dem Prozeßgericht erster Instanz auf Schadensersatz wegen Nichterfüllung zu klagen, nur müssen in diesen Fällen auch die materiellrechtlichen Voraussetzungen der Klage gegeben sein, d. h. der Gläubiger muß dem Schuldner eine Frist zur Erfüllung gesetzt haben mit der Erklärung, daß er nach Ablauf der Frist die Annahme der Leistung verweigere (§ 283 BGB.).

1212. Nach welchen Grundsätzen geschieht die Verwirklichung solcher Ansprüche, die nicht Geldforderungen sind, im Wege der Zwangsvollstr.?

Soweit nach dem Gesagten bei solchen Ansprüchen eine Zwangsvollstr. überhaupt zulässig ist, ist sie, ebenso wie die Vollstreckung von Geldforderungen, eine Realexekution, d. h. eine Exekution, die auf wirkliche Erfüllung der geschuldeten Leistung gerichtet ist. Da aber eine Realexekution bei diesen Ansprüchen im allgemeinen mit viel größeren Schwierigkeiten verknüpft ist als bei der Realisierung von Geldforderung, sind die Vollstreckungsmaßregeln auch nicht die gleichen. Nur ausnahmsweise geschieht die Vollstreckung hier durch direkten Zwang, — dies nämlich vornehmlich zur Verwirklichung der Ansprüche auf Herausgabe oder Leistung von Sachen — in der Regel muß die Vollstreckung durch indirekten Zwang betrieben werden, insbesondere durch Anordnung von Geldstrafen und Haft.

1213. Wer ist für die Zwangsvollstr. wegen anderer Ansprüche als Geldforderungen das zuständige Vollstreckungsorgan? §§ 883 ff.; 892.

Vollstreckungsorgan ist hier (wie bei der Vollstreckung im Auslande) im allgemeinen das Prozeßgericht erster Instanz.

Ausnahmsweise liegt die Vollstreckung jedoch dem Gerichtsvollzieher ob, nämlich:

1) zur Erwirkung der Herausgabe oder Leistung von Sachen (auch kontrollierendes Vollstreckungsorgan ist hier nicht das Prozeßgericht, sondern das Vollstreckungsgericht);

2) wenn es erforderlich ist, den bei der Erzwingung von vertretbaren Handlungen oder der Duldung einer von dem Gläubiger oder einem Dritten vorzunehmenden Handlung von dem Schuldner der Vollstreckung entgegengesetzten Widerstand durch äußere Gewalt zu brechen.

1214. Welche Regeln gelten für das Verfahren vor dem Prozeßgericht erster Instanz als Vollstreckungsorgan? §§ 891, 797.

Als Vollstreckungsorgan erläßt das Prozeßgericht erster Instanz seine Entscheidungen stets als Beschlüsse auf Grund fakultativer mündlicher Verhandlung; jedoch ist der Schuldner, wenn auch nicht mündlich, so doch schriftlich vor jeder Entscheidung zu hören. Die ergehenden Beschlüsse sind nach der für die Zwangsvollstr. geltenden allgemeinen

Regel durch sofortige Beschwerde anfechtbar, deren Einlegung jedoch die Ausführung des Beschlusses nicht hindert.

1215. Wie wird der Anspruch auf Herausgabe einer individualisierten bzw. auf Leistung einer nur ihrem genus nach bestimmten — vertretbaren (s. Nr. 1203) — Sache (außer Geld) im Vollstreckungswege verwirklicht? §§ 883—885; 886.

Die Vollstreckung geschieht hier durch unmittelbaren Zwang seitens des Gerichtsvollziehers in der Weise, daß der Gerichtsvollzieher den Schuldner aus dem Besitz setzt und den Gläubiger an dessen Stelle zum Besitzer der Sache macht.

Ein solcher unmittelbarer Zwang ist jedoch ohne weiteres nur zulässig, wenn die Sache sich im unmittelbaren Besitz des Schuldners befindet; hat sie ein Dritter im Gewahrsam, so kann gegen diesen Zwang (wenn er die Sache freiwillig herausgibt, bedarf es dessen natürlich nicht) erst dann angewendet werden, wenn der Gläubiger sich den Anspruch auf Herausgabe oder Lieferung der Sache durch das Vollstreckungsgericht zur Einziehung (eine Überweisung an Zahlungs Statt ist nur bei Geldforderungen zulässig) hat überweisen lassen.

1216. In welcher Weise verschafft der Gerichtsvollzieher dem Gläubiger den Besitz der herauszugebenden Sache? §§ 883, 884; 885.

I. Hat der Schuldner eine oder eine Quantität von beweglichen Sachen herauszugeben oder zu leisten (das gleiche gilt von einem Kind oder einer anderen unselbständigen Person), so nimmt der Gerichtsvollzieher die Sache dem Schuldner weg und übergibt sie dem Gläubiger.

II. Hat der Schuldner eine unbewegliche Sache (das gleiche gilt auch von einem unbewohnten Schiff) herauszugeben, zu überlassen oder zu räumen, so setzt der Gerichtsvollzieher den Schuldner aus dem Besitz und weist den Gläubiger in den Besitz ein.

1217. Wie hat der Gerichtsvollzieher bei der Vollstreckung eines Anspruchs auf Herausgabe einer unbeweglichen Sache mit den nicht der Zwangsvollstr. unterworfenen beweglichen Sachen zu verfahren? § 885 Abs. 2—4.

Während das Zubehör der unbeweglichen Sache in jedem Falle dem Gläubiger mit zu übergeben ist, werden die beweglichen Sachen, welche nicht Gegenstand der Zwangsvollstr. sind, von dem Gerichtsvollzieher weggeschafft und dem Schuldner oder, wenn dieser abwesend ist, einem Bevollmächtigten desselben oder einer zur Familie des Schuldners gehörigen oder in dieser Familie dienenden erwachsenen (s. Nr. 254) Person übergeben oder zur Verfügung gestellt.

Ist weder der Schuldner noch eine der erwähnten Ersatzpersonen anwesend, so hat der Gerichtsvollzieher die Sachen auf Kosten des Schuldners in das Pfandlokal zu schaffen oder anderweit in Verwahrung zu nehmen.

Verzögert der Schuldner die Abforderung so kann das Vollstreckungsgericht den Verkauf der Sachen und die Hinterlegung des Erlöses anordnen.

1218. Stehen dem Gläubiger, wenn der Gerichtsvollzieher die herauszugebenden Sachen bei dem Schuldner nicht vorfindet, noch weitere Vollstreckungsmaßregeln zu Gebote? § 883 Abs. 2, 3.

Die gerichtliche Verhängung von Geld- oder Freiheitsstrafen zur Erzwingung der Herausgabe der Sachen seitens des Schuldners ist in keinem Falle zulässig, wohl aber ist der Schuldner, wenn eine herausgebende individuell bestimmte bewegliche Sache nicht (oder von einer herauszugebenden Quantität solcher Sachen nur ein Teil) bei ihm vorgefunden ist, verpflichtet, wenn der Gläubiger dies beantragt, den Offenbarungseid dahin zu leisten:

daß er die Sache nicht besitze, auch nicht wisse, wo die Sache sich befinde.

Das Gericht kann eine der Lage der Sache entsprechende Änderung dieser Eidesnorm beschließen.

Handelt es sich dagegen um die Leistung nur generell bestimmter — vertretbarer — Sachen, so besteht eine Verpflichtung des Schuldners zur Leistung des Offenbarungseides nicht.

1219. Ist der Schuldner von der Verpflichtung zur Leistung des Offenbarungseides befreit, wenn er denselben Eid (d. h. mit Bezug auf dieselbe Sache) bereits in einer anderen Zwangsvollstreckungssache auf Verlangen eines anderen Gläubigers geleistet hat? Vgl. § 903.

Durch die Leistung des Eides auf Antrag eines anderen Gläubigers wird der Schuldner dem neuen Gläubiger gegenüber nicht befreit. Derselbe Gläubiger kann sogar ohne weiteres die wiederholte Eidesleistung verlangen, sobald eine neue Durchsuchung fruchtlos stattgefunden hat.

1220. In welcher Weise geschieht die Erzwingung einer vertretbaren Handlung, wenn diese nicht in einer Geldleistung oder in der Leistung oder Herausgabe von anderen Sachen besteht? §§ 887; 892.

Das Prozeßgericht erster Instanz ermächtigt den Gläubiger auf dessen Antrag durch Beschluß, die vertretbare Handlung auf Kosten des Schuldners durch einen Dritten vornehmen zu lassen; wenn dies der Gläubiger ebenfalls beantragt, verurteilt es auch gleichzeitig durch denselben Beschluß den Schuldner zur Vorauszahlung der Kosten, welche nach dem freien Ermessen des Gerichts durch die Vornahme der Handlung entstehen werden, ohne daß durch diese Verurteilung der Gläubiger seines Rechtes auf vollständige Kostenerstattung verlustig geht, wenn die Vornahme der Handlung einen größeren als den festgestellten Kostenaufwand verursacht.

Setzt der Schuldner der Vornahme der Handlung durch den Dritten äußeren Widerstand entgegen, so ist die Voraussetzung für eine Hinzuziehung des Gerichtsvollziehers gegeben, der, eventuell mit Hilfe der Polizei oder von Militär (s. Nr. 1074 Z. 3), unter Beobachtung der vorgeschriebenen Formen (s. Nr. 1075 II, 1076 II) den Widerstand des Schuldners mit Gewalt beseitigt. — Zur Selbsthilfe darf dagegen der Gläubiger nur schreiten, wenn die allgemeinen materiellrechtlichen Voraussetzungen für dieselbe gegeben sind (§ 229 BGB.).

1221. Welche Vollstreckungsmaßregel kommt in Anwendung zur Erzwingung einer erzwingbaren unvertretbaren Handlung? §§ 888, 889.

Weigert sich der Schuldner, eine unvertretbare Handlung vorzunehmen, so erläßt das Prozeßgericht erster Instanz auf Antrag des Gläubigers einen Beschluß dahin, daß der Schuldner zur Vornahme der Handlung durch Geldstrafen bis zum Gesamtbetrage von 1500 Mark oder durch Haft anzuhalten sei; so insbesondere auch dann, wenn der Schuldner in dem Termin zur Leistung eines auf materiellrechtlicher Grundlage beruhenden Offenbarungseides nicht erscheint oder zwar erscheint, aber die Leistung des Eides verweigert.

1222. Welches Gericht ist zur Abnahme eines materiellrechtlichen Offenbarungseides zuständig? §§ 889, 902; vgl. § 479.

Bis zur Verhaftung des Schuldners ist das Prozeßgericht erster Instanz zur Abnahme des Eides zuständig, sobald der Schuldner jedoch verhaftet ist, das Amtsgericht des Haftorts; dasselbe ist verpflichtet, den Eid dem Schuldner, auf dessen Antrag, unverzüglich abzunehmen und ihn dann sofort aus der Haft zu entlassen.

1223. In welcher Weise geschieht die Erzwingung einer Unterlassung? §§ 890; 892.

I. Besteht die Verpflichtung des Schuldners darin, eine bestimmte von dem Gläubiger oder einem Dritten vorzunehmende Handlung zu dulden, so hat der Gläubiger außer der Anrufung des Prozeßgerichts erster Instanz auch die Möglichkeit, durch Hinzuziehung eines Gerichtsvollziehers (vgl. Nr. 1220) den Widerstand des Schuldners zu brechen.

II. In jedem Falle kann der Gläubiger, sei es, daß der Schuldner seiner Verpflichtung, die Vornahme von Handlungen zu dulden, zuwiderhandelt, sei es, daß er selbst Handlungen, die er unterlassen soll, dennoch vornimmt, von dem Prozeßgericht erster Instanz einen Beschluß extrahieren, durch den der Schuldner wegen einer jeden Zuwiderhandlung zu einer Geldstrafe bis zu 1500 Mark oder zur Strafe der Haft bis zu 6 Monaten zu verurteilen ist.

Daneben kann das Prozeßgericht erster Instanz den Schuldner auf Antrag des Gläubigers zur Bestellung einer Sicherheit für den durch fernere Zuwiderhandlung entstehenden Schaden auf bestimmte Zeit verurteilen.

1224. Welche Verschiedenheiten bestehen im einzelnen hinsichtlich der Anordnung von Geldstrafe und Haft bei der Erzwingung von Handlungen und bei der Erzwingung von Unterlassungen?

I. Die Verurteilung zu einer Geldstrafe oder Haft bedarf bei Unterlassungen stets einer vorgängigen ausdrücklichen Strafandrohung. Dieselbe ist auf Antrag des Gläubigers bereits in das Urteil aufzunehmen. Hat der Gläubiger diesen Antrag nicht gestellt, so ergeht auf seinen Antrag ein besonderer Androhungsbeschluß. In diesem Falle darf der Straffestsetzungsbeschluß (desgleichen die Anordnung einer Sicherheit) erst ergehen, wenn der Schuldner sich nicht nur nach der Vollstreckbarkeit des Schuldtitels, sondern auch nach Erlaß des Androhungsbeschlusses eine Zuwiderhandlung gegen seine judikatsmäßige Verpflichtung hat zuschulden kommen lassen.

Dagegen bedarf es bei Handlungen einer solchen besonderen Androhung nicht, wenngleich dieselbe auch nicht ausgeschlossen ist. Stets aber muß der Schuldner auch hier vor der Entscheidung gehört werden.

II. Während dies zwar dem Verfahren zur Erzwingung von Handlungen und von Unterlassungen gemeinsam ist, daß Geldstrafe und Haft nicht kumuliert, sondern nur successiv angeordnet werden können, darf jedoch bei Unterlassungen für jede einzelne Zuwiderhandlung eine Geldstrafe von in maximo 1500 Mark, also für mehrere Zuwiderhandlungen auch gleichzeitig eine höhere Geldstrafe als 1500 Mark angeordnet werden; bei Handlungen dagegen dürfen die sämtlichen auf Grund desselben Vollstreckungstitels erlassenen Geldstrafen den Betrag von 1500 Mark nicht übersteigen.

III. Während bei Handlungen die anzuordnende Haft ein Zwangsmittel ist, ist die bei Unterlassungen zur Anwendung gelangende Haft eine echte Strafe wie in beiden Fällen die Geldstrafe.

1225. Welche Verschiedenheiten des Verfahrens bei der Erzwingung von Handlungen und Unterlassungen ergeben sich im besonderen aus der verschiedenen Natur der Haft als Zwangsmittel und als Strafe?

I. Bei der Anordnung der Zwangshaft (s. Nr. 1235) setzt das Gericht eine bestimmte Dauer der Haft nicht fest; vielmehr wird die Haft vollstreckt, bis der Schuldner die ihm obliegende Handlung vornimmt, jedoch längstens bis zum Ablauf von 6 Monaten.

Bei der Anordnung der Strafhaft bestimmt das Gericht im Festsetzungsbeschluß auch die Dauer der Haft; hierbei ist es nur insofern beschränkt, als es für jede einzelne Zuwiderhandlung nicht mehr als 6 Monate Haft verhängen darf und als eine für mehrere ungesühnte Zuwiderhandlungen anzuordnende Gesamtstrafe (§§ 74, 79 StGB.) nicht die Dauer von 2 Jahren übersteigen darf.

II. Da die Kosten der Zwangshaft von dem Gläubiger zu tragen sind, hat das Gericht bei Handlungen Haft nur anzuordnen, wenn diese ausdrücklich vom Gläubiger beantragt wird.

Dagegen hat das Gericht bei Unterlassungen völlig freie Wahl, nicht nur hinsichtlich der Höhe (innerhalb der gesetzlichen Schranken), sondern auch hinsichtlich der Art der Strafe.

4. Abschnitt. **Offenbarungseid und Haft.**

1226. Bezieht sich die besondere Regelung des Manifestationsverfahrens sowie die besondere Regelung der Haft auf sämtliche Fälle des Offenbarungseides wie der Haft? §§ 899, 807, 883, 889; 380, 390 Abs. 1, 890.

I. Das besondere Manifestationsverfahren findet nur Anwendung in den Fällen des auf prozessualer Verpflichtung beruhenden Offenbarungseides, nämlich:

1. wenn die im Wege der Pfändung erfolgte Zwangsvollstr. wegen Geldforderungen in das bewegliche Vermögen zu einer vollständigen Befriedigung des Gläubigers nicht geführt hat, bzw. wenn der Gläubiger glaubhaft macht, daß er durch Pfändung seine Befriedigung nicht vollständig erlangen könne;

2. wenn bei der Zwangsvollstr. zur Erwirkung der Herausgabe von Sachen die herauszugebende Sache nicht vorgefunden wird.

Es findet nicht Anwendung, wenn der Schuldner auf Grund einer materiellrechtlichen Verpflichtung, z. B. als Hausgenosse des Erblassers (BGB. § 2028) zur Leistung des Offenbarungseides verurteilt ist.

II. Die besondere Regelung der Haft andererseits bezieht sich nur auf die Fälle der Zwangshaft, nicht auch auf die Haft, die gegen den ungehorsamen Zeugen oder Schuldner als Strafe verhängt wird.

1227. Welches Gericht ist für das Manifestationsverfahren zuständig? § 899.

I. Sachlich zuständig ist das Amtsgericht und zwar als Vollstreckungsgericht.

II. Die örtliche Zuständigkeit wird in erster Linie durch den Wohnsitz des Schuldners im Inlande bestimmt. Hat der Schuldner keinen Wohnsitz im Inland, so ist — ohne Rücksicht darauf, ob der Schuldner etwa im Auslande einen Wohnsitz hat — das Gericht zuständig, in dessen Bezirk er sich aufhält.

1228. Nach welchen allgemeinen Regeln vollzieht sich das Manifestationsverfahren? §§ 899, 900 Abs. 1, 2.

Da das Manifestationsverfahren einen Teil des Vollstreckungsverfahrens bildet, kann das Amtsgericht seine Entscheidungen ohne vorgängige mündliche Verhandlung erlassen. Die Form der Entscheidungen ist der Beschluß, und die Anfechtung geschieht durch sofortige Beschwerde.

Abweichend von dem sonstigen Vollstreckungsverfahren verlangt das Manifestationsverfahren aber stets — wenn auch nicht eine mündliche Verhandlung — so doch die Anberaumung eines Termins, in dem der Gläubiger zwar nicht zu erscheinen braucht, zu dem er aber den Schuldner vorschriftsmäßig zu laden hat.

1229. Welchen Erfordernissen muß die Ladung zum Offenbarungseide entsprechen? Vgl. §§ 750 ff.

Die Ladung selbst braucht nur die Aufforderung an den Schuldner zu enthalten, zur Ableistung des Offenbarungseides in dem von dem Vollstreckungsgericht anzusetzenden Termin zu erscheinen.

Beigefügt müssen aber der Ladung Urkunden sein, aus denen sich ergibt:

a) daß die Zwangsvollstr. zurzeit gegen diesen Schuldner in dieser bestimmten Sache zulässig ist (in der Regel also eine vollstreckbare Ausfertigung des Urteils nebst Zustellungsurkunde),

b) daß die Pfändung fruchtlos ausgefallen ist bzw. — wenigstens im Falle des Offenbarungseides wegen einer Geldforderung (807) — keinen Erfolg verspricht (in der Regel also das Pfändungsprotokoll des Gerichtsvollziehers).

Wird dieser Nachweis nicht durch Urkunden erbracht, so hat das Gericht den Antrag des Gläubigers auf Abnahme des Offenbarungseides zurückzuweisen, ohne Termin anzuberaumen.

1230. Welchen verschiedenen Entwicklungsgang kann das Manifestationsverfahren nehmen? §§ 900 Abs. 3; 901.

I. Der Schuldner erscheint in dem Termin und leistet den Eid: Damit ist das Verfahren beendigt.

II. Der Schuldner erscheint und erhebt Widerspruch gegen die Leistung des Eides:

Dann entscheidet das Vollstreckungsgericht über den Widerspruch durch Beschluß. — Wird durch den Beschluß der Widerspruch verworfen, so erfolgt die Eidesleistung regelmäßig erst nach Eintritt der Rechtskraft der Entscheidung; das Vollstreckungsgericht kann jedoch die Eidesleistung vor Eintritt der Rechtskraft anordnen, wenn bereits ein früherer Widerspruch rechtskräftig verworfen ist.

III. Der Schuldner erscheint und verweigert die Leistung des Eides ohne Angabe eines Grundes.

In diesem Falle ist gegen den Schuldner die Zwangshaft anzuordnen, wenn der Gläubiger dies in dem Termin oder vorher — schriftlich — beantragt hat.

Anderesfalls ruht das Verfahren bis zu weiteren Anträgen der Parteien.

IV. Der Schuldner erscheint in dem Termin nicht, oder er erscheint ohne zu verhandeln:

Auch hier ist auf Antrag des Gläubigers zur Erzwingung der Eidesleistung die Haft anzuordnen, sofern der Gläubiger die ordnungsmäßige Ladung des Schuldners nachweist.

Beantragt der Gläubiger nicht die Anordnung der Haft, so ruht das Verfahren.

1231. Aus welchem Grunde darf der Schuldner die Eidesleistung stets verweigern, auch wenn er nach der Lage des konkreten Falles zur Eidesleistung verpflichtet ist? §§ 903, 914.

Soll der Schuldner den Eid dahin leisten: „daß er nach bestem Wissen sein Vermögen so vollständig angegeben habe, als er dazu imstande sei“ (807), und hat er einen gleichlautenden Eid — also nicht z. B den Manifestationseid des Konkursverfahrens — bereits in derselben oder in einer anderen Sache, vor demselben oder einem anderen Gericht geleistet, — oder ist gegen ihn, was gleichbedeutend ist, wegen ausdrücklicher oder durch Nichterscheinen dokumentierter Verweigerung der Leistung dieses Eides eine sechsmonatliche Zwangshaft vollstreckt worden: so braucht der Schuldner den Eid nicht noch einmal zu leisten (vgl. dagegen Nr. 1219), es sei denn:

a) daß der Gläubiger glaubhaft macht, daß der Schuldner inzwischen Vermögen erworben habe, oder

b) daß seit der Leistung des Eides bzw. seit der Beendigung der Haft fünf Jahre verstrichen sind.

1232. Wodurch wird dem Schuldner der Beweis der Eidesleistung bzw. der Vollstreckung einer sechsmonatlichen Zwangshaft erleichtert? § 915.

Das Vollstreckungsgericht hat ein Verzeichnis derjenigen Personen zu führen, welche vor ihm im Laufe der Zwangsvollstr. wegen einer Geldforderung (807) den Offenbarungseid geleistet haben, oder gegen welche wegen Verweigerung dieses Eides die Haft angeordnet ist. Hat die Vollstr. der Haft sechs Monate gedauert, so ist auch die Vollstr. in dem Verzeichnisse zu vermerken.

Sind fünf Jahre seit der Eidesleistung bzw. seit Beendigung der Vollstr. der sechsmonatlichen Haft verstrichen, wird der Name des Schuldners in dem Verzeichnis gelöscht.

Die Einsicht des Verzeichnisses ist jedem gestattet.

1233. Inwiefern wird mit dem Zeitpunkt des Erlasses eines Haftbeschlusses die Rechtsstellung des Schuldners zu seinen Ungunsten geändert?

Dem Schuldner steht zwar gegen den Haftbeschluß die sofortige Beschwerde zu, seine Verpflichtung zur Leistung des Offenbarungseides zu bestreiten, ist er jetzt aber nicht mehr berechtigt.

Auf der anderen Seite wird er selbstverständlich durch den Erlaß des Haftbeschlusses nicht gehindert, seinerseits den Gläubiger vor das Vollstreckungsgericht zu laden, indem er sich zur Leistung des Offenbarungseides erbietet. Freilich kann er durch dieses Erbieten die Vollstreckung des Haftbeschlusses nicht verhindern.

1234. Hat die Abnahme des Offenbarungseides stets durch das Vollstreckungsgericht zu erfolgen? §§ 902; 479.

I. Sobald der Schuldner verhaftet ist, ist zur Abnahme des Eides das Amtsgericht des Haftorts zuständig.

Der verhaftete Schuldner kann bei denselben zu jeder Zeit beantragen, ihm den Eid abzunehmen. Diesem Antrage ist dann ohne Verzug stattzugeben, ohne daß es einer vorherigen Benachrichtigung des Gläubigers bedürfte.

II. Außerdem kann das Vollstreckungsgericht selbst — entsprechend den allgemeinen Vorschriften —, wenn der Schuldner am Erscheinen vor dem Vollstreckungsgerichte verhindert ist oder in großer Entfernung von dem Sitze desselben sich aufhält, anordnen, daß die Eidesleistung vor einem anderen Gerichte erfolgen solle. —

Sowohl das Amtsgericht des Haftortes aber wie das von dem Vollstreckungsgericht ersuchte Gericht ist nur zur Abnahme des Eides berechtigt. Denn wie die Einleitung des Manifestationsverfahrens ist auch der Erlaß sämtlicher etwa erforderlich werdender Entscheidungen ausschließlich Sache des Vollstreckungsgerichts. Deshalb hat das Amtsgericht des Haftorts den Schuldner, der den Eid geleistet hat, zwar sofort aus der Haft zu entlassen, ist aber zur Aufhebung des Haftbefehls nicht befugt. Und ebensowenig darf der ersuchte Richter beispielsweise gegen den Schuldner, der ohne Grund die Leistung des Eides verweigert, die Haft anordnen.

1235. Welches sind die sonstigen Fälle der Zwangshaft in der ZPO.? §§ 888, 889; 390 Abs. 2, 653 Abs. 2; 918, 933.

Abgesehen von ihrer Anwendung im Manifestationsverfahren kann die Zwangshaft noch angeordnet werden:

1) gegen einen Schuldner zur Erzwingung einer Handlung, die nicht durch einen Dritten vorgenommen werden kann und ausschließlich von dem Willen des Schuldners abhängt, also insbesondere zur Erzwingung der Leistung eines auf materiellrechtlicher Verpflichtung beruhenden Offenbarungseides,

2) gegen einen Zeugen zur Erzwingung der Aussage oder der Beeidigung derselben im Falle widerholter unberechtigter Weigerung.

Unter die Regeln der Zwangshaft fällt dann auch noch die Haft, die

3) gegen den Arrestschuldner zur Vollziehung des persönlichen Sicherheitsarrestes angeordnet wird.

1236. Wie erfolgt die Anordnung der Zwangshaft? § 908.

In allen Fällen erfolgt die Anordnung der Zwangshaft durch Gerichtsbeschluß.

Bei Anordnung der Haft ist aber neben dem — formlosen — Beschluß sogleich ein formeller Haftbefehl zu erlassen.

1237. Welchen Inhalt muß der Haftbefehl haben? §§ 908; 923.

In dem Haftbefehl sind zu bezeichnen:

1) der zu verhaftende Schuldner oder Zeuge,

2) der Antragsteller, also der Gläubiger oder die Partei, die die Verhaftung des Zeugen beantragt hat;

— wird die Haft gegen den Zeugen von Amts wegen angeordnet

(was im Entmündigungsverfahren (653) zulässig ist), ist auch dies im Haftbefehl zu vermerken —

3) der Grund der Verhaftung.

Bei der Anordnung der Haft zur Vollziehung des persönlichen Sicherheitsarrestes hat der Haftbefehl außerdem zu enthalten

4) den in dem Arrestbefehle festgestellten Geldbetrag, durch dessen Hinterlegung die Vollziehung des Arrestes gehemmt und der Schuldner zu dem Antrag auf Aufhebung des vollzogenen Arrestes berechtigt wird.

1238. Welche Bedeutung hat der Haftbefehl für die Vollstreckung? § 909.

I. Die Verhaftung des Schuldners darf nur auf Grund eines Haftbefehls, nicht etwa auf Grund einer Ausfertigung des Haftbeschlusses erfolgen. Denn der Haftbeschluß ordnet nur an, daß der Schuldner &c. durch Haft zu zwingen sei, nicht, daß er zu verhaften sei. Der Haftbefehl muß darum bei der Verhaftung dem Schuldner vorgezeigt werden.

II. Auf der anderen Seite bedarf es auch nicht einer vorherigen Zustellung des Haftbeschlusses, da der Haftbefehl den Grund der Verhaftung &c. enthält. — Aber eine Abschrift des Haftbefehls kann der Schuldner verlangen.

1239. Durch wen erfolgt die Verhaftung? §§ 909 Satz 1, 912.

Die Verhaftung des Schuldners bzw. des Zeugen erfolgt durch einen Gerichtsvollzieher, den der Antragsteller unter Hingabe des Haftbefehls mit der Verhaftung beauftragt hat.

Nur wenn die Haft gegen eine dem aktiven Heere oder der aktiven Marine angehörende Militärperson vollstreckt werden soll, dann erfolgt die Verhaftung durch Beauftragte der vorgesetzten Militärbehörde, die auf Antrag des Gläubigers um die Vollstreckung von dem Gericht zu ersuchen ist.

1240. Bezüglich welcher Personenkategorien bedarf es vor der Verhaftung einer Anzeige seitens des Gerichtsvollziehers? § 910.

Vor der Verhaftung eines Beamten, eines Geistlichen oder eines Lehrers an öffentlichen Unterrichtsanstalten ist der vorgesetzten Dienstbehörde von dem Gerichtsvollzieher Anzeige zu machen, damit diese für die dienstliche Vertretung des zu Verhaftenden Sorge tragen kann. Hat die Behörde, was sie ohne Verzug zu tun hat, die erforderlichen Anordnungen getroffen, so hat sie den Gerichtsvollzieher hiervon in Kenntnis zu setzen.

1241. Gegen welche Personen ist die Vollstreckung des Haftbefehls überhaupt unstatthaft? §§ 906, (vgl. StPO. § 487); 904.

Die Vollstreckung der Zwangshaft ist unstatthaft:

1) gegen jede Person,

wenn und solange deren Gesundheit durch die Vollstreckung der Haft einer nahen und erheblichen Gefahr ausgesetzt wird (eine nahe Lebensgefahr, wie für die Aussetzung der Strafhaft, ist nicht erforderlich);

2) gegen bestimmte Personenkategorien, nämlich:

a) gegen Mitglieder einer deutschen gesetzgebenden Versammlung während der Sitzungsperiode, sofern nicht die Versammlung die Vollstreckung genehmigt (dies entspricht den Bestimmungen der Reichsverf. Art. 31, Abs. 3, der preuß. VU. Art. 84, der bayer. VU. Tit VII § 36, des württ. Ges. v. 23. Juni 1874 betr. die Abänd. der VU. Art. 8),

b) gegen Militärpersonen, welche zu einem mobilen Truppenteil oder zur Besatzung eines in Dienst gestellten Kriegsfahrzeuges gehören,

c) gegen den Schiffer, die Schiffsmannschaft und alle übrigen auf einem Schiffe angestellten Personen, wenn das Schiff zu einer Fahrt über See segelfertig ist.

1242. Welche Wirkung hat es, wenn einer der erwähnten Haftaufschubsgründe in der Person des Schuldners eintritt, nachdem die Vollstreckung bereits begonnen hat? §§ 905, 906.

Dann tritt im allgemeinen eine Unterbrechung der Haft ein, d. h. der Schuldner bzw. der Zeuge ist aus der Haft zu entlassen, er kann aber sofort auf Grund des alten Haftbefehls wieder verhaftet werden, sobald der fragliche Haftaufschubsgrund nicht mehr besteht.

Eine solche Unterbrechung tritt jedoch nicht ein hinsichtlich der erwähnten Schiffspersonen; und bezüglich der Mitglieder einer deutschen gesetzgebenden Versammlung tritt sie nur dann ein, wenn die Versammlung die Freilassung des Mitgliedes verlangt.

1243. Welche Voraussetzung besteht auf seiten des Gläubigers für die Zulässigkeit einer Vollstreckung der Zwangshaft auf Grund eines Haftbefehls? § 911.

Eine Verhaftung des Schuldners bzw. des Zeugen erfolgt nicht eher, als bis derjenige, auf dessen Antrag der Haftbeschluß erlassen ist, die gesamten Kosten, welche durch die Verhaftung und den Transport bis zur Einlieferung in das Gerichtsgefängnis entstehen, sowie Verpflegungskosten für mindestens einen Monat voraus bezahlt hat.

Auch die weiteren Verpflegungskosten sind von Monat zu Monat vorauszubezahlen. Wird die Zahlung nicht spätestens bis zum Mittage des letzten Tages erneuert, für welchen sie geleistet ist, so wird der Schuldner von Amts wegen aus der Haft entlassen.

1244. Welche weitere Wirkung hat es, wenn der Antragsteller die Erneuerung der Zahlung für die Verpflegungskosten versäumt? § 911.

Der Verhaftete ist nicht nur von Amts wegen aus der Haft zu entlassen, sondern es ist auch eine Erneuerung der Haft auf Grund desselben Haftbefehls ausgeschlossen.

Dasselbe gilt, wenn der Schuldner auf Antrag des Gläubigers ohne sein eigenes Zutun aus der Haft entlassen ist.

1245. In welcher Weise wird die Zwangshaft vollstreckt? § 907.

Die Zwangshaft besteht wie die gewöhnliche Strafhaft (anders die qualifizierte Haft, StGB. §§ 361, 362) in einfacher Freiheitsentziehung. Einen wesentlichen Unterschied hinsichtlich der Vollstreckung macht das Gesetz aber doch, indem es anordnet, daß die Zwangshaft in einem Raume vollstreckt werde, in welchem nicht zugleich Untersuchungs- oder Strafgefangene — also auch solche, die eine Strafhaft verbüßen — sich befinden.

1246. Welches ist die Maximaldauer der Zwangshaft? §§ 913, 914.

Auf Grund desselben Vollstreckungstitels darf der Verhaftete nicht länger als sechs Monate in Haft behalten werden. Nach Ablauf der sechs Monate wird er von Amts wegen freigelassen.

Dieses schließt aber nicht aus, daß er auf Grund eines neuen Vollstreckungstitels sofort wieder in Zwangshaft genommen wird. Nur zur Leistung des Offenbarungseides wegen einer Geldforderung darf er im Laufe von fünf Jahren im allgemeinen nicht mehrmals durch Haft bis zur Dauer von sechs Monaten angehalten werden.

5. Abschnitt. Arrest und einstweilige Verfügung.

1247. Was ist Arrest und was ist einstweilige Verfügung? §§ 916; 935, 940.

I. Der Arrest ist eine vom Gericht angeordnete Maßregel zur Sicherung der Zwangsvollstr. wegen einer Geldforderung. — Je nachdem der Arrest das Vermögen oder die Person des Schuldners betrifft, unterscheidet man dinglichen und persönlichen Arrest.

II. Dagegen sichert die einstweilige Verfügung die Zwangsvollstr. wegen einer anderen Leistung als einer Geldleistung.

Außer als zur Sicherung der Zwangsvollstr. kann eine einstweilige Verfügung auch zur Regelung eines einstweiligen Zustandes in bezug auf ein streitiges Rechtsverhältnis angeordnet werden.

1248. Welcher Art ist der Anspruch auf Sicherung durch Arrest und einstweiliger Verfügung?

Der Anspruch ist, ebenso wie der Anspruch auf Urteilsschutz (s. Nr. 344) und wie der Anspruch auf Vollstreckungsschutz (s. Nr. 1020) ein publizistischer Anspruch und wohl zu unterscheiden von dem materiellrechtlichen Anspruch auf Sicherheitsleistung, zu dessen Sicherung höchstens wieder ein Arrest angeordnet werden kann.

1249. Was ist gemeinsame materielle Voraussetzung für die Anordnung der beiden erwähnten Maßregeln zur Sicherung der Zwangsvollstr.? §§ 916 Abs. 2, 936; 917, 918, 935; EG. z. ZPO. § 16 Z. 3.

I. Es muß ein geeigneter Anspruch vorliegen. — Daß der Anspruch ein betagter oder ein (resolutiv oder suspensiv) bedingter ist, hindert die Anordnung der Sicherheitsmaßregel nicht, es sei denn, daß der (suspensiv) bedingte Anspruch wegen der entfernten Möglichkeit des Eintritts der Bedingung einen gegenwärtigen Wert nicht hat. In jedem Falle ist aber erforderlich, daß hinsichtlich des zu sichernden Anspruchs Zwangsvollstr. zulässig ist (s. Nr. 1019, 1203).

II. Es muß ein genügender Grund zur Sicherung vorliegen, es sei denn, daß gemäß dem bürgerlichen Recht von diesem Erfordernisse abzusehen ist. So ist beispielsweise für den Erlaß einer einstweiligen Verfügung, durch welche die Eintragung einer Vormerkung oder eines Widerspruchs angeordnet wird, eine Gefährdung des Anspruchs nicht erforderlich (BGB. §§ 885, 898; vgl. auch §§ 489, 1716).

1250. Welcher Anspruch eignet sich zur Sicherung durch Arrest bzw. einstweilige Verfügung? §§ 916, 935.

I. Zur Anordnung eines Arrestes ist nicht notwendig, daß der Anspruch eine Geldforderung ist, es genügt vielmehr, wenn er nur in eine Geldforderung übergehen kann, was bei jedem vermögensrechtlichen Anspruch der Fall ist.

II. Für den Erlaß einer einstweiligen Verfügung ist erforderlich, daß der Anspruch eine andere Leistung als eine Geldleistung zum Gegenstand hat, gleichgültig, ob diese Leistung einen Vermögenswert hat oder nicht.

Hieraus ergibt sich, daß der Gläubiger bei solchen Leistungen, die zwar keine Geldleistungen sind, aber doch einen Vermögenswert haben, die Wahl zwischen einstweiliger Verfügung und Arrest hat, je nachdem er die geschuldete Leistung selbst oder nur ihren Geldwert gesichert haben will.

1251. Aus welchem Grunde kann ein Arrest angeordnet werden? §§ 917, 918.

Der persönliche wie der dingliche Arrest findet statt, wenn zu besorgen ist, daß ohne dessen Verhängung die Vollstreckung vereitelt oder wesentlich erschwert werden würde, wobei als wesentliche Erschwerung stets der Umstand gilt, daß die Vollstreckung im Auslande geschehen müßte. Der Arrest ist aber nicht dazu bestimmt, die Vollstreckungsmöglichkeit, die der Gläubiger gegenwärtig hat, zu verbessern; daher ist z. B. schlechte Vermögenslage des Schuldners an sich noch kein genügender Arrestgrund.

Für den persönlichen Arrest liegt ein genügender Arrestgrund aber weiter nur dann vor, wenn der dingliche Arrest nicht ausreicht, um eine genügende Sicherung der Zwangsvollstr. zu gewähren: der persönliche Arrest ist nur subsidiär.

1252. Aus welchem Grunde kann eine einstweilige Verfügung zwecks Sicherung der Zwangsvollstr. erlassen werden? § 935.

Auch eine einstweilige Verfügung darf nicht erlassen werden, um die Lage des Gläubigers zu verbessern, sondern nur dann, wenn zu besorgen ist, daß durch eine Veränderung des bestehenden Zustandes die Verwirklichung des Anspruchs des Gläubigers vereitelt oder wesentlich erschwert werden könnte.

Weil die einstweilige Verfügung nicht das Interesse, sondern den individuellen Streitgegenstand sichern soll, wird der Erlaß einer einstweiligen Verfügung nicht dadurch ausgeschlossen, daß der Schuldner im allgemeinen vermögend und deshalb zum Ersatz des Interesses imstande ist.

1253. Welches sind die materiellen Voraussetzungen für den Erlaß einer einstweiligen Verfügung zur Regelung eines einstweiligen Zustandes in bezug auf ein streitiges Rechtsverhältnis? § 940.

I. Es wird nur erfordert, daß ein streitiges Rechtsverhältnis vorliegt. Daß ein Rechtsstreit bereits anhängig ist, ist nicht erforderlich. Ebenso ist es auch gleichgültig, welcher Art das streitige Rechtsverhältnis ist; auch bei Schuldverhältnissen ist eine einstweilige Verfügung zur Regelung eines einstweiligen Zustandes zulässig.

II. Die einstweilige Regelung muß aus irgendwelchen Gründen, so insbesondere bei dauernden Rechtsverhältnissen zur Abwendung wesentlicher Nachteile oder zur Verhinderung drohender Gewalt nötig erscheinen. Darüber, ob sie notwendig ist, entscheidet das Gericht nach freiem Ermessen.

Nur in dem Verfahren über die Nichtigkeit, Anfechtung oder Trennung der Ehe kann das Gericht, auch wenn eine Notwendigkeit nicht besonders begründet ist, bestimmte einstweilige Verfügungen für die Dauer des Rechtsstreits erlassen (s. Nr. 931).

1254. Welches Gericht ist für die Anordnung des Arrestes und den Erlaß der einstweiligen Verfügungen zuständig? §§ 919; 937 Abs. 1, 942 Abs. 1 u. 2.

I. Für die Anordnung des Arrestes ist nach freier Wahl des Gläubigers, und zwar ohne Rücksicht darauf, ob die Hauptsache anhängig ist, oder nicht, das Gericht der Hauptsache und das Amtsgericht zuständig, in dessen Bezirk der mit Arrest zu belegende Gegenstand (vgl. Nr. 31a) oder die in ihrer persönlichen Freiheit zu beschränkende Person sich befindet, das Amtsgericht allerdings auch nur zur Anordnung des Arrestes in Ansehung der in seinem Bezirk befindlichen Gegenstände.

II. Zum Erlaß einer einstweiligen Verfügung dagegen ist regelmäßig allein das Gericht der Hauptsache, — das Amtsgericht, in dessen Bezirk sich der Streitgegenstand befindet, nur in dringenden Fällen zuständig, dann aber wieder ohne Rücksicht darauf, ob die Hauptsache bereits anhängig ist oder nicht.

(Nur zum Erlaß einer einstweiligen Verfügung, auf Grund deren eine Vormerkung oder ein Widerspruch gegen die Richtigkeit des Grundbuchs oder des Schiffsregisters eingetragen werden soll, ist das Amtsgericht, in dessen Bezirk das Grundstück belegen ist oder der Heimatshafen oder der Heimatsort des Schiffes sich befindet, auch dann zuständig, wenn der Fall für dringlich nicht erachtet wird.)

1255. Für welche Entscheidungen ist das Gericht der Hauptsache ausschließlich zuständig? §§ 943 : 923, 925, 927, 939; 921, 925.

Zur Entscheidung über die Anträge, welche die Rückgabe einer Sicherheit betreffen, die vom Schuldner zwecks Abwendung der Vollstreckung oder zwecks Aufhebung der Sicherungsmaßregeln, oder die vom Gläubiger zur Erlangung der Sicherungsmaßregel geleistet ist, ist das Gericht der Hauptsache ausschließlich zuständig, freilich nur dann, wenn inzwischen die Hauptsache anhängig gewesen ist oder noch ist.

1256. Wodurch bestimmt sich im einzelnen das Gericht der Hauptsache?

Im Verhältnis zum Arrest und zur einstweiligen Verfügung ist Hauptsache der Anspruch, dessen Verwirklichung durch den Arrest oder die einstweilige Verfügung gesichert werden soll, bzw. das Rechtsverhältnis, auf welches sich die Regelung des einstweiligen Zustandes bezieht. Gericht der Hauptsache ist danach das Gericht, das über den durch Arrest oder durch einstweilige Verfügung zu sichernden Anspruch zu entscheiden hat. Daß die Hauptsache bereits anhängig ist, ist nicht erforderlich. Man hat jedoch zu unterscheiden:

I. Ist die Hauptsache noch nicht anhängig, so ist Gericht der Hauptsache dasjenige, das nach allgemeinen Zuständigkeitsregeln für den zu sichernden Anspruch zuständig sein würde.

II. Ist die Hauptsache dagegen anhängig, so kommt es nicht mehr darauf an, welches Gericht für die Hauptsache zuständig ist, sondern nur noch darauf, vor welchem Gericht die Hauptsache tatsächlich schwebt, jedoch mit der Maßgabe, daß im allgemeinen das Gericht erster Instanz zuständig ist, und nur während der Anhängigkeit der Hauptsache in der Berufungsinstanz das Berufungsgericht; anhängig in der Berufungsinstanz ist die Sache aber von der Zustellung der Berufungsschrift bis zur Zustellung des Berufungsurteils, es sei denn, daß dieses bereits mit der Verkündung rechtskräftig wird.

Für die Frage, ob die Hauptsache anhängig ist oder nicht, ist der Zeitpunkt entscheidend, in dem der Antrag auf Erlaß der Sicherungsmaßregel eingeht.

1257. Welche Anforderungen nach Form und Inhalt hat das Gesuch um Erlaß der Sicherungsmaßregel zu entsprechen? §§ 920, 936.

I. Das Gesuch kann schriftlich eingereicht und auch dem Gerichtsschreiber zu Protokoll erklärt werden. Der bloße mündliche Vortrag in der Verhandlung über die Hauptsache genügt dagegen nicht.

II. Das Arrestgesuch soll die Bezeichnung des zu sichernden Anspruchs unter Angabe des Geldbetrages oder des Geldwerts, das Gesuch um Erlaß der einstweiligen Verfügung soll den Anspruch, dessen Vollstreckung vereitelt oder wesentlich erschwert wird bzw. das streitige Rechtsverhältnis bezeichnen, dessen einstweilige Regelung verlangt wird.

Außerdem soll stets auch der Grund für die Anordnung des Arrestes bzw. den Erlaß der einstweiligen Verfügung angegeben werden (s. aber Nr. 1249 II, 1253 II).

Und in allen Fällen ist ferner Anspruch und Sicherungsgrund glaubhaft zu machen.

Eine Ladung des Gegners zur mündlichen Verhandlung ist dagegen nicht erforderlich, auch nicht bei dem Antrag auf Erlaß einer einstweiligen Verfügung, bei der die mündliche Verhandlung die Regel bildet; vielmehr ist eine Ladung in jedem Falle erst erforderlich, wenn das Gericht mündliche Verhandlung anordnet.

1258. Welche Folgen treten ein, wenn den Vorschriften über den Inhalt des Gesuchs um Anordnung eines Arrestes oder Erlaß einer einstweiligen Verfügung nicht genügt ist? §§ 921 Abs. 2, 936.

I. Fehlt es in dem Gesuch nur an der Glaubhaftmachung des Anspruchs und des Sicherungsgrundes oder eines von beiden, so darf das Gericht dennoch dem Gesuch stattgeben, muß dann aber die Anordnung des Arrestes bzw. den Erlaß der einstweiligen Verfügung davon abhängig machen, daß der Gläubiger wegen der dem Schuldner drohenden Nachteile Sicherheit leistet. Die Höhe der Sicherheit bestimmt das Gericht nach freiem Ermessen.

II. Fehlt es dagegen an einem sonstigen Inhaltserfordernis, ist beispielsweise der Arrestgrund überhaupt nicht angegeben, so darf das Gericht dem Gesuch unter keinen Umständen entsprechen, es braucht dasselbe aber auch nicht ohne weiteres zurückzuweisen, sondern kann dessen Ergänzung anheimgeben.

1259. Muß in den Fällen, wo der Anspruch und der Sicherungsgrund glaubhaft gemacht sind, die Anordnung der Sicherungsmaßregel stets eine unbedingte sein? §§ 921 Abs. 2, 936.

Das Gericht kann die Anordnung des Arrestes bzw. den Erlaß der einstweiligen Verfügung stets von einer Sicherheitsleistung abhängig machen, auch wenn der Anspruch und der Sicherungsgrund glaubhaft gemacht sind. Die Höhe der Sicherheit bestimmt das Gericht auch hier wieder nach freiem Ermessen.

1260. In welcher Form ergeht die Entscheidung über das Gesuch um Anordnung des Arrestes bzw. Erlaß der einstweiligen Verfügung? §§ 922, 936; 942.

Die Entscheidung ergeht entweder als Urteil oder als Beschluß, je nachdem mündliche Verhandlung vorausgegangen ist oder nicht. Nur wenn ausnahmsweise das Amtsgericht, in dessen Bezirk sich der Streitgegenstand befindet (s. Nr. 1254 II), über das Gesuch auf Erlaß einer einstweiligen Verfügung zu entscheiden hat, ergeht diese Entscheidung stets in der Form des Beschlusses, auch wenn mündliche Verhandlung stattgefunden hat.

1260 a. Welche Abweichung von den allgemeinen Regeln besteht hinsichtlich der Zustellung des Beschlusses, der auf das Gesuch um Anordnung eines Arrestes bzw. Erlaß einer einstweiligen Verfügung ergeht? §§ 329 Abs. 3; 922 Abs. 2 u. 3, 936.

Als nicht verkündeter Beschluß sollte er nach allgemeiner Regel auch dem Schuldner von Amts wegen zugestellt werden; kraft positiver Vorschrift ist es jedoch Sache des Gläubigers, dem Schuldner den Beschluß, durch den ein Arrest 2c. angeordnet wird, zustellen zu lassen.

Der Beschluß, durch den der Arrest 2c. abgelehnt wird, darf dem Schuldner von Amts wegen auch nicht formlos mitgeteilt werden.

1261. Steht es gänzlich in dem Belieben des Gerichts, ob es mündliche Verhandlung anordnen will oder nicht? §§ 921 Abs. 1, 937 Abs. 2.

In dem Verfahren über das Gesuch um Anordnung des Arrestes hat das Gericht völlig freie Hand, über das Gesuch um Erlaß einer einstweiligen Verfügung darf es ohne mündliche Verhandlung nur in dringenden Fällen entscheiden.

1262. Durch welche weitere Bestimmung ermöglicht das Gesetz eine Beschleunigung des Verfahrens in den Fällen, in denen die Entscheidung ohne mündliche Verhandlung ergehen kann? § 944.

In diesen Fällen kann, wenn die Sache dringlich ist, an Stelle des Gerichts auch der Vorsitzende (der Kammer bzw. des Senats) über das Gesuch entscheiden.

1263. Welchen Inhalt hat die Entscheidung, durch die dem Antrage auf Erlaß eines Arrestes bzw. einer einstweiligen Verfügung stattgegeben wird? §§ 933, 923; 938, 942.

Mit Rücksicht darauf, daß der dingliche Arrest im Gegensatze zum persönlichen Arrest und zur einstweiligen Verfügung, deren Inhalt in jedem einzelnen Fall durch richterliche Anordnung erst festgesetzt werden muß, einen bestimmten gesetzlichen Inhalt hat, braucht

1) der Arrestbefehl, durch den ein dinglicher Arrest angeordnet wird,

nur anzugeben, daß „dinglicher Arrest“ angeordnet wird; damit ist dann ohne weiteres gesagt, daß der Gläubiger wegen seines Anspruchs in das gesamte Vermögen des Schuldners in bestimmter Weise die Vollstreckung betreiben darf. Nur, wenn der Arrestbefehl von dem Amtsgericht erlassen wird, in dessen Bezirk sich der mit Arrest zu belegende Gegenstand befindet, sind mit Rücksicht auf die beschränkte Zuständigkeit dieses Amtsgerichts auch noch die Gegenstände anzugeben, die sich zur Zeit des Eingangs des Gesuchs in dem Bezirke des Amtsgerichts befanden.

2) Der Arrestbefehl, durch den ein persönlicher Arrest angeordnet wird, muß dagegen ausdrücklich die Art der persönlichen Beschränkung angeben. Haft ist keineswegs die einzig zulässige Freiheitsbeschränkung.

In jedem Arrestbefehl muß ferner — außer der Bezeichnung der Parteien und der Angabe des zu sichernden Anspruchs nach Grund und Betrag — ein Geldbetrag festgestellt werden, durch dessen Hinterlegung die Vollziehung des Arrestes gehemmt und der Schuldner zu dem Antrag auf Aufhebung des bereits vollzogenen Arrestes berechtigt wird. — Derselbe Betrag ist, wenn der persönliche Arrest durch Haft vollzogen werden soll, auch in den Haftbefehl aufzunehmen.

3) Der Inhalt der einstweiligen Verfügung bestimmt sich danach, welche Anordnungen das Gericht nach seinem freien Ermessen zur Erreichung des durch die einstweilige Verfügung angestrebten Zwecks für erforderlich erachtet. So kann das Gericht beispielsweise dem Gegner eine Handlung gebieten oder verbieten, ihm insbesondere die Veräußerung, Belastung oder Verpfändung eines Grundstücks untersagen 2c.

Wird die einstweilige Verfügung von dem Amtsgericht erlassen, in dessen Bezirk sich der Streitgegenstand befindet, so ist gleich in der Entscheidung von Amts wegen — (wenn auf Grund der einstweiligen Verfügung eine Vormerkung oder ein Widerspruch eingetragen werden soll: nur auf Antrag) — eine Frist zu bestimmen, innerhalb welcher der Gegner zur mündlichen Verhandlung über die Rechtmäßigkeit der einstweiligen Verfügung vor das Gericht der Hauptsache zu laden ist.

1264. Welchen Anfechtungsmitteln unterliegt die Entscheidung über den Antrag auf Anordnung eines Arrestes bzw. auf Erlaß einer einstweiligen Verfügung?

I. Das im Arrestprozeß ergehende Urteil unterliegt wie jedes Endurteil der Anfechtung durch Einspruch bzw. Berufung und Revision, jedoch mit der Maßgabe, daß gegen das Urteil, das von dem Berufungsgericht als Gericht der Hauptsache erlassen wird, niemals Berufung, sondern nur — und zwar unter den gewöhnlichen Voraussetzungen — Revision zulässig ist, da das Berufungsgericht, ob es schon zum ersten Mal über den Arrest 2c. entscheidet, doch immer als Berufungsgericht entscheidet.

II. Ergeht die Entscheidung über das Arrestgesuch als Beschluß, so kann sie

a) durch einfache Beschwerde angefochten werden, wenn sie das Gesuch zurückweist,

b) wenn sie demselben stattgibt, aber durch Widerspruch.

Und zwar findet diese Anfechtung auch dann statt, wenn der Beschluß nicht von dem Gericht, sondern von dem Vorsitzenden (der Kammer oder des Senats) erlassen ist.

Dagegen gilt eine Besonderheit für den Fall, daß das Amtsgericht, in dessen Bezirk sich der Streitgegenstand befindet (s. Nr. 1254 II), dem Antrag auf Erlaß einer einstweiligen Verfügung stattgibt. Gegen diesen Beschluß findet Widerspruch nicht statt, mit Rücksicht darauf, daß in diesem Falle jede der Parteien ohnehin berechtigt ist, die andere zur mündlichen Verhandlung über die Rechtmäßigkeit der einstweiligen Verfügung vor das Gericht der Hauptsache zu laden.

1265. In welcher Form erläßt das Beschwerdegericht seine Entscheidung?

Auch wieder durch Urteil oder durch Beschluß, je nachdem es mündliche Verhandlung anordnet oder nicht.

Gegen das Urteil findet ein Rechtsmittel nicht mehr statt, gegen den Beschluß jedoch entsprechend wieder entweder Widerspruch oder weitere Beschwerde, vorausgesetzt daß die besonderen Voraussetzungen für letztere (s. Nr. 836) gegeben sind. Nur der Beschluß, durch den das Untergericht angewiesen wird, dem Gesuche zuentsprechen, ist unanfechtbar.

1266. Welches Gericht entscheidet über den Widerspruch? § 925.

Stets das Gericht, das selbst (bzw. dessen Vorsitzender) den Arrest angeordnet, die einstweilige Verfügung erlassen hat; also selbstverständlich das Berufungsgericht, wenn es als Gericht der Hauptsache den Arrestbefehl ꝛc. erlassen hat; desgleichen das Beschwerdegericht, wenn es selbst den Arrest ꝛc. angeordnet hat; hat es dagegen das Untergericht angewiesen, den Arrest anzuordnen, so entscheidet dieses auch über den Widerspruch.

1267. Wird durch die Erhebung des Widerspruchs die Vollziehung des Arrestes ꝛc. gehemmt? § 708 Z. 5.

Sie wird nicht nur nicht ipso iure gehemmt, sondern das Gericht ist auch nicht einmal in der Lage, selbst nicht gegen Sicherheitsleistung, die Einstellung der Vollziehung anzuordnen, ebensowenig wie das Berufungsgericht die Einstellung anordnen kann, wenn der Arrest ꝛc. durch Urteil erlassen ist.

Wird aber der Arrest oder die einstweilige Verfügung durch Urteil aufgehoben, so ist dieses schon von Amts wegen für vorläufig vollstreckbar zu erklären.

1268. Hat auch das Gericht, das über den Widerspruch entscheidet, die Wahl zwischen Beschluß und Urteil?

Nein, es entscheidet stets durch Urteil auf Grund obligatorischer mündlicher Verhandlung.

Dieses Urteil unterliegt ebenso der Anfechtung durch Rechtsmittel wie das Urteil, das sofort auf den Antrag hin ergeht.

1269. Welchen Inhalt hat das auf den Widerspruch hin ergehende Urteil? §§ 925 Abs. 2, 939.

Das Gericht kann die Sicherungsmaßregel ganz oder teilweise bestätigen, abändern oder aufheben, auch ihre Bestätigung oder Abänderung von einer nach freiem Ermessen zu bestimmenden Sicherheitsleistung abhängig machen, ihre Aufhebung jedoch ohne weiteres nur beim Arrest, bei der einstweiligen Verfügung nur unter besonderen Umständen.

1270. Auf welchem anderen Wege als durch Erhebung des Widerspruchs kann der Schuldner eine Aufhebung der Sicherungsmaßregel erlangen? §§ 926, 942 Abs. 3, 927, 936, 939.

I. Falls zur Zeit der Anordnung der Sicherungsmaßregel die Hauptsache noch nicht anhängig war, hat das Gericht, welches die Sicherungsmaßregel erlassen hat, auf Antrag des Schuldners anzuordnen, daß der Gläubiger binnen einer bestimmten Frist Klage zu erheben habe. Kommt der Gläubiger dieser Anordnung nicht nach, so kann ihn der Schuldner zur mündlichen Verhandlung über die Aufhebung der Sicherungsmaßregel laden. Beweist dann der Gläubiger die Erhebung der Klage nicht, so ist auf Antrag die Aufhebung der Sicherungsmaßregel durch Endurteil auszusprechen.

II. Ebenso kann der Gläubiger, wenn der Schuldner die ihm vom Amtsgerichte bei Erlaß einer einstweiligen Verfügung gesetzte Frist zwecks Ladung des Gegners zur mündlichen Verhandlung über die Rechtmäßigkeit der einstweiligen Verfügung (s. Nr. 1263) fruchtlos verstreichen läßt, die Aufhebung der einstweiligen Verfügung beantragen. Die Entscheidung erfolgt in diesem Falle auf Grund fakultativer mündlicher Verhandlung durch Beschluß.

III. In jedem Fall kann der Schuldner die Aufhebung selbst der im Widerspruchsverfahren bestätigten Sicherungsmaßregel wegen veränderter Umstände, insbesondere wegen Erledigung des Arrestgrundes, oder auf Grund des Erbietens zu einer nach freiem Ermessen zu bestimmenden Sicherheitsleistung beantragen; das Gericht darf auf Grund des Erbietens zur Sicherheitsleistung eine einstweilige Verfügung jedoch wieder nur unter besonderen Umständen aufheben. Die Entscheidung über diesen Antrag ergeht wieder auf Grund mündlicher Verhandlung durch Endurteil.

1271. Welches Gericht ist für die Aufhebung der Sicherungsmaßregel wegen veränderter Umstände zuständig? § 927 Abs. 2.

Zuständig ist das Gericht, welches die Sicherungsmaßregel angeordnet hat, und, wenn die Hauptsache anhängig ist, das Gericht der Hauptsache (s. Nr. 1256).

Ein Wahlrecht zwischen den beiden Gerichten steht der Partei — anders als beim Antrag auf Erlaß der Sicherungsmaßregel — hier also nicht zu.

1272. *Wie wird der Arrest bzw. die einstweilige Verfügung vollzogen?* §§ 928; 933; 936.

Die Vollziehung geschieht nach den Regeln über die Zwangsvollstr. und zwar wird:

1) der dingliche Arrest nach den Regeln über die Zwangsvollstr. wegen Geldforderungen vollzogen,

2) der persönliche Arrest, wenn er durch Haft erfolgen soll, nach den Bestimmungen über die Zwangshaft (s. Nr. 1235 ff.), und wenn er durch sonstige Beschränkungen der persönlichen Freiheit erfolgen soll, nach den vom Arrestgericht zu treffenden besonderen Anordnungen,

3) die einstweilige Verfügung, — sofern ein Zwang überhaupt erforderlich wird — nach den Regeln über die Zwangsvollstr. zur Erwirkung einer anderen Leistung als einer Geldleistung.

1273. *Kann auf Grund eines Arrestbefehls, durch den der dingliche Arrest angeordnet wird, die Zwangsvollstr. völlig durchgeführt werden?* §§ 930; 932, 931.

I. Da der Arrest den Gläubiger nur sichern, nicht befriedigen soll, darf bewegliches Vermögen des Schuldners zwar gepfändet, aber nicht verwertet werden, es sei denn, daß die gepfändeten beweglichen Sachen der Gefahr einer beträchtlichen Wertsverringerung ausgesetzt sind oder ihre Aufbewahrung unverhältnismäßige Kosten verursachen würde. In diesem Fall kann das Vollstreckungsgericht auf Antrag anordnen, daß die Sache versteigert wird; der Versteigerungserlös darf dann aber nicht dem Gläubiger ausgehändigt werden, sondern ist ebenso wie gepfändetes Geld und ein im Verteilungsverfahren auf den Gläubiger entfallender Betrag des Erlöses (s. Nr. 1191 II) zu hinterlegen.

II. Aus demselben Grunde erfolgt die Vollziehung des Arrestes in unbewegliches Vermögen auch nicht durch Zwangsversteigerung oder durch Zwangsverwaltung, sondern nur durch Eintragung einer Sicherungshypothek für die Forderung (s. Nr. 1181 ff.), wobei der in dem Arrestbefehl festgesetzte Geldbetrag (s. Nr. 1263) als der Höchstbetrag zu bezeichnen ist, für welchen das unbewegliche Vermögen haftet.

Als unbewegliches Vermögen gelten aber in Ansehung der Arrestvollziehung nur Grundstücke und die ihnen gleichgestellten Berechtigungen; registrierte Schiffe werden hier stets als bewegliches Vermögen angesehen, und zwar selbst dann, wenn zurzeit der Arrestvollziehung die Zwangsversteigerung des Schiffes bereits eingeleitet war (hier ist dann Anschlußpfändung statthaft).

1274. *Welche Erleichterungen bestehen für die Vollziehung des Arrestes bzw. der einstweiligen Verfügung gegenüber der Zwangsvollstr. aus anderen Vollstreckungstiteln?* §§ 929, 936.

I. Arrestbefehle und einstweilige Verfügungen bedürfen — ebenso wie die Vollstreckungsbefehle im Mahnverfahren — der Vollstreckungsklausel nur, wenn die Vollziehung für einen anderen als den in dem

Befehl bezeichneten Gläubiger oder gegen einen anderen als den im Befehl bezeichneten Schuldner erfolgen soll.

II. Die Vollziehung ist schon vor der Zustellung des Arrestbefehls oder der einstweiligen Verfügung, sowie der eventuell mitzuzustellenden Urkunden (s. Nr. 1058) an den Schuldner zulässig, nur ist ihre Wirksamkeit dann dadurch bedingt, daß die Zustellung an den Schuldner unter Wahrung folgender beider Fristen nachgeholt wird, nämlich:

a) innerhalb zweier Wochen seit dem Tage, an welchem die Sicherungsanordnung verkündet oder dem Gläubiger zugestellt ist, und außerdem

b) innerhalb einer Woche nach der Vollziehung des Arrestes bzw. der einstweiligen Verfügung.

Auf der anderen Seite gilt für die Vollziehung des Arrestbefehls die Einschränkung, daß er nach der erwähnten zweiwöchigen Frist überhaupt nicht mehr vollzogen werden darf.

1275. Ist auch das Vollstreckungsgericht zur Aufhebung des Arrestes bzw. der einstweiligen Verfügung berechtigt? § 934.

Zur Aufhebung der Anordnung selbst ist das Vollstreckungsgericht in keinem Falle berechtigt, wohl aber zur Aufhebung der erfolgten Vollstreckungsmaßregeln, und zwar:

a) bei Arrest und einstweiliger Verfügung — auch von Amts wegen — dann, wenn die Fortdauer besondere Aufwendungen erfordert und der Gläubiger den nötigen Geldbetrag nicht vorschießt;

b) beim Arrest außerdem — auf Antrag — auch dann, wenn der Schuldner den in dem Arrestbefehl festgestellten Geldbetrag hinterlegt.

Die Aufhebung der Vollstreckungsmaßregeln erfolgt auf Grund fakultativer mündlicher Verhandlung durch Beschluß, gegen den sofortige Beschwerde stattfindet.

1276. Ist der Gläubiger dem Schuldner in allen Fällen ersatzpflichtig, in denen der Arrest bzw. die einstweilige Verfügung aufgehoben wird? § 945.

Der Gläubiger ist dem Schuldner zum Ersatz des Schadens, der ihm aus der Vollziehung der angeordneten Maßregel oder dadurch entsteht, daß er Sicherheit leistet, um die Vollziehung abzuwenden oder die Aufhebung der Maßregel zu erwirken, nur dann verpflichtet, wenn die Aufhebung des Arrestes bzw. der einstweiligen Verfügung aus dem Grunde erfolgt, weil die angeordnete Maßregel sich als von Anfang an ungerechtfertigt erweist oder weil der Gläubiger die ihm zur Erhebung der Klage bzw. zur Ladung des Gegners zur Verhandlung über die Rechtmäßigkeit der einstweiligen Verfügung vom Gerichte gesetzte Frist fruchtlos hat verstreichen lassen, nicht aber auch dann, wenn die Aufhebung wegen veränderter Umstände erfolgt. —

Soweit hiernach aber der Gläubiger schadensersatzpflichtig ist, besteht seine Verpflichtung ohne Rücksicht darauf, ob ihn ein Verschulden trifft oder nicht.

IX. Buch. Aufgebotsverfahren.

1277. Begriff des richterlichen Aufgebots? § 946.

Ein gerichtliches Aufgebot ist eine öffentliche gerichtliche Aufforderung zur Anmeldung von Ansprüchen oder Rechten oder von Tatsachen, von denen Ansprüche oder Rechte abhängen, an unbekannte oder ihrem Aufenthalte nach unbekannte Personen mit der Wirkung, daß die Unterlassung der Anmeldung Rechtsnachteile zur Folge hat.

Aus dem Begriff des Aufgebots folgt, daß das Aufgebotsverfahren seinem Wesen nach zur freiwilligen Gerichtsbarkeit und nicht zum Zivilprozeß gehört; aber auch seine Form ist nur zum Teil die des Zivilprozesses.

1278. In welchen Fällen findet ein gerichtliches Aufgebot statt? § 946 Abs. 2.

Ein gerichtliches Aufgebot findet nur in den durch das Gesetz bestimmten Fällen statt. Solche Fälle sind nicht nur im BGB. und anderen Reichsgesetzen, z. B. im HGB., sondern auch in Landesgesetzen enthalten. So ist z. B. im allgemeinen Berggesetz für die preußischen Staaten v. 24. Juni 1865 das Aufgebot von Kuxscheinen gestattet.

1279. Findet das Aufgebotsverfahren der ZPO. auf sämtliche Aufgebotsfälle Anwendung? §§ 13, 11 EG. z. ZPO. — §§ 1023, 1024.

Abgesehen davon, daß die Vorschriften der sonstigen Reichsgesetze, soweit sie das Aufgebotsverfahren betreffen, durch die ZPO. nicht berührt werden, ist auch der Landesgesetzgebung bei Aufgeboten, deren Zulässigkeit auf landesgesetzlichen Vorschriften beruht, ganz allgemein gestattet, die Vorschriften der ZPO. hinsichtlich des Aufgebotsverfahrens auszuschließen oder durch andere Vorschriften zu ersetzen; und außerdem sind zugunsten der Landesgesetzgebung auch für reichsgesetzlich bestimmte Aufgebotsfälle besondere Vorbehalte gemacht.

Aber auch das Verfahren der ZPO. selbst ist kein einheitliches, da neben den allgemein anwendbaren Vorschriften für folgende hauptsächlichste Aufgebotsfälle besondere Bestimmungen getroffen sind, nämlich:

1) für das Aufgebot zum Zwecke der Todeserklärung (gemäß BGB. §§ 13—17);

2) für das Aufgebot zum Zwecke der Ausschließung eines Grundstückseigentümers (gemäß BGB. § 927);

3) für das Aufgebot zum Zwecke der Ausschließung eines Hypotheken-, Grundschuld- oder Rentenschuldgläubigers (gemäß BGB. §§ 1170, 1171, 1192, 1199), sowie für das Aufgebot zum Zwecke der Ausschließung des Berechtigten bei der Vormerkung, dem Vorkaufsrecht, der Reallast und dem Pfandrecht an Schiffen (gemäß BGB. §§ 887, 1104, 1112, 1269);

4) für das Aufgebot zum Zwecke der Ausschließung von Nachlaßgläubigern (gemäß BGB. § 1970), sowie zum Zwecke der Ausschließung von Gesamtgutsgläubigern im Falle der fortgesetzten Gütergemeinschaft (gemäß BGB. § 1489);

5) für das Aufgebot zum Zwecke der Ausschließung von Schiffsgläubigern (gemäß HGB. § 765 und dem Binnenschiffahrtsgesetze § 110);

6) für das Aufgebot zum Zwecke der Kraftloserklärung von Urkunden (gemäß BGB. §§ 799, 808, 1162, 1192, 1195, 1199; HGB. §§ 228, 363; WO. Art. 73; Reichsschuldenordnung v. 19. März 1900 §§ 17—19; Reichsbankstatut in der Fassung v. 3. September 1900 § 8).

1280. Welches Gericht ist für den Erlaß des Aufgebots zuständig? EG. z. GVG. § 3. ZPO. §§ 961; 978; 983, 988; 990, 1001 (FGG. § 73); 1002; 1005 (vgl. auch 1006).

I. Sachlich zuständig sind ausschließlich die Amtsgerichte, soweit nicht durch Landesgesetz andere Gerichte für zuständig erklärt sind, wie z. B. in Preußen und Bayern für das Aufgebot unbekannter Fideikommißberechtigter die Oberlandesgerichte.

II. Die örtliche Zuständigkeit ist für die verschiedenen Aufgebotsfälle verschieden geregelt. Örtlich zuständig ist:

1) für das Aufgebot zum Zwecke der Todeserklärung — das Gericht, in dessen Bezirk der Verschollene den letzten inländischen Wohnsitz hatte;

2) für das Aufgebot zum Zwecke der Ausschließung eines Grundstückseigentümers — das Gericht, in dessen Bezirk das Grundstück belegen ist;

3) für das Aufgebot zum Zwecke der Ausschließung eines Hypothekengläubigers 2c. — das Gericht, in dessen Bezirk das belastete Grundstück belegen ist;

4) für das Aufgebot zum Zwecke der Ausschließung von Nachlaßgläubigern und Gesamtgutsgläubigern — das Nachlaßgericht, d. h. das Gericht, in dessen Bezirk der Erblasser zur Zeit des Erbanfalls seinen Wohnsitz oder in Ermangelung eines inländischen Wohnsitzes seinen Aufenthalt hatte;

5) für das Aufgebot zum Zwecke der Ausschließung von Schiffsgläubigern — das Gericht, in dessen Bezirk sich der Heimatshafen oder der Heimatsort des Schiffes befindet;

6) für das Aufgebot zum Zwecke der Kraftloserklärung von Urkunden:

a) wenn die Urkunde einen Erfüllungsort angibt, — das Gericht des Erfüllungsorts;

b) enthält die Urkunde eine solche Bezeichnung nicht, — das Gericht, bei welchem der Aussteller seinen allgemeinen Gerichtsstand hat; und in Ermangelung eines solchen Gerichts — dasjenige, bei welchem der Aussteller zur Zeit der Ausstellung seinen allgemeinen Gerichtsstand gehabt hat;

ist aber die Urkunde über ein im Grundbuch eingetragenes Recht ausgestellt — ausschließlich das Gericht der belegenen unbeweglichen Sache

1281. Wer ist zur Stellung des Antrags auf Erlaß des Aufgebots berechtigt? §§ 962; 979; 984, 988; 991, 1001; 1002; HGB. § 765; ZPO. § 1004.

Zur Stellung des Antrags ist berechtigt:

1) bei dem Aufgebot zum Zwecke der Todeserklärung — der gesetzliche Vertreter des Verschollenen, jedoch nur mit Genehmigung des Vormundschaftsgerichts; außerdem jeder, der an der Todeserklärung ein rechtliches Interesse hat, d. h. jeder, dessen Rechtsverhältnisse durch den Tod des Verschollenen beeinflußt werden;

2) bei dem Aufgebot zum Zwecke der Ausschließung eines Grundstückseigentümers — derjenige, welcher das Grundstück seit 30 Jahren im Eigenbesitz hat;

3) bei dem Aufgebot zum Zwecke der Ausschließung eines Hypothekengläubigers ꝛc. — regelmäßig der Eigentümer des belasteten Grundstücks bzw. Schiffes;

4) bei dem Aufgebote zum Zwecke der Ausschließung

a) von Nachlaßgläubigern — vorausgesetzt, daß der Erbe nicht schon unbeschränkt haftet, ein Aufgebot des Nachlaßgläubigers deshalb keinen Zweck mehr hätte:

α) vor der Annahme der Erbschaft — ein Nachlaßpfleger und Nachlaßverwalter, wenn ihnen die Verwaltung des Nachlasses zusteht;

β) nach der Annahme der Erbschaft — außerdem auch der Erbe sowie ein Testamentsvollstrecker, wenn diesem die Verwaltung des Nachlasses zusteht;

b) von Gesamtgutsgläubigern — neben dem überlebenden Ehegatten der Gesamtgutsverwalter;

5) bei dem Aufgebot zum Zwecke der Ausschließung von Schiffsgläubigern — der Erwerber des verpfändeten Schiffes;

6) bei dem Aufgebot zum Zwecke der Kraftloserklärung von Urkunden:

a) wenn die Urkunden auf den Inhaber lauten, oder wenn sie durch Indossament übertragen werden können und mit einem Blankoindossament versehen sind — der bisherige Inhaber des abhanden gekommenen oder vernichteten Papiers, ohne Rücksicht darauf, ob er zur Geltendmachung des Rechts aus der Urkunde berechtigt ist oder nicht;

b) bei allen übrigen Urkunden — derjenige, welcher das Recht aus der Urkunde geltend machen kann.

1282. Form und Inhalt des Antrags auf Erlaß des Aufgebots? §§ 947 Abs. 1; 963, 1007.

I. Der Antrag kann schriftlich oder zu Protokoll des Gerichtsschreibers gestellt werden.

II. Er muß alle die Tatsachen enthalten, die erforderlich sind, damit das Gericht die Zulässigkeit des Aufgebots prüfen kann. Im besonderen hat der Antrag zu enthalten:

1) bei dem Aufgebot zum Zwecke der Todeserklärung — die

Glaubhaftmachung der zur Begründung des Aufgebots nach bürgerlichem Recht erforderlichen Tatsachen;

2) bei dem Aufgebot zum Zwecke der Ausschließung von Nachlaßgläubigern — ein Verzeichnis der bekannten Nachlaßgläubiger mit Angabe ihres Wohnorts.

3) Bei dem Aufgebot zum Zwecke der Kraftloserklärung von Urkunden muß der Antragsteller ferner:

a) entweder eine Abschrift der Urkunde beibringen oder den wesentlichen Inhalt der Urkunde und alles angeben, was zur vollständigen Erkennbarkeit derselben erforderlich ist,

b) den Verlust der Urkunde sowie diejenigen Tatsachen glaubhaft machen, von welchen seine Berechtigung abhängt, das Aufgebotsverfahren zu beantragen,

c) sich zur Versicherung der Wahrheit seiner Angaben an Eides Statt erbieten.

1283. Wie ergeht die Entscheidung des Gerichts über den Antrag auf Erlaß des Aufgebots? §§ 947 Abs. 1, 329 Abs. 3.

Die Entscheidung ergeht regelmäßig ohne mündliche Verhandlung und stets durch Beschluß, auch wenn eine mündliche Verhandlung ausnahmsweise stattgefunden hat; der Beschluß ist, wenn er nicht verkündet ist, dem Antragsteller von Amts wegen zuzustellen.

Hält das Gericht das beantragte Aufgebotsverfahren für zulässig, so gibt es dem Antrag durch Erlaß des Aufgebots statt, anderenfalls weist es den Antrag zurück.

1284. Unterliegt die Entscheidung über den Antrag auf Erlaß des Aufgebots einer Anfechtung durch Rechtsmittel?

Gegen den Beschluß, durch den das Aufgebot erlassen wird, findet ein Rechtsmittel nicht statt; der den Antrag ablehnende Beschluß unterliegt der einfachen Beschwerde.

1285. Welchen Inhalt muß das Aufgebot haben? §§ 947 Abs. 2; 964, 981, 995, 1001, 1002 Abs. 6, 1008; 964, 1008.

Jedes Aufgebot muß mindestens enthalten:

1) die Bezeichnung des Antragstellers,

2) die Bestimmung eines Aufgebotstermins,

3) die Aufforderung, die Ansprüche und Rechte spätestens im Aufgebotstermin anzumelden,

4) die Bezeichnung der Rechtsnachteile, welche eintreten, wenn die Anmeldung unterbleibt.

Als solche Rechtsnachteile sind anzugeben:

a) in dem Aufgebot zum Zwecke der Todeserklärung —, daß die Todeserklärung erfolgen werde,

b) in dem Aufgebot zum Zwecke der Ausschließung eines Grundstückseigentümers —, daß seine Ausschließung erfolgen werde,

c) in dem Aufgebot zum Zwecke der Ausschließung von Nachlaßgläubigern und Gesamtgutsgläubigern —, daß dieselben, unbeschadet des Rechts, vor den Verbindlichkeiten aus Pflichtteilsrechten, Vermächtnissen und Auflagen berücksichtigt zu werden, von dem Erben nur insoweit Befriedigung verlangen können, als sich nach Befriedigung der nicht ausgeschlossenen Gläubiger noch ein Überschuß ergibt,

d) in dem Aufgebot zum Zwecke der Ausschließung von Schiffsgläubigern —, daß ihre Pfandrechte erlöschen, sofern nicht ihre Forderungen dem Antragsteller bekannt sind,

e) in dem Aufgebot zum Zwecke der Kraftloserklärung von Urkunden —, daß die Kraftloserklärung der Urkunde erfolgen werde.

Außerdem muß enthalten:

das Aufgebot zum Zwecke der Todeserklärung — außer der Aufforderung an den Verschollenen, sich spätestens im Aufgebotstermine zu melden, auch die Aufforderung an alle, welche Auskunft über Leben und Tod des Verschollenen zu erteilen vermögen, spätestens im Aufgebotstermine dem Gericht Anzeige zu machen;

das Aufgebot zum Zwecke der Kraftloserklärung von Urkunden — außer der Aufforderung an den Inhaber der Urkunde, seine Rechte spätestens im Aufgebotstermine anzumelden, auch die Aufforderung, die Urkunde selbst vorzulegen.

1286. In welcher Weise wird das Aufgebot zur Kenntnis der Öffentlichkeit gebracht? §§ 948, 966, 1009; 994 Abs. 2.

I. Durch öffentliche Bekanntmachung.

Diese erfolgt regelmäßig durch Anheftung des Aufgebots an die Tafel des Aufgebotsgerichts bis zum Aufgebotstermine und durch die einmalige Einrückung des Aufgebots in den Reichsanzeiger, sowie durch zweimalige Einrückung eines Auszugs in das Amtsblatt des Aufgebotsgerichts.

Außerdem kann das Gericht nach Lage des Falls auch noch die Einrückung in andere Blätter und zu mehreren Malen anordnen.

Die Bekanntmachung durch öffentliche Blätter kann aber ganz bei der Kriegs-, See- und Unglücksverschollenheit (BGB. §§ 15—17), sowie dann unterbleiben, wenn seit der Geburt des Verschollenen 100 Jahre verstrichen sind.

Auf der anderen Seite genügt bei dem Aufgebot zum Zwecke der Kraftloserklärung von Urkunden die gewöhnliche Bekanntmachung nicht; es muß hier vielmehr zur Anheftung an die Gerichtstafel noch die Anheftung im Lokale der Börse (wenn sich eine solche am Sitz des Aufgebotsgerichtes befindet) hinzukommen und außerdem das ganze Aufgebot dreimal in den Reichsanzeiger sowie in das Amtsblatt des Aufgebotsgerichts eingerückt werden. Auch hier kann aber das Gericht anordnen, daß die Einrückung noch in andere Blätter und zu mehreren Malen erfolge.

II. Bei dem Aufgebot zum Zwecke der Ausschließung von Nachlaßgläubigern und Gesamtgutsgläubigern soll ferner das Aufgebot den dem Aufgebotsgericht bekannt gegebenen Gläubigern, deren Wohnort bekannt ist, von Amts wegen zugestellt werden; die Zustellung kann durch Aufgabe zur Post erfolgen.

1287. Was hat der Richter bei der Anberaumung des Aufgebotstermins zu berücksichtigen? § 950.

Er muß den Termin soweit hinausrücken, daß zwischen dem Tage, an dem die Einrückung oder die erste Einrückung des Aufgebots erfolgt ist, und dem Aufgebotstermin die Aufgebotsfrist Raum hat.

1288. Dauer der Aufgebotsfrist? §§ 950, 965, 966 Abs. 2, 1002 Abs. 5, 1015; 994 Abs. 1.

I. Die Aufgebotsfrist muß regelmäßig mindestens sechs Wochen betragen. Ausnahmsweise muß sie jedoch betragen:

a) bei dem Aufgebot zum Zwecke der Todeserklärung — mindestens sechs Monate, es sei denn, daß es sich um See-, Kriegs- oder Unglücksverschollenheit handelt und die Bekanntmachung in öffentlichen Blättern unterblieben ist; hier braucht die Frist wieder nur sechs Wochen zu betragen, die in diesem Fall mit der Anheftung des Aufgebots an der Gerichtstafel zu laufen beginnen;

b) bei dem Aufgebot zum Zwecke der Ausschließung von Schiffsgläubigern — mindestens drei Monate;

c) bei dem Aufgebot zum Zwecke der Kraftloserklärung von Urkunden — mindestens sechs Monate.

II. Auf der anderen Seite soll die Aufgebotsfrist bei dem Aufgebot zum Zwecke der Ausschließung von Nachlaßgläubigern und Gesamtgutsgläubigern — höchstens sechs Monate betragen.

1289. Welche Ausnahmen bestehen von der Regel, daß bei der Kraftloserklärung von Urkunden nur die sechsmonatliche Aufgebotsfrist gewahrt zu werden braucht? §§ 1014; 1010, 1011, 1012; 1015.

I. Bei solchen Schuldurkunden, in denen eine Verfallzeit angegeben ist, die zur Zeit der ersten Einrückung des Aufgebots in den deutschen Reichsanzeiger noch nicht eingetreten ist, und für welche keine Zins-, Renten- oder Gewinnanteilscheine ausgegeben sind, ist der Aufgebotstermin so zu bestimmen, daß seit dem Verfalltage sechs Monate abgelaufen sind.

II. Bei solchen Wertpapieren, für welche Zins-, Renten- oder Gewinnanteilscheine ausgegeben werden, hat man zu unterscheiden:

a) sind zur Zeit des Verlustes Zins-, Renten- oder Gewinnanteilscheine für höchstens vier Jahre vorhanden gewesen — sei es, daß von vornherein Scheine nicht für längere Zeit ausgegeben worden sind, sei es, daß die für eine längere Zeit ausgegebenen bereits soweit verbraucht gewesen sind — so ist der Aufgebotstermin so zu bestimmen, daß bis zu demselben der erste einer seit der Zeit des glaubhaft gemachten Verlustes ausgegebenen Reihe von Zins-, Renten- oder Gewinnanteilscheinen fällig geworden ist und seit der Fälligkeit desselben sechs Monate abgelaufen sind;

b) sind zur Zeit des Verlustes aber Zins=, Renten= und Gewinnanteilscheine für **mehr als vier Jahre** vorhanden gewesen, so braucht nicht erst die Zeit der Neuausgabe der Scheine herangekommen zu sein, sondern es genügt, wenn der Aufgebotstermin so bestimmt wird, daß bis zu demselben seit der Zeit des glaubhaft gemachten Verlustes von den zuletzt ausgegebenen Scheinen solche für vier Jahre fällig geworden und seit der Fälligkeit des letzten derselben sechs Monate abgelaufen sind.

In beiden Fällen tritt jedoch **lediglich** die Aufgebotsfrist von sechs Monaten ein, wenn nur die Haupturkunde abhanden gekommen und der Antragsteller die Zins=, Renten= oder Gewinnanteilscheine, deren Fälligkeit eingetreten sein muß, vorlegt bzw. ein Zeugnis der betreffenden Behörde, Kasse oder Anstalt beibringt, daß die fällig gewordenen Scheine ihr von dem Antragsteller vorgelegt worden seien.

III. In keinem Fall darf jedoch der Aufgebotstermin im Aufgebotsverfahren zum Zwecke der Kraftloserklärung von Urkunden über ein Jahr hinaus bestimmt werden; solange ein so naher Termin nicht bestimmt werden kann, ist das Aufgebot nicht zulässig.

1290. Welch' Mittel steht dem Antragsteller zur Verfügung, um einer Benachteiligung durch Mißbrauch eines abhanden gekommenen **Inhaberpapieres** schon vor Ablauf der Aufgebotsfrist vorzubeugen? §§ 1019, 1020.

Der Antragsteller kann, wenn das abhanden gekommene Papier ein amortisierbares Inhaberpapier ist, bei dem Aufgebotsgericht beantragen, daß an den Aussteller sowie an die in dem Papier und von dem Antragsteller sonst noch bezeichneten Zahlstellen das **Verbot** erlassen werde, an den Inhaber des Papiers eine Leistung zu bewirken, insbesondere neue Zins=, Renten= oder Gewinnanteilscheine oder einen Erneuerungsschein auszugeben.

Eine solche „**Zahlungssperre**" darf das Gericht frühestens zugleich mit dem Aufgebot erlassen, es sei denn, daß alle sonstigen Erfordernisse für das Aufgebot gegeben sind und dasselbe nur aus dem Grunde unzulässig ist, weil der Aufgebotstermin nicht über ein Jahr hinaus bestimmt werden darf.

Der die Zahlungssperre anordnende Beschluß ist in gleicher Weise wie das Aufgebot öffentlich bekannt zu machen und außerdem dem Antragsteller sowie dem Aussteller und den in dem Papier oder von dem Aussteller bezeichneten Zahlstellen von Amts wegen zuzustellen.

Die Einlösung der vor dem Verbot ausgegebenen Zins=, Renten= oder Gewinnanteilscheine wird von dem Verbote nicht betroffen.

1291. Form und Inhalt der Anmeldung im Aufgebotsverfahren? §§ 996, 1001.

I. Dieselbe kann schriftlich oder zu Protokoll des Gerichtsschreibers erklärt werden; sie kann auch mündlich im Aufgebotstermin erklärt werden, in welchem Falle sie dann in das Sitzungsprotokoll aufzunehmen ist.

II. Im allgemeinen genügt es, wenn die Anmeldung die Behauptung des Anspruchs oder des Rechts enthält. Einer **Begründung** bedarf es regelmäßig nicht; nur bei dem Aufgebot zum Zwecke der Ausschließung von Nachlaßgläubigern oder Gesamtgutsgläubigern muß bei der Anmeldung einer Forderung neben dem Gegenstande auch der Grund der Forderung angegeben werden; außerdem sind auch urkundliche Beweisstücke in Urschrift oder Abschrift beizufügen.

1292. Treten die in dem Aufgebot angedrohten Rechtsnachteile ohne weiteres ein, wenn innerhalb der Aufgebotsfrist eine Anmeldung nicht geschieht? § 952 Abs. 1.

Nein, es bedarf vielmehr stets eines besonderen Ausschlußurteils, welches das Gericht in öffentlicher Sitzung und nur auf einen dahin gehenden Antrag erläßt.

1293. Wann ist der Antrag auf Erlaß des Ausschlußurteils zu stellen? § 952 Abs. 2.

Er kann nicht nur in dem Aufgebotstermin selbst bei der mündlichen Verhandlung, sondern wirksam auch schon vor dem Termin schriftlich oder zu Protokoll des Gerichtsschreibers gestellt werden. Das Ausschlußurteil ergeht auch auf einen während des Termins einlaufenden schriftlichen Antrag, nicht aber auch auf einen erst nach dem Termin gestellten Antrag.

1294. Geht durch nicht rechtzeitige Stellung des Antrags auf Erlaß des Ausschlußurteils der Anspruch auf Erlaß desselben definitiv verloren? §§ 954, 955.

Nein! Abgesehen davon, daß derjenige, auf dessen Antrag das Aufgebot stattgefunden hat, ein neues Aufgebotsverfahren beantragen kann, kann er auch, aber nur binnen einer vom Tage des Aufgebotstermins laufenden Frist von sechs Monaten, die Bestimmung eines neuen Aufgebotstermins beantragen und dann in bzw. vor demselben den Antrag auf Erlaß des Ausschlußurteils stellen. Der neue Termin, bis zu welchem auch neue Anmeldungen noch rechtzeitig erfolgen können, ist den Beteiligten von Amts wegen durch Zustellung bekannt zu geben, braucht aber nicht öffentlich bekannt gemacht zu werden.

1295. Wann darf das Gericht auch dem rechtzeitig gestellten Antrag auf Erlaß des Ausschlußurteils nicht stattgeben? §§ 952 Abs. 3, 970 Abs. 1, 968; 951.

Das Gericht darf dem Antrage nicht stattgeben, wenn es sich bei der von Amts wegen vorzunehmenden Prüfung überzeugt hat, daß das Aufgebot nicht zulässig war — die in dem Erlaß des Aufgebots liegende bejahende Entscheidung bindet als Beschluß das Gericht nicht —, oder daß das erlassene Aufgebot den gesetzlichen Vorschriften nicht entspricht bzw. nicht vorschriftsmäßig bekannt gemacht worden ist. Zum Zweck der Prüfung kann das Gericht eine nähere Ermittlung, insbesondere die Versicherung der Wahrheit einer Behauptung des Antragstellers an Eides Statt, anordnen.

Die Todeserklärung speziell darf das Gericht nur aussprechen, wenn es die zur Begründung derselben erforderlichen Tatsachen für erwiesen erachtet; in dem Verfahren zum Zwecke der Todeserklärung muß das Gericht deshalb auch unter Benutzung der in dem Antrag auf Erlaß des Aufgebots angegebenen Tatsachen und Beweismittel von Amts wegen die zur Feststellung des Sachverhalts erforderlichen Ermittlungen veranstalten und die geeignet erscheinenden Beweise aufnehmen.

II. Das Gericht darf dem Antrag auf Erlaß des Ausschlußurteils auch nicht stattgeben, wenn eine entgegenstehende Anmeldung erfolgt ist, wobei jede vor Erlaß des Ausschlußurteils, wenn auch erst nach dem Aufgebotstermin, erfolgende Anmeldung als rechtzeitig gilt.

1296. Hindern alle Anmeldungen den Erlaß des Ausschlußurteils? §§ 953, 969.

Die Folgen der Anmeldung sind nach der verschiedenen Art der Anmeldung verschieden.

I. Wird durch die erfolgte Anmeldung weder die Befugnis des Antragstellers, das Aufgebot zu beantragen, noch das von ihm behauptete Recht, welches er durch das Aufgebot gegen Angriffe schützen will, in Frage gestellt; werden z. B. bei dem Aufgebote eines Grundstücks nur Hypotheken angemeldet, so hat die Anmeldung lediglich zur Folge, daß der Anspruch von dem im übrigen auszusprechenden Eintritt der Rechtsnachteile auszunehmen ist.

II. Eine Zurückweisung des Antrags auf Erlaß des Ausschlußurteils hat jedoch eine Anmeldung stets zur Folge, die:

a) entweder einen Widerspruch gegen das Verfahren auf Grund solcher Umstände enthält, die schon bei Erlaß des Aufgebots zu berücksichtigen gewesen wären — sofern der Richter den Widerspruch für begründet hält; oder

b) durch ihre Art das ganze Verfahren erledigt: es wird z. B. die zu amortisierende Urkunde vorgelegt.

III. Erfolgt dagegen eine Anmeldung, durch welche das von dem Antragsteller zur Begründung des Antrags behauptete Recht bestritten wird, so hat der Richter nach der Beschaffenheit des Falls zu wählen, ob er das Aufgebotsverfahren bis zur endgültigen Entscheidung über das angemeldete Recht in einem besonderen Verfahren aussetzen oder das angemeldete Recht in dem zu erlassenden Ausschlußurteile vorbehalten will.

Dagegen muß er das Aufgebotsverfahren stets aussetzen, wenn sich der Verschollene, dessen Todeserklärung beantragt ist, meldet, von dem Antragsteller aber nicht anerkannt wird.

1297. Form und Anfechtung der den Antrag auf Erlaß des Ausschlußurteils zurückweisenden Entscheidung? § 952 Abs. 4.

Die Entscheidung ergeht in der Form des Beschlusses, gegen den sofortige Beschwerde stattfindet. Als Zurückweisung des Antrags ist es auch anzusehen, wenn das Ausschlußurteil mit Beschränkungen oder Vorbehalten erlassen wird, die dem Antrage zuwiderlaufen.

1298. Welchen Inhalt hat das Ausschlußurteil? §§ 970 Abs. 2, 1017 Abs. 1, 971.

Das Ausschlußurteil hat:

1) diejenigen Beteiligten, an welche das Aufgebot ergangen ist und die sich nicht gemeldet haben, mit ihren Ansprüchen und Rechten für ausgeschlossen zu erklären;

2) die im Aufgebotsverfahren rechtzeitig angemeldeten Ansprüche und Rechte dem Gesetze gemäß zu berücksichtigen.

In dem Aufgebotsverfahren zum Zweck der Todeserklärung muß das Ausschlußurteil auch den Zeitpunkt des Todes (gemäß BGB. § 18) feststellen. In dem Ausschlußurteil beim Urkundenaufgebot ist ferner die Urkunde für kraftlos zu erklären.

Eine Entscheidung über die Kosten des Aufgebots braucht das Ausschlußurteil regelmäßig nicht zu treffen. Die Kosten trägt in allen Fällen der Antragsteller. Nur, wenn auf seinen Antrag eine Todeserklärung erfolgt, fallen die ihm erwachsenen Kosten, soweit sie zur zweckentsprechenden Durchführung des Verfahrens notwendig waren, dem Nachlasse des Verschollenen zur Last, und das die Todeserklärung aussprechende Urteil muß eine entsprechende Kostenentscheidung treffen.

1299. Findet eine öffentliche Bekanntmachung des Ausschlußurteils wie beim Aufgebot statt? §§ 956, 1017 Abs. 2.

Im allgemeinen steht es im Ermessen des Gerichts, ob es eine öffentliche Bekanntmachung des Ausschlußurteils — das, wie jedes andere Urteil, in öffentlicher Sitzung zu verkünden ist — anordnen will. Vorgeschrieben ist die öffentliche Bekanntmachung nur für das Urteil, durch das eine Urkunde für kraftlos erklärt wird.

Die öffentliche Bekanntmachung geschieht grundsätzlich durch einmalige Einrückung des wesentlichen Inhalts des Ausschlußurteils in den deutschen Reichsanzeiger.

1300. Unterliegt das Ausschlußurteil der Anfechtung durch Rechtsmittel? § 957.

Gegen das Ausschlußurteil findet weder ein Rechtsmittel noch der Einspruch statt; dasselbe erlangt vielmehr sofort mit seiner Verkündung Rechtskraft. Auch eine Wiederaufnahmeklage kann gegen das Ausschlußurteil nicht angestrengt werden. Wohl aber kann seine Anfechtung im Wege einer besonderen Klage, der sog. Anfechtungsklage, erfolgen.

1301. Welches Gericht ist zur Entscheidung über die Anfechtungsklage zuständig? § 957 Abs. 2.

Zuständig ist ohne Rücksicht auf den Streitwert — aber nicht ausschließlich — das dem Aufgebotsgericht übergeordnete Landgericht.

1302. Ist die Anfechtungsklage ganz allgemein zulässig? §§ 957 Abs. 2 (949); 973.

Die Anfechtungsklage des Aufgebotsverfahrens darf — anders als die Anfechtungsklage des Entmündigungsverfahrens — nur auf bestimmte Anfechtungsgründe gestützt werden. Ein solcher Anfechtungsgrund ist gegeben:

1) wenn ein Fall nicht vorlag, in welchem das Gesetz das Aufgebotsverfahren zuläßt;

2) wenn die öffentliche Bekanntmachung des Aufgebots oder eine in dem Gesetz vorgeschriebene Art der Bekanntmachung unterblieben ist (wenn das anzuheftende Schriftstück von dem Ort der Anheftung zu früh entfernt ist, oder wenn im Falle wiederholter Bekanntmachung die vorgeschriebenen Zwischenfristen nicht eingehalten sind, wird dadurch die Gültigkeit der öffentlichen Bekanntmachung nicht beeinflußt);

3) wenn die vorgeschriebene Aufgebotsmindestfrist nicht gewahrt oder im Verfahren zwecks Kraftloserklärung von Urkunden der Aufgebotstermin, entgegen der Vorschrift, über ein Jahr hinaus bestimmt ist;

4) wenn der erkennende Richter von der Ausübung des Richteramts kraft Gesetzes ausgeschlossen war;

5) wenn ein Anspruch oder ein Recht ungeachtet der erfolgten Anmeldung nicht dem Gesetze gemäß in dem Urteil berücksichtigt ist;

6) wenn die Voraussetzungen vorliegen, unter denen die Restitutionsklage wegen einer strafbaren Handlung stattfindet (Nr. 845 I);

bei dem Aufgebot zum Zwecke der Todeserklärung endlich auch noch:

7) wenn die Todeserklärung mit Unrecht erfolgt oder der Zeitpunkt des Todes des Verschollenen unrichtig festgestellt ist.

1303. Wer ist zur Erhebung der Anfechtungsklage berechtigt? § 974 Abs. 1.

Die Erhebung der Klage steht jedem zu, der an der Aufhebung des Ausschlußurteils ein rechtliches Interesse hat; im Verfahren zum Zwecke der Todeserklärung nicht nur denen, die ein rechtliches Interesse an der Aufhebung der Todeserklärung, sondern auch denen, die ein rechtliches Interesse an der Richtigstellung des Zeitpunktes des Todes haben, unter Umständen also auch dem Antragsteller.

1304. Gegen wen ist die Klage zu richten? §§ 957 Abs. 2, 974 Abs. 2.

Im allgemeinen ist passiv legitimiert lediglich der Antragsteller.

Im Verfahren zum Zwecke der Todeserklärung ist jedoch, falls derjenige, der die Todeserklärung erwirkt hat, selbst die Klage erhebt oder falls er verstorben oder sein Aufenthalt unbekannt oder im Ausland ist, die Klage subsidiär gegen den Staatsanwalt bei dem für die Klage zuständigen Landgericht zu richten.

1305. Ist die Erhebung der Anfechtungsklage an eine Frist gebunden? §§ 958, 976 Abs. 1.

In allen Fällen ist die Anfechtungsklage binnen der Frist eines Monats und vor Ablauf von zehn Jahren, von dem Tage der Verkündung des Ausschlußurteils an gerechnet, zu erheben.

1306. Rechtliche Natur und Lauf der einmonatigen Frist,

I. Die einmonatige Frist ist regelmäßig eine Notfrist, und nur in dem Verfahren zum Zwecke der Todeserklärung dann nicht, wenn die Anfechtungsklage sich lediglich auf einen der diesem Verfahren eigentümlichen Anfechtungsgründe (s. Nr. 1302 Z. 7) stützt.

II. Die Notfrist beginnt regelmäßig — (und stets frühestens) — mit dem Tage, an welchem der Kläger Kenntnis von dem Ausschlußurteil erhalten hat; falls die Klage jedoch auf einen Restitutionsgrund oder auf die Tatsache gestützt wird, daß der erkennende Richter von der Ausübung des Richteramts kraft Gesetzes ausgeschlossen war: erst mit dem Tage, an welchem auch der Anfechtungsgrund dem Kläger bekannt geworden ist.

Die einmonatige Frist für die Erhebung der dem Verfahren zum Zweck der Todeserklärung eigentümlichen Klage beginnt dagegen stets schon mit der Verkündung des Ausschlußurteils.

1307. Nach welchen Regeln vollzieht sich das Verfahren über die Anfechtungsklage? § 975.

Stets ergeht die Entscheidung auf Grund obligatorischer mündlicher Verhandlung als Urteil und unterliegt der Anfechtung durch Rechtsmittel und Einspruch. Überhaupt ist das Verfahren regelmäßig das des ordentlichen Prozesses. Nur das Verfahren über die Anfechtungsklage gegen eine Todeserklärung ist besonderen Regeln unterworfen:

I. Mit Rücksicht darauf, daß hier das Landgericht die Entscheidung des Aufgebotsgerichts auch in materieller Beziehung nachzuprüfen hat, das amtsgerichtliche Verfahren also notwendiger Weise die Grundlage für das landgerichtliche bildet, haben die Parteien hier bei der mündlichen Verhandlung die Ergebnisse der bei dem Aufgebotsgericht stattgehabten Sachuntersuchung, soweit es zur Prüfung des angefochtenen Ausschlußurteils erforderlich ist, richtig und vollständig vorzutragen.

II. Im übrigen ist das Verfahren, in demselben Umfange wie das Verfahren über die Anfechtungsklage gegen den die Entmündigung aussprechenden Beschluß, ein Offizialverfahren (s. Nr. 969).

1308. Ist eine öffentliche Bekanntmachung des auf die Anfechtungsklage ergehenden Urteils statthaft oder gar vorgeschrieben? §§ 975, 1017 Abs. 3.

Anders als das Ausschlußurteil darf das auf die Anfechtungsklage ergehende Urteil im allgemeinen nicht seinem wesentlichen Inhalt nach in den Reichsanzeiger eingerückt werden. Eine solche Veröffentlichung ist nur zulässig:

1) im Verfahren zum Zwecke der Todeserklärung;

2) im Verfahren zum Zwecke der Kraftloserklärung von Urkunden, aber nur, soweit durch das Urteil die Kraftloserklärung aufgehoben wird; in diesem Fall ist dann aber auch die Veröffentlichung — ebenso wie die des Ausschlußurteils — obligatorisch.

Daß die Veröffentlichung in jedem Falle erst nach der Rechtskraft des Urteils zu geschehen hat, versteht sich von selbst.

1309. Was ergiebt sich für die Rechtskraftwirkung des der Anfechtungsklage stattgebenden Urteils aus dessen rechtlicher Natur? Vgl. § 976 Abs. 3.

Wie jedes konstitutive Urteil wirkt es für und gegen alle (s. Nr. 460 III 6); anders das Urteil, durch das die Anfechtungsklage abgewiesen wird.

X. Buch. Schiedsrichterliches Verfahren.

1310. Worin besteht das Wesen des schiedsrichterlichen Verfahrens der ZPO.? § 1025; EG. z. ZPO. § 3.

Eine bürgerliche Rechtsstreitigkeit wird an Stelle der ordentlichen Gerichte von Privatpersonen entschieden.

Hiernach findet das schiedsrichterliche Verfahren der ZPO. nur Anwendung:

1) auf bürgerliche Rechtsstreitigkeiten, nicht also auf Streitigkeiten, die von einem Strafgericht oder einer Verwaltungsbehörde zu entscheiden wären;

2) auf Streitigkeiten, die den ordentlichen Gerichten zugewiesen sind; deshalb ist z. B. im Gewerbegerichtsgesetz die Zulässigkeit eines schiedsrichterlichen Verfahrens (nach den Vorschriften der ZPO.) ausdrücklich ausgesprochen;

3) wenn die Privatpersonen mit der Entscheidung solcher Rechtsstreitigkeiten betraut sind, d. h. mit der Aufgabe, die aus einem bestimmten Tatbestande sich ergebenden Rechtsfolgen auszusprechen; deshalb ist z. B. das Verfahren vor „Schiedsmännern" (vgl. für Preußen die Schiedsmannsordnung v. 29. März 1879) kein schiedsrichterliches Verfahren im Sinne der ZPO., denn ihre Aufgabe ist es nur, einen Vergleich unter den streitenden Parteien herbeizuführen.

1311. Wodurch wird im einzelnen Fall ein solches schiedsrichterliches Verfahren konstituiert? §§ 1025, 1048.

Das schiedsrichterliche Verfahren der ZPO. beruht stets auf Rechtsgeschäft. Es kann sowohl durch letztwillige als auch durch anderweitige nicht vertragsweise Verfügung (z. B. durch Stiftungsurkunde) angeordnet werden, soweit letzteres nach materiellem Recht zulässig ist. Die Regel jedoch ist, daß dem schiedsrichterlichen Verfahren die Vereinbarung der Parteien, daß die Entscheidung des Rechtsstreits durch einen oder mehrere Schiedsrichter (arbitri) erfolgen solle, der sog. Schiedsvertrag zu Grunde liegt.

Dagegen beziehen sich die Vorschriften der ZPO. nicht auf schiedsrichterliche Verfahren, die auf Grund Gesetzes oder Staatsvertrages stattfinden.

1312. Welche doppelte Wirkung hat die Anordnung eines schiedsrichterlichen Verfahrens durch eines der erwähnten Rechtsgeschäfte? §§ 274 Z. 3; 1040.

1) Der Rechtsstreit wird durch das Rechtsgeschäft der Zuständigkeit der ordentlichen Gerichte insofern entzogen, als jeder Partei die prozeßhindernde Einrede zusteht, „daß die Entscheidung des Rechtsstreits durch Schiedsrichter zu erfolgen habe."

2) An die Stelle des ordentlichen Gerichts tritt das Schiedsgericht, insofern als der Spruch desselben unter den Parteien — abgesehen von der Vollstreckbarkeit — die Wirkungen eines rechtskräftigen (s. Nr. 1330 III) gerichtlichen Urteils hat.

1313. In welchem Umfang gestattet das Gesetz eine Erledigung von Rechtsstreitigkeiten durch Schiedsrichter? §§ 1025, 1026.

I. Der Rechtsstreit muß sich auf einen Gegenstand beziehen, über den ein Vergleich (BGB. § 779) geschlossen werden kann. Ausgeschlossen ist ein schiedsrichterliches Verfahren deshalb beispielsweise über die Frage, ob eine Ehe nichtig ist oder nicht, weil den Parteien hierüber ein Verfügungsrecht nicht zusteht.

II. Die Parteien müssen aber auch zum Abschluß solches Vergleiches legitimiert sein. So darf z. B. der Vormund als gesetzlicher Vertreter seines Mündels, auch wenn an sich über den Gegenstand des Rechtsstreits ein Vergleich abgeschlossen werden könnte und deshalb ein schiedsrichterliches Verfahren zulässig wäre, in einer Reihe von Fällen einen Schiedsvertrag ohne Genehmigung des Vormundschaftsgerichts nicht abschließen (vgl. BGB §§ 1821, 1822, insbesondere 1822 Z. 12).

III. Die Anordnung eines schiedsrichterlichen Verfahrens ist ohne weiteres nur zulässig, wenn sie sich auf bereits bestehende Rechtsstreitigkeiten bezieht.

Für künftige Rechtsstreitigkeiten kann ein schiedsrichterliches Verfahren — ebenso wie eine Vereinbarung über die Zuständigkeit der ordentlichen Gerichte — rechtswirksam nur dann angeordnet werden, wenn es sich auf ein bestimmtes Rechtsverhältnis und die daraus entstehenden Rechtsstreitigkeiten bezieht.

1314. Ist der Schiedsvertrag an bestimmte Formen gebunden? § 1027.

Der Schiedsvertrag ist formlos. Aber wenn seine Gültigkeit auch nicht von einer schriftlichen Fixierung abhängt, so hat doch jede Partei ein Recht auf Errichtung einer schriftlichen Urkunde über den durch mündliche Vereinbarung zustande gekommenen Schiedsvertrag.

1315. Welchen Inhalt hat ein Schiedsvertrag? §§ 1025 1028, 1033; 1034, 1038; 1045.

Notwendiger Inhalt des Schiedsvertrags ist nur, daß die Entscheidung eines bestimmten schon bestehenden Rechtsstreits oder solcher Rechtsstreitigkeiten, die sich aus einem bestimmten Rechtsverhältnis ergeben sollten, durch Schiedsrichter erfolgen soll.

Daneben kann der Schiedsvertrag auch enthalten:

1) Bestimmungen über die Person bzw. über Zahl und Ernennung der Schiedsrichter, insbesondere auch über eine etwa notwendig werdende Nachernennung (obligatorisch ist die Benennung von Schiedsrichtern in dem Schiedsvertrag also nach heutigem Recht — anders als nach römischem und kanonischem Recht — nicht);

2) Bestimmungen über das Verfahren, insbesondere auch über die Abstimmung;

wenn die Parteien den Schiedsvertrag schriftlich abgeschlossen, oder doch über den mündlich abgeschlossenen Vertrag nachträglich eine schriftliche Urkunde aufgenommen haben, auch noch

3) Bestimmungen darüber, welches ordentliche Gericht erster Instanz die im Schiedsverfahren den Gerichten zugewiesenen Entscheidungen treffen soll.

Was von dem Inhalt des Schiedsvertrages gesagt ist, gilt entsprechend auch von dem Inhalt der letztwilligen Verfügung 2c., durch die ein schiedsgerichtliches Verfahren angeordnet wird.

1316. Welche ergänzende Vorschrift trifft das Gesetz für den Fall, daß der Schiedsvertrag oder die letztwillige Verfügung keine Bestimmungen über Zahl und Ernennung der Schiedsrichter trifft? § 1028.

In diesem Fall setzt sich das Schiedsgericht aus zwei Schiedsrichtern zusammen, und zwar ist von jeder Partei ein Schiedsrichter zu ernennen.

Beruht das schiedsrichterliche Verfahren auf einem Schiedsvertrage, so kann diese dispositive Vorschrift immer noch durch eine nachträgliche Vereinbarung außer Kraft gesetzt werden; anders bei einer letztwilligen Verfügung 2c.

1317. Welche Wirkungen hat es, wenn eine Partei ihrer Verpflichtung, Schiedsrichter zu ernennen, nicht nachkommt?

Diese Wirkungen können sehr verschieden sein:

I. Steht jeder Partei selbständig die Ernennung von Schiedsrichtern zu, sei es, weil dies so in dem begründenden Rechtsgeschäft festgesetzt, sei es, weil in demselben überhaupt nichts über die Ernennung der Schiedsrichter bestimmt ist, — so wird auf Antrag der Gegenpartei der von der sich weigernden Partei zu ernennende Schiedsrichter von dem Gericht ernannt.

II. Steht beiden Parteien nach dem Rechtsgeschäft die gemeinsame Ernennung von Schiedsrichtern zu, — so wird das Rechtsgeschäft hinfällig, wenn eine Einigung nicht zustande kommt.

Das gleiche gilt, wenn nach dem begründenden Rechtsgeschäft ein Dritter die Schiedsrichter ernennen soll, der Dritte jedoch die Ernennung nicht vornimmt.

III. Steht nur einer Partei die Ernennung von Schiedsrichtern zu (vielleicht aus dem Grunde, weil die Schiedsrichter der anderen Partei bereits in dem Schiedsvertrage namentlich benannt sind), — so wird das Rechtsgeschäft durch die Weigerung der Partei noch nicht hinfällig; vielmehr steht der Gegenpartei das Recht zu, auf Ernennung des Schiedsrichters zu klagen.

1318. Unter welchen Voraussetzungen entspricht jedoch das Gericht nur dem Antrag einer Partei auf Ernennung eines Schiedsrichters an Stelle der die Ernennung verweigernden Gegenpartei? § 1029.

Die Partei muß nachweisen:

a) daß sie den von ihr selbst nach dem begründenden Rechtsgeschäft zu ernennenden Schiedsrichter dem Gegner schriftlich mit der Aufforderung bezeichnet hat, binnen einer einwöchigen Frist seinerseits ein gleiches zu tun, und

b) daß die Frist fruchtlos verstrichen ist.

1319. Ist der Schiedsrichter verpflichtet, der Ernennung Folge zu leisten?

Verpflichtet ist er erst, wenn er das Schiedsrichteramt übernommen hat, d. h. wenn er sich durch obligatorischen Vertrag dazu verpflichtet hat. Dieser Vertrag ist ein Mandat, wenn er das Schiedsrichteramt unentgeltlich übernimmt, anderenfalls Werkvertrag oder Dienstvertrag, je nachdem der Schiedsrichter mit der Entscheidung eines bestimmten Rechtsstreits oder sämtlicher aus einem bestimmten Rechtsverhältnis sich ergebender Rechtsstreitigkeiten beauftragt wird. Einen besonderen Vertragstypus wie das römischrechtliche receptum (der Schiedsvertrag heißt compromissum) bildet der Übernahmevertrag im heutigen Recht nicht.

Eines Übernahmevertrags bedarf es überhaupt nicht, wenn der Schiedsrichter im Wege der Auflage (BGB. § 1940) bestellt ist.

1320. Ist die Partei an die durch sie erfolgte Ernennung eines Schiedsrichters gebunden? § 1030.

I. Sie ist der Gegenpartei gegenüber an die Ernennung gebunden, sobald sie derselben von der Ernennung Anzeige gemacht und jene die Anzeige erhalten hat (vgl. § 130 BGB.).

II. Inwieweit sie dem Schiedsrichter gegenüber gebunden ist, darüber entscheidet die lex contractus. Handelt es sich z. B. um ein Mandat, so genügt der einfache Widerruf des Auftrags, um die Partei von ihrer Verpflichtung dem Schiedsrichter gegenüber zu befreien.

1321. Aus welchen Gründen kann ein Schiedsrichter von der Partei abgelehnt werden? § 1032.

I. Er kann aus denselben Gründen und unter denselben Voraussetzungen abgelehnt werden wie eine Gerichtsperson (s. Nr. 48 ff.), nämlich:

1) weil einer der gesetzlichen Ausschließungsgründe: Verwandtschaft rc. vorliegt;

2) wegen des Ablehnungsgrundes im engeren Sinne: Besorgnis der Befangenheit.

II. Außerdem können noch abgelehnt werden:

1) bestimmte Personenklassen ohne weiteres:

a) Frauen,

b) Geschäftsunfähige und Geschäftsbeschränkte,

c) Taube und Stumme,

d) Personen die nicht im Besitze ihrer bürgerlichen Ehrenrechte sind;

2) solche Personen, die nach dem begründenden Rechtsgeschäft von dem Schiedsrichteramt ausgeschlossen sind;

3) ein nicht in dem Schiedsvertrage ernannter Schiedsrichter, wenn er die Erfüllung seiner Pflichten ungebührlich verzögert (vgl. dagegen Nr. 1322, II).

In allen Fällen steht das Ablehnungsrecht beiden Parteien zu, entfällt jedoch, wenn die Partei ausdrücklich oder durch konkludente Handlungen auf den Ablehnungsgrund verzichtet, insbesondere dadurch, daß sie bei dem Schiedsrichter, ohne den ihr bekannten Ablehnungsgrund geltend zu machen, sich eingelassen oder Anträge gestellt hat.

1322. Welche Folgen treten ein, wenn ein Schiedsrichter mit Erfolg abgelehnt wird oder aus einem sonstigen Grunde wegfällt, z. B. weil er stirbt, oder wenn er die Ausführung des Schiedsrichteramts verweigert? §§ 1031; 1033.

Die Folgen sind verschieden, je nachdem die namentliche Benennung der Schiedsrichter bereits in dem begründenden Rechtsgeschäft oder nachträglich (durch die Partei, den Dritten oder das Gericht) erfolgt ist.

I. Ist die namentliche Ernennung erst nachträglich erfolgt, so wird durch den Fortfall oder die Weigerung eines Schiedsrichters das schiedsrichterliche Verfahren regelmäßig nicht in Frage gestellt, denn derjenige, der den fortgefallenen Schiedsrichter ernannt hat, ist berechtigt, einen neuen Schiedsrichter zu ernennen.

War der fortgefallene Schiedsrichter von einer Partei ernannt, so kann auch die Gegenpartei wiederum der die Nachernennung verweigernden Partei eine einwöchige Frist setzen und nach deren fruchtlosem Ablauf die Ernennung des Schiedsrichters durch das Gericht beantragen.

II. War dagegen der fortgefallene oder sich weigernde Schiedsrichter bereits in dem begründenden Rechtsgeschäft benannt, so tritt dieses Rechtsgeschäft (soweit es sich auf das schiedsgerichtliche Verfahren bezieht) außer Kraft, sofern nicht in demselben für den betreffenden Fall Vorsorge getroffen ist.

Dieser Erfolg tritt auch schon dann ein, wenn ein Schiedsrichter die Erfüllung seiner Pflichten ungebührlich verzögert, daher eine Ablehnung des Schiedsrichters wegen der Verzögerung hier — im Gegensatz zu dem Falle, wo der Schiedsrichter nachträglich erst ernannt ist (s. Nr. 1321) — nicht in Frage kommt

1323. Nach welchen Regeln vollzieht sich das Verfahren vor dem Schiedsgericht? §§ 1034, 1041 Z. 3—5, 1039.

I. Das Gesetz schreibt für das schiedsgerichtliche Verfahren nur vor

1) als zwingendes Recht:

a) daß die Parteien in dem Verfahren nach Vorschrift der Gesetze vertreten sein müssen (sofern sie nicht die Prozeßführung ausdrücklich oder stillschweigend genehmigt haben),

b) daß der Schiedsspruch unter Angabe des Tages der Abfassung von den Schiedsrichtern zu unterschreiben und unter Beifügung der Beurkundung der Zustellung einer unterschriebenen Ausfertigung an die Parteien auf der Gerichtsschreiberei des zuständigen Gerichts niederzulegen ist;

2) als dispositives Recht:

a) daß die Schiedsrichter vor Erlassung des Schiedsspruchs die Parteien zu rechtlichem Gehör verstatten müssen;

b) daß der Schiedsspruch mit Gründen versehen sein muß.

In welcher Weise die Parteien zum Gehör zu verstatten sind, ob schriftlich oder mündlich, ferner, ob die Schiedsrichter noch weitere Ermittlungen anstellen wollen, und in welcher Weise die Ermittlungen anzustellen sind, alles dies überläßt das Gesetz dem freien Ermessen des Schiedsgerichts.

II. Das Gesetz gestattet jedoch, daß das schiedsrichterliche Verfahren eine eingehende Regelung durch das begründende Rechtsgeschäft erfährt. So können z. B. die Vorschriften des ordentlichen Verfahrens ganz oder zum Teil (etwa hinsichtlich des Versäumnisverfahrens) für anwendbar erklärt werden, oder es können auch neue Bestimmungen getroffen, also beispielsweise als Schiedsberufungsinstanz ein Oberschiedsgericht eingesetzt werden, nicht aber Rechtsmittel an ordentliche Gerichte vereinbart werden. Das Verfahren kann aber auch vereinfacht werden, indem auf die Befolgung der dispositiven gesetzlichen Verfahrensvorschriften in dem begründenden Rechtsgeschäft verzichtet wird.

1324. Welche Schranken ergeben sich für die richterlichen Befugnisse der Schiedsrichter aus der Natur des Schiedsgerichts als eines Privatgerichtshofs? § 1035.

Das Schiedsgericht kann zwar Zeugen und Sachverständige vernehmen, wenn diese freiwillig vor ihm erscheinen; eine unmittelbare Zwangsgewalt steht ihm jedoch den Zeugen und Sachverständigen gegenüber nicht zu.

Einen Eid darf das Schiedsgericht überhaupt nicht abnehmen, weder von Zeugen und Sachverständigen, noch von der Partei selbst.

1325. Wodurch wird den Schiedsrichtern ermöglicht, sich dennoch die notwendige Grundlage für ihren Schiedsspruch zu verschaffen? § 1036.

Solche richterlichen Handlungen, zu deren Vornahme die Schiedsrichter nicht befugt sind, werden von dem ordentlichen Gericht vorgenommen, sobald:

a) dieselben von dem Schiedsgericht für erforderlich erachtet werden,
b) von einer Partei ein diesbezüglicher Antrag gestellt wird, und
c) der Antrag von dem ordentlichen Gericht für zulässig erachtet wird.

1326. Sind die Schiedsrichter bei der Fällung des Schiedsspruchs an das materielle Recht gebunden?

Ebensowenig wie die Schiedsrichter hinsichtlich des Verfahrens an die allgemeinen prozeßrechtlichen Vorschriften, sind sie kraft Gesetzes an das materielle Recht gebunden. Ihre Aufgabe ist es, nach freiem Ermessen zu urteilen.

Aber auch nach dieser Richtung hin ist es statthaft, daß das begründende Rechtsgeschäft die Schiedsrichter verpflichtet, ihren Spruch auf Grund der bestehenden Gesetze zu fällen.

1327. Durch welches Stimmenverhältnis kommt ein Schiedsspruch zustande, wenn das Schiedsgericht aus mehreren Schiedsrichtern besteht. § 1038; vgl. GVG. § 198.

In erster Linie ist für diese Frage das begründende Rechtsgeschäft maßgebend. Enthält dasselbe keine Bestimmungen darüber, so erfolgt die Fällung des Spruchs, wie bei den ordentlichen Zivilgerichten, nach der absoluten Mehrheit der Stimmen.

1328. Welches ist die Folge, wenn ein Schiedsspruch nicht zustande kommen kann, weil sich unter den Schiedsrichtern Stimmengleichheit ergeben hat? § 1033.

Ist in dem begründenden Rechtsgeschäft für diesen Fall keine Vorsorge getroffen, so verliert mit dem Moment, in dem die Schiedsrichter den Parteien anzeigen, daß unter ihnen Stimmengleichheit sich ergeben habe, das begründende Rechtsgeschäft — für diesen Rechtsstreit — seine Kraft; der Partei, die sich nun an die ordentlichen Gerichte wendet, kann die Einrede, daß die Entscheidung des Rechtsstreits durch Schiedsrichter zu erfolgen habe, nicht mehr wirksam entgegengehalten werden.

1329. Wird der Schiedsspruch bereits mit der Verkündung rechtswirksam? § 1039.

Der Schiedsspruch wird nicht schon mit der Verkündung, auch nicht bereits mit der Zustellung, sondern erst dann wirksam, wenn er, schriftlich abgefaßt und von den beteiligten Schiedsrichtern unterschrieben, in Urschrift oder Ausfertigung, unter Beifügung der Beurkundung der Zustellung auf der Gerichtsschreiberei des ordentlichen Gerichts niedergelegt ist.

1330. Mit welchen Rechtsbehelfen kann sich die Partei gegen das schiedsrichterliche Verfahren oder gegen den Schiedsspruch an das ordentliche Gericht wenden? §§ 1041; 1037.

I. Sobald der Schiedsspruch perfekt geworden ist (s. Nr. 1329), kann die Partei im Klagewege bei dem ordentlichen Gericht die Aufhebung des Schiedsspruchs beantragen (s. Nr. 1332).

II. Behauptet die Partei die Unzulässigkeit des ganzen schiedsrichterlichen Verfahrens, z. B. aus dem Grunde, weil ein rechtsgültiges begründendes Rechtsgeschäft überhaupt nicht bestehe, so kann sie schon vor Erlaß des Schiedsspruchs bei dem ordentlichen Gericht auf Feststellung der Unzulässigkeit des schiedsgerichtlichen Verfahrens klagen.

III. In keinem Falle jedoch findet von dem Schiedsgericht ein Rechtsmittelzug an die ordentlichen Gerichte statt.

1331. Wird durch die vor Erlaß des Schiedsspruchs angestrengte Klage auf Feststellung der Unzulässigkeit des schiedsrichterlichen Verfahrens dieses unterbrochen? § 1037.

Es wird weder unterbrochen, noch kann eine Aussetzung durch das ordentliche Gericht angeordnet werden, wohl aber darf das Schiedsgericht selbst das Verfahren bis zur Entscheidung des ordentlichen Gerichts aussetzen. Die Schiedsrichter können aber auch das Verfahren fortsetzen, und in diesem Falle ist der ergehende Schiedsspruch unter allen Umständen formell gültig. Aus der Welt geschafft werden kann er daher nur im Wege einer neuen Klage, die jetzt die Aufhebung des Schiedsspruchs anstrebt.

1332. Aus welchen Gründen findet eine Aufhebung des Schiedsspruchs statt? § 1041.

Der Schiedsspruch wird durch das ordentliche Gericht nur aufgehoben:

1) wenn das Verfahren unzulässig war;

2) wenn der Schiedsspruch eine Partei zu einer Handlung verurteilt, deren Vornahme verboten ist;

3) wenn die Partei in dem Verfahren nicht nach Vorschrift der Gesetze vertreten war, sofern sie nicht die Prozeßführung ausdrücklich oder stillschweigend genehmigt hat;

4) wenn die Voraussetzungen vorliegen, unter welchen auch die Aufhebung des Urteils eines ordentlichen Gerichts im Wege der Restitutionsklage (sei es der restitutio propter dolum, sei es der restitutio ex capite novorum) erzielt werden kann;

5) wenn eine der beiden dispositiven gesetzlichen Verfahrensvorschriften verletzt ist, nämlich:

a) der Schiedsspruch nicht mit Gründen versehen ist,

b) die Partei in dem Verfahren nicht gehört ist,

jedoch nur in dem Falle, wenn nicht das begründende Rechtsgeschäft die Ausschaltung dieser Bestimmungen angeordnet hat

In keinem Fall findet jedoch eine Aufhebung des Schiedsspruchs aus dem Grunde statt, weil Vorschriften hinsichtlich des Verfahrens oder der Entscheidung verletzt sind, die durch das begründende Rechtsgeschäft angeordnet waren, z. B. also wenn das Schiedsgericht bei Säumnis einer Partei nicht ein Versäumnisurteil erlassen hat, obwohl die Vorschriften des Versäumnisverfahrens nach dem begründenden Rechtsgeschäft Anwendung finden sollten.

1333. Wie erlangt der Schiedsspruch Vollstreckbarkeit? § 1042.

Aus dem Schiedsspruch findet ebenso wie aus dem Urteil eines ausländischen Gerichts eine Vollstreckung — im engeren wie im weitereren Sinne — nur statt, wenn ihre Zulässigkeit durch ein Vollstreckungsurteil ausgesprochen ist.

Die Partei muß daher zwecks Vollstreckung — bei dem ordentlichen Gericht — auf Erlaß des Vollstreckungsurteils klagen.

1334. Wovon ist der Erlaß des Vollstreckungsurteils abhängig?

I. Schon von Amts wegen hat das ordentliche Gericht zu prüfen, ob überhaupt ein rechtswirksamer Schiedsspruch (s. Nr. 1329) vorliegt.

II. Aber auch dann darf es ein Vollstreckungsurteil nicht erlassen, wenn die Gegenpartei einredeweise entweder:

1) einen Grund behauptet und beweist, aus dem die Aufhebung des Schiedsspruchs beantragt werden kann (von Amts wegen ist von diesen Aufhebungsgründen nur zu berücksichtigen der Umstand, daß der Schiedsspruch eine Partei zu einer Handlung verurteilt hat, deren Vornahme verboten ist, und in gewissem Umfange auch die Unzulässigkeit des Verfahrens); oder

2) nachweist, daß nach dem begründenden Rechtsgeschäft der Schiedsspruch noch nicht Rechtskraft erlangt hat.

1335. Ist die Aufhebungsklage auch noch nach Erlassung des Vollstreckungsurteils zulässig?

I. Sie ist nur zulässig wegen eines Restitutionsgrundes. Alle übrigen Aufhebungsgründe werden durch Erlaß des Vollstreckungsurteils insoweit präkludiert, daß sie nur noch im Wege der Einrede in der Rechtsmittelinstanz, in keinem Falle aber mehr durch Klage oder Widerklage geltend gemacht werden können.

II. Aber auch wegen eines Restitutionsgrundes darf die Aufhebung des Schiedsspruchs nach Erlaß des Vollstreckungsurteils nur dann beantragt werden, wenn glaubhaft gemacht wird, daß die Partei ohne ihr Verschulden außerstande gewesen sei, den Aufhebungsgrund in dem früheren Verfahren — sei es als Einrede in dem Verfahren behufs Erlaß des Vollstreckungsurteils, sei es gelegentlich einer früheren Klage auf Aufhebung des Schiedsspruchs — geltend zu machen.

1336. Ist die Klage auf Aufhebung des Schiedsspruchs an eine bestimmte Frist gebunden? § 1044 Abs. 1 u. 2.

Solange ein Vollstreckungsurteil noch nicht ergangen ist, ist die Aufhebungsklage zeitlich unbeschränkt zulässig.

Sobald jedoch ein Vollstreckungsurteil ergangen ist, ist die Klage auch zeitlich beschränkt, sie muß nämlich binnen der Notfrist eines Monats erhoben werden. Die Frist beginnt mit dem Tage, an dem die Partei von dem Aufhebungsgrunde Kenntnis erlangt hat, frühestens aber mit der Rechtskraft des Vollstreckungsurteils. Nach Ablauf von 10 Jahren, von dem Tage der Rechtskraft des Urteils an gerechnet, ist die Klage unstatthaft.

1337. Bedarf es in dem Falle, wo die Aufhebung des Schiedsspruchs nach Erlaß des Vollstreckungsurteils beantragt wurde, zur Aufhebung des Vollstreckungsurteils noch einer besonderen Anfechtung dieses Urteils? § 1044 Abs. 3.

Nein; in dem Urteil, das den Schiedsspruch aufhebt, ist von Amts wegen auch das Vollstreckungsurteil aufzuheben.

Ist die Aufhebung des Vollstreckungsurteils unterblieben, so kann unter den gewöhnlichen Voraussetzungen Ergänzung des Urteils beantragt werden.

1338. Welche Wirkungen äußert die Aufhebung des Schiedsspruchs auf das begründende Rechtsgeschäft?

Im allgemeinen wird durch die Aufhebung des Schiedsspruchs das begründende Rechtsgeschäft nicht berührt.

Nur wenn die Aufhebung des Schiedsspruchs wegen Unzulässigkeit des ganzen schiedsrichterlichen Verfahrens (§ 1037) ausgesprochen wird, so wird regelmäßig die durch das begründende Rechtsgeschäft geschlossene Unterwerfung der Parteien unter ein Schiedsgericht hinsichtlich des vorliegenden Rechtsstreits beseitigt.

Ausnahmsweise besteht jedoch in diesem Falle die Bindung der Parteien fort, wenn der Grund für die Unzulässigkeit des Verfahrens in der Person eines Schiedsrichters liegt, der nicht bereits in dem begründenden Rechtsgeschäft namentlich benannt ist.

1339. Welches Gericht ist für die sämtlichen beim schiedsgerichtlichen Verfahren den ordentlichen Gerichten zugewiesenen Funktionen zuständig? § 1045 f.

I. In erster Linie das in dem begründenden Rechtsgeschäft zulässigerweise bestimmte Gericht.

II. Fehlt es an einer solchen Bestimmung, so ist das Gericht zuständig, welches nach den allgemeinen Regeln für die gerichtliche Geltendmachung des Anspruchs zuständig sein würde.

Sind hiernach mehrere Gerichte zuständig, so haben zunächst die Parteien wie die Schiedsrichter die Wahl zwischen den Gerichten. Sobald sich jedoch eine Partei oder die Schiedsrichter mit einem Antrage an eines der zuständigen Gerichte gewendet haben, wird auf dieses Gericht die Zuständigkeit konzentriert.

1340. Welche Schranken bestehen für die Bestimmung des zuständigen ordentlichen Gerichts in dem begründenden Rechtsgeschäft? § 1045.

I. Formell besteht die Beschränkung, daß die Zuständigkeitsbestimmung nur in einem schriftlichen Schiedsvertrage ꝛc. getroffen werden kann.

II. Materiell besteht die Schranke, daß nur ein Amts- oder Landgericht für zuständig erklärt werden kann, während im übrigen eine Bindung an die Regeln über die Zuständigkeit der Gerichte, auch soweit dieselbe eine ausschließliche ist, nicht besteht.

1341. Wie gestaltet sich das Verfahren vor dem ordentlichen Gericht? § 1045 Abs. 2 u. 3.

I. Für die Klage auf Feststellung der Unzulässigkeit des schiedsrichterlichen Verfahrens, auf Aufhebung des Schiedsspruchs und auf Erlaß des Vollstreckungsurteils gelten die Regeln des ordentlichen Prozesses.

II. Seine sonstigen, das schiedsrichterliche Verfahren betreffenden, Entscheidungen kann dagegen das Gericht ohne mündliche Verhandlung erlassen; nur muß es den Gegner zuvor hören. Die Entscheidungen ergehen in Form des Beschlusses und sind durch sofortige Beschwerde anfechtbar.

Wort- und Sachregister.

Die arabischen Ziffern bedeuten die Nummern der Fragen, die römischen die Seiten der Einleitung.

B.

F.

G.

H.

J.

K.

L.

M.

N.

O.

P.

Qu.

R.

T.

U.

V.

W.

Z.

Lippert & Co. (G. Pätz'sche Buchdr.), Naumburg a. S.

Die Zivilprozeßordnung.

FSC
www.fsc.org
MIX
Papier | Fördert
gute Waldnutzung
FSC® C083411

Kolibri 360 GmbH
Ferdinand-Jühlke-Straße 7
99095 Erfurt, Deutschland
produktsicherheit@kolibri360.de